Dominique CARREAU

Professeur à l'Université de Paris I
(Panthéon - Sorbonne)

DROIT INTERNATIONAL

7e EDITION

PARIS

ÉDITIONS A. PEDONE

13, rue Soufflot

2001

I.S.B.N. 2.233.00384-5

A

CAROLINE,

BENJAMIN

et

CLEMENTINE

qui ont accepté avec bonne grâce de respecter l'inviolabilité des frontières de mon bureau pendant l'élaboration de cet ouvrage.

Cet ouvrage est essentiellement un manuel. Il se propose de présenter l'encadrement juridique de la société internationale contemporaine. Son but n'est pas de décrire le droit matériel applicable aux diverses branches du droit international : une telle entreprise nécessiterait plusieurs volumes et dépasserait les compétences de l'auteur.

Plus modestement, ce livre donne une méthode pour appréhender le droit international : il entend montrer son processus de formation, d'application et de contrôle après avoir insisté sur sa nécessaire supériorité par rapport aux autres ordres juridiques.

Ce manuel s'adresse tout d'abord aux étudiants des Facultés de Droit. Il s'adresse également à toutes celles et à tous ceux qui évoluent dans le milieu international et qui désirent en mieux connaître les ressorts juridiques.

L'auteur ne voudrait pas terminer ces quelques lignes introductives sans remercier ses étudiants de licence à l'Université de Paris-I Panthéon-Sorbonne qui ont suivi ses enseignements aux cours de ces dernières années : leurs réactions lui ont été d'un grand encouragement dans cette présentation du droit international. Ici, une mention spéciale doit être réservée à Isabelle Pingel pour un inlassable dévouement dans la mise au point de ce manuel, pour ses critiques et suggestions.

Enfin, ce manuel constitue une dette de reconnaissance à l'égard de tous ces maîtres exceptionnels du droit international de l'ancienne Faculté de Droit de Paris que furent Mme *Paul Bastid, le regretté Georges Berlia, le Doyen Colliard, Roger Pinto, Paul Reuter et Charles Rousseau. Qu'ils soient ici remerciés pour leur enseignement passé.*

Paris, Mars 1986.

LISTE DES ABRÉVIATIONS

PERIODIQUES

A.F.D.I.	Annuaire Français de Droit International.
A.J.D.A.	Actualité Juridique de Droit Administratif.
A.J.I.L.	American Journal of International Law.
A.S.I.L.	American Society of International Law.
B.Y.I.L.	British Yearbook of International Law.
C.D.E.	Cahiers de Droit Européen.
Gaz. Pal.	Gazette du Palais.
D.	Dalloz.
D.P.C.I.	Droit et Pratique du Commerce International.
I.F.L.R.	International Financial Law Review.
I.L.M.	International Legal Materials.
I.L.R.	International Legal Reports.
J.C.P.	Jurisclasseur périodique
J.D.I.	Journal du Droit international (Clunet).
J.I.L.E.	Journal of International Law and Economics.
L.P.A.	Les petites Affiches
L.P.I.B.	Law and Policy in International Business.
R.A.E.	Revue des Affaires Européennes
R.B.D.I.	Revue Belge de Droit International
R.C.A.D.I.	Recueil des cours de l'Académie de Droit International de La Haye.
R.C.D.I.P.	Revue Critique de Droit International Privé.
R.D.P.	Revue de Droit Public.
R.F.D.A.	Revue Française de Droit Administratif.
R.G.D.I.P.	Revue Générale de Droit International Public.
R.M.C.	Revue du Marché Commun.
R.T.D.E.	Revue Trimestrielle de Droit européen.
R.T.N.U.	Recueil des Traités des Nations unies.

JURIDICTIONS

Cass.	Cour de cassation.
C.E.	Conseil d'Etat.
C.I.J.	Cour Internationale de Justice.
C.I.J. Rec.	Recueil de jurisprudence de la Cour Internationale de Justice.
C.J.C.E.	Cour de Justice des Communautés Européennes.
C.P.A.	Cour Permanente d'Arbitrage.

C.P.J.I.	Cour Permanente de Justice Internationale.
R.S.A.	Recueil des Sentences Arbitrales.
T.A.M.	Tribunaux Administratifs Mixtes.
T.A.N.U.	Tribunal Administratif des Nations unies.
T.A.O.I.T.	Tribunal Administratif de l'Organisation Internationale du Travail.

INSTITUTIONS INTERNATIONALES LES PLUS SOUVENT CITEES

A.E.L.E.	Association Européenne de Libre-Echange.
B.E.R.D.	Banque Européenne pour la Reconstruction et le Développement.
B.I.R.D.	Banque Internationale pour la Reconstruction et le Développement.
B.I.T.	Bureau International du Travail.
B.R.I.	Banque des Règlements Internationaux.
C.D.I.	Commission du Droit International.
C.E.C.A.	Communauté Européenne du Charbon et de l'Acier.
C.E.E.	Communauté Economique Européenne.
C.E.E.A.	Communauté Européenne de l'Energie Atomique.
C.I.R.D.I.	Centre International pour le Règlement des Différends relatifs aux investissements.
C.N.U.C.E.D.	Conférence des Nations unies pour le Commerce et le Développement.
COMECON-CAEM	Conseil d'Aide Economique Mutuelle.
C.S.C.E.	Conférence sur la Sécurité et la Coopération en Europe.
F.M.I.	Fonds Monétaire International.
G.A.T.T.	Accord Général sur les tarifs douaniers et le Commerce.
O.A.C.I.	Organisation de l'Aviation Civile Internationale.
O.C.D.E.	Organisation de Coopération et de Développement Economique
O.I.T.	Organisation Internationale du Travail.
O.M.C.	Organisation Mondiale du Commerce.
O.M.C.I.	Organisation Intergouvernementale Consultative de la Navigation Maritime maintenant devenue l'Organisation Maritime Internationale.
O.M.S.	Organisation Mondiale de la Santé.
O.N.U.	Organisation des Nations unies.
O.P.E.P.	Organisation des Pays Exportateurs de Pétrole.
O.T.A.N.	Organisation du Traité de l'Atlantique Nord.
U.E.	Union Européenne.

TABLE DES MATIÈRES

LE DROIT DE LA SOCIÉTÉ INTERNATIONALE

PREMIÈRE PARTIE

LA SUPRÉMATIE DU DROIT INTERNATIONAL

DEUXIÈME PARTIE

L'ÉLABORATION DU DROIT INTERNATIONAL

TROISIÈME PARTIE

L'APPLICATION DES NORMES DU DROIT INTERNATIONAL

QUATRIÈME PARTIE

LE CONTROLE DE L'APPLICATION DES NORMES DU DROIT INTERNATIONAL

BIBLIOGRAPHIE SOMMAIRE

Il ne saurait ici être question de fournir une bibliographie exhaustive — si tant est que cela soit possible — des livres ayant pour objet l'étude du droit international. Seront seulement mentionnés les ouvrages et manuels récents les plus usités ainsi que les instruments de recherche fondamentaux dont toute personne intéressée au droit international se doit de connaître l'existence.

I. — Ouvrages et manuels.

a) En langue française :

— Mme P. BASTID, Cours de droit international public, « Les Cours de droit », 1976-1977 ;

— J. COMBACAU et S. SUR, Droit international public, Précis Domat, 4e éd. 1999.

— P.M. DUPUY, Droit international public, Paris, Précis, Dalloz, 4e éd. 1998.

— Ph. MANIN, Droit international public, Masson, 1979 ;

— NGUYEN QUOC DINH, P. DAILLIER ET A. PELLET, Droit international public, L.G.D.J., 6e éd. 1999 ;

— P. REUTER, Droit international public, P.U.F., Coll. Thémis, 4e éd. 1973 ;

— J. TOUSCOZ, Droit international, Paris, P.U.F., 1993 ;

b) En langue étrangère :

— J.L. BRIERLY, The law of nations, Oxford, Clarendon Press, 6th ed. 1963 ;

— I. BROWNLIE, Principles of public international law, Oxford, Clarendon Press, 3rd ed. 1979 ;

— D.P. O'CONNELL, International Law, London, Stevens, 1979 ;

— L. OPPENHEIM et H. LAUTERPACHT, International Law, London, Green et C°, 1955, 2e éd., 1992.

II. — Instruments de recherche.

a) Etudes :

— E.J. de ARECHAGA, International law in the past third of a century, R.C.A.D.I., 1978, vol. 159, p. 1.

— Académie de droit international de La Haye (voir les « cours généraux » dispensés chaque année alternativement en anglais ou en français ; cités R.C.A.D.I.) ;

— M. BEDJAOUI *(sous la direction de)* Droit International, Bilan et perspectives, Pedone, UNESCO, Paris, 2 vol., 1991 ;

— A. CASSESE, Le droit international dans un monde divisé. Paris, Berger-Levrault, 1986.

— La Charte des Nations unies, éditée par J.P. COT et A. PELLET, Paris, Economica, 2e éd. 1991, XVI, 1553 p.

— Encyclopédie Dalloz. Droit international ;

— W. JENKS, The common law of mankind, 1958.

— Jurisclasseur de droit international ;

— G. de LACHARRIERE, La politique juridique extérieure, Paris, Economica, 1983.

— Mélanges (plus particulièrement consacrés au droit international) :

— BASDEVANT, Paris, Pedone, 1960.

— BOULOUIS, Paris, Dalloz, 1991 ;

— COLLIARD, Paris, Pedone, 1984.

— DUPUY, Paris, Pedone, 1991.

— GIDEL, Paris, Sirey, 1961.

— GOLDMAN, Paris, Litec, 1982.

— GUGGENHEIM, Genève, Imprimerie de la Tribune, 1968.

— KAHN, Paris, Litec, 2000.

— LOUSSOUARN, Paris, Dalloz, 1994.

— MANN, Münich, C.H. Beck, 1977.

— MORELLI, Milan, Giuffre, 1975.

— PLANTEY, Paris, Pedone, 1995.

— REUTER, Paris, Pedone, 1981.

— ROLIN, Paris, Pedone, 1964.

— ROUSSEAU, Paris, Pedone, 1974.

— TEITGEN, Paris, Pedone, 1984.

— THIERRY, Paris, Pedone, 1998.

— VALTICOS, Paris, Pedone, 1999.

— VIRALLY, Paris, Pedone, 1990.

— R. PINTO, Le droit des relations internationales, Payot, 1972 ;

— Restatement of the Law third, The American Law Institute, 2 vol., 1987.

— F. RIGAUX, Droit public et droit privé dans les relations internationales, Pedone, 1977.

— Ch. ROUSSEAU, Droit international public, Sirey, 5 vol. parus ;

— Ch. de VISSCHER, Théories et réalités en droit international public, 4e éd., Pedone, 1970.

— E. MCWHINNEY, United Nations law Making, Holmes and Meier, UNESCO, 1984. Les Nations unies et la formation du droit, Pedone, 1987.

b) Périodiques :

— Annuaire français de droit international (cité A.F.D.I.) depuis 1955 ;

— Encyclopédie, Droit International, Dalloz, 3 vol., 1998.

— Journal du droit international (Clunet) ;

— Revue générale de droit international public (R.G.D.I.P.).

— Public international law, Max Planck Institute for comparative public law and international law.

c) Pratique des Etats :

— Pour la France :

— Répertoire pratique de droit international public par A. Ch. KISS, C.N.R.S., 7 vol. ;

— A.F.D.I. Chronique particulière.

— Pour les Etats-Unis :

— Digest of international law (MOORE, HACKWORTH et maintenant M. WHITEMAN ; 15 vol. parus).

— En général :

— International legal materials (publiés par l'American Society of International Law).

d) Recueils de textes internationaux fondamentaux :

— C.A. COLLIARD et A. MANIN, Droit international et histoire diplomatique (5 vol. parus), Ed. Montchrestien.

— P.M. DUPUY, Les grands textes de droit international public, Paris, Dalloz, 2e éd. 2000 ;

— P. REUTER et A. GROS, Traité et documents diplomatiques, P.U.F., 4e éd. 1976 ;

— H. THIERRY, Droit et relations internationales : Traités, résolutions, jurisprudence. Paris, Montchrestien, 1984 ;

e) Recueils des traités internationaux :

— Recueil des traités publiés par la S.D.N. (R.T.SDN) ;

— Recueil des traités publiés par l'O.N.U. (R.T.N.U.).

f) Recueils de jurisprudence internationale :

— Recueil des arrêts et avis de la C.P.J.I.; puis de la C.I.J. ;

— O.N.U., Recueil des sentences arbitrales (R.S.A.).

— EISEMAN (P.M.) et COUSSIRAT-COUSTERE (V.) Répertoire de la Jurisprudence arbitrale Internationale, vol. I 1794-1918, vol. II, 1919-1945, Nijhoff, 1989, vol. III, 1946-1988, Nijhoff, 1991.

INTRODUCTION

LE DROIT DE LA SOCIÉTÉ INTERNATIONALE

Références bibliographiques. — Très peu de développements sont consacrés à l'histoire du droit et de la société internationale dans les manuels « classiques » à l'exception, en langue française, de celui de MM. Dinh, Dailler et Pellet et surtout, en langue anglaise, de celui d'Oppenheim et Lauterpacht. Pour une étude d'ensemble, il convient de se reporter à A. Nussbaum, A concise history of the law of nations, McMillan, New York, 1954, 376 p. Pour une excellente analyse des changements du droit de la société internationale contemporaine, voir W. Friedman, The changing structure of international law, London, Stevens, XVI, 410 p., 1964.

1. ***Terminologie de Bentham*** — Il a été maintes fois écrit — notamment dans le passé — que le droit international était le produit de la civilisation occidentale chrétienne et qu'il était né avec le début de l'ère moderne, soit à partir du XVIe siècle. Une telle remarque est exacte si l'on définit le droit international comme étant l'ensemble de règles, écrites et non écrites, régissant les relations entre Etats. Dans cette optique, et pour emprunter une terminologie avancée par Bentham et très largement acceptée, ce « corpus juridicum » est qualifié de droit international public par opposition au droit international privé qui, pour l'essentiel, demeure une branche du droit national (ou interne).

2. — Sans doute, une telle conception — souvent qualifiée de « classique » — a-t-elle bien rendu compte de l'état de la société internationale durant une période bien déterminée que l'on peut faire commencer au début du XVIe siècle mais qui a assurément pris fin à l'époque actuelle, sans qu'il soit possible de fixer une date précise, la césure se situant en tout état de cause après la fin de la seconde guerre mondiale.

En bref, il est impossible d'avoir une bonne compréhension de l'état actuel du droit international et de son rôle si l'on ne le replace pas dans l'évolution de la société internationale qui constitue son environnement naturel.

3. ***Plan*** — Avant d'aboutir à une définition du droit international et à la mise en lumière de ses principales caractéristiques (Section V), il convient de montrer que le droit international (ou, du moins, un « certain » droit international) n'a pratiquement jamais cessé d'exister bien avant la naissance de l'Etat moderne (Section I). A l'évidence, il

a changé de sens et a évolué d'une manière bien particulière avec la naissance et le développement de l'Etat moderne à partir du XVIe siècle et jusqu'à la première guerre mondiale (Section II). La période l'entre-deux guerres allait profondément modifier la structure de la société internationale ainsi que le droit qui lui était applicable (Section III). Cette évolution devait encore s'accélérer après 1945, la société internationale et son droit n'ayant cessé de connaître des bouleversements fondamentaux rendant obsolètes les conceptions passées (Section IV).

Section I

Le droit international avant la naissance de l'Etat moderne

4. ***Permanence de l'existence du droit international*** — Si l'on entend — sans doute d'une manière très générale et « négative » — le droit international comme étant l'ensemble des règles, écrites aussi bien que non écrites, applicables à des sujets ou à des situations ne relevant pas exclusivement du droit national (ou interne), il est loisible d'affirmer qu'il a toujours existé. Montesquieu ne rappelle-t-il pas dans son « Esprit des Lois » que toutes les nations, y compris les Iroquois qui pourtant mangeaient leurs prisonniers de guerre, connaissaient l'existence d'un corps de règles spéciales pour régler leurs relations — le droit des nations ? (cité par Nussbaum, *op. cit.*, p.I).

En outre, il convient de ne pas perdre de vue que la fin du droit ne peut être qu'humaine. Comment ne pas rappeler ici cette remarque fondamentale d'Hermogene affirmant que « c'est en vue de l'homme que le droit a été constitué » *(Hominum causa omne jus constitutum)*, cette notation étant tout aussi valable pour l'ordre interne que pour l'ordre international ?

Ceci étant, dans cette optique, il est loisible de trouver des « traces » de droit international dans la Bible, dans la pratique suivie entre les Cités grecques, dans celle de l'Empire romain et même au Moyen Age, époque pourtant peu propice à son existence. Il est également à noter que ces traces, nous aurons l'occasion d'y revenir, ne sont pas uniquement des « curiosités historiques » : elles ont laissé une empreinte profonde que l'on peut encore retrouver dans le droit international le plus contemporain à commencer par la Charte de l'O.N.U.

§ 1 — L'apport de la Bible.

(Voir, en particulier, P. Weil, Le judaïsme et le développement du droit international, R.C.A.D.I., 1976-III, pp. 253 et s. et surtout les pp. 272-300).

5. *"Visions" contemporaines de la Bible* — Il serait à l'évidence exagéré de prétendre que la Bible constitue le premier « manuel » de droit international, même rudimentaire. Toutefois, on trouve dans la Bible un certain nombre de « visions » (P. Weil) qui sont encore au centre du droit international contemporain. C'est ainsi que la « société internationale » envisagée par la Bible repose sur ces deux idées-forces que sont « l'unité du genre humain » et le « pluralisme des nations » égales entre elles. Comment ne pas songer ici au préambule et au chapitre I de la Charte de l'O.N.U. ? La Bible reconnaît aussi la présence de règles morales ou juridiques d'essence supérieure qui s'imposent, en dehors de toute révélation, à l'humanité entière et auxquelles on ne peut déroger. Comment, ici encore, ne pas penser à l'idée si riche de « droit naturel » — *jus naturae* — qui connaît une résurgence marquée de nos jours avec, par exemple, le concept de *jus cogens* officialisé par la Convention de Vienne sur le droit des traités de 1969 ?

6. — Il existe également dans la Bible une autre « vision » d'un « jus inter gentes », d'un droit des relations entre Etats concernant à la fois les règles régissant leurs apports en temps de paix et en temps de guerre et la situation des individus. Il existait déjà des textes solennels (accords) pour régler certains rapports entre tribus qui peuvent être considérés comme les ancêtres de nos traités ; en particulier, une fois conclus, ces accords devaient être strictement respectés. N'y a-t-il pas à l'origine de cette règle fondamentale du droit des traités qu'est le principe « pacta sunt servanda » ? Les ambassadeurs devaient être bien traités et leur personne était inviolable, toute atteinte à ce principe constituant un acte illicite pouvant justifier le recours à la guerre. N'y a-t-il pas là l'origine des « immunités diplomatiques » qui n'ont jamais cessé d'être l'une des institutions les plus fondamentales et élémentaires de la société internationale, ce dont on ne saurait douter en dépit de certaines violations récentes (voir l'affaire du personnel diplomatique américain « séquestré » depuis novembre 1979 dans son ambassade à Téhéran qui a été jugée en mai 1980 par la C.I.J. (Rec. 1980, p. 3), laquelle a condamné à l'unanimité, cette action illicite si contraire à l'un des principes essentiels et les mieux établis du « droit des gens »).

7. — La défense et la protection des droits de l'individu est également présente dans la Bible. Un certain nombre de droits fondamentaux de l'homme sont en effet mentionnés (droit à l'intégrité, à la liberté et à la sûreté, droit à un juste procès, droit d'asile...). Comment ne pas penser aux divers « pactes », « conventions » ou « déclarations » récentes relatives à la protection des droits de l'homme ? La condition des étrangers fait l'objet de développements fréquents dans la Bible : celle-ci pose le principe de leur égalité de traitement avec les « nationaux » et ordonne leur protection. Ne s'agit-il pas là encore d'une préoccupation très actuelle du droit international et d'un idéal qui demeure à être atteint ?

§ 2 — La pratique des Cités grecques.

8. *"Nous" et "eux"* — La contribution des « Grecs » à la formation du droit international est tout autre, mais néanmoins riche d'enseignements. Les Grecs faisaient tout d'abord une distinction essentielle entre leurs propres cités et les tribus ou nations tierces qu'ils qualifiaient de « barbares ». Avec ces derniers, les relations étaient fondées sur la simple force et non sur le droit et la justice. Il y a là une ligne de clivage que l'on devait retrouver dans le droit international de jadis (celui qui exista du XVIe siècle à la fin de la seconde guerre mondiale) entre les nations chrétiennes, le monde civilisé, et « les autres » le monde « barbare » ou « sauvage » : le droit international ne s'appliquait qu'entre « nations civilisées », celles-ci étant libres d'agir comme bon leur semblait à l'égard des pays « tiers » n'appartenant pas à ce club restreint et fermé.

9. ***Droit international et communauté d'intérêts***— Un certain droit international — sans doute rudimentaire — s'appliqua pour gouverner les rapports des diverses cités grecques entre elles. Les Grecs avaient le sentiment que toutes ces cités et leurs habitants avaient de nombreux points communs quant à leur culture, civilisation et religion : dès lors, il leur semblait naturel que cette communauté hellène fut soumise à des lois particulières uniformes. Là encore, il s'agit d'une idée que l'on retrouve au fondement même du droit international : celui-ci ne saurait naître et se développer que s'il existe une certaine communauté d'intérêts entre les Etats. Ceci explique toutes les difficultés actuelles de poser des règles internationales à portée universelle en raison de la diversité des quelques 190 Etats composant actuellement la société internationale. Ceci explique aussi le grand développement du droit « régional » en raison des solidarités naturelles qui unissent en général des pays géographiquement proches ou possédant des cultures et civilisations analogues.

10. ***Invention de l'arbitrage*** — Plus concrètement, le legs des cités grecques est double. D'une part, elles ont inventé l'arbitrage comme moyen de règlement préalable de leurs différends ; cette institution capitale du droit international n'a cessé de connaître un grand succès à travers l'histoire et elle continue à se développer en s'appliquant à de nouveaux secteurs des relations internationales (le domaine économique) et à certains types de rapports (Est-Ouest, Etats-personnes privées...). Ensuite, elles ont contribué à l'humanisation de la guerre (traitement « humain » des prisonniers de guerre, inviolabilité de certains lieux (les temples) et de certaines personnes (prêtres, devins) ; il est à noter que cet objectif reste toujours — malheureusement — au centre des préoccupations du droit humanitaire international qui s'est beaucoup enrichi depuis un siècle environ à la suite de la création — et à l'instigation — de la Croix-Rouge en 1864.

§ 3 — Le legs de l'Empire romain.

11. ***Influence directe*** — Rome — le peuple du droit par excellence — se devait d'exercer une influence profonde sur l'histoire du droit international et sa formation. La contribution du droit romain fut à la fois directe et indirecte. *Directe* tout d'abord en ce sens que Rome fut le premier « Etat » à posséder des règles précises — sans doute d'ordre interne — pour régler ses relations avec les pays tiers : il y avait par exemple tout un droit romain de la paix et de la guerre à forte connotation religieuse qui était administré par des prêtres particuliers (les fetiales), lesquels appliquaient un droit mi-séculier mi-religieux, le « jus fetiale ». C'est ainsi, par exemple, qu'il appartenait à ces prêtres de décider si une nation étrangère avait violé ses obligations à l'égard de Rome, ce qui constituerait le fondement d'une guerre « juste ». Ils intervenaient également de manière très formelle avant le déclenchement des hostilités militaires. L'Empire romain développa considérablement la pratique des traités avec les nations tierces : ceux-ci pouvaient être des traités d'amitié (amicitia), d'hospitalité (hospitium) ou d'alliance (fœdus). Ces traités contenaient souvent des clauses de réglement des différends sur la base de l'arbitrage exercé par les « recuperatores ». L'Empire romain consacra également la pratique de l'envoi et de la réception d'ambassadeurs dont la personne était inviolable sous peine des sanctions les plus graves. Enfin, et peut-être surtout, Rome donna naissance à tout un corps de droit particulier réglant les rapports entre les citoyens romains et les étrangers : le *jus gentium*. Cette expression, souvent mal interprétée, mais qui devait faire fortune, devait être traduite par « droit des gens », donnant ainsi à penser qu'il s'agissait là du droit international de l'époque — ce qui est loin d'être exact. Le droit romain commun applicable aux citoyens romains était le « jus civile ». Cependant, dans la mesure où un pays tiers avait conclu un traité d'amitié avec Rome, un système spécifique de droit s'appliquait alors à ces étrangers privilégiés, le « jus gentium ». Celui-ci ne fut donc rien d'autre qu'une partie du droit interne romain applicable à certains étrangers. Il ne constitua en rien un « droit international », un « jus inter gentes ». Toutefois, l'apport de ce « jus gentium », même replacé à son juste rôle, demeure considérable : il démontra que les étrangers devaient être placés sous la protection des lois locales de l'Etat où ils résidaient et que celui-ci avait des obligations « minimales » à leur égard. Cette position de principe est toujours depuis lors demeurée celle du droit international.

12. ***Influence indirecte*** — L'influence du droit romain sur le développement du droit international se révéla aussi très profonde d'une manière *indirecte*. Le droit romain, « redécouvert » durant la seconde partie du Moyen Age et qualifié de « raison écrite » (ratio scripta), devint assez vite le « droit commun » de la chrétienté — en particulier du Saint Empire romain germanique ; il constitua tout naturellement les « termes de référence » et d'inspiration pour la formulation des règles communes devant présider aux relations inter-étatiques. Encore à l'heure actuelle, nombre de « principes généraux du droit international » (voir *infra*, n° 713 et s.) trouvent leurs origines dans des règles et institutions du droit romain.

13. ***Reconnaissance du droit naturel*** — Enfin, d'une manière générale, il convient de noter que le droit romain faisait également une place au « droit naturel » (jus naturae) déjà présent, on s'en souvient, dans la Bible. Cicéron en particulier popularisa ces « règles de raison », communes à tous les hommes, et dont l'existence avait été affirmée dans la philosophie grecque stoïcienne du troisième siècle avant notre ère. Non seulement est-il possible de trouver des traces de ce « droit naturel » dans le « corpus juris » romain mais aussi dans le « jus gentium » que Gaïus devait d'ailleurs définir par rapport à la « raison naturelle » (voir Nussbaum, *op. cit.*, p. 15). Ce « droit naturel », sauf à de rares moments, devait toujours « hanter » le droit international et être présent dans son histoire, même la plus contemporaine.

§ 4 — Le droit international au Moyen Age.

14. ***Le lien de vassalité, ancêtre du lien de nationalité*** — Le Moyen Age, période complexe et difficile à apprécier s'il en est, exerça des influences contradictoires sur l'histoire du droit international. Sans doute, en règle générale, est-il exact de dire que les institutions et les faits de l'époque constituèrent des obstacles au développement du droit international (voir Brierly, The law of nations, pp. 2-5). Plus précisément, cette période qui retarda la naissance de gouvernements forts et centralisés, ne fut pas, par voie de conséquence, favorable à l'éclosion du droit international, ou du moins d'un certain droit international, celui qui est associé à la naissance de l'Etat moderne et qui devait apparaître à compter du XVIe siècle. Il est clair, par exemple, que le système féodal constitue la négation, l'antithèse même, de l'Etat et de tout gouvernement centralisé. Il est clair également que la domination omniprésente de l'Eglise catholique et du Droit canon s'opposaient à l'existence de pouvoirs civils forts et de droits locaux « laïcisés », « sécularisés ». Cependant, le système féodal, en insistant sur les rapports vassaux / suzerains fondés sur la possession du sol et créant un réseau de loyautés personnelles, allait favoriser le pouvoir « territorial » du futur monarque centralisateur et contribuer à asseoir l'obligation d'allégeance du citoyen au monarque au sein de l'Etat-nation.

15. ***Bilan*** — La prééminence de l'Eglise catholique et du Droit canon ne fut pas non plus entièrement négative sur le plan de l'histoire du droit international, cela s'entend. Jusqu'à la Réforme, le pouvoir civil ne fut jamais reconnu comme suprême : non seulement le pape affirmait sa supériorité sur les monarques et prétendait exercer sa juridiction sur les princes (ainsi le Pape Hadrien IV en 1155 « autorisa » Henri II d'Angleterre à conquérir l'Irlande, ainsi encore le Pape Alexandre VI en 1493 entreprit de « partager » le Nouveau Monde récemment découvert en Amérique du Sud entre l'Espagne et le Portugal), mais encore l'enseignement traditionnel de l'Eglise et des théologiens a toujours été que le monde était « un » et que le genre humain était soumis à des lois divines, supérieures, auxquelles il était impossible de déroger. Sans doute ce droit naturel était-il exclusivement d'origine et de nature divine, mais l'Eglise catholique et ses théologiens entretenaient là cette idée d'un droit supérieur que l'on trouvait déjà dans la Bible et qui est sans doute aussi vieille que l'humanité elle-même.

16. ***Existence d'un droit supérieur*** — En bref, le Moyen Age fut loin d'être entièrement négatif pour le développement du droit international. Il confirma l'existence d'institutions déjà bien assises : l'existence de traités internationaux, leur respect obligatoire, le recours à l'arbitrage pour régler les différends entre princes et nations, ainsi que l'humanisation de la guerre « juste » (trêves et paix de Dieu, inviolabilité des édifices du culte et des pélerins). Via l'Eglise catholique et les « canonistes », le Moyen Age rappela les fins humaines du pouvoir civil et sa soumission à un droit supérieur commun s'imposant à tous.

Section II

Le droit international depuis la naissance de l'Etat moderne au XVIe siècle jusquà la première guerre mondiale

17. — Il existe des liens étroits entre la naissance de l'Etat moderne et le développement du droit international « classique », c'est-à-dire du droit international conçu comme l'ensemble des règles présidant aux relations inter-étatiques. Si une telle conception a bien rendu compte de la société internationale telle qu'elle a existé — surtout au XIXe siècle –, elle ne saurait être pleinement acceptée de nos jours bien qu'elle explique encore bon nombre de solutions traditionnelles toujours présentes dans le droit international contemporain.

§ 1 — La constitution progressive de l'Etat moderne et le développement du droit international.

1 — Le fondement théorique : la souveraineté de l'Etat.

18. ***La contribution de Jean Bodin*** — La première formulation théorique explicite de la souveraineté comme critère essentiel de l'Etat est due à Jean Bodin et à ses six livres sur « La République » (De republica) publiés en 1576. L'approche de Bodin est incontestablement liée à la situation de son temps et elle résulte d'une observation effective des faits politiques d'alors. La France était à l'époque profondément affaiblie par des guerres civiles et religieuses. Bodin estimait que le remède fondamental contre cette situation de chaos résidait dans le renforcement de la monarchie française contre toutes les féodalités et contre le pouvoir ecclésiastique. Dès lors, pour Bodin, l'essence de l'Etat est l'unité de son gouvernement, la « summa potestas » (ou « souveraineté ») sans laquelle l'Etat ne serait « qu'un navire sans quille ». Bodin définissait l'Etat comme une « multitude de familles ou de possessions ayant en commun d'être régies par un pouvoir suprême (summa potestas) et par la raison ». La manifestation essentielle de ce « pouvoir suprême », de la souveraineté, consistait dans la capacité de faire des lois, le souverain n'étant pas lié (absolutus) par les lois qu'il faisait. Ceci ne signifiait pas pour autant que le monarque — ou l'Etat — était au-dessus de toutes les lois : il demeurait en effet lié par la loi divine, la loi de nature (ou de raison), les lois communes à toutes les nations, et les lois de gouvernement (c'est-à-dire les « lois fondamentales » du royaume). En bref, pour Bodin, la souveraineté était un principe essentiel de droit interne destiné à ordonner la société politique. Elle ne signifiait nullement que l'Etat était au-dessus de toute loi.

19. ***La déviation de Hobbes*** — Par la suite, il y eut des « déviations » de cette notion de souveraineté. Elle fut identifiée par certains — tel Hobbes dans son « Léviathan » (1651) — à un pouvoir absolu de l'Etat qui se trouvait alors situé au-dessus de toutes les lois. Dans ces conditions, si la souveraineté est assimilée à un pouvoir absolu de l'Etat, celui-ci ne saurait être soumis à aucune règle de droit supérieure. Dès lors, aucun droit international ne saurait lier ces Etats souverains et donc exister. Cette thèse niant l'existence du droit international a une longue histoire et d'illustres représentants tels Austin au XIXe siècle, R. Aron et G. Burdeau de nos jours.

2 — Le fondement moral : la laïcisation de l'Etat.

20. — Il s'agit ici du principal apport de la Réforme qui marqua la rébellion des Etats contre l'Eglise et le triomphe définitif des premiers. La pensée protestante qui devait prédominer dans une bonne moitié de l'Europe affirma que l'autorité civile était suprême sur le territoire de l'Etat, ce qui contribua au renforcement et à l'unification de ce dernier. De plus, dans l'autre moitié de l'Europe dominée par le catholicisme, l'Eglise devait être trop affaiblie pour continuer à se poser en rival sérieux de l'Etat.

En bref, la suprématie du pouvoir de l'Etat sur son territoire en tant qu'autorité civile devait être définitivement assise à partir du XVIe siècle. En se laïcisant, le pouvoir de l'Etat allait se trouver profondément renforcé.

3 — Les éléments constitutifs de l'Etat moderne.

Ceux-ci sont trop bien connus pour qu'il soit besoin d'y insister longtemps.

21. ***Le territoire*** — La notion de « territoire » de l'Etat se dégagea progressivement de l'idée de « possession du sol » par le seigneur qui avait prévalu au Moyen Age. A partir du XVIe siècle, le territoire va apparaître comme l'un des fondements essentiels de l'Etat. Le territoire marque la limite géographique où va s'exercer exclusivement l'autorité, la compétence, de l'Etat. L'idée de « frontière » va progressivement apparaître pour délimiter les sphères de compétence territoriale des divers Etats. A l'intérieur de ces limites géographiques précises, les Etats exerceront la plénitude d'une juridiction territoriale exclusive.

22. ***La nation*** — A la même époque, commence à apparaître l'idée de « nation ». Les individus vivant sur le territoire de l'Etat vont prendre une conscience croissante de leur appartenance à une communauté nationale fondée sur une histoire commune et le désir de maintenir ces liens de solidarité dans l'avenir. Ceci étant, « leur » Etat national les protège mais il lui doivent aussi allégeance en raison de ce lien de nationalité. L'Etat moderne va ainsi acquérir un nouveau « titre à agir », une nouvelle « juridiction », à savoir la compétence personnelle.

23. ***L'administration permanente*** — Enfin, apparaît également à cette époque une administration permanente de l'Etat, à commencer par l'armée. Les forces armées ainsi que les administrations « privées » vont progressivement disparaître. L'Etat moderne va alors disposer du monopole de l'administration publique et de la contrainte militaire.

24. ***Consécration de l'Etat souverain par les traités de Westphalie*** — La toile de fond de l'Etat moderne avait ainsi été patiemment tissée : une entité politique souveraine, disposant d'une administration permanente et exerçant sa juridiction exclusive sur un territoire et une population bien déterminés. Dès lors, les relations internationales modernes allaient mettre en présence des Etats souverains et donc juridiquement égaux. En conséquence, la technique privilégiée pour régler leurs rapports devait être le traité international fondé sur l'accord de tous les cocontractants. Tous ces éléments allaient se trouver formalisés dans les *traités de Westphalie* de 1648 : ceux-ci peuvent légitimement apparaître comme le point de départ du droit international « classique » régissant les rapports entre Etats souverains.

4. — Un bilan rapide du droit international à la fin du XVIIIe siècle.

25. ***Consolidation des apports antérieurs*** — A la lumière de la pratique des Etats, un certain nombre d'institutions antérieures du droit international allaient se trouver consolidées. Le traité n'allait cesser d'être l'instrument privilégié des relations inter-étatiques ; son domaine d'application devait s'étendre considérablement (notamment au domaine commercial où la clause de la nation la plus favorisée devait connaître un grand essor). Cette faveur du traité s'explique aisément en ce sens qu'il manifeste de façon formelle le consentement exprès de l'Etat souverain à être lié. Sans doute la coutume était-elle toujours présente comme une source d'obligations internationales, mais elle s'analysait alors comme une manifestation de la volonté tacite des Etats à être liés. Certaines, parmi les plus importantes, devaient recevoir ce statut à cette époque : l'existence de légations permanentes, l'inviolabilité de la personne des représentants des Etats étrangers, « l'extraterritorialité » des locaux diplomatiques étrangers, en général les privilèges et immunités des Etats étrangers et de leurs

représentants, la liberté des mers, la licéité de la guerre, le statut des puissances neutres en cas de conflit armé entre des pays tiers.

26. ***Rôle des "pères fondateurs" du droit international*** — On notera également que, même si cette époque commence à marquer le triomphe du droit positif (et cela en raison du grand essor du droit écrit conventionnel), toute idée de droit naturel n'a pas pour autant disparu. Les « pères fondateurs du droit international » Vitoria (1480-1546), Suarez (1548-1617), Grotius (1583-1645), Vattel (1714-1769) continuèrent, à titres divers, à faire une large place à cette idée qu'il existait un droit supérieur, naturel — religieux pour les premiers et laïc pour les seconds — qui s'imposait à tous. Pour l'essentiel, ces auteurs crurent pouvoir découvrir les principes de ce droit naturel dans le droit romain considéré comme le suprême achèvement de la raison humaine (ratio scripta). Ce droit romain apparaissait également comme une source du droit positif « international » dans la mesure où il constituait l'héritage juridique commun du monde « civilisé » de l'époque. Comment une nouvelle fois ne pas noter la force prodigieuse de cette idée de « droit naturel » supérieur à tout droit positif et qui est loin d'être absente du droit international le plus contemporain ? Ainsi du droit de « légitime défense » qualifié de « droit naturel » par la Charte de l'O.N.U. Ainsi de certains droits de l'homme et libertés fondamentales tel le principe de non-discrimination raciale. Ainsi de la répression de certaines personnes convaincues de crimes contre l'humanité, les criminels de guerre par exemple. Ainsi également du concept de « jus cogens ». N'est-ce pas là affirmer l'existence d'une « super légalité internationale » qui s'impose à tous les membres de la communauté internationale nonobstant le dogme de la souveraineté de l'Etat moderne ?

27. ***Projets de "paix perpétuelle"*** — Enfin, on remarquera que cette époque vit la naissance des projets de « paix perpétuelle » entre les nations par le droit international. Ce mouvement commença dès le XIVe siècle avec le projet de Pierre Dubois publié en 1305 ; il continua avec les schémas du roi de Bohême Podiebrad en 1461, de Sully en 1603 et d'Emeric Cruce en 1623. Cette idée, certains diront ce « rêve », de la « paix par le droit » allait connaître un succès considérable qui ne devait jamais se démentir : on lui doit, entre autres, la création de nos jours, d'institutions comme la Société des Nations en 1919 ou l'Organisation des Nations unies en 1945. En outre, ces auteurs eurent le mérite d'insister sur l'importance d'organiser, d'institutionnaliser les relations internationales entre des nations indépendantes afin de développer les solidarités naturelles des membres de la communauté internationale, ce qui réduirait d'autant, à défaut d'éliminer, les intentions belliqueuses.

§ 2 — Le droit international classique : le droit de la société interétatique.

28. ***Formalisation au XIXe siècle*** — Le droit international moderne s'est formé, pour l'essentiel, durant le XIXe siècle. Beaucoup de ses règles, principes et institutions sont encore présents

de nos jours. Produit de la société internationale de l'époque, ce droit international lui a été, dans l'ensemble, adapté. Or, ce qui faisait hier sa force constitue aujourd'hui sa faiblesse. Ce droit international « classique » ne correspond plus à la structure de la société internationale contemporaine, à ses besoins et à ses aspirations diversifiées.

1 — La structure de la société internationale classique.

Elle était relativement simple. On était alors en présence d'une société composée exclusivement d'Etats qui, dans l'ensemble, connaissaient une assez grande homogénéité et qui, de fait, était « dirigée » par un petit nombre d'entre eux.

29. ***Une société interétatique*** — La société internationale classique du XIXe siècle fut avant tout interétatique. Elle se composait exclusivement d'Etats souverains et égaux (si l'on fait abstraction des quelques rares « organisations internationales » créées dans la dernière partie du XIXe siècle). C'est ainsi que le nombre de ses participants, tout en allant en s'élargissant, demeura toujours fort restreint. Une quinzaine de collectivités humaines seulement s'étaient constituées en Etat en 1815. A la veille de la première guerre mondiale, il n'y en avait guère plus d'une quarantaine. La sphère géographique du droit international s'étendit progressivement tout au long du XIXe siècle : l'Empire ottoman, le Japon, la Chine, les républiques latino-américaines furent progressivement intégrés au concert des nations.

30. ***Une société homogène*** — Cette société internationale était composée d'Etats relativement homogènes sur le plan politique, économique et social. Dans l'ordre politique, il s'agissait d'Etats peu ou prou démocratiques dont les classes dirigeantes étaient naturellement portées au maintien du statu quo et à la modération ; il n'existait alors aucun conflit idéologique officiel entre les Etats. Dans l'ordre économique, la croyance dans les vertus du libre-échangisme était universelle et les Etats s'abstenaient d'intervenir étroitement dans la vie économique, interne et internationale. De plus, ces Etats connaissaient le même niveau de richesses, ou à peu de chose près : rien alors qui ressemblât à une ligne de clivage effective entre nations « riches » et « pauvres ». Dans l'ordre social, les structures des Etats étaient fort proches tandis qu'un système de valeurs « occidentales » communes faisait l'objet du plus large accord.

31. ***Sa domination par le "concert européen"*** — Cette société internationale classique fut, tout au long de cette période, dominée par un petit nombre d'Etats européens (Allemagne, Angleterre, Autriche, France, Russie) qui constitua une sorte de « gouvernement international de fait » sous la forme, d'abord, de la Sainte-Alliance, puis du « Concert Européen ». Ainsi, les grands problèmes de l'époque allaient être tranchés par ce petit noyau de pays réunis en « Congrès » : lors du Congrès de Berlin de 1885, par exemple, 13 pays européens auxquels s'ajoutèrent l'Empire ottoman et les Etats-Unis devaient procéder au partage de l'Afrique en même temps qu'établir le statut du bassin et de « l'Etat libre du Congo » — ce dernier étant confié *intuitu personae* au roi Léopold de Belgique avant de devenir plus tard une colonie belge. Ce « gouvernement international de fait » des grandes puissances qui devait profondément marquer l'esprit de l'ancien Secrétaire d'Etat américain Kissinger allait donner au monde un siècle de relative stabilité des relations internationales. Toutes ces conditions étaient éminemment favorables à l'essor d'un droit international stable gouvernant les relations entre Etats, le droit international « public ».

2 — L'essor du droit international « public ».

32. — Il ne saurait être ici question de présenter un bilan de ce droit international public à la veille de la première guerre mondiale. Nous nous contenterons d'en signaler les traits les plus saillants.

33. ***Développement du droit conventionnel*** — L'aspect le plus frappant réside sans aucun doute dans le prodigieux développement du droit conventionnel tout au long du XIXe siècle. Il a été estimé que 16 000 traités avaient été conclus à l'échelle mondiale entre les Etats durant la période 1815-1924 (voir Nussbaum, *op. cit.*, p. 197). D'après cette même étude, 10 000 traités étaient en vigueur en 1917.

34. ***Invention du traité multilatéral*** — Sur le plan qualitatif, le XIXe siècle apporta des changements marquants. Il « inventa » le traité « multilatéral » grâce auquel plusieurs Etats vont être conventionnellement liés par l'adoption d'un seul et même instrument. Ce progrès technique allait permettre à certains traités multilatéraux de l'époque de créer des normes juridiques internationales applicables à tous (ainsi en matière de droit fluvial ou de la neutralité, par exemple). Afin de bien montrer leur importance, on a souvent parlé à leur propos de « législation internationale », expression qu'il convient de manier avec précaution, nous y reviendrons.

35. ***Nouvelles branches du droit international*** — De nouvelles « branches » du droit international sont apparues. Ce foisonnement du droit conventionnel devait tout naturellement mener à l'application progressive du droit international à des domaines qui lui échappaient jusqu'alors. C'est ainsi que les grands principes d'un droit international des communications internationales furent posés à l'époque ; de nombreuses « chartes fluviales » furent élaborées pour les plus grands fleuves internationaux (Rhin, Elbe, Escaut, Danube, Congo) ainsi que les « statuts » des canaux transocéaniques (Suez, Panama). Les relations économiques internationales devaient également faire l'objet de nombreux traités dans le domaine commercial où la pratique de la clause de la nation la plus favorisée de type conditionnel était généralisée, dans le domaine monétaire où les premières conventions étaient conclues dans la seconde partie du XIXe siècle (ainsi la célèbre Union Latine de 1865), dans le domaine de la circulation des individus avec la négociation de conventions d'établissement. L'unification des règles de droit international privé devint l'un des objectifs majeurs de la société internationale, la première conférence en la matière s'étant tenue à La Haye en 1893 : des conventions devaient être conclues en matière de procédure civile (1896) et de droit de la famille (1902-

1905). La protection de la propriété industrielle et littéraire devait être assurée à l'échelon international par les conventions de Berne de 1883 et 1886. Enfin, on notera le développement de traités collectifs destinés à protéger la personne humaine (interdiction du trafic des êtres humains, à commencer par la traite des Noirs, protection des blessés et des malades en temps de guerre qui commença avec la Convention de Genève de 1864).

36. ***Nouveaux sujets du droit international*** — Découverte capitale, de nouveaux sujets de droit international allaient être créés : les organisations internationales. Elles apparurent dans la seconde partie du XIXe siècle sous la forme d'Unions administratives, la première étant l'Union télégraphique internationale en 1865 et la seconde en 1874, l'Union générale des postes (devenue, en 1878, l'Union postale universelle). Pour importante que soit cette apparition de nouveaux sujets du droit international sous la forme de ces organisations interétatiques, le phénomène devait rester marginal à l'époque : l'institutionnalisation des relations internationales devait connaître ses plus importantes réalisations à la suite de la seconde guerre mondiale.

37. ***Le règlement pacifique des différends*** — Afin de préserver la paix qui apparaît déjà comme l'une des préoccupations majeures du XIXe siècle finissant, les techniques de règlement pacifique des différends entre Etats se développent et s'organisent. De nouveaux moyens apparaissent de type diplomatique : médiation, bons offices, enquête, conciliation. Des conventions d'arbitrage ou, plus souvent, des clauses compromissoires sont insérées dans bon nombre de traités, donnant compétence à des arbitres pour trancher certains différends interétatiques. C'est à la suite d'un accord particulier de ce type que le premier grand arbitrage de la période contemporaine put être rendu en 1872 entre les Etats-Unis et la Grande-Bretagne dans *l'affaire de l'Alabama*. En fin de période, sous l'impulsion du tsar de Russie, il y eut des efforts pour instituer des juridictions internationales permanentes dont la compétence serait étendue — à défaut d'être pleinement obligatoire, ce qui, pensait-on permettrait d'éviter le recours à des conflits armés. Cette grande idée du maintien de la paix grâce au respect du droit international continuait ainsi et se voyait complétée par l'adjonction d'une justice internationale indépendante chargée de faire respecter cet état de droit. C'est ainsi qu'en 1899 et 1907, des conférences « mondiales » sur la paix se réunissaient à La Haye et, sans doute trop en avance sur les réalités de l'époque, n'aboutissaient qu'à un succès partiel : sans doute le droit de recourir à la force armée ne fut-il pas limité, sans doute le recours obligatoire à l'arbitrage ne fut-il pas admis, sans doute encore le projet d'une Cour internationale des Prises resta-t-il lettre morte ; cependant, ces conférences codifièrent les divers types de règlement des différends entre Etats et cette codification garde toute sa valeur de nos jours et, surtout, elles donnèrent lieu à la création de la Cour Permanente d'Arbitrage (C.P.A.) qui, pour être tombée en désuétude, n'en joua pas moins un rôle important jadis et constitua le premier exemple d'institutionnalisation du recours juridictionnel à l'échelon international.

La C.P.A. ne fut jamais très occupée : elle fut saisie de quatre affaires entre 1899 et 1907, huit entre la deuxième conférence de 1907 et le début de la première guerre mondiale, douze entre 1919 et 1940 et six enfin depuis 1945 — soit un total assez maigre de trente affaires en plus d'un siècle d'existence (voir The Permanent court of Arbitration : internationl arbitration and dispute resolution éd. P. Hamilton et al., Kluuver, La Haye, 1999).

Si cette Cour n'a plus guère d'activités en tant qu'organe de jugement, en revanche son Bureau International a servi - et sert encore - de greffe dans des procédures d'arbitrage (voir par exemple son Rapport Annuel pour 1996). En outre, elle joue encore un rôle - certes indirect - dans le processus de sélection des juges à la Cour Internationale de Justice (voir *infra* n° 1434).

Section III

Le développement du droit international durant l'entre-deux-guerres

Ici encore, il ne s'agira de présenter que les caractéristiques les plus marquantes du droit international de l'époque et d'en montrer la contribution.

1 — Le développement des organisations internationales : l'institutionnalisation de la paix et des relations internationales.

38. — Le phénomène de l'institutionnalisation des relations internationales, marginal jusqu'à la fin de la première guerre mondiale, devait connaître un grand essor avec le triomphe des idées du président américain Wilson et la création de la Société des Nations (par le Traité de Versailles). La S.D.N., quel que soit son échec final, constitua la première réalisation institutionnelle de l'idée ancienne de la « paix par le droit ». A ce seul titre, elle mérite d'être saluée comme une entreprise « révolutionnaire ».

Dans le même sens, il convient aussi de noter qu'un secteur fort important des relations internationales était aussi à l'époque institutionnalisé sur le plan mondial avec la création de l'Organisation Internationale du Travail (O.I.T.), chargée, entre autres, d'établir des conventions protégeant les travailleurs et posant des normes minimales communes à toutes les nations. La charte constitutive de l'O.I.T. devait également se trouver incorporée dans le traité de Versailles du 28 juin 1919 dont elle forme la Partie XIII.

39. — Ce mouvement d'institutionnalisation est aussi présent dans un cadre régional. C'est ainsi qu'une certaine organisation des relations entre les Etats d'Amérique Latine vit le jour à cette époque. Le Commonwealth britannique peut également être mentionné au titre de ces relations internationales régionales organisées bien que le formalisme soit ici grandement réduit.

40. — Notons enfin la naissance d'une nouvelle catégorie de sujets du droit international qui relève de l'idée régionaliste entendue au sens fonctionnel du terme : les établissements publics internationaux (voir les diverses études de H.T. Adam publiées à partir de 1957 à la L.G.D.J.). La première institution de ce type — à dire vrai très hybride — fut la Banque des Règlements Internationaux (B.R.I.) créée en 1930 pour assurer, entre autre, le paiement des dettes de guerre de l'Allemagne au titre du plan Young.

2 — La limitation, puis l'interdiction, du recours à la force dans les relations internationales.

41. — Pour la première fois dans l'histoire, le Pacte de la S.D.N. s'attacha à réduire le droit des Etats — jusque-là entièrement discrétionnaire — de recourir à la guerre pour régler leurs différends. Le jeu combiné des articles 12, 13 et 15 du Pacte mettait sur pied un système compliqué dit de « moratoire de guerre » qui, en cas de violations, pouvait être assorti de sanctions économiques ou militaires (article 16). Pour l'essentiel, ce système consistait à rendre illicite le recours à la guerre en cas de différend ne portant pas sur le « domaine réservé des Etats » et pendant la durée de son examen soit par la C.P.J.I., soit par des arbitres, soit encore par le Conseil de la S.D.N. le recours préalable à l'une de ces trois procédures étant obligatoire.

42. — Le célèbre pacte Briand-Kellogg du 26 août 1928 allait beaucoup plus loin dans la mesure où il mit la guerre « hors la loi » internationale. Son article I disposait en effet que les « Hautes Parties Contractantes... (condamnaient) le recours à la guerre pour le règlement des différends internationaux, et y (renonçaient) en tant qu'instrument de politique nationale dans leurs relations mutuelles ». Ce pacte, même s'il devait connaître les violations flagrantes et nombreuses que l'on sait, allait être accepté par tous les Etats et servir de base aux dispositions de la Charte de l'O.N.U. en la matière. Un demi-siècle après, le droit international allait, à cet égard, toujours demeurer en avance sur les faits et la réalité de la pratique internationale.

3 — L'institutionnalisation d'une juridiction internationale.

43. — Jusqu'alors — si l'on excepte la création de la très particulière Cour Permanente d'Arbitrage ainsi que l'éphémère Cour de Justice centre-américaine qui fonctionna de 1907 à 1917 — tous les efforts visant à la création d'un tribunal international permanent chargé de résoudre les différends entre Etats sur la base du droit international avaient échoué. Cette œuvre fut reprise après la première guerre mondiale et rapidement menée à bien par un accord spécial de 1920 portant statut d'une Cour Permanente de Justice Internationale

(C.P.J.I.). Ce texte, sans changement aucun, porte encore statut de la Cour Internationale de Justice (C.I.J.) actuelle. Il a été annexé à la Charte de l'O.N.U. et accède ainsi à la même dignité tandis que la nouvelle Cour se voyait incluse dans les mécanismes de l'O.N.U. et qualifiée « d'organe principal » de cette institution.

4 — L'extension matérielle du droit international.

Deux secteurs particuliers méritent d'être cités ici à ce titre.

44. — Tout un droit très élaboré et audacieux de « protection des minorités » fit son apparition dans les traités mettant fin à la première guerre mondiale. L'individu commence à faire une apparition, sans doute timide, sur la scène internationale. Certaines catégories d'individus vont ainsi être l'objet d'une protection internationale conventionnelle : tel sera par exemple le cas des « travailleurs » par l'Organisation Internationale du Travail ou des « minorités » par les traités mettant fin à la première guerre mondiale.

45. — En outre, le droit international s'étendit de plus en plus à la sphère des relations économiques internationales, commerciales et monétaires. On notera en particulier les premiers accords dit de « contrôle » visant à réglementer le commerce de certaines matières premières (caoutchouc en 1934, étain et sucre en 1937).

Section IV

La société transnationale contemporaine et les nouveaux développements du droit international

46. — Depuis la fin de la seconde guerre mondiale, la société internationale a connu des bouleversements considérables. Ces transformations profondes sont de deux types, horizontal et vertical. Sur le plan horizontal, de nouveaux acteurs de la société internationale sont apparus de sorte que cette dernière a perdu son homogénéité initiale pour se caractériser maintenant par son « hétérogénéité ». Sur le plan vertical, de nouveaux et nombreux domaines sont apparus et ont ainsi élargi la sphère d'influence du droit international. Le jeu combiné de ces deux phénomènes a incontestablement rendu plus complexe la compréhension du droit international et de son rôle — sans parler de sa définition.

§ 1 — La société transnationale : la diversification des acteurs de la société internationale.

1 — Les Etats.

47. — Il est désormais impossible d'employer le mot Etat au singulier à l'échelon international. L'Etat contemporain n'a que peu de ressemblance avec son ancêtre du XVIe siècle ou même du début de ce siècle. Le phénomène n'est pas seulement quantitatif. Il est avant tout qualitatif.

a) La prolifération des Etats.

48. — A première vue, il s'agit là du phénomène le plus marquant. Il n'est pourtant pas le plus important. Au début de ce siècle, une quarantaine de collectivités humaines étaient organisées sous la forme étatique. C'était d'ailleurs le nombre des Etats participant aux conférences précitées de La Haye de 1899 et 1907 et qui pouvaient être considérées comme universelles pour l'époque. Durant le demi-siècle qui suivit, leur nombre augmenta peu : 51 Etats étaient présents ou représentés à la conférence de San Francisco de 1945 qui devait donner naissance à l'O.N.U.

49. — Ce nombre demeura à peu près stable dans les années qui suivirent l'immédiat après-guerre. Une accélération considérable devait se produire dès la fin des années 1950 avec le mouvement de décolonisation. Durant une dizaine d'années des vagues successives et rapprochées de pays accédèrent à l'indépendance et au statut international d'Etat. C'est ainsi qu'à l'heure actuelle il existe près de 190 Etats membres des Nations-Unies. Toutefois, un double mouvement actuel affecte de façon contradictoire ce phénomène d'étatisation des sociétés. D'une part, l'Etat-nation tend à disparaître pour se fondre dans des entités supérieures de type fédéral ou supranational : telle est la leçon donnée par la constitution de l'Europe communautaire au sein de la CEE. D'autre part et à l'inverse, l'implosion d'ensembles plurinationaux comme l'URSS ou la Yougoslavie a entraîné la création d'une vingtaine de nouveaux Etats sur la base du principe des nationalités.

b) L'hétérogénéité des Etats.

Si les Etats du XIXe siècle présentaient, nous l'avons signalé, une assez grande homogénéité, rien de tel n'existe de nos jours. Cela ne saurait surprendre étant donné leur grand nombre.

50. ***Des composantes contestées*** — Ce sont les composantes mêmes des Etats qui connaissent des différences marquées. Sans doute, tous possèdent-ils un territoire, une population, une administration permanente et la souveraineté internationale. Mais il faut aller au-delà de cette analyse formelle. Tout d'abord et d'une manière générale, la souveraineté de l'Etat apparaît de plus en plus comme un mythe, notamment dans son volet économique (voir *The Economist*, 23 juin 1990, p. 69). La croissance considérable et régulière du commerce international, la dépendance croissante des économies nationales à l'égard des échanges internationaux ainsi que l'accroissement marqué des investissements privés internationaux n'ont cessé au cours des dernières années de renforcer l'intégration économique internationale et de rendre les Etats de plus en plus interdépendants. Loin d'être indépendants, au sens d'être en mesure de pouvoir prendre des décisions et d'adopter des politiques économiques en toute souveraineté, les Etats se trouvent maintenant en situation de concurrence. Il va de soi que cette érosion — voire cette perte — de souveraineté économique des Etats ne se limite pas à ce seul secteur ; elle affecte directement leur indépendance, leur souveraineté politique entendue *lato sensu*. La mondialisation croissante de l'économie invite ainsi à repenser de fond en comble le concept de souveraineté de l'Etat (voir Mohamed Salah Mohamed Mahmoud, Mondialisation et souveraineté de l'Etat, J.D.I. (clunet). 1996.611 ; et voir en général S.F.D.I., L'Etat souverain à l'aube du XXIe siècle, Colloque de Nancy, Paris, Pedone, 1994). En outre, et plus visible, bon nombre d'Etats « nouveaux » nés de la décolonisation possèdent des assises chancelantes. Leurs territoires ont des frontières souvent mal définies et donc contestées. Les populations locales manquent pour le moins d'unité dans la mesure où les anciennes frontières coloniales tracées le plus souvent arbitrairement par les grandes puissances au XIXe siècle et ne tenant aucun compte des réalités humaines sous-jacentes sont devenues des « frontières d'Etat » : combien de tribus ou de nations se trouvent ainsi écartelées entre plusieurs Etats nouveaux adjacents ? Les administrations locales sont souvent plus théoriques que réelles et n'exercent parfois qu'un contrôle nominal sur d'amples portions du territoire national. La souveraineté, l'indépendance nationale de bien de ces Etats nouveaux apparaît davantage comme un dogme qu'une réalité, surtout pour les plus petits d'entre eux : tel est le problème des « micro-Etats » sur la scène internationale. Il existe de nos jours une prolifération de micro ou « mini » Etats : ainsi, aujourd'hui 87 Etats possèdent moins de 5 millions d'habitants, 58 moins de 2,5 millions et 35 moins de 500 000 (voir *The Economist*, 3 janvier 1998, p. 63). En bref, beaucoup de ces Etats « nouveaux » apparaissent comme particulièrement instables et vulnérables. Il y a là une source permanente de tensions internationales — l'histoire récente le montre assez clairement — que le droit n'arrive guère à maîtriser quand il n'en ressort pas affaibli. (C'est ainsi que depuis 1945 divers types de conflits armés — guerres inter-étatiques, guerres civiles, guerres d'indépendance ou de sécession — ont coûté la vie à 17 millions de personnes, soit plus que le nombre total des victimes militaires durant la première guerre mondiale ; si l'on exclut la situation en Irlande du Nord, ainsi que la récente guerre du Golfe de 1991, toutes ces opérations armées ont en commun de ne concerner que des pays du tiers-monde... Voir *The Economist,* 12 mars 1988, pp. 15, 21-24). On comprend dès lors mieux la préoccupation générale de la communauté internationale de renforcer les structures étatiques des pays nouvellement indépendants de façon à faire régner "la loi et l'ordre" à l'échelle de la planète - condition essentielle à l'existence d'un état de droit (voir "les Nations Unies et la restauration de l'Etat", sous la direction d'Y. Daudet, Paris, Pedone, 1995).

51. ***Conflits idéologiques*** — Les régimes politiques adoptés par ces quelques 190 Etats relèvent de philosophies et de conceptions diamétralement opposées. Alors qu'auparavant on était en présence de régimes « conservateurs » et modérés, on trouve maintenant des Etats qui s'affichent ouvertement comme révolutionnaires et qui entendent, par tous les moyens, répandre « leur » système propre. Ce prosélytisme politique appliqué à l'échelle internationale constitue à l'évidence même un facteur de tension et de destabilisation des régimes en place. Autrement dit, l'idéologique a fait irruption sur la scène internationale, donnant naissance à des conflits jusqu'alors impensables, et rendant plus difficile la cœxistence pacifique. Comment à ce propos ne pas faire allusion au conflit idéologique Est/Ouest qui constitua pendant près de cinquante ans (1945-1989) l'une des réalités marquantes de notre époque ?

52. ***Clivages économiques*** — L'homogénéité des systèmes économiques adoptés par les Etats a également volé en éclats. Deux lignes de clivage fondamentales sont ici à rappeler encore que la première tende à s'atténuer, voire à disparaître. Alors qu'auparavant il existait un accord de principe sur les vertus du « capitalisme », c'est-à-dire en dernière analyse, sur la différence entre le « politique » (l'imperium) et « l'économique » (le dominium), le premier étant réservé à l'Etat garant de l'intérêt public, le deuxième étant laissé à l'initiative privée au nom de la défense des intérêts individuels, cette distinction devait être fortement battue en brèche jusqu'à il y a peu. Depuis la révolution bolchevique de 1917 qui a constitué la matérialisation historique d'un régime collectiviste fondé sur le rôle exclusif de l'Etat national dans tous les domaines, ce modèle devait s'étendre à plus de la moitié des habitants de la planète avant de s'écrouler, du moins en Europe centrale et orientale, à partir de 1989. Au conflit idéologique Est/Ouest s'ajouta ainsi entre les mêmes antagonistes un conflit portant sur l'organisation sociale et économique de l'Etat.

Une deuxième ligne de clivage, plus importante encore si l'on en croit le Pandit Nehru (un ancien premier ministre de l'Inde), oppose maintenant les pays « riches » (capitalistes ou socialistes d'ailleurs) aux pays « pauvres ». Alors qu'auparavant tous les Etats connaissaient un niveau analogue de relative pauvreté, de nos jours un écart grandissant existe entre pays développés (ou industrialisés) et pays en développement (ou pays du tiers-monde). Mieux, à l'intérieur de ces derniers des sous-catégories sont à distinguer entre les « nouveaux pays industrialisés » (N.P.I.) et les « pays les moins avancés » (P.M.A.) par exemple — sans oublier les pays exportateurs de pétrole. Des oppositions économiques majeures secouent ainsi fortement le monde contemporain. Ainsi, l'un des débats centraux de notre époque porte sur la redistribution des richesses à l'échelle mondiale, via un nouvel ordre économique international. C'est donc tout le droit international économique classique qui se trouve de la sorte contesté (voir D. Carreau et P. Juillard, Droit international économique, Paris, L.G.D.J., 4e éd., 1998, nos 45-50).

53. ***Contestation des valeurs "occidentales"*** — Enfin, le système de valeurs « occidentales » fondé sur la morale judéo-chrétienne ne constitue plus un fonds commun accepté comme tel. L'irruption des Etats nouveaux sur la scène internationale a redonné de l'importance à des philosophies et religions (islam, hindouisme, bouddhisme) jusqu'alors sans influence au niveau international, sans parler des

Etats professant un athéisme officiel. Mieux, l'apparition de forces politico-religieuses transnationales comme l'idée d'une « nation arabe » ou d'un monde « arabo-musulman » bat en brèche les notions traditionnelles d'Etats et de frontières sur lesquelles le droit international contemporain demeure largement fondé. La crise puis la guerre du Golfe de 1991 devaient bien mettre en lumière cette antinomie.

54. ***Conséquences de cette hétérogénéité sur le droit international contemporain*** — Cette très grande — et sans doute croissante — hétérogénéité des Etats entraîne deux conséquences fondamentales sur le droit international contemporain. Tout d'abord, il lui est de plus en plus difficile de devenir — ou de rester — universel faute d'intérêts suffisamment communs entre les Etats et en raison de la difficulté d'atteindre des compromis qui gardent encore un sens. Rien d'étonnant dans ces conditions que le droit international connaisse actuellement ses développements les plus importants dans le domaine régional où la solidarité est plus facile à organiser en raison de la présence d'Etats plus homogènes et de leur prise de conscience plus aisée de l'existence d'intérêts communs. De plus, et dans la même veine, le droit international tend à perdre de son uniformité même si on le réduit au seul droit des relations inter-étatiques. Jadis, toutes les collectivités étatiques étaient soumises au même droit en raison de leur égalité souveraine : l'uniformité du droit international semblait logiquement et nécessairement découler de la souveraineté et de l'égalité de tous les Etats. Rien de tel de nos jours. Les Etats les plus faibles (en général les pays du « Tiers-monde ») militent en faveur d'un droit international réformateur, réducteur des inégalités, qui leur accorde des privilèges et qui impose des obligations correspondantes au pays riches. Cette revendication, qui n'est pas sans rappeler l'évolution du droit interne des démocraties industrielles depuis plus d'un siècle, s'appuie sur une conception « réelle » et non plus seulement « formelle » de la souveraineté de l'Etat selon laquelle il serait inéquitable de traiter des sujets de droit qui se trouvent dans des situations de fait très différentes et inégales. Cette nouvelle conception d'un droit international différencié, non uniforme, en fonction du niveau de développement des Etats, peut déjà mettre à son actif des réalisations notables dans des domaines tels que le nouveau droit de la mer ou, en général, les relations économiques internationales (voir sur ce dernier point, D. Carreau, Le nouvel ordre économique international, J.D.I., 1977.595)

2 — Les organisations internationales intergouvernementales.

55. ***Prolifération*** — Historiquement, nous l'avons vu, il s'agit là du premier sujet dérivé du droit international créé par ces sujets originaires que sont les Etats.

Si le processus de création des organisations internationales a commencé à la fin du XIXᵉ siècle, il s'est grandement accéléré à partir de la fin de la seconde guerre mondiale. Ce phénomène s'est développé aussi bien au niveau universel que régional. C'est ainsi que les 16 « institutions spécialisées » de l'O.N.U. forment le réseau organisé des relations internationales « techniques » à vocation universelle. Quant au mouvement « régionaliste », il se caractérise par un pullulement d'organisations politiques et techniques dont il serait fastidieux de donner la liste et à propos duquel on se contentera de signaler qu'il n'a épargné aucun continent.

Actuellement, il existe plus de 6 000 organisations internationales de type intergouvernemental (soit 6 000 sont universelles, soit intercontinentales, soit régionales) (voir en général *Yearbook of international organizations*, 1997/1998). Ces organisations sont plus nombreuses que les Etats et couvrent pratiquement tout le spectre des activités humaines, depuis la santé jusqu'au lancement des satellites.

56. ***Un pouvoir "quasi législatif"*** — Ces organisations qui ont été créées pour gérer des « services publics » internationaux — universels ou régionaux — présentent un intérêt considérable sur le plan du droit. Ayant une personnalité juridique propre, indépendante de celle de leurs membres, ces organisations sont devenues une source autonome de droit international. Tout en lui restant soumises, elles ne cessent de contribuer puissamment à son développement, au point que l'on a parfois pu parler de leur « pouvoir quasi législatif ».

3 — Les organismes publics internationaux (ou les établissements publics internationaux).

57. — Ici encore on est en présence de sujets dérivés du droit international qui ont vu le jour de par la volonté des Etats à la suite d'un accord constitutif en bonne et due forme. Ils relèvent de la même idée que précédemment, à savoir gérer des intérêts communs à plusieurs Etats, c'est-à-dire des « services publics » pour employer une analogie empruntée au droit administratif français.

Si le premier — la B.R.I. (voir *supra*, n° 40) — vient de fêter son cinquantième anniversaire, cette forme d'organisation a connu un assez grand succès. On compte en effet maintenant plus de 150 organismes de ce type (voir les études précitées d'H.T. Adam). On les trouve essentiellement dans le domaine économique, tel le secteur bancaire (la B.R.I., les Banques centrales des pays de la zone franc), ou surtout, les communications (canalisation de la Moselle, aéroport de Bâle-Mulhouse...).

Sans doute ces établissements possèdent-ils des statuts très hybrides qui, pour les uns relèvent uniquement du droit international, et, pour les autres, relèvent pour partie de l'ordre international et pour partie de l'ordre interne des Etats où ils sont installés. Quoi qu'il en soit de leur régime juridique, ces organismes constituent des acteurs de la société internationale, des sujets — au moins partiels — du droit international. A ce titre, ils collaborent également à la formation et au développement du droit international.

4 — Les organismes publics internes.

58. — Sans doute, en règle générale, seul l'Etat national a la personnalité internationale et pas ses subdivisions ou démembrements.

Toutefois, ce principe connaît des exceptions de plus en plus nombreuses.

C'est ainsi que certains « établissements publics » nationaux, par exemple les banques centrales ou instituts d'émission, les universités (en France), certaines collectivités décentralisées (Etats fédérés, villes), peuvent, dans les limites de leur compétence fixées par l'Etat dont ils relèvent, entretenir des « relations » internationales et passer des « conventions » (accords culturels, jumelages de villes, accords inter-universitaires...).

Ces nouveaux acteurs de la société internationale — sans doute à compétence très spécialisée et limitée — posent de redoutables problèmes au droit international classique dans la mesure où celui-ci n'avait jamais envisagé leur inclusion comme sujets possibles de droit.

5 — Les organisations non gouvernementales (O.N.G.).

59. ***Un univers foisonnant*** — Les O.N.G. sont de type extrêmement divers et certaines sont très anciennes (ainsi les Eglises ou « internationales » de partis politiques ou de syndicats). On en compte actuellement plus de 40 000 qui couvrent le champ de toutes les préoccupations et activités humaines (voir, en général, *Yearbook of International organizations*, 1997/1998). On notera en particulier, le rôle essentiel des O.N.G. dans l'aide en faveur des pays du tiers-monde : c'est ainsi qu'en 1989 elles étaient responsables de 15 % de l'ensemble de l'aide publique au développement (soit près de 6 milliards de dollars à l'époque). Leur importance est très inégale mais elles ont au moins deux points communs : elles ne possèdent aucun caractère « lucratif » (il s'agit d'« associations » au sens large) et elles transcendent les frontières nationales en faisant appel à des solidarités humaines et individuelles spécifiques (religieuses, politiques, économiques, sportives...).

Sans doute, pour l'essentiel, ces O.N.G. sont-elles davantage des « forces transnationales » des « groupes de pression » internationaux — que des sujets du droit international. Sans doute encore, toutes ces O.N.G. — du moins celles qui revêtent juridiquement la forme d'associations — restent soumises à un droit national quelconque et ne sont pas directement « appréhendées » par le droit international.

60. ***Un début d'officialisation*** — Toutefois, on se bornera ici à présenter à leur égard deux remarques générales valables pour les plus importantes d'entre elles. D'une part, un certain nombre ont reçu un début d'officialisation en se voyant offrir un statut international partiel : en général, celui d'observateur au sein de certaines organisations internationales (Conseil économique et social de l'O.N.U., Comité économique et social de la C.E.E...). D'autre part, quelques-unes disposent d'un certain « pouvoir normatif » international en émettant ce que l'on pourrait appeler du « droit professionnel » international (ainsi par exemple de l'Association internationale des transports aériens (I.A.T.A.) ou des fédérations sportives, ou de la Croix-

Rouge). En bref, dans ces deux derniers cas, les O.N.G. vont concourir — soit indirectement, soit directement — à l'élaboration des normes du droit international. Sans doute ce phénomène demeure-t-il exceptionnel, mais le droit international « classique » ne permet pas de le saisir dans la mesure où il n'a cessé de l'ignorer.

6 — Les personnes privées.

61. ***La fin de l'ignorance traditionnelle des individus*** — La solution traditionnelle du droit international classique fut « d'ignorer » l'individu et d'imposer l'omniprésence de « l'écran étatique », oubliant ainsi les premiers enseignements du « droit des gens ». L'individu était simplement considéré comme un « objet » du droit international. La situation changea quelque peu après la première guerre mondiale où certaines catégories d'individus se virent directement reconnaître des droits qu'ils eurent la possibilité de faire valoir contre les Etats nationaux devant des tribunaux internationaux : ainsi les « minorités protégées » par les traités de paix de 1919 avaient à leur disposition des Tribunaux arbitraux Mixtes (T.A.M.) susceptibles d'assurer la garantie juridictionnelle de leurs droits. Ainsi encore les « travailleurs » allaient-ils se voir protégés grâce à l'O.I.T. et aux conventions internationales adoptées en son sein. Cette reconnaissance très limitée de l'individu comme sujet — sans doute encore dérivé — du droit international, devait connaître un élargissement certain après la seconde guerre mondiale dans le cadre de certaines constructions régionales (Convention européenne des droits de l'homme de 1950, traité de Rome de 1957, par exemple) ainsi qu'à l'échelon universel avec l'adoption en 1966 au sein de l'O.N.U. des deux pactes sur les droits civils et politiques et sur les droits économiques et sociaux.

62. ***L'émergence des entreprises multinationales comme sujets de droit*** — Les développements les plus récents et les « plus révolutionnaires » sur le plan du droit international sont dus à la pression des faits, ou plus précisément, à l'importance de la puissance économique de certaines personnes morales de droit privé, les entreprises multinationales (voir Kopelmanas, L'application du droit international aux sociétés multinationales, RCADI 1976, vol. 150, p. 114). Celles-ci ont progressivement fait craquer le moule traditionnel du droit international classique qui leur déniait toute personnalité « internationale ». Ces entreprises, avec l'accord de nombreux Etats (mais ces derniers étaient-ils en mesure de s'y opposer ?), se sont appropriées une certaine « personnalité internationale ». Elles ont conclu des contrats avec les Etats (State contracts) pour l'exploitation des richesses nationales locales, elles ont parfois même signé de véritables « accords » avec eux pour régler certains échanges économiques (ainsi les « accords pétroliers » du début des années 1970 entre le cartel des sociétés pétrolières et les Etats exportateurs, ainsi les accords d'autolimitation dans le domaine de l'acier entre les représentants des associations des producteurs européens et japonais d'acier et le gouvernement américain). Entre elles, ces entreprises ont assez fréquemment formé des « cartels » ou « ententes » qui devaient profondément influencer les relations économiques internationales. En bref, progressivement, ces entreprises multinationales sont devenues des acteurs essentiels de la société internationale contemporaine. Elles concourent également à la formation du droit international. Le droit international classique — qui prédomine encore actuellement sur ce point — ne faisait aucune place à ces entreprises dans la mesure où il ne reconnaissait que des sujets « publics » et non « privés ». Or, ces catégories juridiques classiques sont à l'évidence inadaptées pour rendre compte du rôle des « multinationales » dans la mesure où elles accordent une attention exclusive à l'auteur de l'acte et non au contenu de celui-ci. Il est ainsi clair que les « multinationales » ne concluent pas de « traités » au sens formel du terme ; cependant, sur le plan matériel, les actes qu'elles passent avec les Etats sont-ils bien différents d'un accord international traditionnel quant à leur contenu ? Le droit international se doit de connaître et d'appréhender de telles situations sous peine de perdre toute prise sur la réalité économique contemporaine.

§ 2 — Structure et portée du droit international contemporain.

63. — La structure et la portée du droit international contemporain ont été profondément modifiées par les bouleversements qui ont affecté la société internationale depuis 1945 et que nous venons de rappeler. Il s'agit d'un droit qui s'est beaucoup diversifié en raison de l'hétérogénéité de ses sujets et de ses nouveaux domaines d'application.

1 — La diversification du droit international à raison de ses sujets (ratione personae).

64. ***Fin de l'uniformité du droit international*** — Le rôle essentiel du droit est de fonder les compétences de ses sujets et de les ordonner. A ce titre, le rôle du droit international classique était simple : il lui suffisait en effet d'effectuer cette mission pour une seule catégorie de sujets — les Etats — qui, de plus, en raison de leur homogénéité, possédaient un statut identique. Or, avec l'apparition de nouveaux « sujets » du droit international, cette uniformité du droit international va cesser. Autrement dit, tous les sujets du droit international ne disposent plus maintenant d'une compétence identique, loin de là.

65. ***Des sujets hiérarchisés au regard de leurs compétences*** — Il existe désormais une hiérarchie des sujets du droit international qui peut être établie en fonction de l'étendue de leurs compétences. Au sommet, l'Etat apparaît comme disposant de la plénitude des compétences internationales en raison de son caractère de sujet « originaire » du droit international gagné à partir du XVIe siècle. Les personnes morales de droit « public » (organisations internationales, établissements publics internationaux) viennent ensuite et possèdent des compétences spécialisées et d'attribution. Enfin, au bas de l'échelle, mal intégrées encore, figurent les personnes privées ayant des compétences subordonnées et fonctionnelles.

Au surplus, tous les Etats, nous l'avons déjà signalé, n'ont plus le même statut, les mêmes droits et obligations. Ainsi, même au niveau des relations interétatiques, le droit international a perdu son uniformité d'antan.

En bref, le droit international contemporain est à la fois diversifié et « à plusieurs vitesses » afin de s'adapter à la diversité des sujets destinataires de ses normes (voir pour une étude approfondie, G. Ladreit de Lacharrière, L'influence de l'inégalité du développement des Etats sur le droit international, R.C.A.D.I. 1973, vol. 139, p. 227).

2 — La diversification du droit international à raison de son domaine d'application (ratione materiae).

66. ***Démultiplication du droit international*** — Le droit international classique s'appliquait à relativement peu de domaines, ceux d'ailleurs qui, pour l'essentiel, relevaient de la compétence de l'Etat dans l'ordre interne. Etaient ainsi des matières privilégiées du droit international : la paix et la guerre, le règlement pacifique des différends, les privilèges et immunités diplomatiques...

Depuis 1945, le droit international s'est étendu à de nouveaux domaines techniques (l'économie, la santé, le travail, la fiscalité, l'environnement, la météorologie, le développement, l'espace...).

Enfin, si, il y a un demi-siècle, le droit international était un, car exclusivement universel, il connaît maintenant une profonde « démultiplication » en raison de la constitution de nombreux ensembles régionaux.

En bref, sur le plan matériel, il existe maintenant une pluralité de droits internationaux « techniques » consistant le plus souvent dans un corps de règles minimales universelles complétées par de très nombreuses « variantes » régionales.

Section V

Le droit international contemporain : définition et caractéristiques

§ 1 — Le droit international contemporain : un droit transnational.

67. ***Fin du droit international "public"*** — Traditionnellement, nous l'avons déjà signalé, le droit international était défini comme cette branche du droit qui présidait aux relations entre Etats. Dans cette optique, il était alors communément appelé « droit international public ». Pour exactes qu'aient été cette conception et cette définition dans le passé, elles sont loin de correspondre à l'état de la société internationale contemporaine. Nous espérons l'avoir démontré dans les pages précédentes.

68. ***Avènement du droit "transnational" (Ph. Jessup)*** — A l'époque actuelle, cette expression « droit international public » s'avère entièrement inadéquate dans la mesure où elle ne permet pas de rendre compte de la diversité des acteurs de la société internationale contemporaine. Le droit international se doit de gouverner les relations entre tous les acteurs de cette société « transnationale ». Pour notre part, nous adopterons la conception du professeur et ancien juge américain à la C.I.J. Ph. Jessup qui caractérise le droit international contemporain comme étant le « droit transnational ». Il définit ce « droit transnational » comme « tout le droit qui réglemente les actions ou les événements qui transcendent les frontières nationales » (all law which regulates actions or events that transcend national frontiers) (Transnational Law, Yale University Press, 1956, p. 2). Sur ce dernier point, une sentence arbitrale importante rendue entre l'Etat du Koweit et une compagnie pétrolière étrangère — *Aminoil* — officialise la terminologie lancée par Philip Jessup : elle reconnaît en effet formellement le caractère « transnational » du lien juridique existant à la suite d'un contrat passé entre un Etat et une entreprise étrangère et partant du tribunal et de la procédure d'arbitrage (sentence arbitrale du 24 mars 1982 reproduite au Clunet, 1982, p. 869 et s. avec une note de Ph. Kahn ; voir ici le par. 5 de la sentence).

Cette définition a le grand mérite de la simplicité — au moins formelle — et du réalisme. Toutefois, il faut reconnaître que la sphère du droit international se trouve ainsi considérablement élargie d'un point de vue matériel. Elle va englober des domaines qui, au moins d'un point de vue « français », relèvent du droit international « privé » — ainsi par exemple des « contrats internationaux » ou des relations entre Etats et personnes privées.

Notons enfin que cette conception du « droit transnational » peut se référer au parrainage lointain, mais illustre, d'un des « pères fondateurs » du droit international, Grotius. Celui-ci, en effet, ne définissait-il pas le « droit des nations » comme celui qui, « en portée, est plus large que le droit national » ?

§ 2 — Ordre interne et ordre international : la spécificité du droit international.

1 — L'ordre interne : un système juridique parfait et complet.

69. ***Plénitude*** — La plénitude de l'ordre juridique interne est apparente aussi bien au niveau de l'*édiction,* de l'*exécution*, que du *contrôle de l'exécution* des normes juridiques. Dans tous les pays, il existe un « législateur » local qui dispose du monopole de l'édiction des règles juridiques à portée générale et obligatoire. Autrement dit, au niveau national, afin que la législation soit aussi « uniforme » que possible, il y a une « centralisation » du processus d'édiction des normes juridiques obligatoires. Dans tous les pays, il existe également une « administration » d'Etat dont le rôle est d'assurer l'exécution et l'application des normes juridiques émises par le « législateur » ; à la limite, l'Etat peut recourir à la contrainte armée (il en a également le monopole) à l'égard de ses citoyens récalcitrants pour faire assurer le respect du droit. Enfin, dans tous les pays — mais sans doute à des degrés divers —, il existe tout un système juridictionnel à compétence obligatoire pour régler définitivement les litiges concernant l'interprétation ou l'exécution des normes juridiques locales ; on notera, en particulier, que la personne privée lésée qui aura obtenu une décision de justice finale en sa faveur pourra faire appel à la force publique de l'Etat pour en assurer l'exécution forcée à l'encontre de l'autre partie privée « récalcitrante » ainsi qu'en témoigne, par exemple, la formule exécutoire apposée au bas des jugements des juridictions françaises.

70. ***Perfection*** — En conséquence, l'ordre juridique interne est non seulement « complet » mais, également « parfait », dans la mesure où toute idée de « lacune du droit » est, par définition, exclue. C'est ainsi que l'article 4 du Code civil français peut être cité pour illustrer ce propos. Il dispose en effet que « le juge qui refusera de juger, sous prétexte de silence, d'obscurité ou d'insuffisance de la loi, pourra être poursuivi comme coupable de déni de justice ».

Rien de tel n'existe dans l'ordre international — du moins à son stade actuel de développement.

2 — L'ordre international : un système juridique imparfait et incomplet.

71. ***Edition des normes*** — Au niveau de l'*édiction* des normes du droit international, aucun législateur centralisé n'existe. Il est d'ailleurs à noter à ce propos que l'expression fréquemment utilisée de « législation internationale » (ainsi par M.O. Hudson) est abusive, trompeuse, et doit être maniée avec la plus grande précaution. De ce point de vue, le droit international se présente comme un système très décentralisé au sein duquel les auteurs des normes en sont aussi, le plus souvent, les seuls destinataires. Très souvent, du moins quand elles sont écrites, ces normes sont élaborées au cas par cas au sein de conférences internationales (conférence de Vienne sur le droit des traités en 1969 par exemple). Elles peuvent aussi l'être — et cela est de plus en plus fréquent — dans le cadre des organisations internationales qui se rapprochent le plus des « législateurs nationaux » si l'on peut avancer cette analogie, et cela en raison de leur permanence ; de ce point de vue, l'exemple le plus frappant — mais qui demeure très atypique — en est fourni par la Communauté Economique Européenne (C.E.E.). On notera également, ici en ce qui concerne les normes non écrites, le très grand rôle du juge ou de l'arbitre international : celui-ci en effet dans le même temps où il reconnaît l'existence d'une règle coutumière ou d'un principe général de droit procède bien souvent à sa création. On remarquera enfin que le contenu des normes du droit international, soit leur qualité intrinsèque, est beaucoup moins précis que celui des règles du droit interne : non seulement les premières ont des « arêtes » moins tranchées, mais elles consistent le plus souvent en des obligations de comportement et, rarement, en des obligations de résultats.

72. ***Exécution des normes*** — Au niveau de l'*exécution* des normes, l'infériorité du système international est également marquée par rapport au droit interne. Le principe général déjà signalé est que les auteurs des normes internationales en sont aussi, le plus souvent, les seuls destinataires. Les fonctions d'édiction et d'exécution sont très rarement séparées. Autrement dit, il n'existe pas d'administration internationale au sens où il existe une administration d'Etat. Sans doute, les organisations internationales peuvent-elles être analysées comme des « embryons » d'administrations internationales chargées de la fonction d'exécution de certaines normes internationales, mais l'analogie ne saurait être poussée trop avant.

73. ***Contrôle de l'exécution des normes*** — Au niveau du *contrôle de l'exécution* des normes, l'infirmité de l'ordre international apparaît plus marquée encore. Il n'existe pas en effet de système juridictionnel à compétence générale et obligatoire. Le recours au juge ou à l'arbitre demeure purement volontaire. A ce principe général, une exception notable doit être signalée sur le plan régional : la Cour de Justice des Communautés Européennes de Luxembourg a en effet reçu compétence exclusive et obligatoire pour trancher en dernier ressort des différends « communautaires » pouvant opposer entre elles les différentes « parties prenantes » auxquelles le droit communautaire s'applique. *Last but not least*, le droit international ignore les sanctions organisées du droit interne. Son respect repose avant tout sur la force morale et la bonne volonté de ses sujets. Il n'existe aucune force armée « internationale » qui soit au service de ce droit pour en assurer, en dernier recours, le respect.

74. ***Lacunes*** — Dans ces conditions, il n'est guère étonnant que l'ordre international connaisse de nombreuses « lacunes », étant loin d'être complet et parfait. Il est clair que, du seul point de vue « qualitatif », le droit international apparaît bien « pâle » quand on le compare au droit interne. Devant toutes ces « infirmités », une école de pensée, ancienne et tenace, n'a cessé de dénier toute existence au droit international.

3 — Le droit international en question : droit ou morale ?

75. ***Un débat traditionnel*** — Hobbes dans son « Léviathan », on s'en souvient, puis dans sa lignée, Austin au XIXe siècle et, de nos jours en France, R. Aron ou G. Burdeau, appartiennent à la catégorie de ceux qui estiment que le droit international n'a aucune existence « juridique » et qu'il relève exclusivement de la « morale ». Dans le même ordre d'idées, un célèbre journaliste américain devait adopter une position analogue à l'occasion de son analyse de la crise du Golfe de 1990 ; il allait ainsi jusqu'à comparer le droit international à... Dieu, souvent invoqué avec révérence mais dont l'existence ne pourrait être démontrée ! (G.W. Will, The perils of « legality », Newsweek International, 10 septembre 1990, p. 25). Cette conception dépend bien évidemment de la définition que l'on donne du droit. Si celui-ci est défini comme étant le corps de règles juridiques gouvernant la conduite des hommes, émis, contrôlé et exécuté par des entités politiques souveraines, alors, bien évidemment, le droit international ne satisfait pas à ces critères. Or, il s'agit là d'une vision superficielle et incomplète du phénomène juridique. Le droit, pour exister, suppose la reconnaissance par les membres d'une société donnée qu'ils ont en commun un certain nombre d'intérêts qui doivent faire l'objet de règles obligatoires sous peine de tomber dans le chaos et l'anarchie. La sanction organisée n'est nullement inhérente à l'existence du droit. Autrement, y aurait-il un droit constitutionnel ou un droit administratif par exemple ? Dans ces conditions, il est loisible d'affirmer que le droit international relève bien du domaine du « juridique » et non de la « morale ». L'existence du droit international s'explique par la prise de conscience de la part des membres de la société internationale qu'ils ont des intérêts communs et que ceux-ci doivent être organisés par des règles de droit — en quelque sorte les « règles du jeu » du système — afin d'éviter une situation d'anarchie préjudiciable à tous.

76. ***La nécessaire approche phénoménologique*** — En outre, la négation de l'existence du droit international ne correspond nullement à la pratique, même pour un adepte de la « realpolitik ». Tout d'abord, pour s'en tenir à une seule approche « phénoménologique », on notera qu'aucun acteur de la société internationale, qu'aucun Etat en particulier, ne nie l'existence du droit international. Bien au contraire. Pour nous limiter au cas des Etats, ceux-ci reconnaissent tous, quel que soit leur régime politique, quel que soit leur niveau de développement, l'existence d'un corps de règles obligatoires régissant leurs rapports — le droit international —. On ne citera simplement ici qu'un seul fait significatif : dans tous les ministères des affaires étrangères du monde, il existe un « service juridique » chargé d'examiner les relations de l'Etat concerné à la lumière des règles du droit international. Au surplus, tous les Etats ont une certaine « politique juridique extérieure » destinée à servir au mieux leurs intérêts (voir en général Guy de Lacharrière, La politique juridique extérieure, Paris Economica, 1983) ; comme le remarque à fort juste titre Guy de Lacharrière, l'une des implications majeures de ces politiques nationales est bien de démontrer l'existence du droit international (*ibid.*, pp. 196-197). Ensuite, s'il convient de noter qu'il existe assurément des désaccords quant à l'existence ou à la portée de telle ou telle règle du droit international, aucun Etat par exemple, n'a jamais admis qu'il avait violé une règle du droit international qui lui était opposable : soit, il a nié qu'il existât une telle règle en la matière, soit, le plus souvent, il a excipé d'une autre règle lui permettant d'agir de la sorte. N'y a-t-il pas là autant de manifestations caractéristiques, d'éléments significatifs, qui montrent bien la reconnaissance à la fois de l'existence du droit international et de son caractère obligatoire ? ».

OBJET DE L'ENSEIGNEMENT

77. ***Absence de description du droit international matériel*** — Cet enseignement ne saurait prétendre décrire les règles du droit international entendu au sens matériel du terme. Une année et un simple manuel ne sauraient y suffire. De plus, des enseignements dispensés dans des années ultérieures portent sur les branches les plus importantes du droit international (droit des communautés européennes, droit du commerce international, droit international économique, droit au développement, droit de la mer, droit des transports, droit de l'espace, etc.).

78. ***Proposition d'un cadre d'analyse*** — L'objectif ici poursuivi est autre. Il nous a semblé opportun de donner un cours « cadre » qui s'attache et se limite à l'examen des principes et questions fondamentales du droit international : comment se forme le droit international ? Comment et à qui s'applique le droit international ? Comment est-il exécuté et contrôlé ? Mais, auparavant, un préalable, souvent négligé, est à lever : le droit international est-il supérieur à toutes les autres formes de droit ?

Ces considérations générales nous ont ainsi dicté les grandes articulations de notre enseignement :

PREMIÈRE PARTIE. — *La suprématie du droit international.*

DEUXIÈME PARTIE. — *L'élaboration des normes du droit international.*

TROISIÈME PARTIE. — *L'application des normes du droit international.*

QUATRIÈME PARTIE. — *Le contrôle de l'application des normes du droit international.*

PREMIÈRE PARTIE

LA SUPRÉMATIE DU DROIT INTERNATIONAL

79. — Le droit international l'emporte sur le droit interne (ou national) ; toute solution autre aboutirait à en nier l'existence en tant que « droit ». C'est ce que nous examinerons dans un premier chapitre.

En droit interne, il existe toute une hiérarchie des normes juridiques, certaines l'emportant sur d'autres (à commencer par les règles « constitutionnelles »). Un phénomène analogue peut être perçu en droit international, encore qu'il soit moins marqué. Tel sera l'objet de notre deuxième chapitre.

CHAPITRE I

LA SUPÉRIORITÉ DU DROIT INTERNATIONAL PAR RAPPORT AU DROIT INTERNE

Deux remarques liminaires s'imposent ici.

80. ***Une supériorité globale*** — Ce problème, classique s'il en est, a toujours été posé dans les termes : relations du droit international par rapport au droit étatique interne. Cela s'explique aisément. Pour des relations historiques d'abord. On rappellera en effet une fois encore que le droit international « public » classique ne connaissait que les Etats comme sujets : dès lors, il était normal de limiter l'examen de la question de la supériorité du droit international à ses seuls rapports avec le droit interne édicté par les Etats nationaux. De plus, même si une telle vision est actuellement fort dépassée, ce type de rapports juridiques demeure à l'évidence le plus délicat à régler. Même si les développements qui suivent empruntent cette ligne « traditionnelle », le principe de la supériorité du droit international ne doit pas être enfermé dans les seules limites de ses relations avec le droit interne. Il convient en effet de ne pas oublier que, en vertu de ce principe de suprématie, le droit international l'emporte sur toutes les règles juridiques émises par ses sujets : Etats, organisations internationales, organismes publics internationaux, O.N.G. ou personnes privées. Pour donner un exemple concret, le droit qui est parfois émis de façon unilatérale par les organisations internationales, s'il concourt à la formation du droit international, doit aussi lui être conforme. Toutefois, après avoir signalé la portée globale de ce principe de la suprématie du droit international, nous n'y reviendrons plus par la suite dans la mesure où les conflits entre le droit international et le droit émis par les sujets « dérivés » peuvent être aisément résolus. Rien de tel, pour les conflits possibles droit international/droit interne, car ici ce sont les sujets « originaires » du droit international « public » classique qui sont en cause — les Etats — ainsi que leur souveraineté.

81. ***Une supériorité logique*** — En outre, si l'on se place d'un simple point de vue de logique juridique, la supériorité du droit international devrait aller « de soi » et ne soulever aucune difficulté particulière. Michel Virally l'a bien montré, « tout ordre juridique s'affirme supérieur à ses sujets, ou bien il ne l'est pas... Le droit international est inconcevable autrement que supérieur aux Etats, ses sujets. Nier sa supériorité revient à nier son existence » . (Sur un pont aux ânes : les rapports entre droit international et droits internes, Mélanges Rolin, Paris, Pedone, 1964.488, ici p. 497).

Au demeurant, comment ne pas noter que la raison d'être du droit international est de poser et d'imposer le respect de règles uniformes alors que le droit interne, par définition, définit des règles spécifiques, propres à chaque nation. L'uniformité de la norme internationale postule ainsi sa supériorité par rapport à la spécificité de la norme interne.

Le droit international doit donc s'imposer avec pleine force obligatoire à tous ses sujets dont il délimite et règle l'activité juridique. Or, cette évidence n'est pas pleinement reconnue, c'est le moins qu'on puisse dire.

81bis. ***Situation paradoxale*** — Sur ce point, la situation actuelle du droit international relève du paradoxe : alors, en effet, que le principe de sa supériorité est intégralement reconnu au niveau international (Section I), il ne continue à l'être que de façon inégale et partielle au niveau du droit interne des Etats (Section II).

Section I

Un principe intégralement reconnu au niveau international

82. ***Une reconnaissance "oblique"*** — Ce principe de supériorité qui se trouve au fondement même de l'existence du droit international n'est, curieusement, pas expressément mentionné dans cette « charte constitutive » de l'ordre international contemporain qu'est la Charte de l'O.N.U. Mieux, lors de la conférence de San Francisco en 1945, il y eut une proposition belge pour inclure ce principe dans le texte même du futur accord, mais ce fut un échec, la majorité requise des deux tiers des Etats participants n'ayant pu être atteinte. Une telle absence, pour regrettable qu'elle soit, ne doit pas faire douter de l'existence de ce principe de la supériorité du droit international. Peu de temps après, dès 1949, la toute récente Commission du Droit International (C.D.I.) devait l'inclure dans sa Déclaration des Droits et des Devoirs des Etats (art. 13). Plus près de nous, la Convention de Vienne sur le droit des Traités de 1969 entrée en vigueur à compter du 27 janvier 1980, devait formellement le reconnaître — bien que d'une manière « oblique ». L'article 27 de cette Convention dispose en effet que :

> « Une partie ne peut invoquer les dispositions de son droit interne comme justifiant la non-exécution d'un traité ».

83. ***Une supériorité d'ensemble*** — Ce principe de supériorité signifie que le droit international (c'est-à-dire tout le droit international positif et pas seulement les traités) l'emporte sur l'ensemble du droit interne, qu'il s'agisse des normes constitutionnelles, législatives, réglementaires ou des décisions judiciaires. Ce principe et sa portée ont été affirmés et précisés maintes fois par l'arbitre et le juge international.

§ 1 — La supériorité du droit international sur les lois constitutionnelles.

1 — La pratique arbitrale.

84. — Trois affaires célèbres méritent ici d'être citées.

L'affaire de l'« Alabama » (1872). L'« Alabama » était un cuirassé armé par les forces sudistes de la confédération américaine lors de la Guerre de Sécession. La Confédération avait acheté à des chantiers navals anglais ce navire qui causa beaucoup de ravages dans le camp « nordiste » avant d'être coulé en 1864 au large de... Cherbourg. Devant les arbitres, la Grande-Bretagne prétendit être exonérée de toute responsabilité en la matière dans la mesure où, affirmait-elle, elle ne disposait pas des moyens constitutionnels requis pour empêcher la construction sur son territoire de navires de guerre au profit des autorités confédérées. Le tribunal arbitral refusa d'accepter ce moyen de défense fondé sur « l'insuffisance de moyens légaux » d'ordre interne à la disposition de la Grande-Bretagne. Pour la Cour, il n'y avait pas là une excuse valable qui puisse justifier une violation par la Grande-Bretagne de ses obligations internationales en tant que puissance neutre durant la Guerre de Sécession américaine (texte *in* Lapradelle et Politis, II, p. 713 et s.).

85. — *L'affaire du « Montijo »* (1875). Ce litige opposa les Etats-Unis à la Colombie et souleva un problème analogue de conflit entre un traité international et la constitution d'un Etat : la Colombie prétendait que les dispositions de sa Constitution l'empêchaient de respecter les termes d'un traité régulièrement conclu avec les Etats-Unis. C'était ainsi directement affirmer la supériorité de la Constitution colombienne sur le droit international. La sentence arbitrale condamna une telle conception dans des termes dénués de toute équivoque. « Un traité est supérieur à la Constitution » devait-elle affirmer. (Texte *in* Moore, Digest, 1898, II. 1440).

86. — *L'affaire Georges Pinson* (1928). Cette affaire qui opposa il y a un demi-siècle la France au Mexique souleva également le problème des rapports entre un traité international et la Constitution mexicaine dans ses dispositions relatives à l'octroi de la nationalité. L'arbitre fit également triompher le traité franco-mexicain sur les règles constitutionnelles de ce dernier pays. Il affirma dans les termes les plus larges que : « il est incontestable et incontesté que le droit international est supérieur au droit interne... Les dispositions nationales ne sont pas sans valeur pour les tribunaux internationaux, mais ils ne sont pas liés par elles »... (Tribunal Arbitral Mixte France-Mexique, Arbitre Verzjil, R.S.A., V. 327).

2 — La pratique judiciaire.

Il est ici loisible de citer des précédents émanant de la C.P.J.I. et de la Cour de Justice des Communautés Européennes (C.J.C.E.).

a) La contribution de la C.P.J.I.

87. — Dans l'affaire relative au *« traitement des nationaux polonais à Dantzig »*, la ville libre prétendait appliquer aux résidents polonais ses propres règles constitutionelles au détriment du régime conventionnel auquel ils avaient droit. Dans son avis consultatif, la Cour refusa cette manière de voir et affirma la primauté du droit conventionnel sur le droit constitutionnel local. La Cour s'exprima en ces termes : « d'après les principes généralement admis... un Etat ne saurait invoquer vis-à-vis d'un autre Etat sa propre constitution pour se soustraire aux obligations que lui imposent le droit international ou les traités en vigueur »... (Avis du 4 février 1932, Sér. A/B n° 44, p. 24). Cette position traditionnelle devait encore être récemment réaffirmée par la C.I.J. dans son avis consultatif du 26 avril 1988 à l'occasion de *« l'affaire du bureau de l'O.L.P. auprès des Nations-Unies »* (Rec. p. 34 et § 57).

b) La primauté du droit communautaire sur le droit interne d'après la jurisprudence de la C.J.C.E.

(Pour une mise au point d'ensemble, voir D. Carreau, Droit communautaire et droits nationaux ; concurrence ou primauté, la contribution de l'arrêt Simmenthal, R.T.D.E., 1978, 381).

88. — La Cour de Luxembourg allait poser les grands principes en la matière dans un de ses premiers et plus célèbres arrêts, l'affaire 6-64, *Costa c. Enel* (Rec. 1964.114). Elle commençait par rappeler la spécificité du droit communautaire puis elle en affirmait la supériorité d'ensemble dans les termes les plus larges. La Cour s'exprima en ces termes : « A la différence des traités internationaux ordinaires, le traité C.E.E. a institué un ordre juridique propre, intégré au système juridique des Etats membres... Issu d'une source autonome, le droit né du traité ne pourrait donc, en raison de sa nature spécifique originale, se voir judiciairement opposer un texte interne quel qu'il soit, sans perdre son caractère communautaire et sans que soit mise en cause la base juridique de la Communauté elle-même... ».

89. — La Cour de Luxembourg n'allait jamais plus se départir par la suite de cette position de principe. Elle ne fit que la réaffirmer tout en la précisant. Dans l'affaire 118-75 *(Lynne Watson),* elle devait on ne peut plus clairement affirmer que les dispositions du droit communautaire « primaient toute norme nationale qui leur serait contraire » (Rec. 1976.1185, p. 1198). Auparavant, dans la célèbre affaire 11-70 *(Internationale Handelsgesellschaft)* décidée le 17 décembre 1970 (Rec. 1970.1125), la Cour avait bien spécifié que le droit communautaire l'emportait également sur les règles constitutionnelles des pays membres. « Les principes d'une structure constitutionnelle, affirmait-elle, ne (sauraient) affecter la validité d'un acte de la

Communauté ou son effet sur le territoire » d'un Etat. Plus récemment, la C.J.C.E. devait réaffirmer toutes ses prises de position antérieures dans l'affaire 106-77 (dite « Simmenthal ») jugée le 9 mars 1978 (Rec. 1871).

§ 2 — La supériorité du droit international sur les lois internes.

Cette priorité a été reconnue aussi bien dans la pratique arbitrale que judiciaire. A ce titre, les précédents arbitraux examinés précédemment ainsi que les arrêts de la C.J.C.E. mentionnés, peuvent également être cités ici. Aussi, nous nous bornerons à signaler les prises de position spécifiques de la C.P.J.I. en la matière.

90. — Dans *l'affaire de la Haute-Silésie polonaise* (arrêt du 25 mai 1926), la C.P.J.I. devait s'exprimer dans des termes classiques fréquemment cités quant aux rapports droit international-lois internes : « Au regard du droit international et de la Cour qui en est l'organe, les lois nationales sont de simples faits, manifestations de la volonté des Etats au même titre que les décisions judiciaires ou les mesures administratives... » (arrêt n° 7, Sr. A, p. 19).

91. — La Cour Permanente devait avoir plusieurs fois l'occasion de réaffirmer cette supériorité. Ainsi dans *l'affaire relative aux « Questions des communautés gréco-bulgares »*, (Avis consultatif de 1930, Série B, n° 17), la C.P.J.I. s'exprimait ainsi : « C'est un principe généralement reconnu du droit des gens que, dans les rapports entre puissances contractantes d'un traité, les dispositions d'une loi interne ne sauraient prévaloir sur celles d'un traité » (p. 13). Ainsi encore dans *l'affaire des Zones franches de Haute-Savoie et du Pays de Gex* entre la France et la Suisse : « la France ne saurait se prévaloir de sa législation pour restreindre la portée de ses obligations internationales » (série A/B, n° 46, p. 167). Ainsi enfin dans *l'affaire dite de l'Université Peter Pazmany* (série A/B, n° 61, p. 243).

§ 3 — La supériorité du droit international sur les actes administratifs.

92. — Ce type de conflit s'est trouvé assez rarement invoqué devant les arbitres et juges internationaux. En règle générale, il est loisible de citer à l'appui de la supériorité du droit international sur les actes administratifs tous les précédents affirmant la suprématie sur les lois constitutionnelles ou ordinaires (voir *supra*, n° 84 et s.). Toutefois, dans deux instances au moins, la Cour de La Haye a eu l'occasion de se pencher sur cette question.

93. — Dans *l'affaire du « Wimbledon »* qui donna lieu au premier arrêt de la C.P.J.I., la Cour eut à connaître d'une contradiction entre les dispositions du traité de Versailles internationalisant le canal de

Kiel et des actes unilatéraux administratifs adoptés par l'Allemagne et qui interdirent le passage dans ce canal de navires (dont le « Wimbledon ») transportant du matériel militaire au profit de la Pologne lors de son conflit avec l'U.R.S.S., et cela au nom de la neutralité de l'Allemagne dans cette guerre. La Cour n'eut aucun mal à affirmer la primauté du droit international. Elle affirma en effet que l'Allemagne « ne pouvait opposer aux engagements qu'elle avait pris en vertu du traité de Versailles (c'est-à-dire de l'article 380 garantissant la liberté complète de passage sur le canal de Kiel nouvellement « internationalisé ») ses ordonnances de neutralité... » (série A, n° 1, p. 30).

94. — Plus récemment, dans *l'affaire dite de la Tutelle des mineurs* qui opposa la Suède aux Pays-Bas, la Cour fut amenée apprécier la compatibilité d'une loi suédoise et de ses mesures administratives d'application avec la convention de 1902 sur la « tutelle des mineurs ». La Cour estima qu'il lui appartenait de vérifier si ces mesures d'application suédoises comportaient « un manquement à (la convention précitée de 1902) », auquel cas la responsabilité internationale de la Suède serait engagée — ce qui ne fut pas le cas en l'espèce —, la Cour n'ayant trouvé aucune contradiction du droit interne suédois avec le droit international applicable (voir C.I.J., Rec. 1958, p. 65).

§ 4 — Supériorité du droit international sur les décisions judiciaires internes.

Ce type de conflit s'est très rarement présenté devant les juges ou arbitres internationaux. Ici encore, le principe de supériorité du droit international s'applique également et on peut citer à son appui tous les précédents mentionnés précédemment.

95. — Toutefois, il convient ici de faire état de *l'affaire dite de l'Usine de Chorzow* de 1928, jugée par la C.P.J.I. dans la mesure où l'une des questions que la Cour eut à résoudre portait précisément sur cette opposition. La Pologne, se fondant sur l'autorité de la chose jugée par un tribunal polonais, prétendait ainsi échapper à l'exécution d'un arrêt antérieur rendu à son encontre par la C.P.J.I. Autrement dit, la Cour eut à connaître d'un conflit assez exceptionnel entre l'autorité de la chose jugée par elle-même dans le passé (son arrêt n° 7 portant également sur l'usine de Chorzow) et l'autorité de la chose jugée par un tribunal polonais. La C.P.J.I. ne pouvait qu'assurer la supériorité de la chose jugée par un tribunal international sur une décision même définitive d'une juridiction interne, ce qu'elle fit dans les termes suivants : il est impossible « qu'un jugement national pût infirmer, indirectement, un arrêt rendu par une instance internationale... Quel que soit l'effet du jugement du tribunal de Katowice du 12 novembre 1927 du point de vue du droit interne, ce jugement ne saurait ni effacer la violation de la convention de Genève constatée par la Cour dans son art n° 7, ni soustraire à cet arrêt une des bases sur lesquelles il est fondé » (série A, n° 17, pp. 33-34).

Conclusion partielle (ou « deux erreurs à ne pas commettre »).

96. — Ce principe de supériorité du droit international doit être apprécié de façon exacte quant à ses implications. Ici deux « caveats » sont à signaler. Tout d'abord, le rôle du juge (ou de l'arbitre) international doit être bien compris quand il affirme la supériorité du droit international sur toutes les normes du droit interne : ce faisant, il n'annule pas la norme interne contraire au droit international — ce qui ne serait pas en son pouvoir — mais il la déclare « inopposable » au niveau international. De plus, et dans la même veine, il convient de distinguer entre la validité interne d'une norme juridique « nationale » et sa validité internationale, les deux ne coïncidant malheureusement pas toujours.

1 — Le rôle du juge ou de l'arbitre dans l'appréciation de la compatibilité d'une norme interne avec une norme internationale.

97. ***Inopposabilité et non annulation de la norme interne contraire au droit international*** — Le rôle du juge ou de l'arbitre international en la matière se situe exclusivement au niveau international. Il ne va pas interpréter ou apprécier la règle juridique nationale litigieuse à la lumière des normes du droit national. S'il constate une contrariété entre la norme interne et la norme internationale, il ne va pas « annuler » ou réformer « la première ; dans une telle hypothèse, il déclarera la norme interne inopposable sur le plan international c'est-à-dire « inexistante ». Au demeurant, l'auteur d'une telle norme pourra voir sa responsabilité engagée et être ainsi tenu à une obligation de réparation appropriée. Il s'agit là de principes classiques, traditionnels, qui ont été maintes fois consacrés par la pratique arbitrale et judiciaire.

a) La pratique arbitrale.

98. — Particulièrement typique à cet égard est la *sentence Georges Pinson* (précitée). Dans cette affaire, le Mexique estimait que la France n'était pas en droit d'exercer sa protection diplomatique à l'égard de Georges Pinson, ce dernier ayant acquis la nationalité mexicaine en vertu des lois locales. Le tribunal arbitral refusa cette manière de voir. Il estima qu'il n'était pas lié par les lois mexicaines et qu'il n'avait pas à les interpréter. Il signala qu'il lui appartenait d'établir la nationalité exacte de Georges Pinson indépendamment de la Constitution ou des lois du Mexique et en fonction des seules règles du droit international. En l'espèce, le tribunal estima que Pinson possédait bien la nationalité française au regard du droit international. Toutefois, cette décision du tribunal n'avait pas pour effet d'annuler les lois mexicaines contraires : elle leur déniait seulement toute valeur au niveau international, ces dispositions n'étant pas opposables à la France.

b) La pratique judiciaire.

I. — La C.P.J.I.

99. — Dans *l'affaire précitée de la Haute-Silésie polonaise*, la Cour eut à se prononcer, inter alia, sur les effets d'un conflit entre une loi polonaise et les obligations internationales de la Pologne. Elle s'exprima en ces termes :

> « La Cour n'est certainement pas appelée à interpréter la loi polonaise comme telle ; mais rien ne s'oppose à ce qu'elle se prononce sur la question de savoir si, en appliquant ladite loi, la Pologne agit ou non en conformité avec les obligations que la convention de Genève lui impose envers l'Allemagne... » (arrêt, n° 7, p. 19).

En l'espèce, la Cour reconnut qu'il y avait une opposition entre la loi polonaise et la convention germano-polonaise de Genève : elle « n'annula pas » pour autant la loi polonaise mais la déclara « inopposable » à l'Allemagne, la Pologne voyant sa responsabilité internationale engagée à raison de cette contrariété.

II. — La C.I.J.

100. — La Cour eut à se prononcer sur une question analogue de compatibilité dans *l'affaire Nottebohm* (Deuxième phase, arrêt du 6 avril 1955, Rec. 1955, p. 4), qui opposa le Liechtenstein au Guatemala. Nottebohm, citoyen d'origine allemande, avait reçu par la suite la nationalité du Liechtenstein. Le Guatemala refusa de reconnaître cette dernière nationalité, la considérant comme purement « fictive ». A ce titre, il procéda, durant la guerre, au séquestre des biens de Nottebohm et l'interna en tant que « sujet ennemi » (Allemand). Devant la C.I.J., le Guatemala estima que le Liechtenstein n'avait pas le droit d'exercer sa protection diplomatique à l'égard de Nottebohm, ce dernier ne possédant pas « réellement » sa nationalité. La Cour donna raison au Guatemala. Mais, ce faisant, la C.I.J. se garda bien de dire que la loi du Liechtenstein était illégale ou que, pour ce pays, Nottebohm n'était pas un de ses nationaux. Se plaçant exclusivement au niveau du droit international, la Cour estima que la nationalité nouvelle de Nottebohm n'étant pas effective, celle-ci n'était pas « opposable » au Guatemala qui se trouvait ainsi juridiquement fondé à soutenir son inexistence à son égard.

III. — La C.J.C.E. : une confirmation

Ces principes classiques devaient être réaffirmés sans aucune ambiguïté par la Cour de Justice des Communautés Européennes nonobstant la « spécificité » du droit communautaire.

101. — Très tôt, la Cour de Luxembourg devait estimer — à juste titre — qu'elle n'avait pas « compétence pour annuler des actes législatifs ou administratifs d'un des Etats membres » (ici la Belgique) en cas de contrariétés avec le droit communautaire (aff. 6-60 *Humblet*, Rec. 1960.1125, p. 1145). Plus récemment, elle devait réaffirmer sa position antérieure dans des termes généraux d'une grande clarté :

« la Cour n'est compétente ni pour interpréter les dispositions du droit national, ni pour se prononcer sur leur éventuelle incompatibilité avec le droit communautaire » (aff. 38-77, *Enka* B.V., Rec. 1977. 2203, p. 2213).

102. — Une telle solution ne saurait surprendre. Elle correspond d'ailleurs bien à la place et au rôle du juge ou de l'arbitre international. S'il en allait autrement, c'est-à-dire si le juge ou l'arbitre international disposait du pouvoir d'annulation ou même simplement d'interprétation des normes nationales, il se trouverait alors joué le rôle d'un juge « constitutionnel » ou de légalité auquel seraient subordonnées les cours « suprêmes » nationales. Cela impliquerait une intégration de la société internationale et un développement du droit international qui sont l'un et l'autre loin d'être atteints actuellement : une telle évolution supposerait en effet une organisation mondiale fondée sur un système fédéral ou, tout le moins, confédéral.

2 — La non-concordance systématique entre la validité internationale et la validité interne des normes juridiques.

103. ***Une situation anormale*** — Il s'agit là, à l'évidence, d'une situation anormale sur le plan de la logique juridique : une norme internationale devrait recevoir pleine reconnaissance en droit interne tandis que les normes internes devraient toujours être conformes aux prescriptions du droit international. Et pourtant, il n'est pas rare qu'une telle divergence existe.

Deux cas de figures sont ici à individualiser.

104. ***Normes internationales paralysées par le droit interne*** — Il arrive que des normes internationales ne se voient reconnaître aucune valeur en droit interne. C'est ainsi par exemple qu'un traité bilatéral portant convention d'établissement peut être paralysé et privé de tout effet sur le territoire d'une des parties contractantes parce que le droit local n'a pas été modifié en conséquence. Il s'agit dans un tel cas d'une violation claire et nette du droit international de nature à mettre en jeu la responsabilité internationale de l'Etat fautif et qui entraîne une obligation de réparation.

105. ***Norme interne contraire au droit international*** — Il arrive également, et cela est beaucoup plus fréquent, qu'une norme juridique nationale quelconque (qu'elle soit de nature constitutionnelle, législative, administrative ou judiciaire — peu importe —) possède une pleine valeur sur le plan du droit national alors qu'elle est contraire au droit international. Dans une telle situation, les pouvoirs publics locaux continueront à être liés par cette norme juridique interne, ils continueront à l'appliquer à tous ceux qui résident sur le territoire national alors que cette norme est invalide sur le plan international et « inopposable » aux pays tiers. Les développements qui suivent concerneront exclusivement ce type de divergence.

a) Validité interne et inopposabilité internationale d'un acte étatique.

106. ***La sanction internationale : l'inopposabilité de la règle interne*** — Cette situation anormale est due au caractère incomplet et imparfait de l'ordre international actuel (voir *supra*, n° 71 et s.). C'est ainsi que lorsque des arbitres ou des juges ont été amenés à dire qu'une norme nationale était contraire au droit international ils n'en ont jamais tiré la conclusion que celle-ci perdait sa validité dans l'ordre interne : ils l'ont simplement déclarée « inopposable » au niveau international quand ils n'ont pas décidé qu'elle était susceptible de mettre en jeu la responsabilité internationale de l'Etat concerné.

I. — La pratique arbitrale.

107. — Outre *l'affaire Georges Pinson* précitée, on peut citer deux sentences où les arbitres ont clairement pris position sur cette divergence de validités. Dans une affaire qui opposa la France au Pérou devant la C.P.A. en 1921 (R.G.D.I.P. 1922.256), le tribunal refusa de donner effet à une loi péruvienne annulant rétroactivement un contrat passé entre des ressortissants français et le gouvernement local de fait de l'époque. Le tribunal admit que du point de vue du droit péruvien une telle loi pouvait être pleinement valide ; en revanche, elle perdait toute validité au niveau international dans la mesure où elle portait préjudice à des droits légitimes possédés par des étrangers.

108. — De même, dans une *affaire Shuffeldt* qui opposa en 1930 les Etats-Unis au Guatemala, l'arbitre eut à connaître d'un décret du gouvernement de ce dernier qui abrogeait une concession antérieurement accordée à un citoyen américain. Le Guatemala soutint que cette mesure, valide selon sa propre constitution, l'était donc également sur le plan international. L'arbitre refusa cette manière de voir. Il affirma que si le décret de nationalisation en question pouvait bien être valide d'après le droit guatémaltèque (ce qu'il ne lui appartenait de toute façon pas de juger) il n'en allait pas nécessairement ainsi au niveau international où il devait uniquement se placer. En l'espèce il donna raison aux Etats-Unis et nota que « c'était un principe admis de droit international qu'un souverain ne (pouvait) pas ériger ses propres lois nationales comme un obstacle à une réclamation d'un souverain étranger pour obtenir réparation d'un préjudice subi par l'un de ses sujets » (Dept of State Arb. Ser. 3 851, pp. 876-877 (1932)).

II. — La pratique judiciaire.

109. — Dans toutes les affaires examinées précédemment — *Wimbledon, Traitement des nationaux polonais à Dantzig, Haute Silésie polonaise, Usine de Chorzow, Nottebohm* — la C.P.J.I. ou la C.I.J. n'ont jamais contesté la validité interne des mesures nationales qui leur avaient été déférées. La Cour de La Haye les apprécia uniquement au niveau et en vertu du droit international. Dans la mesure où elle s'estima fondée à déterminer la présence d'un conflit entre les deux normes juridiques, elle fit naturellement triompher la norme de nature supérieure — la règle internationale — en déclarant « inexistante », » inopposable « au niveau international, la norme nationale contraire. Celle-ci gardait ainsi sa pleine valeur interne tout en étant frappée d'inefficacité internationale.

b) Les conséquences d'une divergence éventuelle entre une norme valide sur le plan interne et inopposable sur le plan international.

110. ***L'engagement éventuel de la responsabilité internationale de l'Etat fautif*** — Il faut tout d'abord noter qu'une telle divergence n'est pas en elle-même suffisante pour engager la responsabilité internationale de l'Etat auteur d'une telle norme. Cela peut cependant être le cas si la norme interne a porté un préjudice à un Etat tiers ou à l'un de ses nationaux (voir par exemple les *affaires France c. Pérou* de 1921 devant la C.P.A., ou *Shuffeldt* en matière arbitrale, ou les affaires du *« Wimbledon », de la Haute-Silésie polonaise* ou de *l'usine de Chorzow* devant la C.P.J.I.). La sanction normale d'une telle situation demeure l'inopposabilité internationale de la mesure interne non conforme au droit international (voir les *affaires Georges Pinson* ou *Nottebohm*).

111. ***L'absence de modification obligatoire de la règle interne contraire au droit international*** — Ensuite, l'Etat dont une norme nationale a été qualifiée d'inopposable au niveau international par le juge ou l'arbitre n'a pas nécessairement l'obligation de l'abroger ou de la modifier pour la rendre conforme à un droit international. Si sa responsabilité internationale devait être engagée, le paiement d'une indemnité suffira dans la plupart des cas à constituer une réparation adéquate. Dans une telle hypothèse, la norme nationale continuera à exister sur le plan interne tout en restant suspendue à des déclarations d'inopposabilité internationale par des juges ou arbitres en cas de litiges ultérieurs. Une telle situation ne manque pas de faire penser aux conséquences de l'exception d'illégalité en droit administratif français par opposition à celle résultant du contentieux de l'annulation : la mesure déclarée illégale par le juge à titre d'exception devient inopposable au plaideur dans l'espèce mais continue à s'appliquer aux tiers.

Il est cependant un cas où la modification de la règle nationale contraire à une norme internationale est reconnue impossible en vertu d'un principe que l'on peut considérer comme coutumier, à savoir lorsqu'il s'agit d'une *décision de justice définitive possédant l'autorité de la chose jugée*. Le droit international reconnaît ainsi l'indépendance du pouvoir judiciaire qui ne saurait revenir sur ses décisions définitives que par le biais de la révision et non à la suite d'interventions du pouvoir législatif ou exécutif. Et telle est bien d'ailleurs l'une des raisons pour lesquelles le Traité de Rome a prévu dans son article 177 un mécanisme original de coopération entre les juges nationaux et le juge communautaire de Luxembourg de façon à éviter ce type de conflit inextricable.

En bref, *l'existence d'une décision de justice définitive ayant autorité de chose jugée constitue le seul exemple d'une mesure de l'ordre interne susceptible de tenir en échec la supériorité de la règle internationale* (cette exception coutumière est au surplus formellement reconnue par la Convention européenne des droits de l'homme et des libertés fondamentales de 1950 — art. 50 — de même que par la Convention européenne pour le réglement pacifique des différends de 1957 — art. 30). Dans cette hypothèse exceptionnelle, seule une réparation morale ou pécuniaire pourra être décidée par le juge ou l'arbitre international.

112. ***L'obligation de rendre le droit interne conforme au droit international : le cas particulier du droit Communautaire*** — Sans doute existe-t-il des cas où la modification de la norme interne contraire au droit international s'impose de façon à assurer la supériorité du droit international et parce qu'il s'agit là du seul mode de réparation acceptable. On en trouve une illustration frappante dans *l'affaire des ressortissants au Maroc* qui opposa les Etats-Unis à la France devant la C.I.J. en 1952 (Rec. 1952, p. 176). Dans cette instance, le Résident général français au Maroc avait adopté en 1948 des mesures de contrôle des changes dont toutefois les transactions avec la France étaient dispensées. Les Etats-unis estimèrent que ces restrictions étaient contraires aux droits conventionnels dont ils disposaient au titre de l'Acte d'Algésiras de 1906 qui instituait un régime de « porte ouverte » au Maroc. La Cour ayant donné raison à la thèse américaine, le seul moyen pour la France de se conformer à l'arrêt de la C.I.J. fut de modifier en conséquence cette réglementation des changes, ce qu'elle fit en y mettant fin.

Enfin, il convient de noter que de tels cas sont très fréquents en droit communautaire. En effet, si la C.J.C.E. estime qu'une norme nationale quelconque est incompatible avec le droit communautaire, l'Etat concerné — et fautif — devra prendre dans son ordre juridique interne toutes les mesures qui s'imposent pour mettre fin à ce conflit — y compris la modification, voire l'abrogation, de sa législation litigieuse. Ici, la réparation normale est la mise en conformité de l'ordre interne à l'ordre communautaire et non le paiement d'une indemnité (voir, par exemple, l'arrêt de la Cour de Luxembourg du 14 décembre 1982, *Waterkeyn*, aff. 314/81, Rec. 1982.4337 où étaient précisées les conséquences d'un arrêt en manquement qui devait être exécuté par les organes étatiques compétents et qui pouvait entraîner « pour les autorités participant à l'exercice du pouvoir législatif l'obligation de modifier les dispositions en cause de manière à les rendre conformes aux exigences du droit communautaire » ; par la suite, la C.J.C.E. devait préciser que cette mise en œuvre de ses arrêts devait être « engagée immédiatement et... aboutir dans les meilleurs délais » — aff. 225/86, arrêt du 27 avril 1988, *Commission c. République italienne*, Rec. 2271 — ce qui n'est d'ailleurs pas toujours le cas ainsi qu'en témoigne une décision récente de la C.J.C.E. du 3 octobre 1989 — aff. 383/85, *Commission c. Royaume de Belgique*, Rec. 3069 — où la Belgique était condamnée pour n'avoir pas exécuté un arrêt antérieur datant du 20 octobre 1981).

Afin de contraindre les Etats membres à mieux respecter les arrêts en manquement rendus contre eux par la Cour de Justice — et donc à modifier leur législation ou réglementation non conforme au droit communautaire — le traité de Maastricht modifia l'article 171 du Traité de Rome (nouvel article 228) en y ajoutant l'imposition de *sanctions pécuniaires*. Il s'agit d'*astreintes* qui se veulent dissuasives et qui sont affectées de coefficients en fonction de la gravité de l'infraction et de sa durée (voir la Communication de la Commission du 5 juin 1996 in JOCE n° C/242/6 du 21 août 1996). C'est ainsi, par exemple que la France pourrait se voir infliger des sanctions financières allant de 10 530 écus/euros (soit plus de 67 000 F) à 631 771 écus/euros (soit plus de 4 100 000 F).

Cette procédure nouvelle de l'article 228 eut l'occasion de démontrer rapidement son efficacité. C'est ainsi que menacés par la Commission au début de l'année 1997 de payer des amendes journalières de 264 000 et 123 000 écus par jour, l'Allemagne et l'Italie se dépêchèrent de transposer en droit interne les directives concernées, l'une portant sur la « protection des oiseaux sauvages » et l'autre sur les « Déchets » (voir *Agence Europe*, 28 juin 1997, p. 14).

Mieux encore, mais toujours en droit communautaire, l'Etat qui aurait adopté une législation contraire à ce dernier engage sa responsabilité financière à l'égard des particuliers lésés qui devront alors recevoir une indemnification adéquate — et ce en vertu d'une jurisprudence récente (Brasserie du Pêcheur, Factortarme III, etc.) de la Cour de Justice des communautés européennes (sur cette extension de la responsabilité de l'Etat du fait des lois, voir D. Simon, La responsabilité de l'Etat saisie par le droit communautaire, AJDA 1996.489).

Section II

Un principe inégalement reconnu au niveau national

113. ***Reconnaissance et application du principe de supériorité du droit international*** — Une remarque liminaire d'importance s'impose de façon à éviter toute confusion. Il s'agit ici de voir dans quelle mesure les sujets du droit international — à commencer par les Etats — reconnaissent le caractère obligatoire et donc supérieur du droit international.

Proche, mais différent, est le problème de savoir comment ce droit international reconnu obligatoire et supérieur va s'appliquer concrètement à ses destinataires. Cette question concerne l'application du droit international et elle sera étudiée en détail par la suite.

On notera tout d'abord que le principe de supériorité du droit international est généralement reconnu par ses « sujets », originaires ou dérivés. Toutefois, et là encore la matière est paradoxale, ce principe de supériorité demeure largement théorique au niveau de l'ordre juridique interne des Etats qui est loin d'en tirer toutes les conséquences nécessaires et logiques. »

§ 1 — La reconnaissance du principe de la supériorité du droit international par les sujets du droit international.

114. — En règle générale, il est loisible d'affirmer que cette reconnaissance n'a jamais fait problème pour les sujets dérivés, seconds, du droit international. D'autre part, en théorie au moins, les sujets originaires, premiers du droit international que sont les Etats ont adopté la même position.

1 — Une reconnaissance pleine et entière par les sujets « dérivés » du droit international.

115. — Cette proposition est vraie aussi bien pour les personnes morales de « droit public » que sont les organisations internationales intergouvernementales ou les organismes publics internationaux que pour les personnes physiques ou morales de droit « privé ».

a) Les personnes morales de droit « public ».

116. ***Chartes constitutives des institutions internationales et droit international*** — Celles-ci, en tant que sujets dérivés du droit international devant leur existence à la volonté des Etats « fondateurs », sont tout d'abord liées par leurs « chartes constitutives » qui leur ont donné naissance. A priori, ces « chartes constitutives » sont censées être conformes aux principes généraux du droit international en même temps qu'elles contribuent à son développement « matériel ». De plus, dans l'exercice de leur pouvoir normatif, ces institutions sont tenues de respecter à la fois les dispositions de leurs chartes constitutives et celles du droit international général écrit (conventionnel) ou non écrit (coutumes, principes généraux du droit).

117. ***La reconnaissance de la supériorité du droit international par le droit Communautaire*** — L'exemple du droit communautaire montre bien cette supériorité du droit international. L'article 228 du traité de Rome (nouvel article 300) dispose en effet que « les accords conclus (par la Communauté) lient les institutions de la communauté et les Etats membres ». La C.J.C.E. a été amenée à apprécier la portée de ce principe et, partant, les rapports respectifs entre le droit international et le droit communautaire. L'arrêt fondamental en la matière a été rendu par la Cour de Luxembourg le 12 décembre 1972 dans l'affaire 21-24/72, dite « *international fruit* » (Rec. 1972.1219). En l'espèce, les juges de Luxembourg eurent à examiner la compatibilité entre des règles du G.A.T.T. (Accord général sur les tarifs douaniers et le commerce de 1947) et certains règlements communautaires. La Cour s'estima « tenue d'examiner si la validité (des actes communautaires) pouvait être affectée du fait de leur contrariété avec une règle du droit international »... En procédant à cette analyse, la Cour reconnaissait ainsi formellement que le droit international — ici le droit conventionnel — liant les Communautés, primait le droit dérivé communautaire.

Plus tard, la C.J.C.E. eut l'occasion de préciser que les compétences de la Communauté devaient s'exercer dans le respect du droit international - y compris de ses règles coutumières (Aff. C. 286/90, *Poulsen et Diva Navigation,* arrêt du 24 novembre 1992, Rec. I. 6019 attendu n° 9, récemment confirmée par l'affaire C 162/96, Racke arrêt du 16 juin 1998, *JCP* éd. gen. 1999, n° 10022 avec une note E. Leray et A. Potteau).

b) Les personnes de droit « privé ».

118. ***Application aux contrats d'Etat***— Le problème de la supériorité du droit international s'est relativement fréquemment posé à propos de contrats internationaux conclus entre un Etat et des personnes privées étrangères (ce que l'on appelle parfois les « State contracts »). Lorsque de tels contrats sont soumis au droit international, les principes de celui-ci gouvernent les relations entre les deux parties publique et privée. Une partie — et cela a été parfois la prétention des Etats — ne saurait unilatéralement en modifier les termes au nom de sa souveraineté : ce serait aller à l'encontre de l'une des règles les plus fondamentales du droit international — le principe « pacta sunt servanda » (pour une application récente, voir la sentence arbitrale rendue le 19 janvier 1977 par le Professeur R.J. Dupuy dans *l'affaire Texaco/Calasiatic c. Gouvernement libyen* dont on trouvera le texte au Clunet 1977, p. 350 et s. avec une note de J.F. Lalive. Voir ici, en particulier les § 51, et 63-73. L'arbitre posa, à juste titre, le principe selon lequel « au regard du droit international des contrats, une nationalisation ne saurait prévaloir contre un contrat internationalisé conclu entre un Etat et une entreprise privée étrangère et comportant des dispositions de stabilisation » (§ 73).

2 — Une reconnaissance pleine et entière par les sujets « originaires » du droit international, les Etats.

Les exemples abondent en ce sens et nous nous contenterons de mentionner les trois plus importants.

I. — Le préambule de la Charte de l'O.N.U. ; la supériorité du « droit international ».

119. — La Charte pose le principe du « respect des obligations nées des traités et autres sources du droit international ». On notera qu'il s'agit là d'une consécration générale de la supériorité et du caractère obligatoire du droit international dans son ensemble et pas seulement du droit « conventionnel ».

II. — La supériorité du droit conventionnel : la règle « pacta sunt servanda ».

120. — Dans le domaine plus restreint du droit des traités, la Convention de Vienne de 1969 — en vigueur depuis le 27 janvier 1980 — reconnaît expressément cette règle coutumière et en fait le fondement du droit en la matière. Dans son article 26, elle dispose que « tout traité en vigueur lie les parties et doit être exécuté par elles de bonne foi ». Elle ajoute d'ailleurs juste après que « une partie ne peut invoquer les dispositions de son droit interne comme justifiant la non-exécution d'un traité » (art. 27). On ne saurait être plus net quant à l'affirmation de la supériorité totale du droit international d'origine conventionnelle.

III. — La pratique des Etats.

121. — On se bornera ici à rappeler les remarques générales de la fin de l'introduction en vertu d'une approche toute « phénoménologique ». D'une part, tous les Etats du monde ont créé un service juridique au sein de leurs ministres des affaires étrangères. D'autre part, tous les Etats du monde admettent que leurs relations sont réglées par le droit international et donc qu'il existe un « état de droit » au sein de la société internationale même entendue au seul sens d'inter-étatique. Il n'est arrivé que très exceptionnellement dans l'histoire que certains Etats nient l'existence du droit international : tel fut le cas de l'U.R.S.S. dans les premières années qui suivirent la révolution de 1917, ou de l'Italie fasciste et de l'Allemagne nazie. Tous les Etats agissent — ou du moins prétendent agir — en conformité avec les règles du droit international ; ainsi, dans les cas les plus graves, lorsqu'il y a conflit armé, les antagonistes se sentent toujours obligés d'invoquer le droit international à l'appui de leur cause. Autrement dit, ce n'est pas l'autorité du droit international qui est contesté mais parfois son existence dans un domaine déterminé (et c'est le problème des lacunes de l'ordre international) ou, le plus souvent, sa portée exacte (degré de précision de la règle en cause, existence d'exceptions...).

§ 2 — Des conséquences « modulées » au niveau de l'ordre juridique interne des Etats.

Voir pour une étude claire et précise, J. Rideau, Constitution et droit international des Etats membres des Communautés européennes, Revue française de droit constitutionnel, 1990.425 ; pour une mise en œuvre concrète récente de ces règles, voir la série d'études publiées par la Revue française de droit constitutionnel, 1992, pp. 611 et s. et portant sur "Les constitutions européennes et le traité de Maastricht" avec les contributions de J. Rideau pour la France, Ch. Autexier pour l'Allemagne, F. Delpérée pour la Belgique, F. R. Llorente pour l'Espagne, M. Luciani pour l'Italie et J. Miranda pour le Portugal. Voir, également, les constitutives nationales à l'épreuve de l'Europe, La Documentation française, 1993.

122. ***Une situation paradoxale*** — La situation est là encore paradoxale. En effet, puisque tous les Etats reconnaissent formellement la supériorité du droit international et son caractère obligatoire, ils auraient dû en tirer toutes les conséquences au niveau de leur ordonnancement juridique interne : en clair, ils auraient dû placer le droit international au sommet de la hiérarchie des normes juridiques. Or, une telle solution, la seule logique, est loin d'être généralisée.

Avant d'aller plus avant, il faut remarquer que le droit interne — à commencer par le droit constitutionnel — est très imprécis quant à l'autorité du droit international. Soit il n'en dit rien et la tâche revient alors aux tribunaux nationaux — soit il y fait allusion, mais le plus souvent fort partiellement ; c'est ainsi que la plupart des constitutions contemporaines des pays occidentaux ne traitent que du rôle et de la place des traités et passent complètement sous silence les normes non-écrites (coutumes et principes généraux du droit) ainsi que les actes unilatéraux des organisations internationales.

Si l'on examine la reconnaissance de la supériorité du droit international du point de vue du droit positif interne des Etats, il est loisible d'identifier trois grandes catégories de systèmes. Il existe tout d'abord ceux qui permettent une reconnaissance totale du principe de supériorité du droit international, puis ceux qui ne lui reconnaissent qu'une supériorité partielle, et enfin ceux qui la nient.

1 — La supériorité absolue du droit international : sa valeur supra-constitutionnelle.

123. — Telle est la solution qui se dégage de certaines constitutions contemporaines à orientation internationale marquée. Or, rares sont les lois constitutionnelles qui peuvent être interprétées en ce sens.

a) Les Constitutions des pays du Bénélux.

124. — On est ici en présence de l'exemple le plus net d'une supériorité du droit international admise par l'ordre interne de pays. Ce furent d'abord les Pays-Bas qui montrèrent l'exemple en anticipant les conséquences constitutionnelles de la construction européenne. En 1953, la constitution hollandaise était modifiée et un nouvel article 63 était inséré disposant que « si le développement de l'ordre juridique international (l'exigeait), un accord pourra(it) déroger aux dispositions de la Constitution », pour peu cependant que ce traité soit approuvé à la majorité renforcée des deux tiers des voix des membres des deux chambres (art. 63 *in fine*). Ainsi, la révision de 1983 allait confirmer cette ouverture dans son article 92. Par la suite, le *Luxembourg* (article 49bis de la constitution révisée le 25 octobre 1956), puis la *Belgique* (article 34 de la nouvelle constitution fédérale du 17 février 1994) allaient adopter le régime hollandais (toutefois, un arrêt n° 12/94 du 3 février 1994 de la Cour d'Arbitrage publié au *Moniteur Belge* du 11 mars 1994 permet d'exprimer des doutes quant à cette assimilation (voir les points B.4 et B.6 de la décision -, ce qui placerait alors la Belgique dans la catégorie des pays ne reconnaissant au droit international qu'une primauté *infra*-constitutionnelle).

b) Les Constitutions françaises de 1946 et 1958.

I. — La constitution de 1946.

125. — Le préambule disposait que « la République française, fidèle à ses traditions, se conform(ait) aux règles du droit public international... ». Il ajoutait que « sous réserve de réciprocité, la France consent(ait) aux limitations de souveraineté nécessaires à l'organisation et à la défense de la paix... ».

De surcroît, l'article 26 disposait que « les traités diplomatiques régulièrement ratifiés et publiés (avaient) force de loi dans le cas même où ils seraient contraires à des lois françaises... ».

A l'époque, ces principes furent interprétés comme signifiant qu'un traité régulièrement conclu par la France était supérieur non seulement aux lois ordinaires mais aussi à la Constitution (voir A. Ch. Kiss, Répertoire français de droit international public, T. I, n° 427). Cette solution pouvait être expliquée, au moins en partie, par la quasi-inexistence d'un contrôle de constitutionnalité des lois et, donc, par la possibilité pour de simples lois ordinaires de ne pas être conformes à la Constitution de 1946 ; dans ces conditions, un traité international, reconnu expressément supérieur aux lois internes, pourrait également déroger au texte constitutionnel.

Tel fût bien le cas de la cession, en 1954, par la France à l'Inde, des « établissements » — les célèbres « comptoirs » qu'elle possédait encore dans ce pays. Les populations locales concernées ne furent pas directement consultées au mépris des exigences constitutionnelles de l'époque (voir A.F.D.I., 1955, 595, 703 ; pour un point de vue officiel différent — et embarrassé — voir la position du Ministère des Affaires étrangères lors du débat de ratification, en... 1962, *in* A.F.D.I., 1962, pp. 1014-1016).

De même, et de façon plus générale, le texte constitutionnel de 1946 ne devait pas constituer un obstacle juridique à la signature puis à la ratification du *Traité de Rome de 1957* constitutif de la Communauté Economique Européenne (CEE).

II. — La Constitution de 1958.

Bibliographie : voir J.F. Flauss, Le rang du droit international dans la hiérarchie des normes en droit français, L.P.A. 1992, n° 83, 10 juillet 1992 et n° 85, 15 juillet 1992 ; J. Rideau, Constitution et droit international dans les Etats Membres des Communautés Européennes, Réflexions générales et situation française, Rev. fr. de droit const. 1990.2.259 ; V. Goesel - Le Bihan, la répartition des compétences en matière de conclusion des accords internationaux sous la Vᵉ République, Pedone,1995.

126. ***La reprise des solutions de la constitution de 1946*** — La place accordée au droit international par la Constitution de 1958 est plus délicate à apprécier bien qu'une conclusion analogue puisse en être tirée.

On notera tout d'abord que le préambule de 1946 est expressément repris par la Constitution de 1958. On notera également que le constituant de 1958 réitéra la supériorité des traités « régulièrement ratifiés ou approuvés » sur les lois en ajoutant cependant une réserve expresse de « réciprocité » : l'article 55 reconnaît que de tels traités ont « une autorité supérieure à celle des lois, sous réserve, pour chaque accord ou traité, de son application par l'autre partie ».

127. ***L'adjonction d'un contrôle de Constitutionalité des lois et ses incidences*** — Cependant, la principale difficulté vient de la généralisation de l'organisation d'un contrôle de constitutionnalité des lois dont le Conseil Constitutionnel a été investi. Cet organe est en effet susceptible d'intervenir au cas où il aurait été saisi (il ne peut y procéder de son propre chef) d'un conflit éventuel entre un traité et la Constitution. L'article 54 dispose que si « le Conseil Constitutionnel a déclaré qu'un engagement international comport(ait) une clause contraire à la Constitution, l'autorisation de le ratifier ou de l'approuver ne (pourrait) intervenir qu'après la révision de la Constitution ». Est-ce pour autant dire que la Constitution française de 1958 est supérieure aux traités et qu'elle refuse de reconnaître ici la primauté du droit international ? Nous ne le pensons pas et nous nous rendons aux raisons qui ont été fort bien développées par le Professeur Dinh (voir N. Quoc Dinh, La jurisprudence française actuelle et le contrôle de la conformité des lois aux traités, A.F.D.I. 1975.859). Le Professeur Dinh voit à juste titre dans ces dispositions constitutionnelles françaises une méthode de solution particulière en cas de conflit traité/constitution en vertu de laquelle la Constitution doit être au préalable modifiée avant que le traité ne puisse entrer en vigueur ; cet ajustement du texte constitutionnel ayant été réalisé, il n'y aura dès lors plus de difficulté juridique pour que le traité puisse être appliqué dans l'ordre juridique français par les juridictions ordinaires. Autrement dit, on est ici en présence d'une règle de procédure et non de fond ; le Conseil Constitutionnel est en effet chargé du seul contrôle de l'applicabilité des traités et non de leur validité par rapport à la Constitution.

128. ***Un contrôle d'applicabilité et non de validité*** — Jusqu'à présent, la jurisprudence du Conseil Constitutionnel donne raison aux analyses du Professeur Dinh (voir en général, L. Favoreu, Le Conseil Constitutionnel et le droit international, A.F.D.I. 1977.95). C'est ainsi que dans une décision du 19 juin 1970, le Conseil Constitutionnel devait estimer que le traité de Luxembourg du 22 avril 1970 ainsi qu'une « décision » du Conseil des Ministres de la C.E.E. du 12 avril 1970 relatifs aux « ressources propres » de la Communauté et à certaines règles budgétaires communautaires n'étaient en rien contraires à la Constitution de 1958 (J.O. 1970, p. 5806 ; J.C.P. 1970.I.2354 note Ruzié ; R.G.D.I.P. 1971.239). Dans une décision du 15 janvier 1975, le Conseil Constitutionnel ne devait voir aucune contradiction entre la loi sur *l'interruption volontaire de grossesse et la convention européenne des droits de l'homme de 1950* (J.O. 1975, p. 671 ; J.C.P. 1975.II.18030 note Bey ; Clunet 1975.257 note Ruzié) ; en particulier, et nous aurons l'occasion d'y revenir par la suite, le Conseil Constitutionnel devait se refuser à vérifier, au nom d'un contrôle de constitutionnalité, la compatibilité d'une loi française avec une convention internationale liant la France. Pour lui, « une loi contraire à un traité ne serait pas, pour autant, contraire à la Constitution ». En refusant ainsi, à juste titre, d'assimiler un traité à la constitution, à inclure le droit international dans le « bloc de constitutionnalité », le Conseil Constitutionnel reconnaissait que le droit international était d'une nature « autre » et que rien n'empêchait de reconnaître qu'il soit supérieur à l'ordre juridique français — y compris la Constitu-tion.

129. ***Une jurisprudence libérale*** — Dans son appréciation de la conformité d'un traité à la Constitution de 1958, le Conseil Constitutionnel devait fixer sa con-ception en la matière à l'occasion de sa décision du 30 décembre 1976 (J.O. 1976, p. 7561 et A.F.D.I. 1976.805) relative à *l'élection au suffrage universel direct de l'assemblée européenne*. En l'espèce, si le Conseil Constitutionnel ne devait détecter « aucune clause contraire à la constitution », il devait également tracer les limites de ses futures décisions de conformité : les dispositions conventionnelles contestées ne devront pas porter atteinte à la *souveraineté française* ou à *l'indivisibilité de la République*. Cette position de principe devait être reprise dans sa décision du 22 mai 1985, J.O. 23 mai, p. 5795, où il réaffirme, malencontreusement, qu'un traité ne saurait porter atteinte aux « conditions essentielles de l'exercice de la souveraineté nationale ».

Ceci étant, jusqu'à sa décision du 9 avril 1992 (J.O. 11 avril, p. 5354), relative au *traité sur l'Union européenne* (c'est-à-dire le traité signé à Maastricht le 7 février 1992), ces limites devaient rester théoriques. Dans cette décision, le Conseil constitutionnel devait estimer qu'un certain nombre de dispositions prévues dans le traité de Maastricht étaient contraires à la Constitution comme affectant « des conditions essentielles d'exercice de la souveraineté nationale ». Pour le Conseil Constitutionnel, il en allait ainsi pour ce qui touchait à la reconnaissance du droit de vote et d'éligibilité des citoyens de l'Union européenne aux élections municipales, pour l'intégration de la France dans la future union économique et monétaire, et pour les mesures relatives à l'entrée et à la circulation des personnes en provenance des pays tiers pour lesquelles l'exigence éventuelle d'un visa serait déterminée par le Conseil des Ministres de la CEE et non plus par les pays membres *ut singuli*.

La révision du texte constitutionnel de 1958 effectuée par le Congrès en juin 1992 devait ajouter les articles 88-1, 2 et 3 afin de mettre en conformité la constitution avec le traité de Maastricht qui, dans ces conditions, pouvait être soumis à la ratification populaire par le référendum du 20 septembre 1992 (voir B. Mathieu et M. Verpeaux, le Conseil Constitutionnel, la souveraineté et l'Europe, L.P.A. 26 juin 1992.6 ; F. Luchaire, l'Union européenne et la Constitution, R.D.P. 1992.589 ; J. Rideau, La recherche de l'adéquation de la Constitution française aux exigences de l'Union européenne, R.A.E., n° 3, 1992 ; NGuyen Van Tuong, Le sommet de Maastricht des 9 et 10 décembre 1991 et la Constitution française de 1958, A.L.D. 1992.89).

Par la suite trois nouvelles décisions du Conseil Constitutionnel allaient détecter un conflit entre des traités internationaux signés par la France et la constitution de 1958 de sorte que la ratification des premiers présuppose la modification de la seconde. Ainsi, dans sa décision n° 97.394 du 31 décembre 1997, le Conseil Constitutionnel estima que certaines dispositions du traité d'Amsterdam du 2 octobre 1997 modifiant le Traité sur l'Union Européenne ayant trait à la libre circulation des personnes (l'article 73 J relatif à la politique des visas et l'article 73 K relatif au droit d'asile) portaient « atteinte aux conditions essentielles de la souveraineté nationale » dans la mesure où les décisions en la matière seraient prises à l'avenir par le Conseil des Ministres statuant à la majorité qualifiée et non plus à l'unanimité (article 73 O) (voir le texte in J.O., 3 janvier 1998.165).

Dans une décision plus récente encore (n° 98.408 du 22 janvier 1999, J.O. 24 janvier, p. 1317) le Conseil Constitutionnel dut se pencher sur la compatibilité avec la Constitution de 1958 du traité signé à Rome le 18 juillet 1998 établissant une *Cour Pénale Internationale.* Le Conseil estima que plusieurs dispositions portant statut de la future cour entraînaient une modification de la constitution française : il en allait ainsi de la compétence ordinaire de ladite cour à l'égard des chefs d'Etats, ministres et parlementaires qui, en France, soit sont irresponsables soit sont soumis à une juridiction particulière, ou de personnes amnistiées ou dont les agissements répréhensibles auraient été prescrits ou encore des pouvoirs du procureur de ladite cour qu'il pourrait exercer sur le territoire national en dehors de toute présence des autorités judiciaires françaises compétentes.

Enfin, le 15 juin 1999 (décision n° 99-142, J.O. 18 juin, p. 8 964), le Conseil Constitutionnel estima que la *Charte Européenne des langues régionales* ou *minoritaires* signée à Budapest le 7 mai 1999 ne pouvait pas être ratifiée par la France sans révision préalable de la Constitution de 1958 ; il estima que l'octroi de droits spécifiques à « quelque groupe que ce soit » portait atteinte « aux principes constitutionnels d'indivisibilité de la République, d'égalité devant la loi et d'unicité du peuple français » consacrés par l'article premier de la constitution en même temps qu'à son article 2 faisant du français la langue officielle de la « vie publique ».

c) La Constitution italienne de 1947.

130. ***Parenté avec la constitution française de 1946*** — La Constitution adoptée par l'Italie en 1947 présente une grande parenté avec la Constitution française de 1946 et a été interprétée dans le même sens. L'article 10 dispose en effet que : « l'ordre juridique italien se conforme aux règles du droit international généralement reconnues ». L'article 11 ajoute que l'Italie « consent, dans des conditions de réciprocité avec les autres Etats, aux limitations de souveraineté nécessaires à un ordre assurant la justice et la paix entre les nations ».

d) La loi fondamentale de la République Fédérale d'Allemagne de 1949.

131. — Ce texte constitutionnel se montre également très favorable au droit international et a toujours été construit et interprété par les tribunaux comme en reconnaissant son entière supériorité.

Toutefois la décision de la Cour constitutionnelle fédérale sur le Traité de Maastricht le 12 octobre 1993 amène à nuancer ce jugement — voir sur cet arrêt et ses implications les articles de H.J. Hahn in R.G.D.I.P. 1994.107 et D. Hanf in R.T.D.E. 1994.391).

L'article 24 (I) dispose que la « fédération peut transférer des droits de souveraineté à des institutions internationales par voie législative » ; le par. 2 de ce même article précise que la R.F.A. « peut, dans l'intérêt du maintien de la paix, s'intégrer à un système de sécurité mutuelle. Elle consentira dans ce cas aux limitations de sa souveraineté propres à établir et garantir un ordre pacifique durable en Europe et entre toutes les nations du monde ».

Plus précisément encore, l'article 25 ajoute que « les règles générales du droit international font partie intégrante du droit fédéral. Elles priment les lois et font naître directement des droits et obligations pour les habitants du territoire fédéral ».

e) Les nouvelles constitutions démocratiques de certains pays européens.

131bis. — Peuvent aussi être rangées dans cette catégorie la Grèce et l'Espagne en raison des dispositions de leurs constitutions de 1975 et 1978 (voir Ch. Vallée, notes sur les dispositions relatives au droit international dans quelques constitutions récentes, A.F.D.I. 1979, 255 et ici pp. 270-273). Il en va de même de la nouvelle constitution russe de 1993 qui présente ici une nette parenté avec celle de la France en ce sens qu'un traité contraire à ladite constitution ne peut entrer en vigueur sans une modification préalable de celle-ci (article 125.6 et voir G.M. Danilenko, « *The new Russian Constitution and International Law* », A.J.I.L. 1994.451.

2 — La supériorité limitée du droit international : sa primauté par rapport aux lois ordinaires mais son infériorité par rapport à la Constitution.

132. — Un certain nombre de pays possèdent dans leur Constitution des dispositions de ce type : l'Etat X... « accepte les principes généraux reconnus du droit international comme sa règle de conduite avec les Etats étrangers... » « ceux-ci lient l'Etat (et parfois les habitants du territoire de cet Etat) et font partie du droit international... ».

Avec des variantes, on trouve des dispositions analogues dans les Constitutions de l'Autriche, de la Birmanie, de l'Irlande ou des Philippines voire de la Belgique (sur ce dernier pays voir *supra* n° 124).

L'interprétation communément admise de ces principes constitutionnels est que le droit international l'emporte en cas de conflit avec les lois ordinaires mais cède en cas de contrariété avec la constitution locale.

3 — L'absence de supériorité du droit international : son égalité avec la loi nationale, voire sa soumission à cette dernière.

133. ***Une solution dommageable pour l'autorité du droit international*** — Cette solution, des plus dommageables pour l'autorité du droit international, prévaut malheureusement dans nombre de pays et non moindres puisqu'il s'agit de tous ceux — ou presque — qui relèvent d'une tradition de « common law » et de la plupart des républiques latino-américaines.

134. — Pour ces pays, un traité international contraire à la Constitution locale — quand il en existe une — n'a aucune validité interne. De plus, un traité international — et en général le droit international dans son ensemble — ne se voit reconnaître qu'une autorité égale à celle des lois nationales : dès lors, en application du principe de la « lex posterior » qui règle les conflits de lois dans le temps, une loi nationale subséquente peut fort bien modifier voire abroger un traité antérieur. Dans ces conditions, le droit international se trouve, en réalité, placé en état d'infériorité par rapport à l'ensemble de l'ordre juridique interne.

a) L'absence de validité interne du traité international contraire à la constitution locale.

135. — Cette solution est parfois expressément consacrée par le texte constitutionnel lui-même. C'est ainsi, par exemple, que la Constitution du Nicaragua dans son article 324 dispose qu'un traité international qui lui serait contraire n'aurait aucune validité (interne). Le plus souvent, il s'agit d'une solution jurisprudentielle donnée par la Cour Suprême du pays en cause.

136. ***La position de la Cour Suprême des Etats-Unis d'Amérique*** — A cet égard, la décision de la Cour Suprême des Etats-Unis dans *l'affaire Reid v. Covert* mérite d'être citée (354 U.S. I, 1957). Mrs Covert avait tué son mari, officier de l'armée américaine, alors qu'il était stationné en Grande-Bretagne. Elle avait été jugée par une Cour martiale américaine siégeant en Angleterre en vertu d'un accord entre les Etats-Unis et la Grande-Bretagne qui donnait compétence aux tribunaux militaires américains pour juger des crimes et délits commis par les militaires américains et les membres de leur famille. Mrs Covert soutint devant la Cour Suprême des Etats-Unis que son procès avait été conduit de façon illégale dans la mesure où elle avait été privée de son droit d'être jugée par un jury civil, droit contenu dans le Bill of Rights inséré dans la Constitution américaine de 1787. Autrement dit, le traité anglo-américain précité ne pouvait pas la priver de ce droit constitutionnel et déroger ainsi à la loi fondamentale des Etats-Unis. La Cour Suprême lui donna raison. Elle estima en effet que « le pouvoir des Etats-Unis en vertu d'un accord international ne (pouvait) pas s'exercer sans respecter les interdictions constitutionnelles... celles-ci s'appliqu(ant) à toutes les branches du gouvernement... ». La Cour nota également que toute construction autre permettait des amendements constitutionnels d'une manière non prévue par la Constitution américaine.

137. ***La Position de la Cour Suprême du Mexique*** — Il est à noter que la Cour Suprême du Mexique adopta une position identique dans *l'affaire Vera* (Ann. dig. 1948, n° 114, p. 328). Dans le même sens, voir aussi la décision n° 156 de la Cour d'Appel pour l'Afrique de l'Est de 1969 (I.L.M. 1970.561).

138. ***Des solutions de nature à entraîner la responsabilité internationale des Etats concernés*** — Il faut ici encore signaler qu'une telle solution affirmant l'absence de validité d'un traité international contraire à la constitution locale n'a qu'une valeur interne et qu'elle est dénuée de toute portée internationale. Dans une hypothèse semblable, un traité international peut être frappé d'invalidité interne par des tribunaux locaux — y compris la Cour Suprême — tout en gardant une pleine validité internationale. Autrement dit, l'Etat dont l'ordre juridique interne refuse de reconnaître l'effet d'un traité international sera susceptible de voir sa responsabilité internationale engagée par un pays tiers co-contractant pour violation de ses engagements internationaux.

b) L'égalité formelle entre le traité international et la loi nationale : ou la supériorité de fait de l'ordre interne.

139. ***La tradition juridique britannique*** — Cette situation a été léguée par une tradition juridique britannique qui, pourtant, semblait favorable à la reconnaissance de l'autorité du droit international. En effet, en 1735, le Lord Chancelier d'Angleterre, Talbot, dans *l'affaire Barbuit*, avait affirmé que : « le droit des nations... de la façon la plus large faisait partie du droit de l'Angleterre » (the law of nations... *in* its fullest extent was and formed part of the law of England) (Barbuit's case, Cases t. Talbot.280, 1735). Par la suite, Blackstone dans ses fameux *Commentaires* de 1765 devait écrire que « le droit international fai(sait) partie du droit du pays » (international law is part of the law of the land). Cette position, sans aucun doute en avance sur son temps, apparaissait comme de nature à renforcer l'autorité du droit international. Or ce ne fut que partiellement vrai en raison de l'ambiguïté de la formule. Sans doute affirmait-elle que le droit international faisait partie du droit positif interne. Mais, au mieux, elle ne reconnaissait au droit international qu'une autorité égale au droit national. Autrement dit, si le droit international possédait la même autorité interne que le droit d'origine purement national, le second pouvait ainsi modifier le premier. Et c'est bien de cette dernière manière que les tribunaux des pays de common law n'ont cessé d'interpréter cette maxime (voir aussi *infra*, n° 1231-1232).

140. ***Son ambiguité*** — Devant une situation aussi ambiguë, certains ont légitimement pu se demander si et dans quelle mesure le droit international faisait effectivement partie du droit interne anglais. (Voir Lauterpacht, Is international law a part of law of England ? 26 Tran-sact. Grot. Soc. 51 (1939). Pour une étude récente sur les difficultés d'apprécier la position réelle du droit international en droit anglais, voir J. Dutheil de la Rochére, Le droit international fait-il partie du droit anglais ?, Mélanges Reuter, Paris, Pedone, 1981.243).

141. ***Autres variantes aux Etats-Unis et en Amérique latine*** — La Constitution de nombreux pays allait se situer dans cette tradition. C'est ainsi, par exemple, que la Constitution américaine dans son célèbre article VI affirme que « tous les traités faits sous l'autorité des Etats-Unis constitueront la loi suprême du pays (shall be the supreme law of the land...) et seront obligatoires pour tous les juges dans chaque Etat et cela nonobstant les dispositions contraires insérés dans la Constitution ou les lois de l'un quelconque des Etats... ». Cette « clause de suprématie » a toujours été interprétée par les tribunaux américains comme signifiant que le droit international possédait la même autorité que les lois fédérales et qu'il ne l'emportait que sur la législation antérieure ; autrement dit, une loi fédérale postérieure peut théoriquement fort bien l'emporter sur un traité antérieur régulièrement sous l'autorité des Etats-Unis (voir aussi *infra*, n° 1231-1232). Les Constitutions mexicaine de 1917 (article 133) et argentine de 1853 (article 31) contiennent des dispositions analogues.

142. ***Incidences internationales*** — Ici encore, il convient de faire la même remarque que précédemment en ce qui concerne la distinction entre validité interne et validité internationale d'une règle du droit des gens. Les tribunaux nationaux peuvent être en droit de dire (et ils ont même l'obligation de procéder de la sorte) qu'une norme internationale a parfois été valablement modifiée par une loi interne subséquente sans que cela altère en rien la validité internationale de cette norme. On se trouve de nouveau devant cette situation paradoxale où validité interne et validité internationale ne coïncident pas : en raison de la supériorité du droit international, l'Etat qui aura laissé un tel conflit se produire pourra voir sa responsabilité internationale engagée et ainsi être tenu à une obligation de réparation qui ne consistera pas toujours nécessairement — autre paradoxe déjà signalé — à modifier en conséquence sa législation interne et à l'aligner sur ses obligations internationales.

Les pouvoirs exécutifs sont toujours sensibles à ce type de conflits et de difficultés en raison de leurs responsabilités propres dans la conduite des relations internationales — ce qui les amène à s'opposer aux « législatifs » ; c'est ainsi que, récemment, le Secrétaire au Trésor des Etats-Unis fit connaître au Congrès son opposition à des mesures fiscales qui viendraient en contradiction avec des engagements conventionnels — et les supplanteraient en vertu du droit local (voir A.J.I.L. 1986.760).

Pourtant, il y a quelques années, le Congrès américain devait voter une loi au terme de laquelle le Bureau de l'Organisation de la libération de la Palestine abritant la mission de l'O.L.P. auprès des Nations unies devrait être fermé contrairement à l'Accord de Siège liant l'O.N.U. aux Etats-Unis — et ce, au grand dam du Gouvernement Fédéral (voir *Le Monde* du 16 mars 1988 et A.J.I.L. 1988.103). Toutefois, le tribunal fédéral saisi eut le bon goût de réconcilier la loi américaine avec les obligations internationales antérieures des Etats-Unis, interprétant la première comme ne portant pas atteinte à l'autorité des secondes car ne s'appliquant pas à sa situation de la mission de l'O.L.P. auprès des Nations unies (on trouvera le texte du jugement de la U.S. District Court for the Southern District of New York du

29 juin 1988 *in I.L.M.* 1988.1055 ; pour un commentaire détaillé et une version française de cette décision, voir R. Pinto, « La fermeture du bureau de l'O.L.P. auprès de l'Organisation des Nations unies à New York », Clunet 1989.329 et, pour une étude d'ensemble de la situation, B. Stern, « l'affaire du bureau de l'O.L.P. devant les juridictions interne et internationale » A.F.D.I., 1988.165).

Tout récemment, la Cour Suprême devait de nouveau affirmer la supériorité d'une loi fédérale américaine de 1996 de lutte contre le terrorisme par rapport à la Convention de Vienne de 1963 sur les relations consulaires (*Breard v. Greene,* 118 s. ct. 1352 (1998) sans pour autant en réconcilier les termes comme dans l'affaire précédente ; en l'espèce, le sieur Breard, citoyen paraguayen qui fut privé de l'assistance du Consul du Paraguay aux Etats-Unis, fut condamné à mort et exécuté en vertu de la seule loi américaine précitée, et ce au mépris des dispositions de la Convention de Vienne précitée ainsi que d'une... ordonnance de la C.I.J. saisie par le Paraguay et qui recommandait le sursis à exécution ; voir sur cet épisode les réflexions de D. Vagts, Taking Treaties less seriously, A.J.I.L. 1998.458).

143. ***Une source de contentieux internationaux*** — En bref, la plus grande logique ne préside pas à ces rapports entre le droit international et le droit interne. Si la supériorité du premier est incontestée — et incontestable — le second est loin — malheureusement — d'en avoir tiré toutes les conséquences. D'où des situations absurdes — et heureusement relativement rares — où validité internationale et validité interne d'une norme d'origine internationale ne coïncident pas. Il y a là une source fréquente de contentieux international. Dans une optique différente, nous aurons l'occasion de revenir sur ces problèmes complexes lors de l'examen de « l'application du droit international dans l'ordre interne » (voir la IIIe partie).

CHAPITRE II

LA HIÉRARCHIE DES NORMES AU SEIN DU DROIT INTERNATIONAL

(Voir Ricardo Monaco, observations sur la hiérarchie des sources en droit international. Mél. Mosler, 1983, p. 599 ; P. Weil, « Vers une normativité relative du droit international », R.G.D.I.P., 1982, p. 5).

144. ***Une hiérarchie controversée mais bien réelle aujourd'hui*** — Dire qu'il existe une hiérarchie des normes au sein du droit international est soulever un problème pour le moins controversé en doctrine (Section I). Pourtant, si l'on examine de près les développements récents du droit international, il est loisible de noter l'apparition d'une hiérarchie certaine entre les normes du droit international : en particulier, certaines d'entre elles apparaîssent plus « importantes » ou plus fondamentales que d'autres au point même qu'il n'est pas possible d'y déroger. C'est ainsi que, pour utiliser une expression bien connue du droit interne français, se développe progressivement toute une « supra-légalité » internationale (Section II). Enfin, l'ordre international se développant mais aussi s'affinant et devenant sans cesse plus complexe, une certaine hiérarchie commence à se préciser sous la forme d'une « légalité internationale » qui permet d'ordonnancer les diverses sources du droit international (Section III).

145. ***Une hiérarchie imparfaite mais démontrant l'amélioration de la qualité du droit international contemporain*** — Sans doute convient-il ici de présenter trois remarques d'ordre général qui viendront quelque peu atténuer le caractère inusité du propos. Tout d'abord, il est clair que la hiérarchie des normes d'origine internationale telle qu'elle se présente actuellement est loin d'avoir la précision, les arêtes bien tranchées, de la hiérarchie que l'on rencontre entre les normes de l'ordre interne. Ensuite, cette hiérarchie embryonnaire et imparfaite, si elle s'applique à tous les sujets de l'ordre international, est loin de connaître un mode de sanctions uniforme. Enfin, ce phénomène de « hiérarchisation » va de pair avec une amélioration qualitative de l'ordre juridique concerné : inexistant à l'époque du droit international classique, il est maintenant présent dans le droit international — transnational — contemporain tandis qu'il est plus marqué encore dans ce système intégré, unique, intermédiaire entre le droit interne et le droit international, qu'est le droit communautaire.

Section I

Une hiérarchie controversée

146. — La doctrine refuse en général toute idée de hiérarchie entre les diverses normes du droit international. Cette position négative semble confirmée par le fameux article 38 du Statut de la C.I.J. énumérant les « sources classiques » du droit international.

§ 1 — Le refus de la doctrine.

La doctrine dominante affirme l'égalité des diverses sources du droit international, cette position de principe se trouvant confortée sur une convention internationale ancienne — jamais entrée en vigueur — mais qui établissait formellement une hiérarchie entre les normes du droit international.

1 — L'égalité des « sources » du droit international.

147. — Selon cette doctrine « classique », le droit international est toujours élaboré, directement ou indirectement par les Etats. En conséquence, les Etats peuvent fort bien se mettre d'accord pour déroger aux règles antérieurement posées entre eux. Toutes proportions gardées, ils jouent au niveau international le rôle d'un « législateur » dans l'ordre national et, dès lors, il n'y a aucune raison de ne pas recourir à la règle dite de la « lex posterior » pour trancher les conflits dans le temps entre des normes internationales contraires, la dernière l'emportant ainsi sur les précédentes.

2 — La non-entrée en vigueur de la Convention de La Haye de 1907 établissant une hiérarchie entre les normes de droit international.

148. — La Convention de La Haye du 18 octobre 1907 devait, entre autres, établir une Cour Internationale des Prises. Son article 7 dressait la liste en même temps qu'elle « classait » les diverses sources du droit international que la nouvelle Cour serait chargée d'appliquer. Il disposait en effet :

> Si la question de droit à résoudre est prévue par une convention en vigueur entre le belligérant capteur et la puissance qui est elle-même partie au litige ou dont le ressortissant est partie au litige, la Cour se conforme aux stipulations de la dite convention. »
>
> A défaut de telles stipulations, la Cour applique les règles du droit international.
>
> « Si les règles généralement reconnues n'existent pas, la Cour statue d'après les principes généraux du droit et de l'équité ».

Autrement dit, cette Convention de La Haye classait les sources du droit international de la façon suivante en vertu de leur autorité décroissante : au sommet les traités (c'est-à-dire le droit conventionnel), puis les règles du droit international « généralement reconnues » (c'est-à-dire la coutume) et enfin, à titre complémentaire, les principes généraux du droit et de l'équité. On ne peut s'empêcher de noter que le droit international « écrit » se trouve privilégié et qu'il l'emporte sur tout le droit « non écrit ».

Cette convention n'allait jamais entrer en vigueur et, sur ce point, elle a été interprétée par cette même doctrine comme ne représentant pas le droit international positif (ce qui était sans doute exact à l'époque).

§ 2 — Une confirmation apparente : l'article 38 du Statut de la C.I.J.

149. — Cet article, célèbre s'il en est, et que nous aurons longuement à examiner par la suite, dispose :

> « 1. La Cour, dont la mission est de régler conformément au droit international les différends qui lui sont soumis applique :
>
> a. les conventions internationales, soit générales, soit spéciales, établissant des règles expressément reconnues par les Etats en litige ;
>
> b. la coutume internationale comme preuve d'une pratique générale, acceptée comme étant le droit ;
>
> c. les principes généraux de droit reconnus par les nations civilisées ;
>
> d. sous réserve de la disposition de l'article 59, les décisions judiciaires et la doctrine des publicistes les plus qualifiés des différentes nations, comme moyen auxiliaire de détermination des règles de droit.
>
> 2. La présente disposition ne porte pas atteinte à la faculté pour la Cour, si les parties sont d'accord, de statuer ex aequo et bono ».

La doctrine « classique » a interprété ce texte également « classique » comme niant toute hiérarchie entre les normes du droit international. Une telle interprétation nous semble partielle — si ce n'est partiale -.

1 — L'interprétation « classique » : l'absence de hiérarchie entre les « sources » du droit international.

150. — Ici encore cette doctrine insiste sur l'élément commun de « reconnaissance » par les Etats qui doit être présent pour prouver l'existence d'une norme écrite ou non écrite du droit international. Dans ces conditions, les sources écrites et non écrites du droit international sont placées sur un pied d'égalité. C'est ainsi qu'un traité peut modifier une coutume et inversement. C'est ainsi qu'un traité peut contribuer à la formation d'une règle coutumière. C'est encore ainsi qu'une coutume « codifiée » peut se voir reconnaître une double valeur juridique : conventionnelle pour les Etats parties à la convention, coutumière pour les Etats tiers, une telle norme, quelle que soit sa source, possédant une force obligatoire identique (v. en ce sens l'article de P. Weil, précité, notamment p. 40 et s.).

2 — Une interprétation partielle.

151. ***Un article 38 permissif*** — Tout d'abord on notera qu'il existe bien une hiérarchie entre les sources du droit international de l'article 38 : celui-ci qualifie en effet les « décisions judiciaires » et la « doctrine » de « moyens auxiliaires » de détermination des règles de droit, ce qui est reconnaître le caractère « principal », premier, des autres sources qui ont, en commun, d'émaner des Etats, ces sujets originaires et toujours privilégiés du droit international.

En outre, cet article 38, s'il n'établit pas de hiérarchie entre les diverses sources « principales » du droit international (traités, coutumes et principes généraux du droit), ne l'interdit pas non plus et laisse cette question « ouverte ».

152. ***1920 et aujourd'hui*** — Enfin, cette disposition, comme tout le statut de la C.I.J. « date » beaucoup — sur ce point comme sur d'autres, nous aurons l'occasion de le signaler souvent par la suite. Il a en effet été élaboré en 1920 dans le cadre d'une société internationale essentiellement « inter-étatique » et pour servir ses besoins. C'est ainsi par exemple que l'affirmation selon laquelle une coutume peut modifier un traité — solution qui s'impose si l'on admet l'égalité des diverses « sources » — ne rencontre plus un accord général : la Commission du Droit International (C.D.I.) dans l'article 38 de son projet de codification du droit des traités, avait suggéré que la « pratique subséquente des Etats » puisse aboutir à modifier une disposition conventionnelle ; cette suggestion fut refusée par la majorité des Etats participant à la Conférence de Vienne de 1969 et ne se retrouve bien évidemment plus dans le texte final. De même, il est loin d'être également admis qu'un traité puisse déroger à une règle coutumière — ou du moins à certaines d'entre elles qui forment ce qu'il est maintenant convenu d'appeler le « jus cogens » — solution qui là encore s'imposerait s'il y avait une égalité parfaite entre les sources du droit international.

En bref, si replaçant cet article 38 dans son contexte de 1920, il est loisible de l'invoquer à l'appui de la thèse selon laquelle toutes les sources du droit international sont juridiquement égales, possèdent la même autorité, il n'en va plus de même à l'époque actuelle. Le droit international positif contemporain montre clairement l'existence d'une hiérarchie entre ses normes, solution qui, rappelons-le, n'est nullement prohibée par l'article 38 du Statut de la C.I.J.

Section II

La « supra-légalité » internationale

Pour une appréciation critique de cette tendance du droit international contemporain à privilégier certaines normes, voir P. Weil. Vers une normativité relative en droit international ?, R.G.D.I.P., 1982.5.

153. — Dire qu'il existe des normes internationales « supérieures », qui s'imposent à tous, auxquelles il est impossible de déroger, c'est revenir à cette idée immémoriale de « droit naturel » qui n'a cessé d'être présente dans l'histoire du droit international. On peut citer ici deux domaines du droit international contemporain qui constituent cette « supra -légalité » internationale : le maintien de la paix et le « jus cogens ».

§ 1 — Le maintien de la paix : la primauté de la Charte de l'O.N.U.

154. — Le maintien de la paix constitue, à l'évidence, la préoccupation majeure de l'ordre international depuis la fin de la première guerre mondiale. C'est ce qui explique la primauté qui a été reconnue au pacte de la S.D.N. puis à la Charte de l'O.N.U., supériorité qui prend tout son sens au cas où des sanctions internationales viennent à être décidées.

1 — Le précédent : la primauté du pacte de la S.D.N.

155. — L'article 20 du Pacte était on ne peut plus clair en l'espèce. Il disposait en effet que :

> « 1er les membres de la Société reconnaissent, chacun en ce qui le concerne, que le présent Pacte abroge toutes les obligations ou ententes incompatibles avec ses termes et s'engagent solennellement à n'en pas contracter à l'avenir de semblables ;
>
> 2e si, avant son entrée dans la Société, un membre a assumé des obligations incompatibles avec les termes du Pacte, il doit prendre des mesures immédiates pour se dégager de ces obligations ».

2 — Sa formulation atténuée ; l'article 103 de la Charte de l'O.N.U.

156. — On retrouve également ce principe que les dispositions de la Charte doivent l'emporter sur toute autre convention contraire. L'article 103 précise en effet :

> « en cas de conflit entre les obligations des membres des Nations unies en vertu de la présente charte et leurs obligations en vertu de tout autre accord international, les premières prévaudront ».

On notera ici qu'il ne s'agit que d'une simple règle de conflit de normes juridiques. Les traités incompatibles avec les dispositions de la Charte peuvent rester en vigueur entre les parties contractantes : ils ne seront cependant pas « opposables » aux pays tiers et à l'O.N.U. La ferme sanction de l'article 20 du pacte de la S.D.N. a disparu qui prévoyait l'abrogation automatique de tous les traités qui lui étaient contraires.

On notera avec intérêt que dans son arrêt du 26 novembre 1984 relatif aux *activités militaires et paramilitaires des Etats-Unis au Nicaragua et contre celui-ci* (compétence) la C.I.J. eut, pour la première fois de son histoire, à se pencher sur l'hypothèse d'un conflit entre des obligations découlant de la Charte et celles nées d'autres traités liant les mêmes parties. La Cour affirma sans la moindre ambiguïté la supériorité des premières sur les secondes dans les termes suivants : « tous les accords régionaux, bilatéraux et même multilatéraux que les parties à la présente affaire peuvent avoir conclus au sujet du règlement des différends ou de la juridiction de la Cour Internationale de Justice sont toujours subordonnés aux dispositions de l'article 103 »... (par. 107 de l'arrêt).

3 — La reconnaissance de la primauté de la Charte de l'O.N.U. par la pratique des Etats.

157. — Cette primauté est tout d'abord expressément reconnue par la Convention de Vienne sur le droit des traités dans son article 30, al. I. La C.D.I. expliquait cette reconnaissance en raison « de la place que la Charte des Nations unies occupe dans le droit international contemporain, (de sa) telle importance et (de ce que) les Etats membres de l'O.N.U. constituent une part si considérable de la communauté internationale » (Rapport 1966, p. 48).

En outre, un nombre considérable de traités internationaux reconnaissent expressément la supériorité des dispositions de la Charte de l'O.N.U. C'est ainsi par exemple que pour illustrer cette pratique généralisée des Etats on peut citer le Pacte de l'Atlantique de 1949 dans son article 7, le Traité d'assistance mutuelle inter-américain de 1947 dans ses articles 1, 2, 3, 5, 7 et surtout 10, la Charte de l'O.E.A. de 1948 dans son article 102, la Charte de l'Organisation des Etats de l'Amérique Centrale de 1951 dans son article 18....

4 — L'incidence directe et concrète de la primauté de la Charte de l'O.N.U. : le recours aux « sanctions » au titre de la mise en œuvre du Chapitre VII.

158. ***Primauté du droit originaire et du droit dérivé*** — La primauté d'ensemble de la Charte de l'O.N.U. par rapport aux autres règles du droit international qui pourraient lui être contraires fait penser, *mutatis mutandis*, à la supériorité du droit constitutionnel sur les lois ordinaires par exemple. Or cette supériorité n'est pas seulement celle de la Charte en tant que « droit originaire ». Elle s'étend aussi parfois au « droit dérivé » onusien. Un exemple non controversé de la supériorité du droit « dérivé » de l'O.N.U. est fourni par la mise en œuvre éventuelle des sanctions au titre du Chapitre VII de la Charte (voir Ph. Weckel, Le chapitre VII de la Charte et son application par le Conseil de Sécurité, A.F.D.I., 1991.165 et S.F.D.I., Colloque de Rennes, Le Chapitre VII de la charte des Nations Unies, Paris, Pedone, 1995).

159. ***Inopposabilité du droit international contraire*** — Lorsque les conditions du recours aux dispositions du chapitre VII de la Charte se trouvent réunies (c'est-à-dire qu'il existe une menace contre la paix, une rupture de la paix ou un acte d'agression), le Conseil de sécurité a la possibilité de prendre des mesures obligatoires, des décisions, instituant des sanctions économiques ou militaires. Lorsqu'une telle « décision » est prise celle-ci s'impose à tous les Etats membres, ceux-ci ne pouvant pas exciper de leur « compétence nationale » (ou domaine réservé) pour ne pas appliquer les mesures de cœrcition (art. 2, par. 7 de la Charte) et même aux Etats non membres (art. 2, par. 6). Aucun Etat ne peut non plus exciper d'engagements internationaux contraires pour se dispenser de mettre en œuvre les sanctions décidées par le Conseil de Sécurité. Cette supériorité du droit dérivé onusien obligatoire aux fins du maintien de la paix est expressément reconnue dans nombre de conventions internationales, bi- et multilatérales. C'est ainsi pour ne prendre qu'un seul exemple, mais l'un des plus caractéristiques, que le G.A.T.T./O.M.C. — cette charte du commerce mondial — prévoit dans son article XXI intitulé « exceptions concernant la sécurité » l'exception suivante :

> « aucune disposition du présent accord ne sera interprétée comme empêchant une partie contractante de prendre des mesures en application de ses engagements au titre de la Charte des Nations unies, en vue du maintien de la paix et de la sécurité internationale ».

160. ***Mise en œuvre du chapitre VII : des sanctions économiques à l'usage de la force armée en passant par la constitution de tribunaux répressifs internationaux*** — Ces principes eurent l'occasion de jouer lorsque le Conseil de sécurité décida d'abord en 1966 d'instituer des « sanctions économiques sélectives » contre la Rhodésie du Sud qui avait déclaré unilatéralement son indépendance dans des conditions « internationalement illégales », puis, en 1970, d'établir un embargo total à l'encontre de ce pays (ces mesures furent levées en décembre 1979 à la suite de la signature à Londres d'un accord global réglant la situation politique et constitutionnelle de la Rhodésie-Zimbabwé). Ces « décisions » s'appliquèrent avec pleine force obligatoire à tous les acteurs de la société internationale. Les Etats furent alors obligés de prendre des mesures d'application internes pour respecter les décisions du Conseil de sécurité sous peine de violer leurs obligations internationales : ainsi, lorsque les Etats-Unis à la suite du vote de « l'amendement Byrd » décidèrent pendant la période 1971-1977 de permettre l'importation de chrome rhodésien en raison de son caractère « stratégique », il apparut à tous que ce pays n'avait pas respecté ses engagements internationaux et avait commis une grave violation du droit international. Ces décisions s'imposèrent aussi aux organisations internationales : celles-ci s'abstinrent d'accorder des prêts ou crédits à la Rhodésie ; de plus, la Rhodésie fut exclue de l'une des rares — et sans doute de la seule — organisation internationale à laquelle elle appartenait, l'Union Internationale des Télécommunications (U.I.T.) en 1966 alors qu'elle en était membre depuis 1925 bien que n'étant pas un « Etat indépendant ». Enfin, ces décisions onusiennes s'imposèrent également aux personnes privées dans leurs transactions internationales : les contrats passés avec des entreprises rhodésiennes se trouvaient ainsi frappés de nullité en raison de leur illégalité, de leur contrariété à l'ordre public interne et international. Une firme américaine de l'Etat de New York fut ainsi condamnée en 1970 par un tribunal fédéral pour avoir illégalement importé du chrome rhodésien en violation de la réglementation américaine prise en application des décisions du Conseil de sécurité de l'O.N.U. (*U.S. v. Wim. H. Muller & Co.* 20 Crim. 227) (S.D.N.Y. 1970.). A une moindre échelle, des sanctions économiques sélectives (embargo sur les exportations d'armes) furent décidées par le Conseil de sécurité des Nations unies le 4 novembre 1977 à l'encontre de l'Afrique du Sud.

Plus récemment, à l'occasion de la crise puis de la guerre du Golfe, le Conseil de sécurité devait progressivement décider de la mise en œuvre de toute la panoplie des sanctions imposables au titre du Chapitre VII de la Charte à la suite de l'invasion du Koweit par les forces armées de l'Irak. Agissant tout d'abord sur le fondement des articles 39 et 40 de la Charte après avoir constaté une situation de rupture de la paix (Résolution 660 du 2 août 1990), le Conseil de sécurité imposait des sanctions économiques généralisées à l'encontre de l'Irak en tant qu'Etat agresseur (embargo et boycott complets : Résolution 661 du 6 août 1990 ; blocus naval pour faire respecter cette rupture totale des relations économiques : Résolution 665 du 25 août 1990 ; blocus aérien : Résolution 670 du 25 septembre 1990). Dans une seconde et dernière étape, le Conseil de sécurité devait *pour la première fois dans l'histoire de l'O.N.U.* utiliser les pouvoirs conférés par l'article 42 de la Charte en décidant de sanctions militaires (Résolution 678 du 29 novembre 1990 « autorisant les Etats membres qui coopèrent avec le Gouvernement du Koweit... à user de tous les moyens nécessaires pour faire respecter et appliquer (ses résolutions antérieures)... ainsi que pour rétablir la paix et la sécurité internationales de la région » et ce à compter du 15 janvier 1991 si l'Irak n'avait pas obtempéré d'ici là). Ici encore, les mesures décidées par le Conseil de sécurité de l'O.N.U. possèdent une portée universelle, *erga omnes* ; elles furent d'ailleurs respectées et mises en œuvre par un Etat non-membre comme la Suisse. Les pays membres ainsi que les organisations internationales concernées (comme la C.E.E., par exemple, pour ce qui avait trait aux échanges commerciaux) devaient prendre toutes les mesures nécessaires pour donner un contenu concret à ces sanctions qui étaient adressées aux Etats et ne *possédaient pas en elles-mêmes les qualités requises pour s'appliquer directement aux particuliers* (à titre d'exemple des effets sur les contrats internationaux des résolutions du Conseil de sécurité d'août 1990 instituant un embargo à l'encontre de l'Irak, voir l'Ordonnance du Président du Tribunal de Commerce de Nanterre statutant en référé, *S.A. Lesieur International c. Société Norasia Line*, 31 octobre 1990, L.P.A. 1990, n° 156.21).

Depuis lors, le Conseil de sécurité a utilisé son pouvoir de sanction au titre du Chapitre VII pour faire face à d'autres cas de figure. Ainsi, devant le refus de la *Libye* de coopérer dans la lutte anti-terroriste internationale et plus particulièrement de livrer deux de ses nationaux impliqués dans l'attentat de *Lockerbie* de décembre 1988 qui avait vu un avion de ligne américaine s'écraser sur ce village écossais à la suite de l'explosion d'une bombe en plein vol et qui avait fait 270 morts, le Conseil de sécurité décidait d'instituer un *embargo aérien et militaire total* en même temps qu'une réduction du personnel diplomatique libyen à l'étranger (Résolution 748 du 31 mars 1992). Plus récemment encore, à l'occasion de la crise yougoslave, le Conseil de sécurité sanctionnait la *Serbie* et le *Montenegro* de la façon suivante : embargo économique total et notamment pétrolier (mais à l'exclusion des médicaments et produits alimentaires pour des motifs humanitaires), embargo aérien, réduction du personnel diplomatique à l'étranger, gel des avoirs officiels à l'étranger, suspension des échanges scientifiques, techniques et culturels, et enfin exclusion des manifestations sportives internationales (Résolution 757 du 30 mai 1992).

Mieux, toujours sur la base du chapitre VII, le Conseil de sécurité devait procéder à la création de deux *tribunaux internationaux* pour juger des crimes (violation du droit humanitaire international) commis dans l'ex-Yougoslavie depuis 1991 et au Rwanda durant l'année 1994 (Résolutions 808 du 22 février 1993 et 827 du 25 mai 1993 pour le premier ; Résolution 955 du 8 novembre 1994 pour le second. Pour une étude d'ensemble de cette nouvelle justice pénale internationale, voir *Droit International Pénal,* éd. H. Ascensio et al., Paris, Pedone, 2000). C'est dire que le recours au Chapitre VII ne se limite pas à l'imposition de sanctions économiques et militaires et peut revêtir des formes multiples — y compris la création de juridictions internationales répressives (la légalité de ce type d'action du Conseil de sécurité devait être validée par l'arrêt de la Chambre d'appel du Tribunal Pénal International pour l'ex-Yougoslavie en date du 2 octobre 1995 dans l'*affaire Dusko Tadic*, texte in I.L.M. 1996.32 et voir aussi *infra* n° 220).

Accessoirement, et en conséquence de l'invasion et de l'occupation illégales du Koweit par l'Irak, le Conseil de Sécurité utilisa ses pouvoirs au titre du Chapitre VII, pour établir un « fonds de compensation » des victimes alimenté par un certain pourcentage provenant de recettes pétrolières irakiennes et administré par une commission internationale indépendante (voir les résolutions 687 et 692 du Conseil de Sécurité en date des 3 avril et 21 mai 1991 ainsi que l'étude de G. Marchal in D.P.C.I. 1996.450).

Enfin, on notera que nombre de ces interventions militaires ont été entreprises au nom du respect de certains principes humanitaires, ce qui soulève des perspectives fascinantes, voir révolutionnaires, pour le droit international contemporain (voir *infra* n° 190bis, 861, 998, 1308, 1320, 1323).

§ 2 — Le respect des normes impératives du droit international : le « jus cogens ».

(Voir parmi une littérature abondante : Gaja, jus cogens beyond the Vienna Convention, R.C.A.D.I., 1982, vol. 172, p. 271.

A. Gomez Robledo, le jus cogens international : sa genèse, sa nature, ses fonctions, R.C.A.D.I., 1982, vol. 172, p. 9.

M. Virally, Réflexions sur le « jus cogens », A.F.D.I., 1966.5, et surtout The concept of jus cogens in international law, Carnegie Papers, 1967 avec, en particulier, la contribution d'Eric Suy. Pour une présentation claire et concise de la catégorie des « crimes contre l'humanité », voir M. Masse et S. Gaurichon, Regards sur l'actualité, Doc. Française, n° 203, 1994.37).

161. ***Jus Cogens, droit naturel et ordre public international*** — La reconnaissance de l'existence de règles constitutives d'un « jus cogens » constitue un retour marqué et notable à l'idée de « droit naturel ». Jus cogens et droit naturel reposent sur le même fondement, la même conviction philosophique, à savoir qu'il existe un certain nombre de règles fondamentales liées à la conscience universelle et inhérentes à l'existence de toute société internationale digne de ce nom. Mutatis mutandis, de même qu'il existe un ordre public interne, il existerait également un « ordre public international » auquel il serait juridiquement impossible de déroger. Cet « ordre public international », comme l'ordre public interne, apparaît comme une notion imprécise et contingente qui a un soubassement moral, politique, économique et social et dont les conséquences juridiques de son non-respect sont particulièrement strictes, à savoir la nullité de l'acte contraire. Toutefois, il existe une différence notable entre « droit naturel » et « jus cogens » : ce dernier concept fait désormais partie du droit international positif contemporain. Il a en effet été accepté à l'unanimité par les membres de la C.D.I. et à la quasi-unanimité des Etats participant à la Conférence de Vienne sur le droit des traités de 1969.

Il est à noter que dans le *droit positif contemporain de caractère humanitaire,* ce concept de *jus cogens* était déjà présent dans son esprit si ce n'est dans sa formulation. C'est ainsi que les quatre conventions de Genève du 12 août 1949 pour « l'amélioration du sort des blessés et des malades dans les forces armées en campagne », « pour l'amélioration du sort des blessés et des naufragés des forces armées sur mer », sur le « traitement des prisonniers de guerre » et sur « la protection des personnes civiles en temps de guerre » contiennent une disposition identique selon laquelle leur éventuelle dénonciation « n'aura aucun effet sur les obligations que les parties au conflit demeureront tenues de remplir en vertu des principes du droit des gens tels qu'ils résultent des usages établis entre nations civilisées, des *lois de l'humanité* et des exigences de la conscience publique » (articles 62, 63, 142 et 158 respectivement). C'est ici reprendre *expressis verbis* les mots mêmes employés par la IVe Convention de la Haye de 1907 plaçant les populations et les belligérants sous la sauvegarde "des lois de l'humanité et les exigences de la Conscience Publique" (disposition souvent citée sous le nom de son auteur de l'époque de Mertens).

1 — Une notion imprécise.

162. ***Officialisation par la Convention de Vienne de 1969*** — La Convention de Vienne de 1969 officialise en ces termes le concept de « jus cogens » :

> « une norme impérative du droit international général.... acceptée et reconnue par la communauté internationale des Etats dans son ensemble en tant que norme à laquelle aucune dérogation n'est permise et qui ne peut être modifiée que par une nouvelle norme du droit international général ayant le même caractère » (art. 53 *in fine*).

On remarquera tout d'abord que la Convention de Vienne se garde bien de définir ce concept de jus cogens : un accord aurait sans doute été impossible à obtenir sur ce point. En revanche, elle essaie de cerner ce concept en établissant son régime juridique : il s'agit là d'une tendance — fâcheuse — du droit international contemporain qui s'abstient de définir certains concepts nouveaux tout en leur donnant un régime juridique précis ; d'autres exemples de cette technique qui consiste à « réglementer sans définir » peuvent être cités avec des concepts tels que ceux de « plateau continental », « investissement international » ou de « pays en développement » au titre ici du droit international économique.

a) Une norme impérative.

163. ***Impératif et obligatoire*** — L'adjectif « impératif » revêt ici toute son importance. La Convention de Vienne s'est à juste titre abstenue de parler de « norme obligatoire » ; en effet, il convient de garder présent à l'esprit que toutes les normes du droit international sont obligatoires pour leurs destinataires.

On est ici en présence d'un degré « de plus », d'une qualité supérieure de certaines normes. Il s'agit de *normes prohibitives* auxquelles il est interdit de déroger. Il y a bien entendu là une limite importante à l'autonomie contractuelle des Etats pour ne citer qu'eux. En d'autres termes, un aspect fondamental de la souveraineté de l'Etat est restreint : les Etats perdent la liberté de contracter sur toute matière d'intérêt international comme bon leur semble.

164. ***Sélectivité*** — Cependant, toutes les normes fondamentales du droit international général ne font pas partie du « jus cogens ». Ainsi la règle « pacta sunt servanda » est à la base du caractère obligatoire des traités. On ne saurait y déroger, pas plus d'ailleurs qu'aux dispositions du traité lui-même. La règle « pacta sunt servanda » apparaît ainsi comme une norme du droit des traités et non comme une norme de « jus cogens ».Ainsi encore, pour le principe de « bonne foi » : celui-ci est inhérent à la société internationale et à la stabilité des relations juridiques entre ses membres. Comment en effet envisager un système juridique fondé sur une présomption généralisée de « mauvaise foi » ?

165. ***Justification*** — La justification du caractère « impératif » de certaines normes internationales est double :

— il convient tout d'abord de protéger des intérêts supérieurs aux intérêts individuels des Etats : ceux de la société et de l'ordre international qui sont communs à tous ses membres. C'est ainsi interdire des comportements « immoraux » ou « anti-sociaux » (et ici l'analogie est frappante avec la notion « d'ordre public » que connaissent tous les systèmes juridiques nationaux) ;

— il convient également de protéger l'Etat contre ses propres faiblesses, ou, du moins, contre la force de certains de ses partenaires (n'est-ce pas là ce qui explique en grande partie le très fort soutien dont le concept de « jus cogens » bénéficie auprès des pays du « Tiers-Monde » ?). On est ici en présence d'un moyen de protection contre les inégalités de puissance dans les négociations internationales : ainsi un traité obtenu, extorqué, par l'emploi ou la simple menace de la force au mépris de l'article 2 de la Charte de l'O.N.U. serait nul, sans valeur juridique aucune, car contraire à une norme de « jus cogens ». Comment ne pas penser ici aux dispositions du droit du travail ou du droit social dans l'ordre interne qui tendent à éviter l'abus du « pouvoir économique » des employeurs par exemple dans leurs relations avec leurs employés ?

b) Une norme du « droit international général ».

166. — La convention de Vienne dans son article 53 précité fait expressément référence à des « normes acceptées et reconnues par la communauté internationale des Etats dans son ensemble ».Cette expression ambiguë soulève plus de questions qu'elle n'en résout.

167. ***Jus cogens et coutume*** — Quant au processus de formation d'une norme de « jus cogens », on peut noter un point commun avec la coutume : la présence nécessaire de « l'opinio juris » (voir *infra*, n° 683 et s.). La norme de jus cogens en cause doit avoir été reconnue d'une manière formelle comme possédant un caractère absolu, impératif.

168. ***Reconnaissance*** — Cette reconnaissance doit avoir été le fait de « la communauté internationale des Etats dans son ensemble ». Est-ce à dire que tous les Etats doivent l'avoir reconnue ou seulement certains d'entre eux, les plus « représentatifs » d'un groupe donné (pays capitalistes, socialistes ou en voie de développement par exemple) ? Quelle portée attacher au refus par un Etat, ou un petit nombre d'Etats, à la reconnaissance d'une norme particulière comme faisant partie du jus cogens ? Un tel refus empêche-t-il la formation d'une norme de « jus cogens » ? Autant de problèmes non résolus et que nous retrouverons également à propos de la formation des règles coutumières.

169. ***Jus cogens universel et régional*** — La Convention de Vienne se place à l'évidence au niveau des normes de jus cogens à portée universelle. Cela signifie-t-il pour autant qu'il ne saurait exister de normes de « jus cogens » de caractère purement régional ? Sans doute, rien ne permet de dire que l'existence de normes de « jus cogens » régionales soit exclue, mais elles devront alors respecter les normes universelles de « jus cogens ». Dans certains cas, de délicats problèmes de comptabilité peuvent se poser. C'est ainsi, par exemple, qu'il y a quelques années une doctrine dite de la « souveraineté limitée » (ou « doctrine Brejnev ») a été avancée selon laquelle l'U.R.S.S. disposerait du droit d'intervenir — au besoin militairement — dans les affaires intérieures des pays dits « socialistes » « quand des forces internes ou externes qui sont hostiles au socialisme tentent de changer le développement d'un pays socialiste quelconque afin de restaurer un régime capitaliste, quand le socialisme dans ce pays et dans la communauté socialiste dans son ensemble sont menacés » (voir *The Economist*, 15 juillet 1989, pp. 22 23). Cette thèse, qui devait être répudiée officiellement par M. Gorbatchev dans son discours du 7 juillet 1989 devant le Conseil de l'Europe à Strasbourg fut pourtant avancée lors de l'invasion de la Tchécoslovaquie en 1968 et de l'Afghanistan en 1979. Etait-on là en présence d'une norme de « jus cogens » régionale nonobstant l'interdiction d'intervention dans les affaires intérieures des Etats et la prohibition du recours à la force expressément consacrée dans la Charte de l'O.N.U. et d'innombrables traités internationaux ? En l'espèce, une réponse positive est exclue ainsi que devait l'admettre la C.I.J. dans son arrêt du 27 juin 1986 dans *l'Affaire des activités militaires et paramilitaires au Nicaragua* : après avoir rappelé la liberté de tout Etat de choisir son « système politique, social, économique et culturel », la Cour ajouta qu'elle ne « saurait concevoir la création d'une règle nouvelle faisant droit à une intervention d'un Etat contre un autre pour le motif que celui-ci aurait opté pour une idéologie ou un système politique particulier » (n° 263). C'était là une condamnation sans appel — mais implicite — de cette « doctrine Brejnev ».

En revanche, il est loisible d'admettre que des normes régionales plus strictes que les prescriptions du droit international général possèdent le caractère de « jus cogens » pour les Etats concernés ; il en irait ainsi, par exemple, de la protection des droits de l'homme et des libertés fondamentales telle qu'elle est posée par la Convention Européenne de 1950.

c) Une norme non immuable.

170. ***Mutabilité*** — Une norme de « jus cogens » n'a pas de valeur pour l'éternité. Elle peut être modifiée par une norme ultérieure de même nature. Il y a là une différence marquée avec les règles constituant le « droit naturel » qui sont censées être fixes, immuables.

171. ***Incertitudes*** — En bref, cette notion de « jus cogens » est entourée de nombreuses « zones d'ombre ».En particulier, comment une telle norme est-elle engendrée ? Comment la découvrir ? Doit-elle être acceptée par tous les Etats ou seulement par certains d'entre eux ? Son existence doit-elle faire l'objet d'une reconnaissance formelle ou son caractère impératif vient-il seulement du consentement qui lui est donné, fût-ce implicitement ? (voir en général les questions posées par le représentant de la Suisse à la Conférence de Vienne et reproduites *in* P. Reuter, La Convention de Vienne sur le droit des traités, Paris, A. Colin, 1970, pp. 86-87). Toutes ces incertitudes montrent bien le caractère dangereux et très peu satisfaisant sur le plan du droit d'introduire des notions nouvelles sans les définir et en se contentant de tracer les grandes lignes de leur régime juridique. C'est ce qui expliqua — à juste titre — les réticences de certains Etats (comme la Suisse) et l'hostilité de la France qui fut le seul pays à se prononcer contre le texte de la convention sur le droit des traités lors de la Conférence de Vienne de 1969. (La France devait récemment confirmer son hostilité à cette notion de « jus cogens » en raison de son imprécision et de son atteinte à la stabilité des relations juridiques. Voir A.F.D.I., 1986.1047). De tels dangers ont été encore accrus par l'imprécision entourant le contenu même de ce concept de « jus cogens ».

172. ***Le jus cogens dans les jurisprudences française et anglaise*** — On notera avec intérêt que la Cour de cassation devait faire preuve de la même prudence dans la tristement célèbre affaire Klaus Barbie. Ainsi, dans son arrêt du 26 janvier 1984, la Chambre Criminelle de la Cour de cassation devait accepter l'imprescriptibilité des « crimes contre l'humanité » en vertu « des principes de droit reconnus par l'ensemble des nations », laissant entendre par là que l'on était ici en présence de règles coutumières. (Voir Clunet, 1984, 308 avec une note Edelman). En revanche, dans son rapport sur le problème de la qualification des crimes contre l'humanité qui devait donner lieu à un arrêt antérieur de la Chambre Criminelle en date du 6 octobre 1983, le Conseiller Le Gunehec devait estimer que le fondement d'une telle incrimination se trouvait « dans une sorte de droit naturel supranational », autrement dit dans le « jus cogens » ; dans cette même affaire, le Procureur Général Dontenwille devait suivre une approche analogue en considérant que ce type de crime relevait « du droit naturel, d'essence supra-nationale et transcendante » — ce qui est là encore rejoindre l'idée même de « jus cogens ».(Voir J.C.P. 1983.II.20107).

Le concept de « *jus cogens* » — bien que l'expression n'y figure pas — et ses implications furent au centre des décisions que les tribunaux anglais furent amenés à prendre dans *l'affaire Pinochet* en 1998. L'ex-dictateur chilien pouvait-il être arrêté en Grande-Bretagne pour être extradé en Espagne au motif que, durant la période où il était chef de l'Etat au Chili, il aurait commis (ou ordonné la commission) de certains actes constitutifs de génocide, assassinats à grande échelle, tortures ou prises d'otages ? Tant le droit anglais que le droit international coutumier étaient clairs : un chef d'Etat étranger bénéficie d'une immunité totale à raison des actes effectués à l'occasion de l'exercice de ses fonctions. Toutefois, la nouveauté de l'affaire résidait dans ce que les crimes reprochés à l'ancien dictateur chilien étaient constitutifs de « crimes contre l'humanité » — en un mot de violations du « *jus cogens* ». Dans un arrêt du 25 novembre 1998, la Chambre des Lords devait estimer que les crimes en cause étaient de nature telle qu'ils empêchaient l'octroi de toute immunité à un ancien chef d'Etat étranger (voir le texte in I.L.M. 1998.1302, et pour un commentaire, voir A.J. Bullier, LPA n° 144, 1998.14, ainsi que Répertoire de droit international, Dalloz, 1999.I, synthèse annuelle). Sans doute cette décision fut-elle cassée de façon fort inhabituelle par le Comité d'Appel de la Chambre des Lords le 17 décembre 1998 en raison de la participation de l'un des « law-lords » de la majorité à l'organe de jugement alors qu'il aurait dû se récuser compte tenu des liens qu'il n'avait cessé d'entretenir avec certaines parties demanderesses à l'instance. Cette cassation technique ne réduit pas pour autant l'intérêt de la décision de la Chambre des Lords du 25 novembre 1998 : celle-ci montre bien tout l'impact potentiel lié à l'existence d'une « *supra* légalité internationale », c'est-à-dire à l'existence de règles communes auxquelles il n'est juridiquement pas possible de déroger. La décision finale rendue par la Chambre des Lords le 24 mars 1999 confirme les analyses précédentes, l'expression même de « *jus cogens* » se retrouvant sous la plume de plusieurs « law lords » ; toutefois, elle n'en tira pas toutes les conséquences que l'on était en droit d'attendre de cette reconnaissance du « *jus cogens* » en décidant que le Général Pinochet ne bénéficiait pas de l'immunité d'Etat pour les actes commis *après la ratification par la Grande-Bretagne* de la convention internationale contre la torture et autres traitements inhumains et dégradants, seules incriminations en l'occurence retenues. Ainsi, en refusant toute rétroactivité pour des raisons de droit interne, la Chambre des Lords réduisait d'autant la portée du « *jus cogens* » (voir le texte in I.L.M. 1999.581) (voir le texte in I.L.M., 1999, 581 ainsi que les commentaires de A.J. Bullier, in L.P.A. n° 74, 1999, 5 et M.S. M. Mahmoud, Les leçons de l'affaire Pinochet, J.D.I. 1999.1021).

2 — Un contenu imprécis et évolutif.

a) Un contenu imprécis.

173. — Aucun exemple concret d'une norme de « jus cogens » ne fut jamais donné par la C.D.I. dans ses diverses études sur le droit des traités. La raison en est simple : une liste aurait risqué d'apparaître comme limitative, ce qui aurait « cristallisé » le contenu du « jus cogens » et freiné son développement ultérieur. Toutefois, la doctrine semble d'accord pour admettre certaines normes comme faisant partie du « jus cogens », quelques-unes demeurant controversées.

I. — Les règles bien admises du « jus cogens ».

174. ***Règles conventionnelles*** — Il s'agit tout d'abord de certaines règles d'origine conventionnelle. Ainsi de la prohibition de l'emploi

— ou de la menace de l'emploi — de la force dans les relations internationales contrairement aux principes de la Charte de l'O.N.U. Ainsi de l'interdiction de la traite des êtres humains, de la piraterie du génocide ou des principes humanitaires posés par les quatre conventions de Genève précitées de 1949. Ainsi des actes qualifiés de « crimes contre l'humanité » (voir E. Zoller, La définition des crimes contre l'humanité, J.D.I. (Clunet), 1993.549 ; une liste de ces "crimes contre l'humanité" a été insérée à l'article 7 du statut de la *Nouvelle Cour Pénale Internationale* créée à Rome en 1998 et pas encore instituée et elle inclut en particulier le meurtre, l'extermination, la réduction en esclavage, la déportation de populations civiles ainsi que la torture, le viol, la prostitution ou la grossesse forcée et en général tous les actes inhumains).

175. ***Règles coutumières*** — D'autres ont une origine coutumière. Ainsi du non-respect des principes humanitaires autres que conventionnels (ainsi de la notification de dangers, de la non-assistance à des personnes, navires ou avions en détresse...). Ainsi de la non-reconnaissance des situations de fait établies en violation du droit international — ce que l'on a parfois appelé « doctrine Stimson » mais qui n'est jamais que la manifestation de ce principe bien connu hérité du droit romain des obligations « *ex injuria jus non oritur* » — (par exemple la « nullité » de l'accord de Munich de 1938, de l'annexion des pays baltes par l'U.R.S.S. en 1940 ou la présence actuelle d'Israël dans les territoires arabes occupés à la suite de la « guerre des six jours » de 1967). Ainsi de la violation du droit des peuples à disposer d'eux-mêmes. Ainsi de la violation des droits de l'homme (au moins de certains d'entre eux) et des libertés fondamentales. Ainsi du non-respect de l'égalité des Etats.

II. — Les règles contestées du « jus cogens ».

176. — Il en va ainsi, par exemple, pour le principe de la liberté des mers, de l'espace ou celui de la cœxistence pacifique. Il en va de même pour la primauté du respect de tous les droits de l'homme sans distinction (telle fut la position du représentant du Saint-Siège à la Conférence de Vienne de 1969. Voir des extraits de son intervention in P. Reuter, *op. cit.*, p. 85).

b) Un contenu évolutif.

177. — Ainsi que nous l'avons déjà mentionné, une norme antérieure de « jus cogens » peut perdre cette qualité et être remplacée par une autre de même nature et caractère. Le parallèle est ici frappant avec la notion interne d'ordre public » : celui-ci se compose de règles permanentes et contingentes. Il existe en effet toujours un « certain » ordre public mais dont le contenu précis évolue avec le niveau d'organisation de la société considérée et qui dépend des préoccupations politiques, morales, sociales et économiques dominantes. Une telle incertitude, si elle est aisément acceptable dans l'ordre interne en raison de la relative aisance avec laquelle la législation locale peut être modifiée en fonction des besoins de la société nationale, l'est moins au niveau international en raison des infirmités de cet ordre (voir *supra*, n° 71). En outre, le contenu incertain et variable du « jus cogens » s'ajoute aux autres incertitudes précédemment signalées concernant la naissance et l'identification de telles normes. Tous ces éléments expliquent aisément les réticences de nombreux Etats devant ce nouveau concept du « jus cogens » qui n'est pas sans rappeler — du moins tel qu'il existe actuellement — la « boîte de Pandore ».

3 — Des effets drastiques : la nullité des normes contraires.

178. — Dans ses articles 53 et 64, la Convention de Vienne pose le principe de la nullité du traité (et l'on peut ici élargir le propos à « tout acte international ») contraire à une norme de « jus cogens ».

179. ***Nullité* ex tunc *et nullité* ex nunc** — Deux situations sont visées par la Convention de Vienne. Si, lors de sa conclusion, un traité se révèle contraire à une norme de « jus cogens » un tel traité est nul, frappé d'une nullité « ab initio » (art. 53, al. I). En revanche, si une nouvelle norme de « jus cogens » survient et entre en conflit avec un traité existant, celui-ci devient nul et prend fin, cette nullité ne produisant cependant aucun effet rétroactif (art. 64).

180. ***Difficultés pratiques*** — Une telle sanction entraîne deux types de difficultés, aussi considérables l'une que l'autre. Elle risque, tout d'abord, de frapper de précarité, et donc d'instabilité, les traités et, en général, tous les engagements internationaux. En effet, afin de se libérer d'une obligation plus lourde que prévue, les Etats — pour ne citer qu'eux — ne seront-ils pas tentés d'exciper systématiquement d'une contrariété avec une norme de « jus cogens » ? Mais la solution retenue par la Convention de Vienne comporte un second problème, peut-être encore supérieur au précédent : qui va décider de la nullité de tel ou tel traité ? Un juge international ? Un Etat ? Ce sont ces diverses interrogations, non résolues, qui expliquent l'hostilité de certains Etats (comme la France) ou de certains auteurs (comme Lauterpacht ou Schwarzen-berger) à ce concept de « jus cogens », du moins tel qu'il existe dans sa version actuelle aussi « floue ». Une telle appréhension ne saurait être entièrement dissipée par la possibilité expressément reconnue par la Convention de Vienne à propos du « jus cogens » de soumettre les différends portant sur l'application ou l'interprétation de ce concept à la décision de la C.I.J. ou d'un tribunal arbitral (art. 66). On notera, au demeurant, qu'un tel remède n'a aucune portée obligatoire et qu'il reste entièrement facultatif pour les Etats qui auront décidé d'être liés par le texte de cette convention sur le droit des traités.

Conclusion : un essai d'évaluation d'ensemble.

180 bis. — On se bornera à présenter, trois remarques d'ordre général. Tout d'abord, cette notion de « *jus cogens* » demeure controversée dans son appréciation. Ensuite, à s'en tenir à la seule pratique judiciaire internationale, on ne peut que noter la grande prudence des tribunaux qui n'ont qu'exceptionnellement cité expressément ce nouveau concept, même s'ils ont fait des allusions plus fréquentes à son existence en utilisant des périphrases. Enfin, cette appréciation nuancée doit être revue à la lumière de la pratique récente du Conseil de Sécurité des Nations-Unies qui, en décidant d'user de la force armée à des fins humanitaires, a ouvert des perspectives véritablement révolutionnaires en droit international.

I. — Une appréciation controversée.

181. ***Réticence des pays occidentaux*** — En règle générale, les pays « occidentaux » se sont montrés réservés à l'égard de ce « jus cogens » tel qu'il apparaît dans la Convention de Vienne de 1969. Cette réticence s'explique avant tout par la crainte de ces Etats de voir ce concept de « jus cogens » utilisé systématiquement par certains pays peu scrupuleux pour essayer d'échapper commodément à des engagements internationaux apparaissant comme trop lourds ou contraignants. Il y aurait là un risque généralisé d'atteinte « à la parole donnée », et donc à l'autorité du droit international tout entier.

182. ***Soutien des pays du Tiers-Monde*** — De leur côté, les pays du « Tiers-Monde » ont eu la réaction opposée et pour des raisons inverses. Ils tendent à voir dans cette notion de « jus cogens » une garantie contre les abus éventuels des « grandes puissances » qui pourraient être tentées de leur imposer leur volonté par le biais de « traités inégaux ». Dans cette optique, le concept de « jus cogens » apparaîtrait comme l'arme des « faibles » contre les entreprises abusives des « puissants ».

II. — Une pratique judiciaire internationale limitée et prudente.

183. La *jurisprudence de la C.I.J.* — Il est loisible d'interpréter certains passages d'arrêts ou avis de la C.I.J. comme se référant à cette notion de « jus cogens », bien que la Cour elle-même se soit toujours gardée de l'utiliser.

184. — Ainsi dans *l'affaire du détroit de Corfou* de 1949 la Cour mentionna-t-elle au titre de « certains principes généraux et bien reconnus », des « considérations élémentaires d'humanité, plus absolus encore en temps de paix qu'en temps de guerre », « le principe de la liberté des communications maritimes » et « l'obligation pour tout Etat de ne pas laisser utiliser son territoire aux fins d'actes contraires aux droits d'autres Etats » (Rec. p. 22) ;

185. — Ainsi dans *l'affaire des « réserves à la convention pour la prévention et la répression du génocide »* de 1951 la C.I.J. estima-t-elle que le génocide qualifié par l'O.N.U. de « crime de droit des gens » impliquant le refus du droit à l'existence de groupes humains entiers était un « refus qui bouleversait la conscience humaine, infligeait de grandes pertes à l'humanité » et « était contraire à la fois et à la loi morale et à l'esprit et aux fins des *Nations unies* ». Elle en tira la conséquence que les principes reconnus par cette convention étaient « des principes reconnus par les nations civilisées comme obligeant les Etats même en dehors de tout lien conventionnel » (Rec. 1951, p. 23).

186. — Ainsi encore dans *les affaires relatives au Sud-Ouest africain* de 1950 et de 1962, la Cour reconnut-elle que le mandat confié à l'Afrique du Sud avait valeur d'institution internationale créée afin de défendre les intérêts des habitants du territoire et de l'humanité tout entière (avis consultatif de 1950). En 1962, elle devait qualifier le mandat « d'engagement international d'intérêt général » (Rec. p. 332).

187. — Plus près de nous, dans *l'affaire de la Barcelona Traction* de 1970, la Cour devait reconnaître l'existence de normes plus fondamentales que d'autres. « Une distinction essentielle estime la Cour, doit en particulier être établie entre les obligations des Etats envers la communauté internationale dans son ensemble et celles qui naissent vis-à-vis d'un autre Etat dans le cadre de la protection diplomatique. Par leur nature même, les premières concernent tous les Etats. Vu l'importance des droits en cause, tous les Etats peuvent être considérés comme ayant un intérêt juridique à ce que ces droits soient protégés ; les obligations dont il s'agit sont des obligations *erga omnes*... Ces obligations découlent par exemple, dans le droit international contemporain de la mise hors la loi des actes d'agression et du génocide, mais aussi des principes et des règles concernant les droits fondamentaux de la personne humaine, y compris la protection contre la pratique de l'esclavage et la discrimination raciale — certains droits et protections correspondants se sont intégrés au droit international général... ; d'autres sont conférés par des instruments internationaux de caractère universel ou quasi universel » (Rec. § 33).

188. — C'est sans doute dans le passage de cet arrêt et dans celui reproduit plus haut dans l'avis consultatif sur le génocide de 1951 que la C.I.J. a touché de plus près à l'idée de « jus cogens ». On notera que la Cour a admis l'existence, dans certains domaines, de normes absolues auxquelles il n'était pas possible de déroger, ce qui est, au fond, l'idée sous-jacente à la notion de « jus cogens » et qui la situe dans la grande tradition du « droit naturel ».

Plus récemment encore la C.I.J. devait faire des allusions analogues, bien que moins précises, à l'existence d'un tel corps de règles impératives dans son avis consultatif sur la *Namibie* de 1971 (voir les § 126-131), dans *l'affaire des Essais nucléaires français dans le Pacifique* de 1974 (Rec. p. 269) ou dans *l'affaire du Personnel diplomatique et consulaire des Etats-Unis à Téhéran* (Rec. 1980, § 91 et 92).

Plus près de nous, la C.I.J. dans son avis consultatif du 8 juillet 1996 sur la « *liceité de la menace ou de l'emploi d'armes nucléaires* », tout en qualifiant les principes de droit humanitaire contenus dans les conventions de Genève de 1949 de « *règles fondamentales* » ou de « *principes intransgressibles* » (§ 79), s'abstint pourtant — alors que l'environnement était des plus favorables — de les faire rentrer dans cette catégorie des normes impératives du *jus cogens* (voir le § 83).

En dehors de ces prises de position de la Cour de La Haye, il est loisible de citer d'autres instances où cette idée de « jus cogens » a pu affleurer.

189. ***Décisions de Tribunaux répressifs internationaux*** **ad hoc** — Ainsi, le *tribunal de Nuremberg* chargé de juger certains criminels de guerre nazis montra sa faveur pour la reconnaissance d'un ordre public international. A ce titre, il déclara contraire aux bonnes mœurs, et donc nul, un accord entre l'Allemagne et le gouvernement de Vichy qui obligeait les prisonniers de guerre français à travailler dans les usines d'armement allemandes (voir *l'affaire Krupp*, n° 58, Law reports of Trials of War Criminals Vol. x, London, 1949, p. 141).

De son côté, et cela n'est pas pour surprendre, le Tribunal Pénal International pour l'ex-Yougoslavie n'hésita pas à utiliser les expressions de « normes impératives ou *jus cogens* » pour qualifier la prohibition de la torture, insistant bien sur leur caractère supérieur par rapport aux traités ou coutumes dans la hiérarchie des règles internationales. (Affaire 17-95, *Furundzija,* arrêt du 10 décembre 1998, et ci § 153). (Voir le texte in I.L.M. 1999.317).

190. ***Un*** **jus cogens** ***régional : la position favorable de la Cour Européenne des Droits de l'Homme*** — Sur le plan judiciaire, c'est incontestablement en matière de qualification de l'ordre juridique posé par la *Convention Européenne des Droits de l'Homme ou des libertés fondamentales* (C.E.D.H.) que l'on se trouve le plus près de la notion de *jus cogens.*

En effet, dès 1951, dans une affaire qui opposa l'Italie à l'Autriche, la Commission de Strasbourg avait décrit les obligations des parties contractantes comme étant « *essentiellement de caractère objectif* », une violation en la matière s'analysant en une « *violation de l'ordre public de l'Europe* » (Annuaire de la C.E.D.H. vol. 4 p. 141). Plus tard, dans une décision du 4 mars 1991, *Chrysostomos et autres c/ Turquie*, c'était à la *Cour* elle-même de qualifier la C.E.D.H. « d'instrument constitutionnel de l'ordre public européen » (R.U.D.H., 1991 p. 200). Plus récemment encore, dans son arrêt *Loizidou c/ Turquie* du 23 mars 1995, la Cour devait définir la Convention de 1950 comme « *l'instrument de l'ordre public européen pour la protection des êtres humains* » (§ 75 et 93).

En bref et autrement dit, la C.E.D.H. apparaît bien comme constitutive d'un *jus cogens* régional, européen, en matière de protection des droits de l'homme.

III. — L'usage de la force armée pour le respect du droit humanitaire.

190 bis. ***Les récentes interventions humanitaires*** — Ce nouveau cours devait être illustré par la *Résolution 688* du 5 avril 1991 adoptée par le Conseil de sécurité de l'ONU sur le fondement du chapitre VII pour protéger les populations Kurdes d'Irak : une expédition quasi-militaire devait alors être montée pour éviter leur annihilation. Le Ministre français des affaires étrangères de l'époque devait signaler la portée novatrice de cette résolution qui, selon lui, préfigurait un véritable « *droit d'intervention humanitaire en cas de violations mas-*

sives des droits de l'homme » (Réponse n° 42.509, J.O. AN, 8 juillet 1991, p. 2686).

La pratique subséquente du Conseil de sécurité devait conforter cette prédiction. En effet, toujours sur la base du chapitre VII, le Conseil de sécurité devait autoriser « *tous les Etats membres acceptant de coopérer* » (selon la formule consacrée) à utiliser « *tous les moyens nécessaires* » (donc y compris la force armée) pour assurer une aide humanitaire en *Bosnie-Herzégovine* (Résolution 770 du 13 août 1992), puis en *Somalie* (Résolution 794 du 3 décembre 1992), puis à *Haïti* pour assurer le retour à la démocratie en installant au pouvoir un président victime d'un coup d'Etat (Résolution 841 du 16 juin 1993), puis au *Rwanda* pour des motifs humanitaires (Résolution 940 du 31 juillet 1994), en *Albanie* pour les mêmes raisons (Résolution 1101 du 28 mars 1997) et enfin au *Kosovo* en 1998 où les Résolutions 1160 et 1199 posèrent clairement une menace d'intervention militaire faute de protection adéquate de la population de souche albanaise. A cela, il convient d'ajouter la création en 1993 et en 1994 — toujours dans le cadre du chapitre Vll de la Charte — de *tribunaux pénaux internationaux* pour juger des violations du droit humanitaire commises dans l'ex-Yougoslavie et au Rwanda (voir *infra* n°s 1006, 1097).

190 ter. ***Un bouleversement des fondements classiques du droit international*** — Tous ces développements récents montrent clairement le lien qui est établi entre ces violations des règles les plus fondamentales de la société, interne ou internationale, et les menaces qu'elles constituent pour le maintien de la paix et de la sécurité internationale de sorte qu'elles justifient des interventions militaires collectives pour y mettre fin. Les règles violées (génocide, violations du droit international humanitaire, crimes contre l'humanité) entrent clairement dans la catégorie des normes du *jus cogens*, même si cette expression ne se trouve jamais formalisée dans les textes officiels.

En établissant ainsi un lien entre l'action humanitaire et le chapitre Vll de la Charte (voir O. Corten et P. Klein, A.F.D.I. 1993.105), certains en ont conclu que serait ainsi né un *droit*, voire un *devoir*, d'ingérence de la communauté internationale au cas où ses normes les plus fondamentales (celles du *jus cogens* ?) auraient été violées (voir M. Bettati, B. Kouchner, « Le devoir d'ingérence », Paris, Denoël, 1987, et sous une façon plus nuancée, M. Bettati, « Un droit d'ingérence ? », R.G.D.I.P. 1991.639).

S'engager dans cette voie entraînerait un véritable bouleversement des fondements du droit international contemporain ; celui-ci repose en effet sur la souveraineté territoriale de l'Etat (voir *infra*, n°s 839 et s.), et partant, sur l'interdiction du recours à la force armée pour en assurer le respect (voir *infra* n°s 1304 et s.). Admettre qu'il puisse y être dérogé au nom de la défense des droits de l'homme et des libertés fondamentales relève incontestablement d'une préoccupation louable. Ce serait alors admettre que la finalité première de la société internationale consiste dans le respect des Droits de l'Homme. On reviendrait alors à une conception de la société internationale qui fut celle prévalant avant la naissance de l'Etat moderne à compter du XVIe

siècle où la finalité humaine du pouvoir était sans cesse rappelée (voir *supra*, nos 7, 11, 16). Mais c'est aussi ouvrir une « boîte de Pandore ». Cela suppose en effet l'existence d'un consensus qui est loi de régner sur la notion même de "droit de l'homme" sans parler de leur contenu (voir *infra*, n° 999). C'est aussi reconnaître aux Etats les plus forts, et à eux seuls en raison des moyens militaires dont ils disposent, d'imposer au besoin par la force un certain ordre humanitaire international. Or, comment ne pas noter ici que ce type de préoccupation, certes altruiste, fut souvent invoqué dans le passé pour justifier la colonisation au nom d'une "mission de civilisation" à la connotation « occidentale » fort marquée ?

Section III

La légalité internationale : naissance et développement d'une hiérarchie des normes

191. ***Plan*** — Il est loisible de détecter une hiérarchie grandissante au sein de la légalité internationale contemporaine. Il apparaît en effet que la norme universelle l'emporte sur la norme régionale ; que la norme régionale prévaut sur la règle bilatérale. En outre, au sein des organisations internationales, toute une légalité s'est développée, fondée sur une stricte hiérarchie des normes qui se trouve alors très proche de celle connue dans les droits nationaux.

§ 1 — La supériorité du droit universel sur le droit régional.

(Voir L. Dubouis, Les rapports du droit régional et du droit universel, *in* Régionalisme et universalisme dans le droit international contemporain, Colloque, S.F.D.I., 1976, pp. 263 et s.).

192. ***Reconnaissance réciproque*** — En principe, ordre international universel et ordre régional sont indépendants car ils reposent sur le même fondement : la volonté des Etats créateurs exprimée formellement dans un traité. Cependant, les rapports de coopération entre ces deux ordres démeurent fréquents. C'est ainsi, par exemple, que les articles 52-53 de la Charte de l'O.N.U. « légitiment » les accords régionaux destinés à maintenir la paix et la sécurité internationale dans une partie bien déterminée du monde : ici, le droit universel renvoie au droit régional. Mais l'inverse est également vrai, et les pactes régionaux politiques ou de défense font le plus souvent référence aux dispositions pertinentes de la Charte de l'O.N.U. auxquelles ils entendent se conformer (cas du Pacte de l'Atlantique de 1949, des Chartes de l'O.E.A. ou de l'O.U.A.). Dans la même veine, c'est aussi le cas de la C.J.C.E. qui s'est parfois référée aux règles du droit international général pour trancher un problème purement « communautaire » (ainsi dans l'affaire 7-71 du 14 décembre 1971 où la Cour affirma que la caducité des dispositions d'un traité ne saurait se présumer, Rec.

p. 1003). Ainsi encore, d'innombrables actes d'organisations internationales (tels les « Codes » de l'O.C.D.E. sur la libération de certains paiements et transactions internationaux) et traités bilatéraux consacrant le principe de non-discrimination économique, prévoient une exception traditionnelle en cas de formation d'une intégration économique régionale (union douanière, zone de libre-échange, zone monétaire...).

193. ***Conflits et solutions***— Toutefois, des conflits entre normes universelles et régionales peuvent survenir. Dans une telle hypothèse, le principe est que le droit universel doit prévaloir. Bien entendu, il est clair que l'une des préoccupations majeures des rédacteurs de tels traités internationaux est d'éviter de tels antagonismes : dans ces conditions, le droit universel servira alors de cadre de référence au droit régional.

1 — La subordination du droit régional au droit universel.

194. — L'existence d'un principe général en ce sens est contesté par certains ; ceux-ci n'y voient qu'une situation d'exception, même s'ils doivent reconnaître que son champ d'application connaît une extension croissante. Sur le plan de la logique juridique, une telle position n'est guère acceptable : il est clair que des normes applicables à toute la communauté internationale ne peuvent être contredites au niveau régional sous peine de perdre leur universalité, et, partant, leur existence en tant que telles.

Il est loisible d'isoler plusieurs grandes hypothèses (3) où le droit régional doit respecter le droit universel.

a) Conventions universelles (ou à portée universelle) interdisant l'abrogation ou la modification de leurs dispositions par des accords particuliers.

195. — Ici les exemples abondent et nous nous bornerons à citer les plus frappants d'entre eux.

A ce titre, il convient tout d'abord de rappeler l'existence de l'article 20 du pacte de l'ancienne S.D.N. ou de l'article 103 de la Charte de l'O.N.U. (voir *supra*, n° 154 et s.). Les obligations contractées par les Etats en vertu de la Charte l'emportent sur tous les autres engagements conventionnels contraires.

— L'article 96 de l'Acte final de la Conférence de Bruxelles de 1896 relative au « commerce d'esclaves en Afrique » portait abrogation de « toutes les stipulations contraires des conventions antérieurement conclues entre les puissances signataires ».

— L'article 82 de la Convention de Chicago de 1944 relative à l'O.A.C.I. dispose que toutes les conventions contraires antérieurement conclues entre les parties contractantes sont abrogées, les Etats s'engageant de surcroît à ne pas en conclure dans l'avenir que contiendraient des stipulations incompatibles avec elle (art. 83).

— L'article 15 de la convention de 1958 relative à la « protection industrielle » limite le droit des pays membres de l'Union de conclure entre eux des engagements séparés pour protéger la propriété industrielle, pour peu que ces derniers accords ne dérogent pas à la convention « cadre » précitée.

— Les dispositions du Statut de la C.I.J. relatives à la fonction judiciaire de la Cour peuvent être considérées comme ayant un caractère « d'ordre public ». C'est ce qu'estima la C.P.J.I. dans *l'affaire des Zones franches de Haute-Savoie et du Pays de Gex* déniant effet à certaines dispositions du compromis franco-suisse qui la saisissait du différend dans la mesure où il lui était demandé de se départir de ses obligations dues à sa fonction judiciaire (Ser. A/B, n° 35, pp. 12-13 ; n° 46, pp. 160-161).

b) Conventions accordant un droit d'intervention dans une instance ou une procédure.

196. — Un certain nombre d'accords internationaux multilatéraux à portée universelle accordent de tels droits aux Etats membres ou parties contractantes ; ces Etats ne sauraient abandonner ces droits au titre de conventions particulières. La raison en est que de tels droits et prérogatives sont accordés non pas seulement au titre de la protection des intérêts étatiques mais surtout au titre de la protection des intérêts de la communauté internationale et de son ordre juridique.

Il en va ainsi par exemple du droit d'intervention des Etats dans une affaire contentieuse devant la C.I.J. (article 62 du Statut) ; du droit de chaque Etat membre de l'O.I.T. de déposer une « plainte » auprès du B.I.T. en cas de violation d'une convention internationale du travail par un autre Etat (art. 26) ou du droit de tout Etat membre de la S.D.N. de saisir la C.P.J.I. en cas de différend avec une puissance « mandataire » sur la manière dont celle-ci exécute ses obligations (voir l'article 7 du mandat confié à l'Afrique du Sud sur le Sud-Ouest africain en 1921) ;

c) Conventions universelles fondant le régime juridique d'institutions régionales.

197. — L'exemple le plus typique en la matière relève du droit international économique. En effet, le G.A.T.T., accord à portée universelle, aujourd'hui remplacé par l'Organisation Mondiale du Commerce (O.M.C.), fonde le régime juridique des intégrations économiques régionales dans son article XXIV. Ses membres — les Parties contractantes — qui voudraient constituer entre eux une intégration économique de type régional sont tenus à des obligations strictes contrôlées par le G.A.T.T. Ils n'ont tout d'abord le choix qu'entre deux types d'intégration : les zones de libre-échange ou les unions douanières. De plus, ils doivent respecter des obligations de procédure et, surtout, de fond afin que leurs projets soient « licites » et puissent recevoir l'approbation du G.A.T.T. (pour plus de détails, voir D. Carreau et P. Juillard, Droit international économique, *op. cit.*, n°s 739 et s.).

Autrement dit, les intégrations économiques régionales — et elles sont maintenant fort nombreuses — ont un régime juridique dont les grandes lignes sont soumises et subordonnées aux règles du G.A.T.T. Il est à noter que la C.J.C.E., pour sa part, a formellement reconnu cette subordination dans *l'affaire International Fruit* précitée.

d) Caractère obligatoire de certaines règles du droit international général

198. — Il existe ainsi des règles « importantes » du droit international « général » — conventionnelles ou coutumières — qui s'imposent aux Etats, tout en ne possédant pas le statut de « normes impératives » (« jus cogens » ; voir *supra*, n° 161 et s.). Ces règles « importantes » ont, en commun avec les normes du « jus cogens » de ne pas pouvoir faire l'objet de dérogations spécifiques ou « régionales ». Le droit régional ne pourrait ainsi que déroger aux règles « non fondamentales » du droit international général ou universel. La C.I.J. semble l'avoir admis dans *l'affaire du Plateau continental de la Mer du Nord* de 1969. Elle s'exprimait ainsi :

> « ... dans le cas des règles et d'obligations de droit général ou coutumier qui par nature doivent s'appliquer dans des conditions égales à tous les membres de la communauté internationale (elles) ne peuvent donc être subordonnées à un droit d'exclusion exercé unilatéralement et à volonté par l'un quelconque des membres de la communauté à son propre avantage » (Rec. 1969, n° 63).

2 — Le droit universel, cadre de référence minimum du droit régional.

199. ***Possibilité pour le droit régional d'être plus exigeant*** — Il est clair que le droit régional a toujours la possibilité « d'aller au-delà » du droit universel en adoptant des solutions plus contraignantes pour les participants. Il existe en effet entre eux une communauté d'intérêts plus marquée, un réseau de solidarités plus étroit, qui est, bien évidemment de nature à les conduire à l'adoption de règles de comportement plus strictes. Dans ces conditions, sur le plan qualitatif, le droit régional apparaîtra supérieur au droit universel. Une telle situation, et cela n'est pas pour surprendre, est fréquente, dans la mesure où le nombre restreint des participants facilite, à l'évidence, l'adoption de solutions communes. Il est à noter que, s'il s'agit de traités universels qui confèrent des droits à des individus, la possibilité d'obtenir un traitement plus favorable encore par conventions particulières présente des avantages certains pour les personnes privées. En ce sens, il n'est que de citer la Convention européenne des droits de l'homme de 1950 et des mécanismes élaborés pour en assurer le contrôle que se révèle bien supérieure, car plus « contraignante » que les divers « pactes » onusiens en la matière (voir *infra*, n° 1000 et s.).

200. ***Exemples*** — Il est loisible de mentionner ici un certain nombre d'exemples caractéristiques de cette supériorité qualitative éventuelle du droit régional par rapport au droit universel.

— La Convention de Berne de 1886 relative à la propriété littéraire et artistique reconnaît aux parties contractantes le droit de conclure des arrangements particuliers mais dans la seule mesure où ils confèrent aux auteurs « des droits plus étendus » (art. 20).

— La Convention postale universelle de 1920 suit la même approche. Les parties contractantes ont toute liberté de conclure des accords spécifiques bilatéraux ou régionaux pour peu qu'il en résulte une amélioration des relations postales ou une réduction des taxes (art. 23).

— Il est clair également que rien n'interdit aux Etats qui ont institué entre eux une intégration économique régionale « valide » au titre de l'article XXIV du G.A.T.T. d'aller « au-delà » de ces obligations minimales et de constituer une « union économique » par exemple.

201. — Il est également loisible de citer des exemples de hiérarchie des normes entre une intégration régionale et des sous-intégrations régionales. Ainsi, une intégration infra-régionale comme le Groupe Andin doit-elle respecter le cadre posé par l'intégration régionale globale — en l'espèce l'Association Latino-Américaine de Libre-Commerce (A.L.A.L.C.) instituée en 1960 par le traité de Montevideo (voir F.V. Garcia-Amador, Some legal aspects of the Andean economic integration, in Essays in tribute to W. Friedmann, 1876-96 et surtout pp. 104-108). Il en va de même pour l'Organisation des Etats Arabes Exportateurs de Pétrole (O.P.A.E.P.) dont la charte constitutive prévoit la subordination de cette institution à l'égard de l'Organisation des Pays Exportateurs de Pétrole (O.P.E.P.) dans son article 3.

En bref, dans ce type de rapports entre droit universel et droit régional on ne peut aller que du « moins » contraignant au « plus » contraignant et non l'inverse. Logique et justice se reconnaissent dans cet aspect particulier de la supériorité du droit universel sur le droit régional.

§ 2 — La supériorité du droit international régional sur le droit d'origine bilatérale.

202. — Ce type de supériorité s'explique là encore pour des raisons de logique juridique : le général doit pouvoir l'emporter sur le particulier. En outre, un tel principe renforce les ensembles régionaux qui, tout en proliférant pour des raisons politiques et économiques évidentes, sont aussi en permanence menacés d'éclatement : la volonté du groupe doit pouvoir l'emporter sur les volontés particulières.

Cette supériorité est très souvent affirmée par l'accord régional lui-même. Elle est aussi très fréquemment expressément reconnue par les accords bilatéraux entre Etats.

1 — La supériorité affirmée par l'accord régional : l'exemple de la C.E.E.

203. — Le Traité de Rome de 1957 distingue deux types de situations selon que les traités « particuliers » — le plus souvent bilatéraux — ont été conclus entre les Etats membres ou avec des pays tiers.

a) Les traités conclus entre les Etats membres de la C.E.E.

204. — Le principe en est simple : ils sont valides pour autant qu'ils ne soient pas en contradiction avec les traités constitutifs de la Communauté (voir art. 233 CEE et nouvel article 306). En cas de différend sur cette question de comptabilité, la C.J.C.E. sera compétente (art. 219 CEE et nouvel article 292).

Là encore, on rencontre le même phénomène explicatif que précédemment : un engagement particulier entre deux ou plusieurs Etats membres de la C.E.E. sera valide dans la mesure où il se révélera plus contraignant que le droit communautaire. S'il « va au-delà », il n'entraînera aucune conséquence néfaste sur la construction communautaire : il en va d'ailleurs ainsi de l'intégration économique plus poussée réalisée entre les trois pays du Bénélux sans parler de l'union économique et monétaire totale instituée entre la Belgique et le Luxembourg ou encore de « l'espace Schengen ».

b) Les traités conclus avec des Etats tiers.

Deux situations sont à envisager en fonction de la date de conclusion du traité en cause.

I. — *Les traités conclus avant l'entrée en vigueur du Traité de Rome.*

205. — Le principe posé par le Traité de Rome est celui de la pleine validité des engagements antérieurs (art. 234, al. 1 et nouvel article 307 art. 1). La raison en est simple : le caractère obligatoire des traités. La C.J.C.E. n'a fait aucune difficulté pour reconnaître ce principe de la supériorité du droit international « antérieur » et son caractère obligatoire (voir encore l'arrêt *International Fruit* de 1972 déjà cité).

En cas d'incompatibilité entre des normes communautaires et des engagements internationaux spécifiques antérieurs, deux cas sont encore à distinguer. S'il s'agit d'obligations pesant sur les Etats membres de la C.E.E. ceux-ci doivent les respecter car elles correspondent à des droits dont bénéficient les pays tiers, droits qui ne sauraient être modifiés de façon unilatérale. Si, en revanche, il s'agit de droits dont bénéficient les pays membres de la C.E.E., ceux-ci ne peuvent s'en prévaloir que dans la seule mesure où leur mise en œuvre ne se révélerait pas contraire aux obligations dérivant des traités communautaires (voir l'aff. 10-61, 27 février 1962, Rec. 1962.22).

Sans doute, la solution la plus simple de ces conflits sera-t-elle la renégociation par les Etats concernés des traités contraires à leurs obligations communautaires. Elle est d'ailleurs expressément prévue par le Traité de Rome (art. 234, al. 2 et nouvel article 307 al. 2), mais inutile de préciser qu'elle requiert la coopération des Etats tiers — et leur accord final —.

II. — *Les accords conclus après l'entrée en vigueur des traités communautaires.*

206. — Il s'agit là d'une hypothèse théoriquement impossible. Toutefois, s'il devait en aller ainsi, de tels accords conclus par des pays membres seraient inopposables à la Communauté qui ne serait en rien liée par eux. Ainsi, en mars 1998, la Commission décida d'ouvrir des poursuites pour violation du droit communautaire (en l'espèce principalement le non respect de la compétence de négociation des instances communautaires) à l'encontre de huit pays membres (Autriche, Belgique, Danemark, Allemagne, Luxembourg, Royaume-Uni et Suède) ayant conclu des accords aériens bilatéraux avec les Etats-Unis de type « cieux ouverts » *(open skies).*

Il existe d'ailleurs des précautions, des « garde-fous », pour éviter de telles situations conflictuelles. C'est ainsi, par exemple, qu'il peut exister toute une procédure d'information préalable pouvant culminer dans la saisine de la Cour de Justice de Luxembourg en cas de compatibilité douteuse d'un traité international « particulier » et des engagements communautaires. Cette procédure a été utilisée lors de la signature par les pays membres de la C.E.E. du traité de non-prolifération des armes nucléaires : les compétences communautaires ont été expressément réservées par les pays signataires qui de surcroît ont exigé la conclusion d'un accord ultérieur entre la CEEA (EURATOM) et l'Agence Internationale de l'Energie Atomique (A.I.E.A.) de Vienne — accord qui est d'ailleurs intervenu en avril 1973.

Plus récemment, la C.J.C.E. devait être saisie du projet d'accord créant *l'Espace économique européen* entre la Communauté et les pays de l'Association Européenne de libre-échange. Dans un premier avis, elle devait conclure à *l'incompatibilité* entre le Traité de Rome et le projet d'accord (Avis 1/91, 14 décembre 1991, Rec. I.6079) ; ce dernier ayant été renégocié dans le sens indiqué par elle, la Cour devait alors rendre un deuxième avis, et celui-là de compatibilité (Avis 1/92, 10 avril 1992, Rec. I.2821 ; Voir J. Boulouis, Les avis de la Cour de Justice des Communautés sur la Compatibilité avec le traité C.E.E. du projet d'accord créant l'Espace économique européen, R.T.D.E. 1992.457).

Dans son avis 1/94 du 15 novembre 1994 sur la « compétence de la Communauté européenne pour conclure les accords issus de l'Uruguay Round », la Cour devait suivre une démarche identique : si elle devait conclure à une compétence propre de la Communauté pour ce qui concerne les marchandises, elle devait en revanche reconnaître qu'il y avait une compétence partagée avec les Etats membres pour ce qui relève des services ou de la propriété intellectuelle (Rec. I.5267). Suivant la même approche, la C.J.C.E. devait estimer que la Communauté n'avait pas compétence pour adhérer en tant que telle à la Convention Européenne des Droits de l'Homme (voir Avis 2/94 du 28 mars 1996, Rec. I.1759).

En outre, il convient de remarquer que la compétence « extérieure » des Communautés européennes est « exclusive » dans certains secteurs — le domaine « commercial » et « tarifaire » (art. 113 C.E.E. et nouvel article 133), la C.J.C.E. l'ayant au demeurant « largement interprêtée » dans des arrêts et avis récents.

2 — La supériorité affirmée et reconnue par l'accord bilatéral : l'exemple des traités à portée économique.

207. — De très nombreuses conventions d'établissement ou relatives au régime des investissements étrangers ou, en général, portant sur les relations économiques entre deux Etats et fondées sur la clause de la nation la plus favorisée, disposent qu'elles ne sauraient en rien porter atteinte au droit des parties contractantes de conclure des accords régionaux plus favorables dans le cadre de zones de libre-échange ou d'unions douanières. La fréquence de ce type de clause est tellement grande qu'il est loisible d'affirmer que l'on est ici en présence d'une règle coutumière qui reconnaît expressément la prééminence des intégrations économiques régionales — celles-ci constituant ainsi une exception « coutumière » au jeu normal d'une clause « conventionnelle » de nation la plus favorisée insérée dans un accord bilatéral. En bref, dans le domaine économique, le « bilatéral » cède clairement devant le « régional ».

§ 3 — Le principe de légalité appliqué aux organisations internationales : la hiérarchie des normes au sein des organisations internationales.

(Voir en général, J. Rideau, Juridictions internationales et contrôle du respect des traités constitutifs des organisations internationales, Paris L.G.D.J., 1969.)

208. *Une hiérarchie moins développée qu'en droit interne* — Il faut tout d'abord noter qu'il n'est pas étonnant de trouver un phénomène plus marqué de « hiérarchisation » des normes juridiques au sein des institutions internationales car elles constituent un cadre de coopération internationale organisée. Ainsi, la hiérarchie des normes sera plus accentuée qu'en droit international « général », inorganique. Toutefois, cette hiérarchie ne connaît pas — du moins pas encore — une précision, une rigidité, comparable à celle de l'ordre interne.

En outre, cette hiérarchie, même plus marquée, demeure imparfaite, notamment au niveau de sa sanction. Dans l'ordre interne, toute violation de la hiérarchie des normes connaît, en principe, une sanction juridictionnelle. Cela demeure rarement le cas dans le droit des organisations internationales.

Ceci étant, cette hiérarchie peut s'analyser en deux propositions proches mais différentes : la supériorité de la charte constitutive des organisations internationales et la subordination du droit dérivé.

1 — La supériorité de la charte constitutive des organisations internationales (ou le droit constitutionnel des organisations internationales).

Le principe général est clair : la charte constitutive des organisations internationales détermine et ordonne les compétences de l'institution considérée.

a) La détermination des compétences des organisations internationales.

209. ***Des compétences limitées car spécialisées*** — Les organisations internationales possèdent une compétence « instituée » qui est le produit de la volonté des Etats « fondateurs » telle qu'elle s'exprime dans le traité multilatéral qui leur donne naissance, dans leur « charte constitutive ». Elles apparaissent ainsi comme des sujets « dérivés », seconds, du droit international par rapport aux Etats.

Cette compétence des organisations internationales est toujours limitée, « spécialisée » (voir par exemple les seize « institutions spécialisées » qui constituent la « famille des *Nations unies* »). Cela est vrai, même pour celle d'entre elles qui dispose de la compétence la plus large, à savoir l'Organisation des Nations unies (O.N.U.).

Si la compétence des organisations internationales est « limitée », elle est également « liée ». Les organisations internationales ne peuvent exercer leurs compétences d'une manière différente de celle prévue dans leur charte constitutive. Autrement dit, elles ne disposent pas, comme les Etats, d'un pouvoir discrétionnaire dans l'exercice de leurs compétences. Elles ne peuvent jamais faire « plus », même si elles peuvent parfois faire « moins » que ce que leur charte constitutive leur assigne.

210. ***Obligation pour les organisations internationales de respecter leur charte constitutive : l'avis consultatif de la C.I.J. de 1948*** — La C.I.J. devait le reconnaître dans son avis consultatif du 28 mai 1948 relatif aux *« Conditions de l'admission d'un Etat comme membre des Nations unies »* interprétant l'article 4, par. 1 de la Charte. La Cour estima à juste titre que la Charte contenait « une réglementation juridique en matière d'admission d'Etats » caractérisée par le « lien étroit établi... entre la qualité de membre et l'observation des principes et des obligations de la Charte ». En conséquence, « un Etat n'est pas juridiquement fondé à faire dépendre son consentement à cette admission de conditions non expressément prévues » (en l'occurrence il s'agissait de la pratique dite des « admissions en bloc » ou conditionnelles) (Rec. 1948, p. 63). Autrement dit, les organes d'une institution internationale doivent exercer leur compétence d'une manière qui soit entièrement conforme à sa charte constitutive.

211. ***Des compétences dynamiques au vu de la théorie des pouvoirs implicites*** — Toutefois, il convient de noter que ce concept de compétence « spécialisée » n'est pas statique : il doit être interprété d'une manière dynamique. Les pouvoirs d'une organisation ne sont pas toujours décrits avec toute la précision nécessaire. D'où la reconnaissance par la Cour de La Haye depuis déjà de longues années de « pouvoirs implicites » au profit des organisations internationales : la C.I.J. adoptant cette technique de « construction constitutionnelle » mise au point et développée par la Cour Suprême des Etats-Unis, accepta d'accorder aux organisations internationales tous les pouvoirs nécessaires pour leur permettre d'accomplir leur mission telle qu'elle était tracée dans leur charte constitutive (voir aussi *infra*, n° 966 et s.). On en citera ici seulement deux exemples. En 1949, dans son avis consultatif *relatif à la réparation des dommages subis au service des Nations unies* (parfois citée sous le nom *d'Affaire du Comte Bernadotte,* Rec. 1949, p. 174), la C.I.J. admit que l'O.N.U. en tant que telle avait compétence pour présenter une réclamation internationale afin d'obtenir réparation des dommages subis par elle-même ou un de ses agents — ici son « médiateur » en Palestine le comte suédois Bernadotte. Dans un autre avis consultatif de 1954 relatif aux « *Effets de jugement du Tribunal administratif des Nations unies accordant indemnité* », la même Cour reconnut la capacité de l'O.N.U. d'instituer une juridiction particulière — un « tribunal administratif » — afin de trancher les litiges pouvant éventuellement l'opposer à ses agents (Rec. 1954, p. 57).

b) La répartition des compétences entre les organes des organisations internationales.

212. — La charte constitutive d'une organisation internationale ne se contente pas d'attribuer des compétences. Afin d'assurer le bon fonctionnement de l'institution, elle doit également répartir et ordonnancer les compétences des divers organes. Cet ordonnancement juridique, signe distinctif de toute légalité, doit être respecté par les organes de l'institution sous peine de frapper leurs actes de nullité pour « incompétence ». Un tel principe est clairement affirmé par l'article 4 du traité de Rome (C.E.E. et article 7 nouveau) qui dispose que « chaque institution agit dans les limites des attributions qui lui sont conférées par le présent traité ».

213. ***Le respect des compétences organiques sanctionné par la jurisprudence de la C.I.J. : son avis consultatif de 1950*** — La C.I.J. devait pleinement reconnaître la portée de ce principe dans son avis consultatif du 3 mars 1950 relatif à la « *Compétence de l'Assemblée Générale pour l'admission d'un Etat aux Nations unies* », interprétant l'art. 4, par. 2 de la Charte. En l'espèce, il s'agissait de savoir si, aux fins de la procédure pour admettre un nouveau membre, la seule action de l'Assemblée Générale était suffisante en raison de la paralysie du Conseil de sécurité à la suite du recours systématique au « droit de veto » par un membre permanent (l'U.R.S.S.). La réponse de la C.I.J. fut négative. La Cour estima, à juste titre, que l'Assemblée Générale et le Conseil de sécurité avaient une compétence concurrente en la matière : dès lors, l'accord de ces deux organes était nécessaire pour l'admission d'un nouvel Etat membre.

214. ***Une appréciation évolutive par la Cour : son avis consultatif de 1962*** — La compétence respective des divers organes de l'O.N.U. ne cessa d'être présente dans l'avis consultatif de la C.I.J. de 1962 relatif à *certaines dépenses des Nations unies* (Rec. 1962, p. 151), bien que la Cour ne l'ait pas directement examinée. La question centrale sous-jacente était de savoir si la fameuse résolution de 1950 dite « union pour le maintien de la paix » (ou « résolution Acheson ») qui modifiait les équilibres institutionnels de l'O.N.U. en renforçant le rôle de l'Assemblée Générale au détriment de celui du Conseil de sécurité ainsi que la pratique subséquente des Etats avaient reçu valeur de droit positif en raison de leur nature coutumière. En l'espèce, l'Assemblée Générale de l'O.N.U. avait décidé la création de « forces d'urgence » (les « casques bleus ») qui furent notamment envoyés au Congo ex-belge lors de l'indépendance de ce pays en 1960. Les frais occasionnés par la constitution de ces forces devaient-ils être financés par tous les Etats membres de l'O.N.U. en tant que « dépenses de l'organisation » en vertu de l'article 17, par. 2 de la Charte ? Telle fut la question précise à laquelle la C.I.J. dut répondre — ce qu'elle fit par l'affirmative —. Mais pour arriver à cette conclusion, la Cour ne pouvait pas éviter d'examiner le problème de la compétence de l'Assemblée Générale de l'O.N.U. : celle-ci disposait-elle des pouvoirs nécessaires pour créer ces forces d'urgence ? N'était-ce pas empiéter sur la compétence exclusive du Conseil de sécurité en matière de maintien de la paix ? En reconnaissant la compétence de l'Assemblée Générale pour instituer des forces d'urgence même non combattantes, la C.I.J. devait ainsi implicitement reconnaître cette évolution constitutionnelle de l'O.N.U. depuis 1950 et lui donner valeur « coutumière » (il est à noter que cette approche très « oblique » de la Cour fut vivement critiquée par certains de ses membres dans leurs opinions dissidentes : voir celle de son Président, M. Winiarski, (en particulier p. 233) et du juge Bustamante.

2 — La subordination du « droit dérivé ».

215. — Le « droit dérivé » des organisations internationales est constitué par l'ensemble des règles juridiques que celles-ci émettent. On parle aussi parfois de « droit interne » des organisations internationales pour qualifier ce phénomène ; or l'expression nous semble trompeuse dans la mesure où ce droit dérivé ne concerne pas exclusivement le droit propre au fonctionnement ou à l'administration de l'institution (comme ses règles de procédure, de droit budgétaire ou de la fonction publique) mais s'applique aussi parfois « en dehors » — soit à des Etats non membres, soit à des personnes privées, soit, le plus souvent, à des pays membres.

Ceci étant, cette subordination du droit dérivé, pour incontestable qu'elle soit, est rarement contrôlée de façon stricte.

a) Un principe incontesté.

216. — Il s'agit là de la conséquence logique de la charte constitutive des organisations internationales. Mutatis mutandis, cette charte constitutive joue pour les organisations internationales le rôle des constitutions pour les Etats. Fondant l'existence et le titre à agir des organisations internationales, ces chartes se trouvent tout naturellement au sommet de l'ordonnancement juridique ainsi institué. Ainsi, tout le droit » dérivé des organisations internationales doit être conforme au droit « originaire », « constituant », qui lui donne sa légitimité et son fondement juridique.

Ce principe de subordination du droit dérivé ne connaît aucune exception ou dérogation. Il est pourtant loin d'être strictement sanctionné.

b) Un principe inégalement « sanctionné » et contrôlé.

217. — Sur ce point, l'état du droit international n'est pas sans rappeler celui du droit constitutionnel sous la IVe République en France : les dispositions constitutionnelles étaient unanimement considérées comme supérieures aux « lois ordinaires », mais aucun mécanisme ne venait sanctionner cette supériorité qui devenait dès lors très théorique.

I. — L'absence d'un contrôle de légalité organisé et généralisé.

218. — Il n'existe pas de contrôle externe (par le juge ou l'arbitre international par exemple) de la légalité des actes des organisations internationales pour violation de la hiérarchie des normes instituées. En revanche, il existe parfois un contrôle de légalité de type interne.

α) L'absence d'un contrôle externe : le rôle subsidiaire de la Cour Internationale de Justice.

219. ***Absence de rôle de juge constitutionnel joué par la C.I.J.*** — Il ne faudrait en effet pas croire que la C.I.J. par le biais de la procédure de l'« avis consultatif » (voir *infra*, n° 1458 et s.), se trouve dans la position d'un juge interne de « constitutionnalité » ou de « légalité ». Rien ne serait plus éloigné de la réalité. Dans une telle instance, la Cour exerce une fonction interprétative et non contentieuse ; de surcroît, son « avis » ne revêt aucune portée obligatoire.

La C.I.J. eut l'occasion de confirmer tous ces points dans deux avis consultatifs.

220. — Dans *l'affaire de la Namibie* en 1971 la Cour précisa quelle était sa position à l'égard de l'O.N.U. dans les termes les plus clairs. « Il est évident, estimait-elle, que la Cour n'a pas de pouvoirs de contrôle judiciaire ni d'appel en ce qui concerne les décisions prises par les organes de l'O.N.U. ». (Rec. 1971, p. 45).

A l'inverse, et à titre tout à fait exceptionnel, il convient de citer la décision de la chambre d'appel du Tribunal pénal international pour l'ex-Yougoslavie qui accepta, au nom de la « *compétence de la compétence* » qui appartient à tout juge international (voir *infra* n° 1407), d'examiner la « constitutionnalité » de la Résolution 827 du Conseil de sécurité visant cette juridiction (Décision *Dusko Tadic* du 2 octobre 1995, § 26 à 48), texte in I.L.M. 1996.32). A notre connaissance, il s'agit de la seule et unique décision d'un tribunal international acceptant d'examiner la légalité d'une résolution du Conseil de sécurité au regard de la Charte de l'O.N.U.

221. — Dans *l'affaire des « Jugements du tribunal administratif de l'O.I.T. sur requêtes contre UNESCO »* de 1956, la C.I.J. refusa de se considérer comme une instance d'appel ou de cassation à l'encontre des jugements rendus par les tribunaux administratifs créés par des organisations internationales. Elle affirma en effet : « les erreurs que le tribunal administratif peut être amené à commettre au sujet de sa compétence sont susceptibles d'être redressées par la Cour sur demande d'avis... Les erreurs de fait ou de droit que commettrait le tribunal administratif sur le fond ne peuvent donner lieu à une telle procédure : à ses jugements sur le fond s'appliquent purement et simplement les dispositions de l'article VI du Statut du Tribunal portant que les jugements de celui-ci sont « définitifs et sans appel » (Rec. 1956, p. 87).

222. ***Absence de contrôle judiciaire et ses conséquences*** — Autrement dit, faute de contrôle judiciaire de cette légalité, sa sanction normale devient l'inopposabilité toujours si difficile dans son maniement : les destinataires de normes du droit dérivé contraires à la charte constitutive, au droit originaire, de l'institution en cause sont parfaitement fondés à n'en tenir aucun compte en les déclarant inopposables. Il convient ici d'éviter des abus évidents et bien souvent très tentants...

β) L'existence (rare) d'un contrôle interne.

223. ***Un autocontrôle politique*** —En règle générale, ce sont les organes des organisations internationales qui statuent sur leur propre compétence. Inutile de dire aussi qu'ils arrivent à cette conclusion aux termes d'une analyse « politique » et non juridique. C'est ainsi, par exemple, que devant l'Assemblée Générale des Nations unies, de nombreux Etats ont dénié toute compétence à cet organe pour examiner une question particulière qui, à leurs yeux, rentrait dans leur « compétence nationale », leur domaine réservé expressément consacré par l'article 2, par. 7 de la Charte ; cela a été systématiquement le cas des pays « coloniaux » refusant toute discussion à l'O.N.U. de situations « coloniales » ; c'est encore fréquemment le cas à propos des questions ayant trait aux « droits de l'homme ». Or, jusqu'à présent, jamais dans son histoire, l'Assemblée Générale de l'O.N.U. n'a accepté de se dessaisir de l'examen d'une question au motif qu'elle ne rentrait pas dans sa compétence. Là encore, il est clair que « l'interprétation » donnée par l'organe concerné ne liera pas les Etats intéressés : une norme adoptée dans ces conditions n'aura pas de valeur juridique à leur égard — elle leur sera « inopposable » —.

224. ***Un rare contrôle de légalité interne*** — Dans certaines organisations internationales, il existe pourtant un contrôle de légalité interne — sans doute atténué et limité —. Il est susceptible de revêtir deux formes.

225. ***Le pouvoir "quasi-judiciaire" de certaines organisations internationales*** — Tout d'abord, certaines organisations internationales se sont vues reconnaître un pouvoir « quasi judiciaire ». Tel est le cas pour de nombreuses organisations internationales économiques comme le F.M.I. ou la B.I.R.D., les banques régionales de développement ou les accords sur les produits de base. Dans ces cas, ce sont les organisations elles-mêmes qui vont procéder à l'interprétation officielle de leur charte constitutive et régler les différends opposant leurs membres à ce propos (voir par exemple l'article XXIV des Statuts du F.M.I.). L'instance supérieure compétente rendra une décision « obligatoire » qui sera « finale » et « sans appel » possible. Cette « intériorisation » de la procédure de règlement des différends constitue l'une des originalités marquantes du droit international économique par rapport au droit international général (voir aussi *infra*, n° 1346 et s.).

226. ***L'exemple limité des tribunaux administratifs internationaux*** — Ensuite, un contrôle juridictionnel interne très spécialisé a été institué au sein de la plupart des organisations internationales sous la forme de tribunaux administratifs (il en existe un au sein de l'O.N.U. ou de l'O.I.T. par exemple). La mission de ces tribunaux administratifs est bien délimitée : ils ont pour fonction exclusive de régler les différends opposant l'organisation considérée à ses agents. Ils doivent veiller à ce que le « statut du personnel » — droit « interne » d'une organisation internationale par excellence — soit conforme à la fois aux règles du droit international général et aux dispositions de la charte constitutive de l'institution en cause. C'est ainsi, par exemple, que les articles 100 et 101 de la Charte de l'O.N.U. posent un certain nombre de « grands » principes qui s'imposent à tout le personnel des Nations unies à commencer par celui de leur totale « indépendance » et dont le Tribunal Administratif doit sanctionner la violation éventuelle. C'est sur ce fondement que le Tribunal Administratif des Nations unies annula dans les années 1950 certains licenciements de fonctionnaires américains décidés par le Secrétaire Général sous la pression des Etats-Unis, ces agents ayant refusé — comme cela était non seulement leur droit mais aussi leur obligation — de comparaître devant les « loyalty boards » établis à l'instigation du Sénateur Mc Carthy dans le cadre de sa lutte contre « les agents communistes » (cette période fut qualifiée de « chasse aux sorcières » à l'époque et l'épithète est restée). (Voir *l'affaire Glaser*, *in* J.D.I. 1953.916). Il est à noter que le Tribunal Administratif de l'O.N.U. adopta la même position dans des affaires identiques (voir A.F.D.I. 1955, p. 298 et s.).

II. — L'exception : le contrôle juridictionnel généralisé de la hiérarchie des normes communautaires par la C.J.C.E.

227. ***La légalité communautaire*** — L'existence d'une légalité communautaire strictement définie et fondée sur une hiérarchie des normes précise constitue l'une des originalités marquantes du droit de la C.E.E. Il montre que ce point est encore beaucoup plus « avancé » et « affiné » que le droit international classique, au point ici de ressembler grandement au droit interne.

228. α — La hiérarchie des normes juridiques communautaires.

Celle-ci est établie par l'article 189 du Traité de Rome (et nouvel article 249) qui dispose :

> « Pour l'accomplissement de leur mission et dans les conditions prévues au présent Traité, le Conseil et la Commission arrêtent des règlements et des directives, prennent des décisions et formulent des recommandations ou des avis.
>
> Le règlement a une portée générale. Il est obligatoire dans tous ces éléments et il est directement applicable dans tout Etat membre.
>
> La directive lie tout Etat membre destinataire quant au résultat à atteindre, tout en laissant aux instances nationales la compétence quant à la forme et aux moyens.
>
> La décision est obligatoire en tous ses éléments pour les destinataires qu'elle désigne.
>
> Les recommandations et avis ne lient pas ».

On notera que le Traité de Rome se révèle ici particulièrement élaboré dans la mesure où il institue une double hiérarchie entre les normes communautaires : l'une, formelle, fondée sur l'auteur de l'acte (Conseil et Commission) ; l'autre matérielle, fondée sur la nature de l'acte (règlement, directive, décision, recommandation). Si le Conseil et la Commission peuvent prendre des mesures, chacun dans sa sphère de compétence, en cas de compétence conjointe — ce qui est fréquemment le cas — les actes de la Commission, organe subordonné, doivent être conformes à ceux du Conseil, organe hiérarchiquement supérieur. (Voir pour une application de ce principe en matière de règlements, l'affaire 30-70, Rec. 1970.1197).

229. β — Sa sanction par le juge communautaire.

La C.J.C.E. dispose de plusieurs possibilités qui, dans l'ensemble, sont fort proches de celles que l'on trouve dans les droits nationaux les plus élaborés ; le juge « communautaire » n'a ici rien à envier au juge « national ».

230. — *Le contentieux de la légalité : l'annulation de l'acte illégal.*

L'article 173 du traité C.E.E. (et nouvel article 230) dispose en effet :

> « La Cour de Justice contrôle la légalité des actes du Conseil et de la Commission, autres que les recommandations ou avis. A cet effet, elle est compétente pour se prononcer sur les recours pour incompétence, violation des formes substantielles, violation du présent Traité ou de toute règle de droit relative à son application, ou détournement de pouvoir, formés par un Etat membre, le Conseil ou la Commission.
>
> Toute personne physique ou morale peut former, dans les mêmes conditions, un recours contre les décisions dont elle est le destinataire, et contre les décisions qui, bien que prises sous l'apparence d'un règle-

ment ou d'une décision adressée à une autre personne, la concernent directement et individuellement.

Les recours prévus au présent article doivent être formés dans un délai de deux mois à compter, suivant le cas, de la publication de l'acte, de sa notification au requérant, ou, à défaut, du jour où celui-ci en a eu connaissance ».

Ce recours est largement ouvert aux Etats membres (qui n'en ont pas fait usage jusqu'à présent), aux institutions communautaires (voir la célèbre *affaire A.E.T.R.*, 22-70, du 31 mars 1971 qui opposa la Commission au Conseil en matière de compétence « extérieure », Rec. 1971.263), et plus chichement, aux particuliers pour les seules décisions les concernant directement (voir les affaires 16-1762 du 14 décembre 1962, Rec. 901).

231. — *Le contrôle par le biais de l'exception d'illégalité.*

Celui-ci est largement ouvert par l'article 184 (et nouvel article 241) du traité puisque ce moyen peut être invoqué par « toute partie ayant un litige devant la Cour » et à l'encontre des actes les plus importants du Conseil ou de la Commission — les règlements — qui peuvent ainsi se voir frappés d'inapplicabilité à l'espèce, ce qui les voue à une nécessaire modification ultérieure.

232. — *Le contrôle par le biais du recours préjudiciel en appréciation de validité sur renvoi des Cours des Etats membres.*

Cette possibilité, unique en son genre, est prévue au célèbre article 177 du Traité C.E.E. (et nouvel aricle 234) dispose :

« La Cour de Justice est compétente pour statuer, à titre préjudiciel,

a) sur l'interprétation du présent Traité,

b) sur la validité et l'interprétation des actes pris par les institutions de la Communauté,

c) sur l'interprétation des statuts des organismes créés par un acte du Conseil, lorsque ces statuts le prévoient.

Lorsqu'une telle question est soulevée devant une juridiction d'un des Etats membres, cette juridiction peut, si elle estime qu'une décision sur ce point est nécessaire pour rendre son jugement, demander à la Cour de Justice de statuer sur cette question.

Lorsqu'une telle question est soulevée dans une affaire pendant devant une juridiction nationale dont les décisions ne sont pas susceptibles d'un recours juridictionnel de droit interne, cette juridiction est tenue de saisir la Cour de Justice ».

On notera simplement ici que l'origine du contentieux est purement nationale : la solution du conflit devant les tribunaux locaux dépend de la validité d'une norme communautaire qui sera appréciée en dernier ressort par la C.J.C.E. statuant à titre préjudiciel (pour un exemple « classique », voir *l'affaire* 9-56, *Méroni*, du 13 juin 1958, Rec. 1958, p. 9).

233. — *Le recours en carence.*

Celui-ci, sommet de l'édifice au titre des recours juridictionnels contre les organes communautaires, est expressément prévu par l'article 175 du traité C.E.E. (et nouvel article 232) qui dispose :

> « Dans le cas où, en violation du présent Traité, le Conseil ou la Commission s'abstient de statuer, les Etats membres et les autres institutions de la Communauté peuvent saisir la Cour de Justice en vue de faire constater cette violation.
>
> Ce recours n'est recevable que si l'institution en cause a été préalablement invitée à agir. Si, à l'expiration d'un délai de deux mois à compter de cette invitation, l'institution n'a pas pris position, le recours peut être formé dans un nouveau délai de deux mois.
>
> Toute personne physique ou morale peut saisir la Cour de Justice dans les conditions fixées au alinéas précédents pour faire grief à l'une des institutions de la Communauté d'avoir manqué de lui adresser un acte autre qu'une recommandation ou un avis ».

Pour un exemple de sa mise en œuvre — au demeurant fort rare —, voir l'affaire 15-70 en date du 18 novembre 1970, Rec. 975 (cas d'abstention illégale). Plus récemment, le Parlement Européen intenta avec succès un tel recours contre le Conseil en raison de la non-mise en œuvre de la politique commune des transports instituée par les articles 74 à 84 du traité C.E.E. (aff. 13/83 du 22 mai 1985, Rec. 1513).

DEUXIÈME PARTIE

L'ÉLABORATION DU DROIT INTERNATIONAL

234. ***Le caractère incomplet et désuet de la liste contenue à l'article 38 du statut de la C.I.J. (1920)*** — Les normes du droit international sont de provenance et de nature très diverses. Une liste, d'ailleurs incomplète, en est donnée par l'article 38 (voir le texte *supra* n° 149) du Statut de la Cour Internationale de Justice. Celui-ci introduit une distinction entre les normes « subsidiaires » et les autres que l'on peut qualifier par opposition de principales. Il est clair, de nos jours, que la plupart de ces dernières présentent une forme écrite qui peut être soit de nature conventionnelle, soit unilatérale. Mais beaucoup de normes du droit international demeurent non écrites, même à l'époque contemporaine. Cette distinction sur l'origine formelle des diverses normes du droit international nous dictera les grandes divisions de cette partie :

TITRE I. — *Les normes écrites conventionnelles.*

TITRE II. — *Les normes écrites non conventionnelles.*

TITRE III. — *Les normes non écrites.*

TITRE IV. — *Les normes subsidiaires.*

TITRE I

LES NORMES ÉCRITES CONVENTIONNELLES

235. ***Traités et autres normes conventionnelles*** — Les principaux — et pendant un temps les seuls — auteurs de ces normes ont été les Etats par l'intermédiaire de la conclusion de traités. Les traités sont ainsi apparus comme étant l'un des éléments constitutifs et l'une des manifestations les plus marquants de la souveraineté de l'Etat. Toutefois, d'autres entités non étatiques ont également reçu cette compétence : pour elles, la capacité de s'engager sur le plan international par le biais de « traités » ou « accords » est l'un des aspects centraux de leur « personnalité » internationale. Enfin, il convient de noter que les Etats peuvent conclure entre eux des engagements de type conventionnel analogues à des traités mais qui, à la différence de ceux-ci, ne revêtent pas de valeur contraignante. Ce sont ces diverses situations qu'il conviendra d'étudier dans ce titre.

CHAPITRE I. — *Les traités entre Etats.*

CHAPITRE II. — *Les accords conclus entre et par des autorités non étatiques.*

CHAPITRE III. — *Les engagements non contraignants entre Etats.*

CHAPITRE I

LES TRAITÉS ENTRE ÉTATS

Bibliographie sommaire. — R. Ago, Le droit des traités à la lumière de la convention de Vienne, R.C.A.D.I. 1971, vol. 134, p. 297. — S. Bastid, Les traités dans la vie internationale, Paris, Economica, 1985. — J. Combacau, le droit des traités, P.U.F., Que sais-je ? n° 2613, 1991. — Lord Mc Nair, The Law of Treaties, 1961. — P. Reuter, La convention de Vienne sur le droit des traités. A. Colin, 1970. Introduction au droit des traités A. Colin, 1972. — L. Sohn, Settlement of disputes relations to interpretation and application of treaties. R.C.A.D.I., 1976, vol. 150, p. 295. — M.K. Yassen, L'interprétation des traités d'après la convention de Vienne sur le droit des traités, R.C.A.D.I., 1976, vol. 151. p. 1.

Voir également les travaux de la commission du droit international (notamment le rapport final de 1966 présenté à la Conférence de Vienne de 1969).

INTRODUCTION.

I. — Terminologie.

236. ***Définition d'après la convention de Vienne*** — Dans son article 2, al. I a, la Convention de Vienne de 1969 définit ainsi le traité interétatique ;

> « l'expression traité s'entend d'un accord international conclu par écrit entre Etats et régi par le droit international, qu'il soit consigné dans un document unique ou dans deux ou plusieurs instruments connexes, et quelle que soit sa dénomination particulière ».

237. ***Terminologie imprécise*** — Sur le plan de la forme, on notera tout d'abord que cette définition est extrêmement prudente. Elle n'authentifie aucune appellation particulière : elle laisse le nom de l'engagement conclu entre les parties contractantes à leur entière discrétion. Dans la pratique d'ailleurs, la terminologie n'a jamais cessé d'être floue : à la place du mot « traité », les Etats emploient indifféremment ceux de « convention », « accords » , « acte final » (ainsi l'acte final du Congrès de Vienne de 1815), « protocole » , « déclaration » (mais cela est inhabituel, ainsi la « Déclaration de Paris » de

1856 ou d'Alger du 19 janvier 1981 mettant fin à la crise qui avait éclaté entre les Etats-Unis et l'Iran à propos des mauvais traitements subis par les diplomates américains à Téhéran (voir le texte in I.L.M. 1981.224) ou « notes » (plus d'un tiers des traités déposés aux fins d'enregistrement auprès du Secrétaire général des Nations unies ne revêtent la forme que de simples « échanges de notes ») .

238. ***Nécessité d'une forme écrite*** — La C.I.J. devait d'ailleurs elle-même reconnaître — sans s'en offusquer — tout le flou de la terminologie en la matière. C'est ainsi qu'elle décrivit *le mandat* comme un « instrument qui présente le caractère d'un traité ou d'une convention » pour ajouter que la « terminologie (n'était) pas un élément déterminant quant au caractère d'un accord ou d'un engagement international » (Affaire du Sud-Ouest Africain, arrêt du 26 décembre 1962, Rec. p. 331). La seule approche possible apparaît donc de type phénoménologique ; elle est d'ailleurs fréquente dans le droit international contemporain.

Il existe cependant une limite formelle à la qualification de "traité" : l'engagement en cause doit être *écrit*. Le droit international, à la différence du droit interne, ignore les accords (contrats) verbaux.

239. ***La nécessaire production d'effets de droit*** — Sur le plan du fond, l'essentiel est que ces engagements produisent des effets de droit entre les parties contractantes quelle que soit leur dénomination. Ainsi un « acte final » pourra avoir valeur de traité au sens d'engagement contraignant ou non : celui qui suivit le Congrès de Vienne de 1815 possédait incontestablement cette valeur, ce qui n'est, en revanche, pas le cas de celui qui a marqué la clôture des travaux de la Conférence d'Helsinki sur la Coopération et la Sécurité en Europe (C.S.C.E.) en 1975. Il faut se livrer à la même analyse lorsqu'il convient d'apprécier la valeur juridique d'un « protocole », d'une « déclaration » ou d'un « communiqué ». Sur ce dernier type d'engagement, la C.I.J. devait rappeler la position traditionnelle du droit international dans l'affaire qui opposa la Grèce à la Turquie à propos du *Plateau continental de la Mer Egée*. La Cour nota à juste titre qu'à sa connaissance aucune « règle de droit international n'interdis(ait) qu'un communiqué conjoint constitue un accord international » en bonne et due forme ; pour elle, il faut aller au-delà des formes et tout dépend de la nature de l'acte en question, de sa formulation et de l'intention des parties (voir le paragraphe 96 de l'arrêt du 19 décembre 1978).

Si, dans cette affaire, la C.I.J. arriva à la conclusion que le communiqué conjoint litigieux ne constituait pas un accord international, en ravanche dans « *l'affaire de la délimitation maritime et questions territoriales entre Quatar et Bahrain* », elle estima, au vu des circonstances de l'espèce que tel était bien le cas pour des échanges de lettre et des « *minutes* » retraçant des négociations entre ces deux pays (arrêt du 1er juillet 1994 sur la compétence et l'admissibilité aux § 23, 25 et 30 p. 121-122).

240. ***Difficulté de définition du traité*** — En bref, il n'est pas toujours simple, ni sur le plan de la forme, ni sur celui du fond, de définir ce qu'est un « traité international », ou, plus largement, ce qu'est un engagement international à portée juridique obligatoire (pour un exemple particulier appliqué au Fonds Monétaire International, voir J. Gold, On the difficulties of defining international agreements, Economic and social development, Essays in honour of Dr C.D. Deshmukh, 1972, p. 25 et s. ; voir aussi *infra* Chapitre III).

II. — Classification.

241. — Beaucoup de classifications des traités sont possibles, surtout si l'on se réfère à leur contenu comme critère de distinction. La plus classique — et la plus utile — se fonde sur leur portée. C'est ainsi que l'article 38 du Statut de la C.I.J. distingue les « conventions » « générales » et « spéciales » qui, toutes deux, établissent des « règles expressément reconnues » par les Etats parties contractantes.

Les traités représentent ainsi l'une des sources essentielles de la légalité internationale en tant que produits d'un accord de volonté explicite entre les Etats.

On distingue ainsi les traités « bilatéraux » des traités « multilatéraux ».

— *Les traités bilatéraux.*

242. ***Traités - contrats*** — Par analogie avec le droit interne des obligations, il est fréquent de les qualifier de « traités-contrats ». Cette image a le mérite d'insister sur la spécificité de leur contenu à base d'obligations et de droits réciproques pour les deux parties contractantes.

Ces traités, extrêmement nombreux (leur nombre se chiffre certainement par dizaines de milliers) touchent à toutes les matières qui peuvent se révéler d'intérêt commun entre deux Etats en fonction des nécessités du moment. On les rencontre aussi bien dans le domaine politique (traités d'alliance, de défense, de coopération, d'armistice, de paix, etc...), économique (conditions des personnes et de leurs biens, échanges économiques), des communications (aériennes, maritimes...), des relations diplomatiques (ambassades, consulats...), ou pour le règlement des différends internationaux (compromis d'arbitrage par exemple).

— *Les traités multilatéraux*

243. ***Traités - lois*** — Ils sont de types assez divers, même s'ils ont tous en commun d'avoir un nombre de parties contractantes supérieur à deux. Certains ont une portée régionale et d'autres universelle. Certains donnent naissance à une organisation internationale (Charte des Nations unies de 1945, Traité de Rome de 1957), d'autres pas (Convention de Vienne sur le droit des traités de 1969 ou Traité sur l'Antarctique de 1959). Par analogie encore avec le droit interne, on qualifie parfois les traités multilatéraux à portée « normative » ou « objective » (ceux qui établissent un « statut international » comme le traité précité sur l'Antarctique de 1959) de traités-lois. Or, nous l'avons vu précédemment, l'idée de « législation internationale » est trompeuse faute d'un véritable « législateur » international. Cette expression possède cependant le mérite de bien montrer que certains traités multilatéraux peuvent se voir reconnaître une valeur juridique pour l'ensemble de la communauté internationale, parfois en dehors même du cercle des parties contractantes.

244. ***Evolution des techniques d'élaboration*** — Les techniques d'élaboration de ce type de traités ont considérablement évolué. Pendant tout le XIXe siècle des conférences spécifiques — les fameux « congrès » du Concert Européen — allaient régler certaines questions d'intérêt commun par le biais d'un traité multilatéral (voir l'Introduction générale) ; ces conférences internationales ont été opportunément comparées à des « petits parlements inter-étatiques à durée éphémère et à compétence spécialisée » (J. Dehaussy, Juriscl. Int. Fasc. II, n° 7). De nos jours, cette méthode est certes encore utilisée mais son importance recule devant le phénomène d'élaboration quasi-permanente de traités multilatéraux au sein des organisations internationales ; à cet égard, il est loisible de citer toute l'œuvre de codification du droit international élaborée sous les auspices de l'O.N.U. ou les très nombreuses conventions préparées au sein de l'O.I.T. (174 depuis sa création jusqu'à la fin de l'année 1995) et, à un moindre degré, de l'O.A.C.I.

245. ***Grand nombre*** — Ici encore, le nombre de tels traités est considérable, bien que moindre que précédemment (il se chiffre sans doute par plusieurs milliers). Ils touchent également, en fonction des besoins de la communauté internationale ou d'un groupe d'Etats, toutes les matières qui leur apparaissent comme d'intérêt international. On rencontre leur présence aussi bien dans ces domaines traditionnels que sont les relations politiques (traités de défense collective comme le Pacte de l'Atlantique de 1949 ou le défunt Pacte de Varsovie de 1955, Chartes de l'O.E.A. ou de l'O.U.A.), sociales (avec l'O.I.T.), ou économiques (avec le F.M.I., le G.A.T.T. ou la Banque Mondiale) que dans des secteurs nouveaux comme la météorologie, la santé ou l'espace.

III. — Rôle dans la vie internationale.

246. ***Rôle considérable*** — Les traités n'ont jamais cessé de jouer un rôle considérable dans la vie internationale. On les rencontre depuis la plus haute Antiquité et leur multiplicité a été de pair avec le développement du droit international (voir l'Introduction générale).

247. ***La technique bilatérale : les traités de Westphalie de 1648*** — Pendant très longtemps les traités ont été du seul type « bilatéral ». Les célèbres traités de Westphalie de 1648 ne furent jamais qu'une addition de traités bilatéraux identiques conclus entre les belligérants pris deux à deux.

248. ***La technique multilatérale : l'acte final de Vienne de 1815*** — La « percée technologique » que constitua la découverte du traité multilatéral eut lieu en 1815 lors du Congrès de Vienne. Sans doute reprit-on encore la technique bilatérale « de Westphalie », mais on ajouta un document récapitulatif unique — l'Acte final — qui reprenait les droits et les obligations respectives de tous les pays participants au Congrès. Par la suite, il ne devait plus y avoir qu'un seul document signé par tous les participants : de la sorte, un tel acte devenait formellement multilatéral. Inutile de dire que, depuis lors, on n'a cessé d'assister à une véritable « explosion » de cette forme conventionnelle multilatérale (voir l'Introduction générale).

249. ***Leur négociation au sein des organisations internationales*** — De plus, autre progrès technique à signaler qui facilite la conclusion de traités multilatéraux : leur négociation quasi permanente au sein ou sous les auspices d'organisations internationales (S.D.N., O.N.U., O.I.T., O.A.C.I., etc...).

250. ***Les traités de codification*** — Enfin, il convient de noter toute l'importance des traités multilatéraux dits de « codification » de certains aspects du droit international. Cette entreprise qui commença avec la S.D.N., mais qui ne connut à l'époque que des échecs, a été couronnée d'un relatif succès depuis une vingtaine d'années : l'O.N.U. est en effet parvenue à réunir des conférences qui ont réussi — grâce le plus souvent aux excellents travaux préparatoires de la C.D.I. — à élaborer des conventions « normatives » (ainsi les conventions de Genève de 1958 sur le droit de la mer, celles de Vienne de 1961 et 1963 sur les relations diplomatiques et consulaires et, surtout celle de Vienne de 1969 sur le droit des traités et plus récemment, celle de Montego Bay de 1982 sur le droit de la mer).

IV. — Structure des traités.

251. ***Préambule*** — Celle-ci est très variable et n'est en rien imposée par le droit international. On rencontre cependant le plus souvent un préambule, un dispositif et des clauses finales. Le préambule mentionne notamment les buts globaux poursuivis par les parties contractantes : il est clair qu'il ne possède pas la même valeur juridique que le corps du traité (et sur ce point on ne peut pas ne pas penser à la controverse bien connue en France sur la valeur juridique des « préambules constitutionnels ») ; cependant, le préambule d'un traité n'est pas à négliger surtout s'il s'agit de procéder à l'interprétation du texte d'un traité afin de découvrir « l'intention des parties contractantes » (c'est ainsi que dans *l'affaire des ressortissants américains au Maroc* qui opposa la France et les Etats-Unis devant la C.I.J. en 1952, la Cour s'estima fondée à examiner le préambule d'un traité afin de pouvoir en apprécier la portée exacte, Rec. 1952, p. 196).

252. ***Dispositif*** — Le « dispositif » du traité contient ses dispositions principales ; il en constitue le corps. C'est en effet là où l'on trouve énoncés les droits et obligations réciproques des parties contractantes. Ce dispositif est parfois complété par des « annexes » qui peuvent contenir, par exemple, des « déclarations interprétatives » précisant le sens de telle ou telle expression. Annexes et déclarations de ce genre font expressément partie du corps du traité et possèdent une valeur juridique identique (ainsi en jugea la C.I.J. dans *l'affaire Ambatielos* de 1952 (Rec. 1952, p. 28) entre la Grèce et la Grande-Bretagne : la Cour estima qu'une déclaration jointe au texte d'un traité anglo-grec de 1926 faisait entièrement partie de celui-ci et ne pouvait en être détachée.

253. ***Clauses finales*** — Les « clauses finales » sont les dispositions terminales qui ont trait à la « vie » du traité : conditions d'entrée en vigueur, d'accession, de modification, de terminaison, etc... (il est d'ailleurs à noter que ces clauses sont applicables dès l'adoption du texte, ainsi que le précise l'art. 24, § 4 de la Convention de Vienne).

v. — Codification du droit des traités.

254. ***La Convention de Vienne de 1969 sur le droit des traités*** — La codification du droit international fait expressément partie des missions dévolues à l'Assemblée Générale des *Nations unies* (article 13.1.a et voir en général S.F.D.I., *La codification du droit international,* Paris, Pedone, 2000). Elle devait s'acquitter de cette tâche en créant très rapidement la Commission du Droit International (1947). Dès 1949, cette Commission devait s'atteler à la lourde tâche de préparer un projet de droit des traités acceptable par tous, ou au moins le plus grand nombre. Ce « traité des traités » devait être approuvé à Vienne le 22 mai 1969 par 79 voix, 19 abstentions et un vote contre, la France (en raison, rappelons-le, des dispositions relatives au « jus cogens »). Pour entrer en vigueur, le texte de ce traité devait être ratifié ou approuvé par au moins 35 Etats. Il fallut onze années pour atteindre le chiffre requis. Ce traité est désormais entré en vigueur à partir du 27 janvier 1980. De même, la convention de Montego Bay signée le 10 décembre 1982 n'entra en vigueur que le 16 novembre 1994.

Sur le plan quantitatif, il convient de noter le faible succès de la Convention de Vienne. En effet, la plupart des « grands pays » ne l'ont pas ratifiée (tel est le cas de l'Allemagne Fédérale, des Etats-Unis, de la France et de la Russie) ; seuls 10 % des traités conclus l'ont été entre des Etats liés par la Convention de Vienne de 1969 (voir A.S.I.L., Proceedings, 1984, p. 282).

255. ***Portée limitée*** — Cette convention contient, pour l'essentiel, les règles les plus couramment admises en matière de droit des traités et dont beaucoup pouvaient être considérées comme possédant déjà valeur de droit positif au titre de normes coutumières. Toutefois, cette convention est loin d'être exhaustive : elle ne concerne que les traités passés entre Etats et non ceux dont les parties contractantes seraient des organisations internationales — voire des personnes « privées » — ; elle ne vise pas tous les domaines, les problèmes de succession d'Etats aux traités n'étant pas abordés par exemple ; elle est enfin pour l'essentiel de nature « supplétive » dans la mesure où seules les règles contenues dans sa partie v sont de portée obligatoire.

VI. — La soumission au droit international.

256. — La soumission au droit international constitue l'un des éléments constitutifs de la définition du « traité » au sens où l'entend la Convention de Vienne. Or est-ce bien là une nécessité logique ? Il est permis d'en douter. D'ailleurs, la pratique connaît des cas — rares il est vrai — où des « accords » inter-étatiques, c'est-à-dire des traités, sont expressément soumis au droit interne d'un Etat. C'est ainsi par exemple que le traité du 1er août 1966 conclu entre le Danemark et le Malawi prévoyant l'octroi d'un prêt du premier au second contient une disposition (article 12) selon laquelle cet engagement inter-étatique est expressément soumis au droit danois (voir F.A. Mann, About the proper law of contracts between States, International Studies, 1973, pp. 241 et s., qui mentionne quatre autres traités passés par le Danemark sur ce même modèle ; pour un autre précédent impliquant les Etats-Unis et la R.F.A., voir du même auteur, Another agreement between States under national law ?, A.J.I.L. 1974.490 ; pour un examen d'ensemble de cette délicate question, voir J. Verhoeven, Traités ou contrats entre Etats ? Sur les conflits de lois en droit des gens, Clunet, 1984.5).

VII. — La prédilection pour le traité.

257. — Dans l'ordre international, la préférence pour le traité comme mode d'élaboration des règles de droit est souvent expliquée par des motifs « nobles » tels que la rapidité de l'adoption de la norme et sa précision, qualités que ne posséderait pas la coutume par exemple. L'argumentation n'est guère convaincante. La réalité est plus crue et dépend directement de la stratégie des Etats : ceux-ci ont en effet le sentiment que le traité respecte mieux que la coutume leur droit à consentir à être lié, en même temps qu'ils peuvent davantage espérer influencer le contenu de la règle conventionnelle que celui de la règle coutumière (voir sur ces points les lumineux développements du regretté juge de Lacharrière, *in* la Politique juridique extérieure, *op. cit.*, pp. 27-48).

Ceci étant, il conviendra tout d'abord d'examiner les règles présidant à la conclusion des traités (Section I) avant d'examiner leurs effets (Section II).

Section I

La conclusion des traités

258. ***Procédure solennelle*** — Le traité, acte conventionnel écrit par excellence, revêt, en général, une assez grande solennité en raison de son importance car il marque l'engagement international de l'Etat. Il apparaît ainsi comme une « opération à procédure ».

Il existe tout d'abord des règles internes — le plus souvent d'origine « constitutionnelle » — qui précisent les conditions dans lesquelles l'Etat peut être amené à s'engager sur le plan international (§ 1). Le droit international, moins formaliste, prévoit cependant un certain nombre de techniques et modalités aboutissant à la conclusion d'un engagement international entre Etats (§ 2). Ceci étant, les Etats ont parfois la possibilité de n'être liés que par une partie seulement des dispositions d'un traité, certaines ne leur convenant pas : dans ces conditions, ils peuvent recourir à la procédure des « réserves » (§ 3). Enfin, les traités, comme les contrats dans l'ordre interne, sont soumis au respect d'un certain nombre de conditions de fond afin de bénéficier d'une pleine validité (§ 4).

§ 1 — Les procédures constitutionnelles internes.

259. ***Délicate cohabitation entre droit international et droit constitutionnel*** — Droit constitutionnel et droit international ne sauraient être étrangers l'un à l'autre, mais force est de noter que leur cohabitation se révèle délicate : alors que le second (on l'a vu) pose sa nécessaire primauté par rapport au premier, ce dernier entend préserver son intégrité et éviter sa remise en cause par l'ordre international en tant que norme interne supérieure à laquelle il n'est pas possible de déroger. Plus spécifiquement, la structure constitutionnelle des Etats a des incidences directes tant au niveau de la conclusion que de l'exécution des traités : la procédure sera plus simple dans un Etat unitaire que dans un Etat fédéral dans la mesure où il faudra toujours ici veiller au respect des compétences propres des Etats Fédérés. Aujourd'hui, l'un des problèmes juridiques les plus sérieux auquel doit faire face l'ordre international réside dans l'application uniforme et réciproque du droit international dans les pays à structure constitutionnelle complexe - notamment de type fédéral. L'examen des solutions « unitaire » française et « fédérale » américaine illustre bien l'étendue du problème.

1 — Le système d'un Etat unitaire : l'exemple français.

(Voir en général : N. Quoc Dinh, La Constitution de 1958 et le droit international, R.D.P., 1959, 515, et Ch. Rousseau, La Constitution de 1958 et les traités internationaux, Mélanges Basdevant, 1960, p. 463 et s. ; pour une étude d'ensemble, voir E. Zoller, Droit des relations extérieures, Paris, PUF, 1992).

260. — La Constitution de 1946 était d'inspiration très internationaliste. Celle de 1958 l'est encore tout en se situant quelque peu en retrait. On y retrouve deux des préoccupations « gaullistes » fondamentales : la préservation de l'indépendance nationale et le renforcement de l'Exécutif. D'où une réduction du contrôle parlementaire au strict minimum.

a) La garantie de l'indépendance nationale.

261. — Certains traités internationaux, à l'évidence les plus importants, doivent être soumis à des procédures spéciales, solennelles. Deux cas doivent être ici distingués. Le premier, traditionnel, concerne les mutations territoriales qui doivent respecter le principe d'auto-détermination. Le second, nouveau, vise les traités contraires à la Constitution de 1958 qui ne peuvent entrer en vigueur sans une modification préalable de celle-ci.

I. — Les traités relatifs aux « mutations territoriales » : le respect du principe d'« autodétermination ».

262. — L'article 53, al. 3 de la Constitution dispose que « nulle cession, nul échange, nulle adjonction de territoire n'est valable sans le consentement des populations intéressées ».

Cette disposition eut à jouer plusieurs fois au cours des dernières décennies : en 1959 aux îles Wallis et Futuna, en 1962 en Algérie, en 1967 à Djibouti, en 1974 aux Comores, en 1976 à Mayotte, en 1988 et 1998 en Nouvelle-Calédonie.

Dans ce dernier cas, un problème épineux se posa, l'une des îles de l'archipel des Comores, Mayotte, ayant décidé par une large majorité de sa population (63 %) de ne pas devenir indépendante « contre son gré » au sein du nouvel Etat des Comores. Le Parlement français, par une loi du 31 décembre 1975, décida d'organiser un nouveau « referendum » à Mayotte afin de demander aux populations locales de choisir leur futur statut. Cette loi fut déférée au Conseil constitutionnel pour violation des règles générales contenues dans le préambule de la Constitution aux termes desquelles la « République française, fidèle à ses traditions, se conforme aux règles du droit public international » et « n'emploiera jamais ses forces contre la liberté d'aucun peuple ». Le Conseil constitutionnel refusa de voir dans cette loi qui permettait à Mayotte de rester dans l'ensemble français à la suite d'une consultation de ses habitants une violation de la Constitution ou « d'aucune règle du droit public international » (décision du 30 décembre 1975, D. 1976.537, note L. Hamon, Gaz. Pal. 1976, II.480, note Linotte).

II. — Les traités contraires à la Constitution : la révision préalable du texte constitutionnel.

263. ***Rôle du Conseil Constitutionnel*** — L'article 54 de la Constitution de 1958 impose la révision préalable de la Constitution avant qu'un traité qui lui soit contraire ne puisse engager définitivement la France à la suite de son entrée en vigueur. C'est le Conseil constitutionnel qui a été investi de ce contrôle de compatibilité auquel il ne peut procéder de son propre chef, mais uniquement sur saisine des autorités compétentes.

Cette disposition nouvelle avait été insérée pour freiner, voire empêcher, la marche vers une « Europe supranationale » dont le Général de Gaulle ne voulait pas. Or, pendant longtemps, ce verrou constitutionnel devait se révéler sans valeur protective aucune, même si le Conseil constitutionnel devait fixer les limites à son internationalisme (voir la décision précitée du 30 décembre 1976 sur *l'élection au suffrage universel direct de l'Assemblée Européenne* ; voir aussi *supra* n° 129).

Il fallut en effet attendre sa décision du 9 avril 1992 relative au *Traité sur l'Union Européenne* pour voir le Conseil Constitutionnel déclarer pour la *première fois* non conformes à la Constitution des dispositions d'un engagement international destiné à lier la France. En conséquence, la procédure de révision de la constitution dut être menée à son terme, ce qui fut fait par un vote du Congrès le 25 juin 1992, avant que le traité ne puisse être soumis aux électeurs — puisque telle avait été la voie choisie par le Président de la République — pour être approuvé par le référendum du 20 septembre 1992.

La procédure fut différente pour la ratification du Traité d'Amsterdam : après la révision constitutionnelle effectuée le 18 janvier 1999, la voie parlementaire fut choisie pour son approbation définitive.

Il devait en aller de même pour permettre la ratification du Traité de Rome du 18 juillet 1998 portant création d'une Cour Pénale Internationale (voir *supra* n° 129) où le Congrès réuni à Versailles le 28 juin 1999 accepta de modifier en conséquence la Constitution de 1958.

En revanche, la situation semble bloquée à la suite de la décision du Conseil constitutionnel du 15 juin 1999 déclarant contraires à la constitution nombre de dispositions de la *Charte européenne des langues régionales ou minoritaires* dans la mesure où le Président de la République fit savoir son hostilité à toute révision de la loi fondamentale pour en assurer la ratification par la France.

b) Le renforcement du rôle de l'Exécutif.

264. ***Prééminence du Président de la République*** — L'accroissement des pouvoirs de l'Exécutif — et notamment du Président de la République — en matière internationale est très marqué dans la Constitution de 1958. Il est tout d'abord formellement qualifié de « garant... du respect des traités » (art. 5). Il peut, en outre, décider de recourir aux dispositions exceptionnelles de l'article 16 si « l'exécution des engagements internationaux (de la France) (est) menacée d'une manière grave et immédiate » : autrement dit, le respect des traités est susceptible de constituer l'une des conditions justifiant le recours à l'article 16. Enfin, c'est encore au Président qu'il appartient de choisir ceux des traités particulièrement importants qui peuvent être directement soumis à approbation populaire (art. 11) (voir aussi *infra*, n° 269).

265. *Négociation des traités* — D'une manière plus classique, le président a reçu compétence exclusive pour « négocier et ratifier » les traités (art. 52, al. 1). Contrairement à son prédécesseur de la IVe République qui était simplement « tenu informé », le président de la

Ve République négocie les traités. Sans doute, le plus souvent, il n'y procède pas lui-même et il délègue ses pouvoirs en la matière à des « plénipotentiaires ». On citera cependant un exemple contraire célèbre : en janvier 1963, le général de Gaulle négocia personnellement avec le Chancelier Adenauer le traité franco-allemand sur la coopération entre les deux pays. Quant aux traités non soumis à ratification (les accords en forme simplifiée — voir *infra,* n° 267), le Président doit être « tenu informé » de leur négociation (art. 52, al. 2). Bien que cela ne soit pas expressément prévu par la Constitution de 1958, il est clair que c'est le Président — ou ses représentants dûment mandatés — qui a l'autorité requise pour « signer » les traités dans la mesure où la signature est indissociable de la négociation d'un traité (voir *infra,* n° 289 et s.).

266. ***Ratification des traités*** — C'est aussi le Président qui « ratifie » les traités. Toutefois, ici l'expression est trompeuse. Il vaudrait mieux dire en effet que le Président procède à la ratification d'un traité mais seulement après avoir été autorisé à le faire par une loi spéciale du Parlement — la loi d'autorisation de ratification. On notera qu'il s'agit ici d'une compétence que le Président peut exercer de façon discrétionnaire : il n'est en effet pas juridiquement obligé de ratifier un traité à la suite de l'autorisation parlementaire.

c) Un contrôle parlementaire atténué : la nécessaire autorisation de ratification de certains traités.

267. ***Les accords en forme simplifiée*** — On notera tout d'abord que le Parlement n'est tenu de donner son accord qu'à un certain nombre de traités, sans doute les plus importants. La Constitution de 1958 officialise en effet l'existence « d'accords internationaux non soumis à ratification » (art. 52, al. 2, *in fine*), c'est-à-dire des « accords en forme simplifiée » (ou, selon la terminologie américaine, des « executive agreements », voir *infra,* n° 281 et s.). La conclusion de ces traités incombe au Gouvernement, c'est-à-dire concrètement aux ministres « techniques », à commencer, bien entendu, par le ministre des Affaires étrangères. Ceux-ci entrent en vigueur dès leur signature et ils deviennent obligatoires pour la France dès que cette formalité a été accomplie. D'après l'économie générale de la Constitution de 1958, le domaine normal des accords en forme simplifiée est celui où le pouvoir règlementaire a reçu compétence (art. 37) ; autrement dit, si un traité international doit porter sur une matière de « caractère règlementaire » — et tel est maintenant le droit commun —, il sera conclu en la forme simplifiée sous la seule autorité du Gouvernement. Toutefois, la Constitution de 1958, qui n'est pas très claire sur ce point, fait aussi allusion à l'approbation de ces accords en forme simplifiée non soumis à ratification ; il faut entendre par là qu'un tel traité doit avoir reçu la « sanction » du Président de la République (le Conseil d'Etat a interprété d'une façon particulièrement souple cette obligation « d'approbation » en estimant qu'elle était remplie par le décret du Président de la République portant publication du texte du traité : *Société Navigator*, 13 juillet 1965, Rec. 423).

268. ***Approbation des traités*** — En matière internationale également, la compétence du Parlement français est devenue une compétence d'attribution. Les traités qui nécessitent l'accord préalable du Parlement sont limitativement visés par l'article 53, al. 1 de la Constitution. En règle générale, il s'agit de tous les traités internationaux qui touchent à des matières « législatives » au sens où l'entend l'article 34. De surcroît, la Constitution précise que les traités les plus importants — traités de paix, de commerce, ceux concernant l'état des personnes, les mutations territoriales... — doivent être également soumis au Parlement aux fins d'autorisation de ratification. Ainsi d'ailleurs que ceux qui « engagent les finances de l'Etat ». Toutefois, sur ce dernier point, la jurisprudence du Conseil Constitutionnel a entériné une diminution sensible de la portée du contrôle parlementaire dans sa décision du 30 décembre 1975 (J.O. 31 décembre, p. 13652) dans *l'affaire* dite de « *la consolidation des dettes commerciales* » ; le Conseil Constitutionnel s'appuya sur une idée peu précise de « ratification implicite » pour estimer que le vote par le Parlement de crédits budgétaires globaux pour l'aide publique internationale valait approbation des traités bilatéraux conclus par la France avec les Etats bénéficiaires (jurisprudence confirmée par la décision du 28 décembre 1976, J.O. 29 décembre, 7580). Si le constitutionnaliste a tout lieu de critiquer cette solution, elle est en revanche indifférente à l'internationaliste : le droit international n'a pas à dicter aux Etats les moyens techniques d'expression de leur consentement à être lié, ceux-ci relevant exclusivement de l'ordre interne.

269. ***Soumission des traités au référendum*** — Cette compétence parlementaire en matière de traités internationaux, déjà réduite à un strict minimum, est susceptible de disparaître, d'être « court-circuitée », au cas où le Président de la République déciderait de soumettre l'autorisation de ratification d'un traité à l'approbation populaire directe par le biais de la procédure du « referendum » (art. II). Sans doute, il ne semble pas que le Président dispose d'un choix discrétionnaire en la matière, la Constitution précisant que cette procédure n'est applicable qu'aux traités qui : « sans être contraires à la Constitution aurai(ent) des incidences sur le fonctionnement des institutions ». Autrement dit, il n'existerait pas deux procédures parallèles pour autoriser la ratification d'un traité en France : la procédure parlementaire de l'art. 53, al. 2, et la procédure référendaire de l'article II. Toutefois, l'expression — « incidences sur le fonctionnement des institutions » — est pour le moins ambigue. Jusqu'ici, trois traités internationaux ont été soumis à cette procédure inhabituelle : les Accords d'Evian de 1962 relatifs à la future indépendance de l'Algérie le 8 avril 1962, le Traité de Bruxelles du 22 janvier 1972 portant sur l'élargissement de la C.E.E. à de nouveaux pays membres le 22 avril 1972 et le traité de Maastricht le 20 septembre 1992.

270. — Trois remarques finales sont ici à présenter en ce qui concerne la portée de ces règles constitutionnelles françaises en matière de conclusion de traités internationaux.

271. ***Validité interne et internationale*** — Un traité international conclu par la France au mépris des dispositions constitutionnelles précitées serait dénué de toute valeur juridique dans l'ordre interne français. Mais il n'en irait pas nécessairement de même sur le plan international, sauf si les conditions prévues à l'article 46 de la Convention de Vienne sur le droit des traités étaient remplies (voir *infra,* n° 332). Autrement dit, il peut exister des situations — rares il est vrai — où un traité international est dénué de toute portée dans l'ordre interne alors qu'il est légitimement considéré comme valide — et obligatoire — dans l'ordre international (voir *supra,* n° 104).

272. ***Traité obligatoire bien que non ratifié*** — La France peut se trouver liée — et sans doute est-ce là aussi exceptionnel — par des traités internationaux auxquels elle n'a pas consenti, c'est-à-dire en l'absence de tout respect de ses dispositions constitutionnelles propres. Tel peut être le cas à la suite d'un traité révisant, modifiant, la « Charte constitutive » d'une organisation internationale et qui entre en vigueur pour tous les pays membres lorsqu'une certaine majorité (en général « qualifiée » et très importante) d'entre eux l'aura définitivement approuvé. On en trouvera un exemple récent avec le deuxième amendement aux Statuts du F.M.I. entré en vigueur à compter du 1er avril 1978 pour tous les pays membres du Fonds, y compris les « minoritaires » dont la France (voir R.G.D.I.P. 1979.209 avec une note D. Carreau ; voir aussi *infra,* n° 411 et s.).

272 bis. — En outre prolifèrent actuellement rapidement à côté des traités en bonne et due forme, des *arrangemetns administratifs* conclus directement par des ministres "techniques" avec leurs homologues étrangers (voir l'étude des Conseil d'Etat la norme internationale en droit français, Paris, La documentation française, 2000, pp. 12-14). Ainsi à la fin de l'année 1999, 47 accords de ce type seraient en vigueur, au titre du Ministère de l'Intérieur, 142 le seraient au titre du Ministre de la Défense et 186 au titre de celui des finances. Même si, comme le note justement l'étude précitée du Conseil d'Etat, leur statut juridique est "incertain", ces arrangements administratifs engagent cependant la France.

2 — Le système d'un Etat fédéral : l'exemple américain.

273. ***Plan*** — Le principe fondamental est clair : c'est le gouvernement fédéral qui, ayant la pleine capacité internationale, a compétence pour conclure des traités. Les Etats fédérés n'ont dans cette matière qu'une compétence résiduelle, marginale tandis qu'ils ne peuvent interférer avec la conduite des relations internationales de la fédération : c'est ainsi que la Cour Suprême devait déclarer contraire à la consitution une loi du Massachusetts imposant des restrictions commerciales à l'encontre de la Birmanie, ce qui était empiété sur la compétence extérieure appartenant en propre à l'Etat fédéral (Crosby V., *National foreign trade council,* 14 juin 2000, I.L.M. 2000.1234). En outre, la répartition des compétences internationales entre le législatif et l'exécutif n'est pas toujours très claire dans le système américain et les conflits entre ces deux branches du gouvernement ne sont pas rares : il en résulte des difficultés supplémentaires lors de la conclusion d'un engagement international liant les Etats-Unis.

a) La compétence de principe de la fédération.

274. ***Monopole fédéral aux Etats-Unis*** — Plusieurs dispositions constitutionnelles investissent dans les termes les plus clairs les organes fédéraux de la compétence internationale. L'article I, section VIII, donne au seul Congrès le pouvoir de punir les crimes contre le droit des gens, de déclarer la guerre... Surtout, l'article I, section X, dispose que : « aucun Etat (fédéré) ne pourra faire des traités, conclure des alliances ou des confédérations... Aucun Etat (fédéré) ne pourra, sans l'assentiment du Congrès, conclure des traités et des conventions soit avec un autre Etat, soit avec une puissance étrangère ». C'est ainsi par exemple que la Province de Québec et l'Etat de New York devaient conclure un accord en 1982 mettant en œuvre un traité américano-canadien antérieur destiné à lutter contre le phénomène dit des « pluies acides » (voir I.L.M. 1982.721). Enfin, la Constitution de 1787 précise les autorités fédérales compétentes en matière de conclusion de traités (voir *infra,* n° 278 et s.).

275. ***Solution allemande plus souple*** — Le système américain apparaît ici fort strict. La compétence de conclure des traités est un monopole de la Fédération. Les Etats fédérés ne pourront exercer un tel pouvoir que sous un strict contrôle du Congrès fédéral. En particulier, ils n'ont aucun droit à conclure des traités internationaux dans les matières qui relèvent de leur compétence aux termes de la Constitution fédérale. On notera ici que le « système allemand » est plus libéral : les lander ont en effet gardé la capacité de passer des traités internationaux avec des Etats étrangers dans les domaines que la loi fondamentale de 1949 a laissés dans leur « juridiction » (il en va ainsi en matière de religion ou d'enseignement en vertu de l'article 32 de la Loi Fondamentale de 1949 où certains lander — telle la Bavière — ne se sont pas privés d'exercer ce pouvoir en concluant des « concordats » avec le Saint-Siège) (voir W. Leisner, A propos de la répartition des compétences en matière de conclusion des traités en République Fédérale d'Allemagne, A.F.D.I. ; 1960, 291).

De même, plus récemment, un Etat fédéral comme le Mexique devait reconnaître aux composantes de l'Union — c'est-à-dire aux Etats fédérés — la capacité de conclure des accords « régis par le droit international public » — c'est-à-dire des traités — mais bien entendu dans les seules limites de leurs compétences constitutionnelles (voir l'article 2.II de la loi mexicaine du 21 décembre 1991 *in* ILM 1992.390).

276. ***Interprétation stricte de la Cour Suprême*** — De surcroît, la Cour Suprême des Etats-Unis a interprété de façon fort large le pouvoir international de l'Etat fédéral et cela au détriment des compétences propres des Etats fédérés. Il ne s'agit là que d'un aspect particulier de cette entreprise de toujours de la Cour Suprême qu'a été le renforcement du pouvoir de la Fédération, de l'Etat central sur les composantes fédérées.

277. ***L'affaire Missouri v. Holland*** — L'arrêt de principe en la matière fut rendu en 1920 par la Cour Suprême dans *l'affaire Missouri v. Holland* (252 U.S. 416). En 1916, un traité international fut conclu entre les Etats-Unis et la Grande-Bretagne afin de protéger certains oiseaux migrateurs évoluant entre le Canada et certains Etats du centre des Etats-Unis. En 1918, le Congrès votait une loi qui précisait les conditions d'application de ce traité de 1916. Or, ce traité et cette loi n'étaient-ils pas contraires à la Constitution de 1787 dans la mesure où ils empièteraient sur le domaine réservé aux Etats fédérés en vertu du 10e amendement ? La Cour, à la suite d'un raisonnement assez embarrassé, devait répondre par la négative. Elle devait sans doute reconnaître qu'il y avait des limites au pouvoir de conclure des traités internationaux de la Fédération, celles-ci se trouvant dans les dispositions constitutionnelles. En la matière, la Cour posa le principe suivant : « ce qu'une loi du Congrès ne peut pas faire seule, en dérogation aux pouvoirs réservés aux Etats, un traité ne le peut pas non plus ». Autrement dit, il en résulterait une modification de la Constitution par traité international, procédure non prévue par les « pères fondateurs ». Or, une loi antérieure fédérale qui prétendait protéger les oiseaux migrateurs avait été jugée contraire à la Constitution comme empiétant sur les pouvoirs réservés aux Etats fédérés. La Cour Suprême refusa d'être liée par ces précédents. Elle affirma en effet la spécificité des traités internationaux qui sont « faits sous l'autorité des Etats-Unis » alors que les lois du Congrès ne sont prises « qu'en application de la Constitution ». Par cette remarque, la Cour Suprême voulut montrer l'origine spécifique du « pouvoir externe » dont fut investie la fédération américaine avant même la naissance de la Constitution de 1787 et qu'elle hérita « directement » de la Couronne britannique (elle fut d'ailleurs vivement critiquée sur ce point et accusée d'avoir falsifié la réalité historique pour justifier sa démonstration). La Cour Suprême ayant ainsi affirmé la spécificité du « pouvoir international » de la fédération estima que ses critères d'appréciation de la constitutionnalité des traités devaient être autres. « Il est certain, dit la Cour Suprême, qu'il y a des domaines de la plus haute importance pour le bien-être national qui ne pourraient pas être appréhendés par une loi du Congrès mais qui pourraient l'être par un traité suivi d'une loi (d'application) » ; et la Cour d'ajouter « on ne peut pas admettre à la légère que, dans les matières nécessitant une action au niveau national, un pouvoir qui doit appartenir à tout gouvernement civilisé et résider dans l'un de ses organes, ne s'y trouve pas »... En bref la Cour Suprême faisait ici une nouvelle fois application de la théorie dite des « pouvoirs implicites » au domaine international : dans les limites de la Constitution de 1787, la fédération dispose du plus large pouvoir de conclusion des traités internationaux. En l'espèce, la Cour Suprême estima que la protection de ces oiseaux migrateurs constituait « un intérêt national de première grandeur ou presque »... ce qui justifiait une action internationale concertée entreprise par le biais d'un traité international. Quels que soient les arguments contournés utilisés par la Cour Suprême en l'espèce, cette décision *Missouri v. Holland* n'a jamais été désavouée depuis lors et constitue toujours le droit positif. La leçon de ce précédent est claire : le 10e amendement de la Constitution de 1787 relatif aux compétences réservées aux Etats fédérés ne constitue pas un obstacle insurmontable — ni même majeur — à la conclusion d'un traité international par l'Etat fédéral.

En revanche, la structure fédérale d'un Etat est de nature à *compliquer l'application* des traités internationaux conclus sur la base de la réciprocité lorsque le contenu concret de celle-ci dépend d'un Etat fédéré ; ainsi, les étrangers peuvent échanger leur permis de conduire contre un permis français sous condition de réciprocité ; aux Etats-Unis, seuls la Caroline du Sud, le Michigan et le New Hampshire acceptent cet échange systématique, de sorte que seuls les ressortissants américains originaires de ces Etats sont dispensés d'avoir à repasser leur permis de conduire lorsqu'ils résident en France (voir A.F.D.I., 1986.1002). Ainsi, aujourd'hui, l'une des grandes difficultés auxquelles la nouvelle O.M.C. doit faire face consiste en l'application uniforme du système commercial multilatéral posé par tous ses membres - y compris fédéraux (voir D. Carreau, Encyclopédie de Droit International, Dalloz, Ve Système commercial multilatéral - volet institutionnel -, n° 58 et s.).

D'ailleurs, de façon à garantir la protection des compétences constitutionnellement accordées aux Etats fédérés, les Etats fédéraux insèrent quasi-systématiquement dans les traités internationaux qu'ils passent avec des pays tiers une clause dite « fédérale ». Cette clause fédérale signifie que ledit traité n'engage que la fédération pour ce qui ressort de sa seule compétence et que les collectivités fédérées ne sont pas liées par ses termes.

b) La répartition des compétences « internationales » au sein des organes fédéraux : ses incidences sur la conclusion des traités.

I. — Le principe : la compétence conjointe du Président et du Sénat.

278. ***Le cas général des traités*** — La Constitution de 1787 ne prévoit qu'un mode pour les Etats-Unis pour être lié avec une puissance étrangère : le traité international. En la matière, la compétence est répartie entre le Président qui négocie, et le Sénat qui approuve à la majorité qualifiée des deux tiers. L'article II, section 2, dispose en effet que « le Président aura le pouvoir de conclure des traités avec l'avis et le consentement du Sénat, pourvu que les deux tiers des sénateurs présents l'approuvent ». Inutile de dire que cette approbation sénatoriale est souvent fort difficile à obtenir : on se rappelle que les Etats-Unis se trouvèrent dans l'impossibilité d'être liés par le Traité de Versailles et, entre autres conséquences, de faire partie de la Société des Nations, le Président Wilson n'ayant pu obtenir l'accord des 2/3 des sénateurs (il manqua une voix pour atteindre la majorité requise). De surcroît, certains traités internationaux de première importance négociés et signés par le Président ont été « tués dans l'œuf « par l'hostilité avouée du Sénat sans même avoir été soumis à un vote formel : tel fut le sort de la Charte de La Havane de 1948 qui devait donner naissance à l'Organisation Internationale du Commerce (O.I.C.) ou, plus près de nous, des accords dits « SALT II » sur la limitation des armements stratégiques entre les Etats-Unis et l'URSS ou encore en 1999 du Traité sur la non-prolifération nucléaire. Ainsi, de 1789 à la fin de 1986, le Sénat devait approuver 1 534 traités, soit plus de 90 % de ceux qui lui avaient été soumis ; s'il ne rejeta formellement que 20 traités faute d'atteindre la majorité constitutionnelle requise, 157 autres ne purent entrer en vigueur en raison de l'opposition connue de cette chambre ou des amendements qu'elle leur apporta (voir Cong. Record, Senate, 29 avril 1987, pp. 5688-5693).

279. ***Le cas spécifique des traités de commerce*** — En outre, dans le domaine particulier du commerce international, si important de nos jours, la Constitution donne expressément compétence au Congrès (art. I, par. 8, clause 3), sans même faire allusion au rôle du Président qui, pourtant, est investi de l'autorité générale de négocier les traités au nom des Etats-Unis. D'où un conflit constitutionnel qui n'a cessé de persister et qui n'a jamais été résolu de manière satisfaisante (voir D. Carreau, Le Président, le Congrès des Etats-Unis et le commerce international : l'exemple d'un conflit constitutionnel mal résolu, *in* Mélanges Burdeau, Paris, L.G.D.J., 1977, 497).

280. ***Accroissement des pouvoirs du Président*** — Pourtant, dans la pratique, la pente de l'histoire constitutionnelle américaine est claire : les pouvoirs du Président en matière de politique étrangère n'ont fait que s'accroître avec, souvent, l'accord du Congrès et la bénédiction de la Cour Suprême.

II. — L'accroissement des pouvoirs présidentiels : la consécration des « executive agreements ».

281. ***Légalisation par la Cour Suprême*** — Devant la difficulté de conclure un traité international selon la seule procédure expressément envisagée par la Constitution, l'Exécutif américain a recouru à la pratique des « accords en forme simplifiée » ou « executive agreements ». Dans un tel cas, l'accord lie les Etats-Unis dès sa signature par le Président (ou ses représentants). La Cour Suprême devait « légaliser » cette pratique dans deux arrêts de principe : U.S. *v. Belmont* 301 U.S. 324, (1937), Clunet 1938.453 et 569, et U.S. v. *Pink* 315 U.S. 203, (1942), Clunet 1940-1945.75.

En vertu d'une pratique qui semble maintenant bien admise, ces « executive agreements » peuvent intervenir dans cinq hypothèses différentes :

282. ***Application d'un traité antérieur*** — Ils peuvent être conclus par le seul Président en application d'un traité international antérieur approuvé par le Sénat à la majorité des deux tiers (la Cour Suprême l'a admis dans *l'affaire Wilson v. Girard* 354 U.S. 524 (1957).

283. ***Délégation de pouvoir du Congrès*** — Ils peuvent être conclus par le seul Président à la suite d'une délégation de pouvoir du Congrès. Il s'agit là d'une hypothèse fréquente en matière économique et commerciale à la suite du vote du « Reciprocal Trade Agreements Act » par le Congrès en 1934 et souvent renouvelé depuis lors, le dernier en date étant le *Trade Act* de 1988, (voir l'article précité de D. Carreau). Dans ce cas, la compétence du Président est en grande partie liée dans la mesure où il doit respecter les limites et principes tracés par le Congrès (et non par le seul Sénat).

284. ***Approbation ultérieure par le Congrès*** — Ils peuvent être conclus par le seul Président, mais sous réserve d'approbation ultérieure par les deux Chambres du Congrès statuant à la majorité simple (ce qui est plus aisé à obtenir que l'accord des deux tiers des sénateurs). Ce fut de cette manière que les Etats-Unis approuvèrent les « Accords de Bretton-Woods » de 1944 relatifs au F.M.I. (Bretton-Woods Agreements Act of 1945, 22 U.S.C., § 286-288) ou les résultats du « Tokyo Round » en matière non tarifaire (U.S. Trade agreements act of 1979, I.L.M. 1979.1256).

285. ***Autorité propre du Président*** — Ils peuvent être conclus par le seul Président agissant en vertu de son autorité constitutionnelle propre soit en tant que Commandant en chef des armées, soit en tant que Chef de l'Exécutif possédant une compétence étrangère inhérente à sa fonction. Il s'agit bien entendu du chef de compétence le plus délicat à apprécier pour fonder la compétence internationale du Président des Etats-Unis. La Cour Suprême lui a cependant reconnu de tels pouvoirs en application de sa méthode de construction constitutionnelle bien connue dite des « pouvoirs implicites » et qui devait influencer aussi bien la jurisprudence de la Cour de La Haye que celle de Luxembourg. En la matière, l'arrêt fondamental a été rendu par la Cour Suprême dans l'affaire *U.S. v. Curtiss Wright Export Corp.* (299 U.S. 304, (1936). En l'espèce, la Cour devait dégager le principe selon lequel « le président seul a le pouvoir de parler... en tant que représentant de la nation » (théorie dite du « sole organ of the nation » en matière de politique étrangère). Les *arrêts Belmont et Pink* précités devaient également expressément se fonder sur cette doctrine pour légitimer la technique des « executive agreements » en règle générale. A titre d'exemples, on peut citer le célèbre accord de 1940 (54 Stat. 2408) entre les Etats-Unis et la Grande-Bretagne aux termes duquel le président américain mettait à la disposition de l'Angleterre un certain nombre de navires de guerre en échange de facilités dans des bases navales anglaises (« Destroyer-Naval Bases » arrangement). ou encore l'Accord Géné-ral sur les Tarifs Douaniers et le Commerce (GATT) signé le 31 octobre 1947.

286. ***Pouvoirs propres du Président plus délégation du Congrès*** — Ils peuvent enfin être conlcus par le Président agissant à la fois sur délégation de pouvoir du Congrès et sous sa propre autorité constitutionnelle. Dans cette dernière hypothèse, le fondement de la compétence présidentielle étant double, celle-ci s'en trouve considérablement renforcée. C'est ainsi qu'en raison de l'existence d'un tel cumul, la Cour Suprême devait récemment reconnaître que le Président avait valablement pu par traité international priver de tout recours devant les tribunaux américains les citoyens des Etats-Unis qui avaient subi des dommages financiers en raison des actions entreprises par le nouveau régime révolutionnaire iranien, de tels litiges devant être tranchés par un Tribunal arbitral international spécialement constitué à cet effet (*Dames & Moore v. Regan* 435 U.S. 654, (1981) — voir le texte *in* I.L.M. 1981.897 et pour un commentaire The Geo. Wash. J. int' L. & Econ., 1982.401).

287. ***Nombre croissant*** — Ces « executive agreements » n'ont cessé de connaître une grande ampleur depuis la fin de la seconde guerre mondiale. Ils sont beaucoup plus nombreux que les traités internationaux « formels » prévus par la Constitution de 1787 : c'est ainsi, par exemple, qu'en 1952, 22 « traités » avaient été conclus contre 291 « executive agrements », en 1960, 5 « traités » contre 266 « executive agreements », en 1962, 10 contre 319, en 1973, 17 contre 241...

288. ***Efforts de contrôle par le Sénat*** — Devant cette évolution, le Sénat ne put s'empêcher de s'inquiéter de ce qu'il considéra comme une dépossession de ses compétences constitutionnelles en matière de politique étrangère et, en particulier, de conclusion des traités. Des efforts, qui culminèrent dans les années cinquante, furent entrepris par certains sénateurs afin de contrôler l'action présidentielle. Le *sénateur Bricker* proposa sous des formes différentes un amendement constitutionnel qui aurait soumis les « executive agreements » du Président à l'approbation du Sénat. Le *Sénateur Knowland* proposa un autre amendement en 1954 (le « George Amendment ») selon lequel aucun accord international autre qu'un traité en bonne et due forme ne pourrait avoir force de loi aux Etats-Unis sans avoir été approuvé expressément par une loi du Congrès. Ces deux efforts échouèrent — mais de peu : il ne manqua en effet que dans les deux cas qu'une seule voix pour que ces amemdements fussent ensuite soumis aux Etats fédérés aux fins de ratification constitutionnelle.

En 1972, cependant, en adoptant le « Case Act » (86 Stat. 619), le Congrès réussit à imposer une certaine forme de contrôle parlementaire à l'activité du président en matière internationale lorsqu'il entend engager les Etats-Unis d'une manière autre que par un traité : désormais, le Président doit « notifier » au Congrès pour information tous les « executive agreements » conclus avec des puissances étrangères.

Toutefois, ce n'est pas dire que « treaties » et « executive agreements » constituent deux techniques interchangeables de nature à constituer un engagement international obligatoire pour les Etats-Unis. En effet, l'« executive agreement » conclu sous la seule autorité du Président et non approuvé par le Congrès présente deux infirmités majeures par rapport au « treaty ». D'une part, un tel accord ne saurait modifier une loi fédérale préexistante et il n'a qu'une autorité supérieure au droit des Etats fédérés. D'autre part, il ne saurait engager que les Etats-Unis en tant que tels et ne peut affecter directement les droits et les obligations des particuliers (absence ici de caractère self-executing - voir *infra*, n°s 1204.1206).

§ 2 — La procédure internationale.

289. — La plus grande souplesse règne ici. Le droit international est beaucoup moins formaliste que le droit interne. Il laisse le plus grand choix aux Etats pour exprimer leur consentement à être liés (voir l'art. II de la Convention de Vienne). Ceci étant, il existe cinq phases classiques dans la procédure internationale qui mène à la conclusion d'un traité.

1 — La négociation.

G. Géamamu, Théorie et pratique des négociations en droit international, R.C.A.D.I. 1980, vol. 166, p. 365 ; Ph. Bretton et M. Folliot, Négociations internationales, Paris, Pedone, 1984.

290. ***Difficultés linguistiques*** — Sur le plan du droit, la négociation d'un traité international bi- ou multilatéral ne soulève pas de difficulté particulière. Ils sont exceptionnellement négociés par les chefs d'Etat et de gouvernement en personne mais bien plutôt par leurs représentants dûment mandatés (les « plénipotentiaires »). La finalité de toute négociation est identique : aboutir à un texte qui puisse rencontrer l'accord des participants. On signalera seulement ici un problème technique qui peut se révéler délicat : le choix de la (ou des) langue(s) où le texte du traité sera établi. Il est évidemment plus simple de n'en utiliser qu'une seule : ainsi jusqu'au début du XXe siècle, le français fut-il employé comme « langue diplomatique » ; de nos jours, l'anglais tend à jouer le rôle de « lingua franca » des relations internationales. Toutefois, pour un traité multilatéral à vocation universelle conclu sous les auspices de l'O.N.U. par exemple, les versions dans les cinq langues officielles (anglais, chinois, espagnol, français et russe selon l'art. III de la Charte) font également foi ; il convient dès lors de faire en sorte que les différentes versions coïncident et n'aboutissent pas à des interprétations divergentes (on en a eu un exemple récent et célèbre avec la résolution 242 du Conseil de Sécurité des Nations unies de novembre 1967 sur les conditions de paix au Moyen-Orient : la résolution dans sa version anglaise dispose qu'Israël devra procéder à un « withdrawal from occupied territories « et elle a été invoquée par ceux qui estiment qu'un tel retrait ne vise pas nécessairement tous les territoires occupés mais seulement certains d'entre eux ; en revanche, la version française ne se prête pas à cette équivoque dans la mesure où elle parle du « retrait des territoires occupés » et elle a été invoquée par ceux qui estiment qu'Israël doit, au vu de cette résolution, retirer ses troupes de « tous » les territoires arabes occupés et non pas seulement de certains d'entre eux).

2 — La signature.

291. ***Conséquences nombreuses*** — La signature du texte d'un traité international entraîne des conséquences d'importance et de précision inégale.

292. ***Texte définitif*** — I) Elle authentifie tout d'abord le texte du traité. Celui-ci, une fois signé ou paraphé, devient définitif. Il ne peut plus par la suite être modifié unilatéralement par l'un des pays participants, ou ce serait alors rouvrir les négociations.

293. ***Engagement définitif possible de l'Etat*** — II) Elle est susceptible d'engager définitivement l'Etat. Si le traité en décide ainsi parce que les pays participants se sont mis d'accord pour qu'il en aille de la sorte, les parties peuvent être liées par leur seule signature. On qualifie alors ces traités « d'accords en forme simplifiée » ou d'« executive agreements » (tel est le cas, par exemple, de l'Accord Général sur les Tarifs Douaniers et le Commerce — ou G.A.T.T. — qui est entré en vigueur pour les Parties Contractantes le 1er janvier 1948, trois mois après sa signature le 31 octobre 1947). Autrement, la signature ne constitue qu'une phase intermédiaire dans la procédure internationale de conclusion d'un traité : l'Etat ne devient définitivement lié qu'après avoir rempli une autre formalité plus solennelle (la ratification, acceptation ou approbation) impliquant l'accord du législateur local. Il arrive parfois —mais cela demeure exceptionnel — que des Etats signent un traité soumis à ratification et décident néanmoins, en l'absence de cette dernière procédure, de se considérer comme liés par son contenu. Il s'agit là d'un engagement qui relève du politique et non du juridique ; à titre d'exemple, il est loisible de citer le Traité dit « S.A.L.T.-II » —Stratégie Arms Limitation Talks — de 1979 signé par le Président des Etats-Unis, mais jamais ratifié par le Sénat, et dont le contenu fut cependant considéré comme obligatoire — et respecté — par les Etats-Unis et l'Union Soviétique. (Voir International Herald Tribune, 3 juin 1986).

294. ***Obligations de comportement pour l'Etat signataire*** — III) Elle entraîne des obligations de comportement pour les Etats. (Pour une étude critique de cette disposition de la convention de Vienne, voir Ph. Cahier, L'obligation de ne pas priver un traité de son objet ou de son but avant son entrée en vigueur, Mélanges Dehousse, Paris, F. Nathan, 1979, vol. I.31). D'après l'article 18 de la Convention de Vienne, un Etat signataire ne doit « pas priver un traité de son objet et de son but avant son entrée en vigueur ». Autrement dit, un Etat signataire ne doit pas par ses actes réduire à néant les dispositions du traité avant son éventuelle entrée en vigueur. Il s'agit là d'une obligation inhérente à l'idée de « bonne foi » qui doit présider aux relations entre Etats (voir aussi *infra,* n° 357 et s.). Dans l'affaire relative à « *certains intérêts allemands en Haute-Silésie* », la C.P.J.I. devait estimer que si un Etat commettait un abus de droit entre la signature du traité et sa ratification ultérieure, il ne serait alors considéré comme ayant violé ses obligations contractuelles (Ser. A, n° 7, p. 30, 1926). Il est loisible de citer un cas récent à titre « d'hypothèse d'école », mais qui fut envisagé par la doctrine : les Accords de Camp David de septembre 1978 entre l'Egypte et Israël prévoyaient, inter alia, la restitution d'une partie du Sinaï à l'Egypte à titre « préalable », c'est-à-dire avant la ratification et l'entrée en vigueur de ce traité ; si, dans l'intervalle, Israël avait épuisé, ou mis le feu ou rendu inutilisables les gisements pétroliers se trouvant sur ces territoires restitués à l'Egypte, il y aurait eu là de la part d'Israël violation de ses engagements internationaux.

Il est intéressant de noter qu'une loi récente comme la « *loi fédérale russe sur les traités internationaux* » du 16 juin 1995 reconnaît formellement l'existence de cette obligation internationale : la Russie s'engage ainsi à s'abstenir de toute action qui priverait un traité signé par elle de « *son objet et de ses buts* » en attendant son entrée en vigueur (voir le texte in I.L.M. 1995.1370).

295. ***Soumission à la procédure interne de ratification***— IV) Elle entraîne obligation de bonne foi de soumettre le traité à l'examen des autorités constitutionnellement compétentes aux fins de ratification ou approbation. Sans doute n'existe-t-il aucune obligation pour un Etat de procéder à la ratification d'un traité signé. Cependant, le pouvoir exécutif doit le soumettre à la considération du pouvoir législatif, sauf, bien entendu, si celui-ci a déjà fait officiellement connaître son hostilité au projet. Là encore, il ne s'agit que d'une obligation de comportement fondée sur le principe de « bonne foi » (voir aussi *infra,* n° 357 et s.).

3 — La ratification, approbation ou acceptation.

296. ***Une deuxième possibilité d'examen du traité*** — La Convention de Vienne sur le droit des traités utilise indifféremment ces trois expressions (Art. 14) qui sont consacrées comme équivalentes dans la pratique actuelle. Bien entendu, le droit international n'impose aucune modalité particulière en la matière. Celle-ci est réglée par les ordres juridiques internes, la plupart du temps par les constitutions elles-mêmes (voir *supra,* n° 259 et s.).

Le droit international ne fait que reconnaître — et prendre acte — de cette procédure le plus souvent requise par les droits nationaux. La raison en est simple : il s'agit de permettre à l'Etat de procéder à un nouvel examen d'un engagement international qui peut être très contraignant. En le soumettant au contrôle parlementaire, l'Etat permet de satisfaire les impératifs de son opinion publique. Il pourra ainsi éviter de s'engager si la représentation nationale estime que les obligations envisagées sont inacceptables car trop lourdes (ainsi les Etats-Unis refusèrent de ratifier le Traité de Versailles en 1919, ainsi la France refusa de ratifier en 1954 le traité relatif à la Communauté Européenne de Défense (C.E.D.)).

I. — Le droit international n'impose aucune obligation de ratification.

297. ***Choix national*** — Tout relève ici de la seule volonté des parties contractantes. Cependant, dans la pratique, la ratification s'impose pour les traités les « plus importants ». La C.P.J.I. devait reconnaître cet état de fait dans son avis consultatif relatif à la « *compétence de la Commission Internationale de l'Oder* » ; pour la Cour, les parties contractantes, sauf clause expresse contraire, doivent être considérées comme ayant voulu se conformer aux « règles ordinaires du droit international, parmi lesquelles existe la règle que les conventions, sauf dans des cas exceptionnels, ne lient qu'en vertu d'une ratification » (Ser. A., n° 23, pp. 17-21).

II. — Le droit international n'impose aucun délai de ratification.

298. — Aucun laps de temps n'est visé — sauf stipulation contraire dans le texte du traité — pour procéder à la formalité de ratification. Si le délai doit en principe être « raisonnable », cela n'exclut pas qu'il soit long. Ainsi, la France ne ratifia qu'en 1958 la Convention sur le « faux monnayage » de 1929 ; elle ne ratifia qu'en 1974 la Convention européenne des droits de l'homme de 1950.

III. — Le droit international n'impose aucune forme particulière pour la ratification.

299. — Cette procédure est exclusivement réglée par le droit interne (d'où le « flou » de la terminologie, ratification, approbation et acceptation employées à titre interchangeable). Le plus souvent, cette formalité est expresse : lorsqu'elle a été accomplie à la suite du vote du Parlement, l'Etat en cause le fait officiellement savoir aux autres parties contractantes par une notification spéciale (échange des instruments de ratification, acceptation ou approbation). Cette formalité constitue la preuve que la procédure interne requise a été suivie, que le traité en cause est de ce point de vue « parfait », irréprochable, et qu'ainsi l'Etat est définitivement lié par ses termes. Exceptionnellement, cette formalité peut demeurer tacite et résulter de la simple exécution du traité par une partie contractante.

IV. — Le droit international attache des effets juridiques à la ratification.

300. ***Formalité*** — L'Etat est définitivement lié lors du dépôt de son instrument de ratification (ou de sa notification) auprès du gouvernement « dépositaire » ou de l'institution qui remplit cette mission (Secrétaire général des *Nations unies*) pour les conventions conclues sous les auspices de cette organisation.

301. ***Date critique*** — En cas de traité bilatéral, l'engagement devient définitif à la suite de « l'échange » de ces instruments de ratification (acceptation ou approbation). Il s'agit là de la date « critique » à partir de laquelle le traité devient obligatoire pour l'Etat. Dans l'affaire du « *droit de passage entre l'Inde et le Portugal* », la C.I.J. estima que les parties étaient liées par leur déclaration d'acceptation de la juridiction obligatoire de la Cour en vertu de l'article 36, al. 2, du Statut à compter de son dépôt (Exception préliminaire, Rec. 1956.170).

302. ***Absence de ratification partielle ou conditionnelle*** — L'Etat est lié par le texte du traité dans son entier. Il ne saurait procéder à une ratification partielle ou conditionnelle, ce qui serait contraire à la nature définitive à la fois du texte du traité une fois signé et de son engagement. Il ne peut en aller autrement qu'en cas de « réserves » admises et admissibles telles que prévues dans le corps du traité (voir *infra,* n° 312 et s.). Une ratification conditionnelle ou partielle ne saurait s'analyser que comme un refus de ratifier agrémenté d'une nouvelle offre de négociations. Le principe est clair : il ne saurait y avoir de modification unilatérale du texte définitif d'un traité signé.

303. ***L'exemple du traité de commerce américano-soviétique de 1972*** — Pour illustrer ce propos, il est loisible de citer le Traité américano-soviétique de 1972 sur les échanges commerciaux ; lors de son examen par le Sénat, celui-ci prétendit y faire une adjonction en soumettant l'octroi par les Etats-Unis du bénéfice de la clause de la nation la plus favorisée à la libéralisation de la politique d'immigration de l'U.R.S.S. Ce dernier pays fit savoir que cet amendement était inacceptable et qu'il ne saurait rencontrer son accord. Ce traité n'entra ainsi jamais en vigueur. Il faut signaler cependant, à titre de « cas limite », l'existence de ratifications accompagnées « d'interprétations » précisant le sens de telle ou telle disposition du traité. De telles « interprétations » ne sont licites que si elles n'ont pas pour objet ou effet de modifier les termes du traité signé ; elles ne sont de surcroît « opposables » aux autres parties contractantes que si celles-ci les ont approuvées ou, au moins, n'ont pas élevé d'objections (pour une application récente, voir la ratification par le Sénat des Etats-Unis des traités de 1978 relatifs au nouveau statut du Canal de Panama et les négociations auxquelles elle a donné lieu entre les deux pays à propos de la portée des « interprétations » sénatoriales : A.J.I.L. 1978, pp. 635-643).

V. — Le droit international ne sanctionne pas l'Etat qui refuse de ratifier un traité signé.

304. — Cette solution découle du caractère non obligatoire et purement discrétionnaire de la ratification. Dès lors, l'Etat qui a refusé de ratifier un traité signé ne saurait voir engager sa responsabilité internationale de ce fait : il n'a en effet commis ici aucun manquement à ses obligations en vertu du droit international.

VI. — Une question controversée.

305. — Le droit international sanctionne-t-il la non-ratification du traité par l'autorité nationale constitutionnelle compétente (en général, le chef de l'Etat) alors que le Parlement a officiellement donné son accord ? Les opinions sont partagées, mais il nous semble cependant qu'une réponse négative s'impose. L'Etat n'est définitivement lié sur le plan international que lorsque toutes les formalités requises ont été accomplies : si le Chef de l'Etat — ou l'autorité nationale compétente — n'accomplit pas le dernier acte qui rend le traité « parfait » et marque l'engagement définitif de l'Etat, le traité en question n'entre pas en vigueur pour ce pays qui se trouve ainsi « délié ». La responsabilité internationale de l'Etat ne saurait ici encore être engagée dans une telle hypothèse, sauf cas flagrant de « mauvaise foi ». Les remèdes sont ici à trouver ailleurs, dans le droit interne des Etats, par la mise en jeu, par exemple, de la responsabilité politique du gouvernement lcoal pour n'avoir pas donné effet à la volonté expresse du Parlement (v. sur le problème de la ratification : G. de Lacharrière, *La politique extérieure des Etats*, Coll. Economica 1983, surtout p. 31 et s.).

4 — La participation ultérieure éventuelle : l'adhésion.

I. Lukashuk : Parties to treaties : the right of participation, R.C.A.D.I., 1972, vol. 135, p. 231.

306. ***Diverses catégories de traités*** — Dans certaines conditions, il existe une possibilité pour un Etat non signataire d'un traité d'en devenir ultérieurement « partie contractante ». Dans ce domaine, la plus grande souplesse règne encore. Un principe fondamental demeure cependant : aucun Etat n'a le droit de devenir partie à un traité conclu entre deux ou plusieurs autres Etats. Sa participation dépend exclusivement de la volonté des parties contractantes originaires telle qu'elle s'exprime dans le texte du traité.

Ceci étant, il est permis de distinguer plusieurs catégories de traités. Certains sont « fermés » et ne sont pas ouverts à la participation d'Etats tiers (tel est le cas de la plupart des traités bilatéraux ou de ceux ayant trait à des questions hautement politiques : traités de paix, d'alliance, de défense, militaires...). D'autres sont « entrouverts », en ce sens que seuls peuvent y accéder par la suite les Etats qui remplissent certaines qualifications précises (tel est en général le cas des traités « régionaux » qui sont ouverts aux seuls Etats de la « région » considérée : ainsi la participation à la C.E.E. est réservée aux Etats « européens »). D'autres, enfin, sont de type pleinement « ouvert » et tous les Etats ont le droit et la possibilité d'y accéder (tel est le cas des traités qui ont une portée « universelle » et qui sont tout naturellement ouverts à tous les Etats du monde en mesure et désireux d'en respecter les termes : ainsi en va-t-il de toutes les conventions élaborées sous les auspices de l'O.N.U.).

307. ***Ratification et admission*** — Pour terminer, il convient de signaler le cas particulier des Etats désireux d'accéder à un traité constitutif d'une organisation internationale. Il est insuffisant que les Etats signent et ratifient le texte du traité. Une procédure supplémentaire est nécessaire : l'admission à l'organisation votée par les pays déjà membres du « club » et celle-ci, même dans le cas de l'O.N.U., n'est jamais automatique, du moins en droit si ce n'est dans les faits.

5 — L'entrée en vigueur des traités.

308. ***Souplesse du droit international*** — Dans ce domaine également, la plus grande souplesse règne, le droit international n'imposant aucune condition particulière. Tout est ici affaire de la seule volonté des Etats contractants telle qu'elle s'exprime dans le corps du traité (voir les art. 24 et 25 de la Convention de Vienne).

a) La liberté de choix des Etats contractants.

309. ***Traité bilatéral*** — Les parties contractantes peuvent aussi bien décider de l'entrée en vigueur provisoire (ou définitive) du traité dès sa signature ou de son entrée en vigueur définitive une fois que certaines formalités supplémentaires auront été remplies (ratification, approbation, acceptation). Toutes les solutions sont possibles. Dans le silence des parties (et cela est fort rare), la date d'entrée en vigueur du traité est censée être celle où s'est produit l'échange des instruments de ratification : ainsi en a jugé la C.I.J. à propos d'un accord bilatéral dans *l'affaire de la sentence arbitrale du roi d'Espagne* qui opposa le Nicaragua au Honduras (arrêt du 18 novembre 1960, Rec. 208).

310. ***Traité multilatéral*** — Sans doute la matière est-elle moins simple en ce qui concerne l'entrée en vigueur d'un traité multilatéral. Deux préoccupations opposées sont susceptibles de guider le choix des parties contractantes. Soit les Etats cherchent à assurer en premier lieu « l'effectivité » la plus grande aux dispositions conventionnelles : dans ces conditions, ils décideront que le traité n'entrera en vigueur que si un nombre « suffisamment représentatif » d'entre eux a exprimé son consentement définitif à être lié. Ainsi, la Charte des Nations unies prévoit qu'elle n'entrera en vigueur qu'après le dépôt de ratification à la fois des cinq membres permanents et de la majorité des pays signataires. Tel est généralement le cas des traités à portée économique qui disposent qu'ils n'entreront en vigueur que si les pays les plus importants l'approuvent définitivement : ainsi les accords sur les « produits de base » mettent comme condition à leur entrée en vigueur la participation des plus « gros » Etats importateurs et exportateurs de la matière première considérée (cacao, caoutchouc, café...). Soit, à l'inverse, les Etats décident d'accorder la priorité à l'entrée en vigueur la plus rapide possible du traité pour ceux d'entre eux qui se montrent disposés à en respecter immédiatement le contenu, même si leur nombre est limité et non « représentatif ». Dans cette optique, le désir des parties contractantes est de parvenir à une extension de cette « législation internationale » grâce à un effet d'entraînement (ou « boule de neige »). Ainsi, à la limite, il est loisible d'envisager qu'un traité international entre en vigueur à la suite de l'approbation définitive d'un seul Etat : tel est d'ailleurs le système — exceptionnel — pour l'entrée en vigueur des conventions internationales du travail conclues sous les auspices de l'O.I.T. L'Acte général d'arbitrage de 1928 requérait l'accord définitif de deux Etats pour entrer en vigueur (art. 44, al. 1). Le plus souvent tout de même, un nombre minimum — mais non négligeable — d'Etats sera requis avant que le traité concerné ne puisse entrer en vigueur : c'est ainsi que, pour les conventions normatives récemment conclues sous les auspices de l'O.N.U., le chiffre des participants définitifs a été fixé à 35 (voir l'article 84, al. 1, de la Convention de Vienne). Un tel chiffre peut sembler faible vu le nombre actuel d'Etats (près de 190). Toutefois, la pratique le montre clairement, il n'est pas toujours aisé à atteindre : c'est ainsi qu'il fallut près de onze ans à la Convention de Vienne sur le droit des traités de 1969 pour être en mesure de remplir cette condition. De son côté, la Convention de Montego Bay de 1982 sur le droit de la mer dut attendre douze (12) ans avant d'entrer en vigueur.

b) Les effets de l'entrée en vigueur.

311. — Ils sont très simples : à partir de ce moment, il y a obligation de la part des parties contractantes de respecter pleinement et entièrement les dispositions du traité en cause. Tout non-respect serait susceptible de donner naissance à la mise en jeu de la responsabilité internationale de l'Etat « fautif ».

En outre et l'on y reviendra, si les traités en cause - ou du moins certaines de leurs dispositions - possèdent un effet direct dans l'ordre interne, les individus pourront les invoquer devant les tribunaux nationaux compétents, qui, normalement, devront les appliquer et ainsi écarter les règles locales contraires. Ainsi, l'effet combiné de la supériorité et de l'effet direct de la norme internationale assure à cette dernière une efficacité inégalée.

§ 3 — La participation partielle : les réserves.

Bishop W., Reservations to treaties, R.C.A.D.I. 1961, vol. 103, p. 245. Ruda J.M., Reservations to treaties, R.C.A.D.I. 1975, vol. 146, p. 95.

312. ***Définition*** — La Convention de Vienne définit une « réserve » de la façon suivante :

> « déclaration unilatérale, quel que soit son libellé ou sa désignation, faite par un Etat quand il signe, ratifie, accepte ou approuve un traité ou y adhère, par laquelle il vise à exclure ou à modifier l'effet juridique de certaines dispositions du traité dans leur application à cet Etat (art. 2.I.d.). »

Cette possibilité pour les Etats de ne pas être liés par telle ou telle disposition d'un traité soulève des difficultés pratiques qui peuvent s'avérer redoutables : en effet, le régime juridique prévu par un traité va perdre son uniformité entre les parties contractantes qui ne seront plus liées par les mêmes obligations. Il en résulte alors un « fractionnement », une « divisibilité », d'un traité dont la portée effective devient difficile à apprécier ; il est nécessaire, toutefois, de relativiser la portée réelle de ces inconvénients, en raison de la pratique suivie : sur 1164 traités signés entre 1919 et 1971, 922 (soit 85 %) l'on été sans la moindre réserve. On doit noter, également, que 61 d'entre eux seulement ont donné lieu à plus de trois réserves (cf. pour une étude approfondie du problème des réserves, John K. Gamble Jr, Reservations to multilateral treaties : a macroscopic view of state practice, A.J.I.L. 1980, 372, p. 377).

313. ***Evolution du droit international*** — Le droit des traités a connu une évolution marquée dans ce domaine. Difficiles, voire impossibles, il y a un demi-siècle, les réserves sont maintenant devenues admissibles — du moins sous certaines conditions. La Convention de Vienne qui représente maintenant l'état du droit en la matière a, pour l'essentiel, repris les grands principes dégagés par la C.I.J. dans son avis consultatif de 1951 relatif aux « *réserves à la convention pour la prévention et la répression du crime de génocide* ». (Rec. 1951, p. 15).

1 — L'admissibilité conditionnelle des réserves.

a) Le grand débat sur l'admissibilité des réserves.

314. ***Débat limité aux traités multilatéraux*** — A titre liminaire, il faut noter que cette controverse ne joue que pour les traités multilatéraux. En effet, lorsqu'il s'agit d'un traité bilatéral une réserve constitue un refus d'approbation assorti d'une offre de négociation ; si l'autre partie l'admet, on est alors en présence d'une modification du texte initial du traité et la réserve est alors incluse dans le corps du traité à titre d'exception.

I. — Le maintien de l'intégrité des dispositions conventionnelles : l'inadmissibilité des réserves.

315. — La position traditionnelle du droit international — et telle était celle des juges « minoritaires » de la C.I.J. en 1951 — était de refuser toute possibilité d'introduction de « réserves » dans la mesure où l'intégrité — ou la qualité — des règles de fond posées par un traité se trouvait ainsi altérée. De surcroît, un traité étant le produit de la volonté des Etats, toutes les parties contractantes devraient donner leur accord aux réserves introduites sous peine de voir leur souveraineté bafouée. Intégrité du traité, respect de la souveraineté des parties contractantes militaient ainsi pour rendre l'existence de réserves pratiquement impossible (voir dans ce sens « classique » le rapport des experts de la S.D.N. du 13 juin 1927 adopté par le Conseil de la Société le 17 juin).

On doit noter, en outre, que si le traité est conclu à la suite d'une négociation globale (ou « package deal ») comme ce fut le cas du traité de Montego Bay de 1982 élaboré par la Conférence des *Nations unies* sur le Droit de la Mer, alors la possibilité d'émettre des réserves disparaît en raison du caractère de compromis revêtu par le texte final soumis à la signature des Etats. Il s'agit là d'un exemple très intéressant d'incompatibilité logique entre l'existence de réserves et un traité multilatéral à vocation universelle en raison de la technique spécifique de l'élaboration de ce dernier.

II. — L'extension « ratione personae » de la portée des dispositions conventionnelles : l'admissibilité conditionnelle des réserves.

316. — Une préoccupation inverse allait voir le jour et progressivement triompher. Il faut alors insister sur l'aspect « quantitatif » et non plus seulement « qualitatif » du droit en question. L'essentiel apparut, au moins pour les traités « ouverts » à vocation universelle, d'obtenir la participation du plus grand nombre possible d'Etats, fût-ce au prix du morcellement du traité, de la diminution de sa qualité intrinsèque. Dans ces conditions, la présence de réserves permettrait de satisfaire cet objectif d'universalité.

III. — Les nouvelles modalités d'élaboration des traités et l'admissibilité des réserves.

317. — Les nouvelles techniques d'élaboration des traités ont également joué en faveur de l'admissibilité des réserves. On a fait remarquer, à juste titre, que beaucoup de conventions internationales contemporaines — surtout celles à portée universelle — étaient élaborées au sein — ou sous les auspices — d'organisations internationales et adoptées, non plus à l'unanimité des participants, mais à une majorité qualifiée (en général des deux tiers). Dans ces conditions, ne convenait-il pas de sauvegarder l'opinion des pays « minoritaires », de tenter de leur faire une place, au lieu de les exclure purement et simplement du réseau conventionnel ainsi créé ?

318. — Ces deux dernières considérations l'ont emporté dans la pratique contemporaine. La C.I.J. eut le courage de le reconnaître dans son avis consultatif précité de 1951. Les solutions libérales retenues par la Cour devaient être formellement avalisées par l'Assemblée Générale des Nations unies qui, dans une résolution du 12 janvier 1952, demanda aux autres organes de l'O.N.U., aux institutions spécialisées et aux Etats de s'y conformer ; en particulier, il était demandé au Secrétaire général de l'O.N.U. d'y veiller pour les traités qui viendraient à être élaborés sous les auspices de l'organisation mondiale (or, paradoxalement, on remarquera que la Convention de Vienne de 1969 ne contient elle-même aucune disposition évoquant la possibilité de l'approuver avec des réserves...).

b) La formulation des réserves dans le temps.

319. — Une très grande liberté est laissée aux Etats dans ce domaine (voir l'art. 19, al. 1, de la Convention de Vienne) : ils peuvent en effet présenter une réserve au moment de la signature (ce qui est le plus correct à tout point de vue dans la mesure où cela permet aux autres Etats de l'examiner à la fin de la phase des négociations), de la ratification, approbation ou acceptation, ou enfin lors de l'adhésion.

Cependant, les Etats ne peuvent pas « tout faire » en la matière. Ils doivent respecter des conditions de fond pour que leurs réserves soient « admissibles ». Autrement dit, les Etats sont ici placés en « liberté surveillée ».

c) Les conditions de validité des réserves.

I. — Le droit conditionnel des Etats de formuler ses réserves.

320. — La Convention de Vienne reconnaît formellement aux parties contractantes d'un traité le droit de formuler des réserves par voie écrite et d'une manière solennelle (ou du moins officielle). Mais un tel droit est soumis à trois limites :

— la possibilité de formuler des réserves ne doit pas avoir été exclue par le traité en question (tels sont les cas par exemple des conventions conclues sous l'égide de l'O.I.T.) ou se révéler incompatibles avec le régime juridique conventionnellement institué (et tel est ici le cas du Traité de Rome de 1957 et du droit communautaire en général) ou encore avec le mode de négociation retenu ainsi que cela fut le cas avec la Convention de Montego Bay de 1982 sur le droit de la mer ;

— la réserve ne doit pas porter sur des dispositions à propos desquelles les parties contractantes ont expressément exclu cette possibilité dans le désir de maintenir un « noyau dur » minimum au sein des obligations conventionnelles prévues. Ainsi, l'article 42 de la Convention du 28 juillet 1951 relative au statut des réfugiés donne la liste des articles pour lesquels les réserves sont exclues. Ainsi également, la Convention de Genève de 1958 sur le « plateau continental interdit aux parties contractantes dans son article 12 d'apporter des réserves aux articles 1 à 3 ;

— la réserve ne doit pas être « incompatible avec l'objet et le but » du traité en question. Il s'agit là de la limite « objective » la plus importante au droit des parties contractantes d'introduire des réserves au texte d'un traité. Cette restriction constitue d'ailleurs le principal apport de l'avis consultatif de la Cour de 1951 : on notera que la Convention de Vienne a repris les mots mêmes utilisés par la Cour qui a ici joué un rôle de « pionnier ». (Dans la pratique actuelle, ce critère de la compatibilité de la réserve avec le but et l'objet du traité tend à être remplacé par un critère *d'acceptabilité* de la réserve : en effet, il suffit qu'un seul Etat reconnaisse la réserve émise par un autre pour que le réservataire soit partie à la Convention. V. en ce sens l'art. précité de Gamble).

II. — Le droit inconditionnel des Etats d'accepter les réserves émises par d'autres Etats ou d'y faire objection.

321. — Les Etats ont tout loisir pour accepter les réserves formulées par d'autres parties contractantes, cette acceptation pouvant être expresse ou tacite (le silence d'une année après notification d'une réserve étant considérée comme une approbation).

Le droit d'objecter à une réserve émise par un autre Etat demeure entier pour les autres parties contractantes (art. 20, al. 4 de la Convention de Vienne). Cette solution « libérale » a été retenue afin de protéger la « souveraineté » des Etats et leur libre consentement à être engagés. On notera ici que la C.I.J., dans son avis consultatif précité de 1951, s'était montrée plus restrictive et moins respectueuse de la souveraineté et du libre consentement des Etats : elle n'avait en effet admis la licéité d'une objection à une réserve que pour le seul motif de son incompatibilité avec « l'objet et le but » du traité en cause.

Remarquons enfin que les Etats peuvent à tout moment retirer leurs réserves et objections (art. 22 de la Convention de Vienne). En l'espèce, leurs décisions relèvent du droit interne (voir J.F. Flauss, Le retrait par la France des réserves aux traités internationaux, A.F.D.I., 1986.837).

2 — Les effets des réserves.

322. — Les effets des réserves sont assez complexes à apprécier en raison des divers « cas de figure » qui se présentent.

a) Les liens juridiques entre l'Etat qui a formulé une réserve licite et les autres parties contractantes qui l'ont acceptée ou n'y ont pas fait objection.

323. — Dans une telle hypothèse, l'Etat « réservataire » et les autres parties contractantes sont liés par les dispositions du traité, à l'exception, bien sûr, de celle(s) qui a (ont) fait l'objet de réserves.

Il s'agit là d'une application classique du principe de *réciprocité* des droits et obligations qui constitue la règle générale en droit international (article 21, al. 1 de la Convention de Vienne).

Il va de soi qu'une réserve ne saurait affecter le régime juridique posé par un traité entre les parties contractantes autres que « signataires » (article 21, al. 2).

b) Les liens juridiques entre l'Etat qui a formulé une réserve licite et les autres parties contractantes qui ont élevé des objections.

324. — Ici, deux situations différentes peuvent se présenter en fonction de la position des Etats « objecteurs ». Soit, ils acceptent que le traité entre en vigueur avec l'Etat « réservataire », mais amputé des dispositions faisant l'objet de la réserve. Soit, ils refusent que le traité entre en vigueur avec l'Etat « réservataire » (article 21, al. 3 de la Convention de Vienne).

En bref, la présence de réserves, la possibilité d'objections, entraînent une « dislocation » des liens contractuels établis par un traité entre ses diverses parties contractantes. Le régime juridique conventionnellement établi perd ainsi une grande partie de son unité et il devient souvent difficile de déterminer « qui est lié par quoi ».

De surcroît, les procédures internes en la matière ne sont pas toujours satisfaisantes en ce sens que les réserves ou leur retrait ne sont pas systématiquement portés à la connaissance des citoyens qui peuvent ainsi ignorer leurs droits — ou leurs obligations. En France, un décret du 11 avril 1986 (J.O. 13 avril, p. 5427) impose désormais, *inter alia,* la publication de ces actes unilatéraux. (Voir Geneviève Burdeau, Les engagements internationaux de la France et les exigences de l'état de droit, A.F.D.I., 1986.837).

§ 4 — Les conditions de validité des traités.

T.O. Ellias : Problems concerning the validity of treaties, R.C.A.D.I., 1971, vol. 134, p. 334.

325. ***Communauté de solutions avec le droit des contrats*** — Ces conditions de validité des traités ont beaucoup de points communs avec celles qui existent en droit interne en matière d'obligations contractuelles : il n'est que de lire les articles 1108 à 1118 du Code Civil français pour s'en convaincre. Ces causes de nullité des traités ont, pour l'essentiel, été empruntées aux systèmes juridiques nationaux et apparaissent comme de véritables « principes généraux de droit » (voir *infra,* n° 713 et s.). On a ici un bon exemple des apports du droit privé (et, initialement, du droit romain) au droit international (voir H. Lauterpacht, Private law sources and analogies of international law, 1927, et G. Ripert, Les règles du droit civil applicables aux rapports internationaux, R.C.A.D.I. 1933 (II), vol. 44.565).

Ceci étant, le consentement de l'Etat doit être réel ; il doit porter sur un objet licite ; il doit enfin être public.

1 — La réalité du consentement.

326. — Certains vices du consentement peuvent se révéler tels qu'ils vont affecter la valeur juridique du traité qui va alors devenir nul. Il va cependant de soi que toutes ces atteintes au libre consentement de l'Etat ne doivent pas être de type mineur : elles doivent revêtir un caractère de très sérieuse gravité afin de pouvoir faire tomber l'existence du traité. Leur acceptation va ainsi être limitée et interprétée strictement de façon à maintenir la stabilité des traités et, partant, la sécurité juridique des relations interétatiques.

Ces vices du consentement qui touchent aux conditions, de conclusion des traités concernent aussi bien des éléments internes qu'externes, ces derniers ayant trait au comportement « fautif » des « autres » parties contractantes.

a) La violation manifeste des règles internes substantielles concernant la conclusion des traités.

327. — La violation des règles internes (le plus souvent constitutionnelles) présidant à la conclusion des engagements internationaux d'un Etat peut-elle être une cause légitime affectant la validité d'un traité passé dans de telles conditions par cet Etat ? (voir aussi *supra,* n° 271). Notons ici qu'en droit pur une telle interrogation n'est pas incongrue : en effet, en droit des sociétés par exemple, le problème se pose souvent de savoir si une société est liée à l'égard des tiers à la suite d'un engagement souscrit en violation de ses statuts. En l'espèce, la spécificité de la matière tient à la supériorité de l'ordre international sur l'ordre interne.

I. — Un problème controversé en doctrine.

328. — Deux tendances se dégagent. Pour les uns, les règles internes relatives à la conclusion des traités font partie du droit international ; dès lors, leur non-respect affecte la validité d'un traité conclu dans des conditions irrégulières. Une telle solution n'est guère conforme au principe de la supériorité du droit international dans la mesure ou elle fait dépendre la validité internationale d'un traité de sa validité interne. De surcroît, elle complique singulièrement la tâche des négociateurs internationaux : non seulement ceux-ci devront être des experts du droit international mais aussi du droit constitutionnel des Etats avec lesquels ils entendent conclure un traité. Enfin, le risque est grand de voir les traités internationaux frappés d'instabilité au motif de leur non-conformité avec des dispositions d'ordre interne. Pour les autres, il s'agit d'un faux problème en raison du principe cardinal de supériorité du droit international sur toute disposition d'ordre interne, fût-elle de nature constitutionnelle. Un traité peut ainsi n'être pas valide au regard de l'ordre interne tout en l'étant au regard du droit international. Dans ces conditions, sa non-exécution pour contrariété à l'ordre interne serait de nature à entraîner la mise en jeu de la responsabilité internationale de l'Etat concerné pour violation de ses obligations internationales. De plus, la maxime bien connue « nemo auditur » n'interdit-elle pas à l'Etat qui n'a pas respecté les impératifs de son propre droit de se prévaloir de sa propre erreur pour se dégager de ses obligations internationales ?

II. — Une pratique internationale arbitrale et judiciaire peu concluante.

329. — Certaines sentences arbitrales (« Cleveland Award » de 1888 in Moore, vol. 2, 1946) laissent entendre que les dispositions constitutionnelles internes présentent un certain intérêt pour apprécier la validité d'un traité. Mieux, dans *l'affaire Tinoco* entre la Grande-Bretagne et le Costa Rica, l'arbitre unique, l'ancien Président des Etats-Unis Taft, estima qu'une concession (à noter qu'il ne s'agissait pas d'un traité) accordée à un citoyen anglais par le gouvernement révolutionnaire de l'époque avec l'accord du seul Sénat et annulée par un gouvernement ultérieur au motif que, d'après la Constitution de 1917, elle aurait dû être approuvée par le Congrès statuant en « un seul corps », n'était pas valide, le Président Tinoco n'ayant pu engager valablement son pays en violation de la Constitution locale. Dès lors, pour l'arbitre Taft, la Grande-Bretagne n'était pas fondée à exciper d'une violation éventuelle du droit international dont aurait été victime un de ses nationaux (texte in A.J.I.L., 1924.147 et R.S.A. I.369).

330. — En revanche, d'autres sentences arbitrales ont clairement refusé de prendre en considération la violation de dispositions constitutionnelles locales comme affectant la validité internationale de traités conclus dans de telles conditions (voir *les affaires Metzger* (1901) *in* Foreign Relations of the U.S. 1901.262, *Rio Martin* (1924), R.S.A. vol. II.724 ou *Convention de commerce franco-suisse* (1912), R.S.A. vol. XI.411).

331. — La Cour de La Haye, bien que jamais saisie directement de cette question, a clairement dit que certains agents de l'Etat avaient — *prima facie* — compétence pour engager l'Etat dont ils relevaient. Ainsi, dans *l'affaire du Groedland oriental*, la C.P.J.I. eut à connaître de la portée de la fameuse « déclaration Ihlen », ce ministre norvégien des affaires étrangères qui avait reconnu la souveraineté danoise sur ce territoire ; en particulier, la Cour rejeta l'argument de la Norvège selon lequel Ihlen était « constitutionnellement incompétent » pour faire une telle déclaration, estimant, au contraire, qu'il s'agissait bien là « d'une question rentrant dans son domaine » (Ser. A/B, n° 53, pp. 56, 71 et 91). Dans *l'affaire des zones franches de Haute-Savoie et du Pays de Gex*, la C.P.J.I. devait également admettre qu'un Etat était lié par les propos tenus par son agent devant la Cour à l'occasion d'un procès (Ser. A/B, n° 46, p. 170).

III. — La position moyenne retenue par la Convention de Vienne (Art. 46).

332. — La Convention de Vienne adopta une solution de compromis. Elle admit que le non-respect des règles internes pouvait justifier la nullité d'un traité et être invoqué par l'Etat « fautif » si cette violation était « manifeste » et « d'importance fondamentale ». La Convention de Vienne, essayant d'apporter quelque lueur supplémentaire, précisa que, par « violation manifeste », il fallait entendre une violation « objectivement évidente » pour un Etat tiers agissant de bonne foi et conformément à la pratique habituelle, ce qui ne fait qu'ajouter aux ambiguïtés initiales. Ces expressions soulèvent plus de problèmes qu'elles ne peuvent prétendre en résoudre. Qu'en serait-il, par exemple, d'un traité conclu par la France prévoyant le rétablissement de la monarchie ou la cession ou l'adjonction de territoire sans consultation des populations locales concernées ? Qu'en serait-il d'un traité international conclu par les Etats-Unis et instituant une loi uniforme sur le divorce sur tout le territoire de l'Union au mépris des droits réservés aux Etats fédérés ? De tels traités, incontestablement dénués de toute validité interne, seraient-ils aussi privés de toute validité internationale en application des critères de la Convention de Vienne ? Que la question puisse être posée montre bien que la solution adoptée n'est pas satisfaisante.

Cette disposition a son équivalent dans la Convention de Vienne du 21 mai 1986 sur « Le droit des traités conclus par les organisations internationales » et possède d'ailleurs (hasard ou coïncidence ?) le même numéro d'article : ainsi, une organisation n'est pas liée en cas d'irrégularité interne dans la procédure de conclusion d'un traité si cette violation est « manifeste » et « d'importance fondamentale ». La Cour de Justice des Communautés Européennes eut l'occasion d'en faire l'application à propos de la conclusion en 1991 par la Commission d'un accord en matière de droit de la concurrence avec le Gouvernement des Etats-Unis (Aff. C-327/91, *France c. Commission*, arrêt du 9 août 1994, Rec. I. 3641). Dans cette affaire, la C.J.C.E. considéra que cet accord manquait de base légale en droit communautaire en raison de l'incompétence de la Commission pour le conclure : cela aurait dû être au Conseil d'y procéder. Pour autant, la Cour reconnaît la validité de cet accord au regard du droit international en faisant expressément référence aux critères posés par l'article 46 de la Convention de 1986. Ce faisant, la C.J.C.E. admit que *l'incompétence* de la Commission pour conclure un accord international, si elle était peut-être d'importance fondamentale en droit communautaire (ce qu'elle ne précisa pas) n'était cependant pas *manifeste* au point d'être *évidente* pour l'autre partie, ces deux critères étant cumulatifs. Ce type d'interprétation libérale mérite d'être approuvé en ce qu'il donne la priorité à la validité internationale des engagements en dépit de leur invalidité interne. C'est là un facteur important de stabilité et de sécurité juridiques.

b) L'erreur (art. 48 de la Convention de Vienne).

333. ***L'erreur de fait*** — La maxime bien connue « nul n'est censé ignorer la loi » est présente dans tous les systèmes de droit. Elle est d'application plus stricte encore au niveau international entre les Etats. Cela est aisément compréhensible car tous les Etats possèdent des services juridiques plus ou moins étoffés dont la mission est précisément de les éclairer sur l'existence et le contenu des règles du droit international.

Ceci explique que l'erreur de droit n'ait ainsi aucune place dans l'ordre international et ne soit pas retenue comme une cause susceptible de frapper un traité de nullité. La seule erreur retenue par le droit international au titre d'un vice de consentement est l'erreur de fait ou sur une « situation ». De surcroît, il doit s'agir d'une erreur de fait telle qu'elle ait constitué la « base essentielle » du consentement donné par l'Etat qui l'invoque.

334. ***Consécration par la C.I.J.*** — Ces principes généraux contenus dans la Convention de Vienne reprennent les solutions dégagées par la Cour de La Haye. La C.P.J.I., dans *l'affaire des concessions Mavrommatis à Jérusalem* (réadaptation) (Ser. A, n° 10) n'avait déjà admis que la simple erreur de fait et non l'erreur de droit comme vice de consentement admissible ; de plus, la Cour avait estimé qu'il en saurait s'agir de n'importe quelle erreur de fait : elle devait porter sur une situation ou un fait qui était la condition même du traité et donc de l'engagement de l'Etat. Dans *l'affaire du Temple de Préah-Vihéar*, la C.I.J. eut l'occasion de réaffirmer ses positions antérieures ; elle ajouta que l'Etat en cause ne devait pas avoir eu connaissance de cette erreur de fait et ne devait pas y avoir contribué par son comportement : « C'est une règle de droit établie, dit la Cour, qu'une partie ne saurait invoquer une erreur comme vice du consentement si elle a contribué à cette erreur par sa propre conduite, si elle était en mesure de l'éviter, ou si les circonstances étaient telles qu'elle avait été avertie de la possibilité d'une erreur » (Rec. 1962, p. 26).

Dans la pratique, les erreurs de fait sont rares. Elles ont surtout été invoquées à propos de délimitations de frontières (*affaire de Préah-Vihéar*) à la suite, notamment, d'utilisations de cartes géographiques imprécises (mention de rivières ou obstacles naturels n'existant pas ou pas là où ils étaient signalés).

335. ***Errata*** — Ces erreurs de fait ne sont pas à confondre avec de simples erreurs de texte *(errata)* qui font l'objet de rectifications matérielles et ne sauraient en aucun cas constituer la cause de l'annulation d'un traité (voir l'art. 79 de la Convention de Vienne).

c) Le dol (art. 49 de la Convention de Vienne).

336. — « La fraude corrompt tout » *(fraus omnia corrumpit)*. Cette maxime traditionnelle a également sa place en droit international. Un consentement donné à la suite de manœuvres frauduleuses est frappé de nullité.

Si ce principe est certain, il n'est possible de citer aucune pratique internationale claire où un tel vice du consentement ait été identifié. Le plus souvent, en effet, le dol est associé à l'erreur : il s'agit ainsi de tous les procédés trompeurs (comme des fausses déclarations par exemple) employés par un Etat pour obtenir le consentement d'un ou de plusieurs Etats à un traité, consentement qui n'aurait jamais été donné sans de telles manœuvres.

d) La corruption du représentant d'un Etat (art. 50 de la Convention de Vienne).

337. ***Précédents*** — Il s'agit là d'une pratique intermédiaire entre le « dol » et la « contrainte », et vraisemblablement plus fréquente, bien qu'à l'évidence fort difficile à prouver. On cite toujours le cas célèbre de Talleyrand lors de la vente de la Louisiane aux Etats-Unis par la France. Plus près de nous, dans les années 1970, mais la matière portait sur des « marchés publics » et non sur des traités, il apparut que, pour assurer la vente de ses avions militaires à certains pays — ce que l'on appela le « marché du siècle » —, la firme américaine Lockheed avait acheté les bonnes grâces d'officiels très haut placés dans nombre de pays européens et au Japon.

338. ***Moralisation des relations internationales*** — Reconnaître la corruption du représentant de l'Etat comme cause possible de nullité du traité passé dans de telles conditions est une entreprise louable. La « moralisation » des relations et affaires internationales n'est pas une préoccupation secondaire de l'ordre international : elle tend d'ailleurs de plus en plus à être « codifiée » et « sanctionnée ». C'est ainsi, par exemple, que les divers « codes de conduite » relatifs aux entreprises multinationales adoptés dans les instances internationales (principes directeurs de l'O.C.D.E., divers « projets » de l'O.N.U.) cherchent à éliminer corruption et « pots-de-vin ». Une loi américaine récente va même jusqu'à sanctionner sévèrement de telles pratiques (voir le Foreign corrupt practices act de 1977, I.L.M. 1978.214). En novembre 1997, les 29 pays membres de l'O.C.D.E. signèrent une convention multilatérale (elle est depuis entrée en vigueur) contre la corruption dans les affaires internationales en interdisant le versement de « pots de vin » aux élus et fonctionnaires étrangers.

339. ***Risque d'insécurité juridique*** — Au niveau interétatique la reconnaissance de la corruption comme vice du consentement présente un risque en cas de changement de gouvernement : les nouveaux dirigeants — surtout s'ils prétendent instituer un régime « révolutionnaire » — ne seront-ils pas tentés d'invoquer la « corruption » de leurs prédécesseurs afin de se libérer des obligations internationales conclues par le régime déchu ?

e) La contrainte.

I. — La contrainte exercée sur le représentant de l'Etat (art. 51 de la Convention de Vienne).

340. — Les exemples en sont, heureusement, fort rares. A ce propos, on cite toujours le cas tristement célèbre du traité du 15 mars 1939 établissant un protectorat allemand sur la Bohême-Moravie à la suite de « pressions physiques » exercées par Hitler et ses acolytes à l'encontre du Dr Hacha, Président de la République tchécoslovaque de l'époque.

On notera que la sanction est ici plus sévère que dans les cas précédents : il ne s'agit plus d'une simple possibilité d'invoquer la nullité d'un tel traité. Un traité conclu dans de telles conditions se trouverait « dépourvu de tout effet juridique » ; il serait nul, *ab initio*.

II — La contrainte exercée sur un Etat par la menace ou l'emploi de la force (art. 52 de la Convention de Vienne).

341. ***Licéité traditionnelle*** — Pendant très longtemps, la contrainte a été licite dans les relations internationales. Cette situation fut celle de la société internationale classique qui admettait la liceité du recours à la force comme moyen de règlement des différends internationaux.

342. ***Illicéité récente*** — Le Pacte de la S.D.N. devait constituer la première réalisation limitant ce « jus ad bellum » des Etats en réglementant l'exercice (sur ce « système du moratoire » de guerre, voir *supra*, n° 41). Toutefois, en 1928, le célèbre Pacte Briand-Kellogg devait mettre la « guerre hors la loi internationale » et interdisait le recours à la force en tant « qu'instrument de politique nationale » des Etats (art. 1). Cette évolution devait être couronnée par l'article 2, par. 4, de la Charte de l'O.N.U. prohibant le « recours à la menace ou à l'emploi de la force » dans les relations internationales.

343. ***Difficulté de définition*** — Or, cette notion d'emploi « illicite » de la contrainte n'est pas aisée à cerner. S'il est clair que la « force armée » est visée, faut-il également inclure les formes non militaires de la contrainte de type économique, politique ou psychologique ? La définition de « l'agression » adoptée par l'Assemblée générale de l'O.N.U. en 1974 ne couvre que l'utilisation de la « force armée ». En revanche, de fort nombreuses résolutions de l'O.N.U. (par exemple, celle de 1970 relative aux « relations amicales entre Etats » ou de 1974 sur le « nouvel ordre économique international ») ainsi que l'une des déclarations adoptées par les participants à la Conférence de Vienne de 1969 sur le droit des traités font expressément référence à la « contrainte militaire, politique ou économique ». Mais sont-ce bien là des manifestations du droit positif ? Quels sont le contenu et les contours précis de tels concepts ? Que faut-il entendre par « coercition économique » ? (voir en général Economic coercion and the new international economic order, ed. par R. Lillich, 1976). Qu'en est-il de la « coercition politique » ? Elle n'a cessé d'être invoquée par la Chine à l'encontre de l'U.R.S.S. à propos des « traités inégaux » conclus avec la Russie tsariste au XIXe siècle. Elle l'est encore sporadiquement par nombre de pays du tiers monde désireux de lutter contre toute forme de « colonialisme ». A notre connaissance du moins, de telles prétentions n'ont jamais été reconnues. Une admission libérale ou laxiste de la contrainte entendue au sens large risquerait d'aboutir à une « déstabilisation » des liens juridiques existant entre les Etats, de nombreux traités se trouvant ainsi frappés de précarité.

344. ***Illustration jurisprudentielle*** — Une illustration de cette nécessaire prudence en la matière est donnée par *l'affaire des*

Pêcheries Islandaises (1973) qui opposa l'Islande et la Grande-Bretagne. L'Islande prétendit devant la C.I.J. qu'un échange de notes avec la Grande-Bretagne et qui se montrait favorable à la thèse soutenue par ce dernier pays ne s'expliquait que par les actions de la flotte de guerre britannique dans les espaces marins controversés. La Cour rejeta « cette allégation déguisée de contrainte qui aurait prétendûment rendu l'échange de notes nul dès l'origine » (Rec. p. 13) ; elle ajouta qu'un « tribunal ne (pouvait) pas prendre en considération une accusation aussi grave sur la base d'une allégation générale et vague qu'aucune preuve ne (venait) étayer » *(ibid* p. 59). En revanche, et cela ne saurait étonner, le juge mexicain Padilla Nervo devait prendre dans cette affaire une position favorable à la partie faible, victime de l'inégalité de puissance — l'Islande en l'occurrence ; dans son opinion dissidente, le juge Nervo devait fort clairement illustrer la position dans la vie internationale des Etats plus faibles — en général des pays du tiers monde — désireux de se protéger contre les abus de pouvoir des plus puissants : « une grande puissance dit-il, dispose de bien des moyens pour utiliser la force et exercer des moyens de pression sur une petite nation, ne serait-ce qu'en insistant par la voie diplomatique pour faire admettre et accepter ses vues. Il y a des pressions morales et politiques qui ne peuvent être établies au moyen de preuves documentaires mais dont l'existence est un fait incontestable » (Rec. p. 91).

Là encore, la sanction attachée à ce vice du consentement est particulièrement stricte : Le traité conclu dans de telles conditions n'est pas seulement « annulable ». Il est nul dès le début (nullité *ab initio*).

345. ***Exemples*** — Sans doute est-il possible de citer un exemple historique célèbre de traité nul en raison de l'exercice de la contrainte : l'accord de Munich du 29 septembre 1938. L'Allemagne devait finalement le reconnaître dans le cadre de son « Ostpolitik » visant à normaliser ses relations avec ses voisins d'Europe centrale (voir le traité de « normalisation » de 1973 entre la R.F.A. et la Tchécoslovaquie qui parle bien de la « nullité reconnue » de l'accord de Munich mais s'abstient de dire « à partir de quand »... Voir pour un commentaire Ph. Bretton, Les négociations germano-tchécoslovaques sur l'accord de Munich du 29 septembre 1938, A.F.D.I. 1973.189).

De même, il est loisible de considérer comme nul le traité du 14 octobre 1968 entre l'U.R.S.S. et la Tchécoslovaquie sur le stationnement des troupes dans ce dernier pays : cette légalisation *a posteriori* de la présence des forces armées soviétiques en territoire tchécoslovaque ne pouvait juridiquement découler d'un tel traité conclu sous la contrainte après l'invasion de la Tchécoslovaquie par les troupes des pays du Pacte de Varsovie en août 1968 (voir G. Fischer, Quelques problèmes juridiques découlant de l'affaire tchécoslovaque, A.F.D.I. 1968.15 et en particulier pp. 36-42).

2 — La licéité de l'objet de traité.

346. — Dans l'ordre interne, une obligation, pour être valable, doit avoir pour fondement une cause licite. Ainsi, en droit français par exemple, la cause est illicite si elle est prohibée par la loi ou contraire aux bonnes mœurs ou à l'ordre public (voir l'article 1133 du Code civil). *Mutatis mutandis*, il en va de même en droit international pour l'appréciation de la validité des traités.

a) Le traité ne doit pas rentrer en conflit avec « une norme impérative du droit international » (jus cogens) (voir supra, *n° 178).*

347. — On rappellera seulement ici la sanction d'un tel conflit : s'il y a contrariété entre un traité et une norme existante du « jus cogens », le traité est frappé de nullité *ab initio* ; s'il y a contrariété entre un traité existant et une norme ultérieure du « jus cogens », le traité devient nul mais seulement ex *nunc*, pour l'avenir.

b) Le traité ne doit pas rentrer en conflit avec la légalité internationale au sens défini précédemment (voir supra, *n° 153 et s.).*

3 — La publicité des traités.

348. ***Une idée américaine*** — Les traités actuels doivent être publiés et donc soumis au contrôle de l'opinion publique. Dans le passé, les « traités secrets » n'étaient pas rares : ils furent souvent considérés comme l'une des causes les plus certaines des conflits internationaux et de leur extension (l'interdiction des traités secrets constituait d'ailleurs le « premier » des fameux « 14 points » du Président Wilson de janvier 1918). Le nouveau gouvernement soviétique causa d'ailleurs un grand émoi dans le monde lorsqu'il publia dès 1917 le texte des « traités secrets » conclus par le régime tsariste.

Plus près de nous, le pacte de non agression germano-soviétique du 23 août 1939 (ou accord Molotov-Ribbentrop) devait être accompagné de protocoles secrets en date des 23 août 1939, 23 septembre 1939 et du 10 janvier 1941 organisant les « sphères d'influence » respectives des deux pays en Europe orientale, instituant en particulier le partage puis le rattachement complet de la Lituanie à l'U.R.S.S. moyennant finances (voir le texte de ces accords secrets in *Le Monde*, 1er août 1989, p. 5).

Il ne faudrait pour autant pas croire que cette pratique a entièrement disparu de nos jours. C'est ainsi par exemple que la presse s'est récemment fait l'écho d'un traité "secret" bilatéral de 1995 entre les Etats-Unis et la Russie selon lequel le dernier pays s'interdisait de vendre des armes à l'Iran (voir *Le Figaro* du 27 décembre 2000).

a) Les formalités destinées à assurer la publicité des traités.

349. — L'article 18 du Pacte de la S.D.N. posa le principe de l'enregistrement auprès du Secrétariat des traités conclus par les membres de la Société. L'article 102 de la Charte suivit le même système.

De surcroît, du temps de la S.D.N. comme actuellement avec l'O.N.U., il incombe au Secrétaire général de ces organisations de procéder à la publication des traités ainsi enregistrés. Ces traités sont publiés dans des « recueils », (tous les frais de publication étant supportés par la S.D.N. jadis et par l'O.N.U. maintenant). En l'espèce, c'est là remplir pour ces institutions un véritable « service public international ».

De 1920 à 1944, 4 822 traités ou accords internationaux furent ainsi enregistrés et publiés sous les auspices de la S.D.N., parfois même par des Etats non membres comme les Etats-Unis d'Amérique. Ceci ne veut pas dire pour autant que tous les traités de l'époque ont été enregistrés et publiés : certains ne le furent pas en raison de leur importance très secondaire (cas d'accords exclusivement techniques) tandis que d'autres ne le furent pas non plus mais pour des raisons inverses dues à leur grande portée politique et militaire (accords militaires).

Cette publication internationale des traités doit, à tout point de vue, être considérée comme une œuvre impressionnante (l'O.N.U. a publié à ce titre 50 volumes pour chacune des années 1985 et 1986) et coûteuse (le volume publié revenant à... 11 000 dollars des Etats-Unis).

b) Effets de la publication ou de la non-publication des traités.

I. — Le système de la S.D.N.

350. ***Nullité*** — L'article 18 du Pacte était très — et trop — strict en la matière en disposant qu'aucun traité ou engagement international « ne (serait) obligatoire avant d'avoir été enregistré ». La portée de cette règle n'apparut jamais très clairement. Signifiait-elle qu'un traité non enregistré soit frappé de nullité ? Une telle interprétation ne serait ni vraisemblablement ni raisonnable. Ou veut-elle simplement dire, ce qui est plus probable, qu'un tel traité serait « inopposable » devant les seuls organes de la S.D.N. ?

351. ***Pratique peu concluante*** — La pratique internationale est peu concluante dans la mesure où lorsque cette question fut soulevée, l'une au moins des parties au différend n'était pas membre de la S.D.N. Ainsi dans l'avis consultatif de la C.P.J.I. lors de *l'affaire des « services postaux polonais à Dantzig »*, la Cour n'hésita pas à s'appuyer sur un accord de 1931 entre la Pologne, qui était membre de la S.D.N., et la Ville libre de Dantzig, qui ne l'était pas, bien que le traité en cause n'ait jamais été enregistré au Secrétariat général de la Société (Ser. B, n° 11). Dans une *sentence Pablo Najera* rendue entre la France et le Mexique en 1928, l'arbitre refusa d'admettre l'argument présenté par le Mexique selon lequel le traité du 25 septembre 1924 qui établissait l'existence de la « commission mixte » saisie de l'affaire, n'avait aucun caractère obligatoire pour lui dans la mesure où la France —membre de la S.D.N. — n'avait pas procédé à la formalité d'enregistrement (le Mexique, lui, n'était pas membre de la S.D.N.). (Jurisprudence de la Commission franco-mexicaine, Paris, Pedone, 1936.156).

II. — Le système de l'O.N.U.

(Voir en général, M. Tabory, Recent developments in U.N. treaty registration and publication practices, A.J.I.L. 1982, 350).

352. ***La simple inopposabilité*** — L'article 102 de la Charte qui traite de la matière est à la fois plus modeste et plus précis. La sanction du traité non enregistré auprès du Secrétariat général est la simple « inopposabilité » devant les organes de l'O.N.U., ce qui inclut donc la C.I.J.. Il est clair qu'un traité non enregistré garde sa pleine force obligatoire pour les parties contractantes et qu'il n'est en rien affecté d'une cause de nullité ; il est susceptible d'être invoqué devant un tribunal arbitral (y compris la C.P.A.) ou devant un juge international autre que la C.I.J.. Une telle solution possède le grand mérite du réalisme et elle n'est pas dénuée de valeur (c'est ainsi que lorsque la France put craindre qu'un contentieux ne se développe avec l'Algérie au niveau international à la suite des nationalisations décidées par ce dernier pays au début des années 1970, elle se dépêcha de procéder à l'enregistrement des fameux « accords d'Evian » de 1962 au Secrétariat général des *Nations unies*, formalité dont elle s'était dispensée jusqu'alors).

Dans « *l'affaire de la délimitation maritime et questions territoriales entre Quatar et Bahrein* », la C.I.J. devait bien confirmer la pleine validité et le caractère obligatoire entre les parties contractantes d'un traité non enregistré selon la procédure de l'article 102 de la Charte (arrêt du 1er juillet 1994 sur la compétence et l'admissibilité, § 29, p. 122).

Section II

Les effets des traités

353. ***Plan*** — Les traités produisent tout naturellement des effets de droit à l'intérieur du cercle des parties contractantes (§ 1). Mais, parfois, ils sont aussi susceptibles d'affecter des Etats tiers (§ 2). Ces effets peuvent changer dans le temps (§ 3) ou même peuvent tout simplement cesser (§ 4).

§ 1 — Les effets des traités à l'égard des parties contractantes.

354. — Le principe fondamental du droit des traités — comme du droit des obligations contractuelles dans l'ordre interne — réside dans leur caractère obligatoire : ce qui a été définitivement et légalement approuvé doit être respecté. C'est le respect de la parole formellement et solennellement donnée. Telle est la portée générale de la règle « pacta sunt servanda ». Le traité, une fois en vigueur, va lier les Etats, imposer des obligations aux divers organes gouvernementaux ; parfois, cependant, un traité international pourra produire des effets directs à l'égard des particuliers, des personnes privées. Le traité étant le produit de la volonté des Etats, il est parfois difficile d'apprécier ce que les parties contractantes ont réellement voulu : les effets des traités seront alors susceptibles de varier en fonction de l'interprétation qui leur sera donnée.

1 — La force obligatoire des traités pour les parties contractantes : la règle « *pacta sunt servanda* ».

355. — Ce principe est formulé sans aucune ambiguïté par l'article 26 de la Convention de Vienne : « tout traité en vigueur lie les parties et doit être exécuté par elles de bonne foi ». Il est à noter qu'il est loin d'être nouveau : son existence est en effet concomitante à celle même des traités. L'un ne saurait aller sans l'autre. Le préambule de la Charte de l'O.N.U. le consacre formellement dans son sens le plus large quand elle mentionne « le respect des obligations nées des traités et autres sources du droit international ». En particulier, l'article 2, al. 2 précise que tous les membres de l'O.N.U. « doivent remplir de bonne foi les obligations qu'ils ont assumées au titre de la présente Charte ».

a) L'obligation de respecter les dispositions du traité.

356. — L'Etat est tenu de respecter à la fois la lettre mais aussi l'esprit du traité auquel il est partie contractante. Plus précisément, tous les organes de l'Etat — législatif, exécutif, judiciaire voir constituant — doivent se conformer aux dispositions du traité.

Il faut ici remarquer que, le plus souvent, les effets internationaux des traités s'arrêtent là, au niveau des organes étatiques. En effet, la plupart des traités concernent les relations interétatiques et n'ont pour seul but que d'orienter la conduite des Etats dans certains domaines (politique, économique, social, médical...). Parfois, et c'est maintenant plus souvent le cas, les traités peuvent aller au-delà de cet écran étatique et produire directement des effets concernant les personnes privées (voir *infra,* n° 361).

b) Une exécution de bonne foi.

(Voir E. Zoller, La bonne foi en droit international public, Paris, Pedone, 1977).

357. ***Présupposé de la bonne foi*** — Le principe de bonne foi est inhérent à tout système de droit. On a peine à imaginer un ordre juridique quelconque fondé sur son inverse, la « mauvaise foi ». Sans doute cette notion, difficile à saisir et à cerner s'il en est, domine-t-elle l'ensemble du droit international ; cependant, une place à part lui est faite au titre de l'exécution des traités, comme d'ailleurs, dans l'ordre interne, au titre de l'exécution des contrats (voir la référence expresse qui lui est faite à l'article 1134 du Code civil en France).

358. ***Pratique de la C.I.J.*** — La Cour de La Haye a souvent eu l'occasion de recourir à ce principe de bonne foi au titre de l'exécution des traités et comme partie intégrante de leur caractère obligatoire. Elle en a, en général, tiré la conclusion que les autorités étatiques compétentes chargées d'exécuter — en ce qui les concernait — les dispositions d'un traité devaient user de leurs prérogatives d'une « manière raisonnable ». Ainsi dans *l'affaire, des « ressortissants américains au Maroc »*, la C.I.J. reconnut que le pouvoir d'évaluer les marchandises appartenait bien aux autorités douanières locales mais que celles-ci « dev(aient) en user raisonnablement et de bonne foi » (Rec. 1952, p. 212). Auparavant, la C.P.J.I. avait eu l'occasion de préciser que le principe de bonne foi impliquait que les dispositions conventionnelles soient respectées non seulement dans leur lettre mais aussi dans leur esprit : saisie de la portée du principe de non-dicrimination, la Cour devait estimer que les pratiques interdites englobaient à la fois les discriminations de droit et de fait (*Traitement des nationaux polonais à Dantzig,* 1932, A/B. n° 44, p. 28 ; *Ecoles minoritaires en Albanie*, 1935, A/B, n° 64, pp. 19-20). Enfin, plus récemment dans *l'affaire des « essais nucléaires »* (Australie et Nouvelle-Zélande c. France), la C.I.J. devait résumer sa position en la matière et montrer le rôle central de ce principe : « l'un des principes de base qui président à la création et à l'exécution d'obligations juridiques, quelle qu'en soit la source, est celui de bonne foi. La confiance réciproque est une condition inhérente de la coopération internationale, surtout à une époque où, dans bien des domaines, cette coopération est de plus en plus indispensable » (Rec. 1974, p. 268).

359. ***Pratique arbitrale*** — La pratique arbitrale va dans le même sens et elle est riche de précédents reconnaissant toute l'importance du principe de bonne foi. C'est ainsi, par exemple, que, dans *l'affaire des « pêcheries de la côte septentrionale de l'Atlantique »*, la C.P.A. dut examiner la compétence de la Grande-Bretagne de régler la pêche dans les eaux canadiennes en vertu du traité de Londres de 1818 passé avec les Etats-Unis ; « du traité, estima la C.P.A., résulte une obligation en vertu de laquelle le droit de la Grande-Bretagne d'exercer sa souveraineté en faisant des règlements est limité aux règlements faits de bonne foi et sans violer le traité » ; ce faisant, la Cour entendit se référer au « principe du droit international selon lequel les obligations conventionnelles doivent être exécutées avec une bonne foi parfaite » (R.S.A., vol.XI.188).

c) Une inexécution sanctionnée par le droit international.

360. — Le non-respect, la non-exécution de bonne foi, par les Etats parties contractantes de l'une quelconque de leurs obligations conventionnelles sont susceptibles d'être sanctionnés par le droit international avec la mise en œuvre de la responsabilité internationale du pays fautif (voir *infra,* n° 1073 et s.).

2 — Des effets directs possibles des traités à l'égard des personnes privées.

361. — En principe, nous l'avons signalé, les traités conclus entre Etats ne lient que ceux-ci et ne produisent d'effets qu'entre eux, à leur niveau. Les Etats apparaissent comme les principaux destinataires des normes dont ils sont les auteurs.

Cependant, il peut arriver, de plus en plus fréquemment de nos jours, que des traités entre Etats accordent directement des droits, ou imposerait directement des obligations, aux personnes privées (des traités comme la Convention européenne des droits de l'homme de 1950 ou le traité de Rome de 1957 peuvent être cités ici comme des exemples typiques). Cette question, très délicate, de savoir si telle ou telle disposition d'un traité est « d'effet direct » (ou « self-executing ») concerne l'application des traités dans l'ordre interne et elle sera étudiée plus tard à ce titre (voir *infra,* n° 1198 et s.).

3 — La détermination des effets des traités en fonction de l'intention des parties contractantes : l'interprétation.

G. Berlia : Contribution à l'interprétation des traités. R.C.A.D.I., 1965, vol. 114, p. 283.

362. ***Des principes généraux inhérents au droit des contrats*** — Les règles d'interprétation des traités — ou de tout acte juridique d'ailleurs — relèvent, pour la plupart, de la logique et du bon sens. Grotius et ses successeurs eurent systématiquement recours aux règles dégagées par le droit romain des obligations pour interpréter les traités. Cette influence est restée depuis lors. On ne peut d'ailleurs manquer d'être frappé par leur grande parenté avec les dispositions comparables du code civil français fixant au juge la mission de rechercher la « commune intention des parties » en lui fournissant des règles supplétives d'interprétation (voir les articles 1156 à 1162). Ces principes d'interprétation qui sont pour la plupart — mais pas tous — visés aux articles 31 à 33 de la Convention de Vienne ne sont pas uniquement valables comme guides de la conduite des Etats en l'espèce ; ils sont également applicables — et appliqués — par les arbitres et les juridictions internationales (voir par exemple l'article 36, al. 2 a du Statut de la C.I.J. qui confie expressément à la Cour cette mission d'interprétation des traités).

Reflétant une opinion largement partagée, la Cour Européenne des Droits de l'Homme dans *l'affaire Golder* devait estimer que les articles 31 à 33 de la Convention de Vienne avaient valeur coutumière en « énonçant des principes généraux acceptés de droit international » (pour un commentaire, voir R. Pelloux, A.F.D.I., 1975.330).

La présence et le respect de ces règles d'interprétation sont une nécessité de façon à assurer une application uniforme des dispositions d'un traité. Il convient de ne pas oublier en effet que la justification de tout traité — et du droit international dans son ensemble — est de poser des règles communes ; mais encore faut-il une uniformité de leur application par leurs destinataires.

a) Une interprétation de bonne foi.

(Voir l'étude d'E. Zoller, précitée, en particulier aux pp. 202 et s.).

363. — Cette règle de « bonne foi » domine tout le droit de l'interprétation des traités. A l'évidence, il s'agit d'une notion difficile à préciser. En bref, il est loisible de dire que la « bonne foi » oblige les parties contractantes (ainsi que le juge ou l'arbitre saisi) à interpréter le traité d'une façon raisonnable, en respectant à la fois la règle de droit et la volonté de ses auteurs. Ce principe classique devait connaître une application récente dans la sentence arbitrale du 30 avril 1990 à propos de *l'affaire du Rainbow Warrior* qui opposa la Nouvelle-Zélande à la France (voir R. Pinto, Clunet, 1990.841 et en particulier p. 852).

b) Une interprétation selon le sens ordinaire des mots.

364. — En principe, il faut retenir la signification usuelle des mots, sauf s'ils sont expressément utilisés dans un sens technique ou spécifique déterminé. C'est ce que la C.I.J. eut l'occasion de reconnaître dans les termes les plus clairs dans son avis consultatif de 1950 relatif à « la compétence de *l'Assemblée générale pour l'admission d'un Etat aux Nations unies* » où elle s'exprima ainsi : « la Cour croit nécessaire de dire que le premier devoir du tribunal appelé à appliquer les dispositions d'un traité est de s'efforcer de donner effet, selon leur sens naturel et ordinaire, à ces dispositions prises dans leur contexte. Si les mots pertinents, lorsqu'on leur attribue leur signification naturelle et ordinaire, ont un sens dans leur contexte, l'examen doit s'arrêter là » (Rec. 1950, p. 8).

c) Une interprétation restituée dans son contexte : texte et contexte.

365. ***Usage judiciaire fréquent*** — Le recours « au contexte » est fréquent dans la pratique internationale. C'est ainsi que la C.P.J.I. dans son avis consultatif sur « *la compétence de l'O.I.T. pour la réglementation des conditions du travail dans l'agriculture* » montra très clairement la démarche suivie : « pour examiner la question actuellement pendante devant la Cour, à la lumière même des termes du traité, il faut évidemment lire celui-ci dans son ensemble et l'on ne saurait déterminer sa signification sur la base de quelques phrases détachées de leur milieu et qui, séparées de leur contexte, peuvent être interprétées de plusieurs manières » (Ser. B, n° 2 et 3, p. 23) (1922) (voir aussi dans le même sens l'avis consultatif précité de la C.I.J. de 1950). Dans *l'affaire du temple de Préah-Vihéar,* la C.I.J. eut une nouvelle fois l'occasion de préciser sa doctrine en la matière, ce qu'elle fit dans les termes les plus clairs en affirmant : « la Cour doit appliquer ses règles normales d'interprétation dont la première est, d'après sa jurisprudence bien établie, qu'il faut interpréter les mots dans leur sens naturel et ordinaire dans le contexte où ils figurent » (Exception préliminaire, Rec. 1961, p. 32).

366. ***Préambule et annexes*** — Par « contexte » il convient d'entendre, par exemple, le recours au préambule du traité (voir *l'affaire précitée des ressortissants américains au Maroc* jugée par la C.I.J. en 1952, Rec. 1952, pp. 183-184, 197-198). De même, les « annexes » à un traité forment une partie de ce « contexte » et le juge accordera un grand rôle surtout s'il s'agit de textes ayant valeur interprétative de certaines dispositions conventionnelles ; c'est ainsi que, dans *l'affaire Ambatielos* entre la Grèce et la Grande-Bretagne, la C.I.J. estima que « les dispositions (d'une) déclaration (avaient) le caractère de clauses interprétatives et, comme telles, devaient être considérées comme parties intégrantes du traité » (Exception préliminaire, Rec. 1952, p. 44).

367. ***Limites*** — Il existe cependant une limite à cette méthode d'interprétation du texte d'un traité replacé dans son « contexte » : qu'elle « ne conduise (pas) à des résultats déraisonnables ou absurdes » ainsi que devait le signaler la C.P.J.I. dans son avis consultatif à propos du *« service postal polonais du port de Dantzig »* (ser. B, n° 11, p. 39).

d) L'interprétation en fonction de « l'objet et du but » du traité.

368. — Cette méthode d'interprétation téléologique présente une certaine analogie avec le critère central d'admissibilité des réserves (voir *supra,* n° 312 et s.). Le traité doit ainsi être interprété en fonction de ses finalités. Cette technique d'interprétation des traités particulièrement dynamique, « activiste », a été utilisée plusieurs fois par la C.I.J. (voir *l'affaire* précitée des *« ressortissants américains au Maroc »*, Rec. 1952, pp. 183-184, 197-198 ou celle relative au *« Sud-Ouest africain »* (première phase), Rec. 1962, p. 336, ainsi que dans le domaine des « pouvoirs implicites » des organisations internationales (voir *infra,* n° 962 et s.). La Cour de Justice des Communautés Européennes de Luxembourg, quant à elle, fait un usage quasi-systématique de cette méthode d'interprétation.

e) L'effet utile du traité.

369. ***Invocation fréquente*** — Cette règle d'interprétation est directement empruntée au droit romain qui lui avait donné une formulation claire : *ut res magis valeat quam pereat.* Elle a été souvent invoquée par les juges de La Haye. Dans *l'affaire du détroit de Corfou* qui opposa la Grande-Bretagne à l'Albanie devant la C.I.J. en 1949, la Cour affirma ; « il serait contraire aux règles d'interprétation généralement reconnues de considérer qu'une disposition de ce genre insérée dans un compromis soit une disposition sans portée et sans effet » (Rec. 1949, p. 24). (Pour des reconnaissances antérieures par la C.P.J.I., voir les affaires suivantes : *Acquisition de la nationalité polonaise,* 1923, Ser. B, n° 7, pp. 16-17, E*change des populations* *grecques et turques*, 1925, Ser. B, n° 10, p. 25, *Zones franches de la Haute-Savoie et du Pays de Gex,* 1929, Ser. A, n° 22, p. 13).

370. ***Limite*** — Il existe cependant une limite à cette méthode de « l'effet utile » : elle ne doit pas aboutir, ainsi que le nota la C.I.J. dans son avis consultatif relatif *« à l'interprétation des traités de paix »*, à une contradiction avec « la lettre et l'esprit du traité » (Rec. 1950, p. 229). En effet, dans une telle hypothèse, interpréter un traité contrairement à son sens clair aboutirait alors à le réviser.

f) Interprétation conforme à la « lettre et à l'esprit » du traité.

371. — Ce principe d'interprétation, classique s'il en est, a toujours été utilisé en matière de traités internationaux. Or ce principe, chacun le sait, a des contours et un contenu difficiles à préciser. Une chose est claire cependant : il ne saurait aboutir à « faire dire » à un traité ce qu'il ne dit pas, ce qui serait en modifier le sens. Ainsi que la C.I.J. devait l'affirmer : « la Cour est appelée à interpréter les traités, non à les réviser » (Avis consultatif relatif à *« l'interprétation des traités de paix »*, Rec. 1950, p. 229).

g) L'interprétation stricte des limitations à la souveraineté des Etats.

372. ***Une règle internationale connue de l'ordre intérieur*** — Lorsqu'il s'agit d'interpréter les dispositions d'un traité qui impliquent une restriction à la souveraineté des parties contractantes, il convient de leur donner la portée la plus stricte possible. La raison en est simple : une construction « libérale » entraînerait en effet pour les Etats parties au traité un accroissement de leurs obligations qu'il n'était sans doute pas dans leur intention d'accepter initialement. Or, aucun Etat ne saurait être lié sans son consentement, la capacité de s'engager au niveau international constituant l'une des marques les plus frappantes de l'indépendance, de la souveraineté des Etats. Cette règle constitue en droit international - et pour les mêmes raisons de protection - le pendant de ce principe bien connu dans l'ordre interne selon lequel les dispositions de nature pénale sont d'interprétation stricte.

373. ***Reconnaissance judiciaire*** — La Cour de La Haye eut plusieurs fois l'occasion de rappeler ce principe d'interprétation des traités propres au droit international. Ainsi dans la célèbre *affaire du « Lotus »* qui opposa la France à la Turquie, la C.P.J.I. posa le principe selon lequel les « limitations de l'indépendance des Etats ne se présument pas » (Ser. A, n° 10, p. 18). Dans *l'affaire* précitée *des Zones franches* entre la France et la Suisse, la Cour déclara que « dans le doute, une limitation à la souveraineté doit être interprétée restrictivement » (Ordonnance du 6 décembre 1930, Ser. A, n° 24, p. 12). Plus récemment, dans *l'affaire* déjà citée *des « Essais nucléaires »* français dans le Pacifique, la C.I.J. réaffirma sa position traditionnelle. « Lorsque des Etats font des déclarations qui limitent leur liberté d'action future, dit la Cour, une interprétation restrictive s'impose » (Rec. 1974, p. 267).

Toutefois, cette règle est difficile à réconcilier avec la technique d'interprétation de type finaliste fondée sur l'objet et le but du Traité (voir *supra,* n° 368) : si la première est restrictive, la seconde est incontestablement activiste. On comprend mieux dès lors l'hostilité des défenseurs de la souveraineté de l'Etat à la méthode téléologique d'interprétation des traités.

h) L'interprétation par la pratique ultérieure des parties au traité.

374. ***Une technique classique*** — Le recours à la pratique ultérieure — ou subséquente — des parties contractantes constitue, pour peu, bien entendu, qu'elle soit *concordante*, l'un des moyens les plus classiques et les plus sûrs pour déterminer le sens exact des dispositions d'un traité (voir G. Distefano, La pratique subséquente des Etats parties à un traité, A.F.D.I., 1994.41). Quoi de plus clair en effet que de se référer à la manière dont les parties contractantes appliquent le traité afin d'en apprécier la portée ?

375. ***Pratique judiciaire étendue*** — La Cour de La Haye a fréquemment fait référence à cette méthode d'interprétation. Ainsi, la C.P.J.I., dans son avis consultatif relatif à la *« compétence de l'O.I.T. pour la réglementation du travail des personnes employées dans l'agriculture »*, estima que « si une équivoque avait existé, la Cour, en vue d'arriver à établir le sens véritable du texte, aurait pu examiner la manière dont le traité a été appliqué » (1922, Ser. B, n° 2, p. 38). (Voir aussi dans le même sens l'avis consultatif de la C.P.J.I. dans l'affaire portant sur *« l'interprétation du par. 2 de l'article 3 du Traité de Lausanne »*, 1925, Ser. B, n° 12, p. 24 ; l'arrêt de la même Cour dans l'affaire des *« Emprunts brésiliens »*, 1929, Ser. A, n° 21, p. 119 ; l'arrêt de la C.I.J. dans *l'affaire du détroit de Corfou,* Rec. 1949, p. 25).

376. ***Méthode objective*** — Aux dires de beaucoup, l'interprétation d'un traité au vu de la pratique subséquente des parties contractantes passe pour la méthode la meilleure car la plus « objective ». La C.P.A. dans *l'affaire de « l'indemnité russe »* qui opposa en 1912 la Russie à la Turquie illustra bien cette attitude quand elle affirma que « l'exécution des engagements est, entre Etats, comme entre particuliers, le plus sûr commentaire du sens de ces engagements » (R.S.A. vol. XI.433).

i) Une technique complémentaire d'interprétation : le recours aux « travaux préparatoires ».

377. ***Technique résiduelle*** — Lorsque les techniques précitées d'interprétation des traités n'ont pas donné le résultat escompté, c'est-à-dire lorsque le sens ordinaire des mots replacés dans leur contexte n'apparaît toujours pas d'une façon claire, il est alors loisible de recourir aux « travaux préparatoires ». Par là, on entend se référer aux divers projets qui ont mené à l'adoption du texte, aux interventions orales ou écrites des participants, à l'adoption ou au rejet de certains amendements, etc...

378. ***Pratique judiciaire*** — La Cour de La Haye n'a cessé d'affirmer le caractère « subsidiaire » du recours aux « travaux préparatoires » dans la mesure où certains pays, notamment les pays de « common law » et surtout la Grande-Bretagne, se montrent pour le moins réservés à l'égard de l'emploi de cette technique. C'est ainsi que la C.P.J.I. utilisa les « travaux préparatoires », à titre supplémentaire, pour confirmer le « sens naturel des termes » employés dans un traité (voir l'Avis consultatif relatif à *« l'interprétation de la convention de 1919 relative au travail de nuit des femmes »*, 1932, Ser. A/B, n° 50, p. 380). La C.I.J., dans son avis consultatif sur la *« compétence de l'Assemblée générale pour l'admission d'un Etat membre aux Nations unies »* de 1948 devait bien résumer sa propre position et celle de sa devancière : « La Cour considère le texte suffisamment clair ; partant, elle estime ne pas devoir se départir de la jurisprudence constante de la C.P.J.I., d'après laquelle il n'y a pas lieu de recourir aux travaux préparatoires si le texte d'une convention est en lui-même suffisamment clair » (Rec. 1948, p. 63) (voir aussi pour une autre confirmation, *l'affaire des « Pêcheries islandaises »*, C.I.J. 1973, Rec. p. 56 ainsi que pour une étude d'ensemble, E. Canal-Forgues, Remarques sur le recours aux travaux préparatoires dans le contentieux international, R.G.D.I.P. 1993.901).

379. ***Avertissement final de Vattel*** — A titre de « caveat » final, on ne peut s'empêcher de rappeler le grand principe posé par Vattel, selon lequel « la première maxime générale est qu'il n'est pas permis d'interpréter ce qui n'a pas besoin de l'être ». N'est-ce-pas là suggérer que toute interprétation d'un texte aboutit à sa déformation ?

§ 2 — Les effets des traités à l'égard des Etats tiers.

(Voir en général Ph. Cahier : Le problème des traités à l'égard des tiers. R.C.A.D.I. 1974, vol. 143, p. 589 ; J.F. Prévost. Les effets des traités à l'égard des Etats tiers, Thèse, Paris II, Mult. 1973 ; C. Tomuschat, Obligations arising for States without or against their will, 241, R.C.A.D.I., 1993.195).

380. — En vertu d'un principe général commun au droit des contrats et au droit des traités, les uns et les autres ne sauraient produire des effets en dehors du cercle des parties contractantes : *pacta tertiis, nec prosunt nec nocent.* En droit français, cette maxime est confirmée par l'article 1165 du Code civil. Cependant, dans l'ordre interne comme dans l'ordre international, les exceptions à ce principe sont nombreuses et vont même en s'accroissant ; il s'agit là d'un phénomène particulièrement remarquable dans l'ordre international qui est essentiellement de type « consensualiste ».

1 — L'inopposabilité (l'absence d'effets) des traités à l'égard des Etats tiers.

381. — Ce principe traditionnel, coutumier, est tout naturellement consacré par la Convention de Vienne de 1969. L'article 34 dispose en effet que : « un traité ne crée ni obligations ni droits pour un Etat tiers sans son consentement ». Cette solution est conforme à la souveraineté de l'Etat qui s'exprime ici par l'autonomie de la volonté en matière d'engagements internationaux.

a) La non-imposition d'obligations aux Etats tiers
(art. 35 de la Convention de Vienne).

382. ***Arbitrage de l'Ile des Palmes*** — Il existe une pratique internationale abondante qui n'a cessé de rappeler ce principe. C'est ainsi, par exemple, que dans *l'affaire de l'Ile des Palmes* de 1928, l'arbitre, Max Huber, estima que les traités conclus par l'Espagne avec des Etats tiers et qui reconnaissaient sa souveraineté sur cette île n'étaient nullement « opposables » aux Pays-Bas qui n'y étaient pas partie. « Il semble évident, disait-il, que les traités conclus par l'Espagne avec de tierces puissances et qui reconnaissent sa souveraineté sur les Philippines (dont faisait partie l'Ile des Palmes) ne pouvaient lier les Pays-Bas » (R.S.A., vol. II.830 et ici p. 850).

383. ***Pratique judiciaire*** — La Cour de la Haye, de son côté, eut maintes fois l'occasion de reconnaître l'existence de cette règle fondamentale du droit des traités. Ainsi, dans *l'affaire de la Haute-Silésie polonaise*, la C.P.J.I. devait dire on ne peut plus clairement qu'un « traité ne fait droit qu'entre ceux qui y sont parties » (1926), n° 7, Ser. A, p. 29. Dans *l'affaire des « zones franches »* déjà citée, la Cour estima que l'article 435 du Traité de Versailles ne serait « opposable à la Suisse, qui n'est pas partie à ce traité, que dans la mesure où elle (l'aurait) elle-même accepté » (1932), Ser. A/B, n° 46, p. 141. De même dans son avis consultatif sur la *« juridiction territoriale de la commission internationale de l'Oder »*, la C.P.J.I. arriva à la conclusion que la Convention de Barcelone de 1921 sur les voies navigables d'intérêt international, traité à portée générale s'il en est, n'était pas opposable à la Pologne, ce pays n'y étant pas partie (1929, Ser. A, n° 23, pp. 19-22). Il est à noter que, peu auparavant, la C.P.J.I. avait également estimé que le Pacte de la S.D.N. n'était pas opposable à l'égard d'un Etat non membre, en l'occurrence l'U.R.S.S. : voir *l'affaire de la Carélie Orientale*, 1923, Ser. B, n° 5, pp. 27-28. (Ici on ne peut s'empêcher de noter l'évolution du droit : dans *l'affaire Bernadotte* déjà citée de 1949, la C.I.J. reconnut que la « personnalité internationale objective » de l'O.N.U. s'imposait — et était donc opposable —aux pays non membres, en l'espèce Israël ; voir aussi *infra,* n° 962). Plus près de nous, dans *l'affaire de « l'incident aérien du 27 juillet 1955 entre la Bulgarie et Israël »,* la Cour estima que l'article 36, par. 5 de son Statut ne « possédait aucune force de droit pour les Etats non signataires », ici la Bulgarie (Rec. 1959, p. 138).

384. ***Exceptions*** — Cette règle selon laquelle un Etat ne saurait se voir imposer une obligation au titre d'un traité auquel il n'est pas partie, souffre deux séries d'exceptions. Tout d'abord, cet Etat peut avoir formellement ou implicitement accepté d'être lié par une telle obligation. De plus, certains traités, en raison de leur nature « objective », pourront créer des obligations à l'encontre des tiers et en dehors de leur volonté (voir *infra*, n° 392 et s.).

b) La non-reconnaissance de droits aux Etats tiers (art. 36 de la Convention de Vienne).

385. ***Principe complémentaire*** — Il s'agit là d'un principe complémentaire, corollaire du précédent. Il est lui aussi confirmé par une pratique constante. C'est ainsi que dans *l'affaire de l'Ile de Clipperton* qui vit la France et le Mexique se soumettre à l'arbitrage du roi d'Italie afin de déterminer le titulaire de la souveraineté sur cet îlot du Pacifique, l'arbitre refusa au Mexique le droit de se prévaloir contre la France des dispositions de l'Acte général de Berlin de 1885 relatif aux conditions d'occupation des territoires faute d'être partie à cette Convention (R.S.A., vol. 2.1105). Dans *l'affaire des « forêts du Rhodope Central »* qui opposa la Grèce à la Bulgarie, l'arbitre Unden estima que la Grèce ne pouvait demander à bénéficier pour ses nationaux de certains avantages que s'étaient réciproquement accordés des Etats tiers dans un traité international auquel elle n'était pas elle-même partie : « n'étant pas signataire du traité de Constantinople, (la Grèce) n'avait pas de base juridique pour faire une réclamation appuyée sur les stipulations matérielles de ce traité » (R.S.A., vol. III.1405, ici p. 1417) (en l'espèce, un traité ultérieur, le traité de Neuilly, devait donner à la Grèce cette base légale).

386. ***Accord du bénéficiaire*** — Sans doute est-il possible que des droits soient accordés à des Etats tiers au titre d'un traité international : toutefois, le bénéficiaire doit avoir donné son accord. Le droit international est moins rigoureux quant à la manifestation extérieure de son consentement dans un tel cas puisque l'Etat tiers va bénéficier d'un droit et non se voir imposer une obligation : ainsi, l'absence d'objection de la part du bénéficiaire pourra suffire à démontrer son consentement.

387. ***Pseudo-exceptions*** — Ceci étant, à titre d'exception au principe de la non-reconnaissance de droits conventionnels aux Etats tiers, on cite fréquemment la « stipulation pour autrui » et la « clause de la nation la plus favorisée ». Signalons dès maintenant que, à notre sens du moins, il ne s'agit pas d'exceptions à la règle « pacta tertiis » : ces deux clauses ont un fondement contractuel et nécessitent pour jouer l'acceptation du bénéficiaire qui, dans de telles conditions, peut difficilement être qualifié de « tiers » par rapport au traité initial, même s'il n'y est pas directement « partie ».

I. — La stipulation pour autrui.

388. ***L'affaire des zones franches*** — L'existence possible en droit international de cette institution bien connue de l'ordre interne qu'est la « stipulation pour autrui » fut discutée dans *l'affaire* précitée des *« zones franches »* qui opposa la France à la Suisse devant la C.P.J.I. en 1932. La Cour s'abstint de trancher cette question qui n'était d'ailleurs pas nécessaire pour régler ce différend : en l'espèce, la Suisse était bien le bénéficiaire d'une disposition de l'acte final du

Congrès de Vienne de 1815 qui avait institué à son profit des « zones franches » afin d'augmenter « l'hinterland » économique de la ville de Genève et elle avait expressément donné son consentement à l'octroi de tels droits économiques ; de plus, par la suite, la Suisse avait acquis des droits contractuels sur ces zones à la suite de traités passés en 1815-1816 avec le Piémont-Sardaigne, traités qui ne furent jamais abrogés (Ser. A/B, n° 46, pp. 144-149). La confusion en la matière vint de certains « obiter dicta » de la Cour qui alimentèrent les controverses doctrinales, jusqu'à la codification de Vienne. Tout d'abord, la C.P.J.I., dans son « ordonnance » de 1929, devait estimer qu'elle n'avait pas à se pencher sur l'existence en droit international du principe des « stipulations en faveur des tierces parties » (Ser. A, n° 22, p. 20). Mais, dans son arrêt de 1932, la Cour introduisit quelque incertitude dans ce domaine. Elle s'estima tout d'abord fondée à dire que l'article 435 du Traité de Versailles n'avait pas pu avoir pour effet d'abroger le régime des zones franches à l'égard de la Suisse qui n'y était pas partie ; une telle abrogation, pour être licite, devrait recueillir l'accord formel de la Suisse. Ce faisant, la Cour précisait « qu'elle n'avait pas besoin de considérer la nature juridique de la zone de Gex du point de vue de savoir si elle constituait une stipulation en faveur d'une tierce partie ». Mais elle ajoutait ce passage : « on ne saurait facilement présumer que des stipulations avantageuses à un Etat tiers aient été adoptées dans le but de créer en sa faveur un véritable droit. Rien cependant n'empêche que la volonté d'Etats souverains puisse avoir cet objet et cet effet. L'existence d'un droit acquis en vertu d'un acte passé par d'autres Etats qui ont stipulé en faveur d'un autre Etat ont entendu créer pour lui un véritable droit que ce dernier a accepté comme tel » (p. 147). Aux termes de ces réflexions embarrassées de la Cour, il est loisible de conclure que, pour elle, la stipulation pour autrui n'était pas nécessairement étrangère au droit international mais que sa présence ne pouvait être qu'exceptionnelle en raison des conditions posées difficiles à remplir : que les parties contractantes aient clairement manifesté l'intention d'accorder un « véritable droit » à un Etat tiers et que celui-ci l'ait accepté.

389. ***Solution de la Convention de Vienne*** — La Convention de Vienne devait adopter une position raisonnable en la matière dans son article 36. Elle reconnaît en effet la possibilité pour les parties contractantes d'un traité d'accorder un (ou des) droit(s) au profit d'Etat(s) tiers. L'Etat bénéficiaire devra y consentir, son accord étant présumé en l'absence d'indication contraire. Toute modification ultérieure de ce droit implique le consentement de l'Etat tiers bénéficiaire (sauf, toutefois, si le traité conférant ce droit en dispose autrement).

II. — La clause de la nation la plus favorisée.

390. ***Une disposition conventionnelle*** — Il s'agit là d'une disposition conventionnelle (très fréquente dans la pratique) selon laquelle deux (ou plusieurs) Etats décident de s'étendre mutuellement le bénéfice du traitement le plus favorable qui viendrait à être accordé par l'un d'entre eux dans l'avenir à un pays tiers. Cette clause de généralisation des avantages acquis dans le temps a pour but de lutter contres les pratiques discriminatoires et ainsi d'assurer une totale égalité de traitement entre les étrangers sur le territoire des Etats qui se sont accordés le bénéfice d'un tel régime (voir D. Carreau et P. Juilliard, Droit international économique, *op. cit.,* n° 572 et s.).

391. ***Des liens conventionnels préexistants*** — Plus encore que dans le cas précédent, il est loisible de douter que cette clause de la nation la plus favorisée constitue bien une exception à la règle « pacta tertiis » dans la mesure où toutes les parties en cause sont liées par des liens conventionnels : il n'existe ici véritablement aucun Etat « tiers », chaque bénéficiaire d'avantages en trouvant la source dans un traité antérieur. Et ce résultat juridique correspond fort bien au jeu de la clause qui est d'éviter les discriminations entre les divers partenaires. De surcroît, la portée de la clause est strictement limitée au domaine sur lequel les Etats contractants ont pris des engagements précis : ainsi dans *l'affaire de l'Anglo-Iranian* qui opposa la Grande-Bretagne à l'Iran devant la C.I.J. en 1952 (Rec. 1952, p. 93), la Cour fit remarquer que la Grande-Bretagne n'était pas fondée à invoquer les dispositions d'un traité irano-danois de 1934 portant, *inter alia*, sur le règlement des différends entre les deux pays, en vertu de la clause de la nation la plus favorisée contenue dans des traités anglo-iraniens de 1857 et 1903 au motif que ces traités portaient sur des questions commerciales et non de juridictions. Autrement dit, c'est bien montrer le lien indissociable qui existe entre le jeu de cette clause et les rapports contractuels établis par les parties contractantes : la clause ne joue qu'à l'intérieur de ces limites précises.

En bref, la clause de la nation la plus favorisée constitue une modalité d'application particulière des traités dans le temps. Elle ne consiste pas en une exception au principe de l'effet relatif des traités.

2 — L'opposabilité des traités aux Etats tiers : les traités « objectifs ».

392. ***Développement marquant*** — Il s'agit là de l'un des développements les plus marquants du droit international contemporain : des obligations internationales d'origine conventionnelle peuvent être imposées aux Etats en dehors de leur consentement.

393. ***Différence avec la règle coutumière*** — Il ne faut pas confondre cette situation avec celle, classique, visée à l'article 38 de la Convention de Vienne visant le cas de dispositions conventionnelles qui deviennent obligatoires pour les pays tiers dans la mesure où elles se sont ultérieurement cristallisées en norme de type coutumier. Il en va de même en cas de traité « codifiant » des règles coutumières antérieures. Il n'y a pas là des exceptions au principe « *pacta tertiis* » : en effet, le caractère obligatoire de telles normes internationales trouve son fondement dans la coutume et non dans des traités ; de plus, il ne saurait y avoir de parties « tierces » en présence d'une règle coutumière générale ou universelle sous peine d'en nier l'existence même (voir aussi, *infra,* n° 650).

394. ***Affaire du Plateau continental de la mer du Nord***— Ces principes généraux ont été bien mis en lumière lors de *l'affaire du plateau continental de la Mer du Nord* lorsque la C.I.J. eut à apprécier la portée de la règle de l'équidistance. La Cour raisonna logiquement en deux temps : elle se posa d'abord la question de savoir si la convention de Genève de 1958 sur le plateau continental avait codifié une règle coutumière existante ; après avoir répondu négativement à cette première interrogation, la C.I.J. dut se prononcer sur les développements ultérieurs du droit international en la matière et sur la consécration éventuelle de la règle de l'équidistance en tant que norme coutumière — et là encore la Cour s'estima fondée à répondre d'une manière négative.

395. ***Dérogation au consensualisme*** — Que des obligations conventionnelles internationales puissent s'imposer à des Etats tiers en dehors de leur consentement constitue à l'évidence une dérogation marquée au consensualisme. Il existe actuellement un nombre croissant de traités qui possèdent une validité « erga omnes » dans la mesure où ils établissent des « régimes » généraux, objectifs, qui servent les intérêts de la communauté internationale dans son ensemble.

I.— Traités établissant des « statuts » territoriaux.

396. ***Exemples*** — Certains traités multilatéraux établissent le statut international d'un pays déterminé ou d'une région. C'est ainsi que la Suisse reçut un statut international d'Etat neutre à perpétuité lors du Congrès de Vienne de 1815 ; l'Autriche se trouve dans la même situation à la suite du traité d'Etat de 1955. Récemment un continent entier, l'Antarctique, a reçu un statut international — sans doute provisoire — lors de la conclusion en 1959 d'un traité entre les puissances (12) qui s'y étaient de tout temps intéressés en envoyant des missions d'exploration ou en maintenant des installations permanentes (on doit d'ailleurs signaler qu'une convention de 1980 sur la flore et la faune marines est venue compléter le Traité de 1959 sur l'Antarctique). Ce statut de l'Antarctique se caractérise par la démilitarisation de ce continent, la liberté de recherche scientifique et la coopération internationale (voir A. Gandolfi, « Le système antarctique », Paris, PUF, Que sais-je ?, n° 2511). Fréquemment, dans le passé, des villes ou des régions (la mer Noire par exemple) ont été « démilitarisées ». Dans tous ces cas, l'analyse maintenant admise est que ces traités, en raison de leur nature propre et de leur portée, produisent des effets en dehors du cercle des parties contractantes et qu'ils sont opposables aux Etats tiers. Concrètement, cela signifie que si, par exemple, un Etat décide d'envoyer une mission scientifique dans l'Antarctique, il devra respecter les termes du traité « constitutif » de 1959 quand bien même il n'y est pas partie (voir sur ce point, R.J. Dupuy, Le traité sur l'Antarctique, A.F.D.I., 1960, p. III et s.).

397. ***Le précédent : l'affaire des Iles d'Aaland*** — Ce caractère objectif de tels traités, leur opposabilité « erga omnes » furent pour la première fois reconnus par la « commission de juristes » qui eut à connaître de *l'affaire des Iles d'Aaland* en 1920 avant la constitution de la C.P.J.I. (voir J.O., S.D.N., 1920, suppl. n° 3). Les Iles d'Aaland avaient été démilitarisées en 1856 lors d'un traité conclu entre la France, la Grande-Bretagne et la Russie. En 1920, la Finlande nouvellement indépendante reçut la souveraineté sur ces îles jusqu'alors sous juridiction russe. La Suède, pays voisin, soutenait que cette démilitarisation des îles devait continuer en dépit du changement de souveraineté ; autrement dit, la Suède estimait qu'elle possédait un droit à la continuité de ce statut de démilitarisation et donc qu'une obligation correspondante pesait sur la Finlande. La commission de juristes trancha en faveur de la thèse suédoise. Elle estima en effet que les stipulations du Traité de 1856 « dépassaient la portée d'intérêts purement suédois. Il s'agissait, ajouta la Commission, d'un intérêt européen provenant de la grande importance stratégique de l'archipel d'Aaland ». Elle ajouta que « les puissances (avaient) en effet dans de nombreux cas depuis 1815 et notamment lors de la conclusion des traités de paix, cherché à établir un véritable droit objectif, de vrais statuts politiques dont les effets se (faisaient) sentir en dehors même du cercle des parties contractantes » (p. 17 et s.). De plus, la Commission de juristes devait faire plusieurs fois référence au « caractère d'un règlement affectant les intérêts européens », à la « nature objective du règlement », au « droit européen » pour justifier sa solution.

Plus récemment la sentence arbitrale du 9 octobre 1998 rendue entre l'*Erythrée et le Yemen* à propos d'un différend territorial sur certaines îles de la Mer Rouge devait reprendre la même approche. Elle devait en effet reconnaître que l'article 16 du Traité de Lausanne du 24 juillet 1923 sur la succession de l'Empire Ottoman et selon lequel la turquie renonçait aux droits et titres territoriaux situés en dehors de ses nouvelles frontières avait un "effet *erga omnes* auquel on ne pouvait opposer le principe du *"res inter alios acta*", c'est-à-dire de l'effet relatif des traités (voir les § 153 et 162 de la sentence telle que rapportée in A.J.I.L. 1998.668).

II. — Traités établissant les « statuts » de voies de communication internationales.

398. — De nombreux fleuves internationaux ont reçu dans le passé un « régime » international (le Rhin, le Danube, le Congo, le Sénégal, pour ne citer que quelques exemples). Il en a été de même pour les canaux transocéaniques (Suez, Panama). L'analyse effectuée précédemment est également applicable à ces situations et pour les mêmes raisons. De surcroît, il est possible d'invoquer l'autorité de la C.P.J.I. dans ce domaine particulier des voies d'eau internationales. En effet, dans *l'affaire du « Wimbledon »* déjà citée, la Cour, en notant que le Traité de Versailles, dans son article 380, avait fait du Canal de Kiel une voie d'eau internationale, estima que « cet accès plus aisé à la Baltique » avait été institué « pour le profit de toutes les nations du monde » (Ser. A, n° I, p. 22).

III. — Traités établissant une nouvelle « entité » internationale.

399. ***Statuts territoriaux*** — Certains traités multilatéraux peuvent donner naissance à un Etat et lui donner un statut particulier (tel fut le cas de la Belgique en 1831 ou de la ville libre de Dantzig en 1919 pour se limiter à deux exemples bien connus). D'autres sont susceptibles de créer une « institution » internationale au sens où ce concept était entendu par Maurice Hauriou (mécanismes juridiques organisés poursuivant une mission bien définie d'intérêt général) : ainsi le système des « mandats » créés par la S.D.N. auxquels la C.I.J. devait reconnaître le caractère d'institutions objectives dans ses divers avis consultatifs rendus à propos du *« Sud-Ouest africain »* ; en particulier, dans son avis consultatif de 1950, la Cour estima que le mandat sur le « Sud-Ouest africain » continuait à exister en dépit de la disparition de la S.D.N. à cause de la permanence des objectifs et de la raison d'être du mandat (Rec. 1950, pp. 128, 133).

400. ***Création d'organisations internationales*** — Surtout, certains traités multilatéraux sont constitutifs « d'organisations internationales », entités dérivées mais dotées d'une personnalité propre. Pour la plus universelle d'entre elles, l'O.N.U., la C.I.J. devait lui reconnaître une « personnalité internationale objective », opposable de ce chef aux Etats non membres qui ne sont ainsi pas fondés à en nier l'existence avec toutes les conséquences juridiques qui s'ensuivent. Dans son avis consultatif de 1949 souvent cité relatif à *« l'affaire du comte Bernadotte »* (ou *« réparation des dommages subis au service des Nations unies »)*, la Cour devait s'exprimer dans les termes d'anthologie suivants « la Cour est d'avis que cinquante Etats, représentant une très large majorité des membres de la communauté internationale, avaient le pouvoir, conformément au droit international, de créer une entité possédant une personnalité internationale objective et non pas simplement une personnalité reconnue par eux seuls... » (Rec. 1949, p. 185). *Mutatis mutandis,* cette analyse de la C.I.J. est applicable aux autres organisations internationales.

IV - Traités concernant certains types d'armes.

400 bis. — Depuis longtemps, la communauté internationale s'est préoccupée de certains types d'armes soit pour les interdire soit pour les réglementer en raison de leurs effets dévastateurs individuels et collectifs. Il est ici loisible de penser que les conventions passées en la matière possèdent une portée plus large que celle des Etats qui y sont parties en ce qu'elles s'imposent *erga omnes.*

C'est ainsi par exemple que certaines armes « classiques » utilisées dans le passé devaient être farouchement prohibées (balles explosives par les Déclarations de Saint-Péterbourg du 11 décembre 1868 et de La Haye du 29 juillet 1989) ; armes empoisonnées ou projectiles causant des maux superflus par la Convention de La Haye du 18 octobre 1907 sur « les lois et coutumes de la guerre » (article 23), ou encore plus récemment les armes à effets traumatiques excessifs par le premier protocole à la Convention du 10 octobre 1980 ainsi que les pièges divers, par le deuxième protocole à cette même Convention. Il en va de même pour l'interdiction de l'usage des *armes chimiques* (Protocole de Genève du 17 juin 1925), de la mise au point ou de la fabrication d'*armes biologiques* (Protocole de Genève de 1925 précité, modifié par la Convention du 10 avril 1972 prescrivant la destruction des stocks existants) ou encore de toute technique visant à modifier l'environnement à des fins militaires ou hostiles (Convention du 18 mai 1977).

Si la *licéité des armes nucléaires* ne saurait être juridiquement contestée (voir l'avis consultatif de la C.I.J. du 8 juillet 1996 sur la « licéité de la menace ou de l'emploi d'armes nucléaires »), en revanche ont été interdits *erga omnes* les essais nucléaires dans l'atmosphère (Traité de Moscou du 5 août 1963) ainsi que la non-prolifération nucléaire (Traité du T.N.P. du 1er juillet 1968 conclu initialement pour vingt-cinq ans et maintenant prorogé sans limite de temps) tandis que certaines régions ont été conventionnellement dénucléarisées (l'Antarctique par le Traité du 1er décembre 1959, l'espace extra-atmosphérique par le Traité du 27 janvier 1967, les fonds marins par le Traité du 11 février 1971, l'Amérique latine et les Caraïbes par le Traité de Tlatelolco du 14 février 1967 et le Pacifique sud par le Traité de Rarotonga du 6 août 1985).

v. — L'opposabilité aux Etats « minoritaires » de révisions de traités décidées par une « large majorité ».

401. — Dans certains cas, rares il est vrai, il peut se faire que des traités multilatéraux puissent être révisés par une majorité seulement de parties contractantes (il en va souvent ainsi pour les « chartes constitutives » des organisations internationales), cette révision étant « opposable » dans ses effets aux Etats de la « minorité ». On se trouve là en présence d'hypothèses où des Etats vont se trouver liés par des dispositions d'un traité en l'absence — et parfois même à l'encontre — de leur consentement (voir aussi *infra,* n° 422 et s.). Sur le plan formel, il est loisible de faire valoir qu'en décidant de devenir partie à un traité, chaque Etat en a accepté toutes les conséquences de droit — y compris celle de se voir opposer une révision à laquelle il serait hostile.

§ 3 — La modification des traités (art. 39-41 de la Convention de Vienne).

(Voir Do Nascimiento e Sylva E.G., le facteur temps et les traités, R.C.A.D.I., 1977, vol. 154, p. 215 ; J. Leca, Les techniques de révision des conventions internationales, Paris L.G.D.J., 1961 ; Poch de Caviedes, De la clause rebus à la clause de révision des conventions internationales, R.C.A.D.I., 1966, vol. 117, p. 105).

402. ***Terminologie*** — Sur le plan de la terminologie, on notera que les expressions « révisions », « modifications » ou « amendements » recouvrent la même réalité et peuvent être employées l'une pour l'autre.

403. ***Problème délicat*** — La modification des traités constitue l'un des problèmes les plus importants mais aussi des plus délicats pour l'ordre international ; à savoir l'ajustement des traités et de leur contenu à la réalité et aux besoins changeants de la société internationale. Ce « changement pacifique » (peaceful change) est particulièrement difficile à réaliser dans l'ordre international qui ne dispose pas, comme l'ordre interne, d'un « législateur centralisé » compétent et à même de modifier et adapter la législation en fonction des besoins et désirs de la communauté nationale.

404. ***Pacte de la S.D.N.***— Pour la première fois dans l'histoire, le pacte de la S.D.N. avait abordé cette question et prévoyait, dans certains cas limités, la possibilité de réviser les traités. L'article 19 disposait en effet que : « L'Assemblée (pouvait), de temps à autre, inviter les membres de la Société à procéder à un nouvel examen des traités devenus inapplicables ainsi que des situations internationales dont le maintien pourrait mettre en péril la paix du monde ». Cette disposition tomba rapidement en désuétude et fut privée de tout effet. Ainsi, en 1925-1929, la Chine demanda en vain la révision des « traités inégaux » qui lui avait été imposés pendant tout le XIXe siècle par la Russie et les puissances occidentales.

405. ***Charte de l'ONU*** — La Charte de l'O.N.U. devait suivre une approche plus prudente encore. L'article 14 donne en effet le pouvoir à l'Assemblée générale de « recommander les mesures propres à assurer l'ajustement pacifique de toute situation, quelle qu'en soit l'origine, qui lui semble de nature à nuire au bien général ou à compromettre les relations amicales entre nations... ». Cette disposition, pourtant timide, n'eut pas plus de succès que la précédente et pour les mêmes raisons : craintes d'une instabilité dans les relations conventionnelles internationales, risques de frapper de précarité de nombreux traités, dangers de voir des Etats tentés de remettre en cause par ce biais des traités leur imposant des obligations à leur avis devenues trop lourdes à remplir...

406. ***Situation paradoxale*** — Enfin, à titre général, on notera que la matière n'est pas exempte de paradoxe, voire de contradiction : alors que la procédure de révision des traités demeure fondée sur le consensualisme, sur la libre volonté des Etats, afin de respecter leur souveraineté, en revanche les effets de ces révisions sont parfois drastiques dans la mesure où elles vont pouvoir s'imposer à toutes les parties contractantes, y compris aux « minoritaires »...

1 — Les procédures de révision des traités.

a) Le principe fondamental : l'interdiction des révisions unilatérales.

407. — Il s'agit là d'un principe coutumier qui a été formellement reconnu comme tel par le Traité de Londres du 13 mars 1871 relatif à la démilitarisation de la Mer Noire. Celle-ci avait été organisée par le Traité de Paris du 30 mars 1856. Or, le 31 octobre 1870, le ministre russe des Affaires étrangères envoyait une note aux parties contractantes du Traité de 1856 pour leur signifier que la Russie entendait mettre fin unilatéralement à ce régime de démilitarisation. Devant les fermes protestations émises par les autres parties contractantes, une conférence se tint à Londres en janvier 1871 qui, si elle donna satisfaction sur le fond à la Russie, n'en rappela pas moins ce principe essentiel du droit international que la révision d'un traité ne peut se faire qu'à l'amiable par accord entre les parties contractantes. « C'est un principe essentiel de droit international, affirma solennellement la Conférence de Londres, qu'aucune puissance ne peut s'affranchir des obligations d'un traité, ni modifier ses dispositions, autrement qu'avec l'assentiment des parties contractantes obtenu au moyen d'un consentement amical ».

b) Les révisions formelles.

408. — Ses modalités sont, en général, prévues par le menu dans les clauses finales des traités. Elles en précisent les conditions de forme (initiatives, organes compétents pour se prononcer sur la demande de révision, délais...) et de fond (dispositions soumises ou non à révision, mécanismes d'adoption, entrée en vigueur, effets...). Ici, le problème essentiel — pour les traités multilatéraux bien entendu — est celui relatif aux conditions de prise des décisions nécessaires pour que l'amendement soit adopté : il a bien évidemment une incidence directe sur les effets de la révision à l'égard des parties contractantes.

Deux systèmes sont ici possibles : la révision à l'unanimité ou seulement à la majorité des parties contractantes.

I. — L'obligation d'unanimité.

409. ***Obligation classique*** — On est ici en présence d'une obligation classique qui ne connaissait pas d'exception dans un passé pas si lointain. La révision d'un traité nécessitait alors l'accord de toutes les parties contractantes afin de respecter leur souveraineté s'exprimant par leur consentement exprès à être liées. Cette obligation qui relevait d'une conception exclusivement volontariste du droit international a prévalu pendant longtemps et l'on en rencontre encore des traces — bien qu'atténuées — de nos jours.

410. ***Obligation limitée*** — Cette obligation d'unanimité est toujours exigée pour réviser des traités de nature politique, militaire ou instituant des intégrations régionales (il en va ainsi pour les dispositions du Pacte atlantique de 1949 du défunt Pacte de Varsovie de 1955 ou du Traité de Rome de 1957). L'unanimité peut aussi être requise lorsqu'il s'agit de modifier certaines dispositions particulièrement importantes d'un traité (voir par exemple l'article XXVIII b des Statuts du F.M.I. qui énumère les dispositions qui ne peuvent être amendées qu'à l'unanimité). Ou encore, l'unanimité de certains Etats seulement peut être exigée : tel est le système retenu par la Charte de l'O.N.U. qui rend obligatoire l'accord des « cinq membres permanents » pour toute révision ou amendement (voir les articles 108 et 109). (Il est à noter que le Pacte de la S.D.N. retenait une solution différente : l'article 26 prévoyait que chaque membre de la Société était libre de ne pas accepter un amendement éventuel, mais si celui-ci était adopté à la majorité requise, un tel Etat cessait *ipso facto* de faire partie de la Société).

II. — Les révisions majoritaires.

411. ***Phénomène contemporain*** — On est ici en présence d'un phénomène contemporain qui s'est révélé inévitable. Sa nécessité est due tout d'abord à l'élargissement de la société internationale qui a vu une prolifération du nombre des Etats, ce qui rend d'autant plus improbable — ou difficile —l'obtention de l'accord de tous. Ensuite, il existe de nouvelles techniques d'élaboration des traités au sein de conférences ou d'organisations internationales prévoyant l'adoption du texte à la majorité (en général, une majorité qualifiée élevée : 2/3 ou 3/4 des participants) et cela en raison de la multiplicité des Etats et de leur hétérogénéité. Dès lors, en application du principe du parallélisme des formes, la révision du traité peut — et parfois doit — se faire dans les mêmes conditions.

412. ***Règle de droit commun*** — La révision majoritaire est maintenant la règle générale dans l'ordre international, au moins « universel ». Elle est en effet présente aussi bien dans la Charte de l'O.N.U. (art. 108 et 109) que dans les traités constitutifs des seize institutions « spécialisées » qui constituent la « famille des Nations unies » — notamment au sein des organisations internationales économiques où les prises de décision s'effectuent selon un système de pondération des voix — F.M.I. ou Banque Mondiale (voir *infra*, n° 616). Cette procédure majoritaire de révision des traités, sans doute inévitable, entraîne des incidences sérieuses à l'égard des parties contractantes « minoritaires » (voir *infra*, n° 422 et s.).

c) Les révisions implicites :
la pratique ultérieure (subséquente) des Etats.

413. ***Refus de la conférence de Vienne*** — La C.D.I. avait proposé dans son projet sur le droit des traités que ceux-ci puissent être révisés d'une manière implicite, en fonction de la pratique suivie par les parties contractantes. Cette proposition ne fut pas retenue lors de la Conférence de Vienne, les participants ayant craint de légitimer ainsi une pratique qui pourrait se révéler dangereuse pour la stabilité des liens contractuels ; la majorité des pays qui adoptèrent cette position voulurent aussi sauvegarder le droit de contrôle de leurs autorités nationales constitutionnellement compétentes pour engager l'Etat sur le plan international et apprécier les obligations internationales de l'Etat telles qu'elles pourraient résulter d'un amendement aux traités concernés.

414. ***Pratique contraire*** — Pourtant, la pratique internationale reconnaît bien cette possibilité de modification des termes d'un traité à la suite du comportement ultérieur des parties contractantes en appliquant les dispositions d'une « certaine » manière. Non seulement la pratique subséquente des parties contractantes sert à interpréter les termes peu clairs d'un traité (voir *supra,* n° 374 et s.), mais elle est aussi susceptible de les modifier en même temps qu'elle crée une situation de « forclusion » — ou « estoppel » — qui empêche la partie contractante considérée de revenir sur un engagement donné dans un sens ainsi éclairé (voir *infra,* n° 565 et s.).

415. ***L'affaire du temple de PréahVihéar***— Dans *l'affaire* souvent citée *du « Temple de Préah-Vihéar »*, la Cour attacha la plus grande importance à la pratique suivie par le Siam (Thaïlande) et arriva à la conclusion que, par son comportement constant, ce pays avait conforté le titre du Cambodge sur les parcelles territoriales faisant l'objet du litige.

416. ***L'arbitrage aérien franco-américain*** — Dans l'arbitrage du 22 janvier 1964 entre les Etats-Unis et la France relatif à « l'interprétation de l'accord aérien du 27 mars 1946 », les arbitres donnèrent le plus grand poids à la pratique ultérieure des parties contractantes. « Une telle conduite, affirma la sentence, peut en effet entrer en ligne de compte non pas simplement comme un moyen utile aux fins d'interprétation de l'accord, mais comme quelque chose de plus : à savoir comme source possible d'une modification ultérieure découlant de certains actes ou de certaines attitudes et touchant la situation juridique des parties et les droits que chacune d'elles pourrait légitimement faire valoir » (R.G.D.I.P. 1965.246).

417. ***L'affaire de la Namibie*** — Ce refus de la Conférence de Vienne de 1969 d'admettre la pratique ultérieure des parties comme technique éventuelle de modification des traités d'une manière « implicite » est déconcertant dans la mesure où il était loisible de considérer cette méthode comme étant déjà de droit positif. Ce refus est également paradoxal si l'on considère que la pratique ultérieure a été expressément retenue comme l'un des moyens d'interprétation des traités (voir *supra*, n° 374 et s.).

Il convient en outre de signaler dès maintenant qu'une coutume peut fort bien modifier une règle conventionnelle pré-existante : ainsi, dans son avis Consultatif sur *la Namibie* de 1971, la CIJ devait admettre une modification coutumière des dispositions de la Charte de l'O.N.U. concernant les conditions d'adoption des résolutions du Conseil de Sécurité en estimant que l'abstention d'un membre permanent n'était pas contraire à l'exigence d'un « vote affirmatif » posée par l'Article 27, alinéa 3 de la Charte (voir *infra*, n° 664).

d) Les révisions limitées à certaines parties contractantes.

418. ***Libre choix*** — L'article 41 de la Convention de Vienne prévoit expressément la possibilité de révisions limitées à certaines parties contractantes seulement. Tout ici est matière de volonté de ces dernières.

419. ***Effet relatif*** — Au cas où le traité en cause aurait prévu une telle possibilité, le principe demeure que les modifications apportées ne sauraient lier que les parties contractantes qui y auraient consenti et ne sauraient affecter les droits et obligations des autres parties contractantes. La règle « pacta tertiis » joue pleinement dans une telle hypothèse. Cette situation n'est pas à confondre avec celle des révisions « majoritaires » qui peuvent parfois s'imposer à toutes les parties contractantes (voir *infra*, n° 422 et s.). Ces « révisions partielles » constituent, comme les « réserves » (voir *supra*, n° 312 et s.), un nouvel exemple de la divisibilité des traités, du morcellement des liens juridiques établis par un même traité entre les diverses parties contractantes. Cependant, alors que dans le cas des « réserves », ce morcellement s'expliquait par le désir d'assurer au traité en cause l'audience la plus large aux dépens de sa « qualité intrinsèque », ici la préoccupation est autre : ces révisions partielles relèvent du désir d'un certain nombre de pays — peut-être minoritaires — d'améliorer les dispositions conventionnelles en ce qui les concerne.

2 — Les effets de la révision.

420. — En principe, les révisions ne lient que les Etats qui les ont acceptées, explicitement ou implicitement. Aucune difficulté particulière ne se pose si l'entrée en vigueur de la révision est soumise à l'accord de toutes les parties contractantes. Il n'en va plus de même en cas d'application de la règle « majoritaire ». Deux systèmes sont alors envisageables : soit les Etats « minoritaires » ne se trouvent pas liés par le nouveau texte amendé du traité et le régime juridique institué se trouve fractionné ; soit la révision va avoir valeur obligatoire pour toutes les parties contractantes, y compris les « minoritaires ».

a) L'inopposabilité de la révision aux « minoritaires ».

421. — Telles est la solution classique, conforme à la souveraineté des Etats et au principe consentualiste selon lequel un Etat ne saurait être lié qu'en vertu d'un acte émanant de sa seule volonté. Dès lors, la révision ne lie que les parties contractantes qui y ont souscrit dans les formes requises. Il en résultera un fractionnement des liens contractuels établis par le traité : les parties contractantes ne seront pas soumises au même régime juridique, certaines n'étant tenues que par le texte initial du traité, d'autres par sa version modifiée ultérieurement. Telle est la situation qui existe pour les parties contractantes du G.A.T.T. par exemple ; inutile de dire que, dans une telle hypothèse, il devient souvent extrêmement difficile d'apprécier la portée exacte d'un traité et de savoir « qui est lié par quoi ».

En bref, toutes proportions gardées, on se trouve devant un autre exemple de « divisibilité » des traités qui n'est pas sans rappeler celui des « réserves ». Dans de telles hypothèses, le régime juridique créé par le traité en cause connaîtra « plusieurs vitesses ».

b) L'opposabilité de la révision aux « minoritaires ».

422. ***Refus initial*** — Dans le passé, une telle éventualité apparaissait comme inacceptable. Pourtant, ce fut la C.P.J.I. qui montra la voie dans *l'affaire « Oscar Chinn »* qui opposa la Belgique à la

Grande-Bretagne en 1934. Elle admit en effet que la Convention de Saint-Germain de 1919 ait pu modifier l'Acte général de Berlin « *erga omnes* » c'est-à-dire même à l'égard des Etats qui avaient la qualité de parties contractantes en 1885 et qui ne l'avaient plus en 1919. Si elle avait suivi l'approche traditionnelle, la Cour aurait dû reconnaître que la Convention de Saint-Germain de 1919 ne liait que les Etats qui y étaient parties contractantes et demeurait sans effet à l'égard de ceux qui ne l'étaient pas et entendaient s'en tenir aux dispositions de l'Acte général de Berlin de 1885. Cette position « en flèche » de la Cour suscita de vives controverses à l'époque : elle justifia d'ailleurs les critiques que lui adressèrent les juges minoritaires dans leurs opinions dissidentes (Ser. A/B, n° 63).

423. ***Acceptation contemporaine*** — Maintenant, cette situation devient de plus en plus fréquente. Son explication est identique à celle qui préside à l'existence de « traités objectifs » (voir *supra*, n° 392 et s.) s'imposant à tous en dépit du principe consensualiste. On est là en présence d'une véritable « législation internationale » qui, en raison de son importance, doit s'imposer à tous, « minoritaires » inclus.

Ceci étant, deux systèmes sont possibles à l'égard des « minoritaires », soit l'opposabilité « partielle », ce qui est le cas le plus fréquent, soit l'opposabilité « totale », ce qui demeure très exceptionnel.

I. — L'opposabilité partielle.

424. — Une telle solution est prévue par les Chartes constitutives des organisations internationales techniques à portée universelle. Les révisions du traité constitutif, une fois qu'elles sont entrées en vigueur à la suite de leur approbation par la majorité requise, deviennent obligatoires pour tous les pays membres, y compris les minoritaires. Cependant, il existe une « soupape de sûreté » qui permet de parler de l'opposabilité seulement « partielle » de ces amendements : le droit de retrait de l'organisation dont bénéficient les « minoritaires ». Ce droit de retrait de l'organisation concernée constitue la sauvegarde ultime de la souveraineté et de l'autonomie du consentement des pays de la minorité. Mais, force est de constater qu'il s'agit là d'une satisfaction bien théorique : les pays « minoritaires » n'ont en effet que le choix fort délicat entre le retrait de l'organisation avec la perte de tous les avantages que cela entraîne et la renonciation à leurs conceptions politiques et juridiques en la matière. Dès lors, il n'est pas surprenant que, placés devant une telle alternative, les Etats préfèrent rester dans l'organisation pour continuer à bénéficier de ses services, quitte à se trouver liés par des dispositions nouvelles sans ou même contre leur consentement. De plus, ce faisant, les Etats ne respecteront pas leurs obligations constitutionnelles internes dans la mesure où, par exemple, l'autorisation du Parlement est requise avant que l'Etat ne puisse valablement s'engager sur le plan international (pour une application récente à la France, lors du deuxième amendement aux Statuts du Fonds Monétaire International entré en vigueur le 1er avril 1978, voir D. Carreau, note *in* R.G.D.I.P. 1979.209). Dans sa décision du 29 avril 1978 — D. 1979.451, note L. Hamon — le

Conseil Constitutionnel n'y vit rien à redire estimant que cette conséquence découlait de la ratification initiale par la France des Statuts du F.M.I. (voir aussi *supra*, n° 401).

II. — L'opposabilité totale.

425. — Dans cette hypothèse, les Etats minoritaires se trouvent dans l'obligation d'accepter les révisions de la Charte constitutive de l'organisation et cela sans possibilité d'excercer un droit de retrait. Tel est le système retenu — le seul à notre connaissance — par la Charte de l'O.N.U.. Lorsque les révisions et amendements (art. 108 et 109) entrent en vigueur après avoir été définitivement acceptés par les deux tiers des pays membres (y compris les cinq membres « permanents » du Conseil de Sécurité), les nouvelles dispositions deviennent alors opposables à tous les autres membres des Nations unies. Ceux-ci ne disposent pas de la possibilité de se retirer de l'organisation, le droit de retrait de l'O.N.U. ayant été expressément exclu afin de ne pas affaiblir l'organisation mondiale ainsi que l'avait clairement montré le précédent fâcheux de la S.D.N. Toutefois, il convient de signaler que, pour une partie de la doctrine, le seul cas où un Etat serait juridiquement fondé à se retirer de l'O.N.U. serait celui où une modification aurait été apportée à la Charte et qu'il refuserait de reconnaître comme obligatoire. Non seulement une telle analyse n'est pas conforme à la lettre même de la Charte, mais elle est aussi contraire à son esprit et à la reconnaissance de l'existence « objective » *erga omnes*, de l'O.N.U. par la Cour Internationale de Justice (v. à ce propos F. Dehousse, *Le droit de retrait aux Nations unies*, R.B.D.I. 1965, p. 30 et 1966, p. 8).

§ 4 — La terminaison des traités.

426. — Ces questions sont abordées par la Convention de Vienne dans les sections 3, 4 et 5 — art. 54-72 — de la partie v, la seule, on le rappelle, qui possède une valeur impérative.

Quatre séries de phénomènes différents peuvent amener un traité à prendre fin : l'expiration, la dissolution, l'extinction et la nullité.

1 — L'expiration.

427. ***Passage du temps*** — A ce titre, un traité peut prendre fin soit en raison du facteur « temps », soit par la présence d'une clause portant condition résolutoire.

Le facteur « temps » constitue la cause la plus fréquente d'expiration d'un traité. En effet, la plupart des traités sont conclus pour des périodes limitées. Une fois celle-ci atteinte, le traité cesse d'être en vigueur et perd sa force obligatoire — sauf cas de prorogation ou renouvellement qui nécessite l'accord des parties contractantes. Tel est par exemple le cas du traité de Paris de 1951 donnant naissance à la C.E.C.A. et qui était conclu pour une durée de cinquante ans à compter de son entrée en vigueur.

428. ***Condition résolutoire*** — Si une clause du traité a expressément introduit une « condition résolutoire », lorsque celle-ci survient, elle fait tomber l'existence et la force obligatoire de ce traité. C'est ainsi, par exemple, qu'un traité peut prévoir qu'il cessera automatiquement d'être en vigueur si le nombre des parties contractantes tombe au-dessous d'un certain niveau : l'article 9 (2) de la Convention du 20 février 1957 sur la nationalité des femmes mariées prévoit que le traité cessera d'être en vigueur à compter du jour où le nombre des parties contractantes tombera en dessous de 6. De même, l'accord européen du 1er mai 1971 complétant la Convention de Vienne de 1968 sur la sécurité routière prévoit qu'il cessera d'être en vigueur si le nombre des parties contractantes tombe au-dessous de 5.

2 — La dissolution.

a) La dissolution par consentement mutuel.

429. ***Explicite*** — Celle-ci peut se produire d'une manière explicite : les parties contractantes décident d'un commun accord que le traité est dissous parce qu'il n'a plus de raison d'être. Ce phénomène de rescision est assez rare dans la vie internationale.

430. ***Implicite*** — La dissolution d'un traité peut aussi se produire d'une manière implicite, ce qui est le plus souvent le cas. Ainsi, les parties contractantes vont conclure un nouveau traité qui couvre un domaine identique et qui va ainsi se trouver substitué à l'ancien : celui-ci va être, si ce n'est annulé, du moins supplanté par le second ; il y a là au niveau international application de ce principe bien connu de l'ordre interne de la « lex posterior ». Parfois encore, le traité devient caduc, car tombé en désuétude ; toutefois, une telle situation est difficile à prouver et il n'existe aucune pratique internationale qui ait clairement reconnu un tel cas.

A l'inverse, l'invocation par une partie d'un traité conclu, depuis très longtemps — plusieurs siècles — et jamais formellement abrogé est susceptible de soulever de très graves difficultés. C'est ainsi que lors des discussions sur le rapatriement de la constitution canadienne, dans les années 1970, le Premier Ministre de la Province de Québec envisagea de demander à la France de faire des démarches auprès de la Grande-Bretagne afin d'obtenir le respect des termes du traité de cession du Canada à l'Angleterre de 1763 où la population locale se voyait garantir des droits culturels et religieux menacés — à son avis — par la nouvelle constitution. Moins sérieusement, la Reine d'Angleterre ne fit que surprendre ses hôtes lors d'une visite officielle en Algérie effectuée en octobre 1980 en faisant allusion à un traité d'amitié de 1765 qu'elle estimait toujours en vigueur.

b) La dissolution du lien contractuel par l'exercice du droit de retrait : la dénonciation.

431. ***Solutions conventionnelles*** — La dénonciation, pour être légalement possible, doit avoir été prévue par le texte du traité. La plupart des traités dans leurs « clauses finales » prévoient avec précision les modalités d'exercice de ce droit de retrait ou de dénonciation (conditions, délais, notifications, prise d'effet...). Pourtant, certains traités sont conclus à « perpétuité », pour l'éternité, et ne prévoient aucune possibilité de retrait ou dénonciation. Il s'agit, le plus souvent, des chartes constitutives d'organisations internationales : il en va ainsi, par exemple, pour la Charte de l'O.N.U. ou le Traité de Rome de 1957. Dans ces conditions, les pays membres ne sont juridiquement pas fondés à se retirer de l'organisation par le biais d'une dénonciation — impossible — du traité qui l'a institué.

432. ***Solutions intermédiaires*** — Parfois, certains traités, là encore ceux qui donnent naissance à une organisation internationale, prévoient une situation intermédiaire où il peut être décidé que certaines obligations conventionnelles seront « suspendues » pendant une certaine période pour faire face à une situation de crise par exemple (voir l'article XXIII et XXVII section I des Statuts du F.M.I.). Dans le même sens, un pays membre peut aussi être autorisé, à titre provisoire, à ne plus respecter telle ou telle de ses obligations conventionnelles (voir l'article XXV du G.A.T.T. par exemple). (Sur ces situations intermédiaires, voir J. Gold, The « dispensing » and « suspending » powers of international organizations, Netherlands Int. Law Rev. 1972, n° 2.169).

3 — L'extinction.

F. Capotorti. L'extinction et la suspension des traités, R.C.A.D.I., 1971, vol. 134, p. 417).

433. — Il s'agit là d'un phénomème rare qui se produit dans des cas marginaux. Un traité peut s'éteindre à la suite de la disparition d'une des parties contractantes : tel est le cas des traités bilatéraux conclus par des Etats qui « disparaissent », absorbés par un autre ; tel est le cas de la République Démocratique Allemande qui connut quarante années d'indépendance avant sa fusion-absorption avec la République Fédérale d'Allemagne en 1990. Le traité peut aussi s'éteindre en raison de la « disparition » de l'objet du traité : tel sera le cas d'un traité sur la pêche dans une certaine région si les bancs de poissons disparaissent, d'un traité prévoyant la construction d'un barrage sur un fleuve qui devient « sec », d'un traité prévoyant des travaux sur une île qui se trouve submergée.

4 — La nullité.

(Voir en général, J. Verhoeven, Les nullités du doit des gens, Publications de l'I.H.E.I., Droit international I, Paris, Pedone, 1981).

434. — Les hypothèses dans lesquelles l'annulation d'un traité peut se produire sont relativement nombreuses. Nous les avons déjà rencontrées pour la plupart et l'on se contentera de les signaler d'une manière schématique. Deux situations sont à distinguer selon que les traités en cause sont susceptibles d'être annulés ou, au contraire, sont directement frappés de nullité

a) L'annulabilité des traités.

I. — La sanction des vices du consentement.

435. — La présence de certains vices du consentement est susceptible d'entraîner la nullité d'un traité au cas où elle serait invoquée par la partie contractante « trompée » (voir *supra*, n° 333 et s.).

II. — La survenance de la guerre.

436. — Le déclenchement des hostilités armées entre deux Etats ne met pas nécessairement fin à tous les traités conclus entre eux dans le passé. La guerre est toutefois susceptible de conduire à l'annulation de certains traités (surtout ceux de caractère « politique ») (voir sur cette question délicate, Lord Mc Nair, The law of treaties, *op. cit.*, pp. 695-728).

b) L'annulation des traités.

I. — L'inexistence des traités.

437. — Tel est le cas de traités qui, lors de leur conclusion, se révèlent contraires à une « norme impérative du droit international » *(jus cogens)* (voir *supra*, n° 178 et s.).

Tel est également le cas des traités conclus sous la contrainte (voir *supra*, n° 340 et s.). Il convient ici de rappeler que ce sont là les seuls vices du contentement qui frappent directement et automatiquement un traité de nullité absolue, *ab initio*.

II. — L'annulation immédiate.

438. — Il en va ainsi lorsqu'un traité déjà conclu se révèle contraire à une nouvelle « norme impérative du droit international » *(jus cogens)* : un tel traité devient alors nul, *ex-nunc*, sans rétroactivité (voir *supra*, n° 179).

Il en va également ainsi à l'égard des traités exclusivement conclus pour le temps de paix lorsqu'il y a déclenchement des hostilités militaires à la suite d'une déclaration de guerre.

§ 5 — L'application des traités.

439. — (Ce problème sera examiné au titre de la IIIe partie à propos de « l'application du droit international »).

CHAPITRE II

LES ACCORDS PASSÉS ENTRE ET PAR DES AUTORITÉS NON ÉTATIQUES

I. — Accords infra-étatiques.

(Voir O. Audéoud, Les collectivités infra-étatiques dans la vie internationale, in S.F.D.I. Colloque de Nancy, Paris, Pedone, 1994.139, G. Burdeau-Bastid, Les accords conclus entre autorités administratives ou organismes publics de pays différents, Mélanges Reuter, Paris, 1981, 103 et J. Ferstenbert, Droit et pratique de l'action extérieure des collectivités locales, Rev. Jur. du Centre-Ouest, n°s 1-2, 1988 ; dans un cadre purement français, voir la circulaire du 12 mars 1987 relative à l'action extérieure des collectivités territoriales, J.O. 16 mai 1987.5391 ; c'est ainsi que le Tribunal administratif de Nouméa devait, à juste titre, décider que la Nouvelle-Calédonie, n'avait pas compétence pour conclure un traité international A.F.D.I., 1986.925 ; I. Hannequart, l'Etat fédéré en droit international, Thèse, Tours, 1990 et l'étude du Conseil économique et social, n° 1496, 1992, sur les relations extérieures des régions et collectivités locales en vue d'une amélioration des échanges économiques).

440. — De très nombreux « cas de figure » sont ici possibles. Il faut tout d'abord signaler que des « personnes morales de droit public interne » autres que l'Etat ont la possibilité, dans la limite de leurs compétences, de conclure des « accords internationaux ». Ainsi des entités aussi différentes que des villes, des universités, des administrations ferroviaires ou des banques centrales ont ce pouvoir. Il est clair que l'Etat n'est pas lié par de tels accords sauf si ces institutions ont la capacité de l'engager et ont reçu cette mission : tel est certainement le cas, par exemple, des banques centrales. C'est ainsi par exemple que la Banque de France peut participer « à des accords monétaires internationaux » après autorisation du Ministre de l'économie (art. 2, al. 4 de la loi du 4 août 1993). Il est clair également que tous ces accords sont étroitement contrôlés par l'Etat national : ils sont le plus souvent passés en application de traités tendant à promouvoir la coopération la plus large entre les parties contractantes et ils doivent toujours recevoir l'approbation de l'Etat en tant qu'autorité de tutelle (jumelages entre villes, accords inter-universitaires...). Tous ces accords ont en commun de relever, pour tout ou partie, du droit international — ce qui ne veut pas dire pour autant que le droit des traités leur soit applicable (s'il est loisible de penser que ce dernier s'applique aux accords « nationaux » conclus par des « démembrements » de l'Etat comme les banques centrales ou les administrations postales ou ferroviaires lorsque celles-ci disposent d'une personnalité propre indépendante de celle de l'Etat, il n'en va certainement pas de même pour les accords « locaux » passés par des collectivités décentralisées du type régions, villes ou universités).

II. — Accords passés par des institutions intergouvernementales.

441. — Il existe en outre un très grand nombre « d'accords » entre « personnes morales de droit public international » — c'est-à-dire tous ces sujets de droit « dérivés » créés à la suite d'accords intergouvernementaux que sont les organisations internationales et les établissements publics internationaux chargés de gérer un « service public » déterminé pour le compte d'une communauté d'Etats —. Les Etats passent de nombreux accords avec les organisations internationales pour régler leurs relations et modes de coopération (accords de siège, sur les privilèges et les immunités diplomatiques...). Ils concluent également des « accords » avec des établissements publics internationaux : ainsi la France passa des conventions de « comptes d'opérations » avec les Banques centrales des Etats de l'Afrique de l'Ouest et de l'Afrique centrale en 1973 au titre des mécanismes de coopération monétaire de la « zone franc ». Les organisations internationales passent entre elles de nombreux accords pour régler leurs relations. En bref, toutes ces entités publiques internationales ont la capacité de conclure des « accords » bilatéraux ou multilatéraux au titre de leur personnalité internationale. Le régime juridique applicable à ces accords est relativement simple : en effet, il est possible de poser en règle générale que le droit des traités tel qu'il a été codifié par la Convention de Vienne de 1969 gouverne ces accords — avec des adaptations bien entendu — . Il est d'ailleurs à noter que le projet de convention retenu par la C.D.I. à propos des « traités » conclus par les organisations internationales va dans ce sens (voir aussi le rapport de R.J. Dupuy à l'Institut de Droit International, session de Rome, 1973, p. 214 et s.). Sans doute, toutes les solutions du droit des traités interétatiques ne sont-elles pas entièrement transposables. Ces institutions disposent d'une compétence limitée d'attribution : tout accord conclu par elles « au-delà » serait affecté de nullité (il y a là une nouvelle condition de validité des « traités » qui n'existe pas pour les Etats dans la mesure où ils disposent de la « plénitude des compétences » ; en revanche, un « accord » passé en dehors de la sphère de compétence de l'institution considérée est nul « *ab initio* »). En outre, la procédure de conclusion de ces accords est simplifiée par rapport à celle existant en matière de traités entre Etats : la compétence de négociation appartient à l'organe exécutif (la Commission de la C.E.E. par exemple), l'approbation définitive relevant de l'organe « législatif » — c'est-à-dire politiquement le plus important — (par exemple le Conseil des ministres de la C.E.E.). Dans la mesure où pour l'essentiel, le droit applicable à ces accords entre entités internationales qui ont en commun d'avoir reçu un statut « public » est le droit des traités inter-étatiques examiné précédemment on renverra au chapitre précédent.

III. — Accords transnationaux ou mixtes.

442. — En revanche, il existe d'autres situations où des accords sont passés entre des sujets du droit international de nature fort différente quant à leur « statut ». Les Etats et les organisations internationales passent des « accords » nombreux avec des personnes privées ; des personnes privées elles-mêmes vont conclure des accords qui vont profondément affecter la vie internationale et même les relations entre Etats. Est-on là en présence de réelles « sources » du droit international ? Le droit international est-il applicable à ce type de relations ? Telles sont les questions auxquelles on s'efforcera de répondre et qui demeurent très controversées en doctrine.

Section I

Les accords conclus entre Etats et personnes privées étrangères

(Au sein d'une bibliographie maintenant considérable, on recommandera particulièrement P. Weil, Problèmes relatifs aux contrats passés entre un Etat et un particulier, R.C.A.D.I., 1969-III, 95, t. 128 ; du même auteur, Droit International et contrats d'Etat *in* Mélanges Reuter, 1981, p. 549 ; G. Van Hecke, Les accords conclus entre un Etat et une personne privée étrangère, I.D.I. Session d'Oslo, 1977 ; D. Berlin, Le régime juridique international des accords entre Etat et ressortissants d'autres Etats, Thèse Paris I, 1981 ; J.M. Jacquet, l'Etat opérateur du commerce international, Clunet, 1989.621. Ch. Leben, Quelques réflexions théoriques à propos des contrats d'Etat, in Mélanges Kahn, Paris, Litec 2000, p. 119).

443. ***Contrats internationaux*** — On est ici en présence d'accords, de contrats, qui ont des « points de rattachement avec plusieurs systèmes juridiques » (M. Fontaine, *in* Le contrat économique international, *op. cit.*, p. 25), ou, pour reprendre une expression analogue utilisée par le Professeur Dupuy, dont « tous les éléments ne sont pas localisés sur le même territoire » (*Texaco/Calasiatic c/Gouvernement* *libyen),* sentence arbitrale du 19 janvier 1977, Clunet 1977.350, ici § 22, dite « sentence Dupuy ».

444. ***Pluralité*** — Ces accords sont extrêmement nombreux et recouvrent des situations fort diverses qu'il conviendra d'essayer de clarifier (§ 1). Tous posent cependant le même — et très délicat — problème juridique : quel est le droit applicable à ce type de relations conventionnelles ? (§ 2). Après bien des hésitations et controverses doctrinales et jurisprudentielles, il semble maintenant se dégager un nouveau « corpus juridicum » en la matière avec la naissance d'un véritable « droit international des contrats internationaux » dont nous tenterons de donner les grandes lignes (§ 3).

§ 1 — Typologie des accords.

Ils présentent une grande diversité aussi bien dans leur objet et leur nature que leur portée.

1 — Diversité d'objet.

445. — Ces accords sont susceptibles de porter sur la fourniture de biens (à usage civil ou militaire), de services (contrats d'études, d'assistance technique, de louages de services divers), sur l'exploitation des richesses naturelles locales (concessions), la gestion de services publics (contrats de concession ou d'exploitation), la construction de travaux publics (routes, ports...). Ils peuvent avoir un objet exclusivement financier (emprunts). Ils peuvent être constitutifs d'entreprises communes (joint ventures) entre l'Etat (ou ses démantèlements) et une personne privée étrangère. Ils peuvent avoir un « objet de souveraineté » : ainsi des accords d'indemnisation des actionnaires étrangers à la suite d'une nationalisation (voir l'accord entre la Mauritanie et les porteurs de parts étrangers dans *l'affaire de la Miferma* — A.F.D.I. 1976, Chronique de droit international économique, 619) : ainsi encore des accords dits « d'autolimitation » ou de « restriction volontaire aux exportations » entre des producteurs privés et des gouvernements nationaux qui s'avèrent particulièrement nombreux dans le domaine de l'automobile, de l'électronique ou de la sidérurgie (voir I. Bernier, Les ententes de restriction volontaire à l'exportation en droit international économique, Ann. Can. de Dr. Int. 1973.48).

2 — Diversité de nature.

446. ***Caractère "public" des participants*** — Les participants n'ont pas toujours le même statut juridique, du moins du coté « public ». Certains accords sont conclus par les Etats centraux ou fédéraux ; d'autres par des collectivités locales ou autres entités publiques (villes, établissements publics).

447. ***Actes de commerce et actes de souveraineté*** — Certains accords sont conclus par les Etats à des fins commerciales directes (actes de « jure gestionis ») d'autres le sont dans l'exercice de leur souveraineté (actes de « jure imperii ») — ainsi des *accords d'indemnisation du type Miferma* ou *des accords d'autolimitation.*

448. ***Actes civils, commerciaux et administratifs*** — Dans certains systèmes de droit de tels accords sont de nature exclusivement civile ou commerciale, alors que dans d'autres, beaucoup seraient qualifiés « d'administratifs » (tel est le cas de la France et des pays qui s'inspirent de sa tradition juridique).

3 — Diversité de portée.

449. ***Durée variable*** — Certains sont d'exécution instantanée — ou quand instantanée — tels que les achats directs de biens et marchandises. D'autres, en revanche, s'exécutant sur de nombreuses années (concessions, création d'entreprises « conjointes »...). Certains ont une importance économique faible, d'autres portent sur des millions ou milliards de francs.

450. ***Accords de développement économique*** — Enfin, on voit actuellement apparaître une catégorie particulière d'accords à portée globale et de longue durée : les « accords de développement économique ». *La sentence Dupuy* en officialise l'existence et les caractérise par leur « objet particulièrement ample », « leur objectif de coopération » entre l'Etat hôte et l'entreprise privée étrangère, leur longue durée et enfin la présence de « clauses de stabilisation » (par. 45). Une sentence arbitrale américaine subséquente devait expressément faire sienne une telle analyse (voir *Revere Copper and Brass v. O.P.I.C.* du 24 août 1978, texte *in* I.L.M. 1978, 1321, et en particulier ici les pp. 1334-1335).

451. ***Des accords internationaux*** — Sans doute, de telles distinctions se rencontrent-elles dans les ordres juridiques internes ou relèvent-elles de considérations de pur fait. En tant que telles, elles ne sauraient avoir une incidence sur la nature juridique de ces accords « internationaux » et le droit qui leur est applicable. Toutefois, il y a là des éléments non négligeables dans la mesure où ils vont tempérer ou accentuer l'internationalisation de ces contrats ce qui sera susceptible d'entraîner des qualifications et des solutions juridiques différentes.

§ 2 — La problématique juridique : le droit applicable à ces contrats « transnationaux ».

452. — Il y a eu ici une évolution marquée du droit. Si, initialement, de tels contrats relevaient nécessairement d'une loi nationale quelconque, en revanche, il est maintenant admis qu'ils peuvent être appréhendés par le droit international si, du moins, les parties en décident ainsi.

1 — Le point de départ : la soumission au droit interne.

Telle est la solution « classique » donnée aussi bien par le droit international que par le droit interne.

a) Le droit international : les positions de la Cour de La Haye.

453. ***L'affaire des emprunts serbes et brésiliens de 1929*** — Dans *l'affaire des « emprunts serbes et brésiliens »* de 1929, la C.P.J.I. devait adopter une position de principe qui semblait clore à jamais le débat. « Tout contrat, affirmait la Cour, qui n'est pas un contrat entre des Etats en tant que sujets du droit international a son fondement dans une loi nationale » (Ser. A, n° 20, p. 41). Toutefois, la *« sentence Dupuy »* devait noter — ce qui avait rarement été fait auparavant — que la formulation de la C.P.J.I. n'était peut-être pas aussi stricte que l'on avait pu le penser et qu'elle n'excluait pas que le droit international puisse régler ce type de situations en cas de conventions ou de coutumes établissant des règles « communes » en la matière (voir § 27).

454. ***L'affaire de l'Anglo-Iranian de 1952*** — Dans *l'affaire de « L'Anglo-Iranian »* de 1952, la C.I.J. eut l'occasion de revenir sur cette question, bien que d'une manière moins directe. Elle affirma que le « fait que (ce) contrat de concession fît l'objet d'un rapport au Conseil (de la S.D.N.) et se trouv(ât) dans ses archives, n'en transform(ait) pas les termes en ceux d'un traité liant le gouvernement de l'Iran envers le gouvernement du Royaume-Uni » (Rec. 1952, p. 112). Ce « dictum » de la Cour est incontestable : il est clair — et il n'a jamais été soutenu — qu'un tel « contrat international » — ici une concession — puisse revêtir la « valeur » d'un traité international entre Etats. Il s'agit d'un acte d'une nature juridique différente. Le contrat de concession liait le gouvernement iranien à cette société britannique : le gouvernement britannique n'y était pas partie et ne pouvait se prévaloir de ses termes à l'encontre de l'Iran. Néanmoins, sa violation aurait pu justifier l'exercice de sa protection diplomatique par la Grande-Bretagne, mais cette question de fond ne fut jamais abordée par la C.I.J. qui ne connut de cette affaire qu'au seul titre des exceptions préliminaires.

455. ***Le refus d'un tiers-ordre juridique*** — En bref, cette jurisprudence de la Cour de La Haye était couramment citée pour affirmer l'inexistence — voire l'impossibilité — d'une nouvelle catégorie juridique, à savoir celle d'un « droit international des contrats internationaux ». Autrement dit, les actes conventionnels à portée internationale ne pouvaient être soumis qu'à l'un ou l'autre des régimes juridiques suivants : soit il s'agit de « conventions » entre Etats et alors ce sont les règles du droit international « public » qui s'appliquent à commencer par celles relatives aux traités ; soit, il s'agit de conventions entre « personnes autres », et alors ce sont des règles purement nationales qui s'appliquent, les difficultés de détermination de la loi nationale applicable étant tranchées en vertu des principes du droit international privé (conflit de lois), lui-même une branche du droit interne des Etats.

b) La confirmation par le droit interne : l'exemple de la Cour de cassation française.

456. ***L'affaire de Messageries Maritimes de 1950*** — Dans la célèbre *affaire des Messageries Maritimes*, la Cour de cassation reprenait et généralisait le principe posé en 1929 par la C.P.J.I. Elle affirmait en effet que « tout contrat international (était) nécessairement rattaché à la loi d'un Etat » (Cass. civ. 21 juin 1950, D. 1951.749, note Hamel).

457. ***Une thèse récurrente*** — Il est à noter que cette thèse classique est encore soutenue de nos jours : telle fut la position de la Yougoslavie dans *l'affaire Losinger* (C.P.J.I. n° 78, série C., p. 32), celle de la Norvège dans *l'affaire des Emprunts norvégiens* (C.I.J. 6 juil. 1957, Rec. 1957, p. 9). Nombre de pays « en voie de développement » la défendent également actuellement (voir P. Weil, *op. cit*, p. 117).

2 — L'évolution contemporaine : la « délocalisation » ou l'internationalisation reconnue des contrats.

Cette évolution est très nette aussi bien au niveau international qu'interne.

a) La pratique internationale.

458. — Une « certaine » pratique internationale reconnaît la soumission au droit international des contrats entre Etats et personnes privées étrangères : de nombreux arbitrages vont dans ce sens, de même que des résolutions de l'Assemblée Générale des Nations unies ou même que des traités entre Etats.

I. — La pratique arbitrale.

459. — D'assez nombreuses sentences arbitrales, certaines déjà anciennes et d'autres très contemporaines, ont admis que certains contrats entre Etats et personnes privées étrangères, en raison de leur contenu et caractéristiques propres, avaient été « internationalisés », ce qui entraînait leur soumission au droit international et non plus au seul droit national de l'Etat co-contractant.

460. — Les sentences les plus marquantes en ce sens ont été les suivantes : *Lena Goldfields c. U.R.S.S.* Ann. Dig. 1930, n° 1 et 258 ; *Petroleum Development Ltd c. Souverain d'Abu Dhabi*, 1951, I.L.R. 1951, 144 & I.C.L.Q. 1952.247 ; *Marine Oil Cy c. Souverain de Quatar*, 1953, I.L.R. 1953.534 ; *Sapphire c. N.I.O.C.*, 1958, Ann. Suis. Dr. Int. 1962.273 ; *Aramco c. Arabie Saoudite*, 1958, A.F.D.I. 1961.300 ; Sentence Dupuy précitée de 1977 ; Sentence Revere précitée de 1978. (Voir P. Weil (*op. cit.*) pour une liste détaillée à laquelle il convient d'ajouter quelques arbitrages pétroliers récents rendus, notamment, à la suite des nationalisations libyennes : sur ces derniers, voir B. Stern, Trois arbitrages, un même problème, trois solutions, Rev. Arb. 1980.3 ; voir également les sentences *Aminoil c. Koweit in*

Clunet 1982.869 avec une note de Ph. Kahn, A.F.D.I. 1982.454, note G. Burdeau et, pour une vue partiellement critique, F.A. Mann. The Aminoil arbitration, B.Y.B.I.L. 1984.213 et *Framatome c. Atomic Energy Organization of Iran in* Clunet 1984.37 avec une note B. Oppetit).

II. — La pratique des Nations unies.

461. — Le 14 décembre 1962, l'Assemblée Générale des Nations unies adopta à l'unanimité une résolution relative à la « souveraineté permanente sur les ressources naturelles » qui semblait bien représenter — du moins à l'époque — l'état du droit le plus communément accepté lorsqu'elle affirmait que « les accords relatifs aux investissements étrangers librement conclus par des Etats souverains ou entre de tels Etats seront respectés de bonne foi » (par. 8). Dans la sentence Dupuy précitée, l'éminent professeur ne pouvait s'empêcher de noter que ce texte plaçait « sur le même pied les accords entre Etats et ceux conclus par un Etat et des entreprises privées étrangères » (par. 68). Sans doute, par la suite, le consensus en la matière n'allait plus durer ainsi que le montrent à l'évidence les diverses résolutions « onusiennes » de 1974 relatives au « nouvel ordre international économique ». Toutefois, l'on ne peut que se ranger à l'avis de la « sentence Dupuy » et y voir des « déclarations d'ordre politique plutôt que juridique » (par. 88 et, en général les par. 80-91). Au demeurant, il convient de remarquer que, dans leur pratique nationale et internationale, les Etats du « Tiers-monde » sont loin de donner effet à de telles prises de position « militantes ».

III. — La pratique conventionnelle : la convention B.I.R.D. de 1965.

462. — La très importante convention du 18 mars 1965 pour le « règlement des différends relatifs aux investissements entre Etats et ressortissants relevant d'autres Etats » conclue sous les auspices de la Banque Mondiale et depuis lors en vigueur entre une grande majorité d'Etats (132 au 1er juillet 2000) établit un mécanisme d'arbitrage pour régler de tels litiges. Un organisme particulier, le Centre International pour le Règlement des Différends sur les Investissements (C.I.R.D.I.) a été constitué à cet effet. Il va de soi que le Centre tranchera les litiges dont il aura été saisi à la lumière du droit international et non du seul droit national de l'Etat en cause (voir *infra*, n° 1422 et s.).

b) La pratique interne : l'évolution de la jurisprudence française.

463. — La Cour de cassation en France devait suivre une évolution parallèle à celle de l'ordre international. Dans *l'affaire Hecht,* très remarquée en son temps, la Cour de Paris avait posé en principe que le rattachement d'un contrat international à une loi nationale ne « s'impos(ait) que pour ce que les parties ne décid(aient) pas autrement » (19 juin 1970, J.C.P. 1971.2.16927, note Goldman — pourvoi rejeté par la Cour de cassation, Cass. civ. I, 4 juillet 1972, Clunet, 1972.843, note Oppetit). Dans un arrêt ultérieur, la Cour de Paris allait nettement confirmer ce « nouveau cours » en déclarant que « compte tenu de l'autonomie de la clause compromissoire, celle-ci (était) valable, indépendamment de la référence à toute loi étatique » (Paris, 13 décembre 1975, Rev, Crit. de d.i.p., 1976.507 avec une note Oppetit).

§ 3 — La naissance d'un « droit international des contrats internationaux ».

464. ***Remarques liminaires*** — Avant d'étudier les sources et les grandes lignes du contenu de ce « troisième ordre juridique » situé entre l'ordre interne et l'ordre inter-étatique, il convient de présenter trois remarques en forme de « caveat ».

465. ***Rôle de l'autonomie de la volonté des Parties*** — Dire que les contrats internationaux peuvent être soumis au droit international ne signifie pas pour autant qu'ils le sont automatiquement, ou qu'ils « doivent » l'être. Ceci dépend en effet de la volonté des parties : celles-ci ont le choix entre la soumission de leurs engagements contractuels au droit de l'Etat co-contractant (soit exclusivement, soit complété par le droit international), au droit interne d'un Etat tiers (cas assez fréquent) soit purement et simplement au « droit international » (hypothèse assez rare).

466. ***Absence d'assimilation aux traités*** — Dire que les contrats internationaux sont soumis au droit international ne signifie pas pour autant qu'ils changent de nature et qu'ils accèdent au rang et à la qualité de « traités ». Sur ce point, le refus d'une telle assimilation tel qu'il a été exprimé par la C.I.J. dans *l'affaire de l'Anglo-Iranian* doit être pleinement approuvé. Sans doute, et tel est bien là le point troublant, y a-t-il de nombreuses identités matérielles, fonctionnelles, entre les « traités inter-étatiques » et certains contrats « transnationaux » : cependant, on est là en présence de deux actes juridiques de nature différente. Cette question se trouva soulevée dans une fort intéressante affaire dont la Cour d'Appel des Etats-Unis eut à connaître *(Consumers Union of U.S. Inc. v. Kissinger,* U.S. Court of Appeals, District of Columbia, 1974.506 F. 2d.136, Cert. denied, 421 U.S. 1004, 95 S.Ct 2406). La Cour américaine dut se pencher sur des « lettres d'intention » entre le Secrétaire d'Etat de l'époque et l'Association des producteurs européens et japonais d'acier pendant la période 1968-1974 aux termes desquelles les seconds s'engageaient à limiter leurs exportations d'acier aux Etats-Unis, ce dernier pays s'engageant dans ces conditions à ne pas augmenter les droits de douane sur l'acier ou à introduire des contingentements. Si les juges de la majorité s'abstinrent de qualifier juridiquement ces actes « mixtes » (undertakings, statements of intent), en revanche le juge de la minorité arriva à la conclusion qu'il s'agissait, en substance de véritables « accords internationaux ». Son argumentation, en raison de son intérêt, mérite d'être reproduite, même si elle ne saurait passer comme représentant l'état actuel du droit en la matière : « International agreements are not limited to those embodied in formal documents, authenticated with ceremony, but include, as here, the specifying of an arrangement, together with mutual assurances and understandings as to how all parties will behave in response. To cast the steel restraints as unilateral undertakings rather than as agreements is to exalt form over substance » (Voir aussi *infra* Chapitre III).

467. ***Soumission au droit international entendu comme transnational*** — Dire enfin que ces contrats internationaux peuvent être soumis au droit international ne signifie pas pour autant qu'ils relèvent du droit international « public ». Au demeurant, celui-ci ne contient aucune règle relative aux « contrats internationaux ». Cela veut seulement dire qu'ils appartiennent au domaine du droit international entendu au sens large de « droit transnational » (voir *supra*, n° 67).

a) Les sources de ce droit.

468. — Tout naturellement, on retrouve ici la présence de toutes les sources du droit international « général », avec cependant, une « pondération » différente.

— Les traités : des traités bilatéraux (ou surtout) multilatéraux entre Etats peuvent servir de « cadres de référence » — et parfois même poser le régime juridique — applicables à certains contrats internationaux passés entre un Etat et une personne privée étrangère. Il en va ainsi, par exemple, pour les « conventions bilatérales d'investissement » qui prévoient le cadre juridique minimum applicable aux « contrats d'investissement » (voir P. Juillard, Les conventions bilatérales d'investissement conclues par la France, Clunet, 1979.274). Sur le plan multilatéral, il est loisible de mentionner les diverses conventions visant à unifier le régime juridique d'un acte déterminé (billet à ordre, chèque, lettre de change par exemple).

— Les coutumes : celles-ci sont alors d'origine « privée ». Il s'agit des « usages commerciaux internationaux » qui se dégagent de la pratique suivie par les parties contractantes. Elles sont particulièrement développées dans le domaine des relations monétaires et financières internationales privées (voir pour les « euro-émissions », A. Jacquemont, L'émission des emprunts euro-obligataires — pouvoir bancaire et souverainetés étatiques, Paris, 1976, et pour les « euro-devises », A. Jacquemont, Le contrat d'euro-crédit : un crédit à contenu variable, Clunet, 1979.34). De telles règles coutumières, mises au point par des personnes privées — le « pouvoir bancaire international » — vont s'imposer aux Etats et autres entités publiques lorsque ceux-ci apparaîtront comme « parties prenantes » soit à titre d'emprunteurs (ce qui est le plus fréquent) soit à titre de prêteurs.

— Les principes généraux de droit. Il s'agit là aussi bien de principes du droit international « général »(comme la règle de « bonne foi » dans l'exécution des contrats) que de principes communs aux divers systèmes juridiques des Etats et qui peuvent être « transposés » au niveau international comme les principes d'interprétation des contrats ou certaines règles de fond du type de l'abus de droit ou de l'enrichissement sans cause (pour une discussion intéressante des divers sens possibles des « principes généraux du droit » dans un tel contexte, voir B. Oppetit dans sa note sous la sentence *Framatome* précitée, in Clunet 1984, pp. 42-45).

— La jurisprudence (interne et surtout internationale). On notera en particulier la très grande importance de certains arbitrages commerciaux internationaux rendus soit par des tribunaux « ad hoc » (voir les exemples précités) soit dans un cadre plus organisé (arbitrages « C.C.I. » rendus sous les auspices de la Chambre de Commerce Internationale) soit encore par des instances « permanentes » (cas du « C.I.R.D.I. » précité).

— La doctrine : elle joue incontestablement ici un rôle plus important qu'en droit international général (voir *infra*, n° 784 et s.). Le développement de ce « droit international des contrats internationaux » a incontestablement été favorisé par toute une tendance doctrinale qui s'est dégagée en ce sens, soit qu'elle ait défendu, comme Ph. Jessup, une conception large du droit international — le « droit transnational » — soit qu'elle ait démontré l'existence d'une nouvelle « lex mercatoria » (ou new law merchant) comme Cl. Schmitthof en Grande-Bretagne, B. Goldman, Ph. Fouchard ou Ph. Kahn en France.

— Les actes unilatéraux des organisations internationales ou des Etats. Ces sources bien admises du droit international — bien que non mentionnées par le célèbre article 38 du Statut de la C.I.J. — jouent ici un rôle essentiel. En particulier, il convient de signaler les efforts de nombre d'organisations internationales pour élaborer et poser des règles uniformes, des « normes », propres au commerce international : il faut faire ici état des diverses tentatives d'harmonisation entreprises avec plus ou moins de succès par la C.E.E. dans le domaine du droit commercial ou du droit des sociétés, la Commission économique des *Nations unies* pour l'Europe et, sur le plan universel, par la C.N.U.D.C.I. (Conférence des Nations unies pour le Développement du Commerce International). En outre, certains pays ont élaboré des « codes » du commerce international destinés à faciliter les échanges avec l'étranger en permettant les recours à des techniques interdites pour les transactions purement internes.

b) Le contenu de ce droit.

469. — Il ne saurait bien entendu ici être question d'entrer dans le détail de cette manière qui fait l'objet d'enseignements spécialisés au titre du « droit commercial international ». On se bornera à en signaler quelques-uns des principes les plus importants.

I. — Les principes incontestés.

(Voir en général, D. Berlin, thèse, *op. cit.*, et P. Weil, Principes généraux du droit et contrats d'Etat, Mélanges Goldman, Paris, Litec, 1982, 387 ; Ph. Kahn, Les principes généraux du droit devant les arbitres du commerce international, Clunet, 1989.305).

470. — La force obligatoire du contrat : la règle « pacta sunt servanda » du droit des traités (voir *supra*, n° 355) se rencontre ici également pour ce type de transactions. Ce n'est pas pour surprendre dans la mesure où un tel principe se trouve à la base même de tout rapport conventionnel fondé sur le droit.

— L'exécution de bonne foi (voir *supra*, n° 357 et s.).

— L'interdiction de modification unilatérale du contrat.

— L'obligation de réparer en cas de non-exécution ou mauvaise exécution du contrat : dans une telle hypothèse, le manque à gagner *(lucrum cessans)* ainsi que la perte subie *(damnum emergens)* seront indemnisés et, dans certains cas, le rétablissement en l'état pourra être décidé *(restitutio in integrum).*

— L'exonération de responsabilité en cas de force majeure.

— L'enrichissement sans cause.

— L'abus de droit (ce concept faisant penser à celui des « traités inégaux » (voir *supra*, n° 404).

— Le respect des droits contractuels régulièrement acquis.

— Le recours obligatoire à l'arbitrage comme moyen de règlement des différends.

II. — Un type de clause initialement contesté : les clauses de « stabilisation » ou d'« intangibilité ».

(Voir P. Weil, *op. cit.*, p. 230 et s., et du même auteur, « les clauses de stabilisation ou d'intangibilité dans les accords de développement économique », *in* Mélanges Rousseau, p. 301 et s.).

471. ***Des clauses fréquentes*** — Il s'agit là de clauses fréquentes selon lequelles l'Etat contractant s'engage soit à ne pas nationaliser les biens de son co-contractant privé (et tel était le cas dans *l'affaire de « l'Anglo-Iranian »*, voir Plaidoiries pp. 64-280 et surtout p. 85), soit à ne pas aggraver la fiscalité, le montant des redevances éventuelles et, en général, de ne pas rendre plus onéreux par sa législation le respect de ses obligations par la partie « privée » et tels étaient les cas dans les *affaires Texaco et Revere* précitées). De telles clauses d'intangibilité partielle ou totale sont-elles valides ? L'Etat co-contractant peut-il de la sorte aliéner des aspects essentiels de sa souveraineté à l'égard de son co-contractant privé ? N'est-ce pas abusivement transposer une institution spécifique du droit des relations inter étatiques au domaine du droit interne où, par définition, un Etat n'est jamais lié par ses propres lois ? Or les « grands » arbitrages commerciaux internationaux qui ont eu à résoudre cette question y ont répondu par l'affirmative (voir les *affaires Sapphire, Aramco, Calasiatic* et *Revere* précitées). Cette solution mérite d'être approuvée. Comme l'a noté à juste titre la *« sentence Dupuy »*, de telles clauses poursuivent un but de stabilité et garantissent la protection du co-contractant privé à l'encontre des aléas législatifs : à ce titre, elles font partie de « l'équilibre contractuel » et leur non-respect entraîne une obligation correspondante de réparation de la part de l'Etat « fautif » (§ 42 et 45).

472. ***Des clauses valides*** — De plus, comme le remarquait l'éminent arbitre « l'Etat souverain ne saurait méconnaître les engagements pris par l'Etat contractant » (par. 91). On notera également avec intérêt qu'une sentence C.I.R.D.I. — *AGIP spa c. Congo* — du 30 novembre 1979 admet formellement la légalité des clauses de stabilisation ; cette sentence insiste à juste titre sur la liberté de l'Etat contractant d'y souscrire ou non et que, ce faisant, un tel Etat n'aliène nullement sa compétence législative ou règlementaire, en un mot sa souveraineté, dans la mesure où en s'engageant formellement à maintenir au profit de son contractant un environnement juridique stable, l'Etat ne souscrit d'obligation qu'à l'égard de ce dernier et non de tiers. Autrement dit, dans une telle hypothèse, l'Etat pourra procéder à tous les changements de législation qu'il désire sous la seule réserve de leur inopposabilité à son co-contractant étranger conventionnellement protégé (voir le § 86 de la sentence reproduite *in* R.C.D.I.P. 1982.92 avec une note Batiffol). Une telle analyse entraîne l'adhésion. On notera d'ailleurs qu'une telle approche a été suivie par le Conseil d'Etat français qui a admis qu'une concession de service public pouvait valablement contenir une cause d'indemnisation du concessionnaire le protégeant contre des lois ultérieures qui viendraient à modifier les conditions de son exploitation *(C.E. 16 avril 1986, Compagnie Luxembourgeoise de Télévision et autres*, D. 1987.97, Note Llorens). En revanche, la sentence Aminoil précitée adopte une approche sensiblement plus restrictive en n'admettant qu'une validité « atténuée » de ces clauses de stabilisation, ce qui motiva d'ailleurs une opinion dissidente sur ce point de Sir Gerald Fitzmaurice ainsi que la critique justifiée de F.A. Mann (précitée).

L'évolution conventionnelle la plus récente peut être invoquée dans le sens d'une pleine et entière validité de ces clauses de stabilisation et de leur non-contrariété avec une règle de *jus cogens* qui serait la non-aliénation par l'Etat de sa souveraineté économique, faux problème s'il en est ici, mais qui a été souvent invoqué par certains. C'est ainsi que des traités bilatéraux très récents relatifs à l'encouragement et à la protection des investissements privés conclus entre des Etats exportateurs et des Etats importateurs de capitaux reconnaissent expressément le caractère pleinement valable et obligatoire de clauses de stabilisation insérées par les parties dans leurs relations contractuelles (voir l'article III.I.e du traité américano-égyptien de 1982 — I.L.M. 1982.297, l'article 5.2 du traité de 1983 passé entre la France et la Guinée-Equatoriale — J.O. 23 déc. 1983, p. 3701 ainsi que l'article II.2.c. du traité russo-américain de 1992 sur l'encouragement et la protection réciproques des investissements *in* ILM 1992.797).

Section II

Les accords (contrats) entre organisations internationales et personnes privées

(Voir en général les rapports présentés par N. Valticos, à l'I.D.I. à sa session d'Oslo en 1977 ainsi que Ch. Dominicé, observations sur le contentieux des organisations internationales avec les personnes privées, A.F.D.I. 1999.623).

473. ***Spécificités*** — Il convient tout d'abord de bien distinguer cette situation de la précédente. La diversité des solutions s'explique par la différence de statut juridique entre les Etats d'une part et les organisations internationales de l'autre.

— l'Etat a donné naissance à tout un système juridique interne complet (droit commercial, droit des sociétés, droit international privé, entre autres) qui n'existe pas au sein des organisations internationales (ou pas encore dans le cas de la C.E.E. qui pourrait donner naissance à du droit matériel « communautaire » dans ces domaines). Dans ces conditions, les systèmes nationaux de droit sont susceptibles de constituer des lois de rattachement pour les contrats passés par les organisations internationales avec les personnes privées.

— L'Etat a la plénitude des compétences internationales. Les organisations internationales n'ont qu'une compétence dérivée et fonctionnelle. En conséquence, la portée des contrats que les organisations internationales seront à même de conclure sera nécessairement plus limitée que celle des contrats passés par les Etats. C'est ainsi, pour prendre un exemple élémentaire, qu'une organisation internationale n'ayant, par définition, aucun territoire, ne sera jamais amenée à conclure des contrats de concession ou d'exploitaiton de richesses naturelles (il pourrait cependant en aller différemment dans le cadre du « nouveau » droit de la mer posé par la Convention de Montego Bay de 1982 si « l'autorité maritime », chargée de l'exploitation des ressources du fond des mers voit le jour : celle-ci pourrait alors accorder — comme les Etats — des « licences d'exploitation » contre paiement de redevances).

— La soumission au droit international des contrats internationaux (ou, du moins, de certains d'entre eux) ne répond à l'évidence pas aux mêmes préoccupations lorsque le co-contractant public est un Etat ou une organisation internationale. Dans la première hypothèse, il s'agit de remédier à l'arbitraire législatif ou réglementaire éventuel des Etats, de façon à les empêcher de modifier unilatéralement la portée de leurs engagements à l'égard de leurs co-contractants privés. Le recours au droit international constitue une garantie de sécurité juridique et de stabilité des engagements. Dans la deuxième hypothèse, le risque de modification de la législation interne n'existe pas, les organisations internationales n'ayant pas donné naissance à un droit propre qui puisse servir de système juridique de rattachement. Dès lors, le recours au droit international sera des plus utiles lorsque les organisations internationales passeront avec des personnes privées des conventions qui ne sauraient être reliées à une législation nationale quelconque ; en effet, beaucoup de ces contrats apparaîtront comme internationaux par nature et justifieront l'application du droit international et non d'un droit national particulier qu'il serait souvent bien difficile de déterminer.

474. ***Plan*** — Ces remarques ayant été présentées, on étudiera brièvement les divers types de contrats passés par les organisations internationales (par. 1), le droit qui leur est applicable (par. 2) enfin, à titre d'exemple spécifique, on examinera les accords de prêt de la banque mondiale (par. 3)

§ 1 — Typologie des contrats passés par les organisations internationales avec des personnes privées.

475. — S'il est difficile d'établir des catégories précises aux arêtes bien tranchées, il est cependant possible de distinguer trois types de relations contractuelles :

— les contrats d'emploi : ceux-ci lient l'organisation avec ses agents temporaires ; ils sont assimilables aux contrats de type administratif que connaissent certains ordres internes ;

— les contrats liés à l'activité de l'organisation internationale considérée : il peut s'agir de contrats commerciaux courants de fournitures ou de services ou de transactions immobilières (achats ou location de bureaux, contrats de construction...) ;

— les contrats liés à la mission même de l'organisation internationale considérée : il peut s'agir de projets de coopération entrepris avec d'autres partenaires (ainsi la constitution d'entreprises conjointes — « joint ventures ») ou de contrats de prêts, d'emprunts ou de garanties pour les institutions à vocation financière (banque mondiale, banques régionales de développement par exemple).

§ 2 — Le droit applicable.

476. — En principe, il dépend de la volonté clairement exprimée par les parties contractantes. Or cette autonomie de la volonté est loin de se manifester d'une manière claire et systématique dans la pratique. De surcroît, il n'existe aucune jurisprudence internationale en la matière. Deux solutions générales sont envisageables et alternativement retenues : l'application d'un droit étatique déterminé ou l'application du droit international.

1 — L'application d'un droit étatique.

477. ***Choix possibles*** — Le plus souvent, c'est le droit d'un Etat déterminé qui gouvernera les relations contractuelles entre une organisation internationale et une personne privée lorsqu'elles portent sur des transactions commerciales « courantes » ou lorsque celles-ci ont un lien direct avec les sytèmes juridiques ou économiques d'un seul pays. Ainsi, en matière de contrats de fournitures de biens ou de prestations de services le droit applicable sera soit celui de l'Etat où l'organisation internationale a son siège, soit, plus rarement, celui de l'Etat dont la partie « privée » possède la nationalité. Ainsi, en cas d'emprunts lancés par une organisation internationale sur le marché financier d'un Etat précis, c'est le droit de ce pays applicable en la matière qui régira la transaction.

478. ***Raisons du choix d'un droit étatique*** — Les raisons d'une telle référence au droit étatique sont aisées à comprendre. Le droit interne dans ces domaines est fort précis, connu de la partie « privée « concernée, et remplit ainsi toutes les conditions de sécurité et de « prévisibilité » requises pour inspirer « confiance ». C'est ainsi, par exemple, que, afin de pouvoir lancer avec quelques chances de succès un emprunt sur un marché financier national, une organisation internationale devra entièrement se soumettre à la réglementation locale pertinente, accepter la compétence des tribunaux locaux et renoncer à toute immunité de juridiction et d'exécution.

Dans de telles hypothèses, la soumission de ces transactions à un droit étatique précis est conforme à la fois aux intérêts de l'organisation internationale et de ses co-contractants « privés ».

2 — L'application du droit international.

479. — Ce droit international applicable peut relever de deux « sources » différentes. Il pourra s'agir soit du droit interne de l'organisation internationale considérée, soit du droit international général.

a) Le droit interne de l'organisation internationale.

480. — Les organisations internationales « émettent » des règles juridiques aux fins de régir certaines situations ou rapports ayant trait à leur propre fonctionnement et à leur administration (règles de procédure, financières, etc.) (voir aussi *infra*, n° 591 et s.). Au titre de leur droit « interne », les organisations internationales vont souvent adopter des normes générales, objectives, de nature « réglementaire » qui vont s'appliquer aux contrats internationaux qu'elles vont conclure avec des personnes privées. Ainsi, les contrats de recrutement d'agents devront être conformes au « statut de la fonction publique » élaboré par l'organisation en cause : ce « statut » constituera à la fois le fondement et le droit applicable à de tels contrats ; en cas de litiges, par exemple, le tribunal administratif propre à cette organisation sera exclusivement compétent pour les trancher. De même, de nombreuses organisations internationales, comme les administrations publiques nationales, ont souvent mis au point des « cahiers des charges » pour l'adjudication des marchés publics internationaux qu'elles acceptent de financer : ces « clauses-types » vont alors être incorporées dans leurs contrats avec les personnes privées (il en va de la sorte, par exemple, pour les contrats de prêt de la Banque Mondiale ou de sa « filiale » l'Association internationale de Développement (A.I.D.).

b) Le droit international général.

481. — On retrouve ici les mêmes problèmes que ceux examinés précédemment à propos des « accords » passés entre les Etats et des personnes privées (voir *supra*, n° 464). Les sources sont identiques. Le contenu matériel de ce droit est analogue avec une différence d'optique notable en ce qui concerne la validité — controversée — des clauses dites de « stabilisation » ou « d'intangibilité ». En effet, une clause de stabilisation, lorsqu'elle est insérée dans un contrat passé entre une organisation internationale et une personne privée, a une finalité entièrement différente : elle est destinée à protéger les deux parties contre des modifications de la législation de l'Etat dont le droit a été choisi d'un commun accord pour gouverner le contrat. Pour des raisons évidentes de sécurité juridique, les deux parties entendent ainsi « geler » l'état du droit national choisi comme applicable. Il ne s'agit plus ici d'empêcher la partie « publique » de se prévaloir de ses prérogatives de souveraineté pour modifier la portée de ses obligations contractuelles — voire pour les abroger — d'une manière unilatérale. Sans doute, une telle préoccupation réapparaît pour la partie « privée » lorsque le contrat est soumis au droit interne de l'organisation internationale co-contractante : il convient alors d'éviter que l'organisation internationale en cause ne puisse unilatéralement changer la portée de ses obligations contractuelles en « manipulant » les règles de son droit interne.

482. ***Pratique diversifiée*** — La pratique suivie par les organisations internationales en la matière se révèle très divergente (voir le rapport Valticos précité p. 30). Selon la tendance qui semble dominante, les organisations internationales déterminent au cas par cas le droit qui sera applicable au contrat conclu avec une personne privée : le plus souvent, le régime juridique de ce contrat sera celui prévu par une loi étatique précise choisie d'un commun accord entre les parties. En revanche, des institutions comme l'O.N.U. ou l'O.I.T. passent souvent des contrats internationaux « sui generis », déliés de toute loi nationale spécifique, et qui doivent être interprétés à la lumière des règles du droit international et, en particulier, des principes généraux du droit.

La pratique développée par la B.E.R.D. va dans cette direction. En effet, dans ses « *conditions générales de prêt au secteur public* », le recours à l'arbitrage est prévu dans les termes posés par la Convention C.N.U.D.C.I. y étant précisé que les arbitres appliqueront le « *droit international public* » (section 8.04). Cette expression désuète est définie par rapport aux « *sources* » du droit international telles qu'elles apparaissent à l'article 38 du statut de la C.I.J. — disposition elle aussi largement dépassée (voir J.W. Head, « *Evolution of the governing law for loan agreements of the World Bank and other multilateral development banks* », A.J.I.L. 1996.214).

§ 3 — Un exemple spécifique : les contrats de prêt de la B.I.R.D. avec des entités non étatiques.

(Voir en général, D. Zavala, Les prêts de la Banque Mondiale aux services publics industriels et commerciaux ; une étude des contrats, Paris, Pedone, 1982, 286 p. ; G. Delaume, Issues of applicable law in the context of the World Banks operations, The transnational law of

International Commercial Transactions, Horn & Schmitthof, ed., 1982, p. 317 et s.).

483. — Lorsque la Banque Mondiale a accepté d'accorder un prêt à l'un de ses pays membres pour le financement d'un investissement déterminé, cette opération se traduit par un ensemble d'accords assez complexes. La Banque passe d'abord un « accord parapluie » avec l'Etat (accord de prêt ou, le plus souvent, de « garantie ») : celui-ci relève du droit international « public » et peut être assimilé à un « traité » (voir *supra*, n° 236 et s.). Ensuite, la Banque va conclure un accord particulier avec l'emprunteur national utilisateur des fonds, ce dernier étant une personne morale relevant de l'ordre juridique interne de l'Etat membre concerné de la B.I.R.D. ; cet « accord de prêt » *stricto sensu* vise les conditions de réalisation du projet financé par la Banque ainsi que les modalités de remboursement des sommes déboursées par la B.I.R.D. Quelle est la nature juridique de cet accord de prêt conclu entre la Banque Mondiale et ces personnes morales — privées ou publiques — relevant du droit interne des Etats ? Quel en est le droit applicable ?

1 — La nature de ces « accords de prêt ».

484. — Il est clair tout d'abord qu'il ne s'agit pas de « traités » au sens de la Convention de Vienne de 1969 et où on l'entend généralement. Le fait qu'ils soient enregistrés auprès du Secrétariat Général des Nations unies et publiés par ses soins en application de l'article 102 de la Charte ne permet pas d'aboutir à une conclusion contraire ; ces accords de prêt ne sont en effet enregistrés et publiés qu'à titre d'« annexes » de l'accord « parapluie » initialement passé entre la B.I.R.D. et le pays membre aidé.

En réalité, on est ici en présence d'une nouvelle catégorie de « contrats internationaux » passés entre des sujets de droit de nature et de régime juridique différents.

2 — Le droit applicable à ces « accords de prêt ».

485. — Il est également clair que ces « accords de prêt » ne sauraient être régis par le droit interne de l'Etat aidé par la Banque Mondiale. Autrement, cela signifierait que ces accords seraient potentiellement soumis à autant de régimes juridiques qu'il existe de pays membres de la B.I.R.D. Il est évident qu'un régime juridique uniforme doit s'appliquer à de tels accords, quelles que soient les parties contractantes partenaires de la Banque Mondiale.

Dans ces conditions, de tels accords ne peuvent que relever de ce nouveau « droit international des contrats internationaux » dont les grandes lignes ont été tracées plus haut (voir *supra*, n° 464 et s.).

Section III

Les accords conclus entre personnes privées

486. — En règle générale, les accords conclus entre personnes privées ne relèvent pas du droit international mais d'une branche particulière du droit interne propre à chaque Etat : le droit international privé (ou droit des « conflits de lois » — « conflict of laws » —). En conséquence, il ne s'agit pas d'actes internationaux constituant une « source » du droit international. De même, le droit international ne leur est pas applicable — sauf s'il existe des conventions inter-étatiques particulières en la matière — (comme les dispositions des articles 85 et 86 du traité de Rome relatives aux « pratiques commerciales restrictives » entravant la libre concurrence ou les « abus de position dominante », ou comme les conventions portant « lois uniformes » dans certains domaines — responsabilité — ou pour certaines opérations internationales — ventes d'objets mobiliers par exemple).

487. — Cependant, dans certains secteurs particuliers, à commencer par les relations économiques internationales, cette pétition de principe doit être nuancée, car elle connaît des exceptions notables. En effet, des accords entre personnes privées peuvent devenir une « matière d'intérêt international » et cela de deux manières différentes — directe et indirecte —. Soit certains de ces accords — en raison de leur impact économique — sont réglementés, encadrés, par les Etats et les organisations internationales (par. 1). Soit, plus exceptionnellement encore, certains accords entre personnes privées vont donner naissance à des normes obligatoires du droit international (par. 2).

§ 1 — Le contrôle par le droit international de certains actes des « puissances économiques privées » : les pratiques commerciales restrictives.

(Voir L. Idot, Le contrôle des pratiques restrictives de concurrence dans les échanges internationaux, Thèse Paris II, 1981).

488. *Des contrôles nationaux anciens* — Le contrôle des « pratiques commerciales restrictives » est un phénomène bien connu de l'ordre interne et constitue l'une de ses préoccupations relativement anciennes. Les premières lois en la matière ont été adoptées par les Etats-Unis à la fin du siècle dernier *(Sherman Act)* ou au début de celui-ci *(Clayton Act)*. Depuis lors, la plupart des pays — notamment les plus développés d'entre eux — ont essayé de lutter contre les abus de « puissance économique » et ont tenté de les soumettre au règne de la loi (voir en général, l'étude de l'OCDE, « la puissance économique et la loi », Paris, 1970).

489. ***Notion de "pratiques commerciales restrictives"***— D'après l'OCDE, les « pratiques commerciales restrictives » peuvent se définir comme « toutes actions d'entreprises privées ou publiques qui affectent le commerce international en restreignant la concurrence, limitant l'accès aux marchés ou introduisant un contrôle monopolistique ». Avec l'accroissement considérable des échanges internationaux et, notamment, le prodigieux développement des entreprises multinationales, les pratiques commerciales restrictives sont devenues une « manière d'intérêt international ». Sans doute, ici encore, les personnes privées demeurent-elles des « objets » du droit international : cependant leurs activités anti-concurrentielles, en raison de leur importance sur les échanges internationaux, vont se trouver directement soumises à des règles de droit international. Cependant, ces accords « répréhensibles » inter-entreprises vont se trouver à l'origine même de la règlementation internationale applicable : autrement dit, la puissance économique même des « multinationales » a poussé Etats et organisations internationales à agir au niveau international.

1 — La notion de pratiques commerciales restrictives « internationales ».

490. — Au niveau international, de telles pratiques sont mises au point par des accords ou arrangements secrets entre entreprises privées — ou publiques — de nationalités différentes. Ils donnent naissance à ce qu'il convient d'appeler des « cartels ». Ces pratiques restrictives consistent à fixer de manière concertée les prix de vente — et de revente — d'un produit, à se partager des marchés selon des critères, le plus souvent géographiques, à introduire des discriminations à l'encontre de certains clients (refus de vente par exemple), à limiter le volume de la production, à allouer des « contingents » de production entre les participants, à limiter les transferts de technologie ou à la maintenir « captive » par le biais de dispositions appropriés dans les contrats de cession de brevets d'invention ou de savoir-faire... Ces pratiques commerciales restrictives sont très souvent le fait des entreprises « multinationales » (voir l'étude de l'OCDE de 1977 sur ce point).

2 — Le contrôle international des pratiques commerciales restrictives.

S'il existe de nombreux et ambitieux projets en la matière en revanche, les réalisations demeurent jusqu'à présent limitées en raison de la complexité de l'entreprise.

a) De nombreux et ambitieux projets.

491. ***Lacunes du système commercial multilatéral*** — La Charte de La Havane de 1948 qui devait donner naissance à l'Organisation Internationale du Commerce (O.I.C.) contenait tout un chapitre (le chapitre V) sur les « pratiques commerciales restrictives » qu'elle entendait contrôler. Or elle n'entra jamais en vigueur et l'O.I.C. ne vit pas le jour. Son « succédané », le G.A.T.T., ne reçut aune compétence en la matière et les quelques tentatives de supervision entreprises par cette institution se soldèrent par des échecs. Cette lacune n'a pas été comblée avec la nouvelle Organisation Mondiale du Commerce (O.M.C.).

492. ***Projets de codes de conduite*** — Actuellement, le contrôle international des pratiques commerciales restrictives se trouve au centre des divers projets de « codes de conduite » sur les « entreprises multinationales » et les « transferts de technologie » discutés au sein de la C.N.U.C.E.D. ou de l'O.N.U. Mais, ces « codes de conduite » demeurent encore au stade des discussions et il est douteux qu'ils reçoivent avant longtemps la sanction du droit positif — s'ils y parviennent — jamais.

b) Des réalisations limitées.

493. — Jusqu'à présent, les seules réalisations notables l'ont été dans un cadre régional. En particulier, le Traité de Rome de 1957 instituant la C.E.E. a mis sur pied un contrôle institutionnalisé poussé de ces pratiques, tandis que la Cour de Justice de Luxembourg contribuait puissamment à développer cette nouvelle branche du droit. Récemment, le Conseil des Ministres devait adopter un règlement important entré en vigueur le 21 septembre 1990 instituant un contrôle préalable de certaines opérations de concentration de « dimension communautaire ». Il convient également de signaler que l'A.E.L.E. est arrivée — bien que d'une même manière beaucoup plus souple — à des résultats positifs appréciables dans ce domaine.

Le plus souvent, un tel contrôle n'est mis en œuvre que par des méthodes de coopération très souples entre les autorités nationales compétentes. C'est ainsi que des « recommandations » adoptées par le Conseil de l'O.C.D.E. en 1967, 1973 et 1974 prévoient, en cas d'infractions, des échanges d'informations entre les gouvernements et éventuellement, des poursuites judiciaires « coordonnées » dans le cadre de leurs législations respectives.

Une telle coordination peut parfois être établie d'une manière plus précise et systématique aux termes d'accords inter-étatiques bilatéraux. On citera à ce titre l'accord du 23 juin 1976 entre les Etats-Unis et l'Allemagne fédérale sur la « coopération mutuelle en matière de pratiques commerciales restrictives » (texte *in* I.L.M. 1976.1282), ainsi que ceux, très similaires, du 29 juin 1982 passé entre les Etats-Unis et l'Australie (texte *in* I.L.M. 1982.702 et du 9 mars 1984 entre le Canada et les Etats-Unis (texte *in* I.L.M. 1984.275). Dans la même veine, les Etats-Unis et la Communauté économique européenne devaient signer le 23 septembre 1991 un accord en forme simplifiée destiné à faciliter, sur la base de la réciprocité, l'application de leurs lois respectives en matière de concurrence (texte *in* I.L.M. 1991.1491).

En bref, le droit international est encore lacunaire dans ce secteur très complexe à appréhender ; il est loin d'avoir pu maîtriser les activités des « pouvoirs économiques internationaux privés ». Les approches restent encore le plus souvent nationales, d'où des frictions assez fréquentes dues aux prétentions de certains pays — à commencer par les Etats-Unis — à vouloir donner à leurs propres lois un effet « extra-territorial ». D'où la nécessité de traités internationaux multilatéraux pour prévenir — et régler — de tels conflits de souveraineté et de juridiction.

§ 2 — Les personnes privées, auteurs directs des normes du droit international.

494. ***Des situations exceptionnelles*** — On est ici en présence de situations — sans doute exceptionnelles — où des personnes privées vont directement émettre des normes du droit international qui vont s'appliquer à tous les autres acteurs de la société internationale, y compris les Etats. Il est certain que les personnes privées concernées n'ont pu être en mesure de jouer un tel rôle qu'avec la complicité — parfois active, mais le plus souvent passive — des Etats nations.

Il est loisible de citer ici trois grands secteurs où, par des procédés divers, les personnes privées ont « créé » — et continuent de « créer » — des règles de droit international applicables à tous ses sujets : à savoir, la monnaie et les finances, les transports et la responsabilité en matière de pollutions.

1 — Les personnes privées, auteurs de normes financières et monétaires internationales.

(Voir en général, D. Carreau et P. Juillard, Droit international économique, *op. cit.*, n°s 1487 et s.).

495. ***Rôle important dans le système monétaire privé*** — Dans ce secteur financier et monétaire international qui prend une importance cardinale, le « système monétaire privé » constitue maintenant l'essentiel de la réalité, beaucoup plus que le « système monétaire international public » institué par les Etats à la fin de la seconde guerre mondiale autour du F.M.I. et de la B.I.R.D. Le « pouvoir bancaire international privé » a progressivement mis au point à partir des années 1960 deux nouveaux marchés réellement internationaux : un marché monétaire — celui dit des « euro-devises » — et un marché financier — celui dit des « euro-obligations ». Il existe là tout un ordre juridique nouveau, « privé », constitué à base d'usages commerciaux, de pratiques propres à la profession bancaire ; ces usages et pratiques maintenant bien rôdées sont d'application générale et on été acceptées par tous les participants au point qu'il n'est pas exclu d'y voir de véritables normes « coutumières » (voir aussi *supra*, n° 468).

496. ***Des coutumes "privées" obligatoires pour tous*** — Ces « coutumes privées » s'imposent à tous les intervenants sur ces marchés internationaux, qu'il s'agisse d'autres personnes privées, d'Etats ou d'organisations internationales, qu'ils soient apporteurs ou emprunteurs de fonds. On notera en particulier que les Etats, qu'ils soient capitalistes, socialistes ou en voie de développement, ont toujours accepté de se plier à ces règles uniformes, sans doute bien nécessaires mais qu'ils auraient été eux-mêmes incapables de formuler.

497. ***Naissance d'un ordre international économique privé*** — En bref, dans ce domaine financier et monétaire, le « pouvoir bancaire international » a donné naissance à un véritable « ordre international économique privé » qui comble les lacunes de « l'ordre international public conventionnel » et lui sert de complément fort utile — quand il ne le supplante pas purement et simplement. Il est à noter que toute cette évolution n'aurait pas été juridiquement possible « contre » la volonté des Etats : ceux-ci ont à tout le moins « laissé faire » quand ils n'y ont pas encouragé le mouvement dans la mesure où ils y trouvaient leur propre intérêt (c'est-à-dire des sources de financement supplémentaires).

(Voir en général, Les Euro-crédits, Paris, Litec, 1981 passim et, en particulier, la contribution de MM. Blaise et Fouchard aux pp. 155 et s. ainsi que Droit international économique, *op. cit.*, n° 754 et s.).

2 — Les personnes privées, auteurs de normes en matière de transport international.

498. ***Des exemples de "droit professionnel"*** — On est ici en présence d'autres exemples de droits « professionnels » internationaux secrétés — avec l'accord des Etats — par les personnes privées intéressées. Cette tendance est fortement marquée dans le domaine des transports aériens et celui des transports maritimes qui se trouvent fortement « cartellisés ».

α) La cartellisation globale des transports aériens : l'I.A.T.A. (International Air Transportation Association).

499. — L'I.A.T.A. — pour employer ses initiales anglaises plus connues — est une association internationale (donc une O.N.G.) créée dès 1944 et qui regroupe l'essentiel des compagnies aériennes internationales qu'elles soient privées ou « publiques » (nationales). Cette association (de droit canadien) dispose d'un pouvoir normatif étendu, mais qui a une « intensité » inégale selon les matières.

Elle possède un « pouvoir réglementaire direct » à l'égard de ses membres pour tout ce qui concerne la « logistique » des vols internationaux (services permis à bord, taille et poids des bagages, normalisation et interchangeabilité des titres de transport, facturations et compensations des transactions entre les compagnies aériennes membres...). Les règles en ces domaines posées lors des « conférences » de l'I.A.T.A. sont directement applicables à ses membres et leur respect est contrôlé par des inspecteurs : leur violation est susceptible d'entraîner le paiement de lourdes amendes.

Elle possède également un « pouvoir réglementaire », mais celui-là « indirect », dans le secteur si critique de la fixation des tarifs. Ces tarifs aériens sont en effet déterminés par l'I.A.T.A. lors de « conférences de trafic ». Mais les résultats atteints doivent être conformes au cadre juridique tracé par les Etats ; ils doivent en effet respecter les conventions aériennes bilatérales conclues entre les pays dont les compagnies aériennes relèvent. En outre, par la suite, pour être applicables, ces tarifs doivent recevoir la sanction expresse du droit national par la procédure dite de « l'homologation ». Dans ce domaine, les compagnies aériennes ont en quelque sorte reçu une « délégation de pouvoir » de la part des Etats aux fins de négocier à leur place les règles pratiques en constante et rapide évolution gouvernant les transports internationaux. L'institution intergouvernementale publique — l'O.A.C.I. — apparaît ici comme singulièrement dénuée de pouvoir, comme une « noix vide »: la véritable « autorité mondiale de l'air » est bien dans notre cas l'I.A.T.A.

β) La prolifération des cartels limitée :
les « conférences maritimes ».

500. — Ces « conférences maritimes » fort nombreuses — il en existe actuellement environ 360 dans le monde — organisent les conditions de transport entre des régions bien déterminées. Elles fixent, en particulier, les répartitions de trafic entre les divers pavillons ainsi que les taux de frêt.

Dans ce domaine, la « délégation de pouvoir » consentie implicitement par les Etats est encore plus marquée. L'encadrement étatique est faible : les accords bilatéraux, quand ils existent, renvoient le plus souvent aux « conférences maritimes » ; le « code de conduite des conférences maritimes » adopté comme traité multilatéral interétatique en 1974, et entré en vigueur en 1980, ni ne les interdit ni ne les contrôle mais se contente de poser certains grands principes que les armateurs doivent respecter au sein des « conférences ». Enfin, la sanction étatique est plus faible encore (sauf aux Etats-Unis) : les taux de frêt décidés par les armateurs au sein de conférences maritimes bénéficient d'un « privilège » d'application directe et n'ont pas à être homologués.

501. ***Des cartels privés*** — En bref, dans ces deux séries d'exemples, on est là en présence de « cartels privés » qui ont reçu pour mission de la part des Etats de gérer un « service public international » dans l'intérêt de la communauté internationale, en raison, sans doute, de leur plus grande capacité à y parvenir efficacement.

3 — L'uniformisation par les personnes privées des conditions d'indemnisation en cas de pollutions par les hydrocarbures.

(Voir F. Rigaux, Droit public et privé dans les relations internationales, *op. cit.*, pp. 16-19 ainsi que, C. Wu, La pollution du fait du transport maritime des hydrocarbures, Paris, Pedone, 1994).

502. ***Des accords privés plus favorables que les traités*** — Il y a quelques années ont été signés les accords dits « Tovalop » (texte *in* I.L.M. 1969.497), remplacé en 1985 par « Plato », « Cristal » (texte *in*

I.L.M. 1971.137) et « Opol » (texte *in* I.L.M. 1974.1409). Ils ont été exclusivement conclus entre des personnes « privées » (transporteurs, compagnies pétrolières, sociétés d'assurances) et prévoient des conditions harmonisées d'indemnisation à la suite de pollution dues aux hydrocarbures (collisions en mer, avaries, fuites de puits de forage...). Les conditions de dédommagement instituées par ces accords sont nettement plus favorables que celles établies par la convention intergouvernementale de Bruxelles du 29 novembre 1969 (texte *in* I.L.M. 1970.45 et publiée au J.O.R.F. le 3 juillet 1975, p. 6716).

503. ***Des contrats privés bénéficiant aux Etats*** — Juridiquement, il s'agit là de contrats de droit privé, expressément soumis à la loi anglaise. Or, ils comblent des lacunes importantes du droit international — sans parler de certains droits nationaux —. De plus, et surtout, l'accord « Tovalop » dispose dans son article VII que les gouvernements pourront saisir l'organe de gestion qu'il institue aux fins d'indemnisation ; on est ici en présence d'une stipulation tout à fait exceptionnelle où ce sont des Etats qui vont bénéficier de droits qui leur ont été reconnus dans une convention privée à laquelle ils n'étaient évidemment pas parties... Autrement dit, par accord « privé », les Etats vont pouvoir faire valoir des droits à l'encontre des personnes privées signataires de ces engagements. On est ici en présence d'une sorte de « stipulation pour autrui inversée » : habituellement, ce sont en effet les Etats qui s'efforcent d'obtenir un traitement favorable pour leurs nationaux dans des traités passés avec des pays tiers ; ici, la situation est exactement inverse.

504. ***Insignifiance de la frontière "privé" "public"*** — Tous ces derniers exemples, empruntés à des domaines aussi fondamentaux de la vie internationale contemporaine, montrent à l'évidence que la célèbre et traditionnelle « frontière » entre « droit public » et « droit privé » est bien dépassée, au point même de perdre souvent toute consistance.

CHAPITRE III

LES ENGAGEMENTS NON CONTRAIGNANTS ENTRE ÉTATS (le droit international « flexible « ou « soft law »)

Bibliographie : Une doctrine récente a porté son attention sur ce développement nouveau et difficile à saisir du droit international contemporain. En langue française, on consultera avec le plus grand intérêt les travaux du Colloque de Toulouse de la S.F.D.I., Paris, Pedone 1974, intitulé « L'élaboration du droit international public » et en particulier les rapports de R.J. Dupuy, Droit déclaratoire et droit programmatoire : de la coutume sauvage à la « soft law » (p. 132 et s.), R. Pinto, Les tendances de l'élaboration des formes écrites du droit international (p. 15 et s.) et P. Vellas. Les sources informelles du droit international public (p. 70 et s.) ; voir aussi M. Virally, l'élaboration du droit international économique, *in* Colloque d'Orléans de la S.F.D.I., Paris, Pedone, 1972, p. 171 et s. ; B. Oppetit, l'engagement d'honneur, D. 1979, Chron., 107 ; P. M. Eisemann, Le « gentlemen's agreement » comme source du droit international, Clunet, 1979.326. En langue anglaise, voir E. Lauterpacht, Gentlemen's agreements, *in* Festchrift Für F.A. Mann, 1977.381 ; O. Schachter, The twilight existence of non-binding international agreements, A.J.I.L. 1977.296).

505. ***Une analyse d'origine interne*** — Par cette expression « engagements non contraignants entre Etats », on fait allusion à l'existence dans l'ordre international d'un phénomène bien connu de l'ordre interne et qui a été analysé avec brio par le Doyen Carbonnier en France, sous le nom générique de « flexible droit » (L.G.D.J. 1995, 8e éd.). Le Doyen Carbonnier a fort bien montré qu'il existe une pluralité de droits concurrents dans la société interne (droit étatique, droit syndical, droit professionnel...). Cette diversité est aussi présente dans la société internationale ainsi que nous l'avons déjà signalé. Le même auteur a également noté à juste titre que le droit en tant que phénomène social était plus large en portée que ses sources formelles ou que les règles impératives qu'il édictait — c'est-à-dire que son contenu « matériel » —. Dans ces conditions, le Doyen Carbonnier insistait sur l'existence de situations de « non-droit », expression sans doute quelque peu trompeuse dans la mesure où elle ne signifie pas l'absence de règles juridiques mais seulement que celles-ci possédaient une « intensité variable », un degré de contrainte inégal. Le savant auteur définissait d'ailleurs lui-même ce « non-droit » non comme « le vide absolu de droit, mais (comme) une baisse plus ou moins considérable de la pression juridique » (Flexible droit, *op. cit.*, p. 21).

506. ***Une analyse applicable à l'ordre international*** — Au niveau du droit et des relations internationales on rencontre également de semblables « baisses de pression juridique ». Sans doute, pour l'essentiel, un tel phénomène apparaît-il au niveau des rapports interétatiques. Toutefois, d'autres acteurs de la société internationale en font aussi usage : c'est ainsi, par exemple, que la C.E.E. a, en 1977, publié un code de bonne conduite sur les « relations du travail » que les sociétés sud-africaines sous contrôle européen devraient respecter. De même, les banques centrales concluent entre elles des accords de coopération — comme les accords de « troc » (swaps) — ou des arrangements destinés à coordonner leurs politiques d'intervention sur les marchés des changes qui rentrent incontestablement dans cette catégorie générique dite du « flexible droit ».

Pour se limiter aux engagements non contraignants passés par les seuls Etats, on tentera d'en identifier les principales catégories et d'en déterminer les fonctions (section I) avant d'en dégager les caractéristiques juridiques fondamentales (section II).

Section I

Typologie et fonctions des engagements non contraignants entre Etats

§ 1 — Typologie.

507. — Il est loisible d'en identifier deux grandes catégories : les accords informels (ou « gentlemen's agreements ») et les actes juridiques concertés. Cependant, il convient de préciser qu'il ne s'agit pas toujours de catégories aux arêtes bien tranchées ; cette distinction est fondée soit sur un ensemble de situations où l'on dénote la présence de tels actes, soit sur leur appellation formelle telle qu'elle leur a été donnée par les parties en cause.

1 — Les accords informels (ou « gentlemen's agreements »).

Il en existe une infinie variété que l'on peut essayer de réduire à trois grands types.

a) Les accords informels « politiques ».

508. — Il s'agit là pour des Etats de s'entendre sur un certain nombre de grands principes qui gouverneront leurs relations ou conduiront leur politique à l'égard de pays tiers. A ce titre, il est classique de citer la « Charte de l'Atlantique » du 14 août 1941 signée et élaborée par Winston Churchill et Franklin Roosevelt — agissant ès qualités et fonctions — et qui établissait les objectifs communs à la Grande-Bretagne et aux Etats-Unis devant régir le « monde meilleur » de l'après-guerre. Par ce texte, ces deux puissances faisaient connaître aux pays tiers les grands principes qui, à leurs yeux, devraient présider aux relations politiques et économiques entre les nations « libres « une fois que les hostilités auraient pris fin. Cette déclaration de principe, qui n'était pas sans rappeler dans son inspiration les fameux « 14 points » du Président Wilson de 1918, prenait ici davantage de « poids », de valeur, en raison de son fondement bilatéral.

b) Les accords informels « interprétatifs ».

509. — On est ici en présence d'arrangements qui servent de compléments à un cadre juridique préexistant (organisation ou conférence internationale) et qui viennent le préciser. Ils interviennent assez fréquemment pour régler par le menu des questions de procédure (composition des organes d'une institution internationale, règlement intérieur, règles de vote...).

510. — A cet égard, il est loisible de citer « L'accord de Londres » de 1946 entre les membres permanents du Conseil de Sécurité des Nations unies établissant un plan de répartition des sièges pour l'élection des membres non-permanents au Conseil ; en l'espèce, les « cinq grands » s'entendaient pour soutenir les candidatures des pays présentés par les Etats appartenant aux cinq plus importantes régions du monde. Dans le même sens, un accord informel se dégagea en 1955 au sein des Nations unies aux fins de « départager » deux pays membres candidats au Conseil de Sécurité et ayant obtenu le même nombre de voix : dans une telle hypothèse, l'un des deux Etats occupera le siège de membre non-permanent pendant un an, puis démissionnera, ce qui permettra à l'autre candidat d'être élu pour la période restant à courir, soit un an également. Cette solution de compromis fut dégagée en 1955 pour « départager » les Philippines et la Yougoslavie ; elle fut utilisée en 1959 entre la Pologne et la Turquie (elle faillit être utilisée en 1979 entre Cuba et la Colombie qui se trouvèrent dans cette situation après un très grand nombre de scrutins : cependant, ces deux pays retirèrent leurs candidatures afin de permettre au Mexique d'être élu, cette solution dérogatoire du « droit commun » s'expliquant par l'environnement politique de l'époque — L'invasion de l'Afghanistan par l'U.R.S.S. — et non par la répudiation de l'arrangement antérieur de 1955). Il est également loisible de citer à ce titre le « compromis de Luxembourg » des 29 et 30 janvier 1966 relatif au recours à la procédure du vote à la majorité qualifiée au sein du Conseil des Ministres de la C.E.E. (voir *infra,* n° 529). Plus récemment enfin, il est loisible de mentionner le « gentleman's agreement » adopté par l'Assemblée

Générale de l'O.N.U. le 16 novembre 1973 ajoutant au règlement intérieur de la conférence sur le droit de la mer une disposition selon laquelle aucun effort ne devait être ménagé « pour aboutir à un accord sur les questions de fond par voie de consensus »...

c) Les « accords informels normatifs ».

511. — C'est incontestablement dans cette situation que l'on se rapproche le plus de l'accord international « classique ». Un tel accord va alors constituer une cadre normatif destiné à dicter ou à influencer la conduite des parties signataires, entre elles ou à l'égard des tiers. Cette technique est assez fréquente dans le domaine des relations « politiques » « sensibles » ou surtout dans le secteur économique international. C'est ainsi par exemple que les célèbres accords de Yalta et de Postdam de 1945 qui ont réalisé un partage du monde implicite en « zones d'influence » entre les trois principales puissances victorieuses, rentrent à l'évidence dans cette catégorie. Plus près de nous, « L'Acte final d'Helsinki » du 1er août 1975 qui a mis fin à la Conférence sur la Sécurité et la Coopération en Europe (C.S.C.E.) relève de la même technique (voir J.F. Prévost, Observations sur la nature juridique de l'acte final de la C.S.C.E., A.F.D.I. 1975.129 et E. Decaux, la conférence sur la sécurité et la coopération en Europe (C.S.C.E.), P.U.F., Que sais-je ? n° 2661, Paris, 1992). Dans le domaine économique, il existe d'assez nombreux « accords » ou « arrangements informels » ou « groupes d'études » en matière de produits de base qui sont conclus sous les auspices de la F.A.O., de la C.N.U.C.E.D. ou même du G.A.T.T. et qui sont destinés à organiser les échanges internationaux sur un produit particulier (voir Encyclopédie Dalloz, Droit International, v° Produits du base par P.M. Eisemann).

La communauté économique européenne et le Japon eurent également recours à la technique souple de l'accord informel (gentleman's agreement) en août 1991 pour régler la question, ô combien controversée, des exportations japonaises de voitures dans la CEE d'ici à la fin du siècle.

De même une organisation aussi sophistiquée que l'O.C.D.E. a eu recours à cette technique pour régler le problème délicat des crédits à l'exportation et éviter une concurrence désordonnée entre ses membres (sur les « arrangements » conclus dans le passé, voir J.M. Duff Jr., The outlook for official export credits, L. & P. I.B. 1981.891 et surtout les pp. 901-918 ; voir aussi dans le même numéro la note sur les « export credits » aux pp. 1069 et s.).

Rentrent également dans cette catégorie, les « accords » conclus lors des « sommets économiques » entre les principaux pays industrialisés qui se sont régulièrement tenus depuis 1975 (pour un résumé commode des engagements pris, voir *The Economist*, 27 février 1988, pp. 76-77). Les ministres des finances des sept pays les plus développés ont eu également recours à cette technique pour arriver à une stabilisation des taux de change des monnaies dont ils avaient la charge (sur ces accords dits du Plazza de septembre 1985 et du Louvre de février 1987, voir Chronique de droit international économique, A.F.D.I., 1987).

2 — Les actes juridiques concertés.

512. — On est ici en présence de « documents » qui sont officiellement signés par les chefs d'Etat ou de gouvernement ou les ministres compétents, mais qui ne sont jamais ratifiés ou approuvés. Autrement dit, ils ne constituent ni des traités solennels ni des accords en forme simplifiée. De tels actes sont innombrables dans la vie internationale.

a) Les procès-verbaux.

513. — Ce sont des documents relatant « officiellement ce qui a été dit et fait » entre les représentants des Etats (voir Dictionnaire de la terminologie du droit international). Ils récapitulent l'état des discussions ou des travaux qui se sont déroulés lors d'une conférence internationale ou au sein d'une organisation intergouvernementale.

b) Les communiqués.

514. — Il s'agit de documents publiés à la fin de toute réunion internationale bi-ou multilatérale entre des Etats, que celle-ci se soit déroulée dans le cadre « *ad hoc* » d'une conférence ou permanent d'une organisation internationale. Ces communiqués marquent les points d'accord — ou de désaccord — entre les participants. Ils visent aussi bien des situations — ou des comportements — passés que présents ou à venir. Un « communiqué final conjoint » revêt toujours une certaine solennité dans la mesure où il officialise des points de vue entre Etats — d'où le grand soin qui est apporté à leur rédaction —.

c) Les conclusions (ou déclarations) concertées.

515. — Dans ce type de documents, les pays participants font officiellement savoir la conduite qu'ils entendent suivre à la suite de leur réunion. Il s'agit de déclarations d'intention moins « formelles » que celles contenues dans un « communiqué final conjoint ».

d) Les « codes de conduite ».

(Y. Van der Mensbrugghe, Les codes de conduites pour sociétés multinationales R.D.I.D.C., 1982, n°s 1-2, p. 223. Emerging standards of International Trade and Investment, ed. par S. Rubin et C.H. Hufbauer, A.S.I.L., 1984.).

516. — Depuis quelques années, notamment dans l'ordre international économique, les Etats tendent à se mettre d'accord sur les « règles du jeu », des « codes de conduite », qui vont régler leurs relations dans certains secteurs délicats (conférences maritimes, entreprises multinationales, transferts de technologie pour ne citer que les exemples les plus frappants). Il est à noter que ces « codes » sont adoptés au sein d'organisations internationales (O.C.D.E. et, surtout, C.N.U.C.E.D.). Ces « codes » — sauf à être formalisés dans un traité international en bonne et due forme comme celui relatif aux « conférences maritimes » — constituent avant tout des « principes directeurs », des lignes de conduite, pour les Etats participant aux conférences qui les ont élaborés. En réalité, ces « codes » tentent de réglementer indirectement par le biais des Etats nationaux les activités internationales des « grandes » entreprises locales : faute de pouvoir être pleinement en mesure d'appréhender directement les « multinationales », le droit international essaie d'y parvenir par l'action unilatérale concertée des Etats concernés.

§ 2 — Fonctions.

517. — Les fonctions de cette technique sont liées à ses avantages qui gravitent autour d'une idée simple : l'informalisme. Les mérites de cette formule des « engagements non contraignants » apparaît aussi bien dans l'ordre international qu'interne.

1 — Les avantages de l'informalisme dans l'ordre international.

518. — De tels « engagements » présentent ici le grand avantage d'éviter de recourir à la procédure de conclusion des « traités », toujours solennelle, lourde et longue pour arriver à son terme final et, parfois même, aléatoire (voir *supra,* n° 289 et s.).

En outre, ces engagements non-contraignants peuvent constituer une sorte de « traité à l'essai » entre les participants : ils seront alors la première phase, la première étape, avant la conclusion éventuelle d'un traité international.

Cependant, le plus souvent, le recours à un engagement non-contraignant peut être analysé comme un « succédané » de traité : les Etats acceptent bien de s'engager, mais ils ne veulent — ou ne peuvent — le faire d'une manière formelle et solennelle avec toutes les conséquences que cela implique — à commencer par la mise en jeu de leur responsabilité internationale en cas de non-respect —.

Enfin au titre de ces avantages, il est loisible d'appliquer, avec plus de force persuasive encore, ces remarques à la constitution d'une organisation internationale. Pour gérer un « service public international », les Etats peuvent être tentés de procéder par voie informelle également : la création d'une organisation internationale présente ici deux inconvénients majeurs — le formalisme dû à la conclusion de la charte constitutive, les rigidités des solutions institutionnelles dans la mesure où toutes les organisations internationales sont « lentes » et donnent naissance à une « bureaucratie » envahissante et souvent paralysante. C'est ce qui explique, entre autres, le relatif succès de la formule des accords non-contraignants pour réglementer le commerce international de certains produits de base.

La formule des « accords non-contraignants » présente aussi des avantages « matériels ». Il y a en effet certains domaines internationaux particulièrement sensibles (les relations politiques au sens large) ou mouvants (les relations économiques par exemple) qui se prêtent mieux que d'autres à ce type d'arrangements informels aisément adaptables aux aléas de la conjoncture.

En bref, dans l'ordre international, il existe d'assez nombreux cas de figure où les accords non-contraignants présentent une supériorité marquée sur le traité en « bonne et due forme ».

2 — Les avantages de l'informalisme dans l'ordre interne.

519. — Ces « avantages » sont ici tout relatifs. Ils sont certains si l'on se place dans l'optique du droit international (ils permettent en effet l'extension de la « règle de droit » à de nouveaux domaines peu susceptibles d'être appréhendés par le biais du traité « classique ») ou du pouvoir « exécutif » qui a les mains « libres » et se trouve délié de tout contrôle interne. En revanche, du point de vue du contrôle « démocratique » interne, il n'en va pas de même.

En effet, en évitant de recourir à la technique du traité solennel, le gouvernement « court-circuite » le Parlement et soustrait son action internationale au contrôle des élus de la nation. Notons, au passage, qu'il y a là un autre avantage du point de vue « international » dans la mesure où, en règle générale, les « exécutifs » sont plus « libéraux » que les législateurs nationaux souvent très sensibles aux intérêts « sectoriels » et à l'influence des « groupes de pression » défendant des privilèges locaux ou professionnels. De même, en agissant par le biais d'accords informels, les gouvernements évitent tout débat général, tout contrôle de leur opinion publique, qui ont souvent pour effet de freiner le développement de la coopération internationale dans tel ou tel secteur pour des raisons analogues. Toutefois, force est ici de reconnaître que cette absence de débat national, d'approbation formelle par les représentants de la population, frappe de précarité de tels engagements non-contraignants et rend leur respect plus aléatoire en cas de changement de gouvernement.

Section II

Les principales caractéristiques juridiques des engagements non-contraignants entre Etats

520. — Ces accords informels se caractérisent par cinq aspects essentiels : ils constituent bien une manifestation de la volonté des Etats de s'engager ; ils possèdent un contenu très variable ; ils ne sont pas systématiquement publiés ; ils poursuivent des objectifs fort diversifiés ; ils ne sont guère sanctionnés.

1 — La volonté de s'engager de la part des parties contractantes.

521. — Un point apparaît ici clairement : ces accords manifestent bien l'intention des parties contractantes de s'engager, d'être liées entre elles par les termes convenus dans le corps du texte considéré. l'autonomie de la volonté des Etats est telle qu'elle peut fort bien se concrétiser par la conclusion « d'engagements » moins solennels que des « traités » ou « accords en forme simplifiée ». Mais on se heurte ici immédiatement au problème de fond essentiel : jusqu'à quel point les Etats envisagent-ils d'être liés ? Autrement dit, quelle est la différence de nature entre les « engagements » pris par les Etats aux termes d'un de ces accords informels et ceux découlant d'un traité ? Deux réponses différentes ont été apportées par la doctrine quant à la nature de ce type d'engagements, certains estimant qu'ils relèvent exclusivement de l'ordre moral tandis que d'autres estiment qu'ils appartiennent au domaine du droit.

a) Des engagements d'ordre moral ?

522. — Toute une partie de la doctrine qualifie ces engagements de « moraux » ou de « pré-légaux ». Au mieux, ils se situent dans une zone intermédiaire entre la morale et le droit. En bref, ces engagements relèveraient du domaine de la seule « morale » et non du « droit ».

b) Des engagements d'ordre juridique ?

523. ***Le débat*** — A notre sens, et avec une autre partie de la doctrine, il nous semble que ces engagements possèdent bien une nature « juridique ». Cependant, il convient de s'entendre sur le sens du mot « droit » ou « juridique ». Si l'on définit le « juridique » comme étant ce qui est « obligatoire » et « sanctionné », alors, à l'évidence ces engagements non-contraignants ne sauraient recevoir une telle qualification qui, au demeurant, est celle du... traité international. Or, une telle conception du droit apparaît comme singulièrement étroite et d'ailleurs elle ne correspond pas à la réalité contemporaine. En effet, le droit civil connaît des « obligations naturelles » qui, pour n'être pas sanctionnées, relèvent néanmoins du domaine du « droit ». Le droit commercial, le droit du travail abondent en exemples d'engagements non-contractuels qui ont cependant une valeur et une portée juridique (voir la chronique précitée de B. Oppetit).

Ces « engagements non-contraignants » sont bien soumis au droit international, ce qui ne veut pas dire pour autant que le « droit des traités » leur est applicable. Il y eut de nombreuses discussions, au demeurant non dénuées d'ambiguité, sur cette délicate question au sein de la C.D.I. quand elle se pencha sur la codification du droit des traités (voir l'article précité d'Eisemann, pp. 341-343). Il semble raisonnable de conclure que « l'ensemble » du régime juridique applicable aux traités tel qu'il a été codifié par la Convention de Vienne de 1969 ne saurait été transposé en matière d'engagements non-contraignants : ceux-ci n'y sont pas soumis, du moins « *in* toto ». Cela ne signifie pas non plus qu'aucune des règles posées à Vienne pour les traités internationaux ne soit applicable à ces accords informels. Sans doute, la Convention de Vienne pourrait-elle le laisser entendre dans la mesure où elle définit, *inter alia*, le traité international comme un accord « régi par le droit international » (art. 2.I.a) ; cependant, cette expression ne veut pas dire que seuls les traités inter-étatiques sont soumis au droit international ; autrement dit, la notion de droit international est beaucoup plus large en portée que celle de droit des traités, ou, plus précisément, de droit international applicable aux traités. Si le droit international régit à l'évidence le domaine des traités conclus entre Etats, il est aussi à même de connaître d'autres liens juridiques moins solennels. Qui peut le plus, peut le moins.

524. ***Soumission au droit international*** — En bref, les engagements non-contraignants en question sont soumis au droit international. Sans doute le droit international des traités ne leur est-il pas entièrement applicable. Toutefois, il est loisible de remarquer que bon nombre de règles du « droit des traités » peuvent également régir ces « accords informels » : il en va ainsi par exemple des règles de compétence, de validité ou d'interprétation. En revanche, il est clair que les règles du droit des traités relatives à leurs effets ou à leur exécution ne sauraient ici être transposées au domaine de ces « accords non-contraignants ».

2 — Un contenu variable.

525. — Si l'on examine le contenu de ces engagements non-contraignants, il est loisible de noter que celui-ci est très variable : ils peuvent en effet contenir des engagements posant des « obligations », des « conduites » fort précises s'imposant aux participants ou, le plus souvent, des « obligations » ou « conduites » très vagues et imprécises. Remarquons d'ailleurs au passage que, sur ce point, ces accords informels ne se différencient pas sensiblement de « traités classiques » qui, souvent, renferment des dispositions peu opérationnelles (voir la nouvelle Partie IV du G.A.T.T. ajoutée en 1966 par exemple).

a) Des « règles de conduite » ou « obligations » précises.

526. — Il est relativement inusité pour ce type d'accords informels de prévoir des « règles de conduite » ou « obligations » précises que les parties contractantes s'engagent à respecter. On peut cependant en citer plusieurs exemples empruntés au secteur économique. Ainsi, aux termes d'une « déclaration tripartite » en date du 25 septembre 1936 entre les Etats-Unis, la France et la Grande-Bretagne destinée à remettre un certain ordre dans les affaires monétaires internationales, la France, par exemple, s'engagea « à proposer à son Parlement l'ajustement de sa devise ». Plus récemment, le 30 mai 1974, les pays membres de l'O.C.D.E. adoptaient une « déclaration commerciale » (trade pledge) où ils manifestaient leur détermination : » (a) d'éviter de prendre des mesures unilatérales de caractère général ou spécifique, visant à restreindre les importations ; (b) d'éviter de prendre des mesures pour stimuler artificiellement les exportations... ; (c) d'éviter d'imposer des restrictions aux exportations » (voir A.F.D.I. 1974, pp. 677-681). Plus près de nous encore, les pays participant aux récents « sommets économiques » acceptèrent de respecter certains objectifs économiques spécifiques et dont certains étaient même expressément chiffrés. Ainsi, lors de la « déclaration finale » adoptée à la suite du « sommet économique » de Bonn en juillet 1978, les Etats-Unis s'engagèrent à réduire leurs importations de pétrole de

2,5 millions de barils par jour d'ici à 1985, la France à diminuer son déficit budgétaire à 0,5 % de son P.N.B. et l'Allemagne fédérale à adopter un programme de relance économique par un accroissement de ses dépenses publiques pour un montant égal à 1 % de son P.N.B. (voir A.F.D.I. 1978, pp. 649-650). Lors du « sommet économique » de Tokyo de juin 1979 consacré à la crise énergétique, les participants s'engagèrent à respecter des « plafonds d'importation de pétrole » d'ici à 1985. Les « arrangements » de l'O.C.D.E. sur les crédits à l'exportation contiennent également des règles au contenu fort précis (voir *supra*, n° 511).

b) Des « règles de conduite » ou « obligations » imprécises.

527. — Tel est évidemment le cas le plus fréquent pour ce type d'engagements non-contraignants. Mais là encore comment ne pas remarquer une nouvelle fois que nombre de traités internationaux « classiques » à commencer par la Charte de l'O.N.U. possèdent aussi cette caractéristique — ainsi en général des traités cherchant à promouvoir la coopération économique, culturelle, scientifique, technique entre les parties contractantes — ?

Ainsi par exemple, la Charte de l'Atlantique précitée de 1941 se contentait-elle de poser certains grands principes relatifs aux relations économiques mondiales de l'après-guerre tels que la non-discrimination ou la coopération. Ainsi également les « principes directeurs » adoptés en 1976-1979 par l'O.C.D.E. relatifs aux entreprises multinationales et à l'investissement international rentrent-ils dans cette catégorie (voir Droit international économique, *op. cit.*, n°s 88-92). De même, lors du « sommet économique » de Bonn de 1978, deux pays en situation difficile — la Grande-Bretagne et l'Italie —, furent dispensés de prendre des « engagements chiffrés » mais marquèrent cependant leur désir de participer à l'effort commun, à la « stratégie à long terme » pour venir à bout de la crise mondiale.

3 — Une publicité non systématique.

528. — Il est tout d'abord clair que ces engagements non-contraignants ne sont jamais enregistrés au Secrétariat des Nations unies aux fins de publication en vertu de l'article 102 de la Charte. Ce point fut expressément précisé lors de la « signature » de « l'Acte final » d'Helsinki de 1975 mettant fin à la C.S.C.E. : il fut précisé que ce texte n'était pas « éligible » à cette formalité, ceci pour montrer si besoin était que les participants n'avaient pas entendu conclure un « traité » en bonne et due forme mais « quelque chose d'autre ». Or, il convient de rappeler ici que bon nombre de traités internationaux « classiques » ne sont pas soumis à cette procédure d'enregistrement et publication par les parties contractantes — et cela pour des motifs des plus divers (voir *supra*, n° 348 et s.).

Sans doute, bon nombre de ces « accords informels » demeurent-ils « secrets ». Ainsi, il a été fréquemment fait allusion à des « promesses » faites par le Président des Etats-Unis de l'époque au Viêt-

Nam lors de la conclusion des « accords de Paris » de 1973 mettant fin aux hostilités militaires prévoyant une aide économique américaine pour la reconstruction de ce dernier pays ; ainsi encore, dans le cadre des fameux accords dits de « Camp David » de septembre 1978, a-t-il été suggéré que les Etats-Unis avaient fait des « promesses » d'assistance à l'Egypte et à Israël afin de les amener à la table des négociations d'abord, et à conclure un traité ensuite. De même, encore, les ministres français et japonais des finances devaient-ils faire allusion à un volet secret de l'« Accord du Louvre » de février 1987 relatif à la stabilisation des cours de change des principales monnaies occidentales. Toutefois, là encore, comment ne pas noter que nombre de traités internationaux de nature politique ou militaire demeurent « secrets » ?

Cependant, en règle générale, ces engagements non-contraignants connaissent une assez large publicité, celle-ci étant rarement organisée. C'est ainsi que la presse publie souvent soit le texte intégral soit les extraits les plus importants de ces accords informels. De plus, lorsqu'une réunion internationale se tient dans un cadre préexistant institutionnalisé (organisation ou conférence internationale), les services de presse ou le « journal officiel » ou les publications périodiques de l'institution en cause se chargent d'assurer à ces textes la plus large diffusion.

4 — Des objets diversifiés.

529. ***Impossibilité de modification des traités*** — Il est tout d'abord à noter que de tels accords informels ne sauraient modifier les termes d'un traité conclu en bonne et due forme. Il s'agit là d'un exemple supplémentaire de l'existence d'une hiérarchie des normes en droit international au sens formel ici : ce qui a été fait en la forme solennelle du traité ne saurait être défait que selon une procédure identique. Autrement dit, les engagements non-contraignants se trouvent subordonnés aux traités : ils leur sont hiérarchiquement inférieurs. Ils ne peuvent donc intervenir que pour les interpréter, les compléter ou combler leurs lacunes. C'est ainsi, par exemple, que le célèbre « compromis de Luxembourg » de 1966 qui mettait fin à la crise communautaire déclenchée par la politique de la « chaise vide » suivie depuis le mois de juin par la France pour protester contre le comportement « supra-national » de la Commission et les dangers du vote « majoritaire » au sein du Conseil, ne saurait être analysé comme une modification des dispositions pertinentes du Traité de Rome en la matière : la France n'obtint de ses partenaires qu'un engagement de rechercher un « consensus » au sein du Conseil lorsque des questions affectant les intérêts essentiels des pays membres devraient être décidées ; il n'en résulta nullement une modification des règles relatives au vote majoritaire au sein du Conseil de la C.E.E. telles qu'elles avaient été posées dans le traité constitutif de 1957. On en verra pour preuve le vote qui eut lieu à la majorité qualifiée au printemps 1982 pour la fixation des prix agricoles communs où la Grande-Bretagne se retrouva isolée et minoritaire sans pouvoir pour autant juridiquement bloquer le mécanisme de prise de décision communautaire ; sans doute est-ce le seul exemple de vote de ce type depuis 1966, sans doute encore s'efforce-t-on de procéder par voie de consensus, néanmoins le vote majoritaire demeure la règle de droit positif applicable tant que les parties n'ont pas décidé de l'abolir par un amendement en bonne et due forme.

530. ***Précision des conditions d'application d'un traité*** — En revanche, les engagements non-contraignants peuvent avoir comme objectif légitime de préciser les modalités d'application d'un traité ou de l'interpréter. Il en va ainsi par exemple de l'arrangement de Londres de 1946 sur les répartitions des membres non-permanents du Conseil de Sécurité ou de l'arrangement de 1955 pour mettre fin à un vote partagé entre deux pays candidats comme membres non-permanents au Conseil de Sécurité. Le « compromis de Luxembourg » de 1966 rentre aussi dans cette catégorie des arrangements interprétatifs de traités.

531. ***Des obligations de comportement*** — Le plus souvent, ces accords informels n'imposent aux parties contractantes que de simples obligations de « comportement ». A cet égard, particulièrement typique est « l'Acte Final » d'Helsinki de 1975. Dans sa « première corbeille » il contient les normes générales que les Etats entendent respecter dans leurs relations réciproques. La « deuxième corbeille » vise les grands principes qui doivent présider aux relations et à la coopération économique entre les pays participants. La « troisième corbeille » concernant la coopération dans les domaines humanitaires est aussi libellée en termes d'obligations de comportement mais dans des domaines assez précis (réunion des familles, mariage entre citoyens d'Etats différents, circulation des informations...).

532. ***De rares obligations de résultat*** — Exceptionnellement, ces engagements non-contraignants ont comme objectifs de véritables obligations de « résultats » de la part des Etats contractants. Dans une telle hypothèse, de tels accords ne diffèrent guère des traités quant à leur contenu matériel. Cela peut être le cas — fort rare au demeurant — dans le domaine « politique ». C'est ainsi, par exemple, que l'Acte Final d'Helsinki de 1975 prévoyait la notification entre les pays participants des manœuvres militaires importantes (chapitre 2 (I)). Une telle situation est, en revanche, plus fréquente dans l'ordre économique. C'est ainsi que dans la « déclaration commerciale » précitée de 1974 entre les pays membres de l'O.C.D.E. ceux-ci s'engageaient à « prévenir toute nouvelle action unilatérale qui pourrait avoir un effet préjudicable sur les relations économiques internationales » ; il s'agit là d'une « clause de consolidation » (ou « stand-still ») que l'on rencontre souvent dans les traités internationaux à portée économique comme le Traité de Rome de 1957 par exemple. On peut encore citer dans ce sens les « arrangements » de 1970 et 1973 conclus sous les auspices du G.A.T.T. et concernant certains produits laitiers qui se rapprochent beaucoup des accords formels sur les produits de base négociés en application des principes contenus dans le chapitre VI de la Charte de la Havane de 1948 : ils fixent en effet des prix minima aux exportations, prévoient une administration organisée, des possibilités d'amendements, des recours à des clauses de sauvegarde... (voir l'article précité de P. M. Eisemann, pp. 337-338). Dans la même optique, on peut mentionner de nouveau les résultats « chiffrés » des « sommets économiques » de Bonn et Tokyo signalés précédemment.

5 — Des arrangements peu — ou prou — sanctionnés.

533. — De tels engagements non-contraignants ne sont jamais susceptibles de faire l'objet de sanctions juridictionnelles ni de mettre en œuvre la responsabilité internationale de l'Etat en cas de non-respect, ce qui ne veut pas dire qu'ils soient exempts de tout contrôle international.

a) L'inexistence de sanctions juridictionnelles.

534. — Il est clair que des tribunaux internationaux ou des cours arbitrales ne sauraient connaître de tels actes. Le problème s'est d'ailleurs récemment posé devant la C.I.J. dans l'affaire qui opposa la Grèce à la Turquie à propos du *« plateau continental de la Mer Egée »* en 1978 (arrêt du 19 décembre sur la compétence). L'un des arguments grecs pour fonder la compétence de la Cour était un « communiqué » commun en date du 31 mai 1975 publié à l'issue d'une réunion entre les ministres des affaires étrangères de Grèce et de Turquie. Ce communiqué précisait que les deux ministres « avaient décidé (que les problèmes entre les deux gouvernements) devaient être résolus pacifiquement par le moyen de négociations et par la Cour Internationale de Justice de La Haye en ce qui concerne le plateau continental de la Mer Egée ». La Grèce soutint qu'il s'agissait là d'un accord avec la Turquie qui fondait la compétence de la Cour pour trancher le différend entre les deux pays. De son côté, la Turquie affirma qu'un « communiqué conjoint n'équivalait pas à un accord en droit international ». Dans sa réponse, la C.I.J. estima à juste titre qu'il « n'exist(ait) pas de règle de droit international interdisant qu'un communiqué conjoint constitu(ât) un accord international destiné à soumettre un différend à l'arbitrage ou au règlement judiciaire » (par. 96). Cette position de principe traditionnelle étant rappelée, la Cour estima que tout était ici une question d'espèce : il convenait en effet pour elle de déterminer la nature de l'acte, les circonstances de sa conclusion et surtout les intentions des parties contractantes. En l'espèce, la Cour arriva à la conclusion que ce « communiqué conjoint... n'avait pas pour but, et ne constituait pas un engagement immédiat »... des deux gouvernements de lui soumettre leur litige (par. 107).

535. — Toutefois, rappelons ici une nouvelle fois que l'existence — ou l'absence — de sanctions judiciaires ou arbitrales ne saurait constituer le critère du droit international (ni interne d'ailleurs et comment ici ne pas penser au sort réservé aux « dettes de jeu » par l'article 1965 du Code Civil ?). La C.I.J. a plusieurs fois eu l'occasion de mettre en lumière cette proposition. Dans *l'affaire relative au « Sud-Ouest africain »*, la Cour ne put s'empêcher de noter à juste titre que « dans le domaine international, l'existence d'obligations dont l'exécution ne pouvait faire en dernier ressort l'objet d'une procédure judiciaire (avait) toujours constitué la règle plutôt que l'exception... ». (2e Phase, arrêt, Rec. 1966.46). Plus généralement encore, dans *l'affaire de la « Barcelona Traction »*, la C.I.J. affirmait que « ... l'absence d'un lien de juridiction ne (pouvait) être considéré... comme entraînant l'inexistence d'un droit... » (Rec. 1970.45).

En bref, les engagements non-contraignants entre Etats ne sont soumis à aucune sanction judiciaire ou arbitrale — ce qui ne les empêche pas pour autant d'être régis par le droit international —.

b) L'absence de responsabilité internationale pour violation par un Etat d'un engagement non contraignant.

536. — Il est également fort clair que le non-respect par une partie contractante de l'une des dispositions contenues dans l'un de ces arrangements informels n'est pas de nature à entraîner la mise en jeu de la responsabilité internationale de cet Etat. L'explication d'une telle solution qui, superficiellement, peut se révéler surprenante n'est pas à trouver dans la violation — ou dans l'absence de violation — du droit international mais dans le *caractère non-exécutoire des obligations instituées au titre de tels accords.*

Si les Etats préfèrent recourir à cette technique des arrangements ou accords informels plutôt qu'aux traités en bonne et due forme, c'est souvent parce qu'ils estiment que l'objet de leurs engagements est de nature telle que son encadrement juridique doit demeurer souple, flexible, et pouvoir être modifié en temps utile — ce qui rend superflue toute préoccupation « contentieuse » pour déterminer « qui a violé quoi » et « qui est responsable de quoi ». Si les Etats avaient le sentiment que de tels accords informels pourraient entraîner la mise en jeu de leur responsabilité internationale, il est vraisemblable qu'ils refuseraient le plus souvent de signer tout engagement quel qu'il soit.

537. — De ces remarques, il ne faudrait pas conclure que ces engagements informels parce qu'ils sont non sanctionnés au sens large du terme, se trouvent privés de toute valeur juridique. En effet, dans la mesure où ils prévoient un certain type de comportement, de conduite, de la part des parties contractantes, celles-ci doivent faire en sorte de s'y conformer, la pratique des unes justifiant, déterminant, la pratique des autres. De plus, et d'une manière générale, un Etat étant partie à un tel accord informel, ne pourra plus par la suite revenir complètement sur son consentement et prétendre qu'il n'a jamais existé afin de contester la légalité d'une action ou situation : autrement dit, la règle bien connue de « L'estoppel » sera susceptible de jouer dans de telles hypothèses (principe de non-contradiction ou *non concedit venire contra factum proprium*). Enfin, on notera que, dans la pratique, de tels accords informels sont souvent aussi — voire mieux — respectés que bon nombre de traités (voir les exemples cités par O. Schachter, *op. cit.*, pp. 299-300).

c) Des engagements parfois contrôlés.

538. — A défaut de sanctions « judiciaires », ces engagements non-contraignants peuvent être soumis à des procédures internationales de « contrôle » de façon à en assurer le respect. On est alors en présence de contrôles politiques ou diplomatiques ponctuels, inorganisés ; parfois, les parties contractantes peuvent décider d'aller au-delà et d'organiser les « suites » des accords informels conclus. Au titre des contrôles politiques inorganisés on peut citer les récents « sommets économiques » où les résultats acquis lors de l'un d'eux peuvent être appréciés — ou modifiés — par un autre ; il en va de même lorsque des réunions périodiques entre des chefs d'Etat ou de gouvernement sont prévues afin de développer la coopération entre les parties contractantes. Au titre des contrôles politiques organisés, il convient de mentionner le mécanisme original institué par l'Acte Final d'Helsinki de 1975 pour assurer le « suivi » des résultats atteints : il est en effet prévu que des « conférences » se réuniront tous les trois ans afin de contrôler la manière dont les parties contractantes appliquaient les grands principes posés à Helsinki. De telles conférences de contrôle se tinrent en 1978 à Belgrade, en 1981-1983 à Madrid, en 1984-86 à Stockholm, en 1986-89 à Vienne, en 1992 à Helsinki tandis qu'une deuxième réunion au sommet des chefs d'Etat et de gouvernement était organisée à Paris en novembre 1990 pour déboucher sur de nouvelles avancées caractérisées par une orientation marquée vers l'institutionnalisation des mécanismes et procédures (voir E. Decaux, *op. cit. passim.* ; à compter du 1er janvier 1995 la C.S.C.E. devait se transformer en O.S.C.E. ou organisation pour la sécurité et la coopération en Europe sans octroi cependant de la personnalité ni interne ni internationale (voir M. Shapiro, « *Changing the C.S.C.E. into the O.S.C.E. ; aspects of a political transformation* », A.J.I.L. 1995.631). Mieux encore, un contrôle permanent peut être institué au sein d'une organisation internationale, tout en restant souple, informel, en un mot non « juridictionnel » ; c'est ainsi, par exemple, que l'O.C.D.E. a donné naissance en son sein à un « Comité de l'investissement international et des entreprises multinationales », purement consultatif, mais chargé de suivre les « principes directeurs » adoptés dans ces domaines par cette institution.

539. ***Rôle croissant dans la vie internationale*** — Ces engagements non-contraignants entre Etats jouent maintenant un grand rôle — qui va d'ailleurs croissant — dans la vie internationale. Ils relèvent du droit international même s'ils ne sont pas soumis intégralement au droit des traités et si leur sanction reste très imparfaite.

Les « infirmités » de ces accords informels ne doivent pas faire oublier qu'ils sont fréquemment strictement respectés (voir International compliance with non-binding accords éd. par E. Brown-Weiss, Studies Transnational legal policy, n° 29, Washington D.C. 1997). Autrement dit, leur effectivité n'est pas moindre que celle de bien des traités en bonne et due forme.

Ces accords informels possèdent le grand avantage d'étendre le domaine d'application de la règle de droit dans l'ordre international.

Sans eux, les Etats hésiteraient — voire refuseraient — à s'engager dans des traités contraignants. De tels engagements contribuent ainsi au développement matériel du droit international. Ils poussent à son expansion formelle dans la mesure où ils sont susceptibles de constituer des éléments de formation d'une règle non-écrite — coutume ou principe général de droit —.

Ces engagements non-contraignants ne sont pas des manifestations formalisées de la morale en droit international, ils ne constituent pas davantage du « pré-droit » en tant que traités « à parfaire ». Ce ne sont pas pour autant des « traités » : ils leur sont inférieurs dans la hiérarchie des normes, non en raison d'une quelconque infirmité matérielle, mais en raison d'une faiblesse « formelle » qui n'est pas le produit du hasard mais bien de la volonté expresse des parties contractantes qui acceptent de s'engager, d'être juridiquement liées, mais seulement « jusqu'à un certain point » et pas « au-delà ».

TITRE II

LES NORMES ÉCRITES NON CONVENTIONNELLES

CHAPITRE I

LES ACTES UNILATÉRAUX DES ÉTATS

Bibliographie sommaire. — Voir, en général, F. Rigaldies, Contribution à l'étude de l'acte juridique unilatéral en droit international public, Thémis, n° 3, 1980-81, p. 417 ; Eric Suy, Les actes unilatéraux en droit international public, Paris, L.G.D.J., 1962. — Pour une analyse récente plus spécifique, voir A.P. Rubin, The international legal effects of unilateral declarations, A.J.I.L. 1977-I (article critique de la position de la C.I.J. dans l'affaire des « Essais nucléaires » quant à la portée juridique des actes unilatéraux dans l'ordre international).

540. ***Plan*** — Les actes unilatéraux des Etats sont extrêmement nombreux dans l'ordre international (Section I). Ils produisent des effets de droit dans les relations internationales inter-étatiques (Section II). Et pourtant, en dépit de leur nombre, en dépit de leurs effets juridiques, les actes unilatéraux des Etats ne sont pas reconnus, du moins officiellement, comme des sources du droit international, comme contribuant à son élaboration, par le fameux *article 38,* al. 2, du Statut de la Cour Internationale de Justice que nous avons maintes fois signalé. Il faut reconnaître que les dispositions de cet article 38, al. 2, du Statut de la C.I.J. datent beaucoup, sur ce point et sur d'autres ; nous l'avons déjà remarqué et nous aurons l'occasion d'y revenir par la suite.

Section I

Typologie des actes unilatéraux des Etats

541. ***Plan*** — Il est loisible de distinguer deux grandes catégories d'actes unilatéraux émis par les Etats en fonction du *fondement* de ces actes. Certains sont entièrement discrétionnaires et sont fondés sur la souveraineté de l'Etat (§ 1). D'autres, s'ils demeurent également discrétionnaires, du moins pour la plupart d'entre eux, trouvent, en revanche, leur fondement direct dans le droit international (§ 2).

§ 1 — Les actes unilatéraux discrétionnaires fondés sur la souveraineté des Etats.

Ce sont, et de loin, les actes unilatéraux les plus nombreux. On peut en distinguer quatre catégories principales :

1 — Les déclarations.

542. ***Un terme générique*** — Il s'agit, si l'on prend le *Dictionnaire de la terminologie du droit international,* d'un terme générique qui désigne tous les actes des Etats qui font connaître aux autres Etats leur position sur tel fait ou telle situation, qui manifeste leur intention pour l'avenir et qui parfois peut constituer un engagement de leur part.

543. ***Un sens imprécis*** — Il est à noter ici qu'il existe parfois une certaine *confusion terminologique* dans la mesure où l'expression déclaration vise parfois un accord, un véritable traité international. Comme exemple de cette terminologie malencontreuse, on signalera la Déclaration de Paris du 16 avril 1856 sur certains aspects de la guerre maritime ou la Déclaration de La Haye du 29 juillet 1899 sur l'emploi des gaz asphyxiants. Il en va de même des déclarations d'Alger du 19 janvier 1981 mettant fin à la crise américano-iranienne due à la prise d'otages par l'Iran du personnel diplomatique et consulaire des Etats-Unis dans ce pays. En dépit de leur nom, ces trois déclarations sont de véritables accords, des traités internationaux (V. *supra*, n° 237 et s.).

544. ***Un bon usage*** — En revanche, si l'on s'en tient à la « bonne terminologie », les déclarations qui portent sur les domaines les plus divers sont, par exemple, les déclarations d'Etats mentionnant *leur accession ou leur adhésion à un traité* préalablement conclu entre des pays tiers. Ce sont aussi, par exemple, des *déclarations de guerre* ou des déclarations de neutralité qui ont une connotation essentiellement politique, même si les effets de droit sont extrêmement importants. Ce sont, dans le domaine politique, toutes les *prises de position* qui sont adoptées par les représentants légalement qualifiés des Etats. Les déclarations peuvent avoir une portée plus spécifiquement juridique ; elles peuvent porter sur un droit particulier. Ce peut être une revendication que formule un Etat sur tel ou tel point : par exemple, *les célèbres déclarations Truman de 1945* faites par le Président des Etats-Unis de l'époque et revendiquant pour les Etats-Unis une juridiction, un titre à agir, sur *le plateau continental* au large des côtes américaines.

2 — La reconnaissance.

545. — La reconnaissance, c'est la constatation et l'acceptation officielle par un Etat d'un état de fait, d'une situation nouvelle, d'une règle de droit, ou de l'existence d'une entité politique. Par exemple, un Etat peut reconnaître l'existence d'insurgés ; lorsqu'il aura reconnu officiellement un tel groupe comme constituant des insurgés d'après le droit international, il sera en mesure de leur accorder un traitement spécial régi par ce même droit international. De même, un Etat peut faire une reconnaissance de belligérance ; ainsi un Etat va se trouver dans une situation de guerre ; un Etat va se déclarer neutre face à une guerre entre deux autres Etats, ou il va se déclarer neutre lorsqu'il existe une situation, par exemple, de guerre civile.

Ou — et cela est plus fréquent — la reconnaissance porte sur l'existence d'une entité politique nouvelle qui apparaît sur la scène internationale. Ainsi, l'acte typique de reconnaissance est constitué par la *reconnaissance d'Etat.* Ou parfois certains pays pratiquent, ainsi les Etats-Unis, non pas seulement *la reconnaissance d'Etat,* mais la reconnaissance de gouvernement, c'est-à-dire l'acceptation que le nouveau gouvernement au pouvoir représente effectivement cet Etat. C'est une reconnaissance de la légitimité du nouveau gouvernement.

3 — La protestation.

546. — La protestation, c'est évidement l'acte inverse de la reconnaissance. Elle constitue en effet un refus de reconnaître la légitimité d'une prétention d'un Etat tiers ou un refus de reconnaître une situation quelconque de fait ou de droit.

La protestation est importante dans la pratique internationale, notamment lorsqu'il s'agit de *prouver l'existence d'une coutume.* Nous y reviendrons plus tard, mais signalons dès maintenant que si un certain nombre d'Etats s'opposent à une situation de droit ou de fait, cette objection va constituer un obstacle à la formation d'une coutume : ni l'élément matériel — une pratique constante — ni l'élément psychologique ne seront alors présents d'une manière incontestée, ce qui empêchera la naissance de la règle coutumière (voir *infra,* n° 691 et s.).

4 — La renonciation.

547. — On est là en présence d'une décision formelle de la part d'un Etat d'abandonner volontairement un droit ou de renoncer à une prétention ou à une réclamation quelconque. L'exemple typique de la renonciation, c'est la renonciation d'un Etat à invoquer les privilèges tenant à des immunités de juridiction et d'exécution. Il est à noter qu'un Etat va être systématiquement amené à renoncer à de tels privilèges dans un *contrat d'emprunt international* aux termes duquel il va tenter d'obtenir des fonds sur les marchés financiers de certains Etats ou même sur les marchés internationaux des euro-devises ou des euro-obligations ; en effet, les investisseurs refuseraient de prêter des sommes à un Etat si celui-ci ne renonçait pas à ses privilèges car, en cas de non-paiement, ils ne pourraient trouver aucun forum, aucune juridiction où ils seraient en mesure de faire valoir leurs droits contre l'Etat défaillant, celui-ci excipant systématiquement de ses traditionnelles immunités en tant que « souverain » (voir *infra* n° 920 et s.). Il y va de la confiance des futurs prêteurs et donc de l'accès au crédit international de l'Etat emprunteur : celui-ci devra se « mettre en civil ».

§ 2 — Les actes unilatéraux trouvant leur fondement dans le droit international.

548. — Deux situations générales sont ici à envisager.

Dans un premier cas, les Etats ont l'obligation d'agir d'une certaine manière. L'acte unilatéral qu'ils adopteront sera en quelque sorte « obligatoire » parce que la compétence des Etats sera liée par le droit international. Cette hypothèse existe, mais elle est — il faut le reconnaître — extrêmement rare.

Dans une deuxième hypothèse, — et c'est la plus fréquente —, le droit international reconnaît un droit aux Etats : il leur ouvre une possibilité. Les Etats pourront alors unilatéralement user, ou non, de cette possibilité ; ce seront ainsi les modalités d'exercice de ces actes unilatéraux qui deviendront le critère de leur validité.

1 — Les actes unilatéraux « obligatoires » : la compétence liée des Etats.

549. ***Obligation de notifier*** — Les Etats ont parfois des obligations de *notification.* Cette situation présente une grande importance pour les Etats tiers en ce sens que, s'il n'y avait pas de telles notifications, leurs droits et intérêts risqueraient d'être gravement affectés, tandis que la nécessaire stabilité des relations internationales serait mise en cause. Ces obligations de notification (on rappelera que la notification est un acte unilatéral par excellence) peuvent être imposées soit par des traités, soit, plus rarement, par des coutumes.

a) Des actes unilatéraux obligatoires en vertu de la coutume.

550. ***Exemples : de l'affaire du Détroit de Corfou (1949) à l'occasion de l'accident de Tchernobyl (1986)*** — A titre d'exemple d'un tel fondement, on peut ici se référer à une affaire célèbre : *l'affaire* dite du *détroit de Corfou* décidée par la Cour Internationale de Justice en 1949 entre l'Albanie et la Grande-Bretagne. Dans cette affaire, la Cour a reconnu qu'il incombait à l'Albanie de faire connaître, c'est-à-dire de notifier, « dans l'intérêt de la navigation en général, l'existence d'un champ de mines et d'avertir les pays tiers des dangers inhérents à la présence de ces mines ». Et la Cour estimait que le fondement de cette obligation de notification résidait dans « certains principes généraux et bien reconnus tels que des considérations élémentaires d'humanité plus absolues encore en temps de paix qu'en temps de guerre » (p. 22). L'Albanie devait donc notifier la présence de champs de mines et de ses dangers sur le fondement de ces principes généraux d'humanité, sans doute non écrits mais possédant pleine valeur obligatoire à titre coutumier. Dans son arrêt du 27 juin 1986, relatif aux *« activités militaires et paramilitaires au Nicaragua* *et contre celui-ci* », la C.I.J. réitéra cette jurisprudence en condamnant les Etats-Unis pour n'avoir pas signalé l'existence de l'emplacement des mines qu'ils avaient posées dans les eaux du Nicaragua (voir le n° 215 de l'arrêt).

De même, lorsque des Etats procèdent à des expériences nucléaires ou à des essais d'engins balistiques ils doivent avertir les tiers des dangers anormaux courus de façon à prévenir les accidents éventuels et éviter ainsi la mise en jeu de leur responsabilité internationale.

Il en va également ainsi lorsqu'un accident se produit sur le territoire d'un Etat et qu'il risque d'avoir des incidences néfastes sur le territoire de pays tiers. C'est ainsi que lorsque se produisit l'accident nucléaire de Tchernobyl le 25 avril 1986, l'URSS fut vivement critiquée pour ne pas avoir prévenu immédiatement ses voisins de la catastrophe et des risques encourus (voir en général le dossier établi sur cette affaire par la Documentation française, P.P.S. n° 552-553 de 1987).

b) Des actes unilatéraux obligatoires en vertu de traités.

551. — La plupart du temps, il est évident que ces obligations de notification sont imposées par des traités. On peut en citer de nombreux exemples : ainsi l'article 34 de l'Acte de Berlin du 26 février 1885 imposait, entre autres, aux pays participants de notifier toutes les prises de possession de territoires non encore appropriés en Afrique. Pour prendre des exemples plus contemporains, on peut citer le cas de l'O.M.S. (Organisation mondiale de la santé) où les pays membres ont l'obligation de *notifier à l'Organisation,* et donc aux autres Etats membres, la présence d'épidémies et de certaines maladies. Prenons un autre exemple avec le Fonds monétaire international (F.M.I.) : certains Etats qui désirent adopter un régime monétaire particulier, régime de convertibilité de leur monnaie prévu à l'article VIII, doivent *notifier au Fonds monétaire international* leur décision d'adopter un régime de monnaie convertible et donc de se ranger sous le régime de l'article VIII. Dans un sens différent, il est loisible de se référer à cette autre organisation économique internationale, qu'est le G.A.T.T.: les Etats qui envisageraient de constituer une Union douanière ou une zone de libre-échange ont l'obligation, au préalable, de notifier au G.A.T.T. leur projet en vertu de l'article XXIV de l'Accord général sur les tarifs douaniers et le commerce.

De même, lorsqu'un pays décide de se retirer d'une organisation internationale, il doit lui notifier par acte unilatéral sa décision en respectant les délais requis (cas des retraits récents des Etats-Unis, de la Grande-Bretagne et de Singapour de l'UNESCO).

Autrement dit, il est extrêmement fréquent, au sein d'une organisation internationale, que les pays membres doivent notifier à cette institution la manière dont ils observent leurs obligations ou dont ils entendent changer de statut (exemples du F.M.I. ou du G.A.T.T.).

S'il y a là autant d'exemples importants d'actes unilatéraux obligatoires que les Etats doivent notifier, et qui trouvent leur fondement dans des traités, ils n'en demeurent pas moins relativement rares.

2 — Les actes unilatéraux « facultatifs » : les compétences des Etats découlant expressément du droit international.

552. ***Les choix de l'Etat*** — Dans de nombreux domaines, le droit international fonde les compétences de l'Etat. Autrement dit, il donne à l'Etat un « titre » à agir ; l'Etat pourra soit s'abstenir, soit procéder par voie unilatérale et cela de façon le plus souvent discrétionnaire. Toutefois, le pouvoir de l'Etat n'est pas illimité en ce qui concerne l'existence de ses compétences. S'il agit — et c'est là où est son choix, c'est là où est sa discrétion —, il devra agir dans une certaine direction précisée par le droit international.

a) Les actes unilatéraux « discrétionnaires ».

553. — Certains traités internationaux donnent aux Etats compétence pour agir ou ne pas agir selon leur gré. On peut en citer certains exemples dont le plus célèbre nous est fourni par *l'article 36, al. 2* du *Statut de la C.I.J. relatif aux déclarations « facultatives » de la reconnaissance de la juridiction obligatoire de la Cour* (voir *infra* n°s 1446-1448). Il s'agit là d'un acte discrétionnaire à l'état pur. En effet, chaque Etat partie au Statut de la Cour a la possibilité de souscrire à une telle déclaration. Chaque Etat est libre d'effectuer cette déclaration facultative. De plus, une fois qu'il a décidé de reconnaître la juridiction obligatoire de la Cour par une déclaration au titre de l'article 36, al. 2, il peut en modifier les termes comme il l'entend. Il peut la retirer. Il peut lui donner la durée de son choix. En bref, il peut la libeller comme il l'entend tout en respectant — et c'est là la seule limite affectant la compétence des Etats en la matière — les règles relatives au fonctionnement et à la compétence de la Cour telles qu'elles apparaissent à la lumière de son statut.

b) Les actes unilatéraux « discrétionnaires » mais dont l'exercice est soumis au droit international.

554. — Telle est la règle générale pour ce type d'actes unilatéraux. Il s'agit de toutes les situations où le droit international reconnaît aux Etats une compétence pour agir. Dans ces conditions, les Etats vont exercer leur pouvoir par le biais d'actes unilatéraux. Mais ceux-ci, pour être *opposables* aux Etats tiers, devront être conformes aux prescriptions du droit international. Donc les modalités d'exercice de ces actes vont directement affecter leur validité, leur opposabilité internationale. Les prescriptions du droit international qui vont contrôler l'exercice par les Etats de leur pouvoir d'adopter des actes unilatéraux trouvent leur fondement soit dans le droit international coutumier, soit dans le droit international conventionnel.

I. — Leur soumission au droit coutumier.

Il est loisible de citer à ce titre deux exemples célèbres touchant à la détermination de la nationalité et à la délimitation de la mer territoriale, deux domaines — s'il en est — relevant de la souveraineté de l'Etat et réglementés par la voie de l'acte unilatéral.

555. — *Le droit de la nationalité.* Il convient ici de citer *l'affaire Nottebohm* qui opposa le Liechtenstein au Guatemala devant la Cour Internationale de Justice (arrêt du 6 avril 1955, précité n° 100). Dans cette affaire, la Cour Internationale de Justice *reconnut à chaque Etat le droit de fixer les conditions d'octroi de sa nationalité.* Il est clair que les règles internes relatives à la nationalité, c'est-à-dire aux moyens d'acquisition ou de perte de la nationalité, constituent des actes unilatéraux types, prenant en général la forme d'une loi. Si donc chaque Etat, en vertu du droit international, est bien compétent pour adopter une loi relative à la nationalité, cette loi, acte unilatéral interne, ne sera *opposable* aux Etats tiers que *si son contenu est conforme au droit international applicable en la matière*. Et, en l'espèce, dans l'affaire Nottebohm, la Cour décida que la manière dont le Liechtenstein avait octroyé sa nationalité à Nottebohm n'était pas conforme aux prescriptions du droit international et ne pouvait donc pas être opposée aux Etats tiers, ici au Guatemala. Or, ceci ne veut pas dire, bien entendu, que le Liechtenstein n'avait pas le droit de considérer Nottebohm comme un de ses citoyens. La Cour signale seulement que cet acte unilatéral du Liechtenstein, s'il est valide dans l'ordre juridique interne de ce pays, ne l'est pas dans l'ordre international ; il n'est pas opposable aux pays tiers (sur cette différence entre validité interne et validité internationale, voir aussi *supra* n° 103 et s.).

556. — *La délimitation de certains espaces marins*. Là encore, il faut se référer à une affaire qui opposa la Grande-Bretagne à la Norvège en 1951 : *l'affaire des pêcheries*. La Cour reconnut que chaque Etat, au moins les Etats ayant un rivage maritime, avait le droit de posséder une mer dite territoriale. Le droit international ne fixe pas précisément la largeur, l'étendue de cette mer territoriale et ne fixe pas non plus les modalités de sa détermination. La largeur de la mer territoriale est déterminée par des actes unilatéraux internes des Etats — lois ou règlements — qui là encore, aux dires de la Cour, ne sont opposables aux Etats tiers, c'est-à-dire n'ont de validité internationale, que s'ils ne sont pas contraires aux règles du droit international. Dans cette matière de la détermination de la compétence maritime des Etats, la situation est analogue à celle de l'octroi de la nationalité : tout Etat a le droit de déterminer la largeur de sa mer territoriale par le biais d'actes unilatéraux ; mais ceux-ci n'auront de *validité internationale* que s'ils sont conformes aux règles posées par le droit international (ainsi, conformément au droit positif actuel, ne sera opposable aux Etats tiers qu'une mer territoriale dont la largeur n'excédera pas douze milles marins).

II. — Leur soumission au droit conventionnel.

557. — On se bornera à citer deux exemples empruntés au « droit de la mer ». C'est ainsi que la *Convention de Genève de 1958 sur le plateau continental,* dans ses articles 4 et 5, ou la nouvelle Convention des Nations unies sur le droit de la mer (10 décembre 1982), dans son article 61, autorisent les Etats riverains, sous certaines conditions bien entendu, à adopter des *réglementations unilatérales dans l'intérêt de la communauté internationale* (voir sur ce point Lucchini et Vœlkel, *Les Etats et la mer* ND 4451-4452, p. 379 et s.). Sur leur plateau continental ou pour conserver les ressources de la mer, les Etats peuvent introduire des réglementations unilatérales pour peu qu'elles aillent dans le sens de l'intérêt de la communauté internationale ; le fondement de ces actes unilatéraux se trouve dans une autorisation spécifiquement incluse dans des traités internationaux. Les cas sont extrêmement nombreux où des conventions internationales vont autoriser les Etats à agir par la voie unilatérale, mais ce sera une autorisation conditionnelle. En règle générale, les modalités d'exercice de ces actes unilatéraux des Etats conditionneront leur validité dans l'ordre international.

Section II

Le régime juridique des actes unilatéraux des Etats

558. ***Des effets de droit*** — Nous avons vu précédemment que l'on pouvait distinguer deux types d'actes unilatéraux : ceux qui étaient de nature facultative et ceux qui étaient de nature obligatoire, ces derniers étant de loin les plus rares. Il va de soi que, pour ces derniers, le droit international va sanctionner leur non-existence, c'est-à-dire, en d'autres termes, *l'abstention* des Etats. Tel fut le cas dans *l'affaire du détroit de Corfou* précitée. Toutefois, là n'est pas l'essentiel du problème. *Le droit international reconnaît, en effet, que les actes unilatéraux « facultatifs », discrétionnaires, sont susceptibles de créer des effets de droit.* En bref, comme cela est souvent le cas, le droit international pose des règles de fond relatives aux effets juridiques de certains actes, mais n'impose pas de règles de forme relatives à la manière dont ils doivent être adoptés. C'est ainsi que les actes unilatéraux peuvent être écrits — cela est évidemment le plus fréquent — ou simplement oraux : par exemple des conférences de presse du ministre des Affaires étrangères ou du Président de la République — on aura l'occasion d'y revenir.

D'une manière générale, que les Etats puissent s'engager à l'égard de pays tiers unilatéralement n'a rien d'une incongruité juridique ; est-il besoin ici de rappeler que le droit interne connaît fort bien et depuis longtemps la catégorie des contrats unilatéraux ainsi qu'en témoigne l'article 1103 du Code Civil ?

559. ***Plan*** — Les actes unilatéraux apparaissent souvent comme étant ce qu'il est convenu d'appeler des « actes-conditions » (§ 1) ; mais ils sont aussi la manifestation de « la pratique des Etats » (§ 2) ; ils peuvent en outre, constituer — cela est plus rare — des sources véritables « d'obligations internationales » pesant sur les Etats qui les émettent (§ 3).

§ 1 — Des actes-conditions.

560. ***Dans les relations inter-étatiques*** — La survenance d'un acte unilatéral déterminé va entraîner la mise en œuvre d'une relation nouvelle de droit international, relation qui va être gouvernée par un régime juridique particulier. Le cas est extrêmement fréquent et on se bornera à citer quelques exemples. Ainsi la *reconnaissance d'Etat,* acte unilatéral typique que nous avons déjà rencontré, va être un acte-condition puisque, à la suite de cette reconnaissance d'Etat, les deux Etats concernés vont nouer des relations diplomatiques et accepter que l'ensemble de leurs rapports soit gouverné par le droit international. La reconnaissance apparaît ici comme la condition préalable à l'application du droit international aux relations interétatiques. Elle va engendrer des conséquences juridiques primordiales aussi bien sur le plan du droit international que du droit interne. En effet, les actes d'un Etat reconnu bénéficient d'une opposabilité internationale en même temps que d'une présomption de validité. Les autorités administratives ou judiciaires des Etats tiers devront pour le moins « tenir compte » des actes des Etats étrangers « reconnus » et ne pourront pas les tenir pour « nuls et non avenus » — ce qui serait possible en l'absence de reconnaissance. De même, la déclaration de guerre ou de neutralité : il s'agit là d'actes unilatéraux dont l'existence va conditionner, entraîner, la mise en œuvre d'un régime international particulier entre certains Etats — le droit de la guerre ou le droit de la neutralité. Du jour où un Etat a officiellement déclaré la guerre à un autre Etat, le droit international des opérations armées gouvernera alors les rapports entre les deux belligérants. Si un Etat a proclamé sa neutralité dans un conflit armé qui oppose des pays tiers, c'est le droit international de la neutralité qui gouvernera désormais les relations entre l'Etat neutre et les Etats belligérants.

561. ***Au sein des organisations internationales*** — On pourrait trouver d'autres exemples d'actes unilatéraux « conditions » dans le cadre des organisations internationales. Un acte unilatéral d'un Etat — qui prendra le plus souvent la forme d'une notification — va alors entraîner un changement du régime juridique applicable. Ainsi, pour prendre l'exemple déjà cité du Fonds monétaire international, si un pays décide de rendre sa monnaie *convertible* en acceptant les obligations contenues dans l'article VIII des statuts du F.M.I., c'est tout un nouveau régime juridique qui va alors s'appliquer à cet Etat et à sa monnaie. Cette notification constitue donc un acte-condition, *condition de l'application d'un nouveau régime de droit international.*

Ces actes-conditions sont nombreux ; ils ne posent pas de problème juridique particulièrement difficile dans l'ordre international.

§ 2 — Des actes manifestant la pratique des Etats.

562. — Il s'agit là évidemment d'un principe général selon lequel des actes unilatéraux constituent la manifestation la plus claire de la pratique des Etats dont l'importance est considérable dans l'ordre international. Cette pratique des Etats, pour l'essentiel, est constituée par ceux de leurs actes unilatéraux qui ont une portée ou un incidence internationale. Inutile de dire qu'ils sont potentiellement fort nombreux et qu'ils peuvent aussi bien prendre la forme de lois que d'actes administratifs divers ou de décisions judiciaires. Ces actes unilatéraux illustrant le comportement des Etats remplissent des fonctions qui sont à la fois générales et précises. Générales, en ce sens qu'elles jouent le rôle dévolu à la pratique des Etats dans l'ordre international dans la mesure où ils en constituent l'essentiel. Précises, en ce sens qu'ils vont produire des effets de droit bien déterminés.

On peut citer ici trois grands domaines où ces actes unilatéraux manifestent la pratique des Etats avec toutes les conséquences juridiques qui lui sont attachées.

563. ***Interprétation des traités*** — 1°) Ils contribuent à l'interprétation des traités, voire à leur modification, dans la mesure où ils servent à établir la pratique ultérieure ou subséquente des parties contractantes. On renverra, sur ce point, à ce qui a été dit précédemment en matière d'interprétation des traités (voir *supra* n°s 374-376).

564. ***Eléments de preuve de règles non-écrites*** — 2°) Ils contribuent à prouver l'existence des règles *non écrites du droit international : coutumes ou principes généraux de droit.* Ces actes unilatéraux au titre de la pratique des Etats servent à prouver les deux éléments constitutifs communs à ces deux types de norme : l'élément matériel (le précédent ou *consuetudo*) et, d'autre part, l'élément psychologique (la reconnaissance du caractère obligatoire de la règle ou *opinio juris*) (voir *infra*, n°s 666 et s.).

565. ***Effet d'estoppel*** — 3°) Ces actes unilatéraux contribuent à rendre *le comportement de l'Etat opposable aux Etats tiers.* Il s'agit ici de *l'effet d'estoppel* (voir A. Martin, « L'estoppel en droit international public », Paris, Pedone, 1979, et Charles Vallée, « Quelques observations sur l'estoppel en droit des gens », R.G.D.I.P. , 1973,999).

L'estoppel est initialement une institution empruntée à la *procédure judiciaire anglaise.* L'estoppel interdit à une partie devant un tribunal anglais d'adopter une position contraire à celle qu'elle a prise précédemment. Autrement dit, il s'agit là d'une règle de bons sens qui signifie simplement que l'on ne peut pas se contredire. Le droit romain la connaissait, semble-t-il, également avec la maxime « *non concedit venir contra factum proprium* ». D'assez nombreuses décisions arbitrales ou judiciaires internationales ont fait appel à cette notion « d'estoppel » sous des formes diverses.

Cette règle d'estoppel, que l'on peut appeler pour simplifier *principe de non-contradiction*, revêt deux modalités particulières : soit l'acquiescement tacite, soit la reconnaissance formelle.

a) L'acquiescement tacite.

566. ***Portée de l'abstention*** — Si un Etat *s'abstient* d'agir ou de protester contre une prétention ou une action d'un pays tiers, il est loisible d'en tirer la conclusion qu'il a donné son accord tacite, qu'il a acquiescé. Autrement dit, l'abstention peut s'analyser comme un acquiescement tacite ; qui ne dit mot consent. Dans ces conditions, un tel Etat ne pourra plus revenir sur son comportement passé et une *protestation* ultérieure éventuelle de sa part sera dénuée de tout effet juridique : il sera *forclos*, « victime » de *l'effet d'estoppel.*

Pour illustrer ce principe général, on peut citer deux affaires dont la C.I.J. eut à connaître au fond : celle des *pêcheries* de 1951 et celle du *temple de Préah-Vihéar* en 1962.

567. ***L'affaire des pêcheries de 1951*** — Dans *l'affaire des pêcheries* déjà citée entre la Grande-Bretagne et la Norvège de 1951, la Cour Internationale de Justice nota que « L'abstention prolongée de la Grande-Bretagne ét(ait) un élément rendant ultérieurement opposable à la Grande-Bretagne le tracé de la ligne de base des eaux territoriales par l'Etat norvégien » ; « la Grande-Bretagne s'est abstenue de formuler des réserves », ajouta la Cour (p. 139). Autrement dit, dans cette affaire, la Cour estima que le fait pour la Grande-Bretagne de n'avoir pas protesté à l'encontre de la Norvège lorsque celle-ci, à la fin du XIXe siècle, avait déterminé l'étendue de ses eaux territoriales, valait, en réalité, *acquiescement tacite* de la méthode de délimitation retenue, d'autant que la Grande-Bretagne, puissant Etat maritime, ne pouvait ignorer les conséquences de la décision norvégienne. La Grande-Bretagne avait la possibilité en son temps, par un acte unilatéral approprié — la protestation — de faire valoir ses droits et de contester la méthode norvégienne. Ne l'ayant pas fait, son abstention sur une longue période de temps (plus d'un demi-siècle) valait acquiescement tacite de sa part et l'empêchait, par la suite, de contester la validité de la méthode norvégienne. En bref, la Grande-Bretagne était victime de l'effet d'estoppel.

568. ***L'affaire du temple de Préah-Vihéar de 1962*** — *L'affaire du temple de Préah-Vihéar* opposant le Cambodge à la Thaïlande devant la C.I.J. en 1962 présente un certain nombre de points communs avec celle des *pêcheries* de 1951. La Cour eut en effet à apprécier la valeur de l'abstention de la Thaïlande pendant une longue durée, à la suite du tracé de sa frontière avec le Cambodge. Là encore, la Thaïlande s'abstint de protester, alors qu'elle aurait pu le faire au moment où la délimitation de sa frontière avec le Cambodge s'effectuait ou dans les années immédiates suivantes. La Cour estima que cette *abstention prolongée* de la Thaïlande valait acceptation du tracé des frontières et l'empêchait — effet d'estoppel — de contester par la suite ce qu'elle avait reconnu au moins tacitement. A ce propos, la Cour s'exprima en des termes qui méritent d'être cités : « Les circonstances, dit la Cour, étaient de nature à appeler dans un délai raisonnable une *réaction* de la part des autorités siamoises au cas où elles auraient voulu contester la carte ou auraient eu de graves questions à soulever à son égard. Or, ajoute la Cour, elles n'ont réagi ni à l'époque, ni pendant de nombreuses années ; et l'on doit, de ce fait, conclure à leur acquiescement » (p. 23).

b) La reconnaissance formelle.

569. — Si certains actes unilatéraux peuvent être analysés comme valant reconnaissance formelle d'une situation ou d'un droit, l'Etat concerné sera par la suite empêché de contester l'existence de ce droit ou de cette situation. L'*effet d'estoppel* jouera là encore à l'encontre de l'Etat « maladroit ».

Pour illustrer cet autre aspect de l'estoppel, il est loisible de mentionner deux affaires dont eut à connaître la Cour de La Haye : celle du *Groenland oriental* en 1933 et celle de la *sentence arbitrale rendue par le roi d'Espagne* en 1966.

570. ***La déclaration Ihlen*** — *La déclaration dite Ihlen dans l'affaire du Groenland oriental* qui opposa le Danemark à la Norvège devant la C.P.J.I. en 1933 (ser. A/B, n° 53, p. 68-69). La Norvège, par l'intermédiaire de son ministre des Affaires étrangères, Ihlen, avait reconnu la légitimité des prétentions territoriales du Danemark sur le Groenland et avait précisé qu'elle n'élèverait sur ce point aucune « difficulté » n'ayant elle-même à faire valoir aucune revendication particulière. Par la suite, des conventions multilatérales auxquelles ces deux pays furent partie mentionnèrent que le Groenland appartenait au Danemark sans susciter pour autant de protestations de la part de la Norvège. La Cour nota ces diverses réaffirmations norvégiennes de la souveraineté danoise sur l'ensemble du Groenland, ce qui excluait toute contestation ultérieure de cette situation par le premier pays (Rec. p. 68). Analysant plus particulièrement la portée de cet acte unilatéral norvégien — la déclaration de son ministre des affaires étrangères — la C.P.J.I. y vit un véritable engagement international imposant des obligations à la Norvège dans ses relations avec le Danemark : « A raison de l'engagement impliqué dans la Déclaration Ihlen du 22 juillet 1919, nota la Cour, la Norvège se trouve dans l'obligation de ne pas contester la souveraineté danoise sur l'ensemble du Groenland, et a fortiori, de s'abstenir d'occuper une partie du Groenland » (p. 73). En bref, la reconnaissance formelle par la Norvège des prétentions danoises sur le Groenland l'empêchait par la suite de revenir sur cet acte unilatéral et d'en nier les conséquences juridiques.

571. ***La reconnaissance par le Nicaragua d'une sentence arbitrale*** — *L'affaire dite de la sentence arbitrale* rendue par le roi d'Espagne entre le Honduras et le Nicaragua devant la C.I.J. (1966). En l'espèce, la Cour nota que le Nicaragua avait, en son temps, reconnu comme valable la sentence rendue par le roi d'Espagne qui fixait sa frontière avec le Honduras. Dans ces conditions, le Nicaragua n'était plus fondé en droit à revenir par la suite sur sa reconnaissance du caractère valide et obligatoire de la sentence arbitrale précitée : plusieurs dizaines d'années après, ce pays ne pouvait pas lui dénier la moindre validité dans ses rapports avec le Honduras voisin. La Cour s'exprima on ne peut plus clairement dans les termes suivants : « Le Nicaragua a, par ses déclarations expresses et par son comportement, reconnu le caractère valable de la sentence et il n'est plus en droit, ajoute la Cour, de revenir sur cette reconnaissance pour contester la validité de la sentence » (p. 213).

572. ***Bonne foi, sécurité juridique et réciprocité*** — Dans tous les exemples précités, les solutions retenues par la Cour de La Haye s'expliquent non seulement par le recours à *l'effet d'estoppel* ou à cette règle de logique juridique élémentaire qu'est la non-contradiction, mais reposent également sur ces principes généraux que sont *la bonne foi, la sécurité des transactions juridiques et la réciprocité.* Ce dernier élément présente une importance particulière dans la mesure où un Etat s'estimera fondé à s'appuyer sur le comportement officiel d'un pays tiers pour dicter sa propre conduite dans ses rapports avec celui-ci ; le premier pourra alors avoir le sentiment d'avoir été induit en erreur et pourra voir ses intérêts sérieusement lésés si le second modifie son comportement passé et prétend revenir sur son acceptation initiale d'un droit ou d'une situation donnés au profit du premier Etat. Il s'agit là d'une situation relativement fréquente où des actes étatiques unilatéraux se conditionnent l'un l'autre : toute modification de l'un entraîne alors un déséquilibre dans les droits et obligations réciproques des Etats concernés (pour un exemple concret, voir l'analyse des codes d'investissements - actes unilatéraux typiques d'Etats s'il en est - faite par J. Juillard, in L'évolution des sources du droit des investissements, 250 R.C.A.D.I., 1994-VI. 13 et ici, p. 58-74). Il y a là une raison essentielle qui explique dans bien des cas le caractère obligatoire de ces actes unilatéraux. Telle était d'ailleurs la situation qui existait entre le Danemark et la Norvège dans *l'affaire du Groenland* oriental : l'engagement norvégien sur le Groenland au profit du Danemark n'était pas « gratuit » ; il correspondait à un engagement analogue danois sur le Spitzberg au profit de la Norvège. La C.P.J.I. ne put s'empêcher de noter cette « interdépendance » dans les attitudes des deux gouvernements en litige ce qui la conforta dans son analyse du caractère obligatoire de l'engagement conclu dans la « déclaration Ihlen » qui ne pouvait plus être modifié unilatéralement par la Norvège par la suite (Rec. pp. 70-71).

573. ***Conséquence : la non-contradiction*** — Abstention ou reconnaissance formelle possèdent ainsi une portée juridique. De tels types de conduite sont susceptibles de lier les Etats concernés ; ils interdisent en effet des comportements ultérieurs contraires.

§ 3 — Les actes unilatéraux, source possible d'obligations internationales.

574. ***Plan*** — Les actes unilatéraux sont susceptibles de produire de tels effets, c'est-à-dire d'être source d'obligations internationales

pour les Etats qui les émettent. Ce phénomène juridique peut se produire, soit par simple opération du droit, ainsi d'ailleurs que devait le reconnaître la Cour permanente de justice internationale en fonction, bien sûr, des circonstances de l'espèce, soit en raison de la volonté clairement manifestée par l'Etat auteur de l'acte en cause.

1 — L'acte unilatéral, mode d'expression possible du consentement de l'Etat à être lié.

575. ***Absence de formalisme du droit international*** — On rappellera ici encore, d'une manière générale, que le droit international n'est pas ou fort peu formaliste. Il est, pour prendre une expression moderne, de type « phénoménologique ». Si, par exemple le représentant dûment compétent d'un Etat a, par un acte quelconque — déclaration, reconnaissance, etc... —, fait connaître la position officielle de son pays sur un point de droit ou de fait particulier et si un pays tiers s'appuie sur un tel acte pour guider son comportement, le premier Etat est internationalement engagé vis-à-vis du second. Et il ne s'agit pas là seulement d'une situation d'estoppel, ainsi que cela a été examiné plus haut. Ce principe très général selon lequel un Etat est susceptible d'être engagé à l'égard d'un pays tiers par le biais d'un simple acte unilatéral pour peu que le second en ait fait la condition de son propre comportement, a été posé par la Cour permanente de justice internationale dans l'affaire du *Groenland oriental* (ser. A/B, n° 53) qui opposa, en 1933, la Norvège au Danemark. Les faits rapportés précédemment méritent d'être ici développés un peu plus dans le détail. Le 19 juillet 1931, la Norvège publiait un décret affirmant sa souveraineté sur une partie du Groenland oriental. Le Danemark saisit la C.P.J.I., prétendant avoir une souveraineté complète sur ce territoire, souveraineté, au demeurant, reconnue dans le passé par la Norvège. Pour fonder sa souveraineté, le Danemark reposait son argumentation sur des « assurances » données en juillet 1919 par la Norvège, lors de la Conférence de la Paix à Paris, selon lesquelles le Danemark « ne rencontrerait aucune difficulté de la part du gouvernement norvégien » en ce qui concerne l'extension de sa souveraineté au Groenland. Cette remarque devait d'ailleurs être reproduite dans les minutes de la Conférence de la Paix de Paris. Une semaine après que ces assurances eussent été données au représentant danois, le ministre norvégien des Affaires étrangères, Ihlen, devait confirmer les propos tenus autour de la table de négociations à la suite d'une réunion du gouvernement norvégien. Quelle était la valeur juridique de cette déclaration Ihlen faite à la sortie d'une réunion du Cabinet norvégien ? La réponse de la Cour, approuvée par une très large majorité (12 voix contre 2) est dénuée de toute ambiguïté. Tout d'abord la Cour affirma, à la suite d'un examen attentif des textes, des circonstances de l'espèce et des développements subséquents, que cette « déclaration » ne constituait pas une reconnaissance « définitive » de la souveraineté danoise sur le Groenland par la Norvège (Rec., p. 69). Toutefois, la Cour considéra « comme incontestable qu'une telle réponse à une démarche du représentant diplomatique d'une puissance étrangère, faite par le ministre des Affaires étrangères au nom du gou-

vernement, dans une affaire qui est de son ressort, lie le pays dont il est le ministre » (Rec., p. 71). Ainsi la Cour fut d'avis que la Norvège était liée, qu'elle s'était engagée par cette déclaration Ihlen à l'égard du Danemark qui, de son côté, avait agi au Groenland en fonction des assurances données et confirmées en 1919. A la suite de cette déclaration, dont le Danemark avait pris acte et sur laquelle il avait fondé son comportement, la Norvège se trouvait dans l'obligation de s'abstenir de contester plus tard, ici en 1931, la souveraineté danoise sur l'ensemble du Groenland ; a fortiori, la Norvège n'était-elle pas fondée à proclamer elle-même sa souveraineté sur une partie du Groenland ni à occuper une portion de ce territoire.

576. ***Une approche au cas par cas*** — Il est clair que cette solution dégagée par la C.P. J.I. n'est susceptible d'être généralisée qu'à la suite d'un examen très attentif des faits de l'espèce. Ainsi, par la simple opération du droit, si les circonstances le justifient, une déclaration d'un représentant dûment qualifié, un ministre des Affaires étrangères d'un Etat par exemple, va lier cet Etat. Autrement dit, un acte unilatéral du représentant d'un Etat est un mode d'expression possible du consentement de l'Etat à être lié.

2 — L'acte unilatéral, mode d'expression voulu du consentement de l'Etat à être lié.

577. ***Choix de l'Etat*** — Un Etat peut choisir, pour une raison qui lui est propre, d'exprimer son consentement à être lié d'une manière unilatérale. Dans ces conditions, à partir du jour où l'Etat s'oblige unilatéralement à l'égard d'Etats tiers, il n'est plus fondé à revenir à tout instant sur son engagement, d'autres Etats s'appuyant sur cet acte unilatéral pour dicter leur propre conduite. On se trouve donc dans une hypothèse tout à fait différente de la déclaration unilatérale prévue à l'art. 36, al. 2, du Statut de la C.I.J. par exemple.

On peut citer deux exemples classiques où des Etats ont entendu exprimer leur consentement à être lié à l'égard de pays tiers par le biais d'actes unilatéraux, la déclaration égyptienne de 1957 sur le statut du canal de Suez et les déclarations françaises de 1974 faites dans le cadre de *l'affaire des essais nucléaires* dont la C.I.J. eut à connaître à l'époque.

a) La déclaration égyptienne du 24 avril 1957 sur le canal de Suez (voir J. Dehaussy, *A.F.D.I. 1960, 169).*

578. — A la suite de la crise de Suez de 1956-1957, l'Egypte publia une déclaration unilatérale de nature à ses yeux, à « constituer un instrument international », créateur de droits et d'obligations internationales. L'Egypte demanda et obtint — ce qui est curieux — l'enregistrement de cette déclaration unilatérale au Secrétariat des Nations unies (R.T.N.U., vol. 265.299 et s.).

Cette procédure ne lasse pas de surprendre dans la mesure où seuls les traités internationaux sont déposés et enregistrés pour être publiés par le Secrétariat général des Nations unies.

Cette déclaration égyptienne de 1957 reconnaît, tout d'abord, la validité de la Convention de Constantinople de 1888 portant statut du canal de Suez. Elle reconnaît les droits de navigation et de passage des usagers du canal et des Etats tiers. Cette déclaration contient aussi des obligations imposées aux usagers et aux Etats tiers pour des impératifs de navigation et de sécurité. Elle contient enfin une procédure de règlement des différends. A ce dernier titre, l'Egypte s'engageait à reconnaître la compétence obligatoire de la C.I.J. selon la procédure visée à l'article 36, al. 2 du Statut de la Cour. En conséquence, le 18 juillet 1957, elle déposait sa déclaration unilatérale, reconnaissant la juridiction obligatoire de la Cour pour tout ce qui concernait l'utilisation du canal de Suez. Enfin, la déclaration du 24 avril 1957 instituait une procédure d'arbitrage éventuel pour régler les différends avec les usagers du canal en dehors du cadre de la C.I.J..

Quelle est la véritable nature de cette déclaration unilatérale égyptienne ? Est-ce seulement une loi égyptienne « à portée internationale » ou est-ce, au contraire, une déclaration liant l'Egypte et qui, ayant été acceptée par les Etats étrangers, ne peut plus être modifiée unilatéralement par l'Egypte ? Il y aurait là une sorte de traité international « innommé », de traité international par novation. Il semble que l'on puisse affirmer que cette déclaration unilatérale égyptienne de 1957 a bien une portée, une valeur obligatoire dans l'ordre international ; en effet, cet Etat n'est désormais plus en mesure de la modifier de façon unilatérale car les pays tiers ont accepté les engagements égyptiens et ont fondé leur propre conduite ultérieure en la matière sur ce « statut » du canal de Suez défini de manière unilatérale par l'Egypte.

b) Les déclarations françaises de 1974 sur les explosions nucléaires dans l'atmosphère et leur interprétation par la C.I.J. dans le contentieux opposant l'Australie et la Nouvelle-Zélande à la France.

(Voir B. Bollecker-Stern, « L'affaire des essais nucléaires français devant la C.I.J. », A.F.D.I. 1974, 299 ; voir aussi l'article critique de Rubin précité dans la bibliographie).

579. ***Les faits*** — Les faits étaient les suivants. l'Australie et la Nouvelle-Zélande se plaignaient des essais nucléaires atmosphériques français dans le Pacifique et estimaient que ces essais étaient contraires au droit international et qu'ils engageaient ainsi la responsabilité de la France à leur égard dans la mesure où ces essais leur causaient des dommages. Pendant toute la procédure, la France s'abstint de paraître devant la Cour. Après une campagne d'explosions nucléaires au printemps 1974, le Président de la République française, en juillet 1974, puis le ministre des Affaires étrangères en septembre 1974, firent savoir dans des conférences de presse, que, pour l'avenir, la France ne procéderait plus à des essais dans l'atmosphère, pour se limiter exclusivement à des essais souterrains.

Quelle était la valeur juridique de ces déclarations faites au cours de conférences de presse par les plus hautes autorités politiques françaises ? La Cour jugea ces déclarations suffisamment importantes pour que, à son avis, le différend entre la France, l'Australie et la Nouvelle-Zélande soit vidé de son contenu. La Cour décida, par 9 voix contre 6, que « la demande é(tait) désormais sans objet et qu'il n'y avait dès lors pas lieu de statuer ». Autrement dit, la Cour considéra que la France se trouvait ainsi engagée à l'égard des pays demandeurs et que ces derniers avaient obtenu par ce biais l'essentiel de ce qu'ils demandaient — à savoir, l'arrêt des expériences nucléaires françaises dans l'atmosphère. Le raisonnement de la C.I.J. lui permettant d'arriver à cette conclusion mérite d'être ici analysé dans le détail en raison de son importance à titre de précédent généralisable.

580. ***L'analyse de la C.I.J.*** — La Cour devait tout d'abord poser le principe suivant : « Il est reconnu que ces déclarations revêtant la forme d'actes unilatéraux concernant des situations de droit et de fait peuvent avoir pour effet de créer des obligations juridiques ».

« Quand l'Etat auteur de la déclaration entend être lié conformément à ses termes, cette intention confère à sa prise de position le caractère d'un engagement juridique, l'Etat intéressé étant désormais tenu en droit de suivre une ligne de conduite conforme à sa déclaration ».

« Un engagement de cette nature exprimé publiquement dans l'intention de se lier, hors du cadre de négociations internationales, a un effet obligatoire. Dans ces conditions, aucune contrepartie n'est nécessaire pour que la déclaration prenne effet, non plus qu'une acceptation ultérieure ni même une réplique ou une action d'autres Etats, car elles seraient incompatibles avec la nature strictement unilatérale de l'acte juridique par lequel l'Etat s'est prononcé » (Rec. 1974, p. 267).

La Cour ajoutait : « Tout comme la règle du droit des traités *pacta sunt servanda* elle-même, le caractère obligatoire d'un engagement international assumé par déclaration unilatérale repose sur la bonne foi. Les Etats intéressés peuvent donc tenir compte des déclarations unilatérales et tablées sur elles. Ils sont fondés à exiger que l'obligation ainsi créée soit respectée » (p. 268).

Et la Cour terminait ainsi son analyse : « Les déclarations ayant été faites publiquement en dehors de la Cour et *erga omnes*... (p. 269...), le Gouvernement français a signifié par là à tous les Etats du monde, y compris le demandeur, son intention de mettre fin effectivement à ses essais » (p. 269...). Il s'agit donc, dit la Cour, d'un « engagement à l'égard de la communauté internationale dans son ensemble » (p. 269).

581. ***Enseignements*** — De ces longs extraits de l'arrêt de la Cour de 1974, il est possible de résumer ainsi l'état du droit international en la matière tel qu'il est énoncé par la C.I.J.

1° Une déclaration unilatérale d'un Etat est susceptible de constituer une source d'obligations internationales pour cet Etat.

2° Le fondement du caractère obligatoire d'un acte unilatéral de ce type réside dans le principe de bonne foi. Une telle déclaration engendre, en effet, pour les pays tiers une confiance légitime qui va les inciter à adopter une conduite en conséquence. Bonne foi de l'Etat émetteur, confiance légitime des pays tiers concernés se trouvent au centre des liens juridiques établis à partir d'actes unilatéraux. Leur présence est nécessaire pour que des relations juridiques stables et sûres puissent exister et se développer dans un tel cadre. Ces considérations fondamentales expliquent que les engagements internationaux contenus dans des actes unilatéraux ne puissent être modifiés à tout propos par les Etats « émetteurs ».

3° Les obligations ainsi souscrites ne sont assorties « d'aucun pouvoir arbitraire de révision » (Rec., p. 270). Cela ne veut pas dire cependant qu'il n'existe aucun pouvoir de révision ; ces déclarations unilatérales obligatoires ne sont pas immuables. En tout cas, elles ne sont pas plus immuables que les obligations découlant d'un traité international. C'est ainsi, par exemple, que le Traité de Moscou de 1963 sur l'interdiction des essais nucléaires dans l'atmosphère autorise les parties contractantes à se retirer du traité « si des événements extraordinaires en rapport avec l'objet du présent traité ont compromis les intérêts souverains d'un pays » (art. IV). Il va de soi que l'effet des déclarations unilatérales françaises ne saurait être plus strict que les dispositions du Traité de Moscou de 1963. Mais il ne saurait non plus être moins strict. En bref, la France serait fondée à revenir sur ces engagements en la matière, au même titre que les parties contractantes au Traité de Moscou, en cas de circonstances exceptionnelles.

Il convient ici de retenir que de tels actes unilatéraux, sources d'obligations internationales, peuvent être révisés, mais que cette révision ne doit pas se faire d'une *façon arbitraire* de la part de l'Etat « émetteur ». Mutatis mutandis, les règles applicables en matière de révision des traités sont susceptibles d'être ici transposées.

Toutefois, il faut aussi d'autres conditions pour que ces actes unilatéraux soient des sources d'obligations internationales.

4° Il faut que la partie déclarante ait eu *l'intention de se lier*. La recherche de cette intention est, bien entendu, toujours difficile à dégager et il n'y a aucun formalisme dans ce domaine. Le juge, s'il en est saisi, doit s'inspirer du contexte et des circonstances qui ont entouré ces actes unilatéraux et, sur ce point, l'approche de la C.I.J. dans *l'affaire des essais nucléaires* est un bon exemple de la marche à suivre.

5° Enfin, la déclaration unilatérale doit être *publique*. Une déclaration unilatérale, pour lier un Etat, doit avoir été faite publiquement. Là encore, il n'y a aucun formalisme pour assurer la publicité de ces actes unilatéraux. Aucune notification aux Etats intéressés n'est ici exigée. Il suffit que les engagements reconnus par l'Etat aient été pris publiquement et non pas confidentiellement et que les Etats tiers concernés aient eu tout le loisir d'en prendre connaissance. Et là encore, on peut renvoyer à la démarche de la C.I.J. dans *l'affaire des essais nucléaires* de 1974. La Cour admit ici facilement que les déclarations unilatérales françaises remplissaient ce critère de publicité, « les faits en cause, suivant la Cour, étant notoires ».

CHAPITRE II

LES ACTES UNILATÉRAUX DES ORGANISATIONS INTERNATIONALES

Bibliographie sommaire : Castaneda, « Valeur juridique des résolutions des Nations unies », R.C.A.D.I. 1970-I.205 ; R. J. Dupuy, « Droit déclaratoire et droit programmatoire » de la coutume sauvage à la « soft law », *in* « L'élaboration du droit international public », Paris, Pedone, 1975, 132 ; M. Merle, « Le pouvoir réglementaire des institutions internationales », A.F.D.I. 1958.341 ; ». H. Thierry, « Les résolutions des organes internationaux dans la jurisprudence de la C.I.J. », R.C.A.D.I. 1980, vol. 167, p. 385 ; M. Virally, « La valeur juridique des recommandations des organisations internationales », A.F.D.I. 1956.66 et « L'élaboration du droit international économique », *in* Aspects du droit international économique, Paris, Pedone, 1972.171.

INTRODUCTION.

I. — Place des actes unilatéraux parmi les actes des organisations internationales.

582. — Les actes unilatéraux ne sont pas, à l'évidence, *les seuls actes* passés par des organisations internationales. On rappellera, pour mémoire, que les organisations internationales ont compétence pour passer des traités entre elles et avec les autres personnes morales de droit public international que sont les Etats ou les « établissements publics » internationaux. On rappellera également que les organisations internationales peuvent passer des *accords* avec les personnes privées (voir *supra*, n° 473 et s.).

II. — Des actes nombreux et diversifiés.

583. — Les actes unilatéraux des organisations internationales présentent une très grande *variété*.

Il est loisible de distinguer *des actes judiciaires* (ainsi des jugements ou avis consultatifs de la Cour Internationale de Justice ou des jugements des tribunaux administratifs internationaux) ; des *actes d'administration interne* (comme, par exemple, l'adoption de règles de procédure ou de règles budgétaires, ou encore la nomination d'un fonctionnaire) ; des actes ayant trait au *fonctionnement de l'organisation* elle-même (comme, par exemple, l'admission ou l'expulsion d'un Etat, l'application de sanctions contre un pays, ou, au contraire, l'octroi d'une aide en sa faveur — prêt, don ou assistance technique —). Enfin, il existe des actes relatifs aux *activités externes* de ces organisations internationales : par exemple, les organisations internationales peuvent prendre des « règlements » ou décisions portant sur les domaines entrant dans leur compétence : ainsi, des règlements sanitaires ou aériens internationaux ont été adoptés par des institutions telles que l'O.M.S. ou l'O.A.C.I. ; également lorsque ces organisations sont en rapport avec des personnes privées qui doivent effectuer des « travaux publics » internationaux, elles peuvent, comme la Banque mondiale, émettre une réglementation commune pour la passation des marchés sous la forme par exemple de cahiers de charges types.

III. — Des formes très diverses : une terminologie imprécise.

584. — Les actes unilatéraux de ces organisations internationales revêtent des *formes extrêmement diverses*. Ces actes unilatéraux prennent la forme soit de *résolutions* ou de *recommandations* — et, en général, résolutions et recommandations n'ont pas de *valeur obligatoire* — soit de décisions. On réservera cette appellation pour les actes unilatéraux des organisations internationales qui présentent une valeur obligatoire. Si cette terminologie semble la bonne et doit être suivie, il faut noter que, dans la réalité, elle n'est pas aussi claire. En effet, il existe un certain nombre de résolutions d'organisations internationales qui peuvent produire des effets de droit et même avoir des aspects obligatoires tandis que certaines « décisions », malgré leur nom, pourront ne pas produire d'effets de droit obligatoires et demeurer de simples « exhortations ».

585. — On citera comme exemple de cette terminologie imprécise l'avis consultatif de la Cour Internationale de Justice de 1971 sur la *Namibie* : « *Il serait inexact, dit la Cour, de supposer que, parce qu'elle possède, en principe, le pouvoir de faire des recommandations, l'Assemblée générale* (des Nations unies) *est empêchée d'adopter, dans des cas déterminés relevant de sa compétence, des résolutions ayant le caractère de décision ou procédant d'une intention d'exécution* » (Rec., p. 50). Il faut remarquer — et cela est regrettable — que la Cour elle-même reconnaît cette imprécision terminologique et y contribue puisqu'elle parle à la fois de recommandations dont elle semble penser qu'elles ne produisent pas d'effets de droit et de résolutions « ayant le caractère de décision procédant d'une intention d'exécution » qui se rapprocheraient alors des décisions et produiraient un effet de droit à l'égard de leurs destinataires. Une telle confusion terminologique doit être évitée.

En bref et en principe, à l'inverse des décisions, les résolutions ou recommandations ne lient pas, ne produisent pas d'effets de droit obligatoires à l'encontre de ceux auxquelles elles sont destinées.

IV. — Leurs points communs.

586. — Au-delà de cette diversité, ces actes unilatéraux des organisations internationales présentent un certain nombre de *points communs* qui nous intéresseront ici plus particulièrement.

Tout d'abord, en ce qui concerne les *conditions de forme*, tous ces actes unilatéraux font l'objet d'une certaine *publicité*, et même d'une publicité certaine. Ces actes sont publiés dans des recueils ou dans les revues spécialisées des organisations internationales concernées. Ainsi, dans le cadre des Communautés Européennes, il y a publication systématique de tous les actes des Communautés dans le *Journal Officiel des Communautés Européennes*. Certes, toutes les organisations ne procèdent pas à des publications de manière aussi systématique ; mais elle ont toutes des moyens suffisants pour faire connaître les actes qu'elles adoptent.

En ce qui concerne les *conditions de fond*, il faut remarquer que tous ces actes constituent le moyen juridique privilégié permettant à ces organisations internationales de remplir leurs buts et missions. Toutes les organisations internationales (à l'exception notable de l'O.M.I.) ont ainsi le pouvoir d'adopter des actes unilatéraux, mais, bien entendu dans les seules limites de leurs compétences : de tels actes unilatéraux doivent respecter les termes de la charte constitutive de l'organisation en cause. En bref, ils doivent être adoptés dans un but légitime par les organes compétents statuant aux majorités requises et ils produiront des effets en vertu des dispositions de la charte constitutive de l'institution concernée.

V. — Position des Etats quant à leur force obligatoire.

587. — La stratégie des Etats en ce qui concerne la valeur juridique des actes des organisations internationales se révèle bien souvent antinomique (voir en général, G. de Lacharrière, La politique juridique extérieure, *op. cit.*, pp. 48.58). Les Etats minoritaires tendent à avoir une vision très restrictive quant à la portée obligatoire de tels actes ; telle est en général la position des pays développés au sein des institutions universelles qu'ils ne contrôlent pas. En revanche, les Etats majoritaires adoptent la position inverse dans la mesure où, grâce à leur nombre, ils sont en mesure d'imposer la formulation de telles normes ainsi que leur interprétation — à défaut de leur application ; telle est, en général l'optique des pays en développement qui dominent certaines institutions universelles — à commencer par l'O.N.U. — en raison du simple poids dû à leur nombre.

588. ***Plan*** — Ces remarques générales étant présentées, l'élément important du régime juridique des actes unilatéraux des organisations internationales consiste dans les *effets* qu'ils peuvent produire. Ces actes peuvent constituer parfois — mais c'est l'exception — une source directe du droit international (Section I). Toutefois — et cela est le plus fréquent —, les actes unilatéraux des organisations internationales ne constituent encore qu'une *source indirecte* du droit international (Section II).

Section I

Les actes unilatéraux des organisations internationales, source directe du droit international

589. ***Silence du statut de la C.I.J.*** — A titre liminaire, il faut noter que l'article 38 du Statut de la Cour Internationale de Justice n'énumère pas les actes unilatéraux des organisations internationales parmi les sources formelles du droit international. Nous avons déjà signalé précédemment qu'il en allait de même à propos des actes unilatéraux des Etats. Cette lacune supplémentaire s'explique ici par la date d'élaboration du Statut de la C.I.J. : 1920. Le phénomène des organisations internationales con-naissait à l'époque ses premiers développements majeurs et il était difficile d'imaginer que les organisations internationales puissent devenir, par leurs actes, une source importante du droit international. Cet article 38, comme l'ensemble du Statut de la C.P.J.I. d'ailleurs, ont été maintenus sans changement en 1945 et demeurent applicables à la C.I.J. dans la mesure où l'on a voulu préserver une continuité « fonctionnelle » complète entre les deux Cours. Cependant, doctrine et jurisprudence sont en complet accord pour considérer que les actes unilatéraux des organisations internationales, comme les actes unilatéraux des Etats, devraient être inclus parmi les sources du droit international contemporain au titre d'un statut rénové de la C.I.J.

590. ***Plan*** — Cela étant, il est clair que les organisations internationales possèdent un certain pouvoir « normatif ». Celui-ci peut s'exercer dans deux directions différentes : il peut viser des situations internes propres à l'organisation considérée (§ 1) ; mais il peut aussi — et c'est là le phénomène le plus intéressant et le plus révolutionnaire —s'adresser à des situations « externes » et créer des obligations juridiques pour les Etats membres de l'organisation, voire pour des Etats non membres (§ 2).

§ 1 — Le pouvoir normatif interne ou le droit interne des organisations internationales.

(Voir L. Foscaneanu, « Le droit interne de l'O.N.U. », A.F.D.I. 1975, 315 et s.)

1 — Domaine d'action.

591. ***Règlement intérieur des divers organes*** — Le droit interne des organisations internationales ressemble beaucoup, toutes proportions gardées, au droit interne des assemblées parlementaires. Celles-ci possèdent un règlement intérieur qui régit leur mode de fonctionnement, un budget propre, des agents qui leur sont affectés. Il en va de même pour les organisations internationales. Chaque organe adopte son *règlement intérieur* établissant les règles de procédure qui ne sont pas contenues dans la charte constitutive ou qui demeurent imprécises. Relèvent ainsi des « règlements intérieurs », les règles de vote, de quorum, de tenue des débats, la possibilité d'octroyer un statut d'observateur à tel ou tel Etat ou groupe, les modalités relatives à la reconnaissance des pleins pouvoirs des représentants d'Etats... On notera, en particulier, la grande importance de cette dernière question lorsqu'il s'agit d'apprécier la représentativité de certains gouvernements et que celle-ci est contestée et contestable ; ainsi pendant longtemps l'Assemblée Générale de l'O.N.U. valida les pouvoirs des diplomates de Formose (Taïwan) comme représentants « légaux » de la Chine ; récemment encore, la même assemblée, selon la même procédure, décida que le mouvement dit des « Khmers rouges » continuait à représenter légitimement le Cambodge et non le gouvernement installé par le Viêt-Nam à la suite de l'invasion militaire de ce pays. Dans tous ces secteurs appréhendés dans le détail par les « règlements intérieurs » des organisations internationales, les organes compétents adoptent des « décisions » au sens juridique du terme.

592. ***Domaine financier*** — De même, dans le *domaine financier*, les organisations internationales possèdent un budget propre établi en fonction de règles spécifiques, le plus souvent d'ailleurs harmonisées et copiées sur celles des Etats nationaux. Ici, les organisations disposent du pouvoir d'adopter des « décisions » à portée financière interne dont l'importance ne saurait être minimisée dans la mesure où le volume de la contribution des pays membres s'en trouvera directement affecté.

593. ***Fonction publique internationale*** — Les organisations internationales ont également posé par voie unilatérale des « statuts » pour leurs agents, dont les grandes lignes ont été harmonisées. Ces « statuts » qui constituent le « droit de la fonction publique internationale », contiennent les droits et les obligations des agents au service de ces institutions et, comme tels, ils produisent directement des effets juridiques obligatoires pour leurs destinataires.

594. ***Rapports organiques*** — En outre, au jour le jour, il existe un grand nombre de rapports entre les organes d'une même institution internationale, rapports qui sont réglés par les droits internes de cette organisation (propositions d'un organe à l'autre, notes de service, etc.).

595. ***Organes subsidiaires*** — Enfin, il faut noter que les organisations internationales ont le pouvoir de créer des *organes subsidiaires*, et elles y recourent même fréquemment. Ceux-ci, comme les succursales pour les sociétés commerciales, constituent le moyen le plus commode retenu par les « grosses » organisations internationales pour réaliser en leur sein une « décentralisation administrative » dont, comme les Etats ou les entreprises, elles ressentent le besoin. C'est donc dire que le domaine d'action de ce droit interne des organisations internationales est particulièrement vaste.

2 — Régime juridique de ces actes.

a) Sur le plan de la forme.

596. ***Terminologie imprécise*** — Sur le plan de la forme, il faut tout d'abord noter que la terminologie est incertaine. Nous y avons déjà fait allusion dans l'introduction de ce chapitre. On parle à la fois de « résolution », de « recommandation », de « décision », de « règlement » ou de « directive », ceci plus ou moins indifféremment ou parfois dans des sens précis bien différents. Pour prendre un exemple connu, les *recommandations* de la Haute Autorité de la C.E.C.A. étaient obligatoires, alors que ces mêmes recommandations ne le sont plus dans le cadre de la C.E.E. en vertu de l'article 189 du Traité de Rome (et nouvel article 249) qui est en cela plus proche de la terminologie traditionnelle que le Traité C.E.C.A.

597. ***Une approche phénoménologique*** — Les recommandations sont le plus souvent de pures exhortations, de simples vœux pieux ; mais, parfois, certaines constituent de vraies décisions. Comme le rappelait la Cour Internationale de Justice, dans son *Avis consultatif sur la Namibie* du 21 juin 1971, afin de savoir, sur le plan de la forme, quelle est la portée d'un acte d'une organisation internationale, il faut se livrer à un examen cas par cas de la mesure en cause afin d'en déterminer la nature juridique exacte : quel est le libellé de la mesure ? Quel est le sens des débats ? Quels sont les buts et principes de l'organisation en cause (voir le par. 114 de l'Avis consultatif précité de la Cour). Autrement dit, là encore, il faut se livrer à une analyse phénoménologique de l'acte unilatéral de l'organisation en cause afin de pouvoir en préciser la portée exacte. Son « habillage formel » demeure insuffisant pour effectuer une telle analyse.

b) Les effets de droit.

598. ***Portée obligatoire de principe*** — En règle générale, le droit interne des organisations internationales a une portée obligatoire pour ses destinataires. Ceux-ci sont, en premier lieu, bien sûr, les organes mêmes de l'institution ; ce sont aussi les Etats membres ; et ce sont parfois les personnes privées, par exemple les fonctionnaires ou les cocontractants de l'organisation lorsque ces derniers doivent respecter un cahier des charges.

599. ***Rapports entre organes égaux ou hiérarchisés*** — Toutefois, ce principe doit être nuancé lorsqu'il s'agit des rapports organiques au sein d'une institution internationale. Il en va ainsi au cas où les organes se trouveraient dans une situation « hiérarchique ». Par exemple, le Conseil économique et social est expressément soumis au contrôle et à l'autorité de l'Assemblée générale des Nations unies ; il en va de même pour le Secrétariat général. D'ailleurs, on peut dire que les Secrétariats généraux, organes administratifs des organisations internationales, sont expressément subordonnés aux organes politiques qui prennent les décisions. Lorsque de tels organes se trouvent dans une situation hiérarchique, les recommandations de l'organe le plus élevé à celui qui l'est moins sont de véritables décisions en dépit du mot même de recommandation. En sens inverse, lorsqu'il s'agit d'une recommandation qui est présentée par l'organe le moins élevé à l'organe le plus élevé dans la hiérarchie, il ne s'agit alors que d'une proposition. Si les organes de l'institution sont situés sur un pied d'égalité ou s'ils ont des compétences propres, alors les recommandations de l'un à l'autre ne lient pas. Mais lorsque ces recommandations doivent être parallèles, c'est-à-dire avoir la même valeur, alors aucun organe ne peut imposer sa volonté à l'autre ; cela est le cas lorsqu'il s'agit d'atteindre une position commune, une décision conjointe qui rentre dans la compétence de deux organes.

600. ***L'analyse de la C.I.J. dans son avis consultatif de 1950*** — Il en a été jugé ainsi par la Cour Internationale de Justice dans son Avis consultatif du 3 mars 1950 sur *« La compétence de l'Assemblée générale pour l'admission d'un Etat aux Nations unies »*. La Cour devant interpréter la portée précise de l'article 4, paragraphe 2 de la Charte de l'O.N.U., affirma ceci : « Celui-ci (l'article 4, § 2) exige deux choses pour que soit effectuée l'admission : une recommandation du Conseil de sécurité et une décision de l'Assemblée générale, la recommandation devant, par la nature des choses, précéder la décision ». Le terme « recommandation » et les termes « précéder la décision » impliquent l'idée, dit la Cour, que la recommandation sert de support à l'idée d'admission, que celle-ci s'appuie sur la recommandation... ; en d'autre termes, estime la C.I.J., « la recommandation du Conseil de sécurité est la condition préalable de la décision de l'Assemblée par laquelle se fait l'admission » (Rec., p. 7-8). Ainsi, les deux organes étant placés sur un pied d'égalité (Conseil de Sécurité et Assemblée générale), il faut qu'ils adoptent, l'un une recommandation, et l'autre une décision d'admission, qui doivent être parallèles et aller dans le même sens pour qu'un Etat puisse être admis.

§ 2 — Le pouvoir normatif externe : ou le pouvoir « quasi législatif » des organisations internationales.

601. ***Plan*** — On est ici en présence de tous les cas où les organisations internationales créent directement du droit international, droit international qui va s'imposer à leurs membres et parfois même — le cas est encore plus rare — à des Etats non membres.

1 — Le pouvoir normatif externe des organisations internationales à l'égard des Etats membres.

602. ***Plan*** — Il convient ici, une nouvelle fois, de présenter la même remarque initiale en matière de terminologie. Ce pouvoir normatif externe des organisations internationales s'exerce par des actes qui sont appelés de façon souvent imprécise « résolutions », « recommandations », « règlements », etc...

Il faut donc, là encore, comme le rappelait la Cour Internationale de Justice dans son *Avis consultatif précité sur la Namibie*, procéder à un examen casuistique de chaque acte de façon à en déterminer la portée exacte.

Cela étant, il n'apparaît pas contestable que les organisations internationales possèdent à l'égard de leurs membres un pouvoir normatif reconnu comme tel. Celui-ci s'analyse soit en une relation de type conventionnel entre les membres d'une même organisation internationale (il s'agit de la théorie de la « résolution-accord »), soit dans l'exercice d'une véritable compétence autonome souvent appelée « pouvoir réglementaire » des organisations internationales.

a) La reconnaissance de principe du pouvoir normatif externe des organisations internationales à l'égard des Etats membres.

603. ***Un pouvoir reconnu*** — i) Cette *reconnaissance* découle des chartes constitutives des organisations internationales qui contiennent des dispositions relatives aux actes que les divers organes de l'institution peuvent adopter.

Si l'on prend la Charte de l'Organisation des Nations unies, par exemple, on verra que les articles 10, 11, 12, 13, 14, parlent des « recommandations » de l'Assemblée générale, tandis que l'article 4, al. 2, fait état de « décisions » de l'Assemblée générale en matière d'admission. L'article 25 de cette même Charte fait référence aux « décisions » générales du Conseil de sécurité, alors que les articles 41, 42 et 48 mentionnent les « décisions » spécifiques qu'il peut être amené à prendre dans le cadre du chapitre VII.

Cependant, toutes les « mesures » prises par le Conseil de sécurité de l'O.N.U. sont loin d'être des « décisions ». Il peut également, et cela est le cas le plus fréquent, adopter de simples « recommandations » (voir les articles 36, 37 et 39 de la Charte).

Si l'on prend un autre exemple emprunté aux statuts du Fonds monétaire international, il est souvent fait référence aux « décisions » du Conseil des gouverneurs ou du Conseil d'administration. Mais il est aussi fait allusion aux « propositions » ou « communications d'information » du Fonds monétaire international à ses membres ; et ces « propositions » ou « communications d'information » prennent alors la forme de « recommandations », ces « recommandations » pouvant être publiques ou simplement officieuses (voir art. XII, section 8, des statuts du F.M.I.).

En revanche, mais cela est exceptionnel, certaines organisations internationales - et tel est le cas de l'O.M.C. - ne possèdent aucune compétence pour adopter des actes unilatéraux à portée normative ; autrement dit, elles ne peuvent donner naissance à aucun droit dérivé - si ce n'est de nature purement interne.

604. ***Un pouvoir manquant de précision*** — ii) En revanche, il est tout à fait exceptionnel que le *régime juridique* applicable à ces actes soit précisé, du moins quant à leurs *effets* à l'égard des pays membres.

L'exemple typique d'un régime juridique précis applicable aux divers actes d'une organisation internationale est fourni par l'article 189 du Traité de Rome relatif à la C.E.E. (et le nouvel article 249). Celui-ci mentionne extrêmement clairement les effets des différents actes unilatéraux émis par les organes communautaires. Ainsi les « règlements », les « directives » et les « décisions » vont lier à des degrés divers leurs destinataires, alors que les « recommandations » et « avis », eux, ne possèdent aucune valeur juridique obligatoire.

Dans le même sens, la charte constitutive de l'Organisation des Pays Arabes Exportateurs de Pétrole (O.P.A.E.P.) distingue les règlements, qui ont une portée obligatoire pour tous les Etats membres, des résolutions qui ont force obligatoire pour tous ceux qu'elles concernent, des recommandations et avis qui ne possèdent aucun caractère obligatoire (article 12) ; en outre, ce même article dispose que tous les actes unilatéraux à caractère obligatoire (réglements et résolutions) devront être ratifiés par les pays membres selon leurs procédures constitutionnelles nationales. Sans doute un tel exemple est-il atypique sur bien des points, mais il a au moins le mérite de dénoter un effort certain des Etats pour donner un régime juridique précis aux actes unilatéraux adoptés par les organisations auxquelles ils appartiennent.

A un moindre degré, la Charte de l'O.N.U. contient quelques précisions quant aux effets de certains actes juridiques. C'est ainsi que les articles 48 et 49 — toujours dans le cadre du chapitre VII — prévoient toute une gradation des mesures que les pays membres devront adopter en application des décisions du Conseil de sécurité, qui vont de l'exécution directe à l'action coordonnée.

605. ***Absence d'indication*** — Mais, le plus souvent, il n'y a *aucune indication précise* quant à la portée, quant aux effets juridiques de ces actes des organisations internationales. En leur absence, ce sera au juge ou à l'arbitre saisi d'examiner, cas par cas, la portée de ces actes unilatéraux.

606. ***Nécessité d'une analyse casuistique : l'avis consultatif sur la Namibie de 1971*** — On a un bon exemple de cette démarche du juge international pour déterminer la portée exacte d'un acte d'une organisation avec l'*Avis consultatif* précité de la *C.I.J. du 21 juin 1971 sur la Namibie*. Dans cette affaire, la Cour eut à interpréter la portée obligatoire ou non d'une résolution du Conseil de sécurité (la résolution 276 de 1970) mettant fin au mandat de l'Afrique du Sud sur le Sud-Ouest africain. Cette résolution reprenait d'ailleurs une résolution passée antérieurement dans le même sens par l'Assemblée générale des Nations unies (la résolution n° 2144-XXI). La Cour examina tout d'abord la *compétence* du Conseil de sécurité pour adopter une telle mesure ; sur ce point, elle arriva à la conclusion que le Conseil de sécurité avait bien agi « dans l'exercice de sa responsabilité principale » (§ 109). Puis la Cour examina le *fondement juridique de la mesure*. La Cour estima que c'était l'article 24 de la Charte qui « conférait au Conseil de sécurité les pouvoirs nécessaires pour prendre des mesures... (lui permettant) de s'acquitter de (ses) responsabilités » (§ 110). La Cour arriva ainsi à la conclusion que cette *résolution du Conseil de sécurité était obligatoire ;* elle s'exprimait en effet de la façon suivante sur ce point : « Ce serait une interprétation insoutenable d'affirmer que lorsque le Conseil de sécurité fait une telle déclaration en vertu de l'article 24 de la Charte au nom de tous les Etats membres, ceux-ci sont libres de ne faire aucun cas de l'illégalité ni même des violations du droit qui en résultent » (§ 112). La Cour poursuivait son analyse et estimait que la question était de savoir quels étaient les effets de cette *décision* conformément à l'article 25 de la même Charte. Elle précisait, à cet égard, que seule une analyse détaillée permettait de savoir si les résolutions du Conseil de sécurité devaient être regardées comme des exhortations ou comme des injonctions.

La Cour s'exprimait sur ce point dans les termes suivants : « On a soutenu aussi que les résolutions pertinentes du Conseil de sécurité sont rédigées en des termes qui leur confèrent plutôt le caractère d'une exhortation que celui d'une injonction et qu'en conséquence elles ne prétendent ni imposer une obligation juridique à un Etat quelconque, ni toucher, sur le plan juridique, à l'un quelconque de ses droits. Il faut soigneusement analyser, poursuit la Cour, le libellé d'une résolution du Conseil de sécurité avant de pouvoir conclure à son effet obligatoire. Etant donné le caractère des pouvoirs découlant de l'article 25, il convient de déterminer, dans chaque cas, si ces pouvoirs ont été en fait exercés compte tenu des termes de la résolution interprétée, des débats qui ont précédé son adoption, des dispositions de la Charte invoquée et, en général, de tous les éléments qui pourraient aider à préciser les conséquences juridiques de la résolution du Conseil de sécurité » (§ 114).

Appliquant cette approche phénoménologique au cas de l'espèce, la Cour estima que les *décisions* prises par le Conseil de sécurité dans sa résolution précitée 276 de 1970, adoptée conformément aux buts et principes de la Charte et à ses articles 24 et 25, « sont par conséquent obligatoires pour tous les Etats membres des Nations unies qui sont ainsi tenus de les accepter et de les appliquer » (§ 115). En ce qui concerne le caractère obligatoire des décisions du Conseil de sécurité en vertu des articles 24 et 25 de la Charte, la Cour rappela sa jurisprudence passée exprimée dans son *Avis consultatif du 11 avril 1949 sur la réparation des dommages subis au service des Nations unies* : « La Charte, affirmait la C.I.J. à l'époque, ne s'est pas bornée à faire simplement de l'organisation créée par elle un centre où s'harmoniseraient les efforts des nations vers des fins communes définies par elle (art. 1, § 4), elle lui a donné des organes, elle lui a assigné une mission propre, elle a défini la position des membres par rapport à l'Organisation en leur prescrivant de lui donner une pleine assistance dans toute action entreprise par elle (art. 2, § 5), d'accepter et d'appliquer les décisions du Conseil de sécurité » (Rec. 1949, p. 178).

Une fois rappelé ce précédent, la Cour estima que : « Lorsque le Conseil de sécurité adopte une décision aux termes de l'article 25, conformément à la Charte, il incombe aux Etats membres de se conformer à cette décision, notamment aux membres du Conseil de sécurité qui ont voté contre elle et aux membres des Nations unies qui ne siègent pas au Conseil. Ne pas l'admettre, poursuit la Cour, serait priver cet organe principal des fonctions et pouvoirs essentiels qu'il tient de la Charte » (§ 116).

607. ***Critique possible de cette approche*** — Ce raisonnement phénoménologique et en même temps téléologique suivi par la Cour Internationale de Justice dans *l'affaire de la Namibie* pour montrer que certaines résolutions et décisions du Conseil de sécurité étaient de véritables décisions obligatoires pour tous les pays membres qui devaient s'y conformer, a été très vivement critiqué dans une opinion dissidente du juge Fitzmaurice pour lequel la C.I.J. avait « ré-écrit » la Charte, celle-ci n'accordant un réel pouvoir de « décision » au Conseil de sécurité que dans le cadre bien précis du chapitre VII et n'en reconnaissant aucun à l'Assemblée générale en matière de maintien de la paix et de la sécurité internationale (voir les § 91-113 de son « opinion dissidente »).

608. ***Conclusion générale*** — En bref, il est loisible d'avancer les propositions générales suivantes quant au caractère obligatoire des résolutions des organisations internationales. Leur caractère obligatoire peut tout d'abord provenir de leur contenu lorsqu'elle reconnaissent, formulent ou codifient une règle coutumière existante ; il peut ensuite être dû aux conditions de leur adoption ; il peut enfin provenir de la pratique subséquente des Etats membres concernés, c'est-à-dire, selon P. Juillard, de la « valeur ajoutée » à ces actes par les Etats à raison de leur comportement ultérieur. (Voir P. Juillard, Rapport Introductif, *in* Les Nations Unies et le droit international économique, Colloque S.F.D.I. de Nice, Paris, Pedone, 1986, ici, pp. 120-128).

b) L'exercice par les organisations internationales de leur pouvoir normatif : les « résolutions-accords ».

609. ***Les résolutions accords*** — On a noté déjà depuis longtemps que certaines « résolutions » avaient valeur obligatoire parce qu'elles constituait une modalité particulière d'accord ou, si l'on veut, de convention entre les Etats membres. C'est ainsi que la C.P.J.I. avait déjà reconnu cette possibilité, en 1931, dans son *Avis consultatif à propos du trafic ferroviaire entre la Lithuanie et la Pologne* (Ser. A/B, n° 42). Dans cette affaire, la Cour eut à connaître de la portée d'une résolution du Conseil de la S.D.N. en date du 10 décembre 1927. La Cour nota que : « Les représentants de la Lithuanie et de la Pologne avaient participé à l'adoption de cette résolution du Conseil ». La Cour ajouta que : « Les deux gouvernements concernés étant liés par leur acceptation de la résolution du Conseil, il restait à examiner quelle est la portée de cet engagement » (p. 116). En l'espèce, la C.P.J.I. nota que la résolution du Conseil consacrait une obligation de négocier de la part des deux gouvernements, ce qu'ils firent au demeurant ; en revanche, elle n'impliquait nullement une obligation de s'entendre *(Ibid)*.

610. ***Exemples*** — Cette technique de la « résolution-accord » a connu un développement important au cours des dernières années et dans des domaines spécialisés. On peut en citer un certain nombre d'exemples. C'est ainsi que la *Déclaration des principes juridiques régissant les activités des Etats en matière d'exploration et d'utilisation de l'espace extra-atmosphérique* approuvée à l'unanimité par l'Assem-blée générale des Nations unies, le 13 décembre 1963, peut s'analyser en ce sens. Les Etats ont, en effet, déclaré que le contenu de cette résolution avait valeur obligatoire et qu'ils entendaient en respecter les termes. Ce qui veut dire qu'il y a là une modalité particulièrement souple de conclure un accord international.

611. ***Résolution constitutive d'un traité*** — Parfois une résolution constitue le texte même d'un traité international qui est ouvert à la signature ou à l'adhésion. Il en va ainsi, par exemple, de la résolution 2200 (XXI) adoptant les p*actes internationaux relatifs aux droits de l'homme.* Il en est encore ainsi de la résolution 2222 (XXI) relative au *Traité sur l'espace extra-atmosphérique.* Il en est encore ainsi de la résolution 2660 (XXV) *dénucléarisant en partie les fonds marins.* Il en va encore ainsi de la résolution 2626 (XXV) de l'Assemblée générale des Nations unies du 24 octobre 1970 relative à la *deuxième décennie des Nations unies pour le développement.* Dans un article remarqué à l'Annuaire français de droit international (A.F.D.I.), M. Virally avait bien noté que cette résolution devait s'analyser comme un « accord en forme simplifiée » auquel il était possible de formuler des « réserves », ce que certains Etats ont fait et ce qui montre bien la portée obligatoire du texte adopté. Mais ceci a été contesté par certains Etats, tels les Etats-Unis ou les pays socialistes (voir A.F.D.I. 1970, p. 9 et s.). De même, peut s'analyser dans ce sens la célèbre résolution 242 du Conseil de sécurité des Nations unies votée en novembre 1967 sur les conditions de paix au Moyen-Orient.

c) L'exercice par les organisations internationales de leur pouvoir normatif : leur pouvoir réglementaire stricto sensu.

612. ***Exemples*** — Il s'agit-là des manifestations des fonctions de gestion et d'administration de certains « services publics internationaux » confiées à des organisations internationales à portée universelle ou régionale. Ici encore, il convient de commencer par le même *caveat* en ce sens que « les mesures » qu'une organisation est fondée à prendre et qui produisent des effets de droit obligatoires à l'égard de leurs membres portent des appellations bien diverses : « recommandation », « décision », « réglement », etc... Là encore, ces termes ne doivent pas faire illusion et il faut, le plus souvent, *percer leur voile formel* pour en déterminer la réalité juridique et la portée exacte.

Prenons tout d'abord le cas des « résolutions » ou « recommandations ». Par exemple, l'article 19, par. 6 de l'O.I.T. (Organisation internationale du travail), précise que chaque membre est tenu dans un délai déterminé de soumettre les « *résolutions* » de l'O.I.T. « à l'autorité ou aux autorités dans la compétence desquelles rentre la matière, en vue de les transformer en lois et de prendre des mesures d'un autre ordre » : de surcroît, les Etats membres ont l'obligation d'informer le B.I.T. des mesures prises ou non prises en application de ces résolutions. En d'autres termes, les Etats doivent faire savoir quelles sont les suites qui y sont données.

Autre exemple sur la portée des « résolutions » et « recommandations » : l'article 4 du paragraphe 2 de la Charte constitutive de la F.A.O. parle des « recommandations destinées à être soumises à l'attention des Etats membres en vue de leur exécution par une action nationale ». Autre exemple de la portée des « recommandations » ou « résolutions » précisée par la Charte constitutive d'une organisation internationale : l'article 69 de l'O.A.C.I. dispose qu'« aucun Etat non contractant ne sera considéré comme coupable d'infraction à la présente convention s'il manque de mettre ces recommandations à exécution ».

Dernier exemple — très inhabituel — sur la portée de ces résolutions et recommandations : l'article 14 du Traité C.E.C.A. disposant que « les recommandations comportent obligation dans les buts qu'elles assignent, mais laissent à ceux qui en sont l'objet le choix des moyens propres à atteindre ces buts ». De telles recommandations sont ainsi susceptibles d'imposer des obligations de comportement aux pays membres. Cette valeur juridique obligatoire des recommandations n'a pas été suivie, on le rappelle, par l'article 189 du Traité de Rome (et nouvel article 249) relatif à la Communauté économique européenne qui se contente de suivre la tradition « classique » en affirmant que les recommandations ne lient pas.

En bref, de ces divers exemples, il est loisible de poser en principe que les « résolutions » ou « recommandations » d'organisations internationales ne possèdent pas de portée obligatoire. Ce principe ne cède que par convention spéciale contraire (cas du Traité C.E.C.A.) ou construction jurisprudentielle — au demeurant critiquable — (cas de la position de la C.I.J. dans *l'affaire de la Namibie).*

Normalement, « le pouvoir réglementaire » des Organisations internationales s'exerce par deux types d'actes : des « décisions » ou des « règlements », voire parfois par des « directives » (cas des Communautés européennes).

I. — Les types d'actes.

α) Les « décisions » des Organisations internationales.

613. ***Typologie*** — Ces « décisions » peuvent être de trois sortes. Tout d'abord, une décision peut concerner un E*tat membre déterminé*, par exemple une décision octroyant à cet Etat une aide spécifique. Une décision peut encore viser une *situation déterminée* ou une catégorie d'Etats clairement identifiés. Par exemple, le Fonds monétaire international a été amené à prendre des « décisions » réglementant les taux de change multiples ou flottants, c'est-à-dire des situations affectant une catégorie précise d'Etats. De même, le F.M.I. a été amené à prendre des « décisions » relatives aux conditions de l'utilisation de ses ressources par ses membres, ce qui vise des situations d'assistance, situations qui sont communes à tous les pays membres en difficulté. Dans ces deux derniers cas — situation déterminée ou catégorie d'Etats concernés — ces « décisions » constituent en fait des règlements en raison de leur portée générale. Autrement dit, et là le droit international est moins précis que le droit interne, *les décisions peuvent avoir aussi bien une portée individuelle que réglementaire.*

614. ***Droit dérivé*** — Ces « décisions » qui constituent parfois l'essentiel du *droit dérivé externe* d'une organisation internationale, revêtent une grande importance théorique et pratique. C'est ainsi par exemple, que le Fonds monétaire international a adopté depuis ses débuts (1947) plus de 7 000 « décisions ».

β) Les « règlements » des Organisations internationales.

615. — Certaines organisations internationales ont reçu expressément le pouvoir d'adopter des « règlements à portée générale ». Citons quelques exemples. Ainsi l'article 7, par. d) de l'Organisation météorologique mondiale (O.M.M.) où le Congrès de cette institution peut « adopter des règlements techniques relatifs aux pratiques et procédures météorologiques ». On citera également l'article 21 de l'O.M.S. (Organisation mondiale de la santé) selon lequel « l'Assemblée de l'O.M.S. aura autorité pour adopter les règlements concernant... telle mesure sanitaire et de quarantaine ou toute autre procédure destinée à empêcher la propagation des maladies d'un pays à l'autre... ». Ou encore l'article 189 du Traité de Rome relatif à la Communauté économique européenne (C.E.E.) qui vise expressément les règlements, lesquels jouissent d'une portée obligatoire directe dans l'ordre juridique interne des pays membres. Le nombre de ces règlements « communautaires » est considérable : il y a là une situation qui n'est pas sans rappeler celle des lois dans l'ordre interne.

La production « législative » d'une institution comme la C.E.E. ne manque pas d'impressionner : ainsi de 1958 à 1980 la Communauté avait émis 13 250 actes à portée obligatoire (12 515 règlements et 735 directives) tandis que plus de 29 200 règlements « éphémères » avaient vu le jour — notamment en matière agricole. A la fin de l'année 1992, le « stock normatif » communautaire en vigueur s'élevait à 22 445 règlements, 1 675 directives, 1 198 accords et protocoles internationaux conclus par la CEE — sans compter 185 recomandations de la Commission ou du Conseil des Ministres, 291 résolutions du Conseil et 678 communications de la Commission, ces derniers textes ne possédant toutefois aucune valeur juridique obligatoire. Chiffres cités par le Conseil d'Etat dans son *Rapport annuel* 1992, p. 16). Si l'on considère que le « stock normatif » d'origine nationale « avoisine les 130 000 textes », cela signifie que l'état de droit en France est désormais constitué pour un sixième par des règles d'origine communautaire — c'est-à-dire externe ou non-nationale. *Cette communautarisation progressive du droit français* a été en s'accélérant au cours de ces dernières années en raison de la mise en place du « marché unique » : c'est ainsi que dans ce même *Rapport annuel* 1992, le Conseil d'Etat notait que « la communauté introduisait chaque année dans notre corpus juridique plus de règles que le Gouvernement français » — 1564 contre 1417 pour être précis en 1991 — (p. 17)). (Sur cette source nouvelle d'inflation juridique, voir

B. Oppetit, l'Eurocratie ou le mythe du législateur suprême, D. Chron, XIII. 1990). Dans ces conditions, on comprend mieux la portée de la réforme constitutionnelle française de juin 1992 qui a ajouté un article 88-4 instituant *un contrôle parlementaire* a priori *des actes communautaires* susceptibles d'être adoptés par le Conseil des Ministres de la CEE.

II. — Des actes réglementaires obligatoires.

616. ***Partie obligatoire pour les pays membres*** — Ces actes produisent (parfois directement) des effets de droit obligatoires à l'égard des pays membres de l'organisation concernée. Ils ont la même force obligatoire que toute autre norme du droit international tel qu'un traité en bonne et due forme ou une coutume, par exemple. On est là en présence d'une *véritable législation internationale* sous la forme d'un *droit dérivé des organisations internationales à valeur externe.* Le phénomène est d'autant plus notoire que ces actes réglementaires des organisations internationales sont, le plus souvent, adoptés *non pas à l'unanimité* mais à la *majorité des Etats membres.* Sans doute s'agit-il de majorités élevées, qualifiées (deux tiers, trois quarts) ; parfois ces majorités qualifiées sont établies d'une manière pondérée : tel le cas des *organisations internationales à vocation économique* où un nombre d'Etats quantitativement peu nombreux (30 à 40) a la possibilité d'adopter une « décision à valeur réglementaire » ou un « règlement » imposant des obligations aux pays membres, en raison de leur *forte pondération.* Ces Etats vont contrôler le processus de prise de décision, le pouvoir réglementaire de l'organisation considérée.

617. ***Portée obligatoire pour les minoritaires*** — De tels actes réglementaires seront obligatoires non seulement à l'égard des Etats qui auront voté « pour », à l'égard de ceux qui se sont abstenus, et surtout à l'égard des Etats qui ont voté « contre ». On ne manquera pas de rapprocher cette situation des Etats « minoritaires » au sein de certaines organisations internationales économiques qui se voient imposer des obligations par les pays de la majorité, des développements récents relatifs aux *effets des traités à l'égard des tiers* (voir *supra*, n° 380 et s.). On est ici en présence d'une *nouvelle exception notoire au consensualisme dans l'ordre international : il y a là un autre exemple selon lequel le droit international n'est pas seulement le produit de la volonté des Etats ;* ces derniers peuvent se voir imposer des obligations en dehors et même parfois contre leur consentement (voir *supra*, n° 422).

Sans doute, dans une telle situation, les Etats de la minorité ont parfois la possibilité d'exprimer des « réserves » ou de ne pas appliquer tel ou tel règlement qui leur serait inacceptable. Mais, pour que cette possibilité leur soit ouverte, il faut encore qu'elle ait été prévue par la Charte constitutive de l'organisation considérée. Tel est le cas de l'article 8 de la Charte constitutive de l'O.M.M. ou de l'article 107 du règlement sanitaire de l'O.M.S. ; toutefois, dans ce dernier exemple, les Etats membres peuvent formuler des réserves mais à condition d'être jugées acceptables par l'Assemblée mondiale de la santé. En d'autres termes, si l'Organisation mondiale de la santé refuse d'accepter la réserve présentée par un pays membre au règlement sanitaire, celui-ci devra néanmoins le respecter et l'exécuter dans son entier. De même, l'article 38 de la Charte constitutive de l'O.A.C.I. prévoit des possibilités d'adopter des normes nationales dérogatoires à celles fixées par l'Organisation en cause ; mais ces possibilités sont, elles aussi, contrôlées par l'Assemblée générale de l'Organisation.

Parfois aussi les Etats de la minorité, au cas où aucune réserve ne se révélerait possible à un règlement, gardent la possibilité de se *retirer de l'Organisation* afin de ne pas être soumis à des obligations nouvelles sur lesquelles ils sont en complet désaccord.

En revanche, de telles possibilités n'existent pas au sein de cette organisation spécifique et fortement intégrée qu'est la C.E.E. : les pays membres ne sauraient émettre de « réserves » aux règlements et directives communautaires, tandis qu'ils ne peuvent pas non plus se retirer de la Communauté.

III. — Le contrôle de leur respect.

618. ***Contrôle non-juridictionnel de principe*** — Les organisations internationales concernées qui disposent d'un tel pouvoir réglementaire ont, en général, reçu les moyens d'assurer le respect de ce droit dérivé. Les moyens dont disposent les organisations internationales pour assurer le respect de ce pouvoir réglementaire sont avant tout de type *financier* pour les organisations qui sont dispensatrices d'assistance internationale ; tel est le cas des organisations économiques comme le F.M.I. ou la B.I.R.D. qui peuvent suspendre leur assistance financière aux Etats qui ne respectent pas leur pouvoir réglementaire. Il existe des sanctions de type *disciplinaire* qui sont communes à quasiment toutes les organisations internationales ; elles s'analysent soit dans la perte de certains avantages, soit, finalement, dans son expulsion. De telles possibilités sont prévues, par exemple, à l'article 62 de la Charte constitutive de l'O.M.S. ou à l'article 31 de la Convention relative à l'O.M.M.

619. ***Contrôle juridictionnel rare*** — A l'extrême, ce contrôle peut être de type *juridictionnel*. Il en va ainsi au sein des Communautés européennes avec l'institution de la Cour de Justice des Communautés européennes (C.J.C.E.). Dans le cadre du Traité de Rome, l'Etat qui n'a pas respecté le « droit dérivé » communautaire obligatoire pourra se voir traîner devant la Cour du Luxembourg et condamné de ce chef. C'est d'ailleurs ce qui est arrivé assez fréquemment aux pays membres à l'initiative de la Commission gardienne du Traité de Rome et du droit dérivé (voir les articles 169-171 du Traité de Rome).

2 — Le pouvoir normatif externe des organisations internationales à l'égard des Etats non membres.

620. ***Des situations exceptionnelles*** — Il s'agit là de situations tout à fait exceptionnelles. L'exercice par une organisation internationale de son pouvoir normatif à l'égard de pays non membres va plus directement encore à l'encontre du *principe consensualiste* que nous avons si souvent rencontré et selon lequel les Etats ne sont liés qu'à la suite d'une libre manifestation de leur volonté à cet effet. S'engager constitue pour les Etats l'un des modes d'expression essentiels de leur souveraineté. Or, nous avons déjà rencontré un certain nombre de situations où des *Etats tiers* allaient se voir imposer des obligations internationales en dehors, et parfois même contre leur consentement (voir *supra*, n° 392 et s.).

621. ***Plan*** — Il est loisible ici d'identifier deux types de situations analogues où des actes unilatéraux d'une organisation internationale s'appliqueront à des pays non membres, que ceux-ci y consentent ou non. Tel peut être le cas si l'organisation en cause gère, administre un « espace » international. La deuxième hypothèse, plus limitée, concerne les activités de l'O.N.U. dans le cadre de sa mission globale de maintien de la paix et de la sécurité internationale.

a) La gestion « objective » d'espaces internationaux par des organisations internationales.

622. — Il existe certains cas — peu nombreux, il est vrai — où des organisations internationales ont été constituées pour gérer « un espace international déterminé ». Tel a été le cas des « Chartes fluviales » internationales dont certaines ont plus d'un siècle d'existence (celles du Rhin ou du Danube) et qui ont créé des « commissions fluviales » dotées d'un pouvoir réglementaire étendu. Il va de soi que la « réglementation » adoptée par ces « commissions fluviales » s'applique à tous les utilisateurs concernés, qu'ils soient des pays riverains ou non, que ces Etats soient ou non parties contractantes au régime conventionnel institué. Il en va de l'effectivité du régime international établi.

Dans le même sens, on peut citer également le cas de l'O.A.C.I. ou de l'Organisation maritime mondiale (O.M.M.) qui sont chargés d'administrer dans l'intérêt de la Communauté internationale certains espaces maritimes ou aériens ; elles exercent cette mission par le biais d'un pouvoir réglementaire qui s'impose à tous, membres et non-membres.

De même, dans l'avenir, si l'autorité mondiale chargée de la gestion du fond des mers voit le jour, cette organisation internationale gérera un espace international et adoptera des règlements ou des décisions qui seront opposables aux Etats non membres.

b) L'activité « objective « de l'O.N.U.

623. ***La mise en œuvre du Chapitre VII*** — Nous avons vu précédemment que l'O.N.U. avait, pour employer la forte expression de la C.I.J. dans son avis consultatif de 1949 dans *l'affaire Bernadotte*, une « personnalité internationale objective » qui s'imposait à tous les Etats, qu'ils aient accepté ou non la Charte de San Francisco. Toutefois, si l'existence d'une institution comme l'O.N.U. est *opposable aux Etats non membres*, cela ne veut pas dire pour autant qu'il en va de même pour les *activités* de l'Organisation. Il est différent, en effet, de dire que l'existence de l'O.N.U. s'impose à tous en raison de sa personnalité internationale objective et que cette institution dispose d'un « pouvoir réglementaire international objectif » qui produirait également des effets à l'égard de tous.

L'O.N.U. — et plus précisément le Conseil de sécurité — n'a été expressément investi d'une telle compétence que dans le seul cadre de la mise en œuvre des dispositions du Chapitre VII relatives au maintien de la paix lorsque des sanctions économiques et militaires sont décidées par des résolutions appropriées (voir *supra*, n° 160). Mais en dehors de ce cas précis, est-il possible d'envisager que l'O.N.U. puisse posséder une telle compétence ? Le C.I.J. l'a affirmé et franchi ce nouveau pas dans son avis consultatif sur *l'Affaire de la Namibie* en 1971.

624. ***Son dépassement possible : l'avis consultatif sur la Namibie de 1971*** — Dans *l'affaire de la Namibie*, la Cour s'exprima ainsi en ce qui concerne la position des Etats non membres : « Pour ce qui est des Etats non membres et bien que ces Etats ne soient pas liés par les articles 24 et 25 de la Charte, les paragraphes 2 et 5 de la résolution 276 (1970) les invitent à s'associer à l'action des Nations unies concernant la Namibie. De l'avis de la Cour, la cessation du mandat et la déclaration de l'illégalité de la présence sud-africaine en Namibie sont opposables à tous les Etats en ce sens qu'elles rendent illégale *erga omnes* une solution qui se prolonge en violation du droit international. En particulier, aucun Etat qui établit avec l'Afrique du Sud des relations concernant la Namibie ne peut escompter que l'Organisation des Nations Unies ou ses membres reconnaîtront la validité ou les effets de ces relations ou les conséquences qui en découlent. Dès lors qu'il a été mis fin au mandat par décision de l'Organisation internationale chargée du pouvoir de surveillance à son égard et que le maintien de la présence sud-africaine en Namibie a été déclaré illégal, il appartient aux Etats non membres d'agir conformément à ces décisions » (§ 126).

625. ***Un pouvoir limité au maintien de la sécurité collective*** — Il convient de ne pas procéder à une interprétation hâtive de la position de la Cour en la matière. Il serait, selon nous, erroné de conclure que toutes les *activités* réglementaires de l'O.N.U. s'imposent à l'ensemble de la Communauté internationale, membres aussi bien que non-membres. En revanche, la « réglementation » internationale adoptée par l'O.N.U. pourrait être considérée comme « objective » et opposable aux non-membres pour les seules mesures qui relèvent « du maintien de la paix et de la sécurité internationale ». Une telle interprétation est d'ailleurs conforme à la philosophie de la Charte, notamment à son article 2, par. 6, et à l'article 35, al. 2, qui accordent à un Etat non membre le droit de saisir les organes de l'O.N.U. aux fins du règlement pacifique des différends. Dans la mesure où la paix est indivisible et où la sécurité internationale est « collective », il est clair que l'appartenance ou non à l'O.N.U. ne saurait avoir d'incidence sur des matières aussi fondamentales pour la survie de l'humanité. Le droit ne saurait être aussi éloigné des réalités et les ignorer.

626. ***Une interprétation incertaine dans l'affaire de la Namibie*** — Mais il reste une interrogation de taille à laquelle l'avis de la Cour Internationale de Justice de 1971 ne donne pas de réponse. Que faut-il entendre par « mesures nécessaires au maintien de la paix et de la sécurité internationale » ? La continuation de la présence sud-africaine en Namibie constituait-elle ce type de situation qui mettait en péril la paix mondiale et qui justifiait ainsi qu'une « décision » du Conseil de sécurité de l'O.N.U. en la matière ait une portée obligatoire *erga omnes* ? Il est loisible d'en douter.

Section II

Les actes unilatéraux des organisations internationales, source indirecte du droit international

Il convient ici de faire deux remarques de portée générale.

627. ***Situation de droit commun*** — Tout d'abord, on est en présence de l'énorme majorité, des « résolutions » ou « recommandations » adoptées par les organisations internationales, à l'exception, bien entendu, de celles qui ont été examinées précédemment et qui pourraient avoir une portée obligatoire au titre de « décisions ».

628. ***Terminologie imprécise*** — En outre, il convient encore d'insister sur le caractère imprécis et souvent trompeur de la terminologie employée, ce qui rend les généralisations en la matière hasardeuses. Toute conclusion relative à la portée juridique d'une « résolution » ou d'une « recommandation » doit s'appuyer sur une stricte analyse du texte et du contexte, sur les termes employés, les conditions d'élaboration, la position des Etats, ses conditions d'adoption (majorité, unanimité ou consensus), les travaux préparatoires, la pratique ultérieure des Etats, les mécanismes de contrôle, etc...

629. ***Plan*** — Cela étant, les résolutions des organisations internationales remplissent indirectement deux fonctions importantes dans l'élaboration du droit international ; d'une part, elles contribuent à la création accélérée de normes coutumières (§ 1) ; d'autre part, elles constituent parfois des « programmes d'action » qui indiquent l'orientation future éventuelle du droit (§ 2).

§ 1 — Les résolutions des organisations internationales, éléments constitutifs de la formation accélérée de la coutume.

1 — L'accélération du processus coutumier en raison de la présence des organisations internationales.

630. — On se bornera ici à des remarques générales dans la mesure où ce problème sera abordé plus en détail par la suite au titre de la coutume.

631. ***Eléments constitutifs de la coutume*** — La coutume possède deux éléments constitutifs bien connus qui peuvent être ainsi résumés : d'une part, la répétition continue des précédents *(la consuetudo) ;* d'autre part, la reconnaissance du caractère obligatoire d'un tel comportement *(l'opinio juris).* Traditionnellement, la coutume apparaît comme un procédé de formation du droit international particulièrement *lent* et qui parfois peut demander des siècles. Or, à l'époque contemporaine, on ne peut que noter une accélération générale de l'histoire qui englobe aussi bien le « politique » que le « juridique ».

632. ***Facilitation de la démonstration de l'existence de coutumes*** — De plus, en dehors de ce phénomène bien connu, la création de la norme juridique n'est plus exclusivement liée à des comportements d'Etats pris individuellement. Elle naît souvent à la suite d'une *action collective* des Etats, en particulier, au sein des Organisations internationales où joue une sorte de « diplomatie parlementaire » pour reprendre l'heureuse formule de la C.I.J. dans *l'affaire du Sud-Ouest africain* (Rec. 1962.346). A ce propos, le cadre institutionnel de l'Organisation internationale va remplir deux missions à l'égard de la création de la règle coutumière. D'une part, son émergence est facilitée par l'existence de recommandations ou résolutions qui sont susceptibles d'en *reconnaître l'existence.* D'autre part, l'administration de la *preuve de l'existence* d'une coutume éventuelle est rendue plus aisée dans la mesure où la pratique des Etats membres apparaît clairement : il suffit de consulter les procès-verbaux des réunions pour voir quelle est la position des membres sur telle règle de droit, leur degré d'acceptation, leurs réserves,...

633. ***Un phénomène d'accélération*** — Ces nouveaux modèles d'élaboration du droit au sein des organisations internationales sont liés au changement de la vie internationale et ne peuvent pas être sans influence sur le processus de formation de la coutume. La Cour Internationale de Justice a d'ailleurs admis cette « accélération » dans son *arrêt de 1969 sur le plateau continental de la Mer du Nord* (voir *infra*, n° 661). Devant un tel phénomène, certains ont cru pouvoir parler de « coutume sauvage » (R. J. Dupuy) ou de « coutume instantanée ».

Ces « résolutions » répétées, non ambiguës, adoptées par les Etats les plus représentatifs, respectées par les Etats dans leur pratique subséquente, sont ainsi susceptibles de contribuer à prouver l'existence d'une règle coutumière, si ce n'est à la créer.

2 — Quelques exemples de « coutumes » favorisées par des résolutions d'organisations internationales.

634. ***L'autodétermination*** — Certaines résolutions célèbres de l'O.N.U. ont pu contribuer à préciser les contours de règles coutumières, voire à leur donner naissance. On peut en citer plusieurs exemples. Ainsi, la résolution 1514 de 1960 relative à *l'octroi de l'indépendance aux pays et aux peuples colonisés* a précisé la portée du principe d'auto-détermination et de son application dans les relations coloniales. Désormais, la « colonisation » devient une institution illégale du droit international, après avoir été légale jusque-là, au moins à titre coutumier.

635. ***La souveraineté économique de l'Etat*** — De même, la résolution 1803 de 1962 sur la *souveraineté permanente sur les ressources naturelles et les activités économiques* précise la portée du principe de la souveraineté économique des Etats et le statut des investissements étrangers.

636. ***La zone économique exclusive*** — On peut encore citer l'émergence de la notion de « zone économique exclusive ». L'origine de cette idée selon laquelle les Etats riverains disposeraient d'une juridiction économique sur une étendue d'espaces maritimes de 200 milles au large de leurs côtes remonte aux années 1970-1972 à la suite de résolutions adoptées par des organisations internationales régionales — notamment africaines. Elle connut immédiatement un prodigieux succès. Très rapidement, la plupart des Etats maritimes allaient prendre des mesures nécessaires dans leur ordre interne (lois, règlements) afin d'instituer de telles « zones économiques exclusives » et cela sans même attendre les résultats de la Conférence des Nations unies sur le droit de la mer et la conclusion possible d'un traité sous ses auspices. En bref, en quelques années (5 à 6 ans tout au plus), la « zone économique exclusive » est devenue une institution coutumière du droit international.

637. ***Les préférences commerciales*** — Autre exemple emprunté à la C.N.U.C.E.D. et relatif à l'existence de *préférences commerciales* pour les pays en voie de développement. La C.N.U.C.E.D. adopta dans les années 1968-1970 des résolutions demandant que des préférences commerciales généralisées soient accordées aux pays en développement. Durant la période 1971-1975, tous les pays développés, socialistes ou capitalistes, ont mis en œuvre des schémas nationaux de préférences en faveur des pays en développement, appliquant plus ou moins strictement les principes et règles posés par la C.N.U.C.E.D. A la fin de 1975, en raison de cette pratique concordante de tous ces Etats, il était loisible d'arriver à la conclusion que l'octroi de préférences commerciales en faveur des pays du tiers-monde par les pays développés était obligatoire en vertu d'une règle coutumière en ce sens. Ici encore, on se trouve en présence d'une norme coutumière qui aura pris moins de dix ans pour recevoir cette qualité. De surcroît, il convient de noter que ce principe du traitement préférentiel dans les échanges commerciaux au profit des pays en développement devait être formellement consacré par les parties contractantes du G.A.T.T. lors de la conclusion du « Tokyo round » en 1979 : inséré dans le texte de *l'Accord général* (G.A.T.T.) au titre d'une obligation conventionnelle des pays membres il a été repris dans l'O.M.C. (voir Droit international économique, *op. cit.* n°s 718-731). Il va de soi qu'il conserve sa nature coutumière à l'égard des pays non membres du G.A.T.T. hier, et de l'O.M.C. aujourd'hui.

638. ***L'interdiction de la discrimination raciale*** — Autre et dernier exemple — celui-là discuté — ; l'existence ou non d'une règle coutumière internationale *interdisant la discrimination raciale* au plan national. La discrimination raciale a été condamnée de nombreuses fois dans des résolutions d'organisations internationales et il s'agit de savoir si ces condamnations répétées ont acquis valeur de droit positif et font qu'une situation de discrimination raciale interne constitue une violation du droit international. Tel était l'avis du juge japonais Tanaka dans *l'affaire du Sud-Ouest africain de 1966* (voir Rec., p. 291-293) qui estimait que les très nombreuses résolutions votées par les Nations unies avaient donné naissance à une règle coutumière en la matière. Sans se prononcer sur cette dernière question, on notera que la C.I.J. dans son avis consultatif de 1971 relatif à la *Namibie*, considéra qu'une politique de discrimination raciale du type de « l'apartheid » poursuivie par l'Afrique du Sud, constituait pour un pays membre de l'O.N.U. une violation de ses obligations conventionnelles au titre de la Charte (§ 129-131).

§ 2 — Les résolutions des organisations internationales comme droit « programmatoire ».

639. *La lex ferenda* — On est ici en présence — et c'est le cas le plus fréquent — de résolutions qui tendent à préparer la légalité de demain suivant des idées et principes qui pourront ou non être repris par le droit positif. Autrement dit, elles sont de *lege ferenda* et non de *lege lata ;* mais elles peuvent devenir le droit de demain en le préfigurant. Ainsi il s'agirait d'une forme de *droit latent*, en passe de devenir du droit positif : par exemple, les principes de non-réciprocité ou de préférences commerciales en faveur des pays en voie de développement ont d'abord constitué un programme d'action, avant de recevoir une portée obligatoire en accédant plus tard à la dignité du droit positif.

1 — Des résolutions proposant un droit d'anticipation.

640. — De très nombreuses résolutions sont souvent aisément adoptées par des majorités impressionnantes au sein d'organisations comme l'O.N.U. ou d'institutions comme la C.N.U.C.E.D. où joue pleinement la loi du nombre (chaque Etat y disposant d'une seule voix) et qui se trouvent, de fait, contrôlées par les Etats du tiers-monde. Ces majorités, qualifiées par certains d'« automatiques », ont tendance à profiter de leur avantage numérique pour avancer des principes et pour proposer des mesures de nature à remédier au déséquilibre de relations internationales fondées sur la puissance militaire et économique d'un petit nombre d'Etats ; elles tendent à promouvoir un nouveau droit international inégalitaire, compensateur, destiné à défendre les plus faibles contre les abus des plus forts. Ce phénomène est particulièrement marqué dans le domaine des relations économiques internationales à propos de ce qu'il est convenu d'appeler maintenant le *nouvel ordre international économique*. Tel est également le cas de certaines organisations internationales de pays développés qui établissent des « codes de bonne conduite » à valeur non obligatoire et souvent « anticipatrice » pour encourager les Etats membres à adopter des législations propres qui donneront valeur de droit positif interne à ces recommandations avant que la généralisation éventuelle d'un tel processus puisse donner naissance à des principes généraux de droit ou à des normes coutumières. On peut citer, par exemple, les *principes directeurs de l'O.C.D.E. sur les entreprises multinationales* adoptés en 1976 et depuis lors régulièrement révisés.

2 — Des résolutions n'empêchant pas le « maintien provisoire » du droit positif existant.

641. ***L'exemple du droit des nationalisations*** — Ces résolutions, qui contiennent toujours des éléments contestés, ne sauraient parvenir en elles-mêmes à modifier le droit positif existant, au moins dans un premier temps. Pour arriver à cette conclusion générale, mais qui semble actuellement acceptée, on renverra à l'arbitrage de R.J. Dupuy dans *l'affaire* déjà fréquemment citée *Texaco/Calasiatic* de 1977. Dans cette espèce, l'arbitre eut à apprécier la portée des diverses résolutions de l'O.N.U. relatives au nouvel ordre économique international (voir, en particulier, les paragraphes 80 à 91 de la sentence). On notera qu'à la suite d'une analyse serrée entreprise dans la ligne suggérée par la Cour Internationale de Justice dans *l'affaire de la Namibie* (compétence de l'Assemblée générale, conditions de vote, majorité, pratique subséquente des Etats), l'arbitre Dupuy arriva à cette conclusion que certaines des règles posées par la « Charte des droits et devoirs économiques des Etats » adoptée en 1974, et notamment les dispositions critiquées de l'article 2 relatif au *droit des nationalisations,* devaient s'analyser « comme une déclaration d'ordre politique plutôt que juridique entrant dans la stratégie idéologique du développement et, comme telle, soutenue par les seuls Etats non industrialisés » (§ 88-89). Autrement dit, l'arbitre estima que cette résolution, dans cet aspect particulier au moins, avait une valeur de *lege ferenda* mais pas de *lege lata*, et qu'elle allait même ici à l'encontre du droit existant expressément reconnu.

642. — Peut-être, par la suite, le droit international des nationalisations ira-t-il dans le sens souhaité par la majorité qui poussa à l'adoption de la « Charte des droits et devoirs économiques des Etats ». Toutefois, force est de constater que tel n'est pas l'état du droit international aujourd'hui, loin de là.

TITRE III

LES NORMES NON ÉCRITES

CHAPITRE I

LA COUTUME

Bibliographie sommaire : J.A. Barberis, Reflexions sur la coutume internationale A.F.D.I., 1990, 9 ; J. Charpentier, « Tendances de l'élaboration du droit international public coutumier », *in* « L'élaboration du droit international public », Paris, Pedone, 1975.105 ; R.J. Dupuy, « Coutume sage et coutume sauvage », *in* Mélanges Rousseau, 1974, p. 75 ; « droit déclaratoire et droit programmatoire : de la coutume sauvage à la « solf law », *in* « L'élaboration du droit international public », *op. cit.*, 132 et s. ; P. Guggenheim, « Les deux éléments de la coutume en droit international », Mélanges Scelle, 1950, 1, 275 et s. ; « L'origine de l'opinio juris sive necessitatis » comme deuxième élément de la coutume dans l'histoire du droit des gens », *in* Mélanges Basdevant, 1960, 258 et s. ; B. Stern, « La coutume au cœur du droit international : quelques réflexions », *in* Mélanges Reuter, Paris, Pedone, 1981, p. 479 et s. voir aussi les rapports du Comité Spécial sur la Formation de la Règle coutumière présentés aux conférences d'Helsinki (1996) et Taipei (1998) de l'International Law Association.

INTRODUCTION.

1 — Définition

643. ***Terminologie imprécise*** — D'une façon très large, la coutume peut être définie comme étant une « règle non écrite mais de caractère obligatoire pour les sujets de droit », et cela dans un système juridique donné.

En droit international, la terminologie employée n'est pas toujours exempte d'imprécision. Si la doctrine n'a aucune réticence à qualifier de coutume une règle particulière du droit international, il n'en va de même de la CIJ. La Cour en effet emploie fort rarement le mot coutume ou l'adjectif coutumier ; elle préfère souvent utiliser des expressions analogiques du type « droit commun », « droit international général » voire « principes du droit international », au risque ici d'entraîner une confusion avec les principes généraux du droit (voir *infra,* n°s 716 et s.).

644. ***Consécration par l'article 38 du statut de la C.I.J.*** — La coutume est expressément consacrée comme étant une source du droit international, un mode d'élaboration du droit international par le célèbre article 38, auquel on a déjà souvent fait allusion. L'article 38 du Statut de la Cour internationale de justice définit la coutume en ces termes : « La coutume internationale comme preuve d'une pratique générale acceptée comme étant le droit ».

2 — Une source de droit commune à l'ordre interne et à l'ordre international.

645. ***La source première du droit*** — La coutume comme règle de droit existe aussi bien dans l'ordre interne que dans l'ordre international. Initialement, avant la naissance de l'Etat moderne ou même d'un pouvoir organisé, la coutume a constitué la *seule* source de droit. Dans l'ordre interne, la coutume, sans doute, a été battue en brèche par la création d'Etats organisés se caractérisant par la présence d'un *législateur* prétendant avoir le monopole de l'édiction des règles juridiques. Dans l'ordre international, le même phénomène, toutes proportions gardées bien sûr, s'est produit avec l'apparition et la multiplication des *traités multilatéraux,* notamment de ceux d'entre eux *codifiant* les normes coutumières antérieures ; dans le même sens, l'apparition et le développement des *organisations internationales* en tant qu'institutions « normatives » semblent de nature à restreindre le rôle des règles coutumières.

646. ***Une source battue en brèche*** — En bref, en droit interne, la coutume recule devant la loi, tandis qu'en droit international elle plie devant *le traité, l'accord,* voire *l'acte unilatéral*. Entre sujets du droit des gens, on peut se demander s'il n'y a pas là un mouvement général qui caractérise l'histoire contemporaine, à savoir le recul du droit non écrit devant l'offensive du droit écrit. Autrement dit, la coutume ne serait-elle pas ainsi condamnée comme étant une source *désuète* et *grossière* du droit ? Dans la réalité rien n'est moins sûr.

647. ***Une source subsidiaire*** — Il convient de noter que la coutume a toujours eu un rôle subsidiaire, ou, du moins, relativement marginal depuis les temps modernes. Sans doute a-t-elle une importance plus grande dans les pays de *common law* que dans ceux de *droit écrit*. Encore, là aussi, convient-il d'introduire des nuances. Ainsi un pays comme les Etats-Unis, appartenant initialement à la famille de la *common law*, voit la part coutumière se rétrécir progressivement au profit d'un droit législatif et réglementaire.

648. ***Une source utile par sa souplesse*** — Toutefois, on rencontre encore la coutume dans des domaines où le droit a besoin de souplesse car le droit écrit ne peut être modifié incessamment pour suivre toutes les nécessités du moment ; en outre, il est toujours difficile de le modifier. La coutume est susceptible d'introduire un élément de souplesse. C'est ainsi qu'on la rencontre dans l'ordre interne, dans le domaine du droit commercial, qui consacre des *pratiques*, des *usages*, des *coutumes*. C'est ainsi encore qu'en raison de sa souplesse on la rencontre dans le domaine du droit constitutionnel dans la mesure où la *loi fondamentale* est toujours un texte qu'il n'est pas simple d'amender.

3 — Une place privilégiée en droit international.

649. — En droit international, la coutume a toujours tenu *une place plus importante* qu'en droit interne. La raison en est simple et elle s'explique par le fait que, dans l'ordre international il n'existe pas, comme dans l'ordre interne, de législateur centralisé. Pendant longtemps, l'essentiel du droit international a été de type coutumier. Maintenant le phénomène coutumier est beaucoup plus difficile à saisir. En effet, le milieu international semble moins favorable à l'éclosion de coutumes en raison du *plus grand nombre d'Etats* et surtout de leur *hétérogénéité*. C'est ainsi que beaucoup de pays du tiers-monde contestent nombre de règles coutumières nées avant leur accession à l'indépendance estimant qu'elles s'étaient élaborées en dehors d'eux (ce qui est historiquement incontestable) et parfois contre eux (ce qui est plus que discutable) ; dans cette optique, certains ont cru pouvoir affirmer avec le juge Bedjaoui que la « coutume, par nature avait toujours été antidémocratique » (Pour un nouvel ordre économique international, UNESCO, 1979, p. 137). Autrement dit, la coutume, élaborée par les nations fortes, ne servait que les intérêts de ces dernières. Cependant, ces pays ne sont pas pour autant hostiles au phénomène coutumier lui-même dans la mesure où celui-ci a maintenant principalement pour cadre des organisations internationales où ils l'emportent en raison de leur nombre : dès lors, par le biais de résolutions appropriées, ces pays ont le sentiment d'influer directement sur la naissance et le contenu des règles coutumières qui leur seraient favorables (sur ce débat, voir G. De Lacharrière, La politique juridique extérieure, *op. cit.*, pp. 27-48). En revanche, le phénomène coutumier va se trouver *facilité* par l'existence d'organisations internationales qui peuvent contribuer à la création de coutumes — régionales ou universelles — qui leur sont propres en fonction de l'aire géographique de ces institutions. Dans le même sens, *l'émergence de nouveaux sujets du droit international,* notamment les *entreprises multinationales*, est favorable au développement du processus coutumier ; ainsi — et nous l'avons déjà signalé —, en matière financière et monétaire internationale, des *règles coutumières* ont été créées par « le pouvoir bancaire international privé » ; et ces règles coutumières régissent le fonctionnement de marchés aussi importants que ceux des euro-devises et des euro-obligations (voir *supra*, n° 495 et s.). En bref le *droit transnational* actuel contient de nombreux éléments coutumiers.

4 — Coutume et traité.

650. — Coutume et traité possèdent une égale autorité : un traité peut modifier une coutume et inversement. En la matière, la règle normale de règlement des conflits de lois dans le temps - la *lex posterior* - trouve pleinement à s'appliquer. En outre, coutume et traité apparaissent comme deux normes juridiques complémentaires et non antinomiques. Telle est la situation générale. Ainsi que le reconnaît clairement la Convention de Vienne de 1969, un traité de codification ne porte pas atteinte au caractère obligatoire d'une coutume préexistante (article 43), tandis qu'une règle conventionnelle est susceptible de donner ultérieurement naissance à une norme coutumière (article 38) (et voir aussi *supra*, n°s 393 et 394). Mais il y a plus. En effet, phénomène contemporain frappant, la coutume arrive à porter ombrage au traité, dans la mesure où il est admis qu'elle peut naître facilement. Ainsi les Etats peuvent être tentés de ne pas ratifier un traité de codification s'ils considèrent que certaines de ses dispositions possèdent déjà une valeur coutumière. De ce fait, ils évitent d'être liés par les dispositions du traité qui apparaissent ne pas correspondre à leurs intérêts, pour n'être obligés que par les règles de nature coutumière. Tel fut le sort de la Convention de Montego Bay du 10 décembre sur le droit de la mer qui bien qu'entrée en vigueur le 16 novembre 1994, ne fut ratifiée par aucun pays maritime majeur.

5 — Les difficultés propres à la coutume.

651. ***Une difficile démonstration*** — La coutume présente, à l'évidence, deux difficultés particulières. Il s'agit, en effet, d'abord d'arriver à en prouver *l'existence et ensuite d'en délimiter les contours précis*.

A ces fins *d'identification* et de *détermination* du contenu de la règle coutumière, il convient d'insister sur l'importance des « sources auxiliaires du droit international » que sont la *doctrine* et surtout la *jurisprudence*. Sur ce point, il faut noter l'importance fondamentale du juge ou de l'arbitre. En effet, quand le juge ou l'arbitre va *reconnaître* l'existence d'une coutume, il la *crée* par la même occasion ; et on peut se demander ici où finit la *reconnaissance* et où commence la *création* de la règle coutumière. Il y a là des éléments d'incertitude et d'imprécision qui expliquent les réticences des juristes, surtout ceux de droit écrit, devant le phénomène coutumier.

652. ***Plan*** — Ces remarques générales étant faites, il convient d'examiner les problèmes classiques que sont le fondement (Section I) et les éléments constitutifs (Section II) de la coutume avant d'en apprécier le rôle (Section III) dans le droit international contemporain.

Section I

Le fondement de la règle coutumière

653. ***Plan*** — Traditionnellement, deux fondements différents ont été donnés à la coutume en droit international. Il convient de noter que, contrairement à ce que l'on pourrait penser, ces deux fondements ne sont pas antinomiques. En effet, la C.I.J. les a consacrés l'un et l'autre, car ils servent à expliquer la présence et la naissance de coutumes dans des contextes bien différents. La première conception classique correspond au rôle du droit non écrit dans une société internationale *inter-étatique* dominée par le consensualisme. La deuxième, plus moderne, illustre bien la naissance et le développement du phénomène coutumier dans le cadre plus large de la *société transnationale*.

Cela étant, la coutume est considérée tantôt comme une sorte *d'accord* ou de *traité* implicite entre les Etats, tantôt comme étant le produit des nécessités de la vie internationale. En bref, il existe une conception *subjective* et une conception *objective* de la coutume dans l'ordre international.

§ 1 — La conception subjective : la coutume en tant que « traité implicite entre les Etats ».

1 — Une conception ancienne et contemporaine.

654. ***Un mode de consentement des Etats*** — Voir dans la coutume un traité *implicite* entre les Etats, c'est, d'une manière générale, supposer ou affirmer qu'il ne saurait y avoir de droit international en dehors de la manifestation de volonté de ces mêmes Etats. Le droit international n'étant alors que le *produit du consentement des Etats*, celui-ci peut se manifester de deux manières différentes : soit d'une manière expresse, par l'intermédiaire de la conclusion d'un traité, soit d'une manière implicite, par le biais du comportement répété des Etats, et l'on est alors en présence d'une règle coutumière.

655. ***Une approche conforme à la souveraineté de l'Etat*** — Une telle théorie constitue une *défense* et une *illustration de la souveraineté de l'Etat* qui ne peut être internationalement engagé que s'il y a consenti d'une façon expresse ou implicite. Dans ces conditions, on ne s'étonnera guère de voir que cette thèse a été soutenue aussi bien par Grotius qui fut le théoricien de l'absolutisme, que par les juristes britanniques du XIXe siècle qui furent les ardents défenseurs de la souveraineté anglaise, ou par la doctrine soviétique contemporaine (Tunkin) très axée sur la défense de la souveraineté de l'U.R.S.S. et des pays socialistes en général, ou encore que cette thèse ait été défendue par nombre d'Etats nouveaux, de pays du tiers monde, jaloux d'une souveraineté récemment et parfois chèrement acquise.

2 — Une conception consacrée par la Cour Internationale de Justice.

a) Le précédent : l'affaire du « Lotus » (C.P.J.I., 7 septembre 1927, ser. A, n° 10).

656. — Dans cette affaire, la Cour donna la sanction de son autorité à la notion de coutume conçue comme étant un *accord tacite* entre

Etats. Une telle approche relève d'une conception d'ensemble du droit international relevant d'un positivisme strict ; la C.P.J.I. de l'époque — qui ne rendit son arrêt que grâce à la voix prépondérante de son Président, le grand internationaliste suisse Max Huber — fut vivement critiquée pour s'être rangée dans cette *affaire du « Lotus »* à cette théorie si peu favorable au développement de la règle de droit dans l'ordre international. Pour la Cour, en effet : « Le droit international régit les rapports entre Etats indépendants. Les règles de droit liant les Etats procèdent donc de la volonté de ceux-ci, volonté manifestée dans des conventions ou dans des *usages acceptés généralement* comme consacrant des principes de droit et établis en vue de gérer la cœxistence de ces communautés indépendantes ou en vue de la poursuite de buts communs. Les limitations de l'indépendance des Etats ne se présument donc pas », ajouta la Cour (p. 18).

b) La confirmation contemporaine :
l'affaire du plateau continental de la Mer du Nord (1969).

657. — Cette conception volontariste, subjective, de la coutume, a reçu, au moins implicitement, la consécration récente de la C.I.J. En effet, dans cette affaire, la Cour de La Haye devait citer avec approbation un extrait de l'arrêt précédent du « Lotus » concernant les conditions de formation de la règle coutumière (voir le n° 78 de l'arrêt de la Cour de 1969). Cependant, la Cour ne devait pas aller jusqu'au bout d'une telle conception en imposant l'accord de tous pour qu'il y ait formation d'une règle coutumière ; elle accepta l'idée qu'une *majorité représentative* d'Etats suffise pour créer une coutume.

3 — Une valeur explicative insuffisante.

658. — Une telle conception consensualiste, volontariste de la coutume ne rend pas pleinement compte de la réalité internationale. En effet, si l'on pousse le raisonnement à son terme logique, il faudrait alors admettre qu'il ne saurait y avoir de règles coutumières opposées à un Etat quelconque sans preuve, sans manifestation de son consentement, au moins implicite. Ceci voudrait dire, par exemple, qu'une coutume, pour se voir reconnaître un *caractère universel, devrait avoir été reconnue par tous les membres de la communauté internationale*. Ceci voudrait dire également que les *Etats nouveaux* ne seraient liés par aucune coutume formée avant leur accession à l'indépendance internationale. Or la pratique internationale ne va pas en ce sens : il y aurait, en effet, bien souvent, une impossibilité matérielle à prouver l'existence de coutumes dans de telles conditions. De plus, il en résulterait une grande instabilité des relations juridiques. C'est ainsi par exemple que la Suisse qui a constitué une flotte maritime depuis quelques années se voit appliquer et respecte des règles coutumières du droit international en la matière, alors même qu'il n'existe pas de précédent émanant de ce pays (exemple cité par Mme Bastid. Cours 1976-1977, p. 447). On notera également qu'une telle conception ne permet pas d'expliquer la valeur obligatoire des règles coutumières d'origine privée qui sont si nombreuses et importantes dans le domaine économique international (voir *infra*, n° 711) ou de toutes celles qui président aux rapports entre Etats et personnes privées étrangères : on chercherait en vain des traités implicites en ces matières.

§ 2 — La conception objective : la coutume en tant que produit des nécessités de la vie internationale.

1 — Une conception très ancienne de la coutume.

659. — Il faut noter que prouver le fondement de la coutume dans les nécessités de la vie collective est une démarche très ancienne. Telle a été d'ailleurs celle de la doctrine romano-canoniste. Plus près de nous, *l'Ecole historique* illustrée par Savigny au XIXe siècle a repris cette analyse du phénomène coutumier.

2 — Une conception qui correspond au mode actuel d'élaboration du droit international et à l'état de la société internationale.

660. ***Une diversité de la société internationale favorable au développement de la règle coutumière*** — La société internationale contemporaine est très diversifiée, et elle se diversifie de plus en plus. A côté des Etats dont le nombre va croissant et qui sont très hétérogènes, on a vu apparaître et proliférer d'autres sujets du droit international (organisations internationales, établissements publics internationaux, personnes privées). Ces nouveaux sujets contribuent puissamment au développement des règles coutumières ; ils créent des coutumes dans des *secteurs nouveaux* où les Etats ne désirent pas ou ne peuvent pas intervenir par la voie formelle du *traité* ; ils donnent également naissance à des coutumes qui vont *modifier* des traités existants et qu'il ne serait pas possible d'amender d'une manière « ouverte ». Autrement dit, les nouvelles techniques d'élaboration du droit international ont une incidence évidente et directe sur le développement du droit coutumier.

661. ***Accélération de l'histoire et accélération du processus coutumier*** — De plus, depuis la fin du XIXe siècle, il existe une *accélération de l'histoire*. Il en résulte des transformations plus rapides de la société internationale et donc également des procédés et techniques d'élaboration du droit international. Ainsi, en matière coutumière, il n'est plus possible de raisonner en termes de siècle ou de demi-siècle pour prouver l'existence continue d'une règle coutumière. Là aussi, il y a eu *accélération*. D'ailleurs la Cour internationale de justice, dans *l'affaire du plateau continental de la Mer du Nord* (1969) devait elle-même reconnaître cette accélération du processus de création de la coutume. La Cour estimait en effet que : « Le fait qu'il ne se soit écoulé qu'un bref laps de temps ne constitue pas nécessairement en soi un empêchement à la formation d'une règle nouvelle de droit international coutumier à partir d'une règle purement conventionnelle à l'origine » (n° 74). Dans cette affaire, il convient d'insister sur l'élément temps. En effet, la Convention sur le plateau continental a été signée en 1958, et elle est entrée en vigueur en 1964, tandis que l'instance a été introduite en 1967. Ainsi, au moment où il a été soutenu devant la Cour internationale de justice que certaines des dispositions de cette Convention avaient valeur coutumière, il s'est écoulé une durée inférieure à 10 ans. Cette durée de 10 ans n'a pas semblé à la Cour être un obstacle insurmontable pour qu'il y ait possibilité de formation d'une règle coutumière ; d'ailleurs, la rapidité de la création de la coutume moderne a également été admise par un arrêt de la Cour d'appel de Rennes, qui a reconnu l'existence coutumière d'une zone économique exclusive de 188 milles (à une époque, on le rappelle, où la nouvelle convention sur le droit de la mer n'était pas encore signée — voir C.A. Rennes *Rego Sanles,* 26 mars 1979, A.F.D.I. 1980, pp. 822-827, voir dans le même sens Trib. correct. de Saint-Denis de la Réunion, 29 déc. 1981, inédit).

662. ***Un environnement favorable à la coutume*** — En bref, dans la pratique contemporaine, la coutume, pour exister, n'a pas besoin de reposer sur la reconnaissance de tous les acteurs de la société internationale, mais seulement les plus représentatifs d'entre eux. Au surplus, la coutume est susceptible de s'élaborer beaucoup plus rapidement qu'avant et quelques années suffisent pour qu'il y ait consolidation d'une règle coutumière.

3 — Une conception avalisée également par la C.I.J.

663. ***Rôle des Etats les plus représentatifs*** — La C.I.J. a reconnu la possibilité de l'élaboration de coutumes à la suite d'un processus « objectif », pourrait-on dire, dans le cadre — sans doute quelque peu particulier — des organisations internationales. La Cour a, en effet, admis que la pratique générale suivie par les organisations internationales, pratique de nature à constituer une règle coutumière, ne nécessitait pas l'accord de tous ses membres et ne nécessitait pas non plus une durée extrêmement longue.

664. ***Confirmation de l'avis consultatif sur la Namibie (1971)*** — On en citera pour exemple le raisonnement de la Cour Internationale de Justice dans son *Avis consultatif* déjà cité d*e la Namibie* de 1971. Dans cette affaire, l'Afrique du Sud avait soulevé une première objection tenant à la validité des résolutions litigieuses du Conseil de sécurité mettant fin à son mandat, en particulier, la résolution 284 de 1970. Pour l'Afrique du Sud, cette résolution était sans valeur car elle avait été adoptée contrairement aux termes de l'article 27, § 3, de la Charte : il n'y avait pas eu, en effet, « vote affirmatif » des cinq membres permanents du Conseil de sécurité, deux d'entre eux s'étant abstenus à l'époque (voir le § 21 de l'Avis consultatif de la Cour). Afin de répondre à cette objection, la Cour examina les débats du Conseil de sécurité, les décisions de la présidence, les prises de position des membres du Conseil de sécurité et, en particulier, des membres permanents. La Cour s'exprima en ces termes : « Les débats qui se déroulent au Conseil de sécurité depuis de longues années prouvent abondamment que la pratique de l'abstention volontaire d'un membre permanent a toujours et uniformément été interprétée, à en juger par les décisions de la présidence et les positions prises par les membres du Conseil, en particulier par les membres permanents, comme ne faisant pas obstacle à l'adoption de résolutions... » (§ 22). Et la Cour poursuivait ainsi : « La procédure suivie par le Conseil de sécurité, qui est demeurée inchangée après l'amendement apporté à l'article 27 de la Charte en 1965, a été généralement acceptée par les membres des Nations unies et *constitue la preuve d'une pratique générale de l'Organisation* » (§ 22).

En bref, la Cour a reconnu que cette pratique générale, cette coutume, qui était le fait d'un organe de l'Organisation des Nations unies — le Conseil de sécurité — dans la mesure où elle avait été *constante*, et qu'elle s'était étalée sur un assez grand nombre d'années (mais un nombre d'années qui n'était pas supérieur, bien entendu, à l'existence même de l'O.N.U.) était opposable à l'Afrique du Sud quand bien même ce pays ne l'avait pas formellement approuvée (il avait même exprimé, au moins en l'affaire, des objections).

665. ***Exemples*** — La coutume apparaît ainsi comme étant le *produit de la vie internationale collective*, comme étant le *fruit de la majorité représentative des membres de la communauté internationale* et comme pouvant venir au jour selon un *processus accéléré*. On trouve un certain nombre d'exemples de coutumes qui se sont ainsi créées rapidement par approbation initiale des membres les plus importants, les plus représentatifs de la communauté internationale. Ainsi la notion de plateau continental qui, après avoir été lancée en 1945 par le Président des Etats-Unis Truman, a été immédiatement acceptée, consacrée par la pratique des Etats, et devait sans difficulté aucune recevoir la sanction du droit international en 1958 lors de la Conférence de Genève sur le droit de la mer. Il en va de même en ce qui concerne la notion de *zone économique exclusive* ; l'idée fut avancée en 1972 et a été reprise par la quasi-totalité des membres de la communauté internationale qui l'ont matérialisée dans leur législation au point qu'il est loisible d'affirmer que l'existence de cette « zone » ainsi que certains grands principes juridiques qui la gouvernent — à commencer par la compétence économique exclusive de l'Etat riverain — possèdent maintenant valeur de règle de droit obligatoire à titre coutumier avant même la ratification de la convention sur le droit de la mer signée à Montego Bay en décembre 1982 à la suite des conférences organisées sous les auspices de l'O.N.U. depuis 1973.

Troisième exemple déjà rencontré : les *préférences commerciales* en faveur des pays en développement ; l'idée a été mise en avant en 1967-1968, puis elle s'est concrétisée dans la pratique des Etats développés entre 1971 et 1975, de sorte qu'elle a pu apparaître à l'époque comme ayant une valeur coutumière, alors que maintenant elle possède valeur de droit positif conventionnel, du moins pour les parties contractantes du G.A.T.T. qui ont signé en mai 1979 le protocole marquant l'aboutissement des négociations commerciales multilatérales (« Tokyo round ») commencées en 1973. Il est à rappeler que, pour les

Etats qui ne sont pas parties contractantes du G.A.T.T. cette règle des préférences commerciales au profit des pays du tiers-monde conserve une valeur coutumière (voir *supra*, n°s 393-394 et 650).

Section II

Les éléments constitutifs de la coutume.

666. ***La défintition de l'article 38 du statut de la C.I.J.*** — L'article 38 du Statut de la C.I.J. donne une définition matérielle de la coutume. Il fait, en effet, référence à la « preuve d'une pratique générale acceptée comme étant le droit ». Le problème central est, bien entendu, celui de la preuve de *l'existence d'une coutume* ou, si l'on préfère, de son identification. Comment déterminer, en effet, qu'une coutume est née, qu'elle existe, qu'elle est de droit positif ? Certes, pour l'essentiel, le juge ou l'arbitre, souvent en cela aidé par la doctrine, va découvrir l'existence de la règle coutumière et la reconnaître. Pour ce faire, il faut que deux conditions soient réunies ; elles apparaissent d'ailleurs dans la définition précitée de l'article 38 du Statut de la C.I.J. : il faut tout d'abord un élément matériel — c'est ce que l'on appelle les précédents ou la pratique générale — (§ 1) ; et il faut également un élément psychologique, la reconnaissance du caractère obligatoire de la règle non écrite (§ 2).

§ 1 — L'élément matériel : des précédents répétés (la consuetudo).

667. ***Une démonstration aisée*** — Cet élément matériel de la coutume est le plus facile à prouver. Il convient tout d'abord d'identifier la pratique suivie par les acteurs de la société internationale ; autrement dit, il convient d'examiner leur comportement à travers leurs actes, en se livrant à une analyse de type « phénoménologique ». Il faut aussi démontrer la continuité de ce comportement, c'est-à-dire que l'on se trouve en présence de précédents répétés, d'une pratique constante.

1 — La recherche des précédents.

668. ***Détermination de la pratique*** — Cet effort consiste à déterminer la *pratique* suivie par les divers acteurs de la société internationale à travers leurs actes à portée externe ou à portée interne. Et l'on se doit de remarquer avant de commencer l'étude de ces divers actes positifs, que des abstentions répétées peuvent également être à l'origine d'une coutume comme le principe en a été reconnu par la C.I.J. dans *l'affaire du Lotus* précitée.

a) Les actes à portée externe.

669. ***Les traités*** — La preuve de la pratique des Etats, de leur comportement, réside tout d'abord, bien entendu, dans les *traités bi ou multilatéraux* qu'ils ont pu conclure, soit entre eux, soit avec les organisations internationales et autres personnes morales « publiques » internationales. C'est ainsi que la Convention de Vienne de 1969 sur le droit des traités, dans son article 36, dispose que rien ne s'oppose à ce que : « Une règle énoncée dans un traité devienne obligatoire pour un Etat tiers en tant que règle coutumière de droit international reconnue comme telle ». Donc une norme conventionnelle insérée dans un traité international peut se voir reconnaître une valeur coutumière par la suite en fonction de la pratique des Etats. Telle était d'ailleurs la question centrale posée devant la Cour Internationale de Justice dans l'affaire déjà citée du *plateau continental de la Mer du Nord* de 1969. En effet, il s'agissait de déterminer si la *technique de l'équidistance* pour la délimitation de plateaux continentaux « contigus » posée à l'article 6 de la Convention de Genève de 1958 sur le plateau continental, était devenue de nature coutumière et donc si elle constituait ainsi une règle obligatoire du droit international à l'égard d'un *pays tiers,* non adhérent à ladite Convention, à savoir la République fédérale d'Allemagne (voir § 60 à 81 de l'arrêt de la Cour sur ce point). En l'espèce, si la réponse de la Cour devait être négative, ce qui importe, c'est la démarche suivie par la C.I.J.

670. ***Autres normes écrites conventionnelles*** — Comme actes à portée externe susceptibles de constituer des éléments de preuve pour démontrer l'existence d'une règle coutumière, il convient de se référer aux autres normes écrites conventionnelles qui ont été examinées précédemment (voir *supra*, 2e partie, titre I).

671. ***Actes unilatéraux*** — Egalement il convient de tenir compte des actes unilatéraux des Etats et des Organisations internationales qui sont susceptibles d'apporter une lumière essentielle sur le comportement des Etats, car ils constituent une manifestation spécifique de leur pratique (voir *supra*, 2e partie, titre II).

672. ***Jurisprudence*** — Enfin, il faut apporter la plus grande attention aux décisions des tribunaux internationaux (C.I.J.) ou des organes arbitraux.

Tel est le premier type de recherche qu'il convient d'entreprendre pour essayer de déterminer l'existence de la coutume sur le plan matériel.

b) Les actes à portée interne.

673. ***Le bloc de légalité*** — Les actes à portée interne sont également fort importants pour servir à prouver la pratique des Etats dans tel ou tel domaine afin d'établir l'élément matériel de la coutume. Sur ce point, il est essentiel de se référer aux lois *nationales des Etats*, en particulier celles qui affectent plus directement les rapports internationaux, par exemple les lois sur la nationalité, les lois sur les nationalisations de biens étrangers, lois qui peuvent reconnaître dans leur formulation l'existence de certaines règles dans leur domaine d'application.

674. ***Les décisions judiciaires*** — Il convient également d'attacher une grande importance aux *décisions judiciaires internes.* Le juge interne, en effet, applique le droit international (voir *infra*, 3e partie, titre II). Le juge interne, dans ses décisions, peut se référer à une règle internationale précise qui, à son avis, gouverne l'issue du litige qui lui est soumis. Par exemple, l'origine des privilèges et immunités étatiques se trouve dans les nombreuses décisions judiciaires internes qui ont reconnu aux Etats de telles prérogatives sur le fondement de leur souveraineté (voir *infra,* n° 920 et s.).

675. ***Le droit interne des organisations internationales*** — Enfin, il faut aussi examiner le droit interne des organisations internationales qui peut apporter des éléments importants pour prouver l'existence d'une coutume (voir supra, n° 591 et s.).

2 — La continuité (ou la répétition) de ces précédents.

676. ***Caractéristiques des précédents*** — Il ne doit pas s'agir de cas isolés ou d'exemples spécifiques. Autrement dit, il doit à la fois avoir une *certaine fréquence* de comportements identiques de la part des acteurs de la société internationale et, d'autre part, il doit y avoir une *certaine généralité* de cette pratique (du moins pour une coutume à portée universelle).

Ces éléments classiques ont toujours été considérés comme nécessaires par la Cour Internationale de Justice. On peut ici en citer un certain nombre d'exemples.

677. — Tout d'abord, dans son arrêt du 20 novembre 1950, qui opposa la Colombie au Pérou *(affaire Haya delle Torre)*, la C.I.J. estima que la règle coutumière dont une partie se prévalait devait être : « conforme à un usage constant et uniforme » (Rec., p. 276).

678. — Un peu plus tard, dans *l'affaire* déjà citée des *pêcheries* entre la Grande-Bretagne et la Norvège du 18 décembre 1951, la C.I.J. devait faire allusion à une « pratique constante et suffisamment longue » (p. 139).

679. — On peut également citer l'arrêt de la C.I.J. du 12 avril 1960 entre l'Inde et le Portugal *(affaire du droit de passage)*, où la Cour insista sur « la pratique constante et uniforme » suivie en l'espèce par les parties en litige (Rec., p. 40).

680. — Plus récemment encore, dans *l'affaire du plateau continental de la Mer du Nord*, dans son arrêt du 20 février 1969, la Cour Internationale de Justice a, plusieurs fois, fait allusion à la « pratique constante », à la « fréquence des actes en cause », à la « pratique fréquente et uniforme » (voir nos 74 et 77 de cet arrêt).

681. ***Précédents émanant d'une majorité représentative d'Etats*** — Il convient ici encore d'insister sur le fait que ces précédents répétés, cette pratique constante, n'ont pas à émaner, comme les tenants de la thèse volontariste du droit international le prétendent, de tous les Etats, de tous les acteurs de la société internationale. Une coutume générale est opposable à tous les Etats, même si aucun précédent de leur part ne peut être prouvé. La Cour l'a d'ailleurs expressément admis, dans l'affaire du *plateau continental de la Mer du Nord* de 1969, afin de déterminer si « une règle conventionnelle... (pouvait être) considérée comme étant devenue une règle générale de droit international ». Pour cela, il faut, dit la Cour, qu'il y ait une « participation très large et représentative », il faut « la présence des Etats particulièrement intéressés » (n° 73). On doit noter, à ce propos, que le concept de « majorité représentative des Etats » reste difficile à définir et à utiliser. En effet, peut-on dire d'une coutume qu'elle existe, alors qu'elle est reconnue par tous les Etats, sauf les Etats-Unis ou la Russie ? (v. sur ce problème l'article de P. Weil, précité, p. 34 et s.).

682. ***Une analyse valable pour toutes les coutumes*** — Un raisonnement identique est applicable aux autres types de coutumes et ne s'applique pas seulement à la coutume générale ou universelle, mais également aux coutumes régionales dont on voudrait prouver l'existence matérielle. Il suffit qu'un nombre suffisamment représentatif d'Etats particulièrement intéressés aient, par une pratique constante et uniforme, manifesté la présence de l'élément matériel de cette règle.

§ 2 — L'élément psychologique : l'opinio juris sive necessitatis ou « la reconnaissance du caractère obligatoire de la règle non écrite en cause ».

683. ***Plan*** — On est ici en présence de l'aspect le plus délicat de la coutume pour en prouver l'existence. C'est d'ailleurs surtout sur ce terrain que la Cour Internationale de Justice ou la C.P.J.I. se sont placées pour refuser de caractériser de règle coutumière un usage ou une pratique. Cet élément psychologique permet, tout d'abord, de différencier la *coutume de la courtoisie*. C'est ainsi que la règle non écrite respectée par un Etat doit avoir été reconnue par lui comme étant de *nature obligatoire*. Cette reconnaissance du caractère obligatoire de cette règle va ainsi fixer le comportement de l'Etat ; elle implique aussi *l'absence d'objections* de la part d'Etats tiers qui peuvent ainsi s'opposer à la formation d'une règle de type coutumier.

1 — Coutume et courtoisie (comitas gentium).

684. ***Notion de courtoisie*** — La coutume doit être distinguée de la courtoisie. Par courtoisie, il faut entendre des règles de *bienséance, de convenance ou de politesse internationale* qui guident le plus souvent la conduite des Etats. Il ne s'agit pas là de règles de droit obligatoires. On peut en citer un certain nombre d'exemples.

685. ***Exemples*** — Tout d'abord, lorsque les Etats-Unis firent exploser des engins atomiques dans l'atmosphère dans le Pacifique, notamment sur l'îlot de Bikini, après la deuxième guerre mondiale, des pêcheurs japonais qui se trouvaient aux alentours ont été irradiés. Le gouvernement américain décida d'indemniser ces pêcheurs japonais sur la seule base de principes humanitaires, mais non pas en vertu d'une règle obligatoire. Le gouvernement américain précisa bien que sa conduite en la matière ne saurait être interprétée comme pouvant constituer un précédent qui lui serait opposable par la suite.

Dans un autre domaine, lorsqu'un Chef d'Etat étranger ou un Premier ministre en fonction décède, il est fréquent que les gouvernements de pays tiers se fassent représenter officiellement à l'occasion de leurs obsèques. Il s'agit là d'une règle de pure courtoisie qui ne répond en rien à une obligation de type international.

C'est ainsi encore par exemple que, lorsque en février 1973, un avion de ligne libyen fut abattu par erreur au-dessus du Sinaï par la chasse israélienne, Israël décida d'indemniser les familles des victimes à titre humanitaire et non pas en vertu d'une obligation internationale qu'il aurait reconnue comme telle. Les Etats-Unis devaient adopter la même position en 1988 lorsqu'un avion des lignes régulières iraniennes fut pris pour un appareil militaire et abattu par un missile lancé par le croiseur *Vincennes* (voir sur cet incident, A.J.I.L., 1989.318 ainsi que le texte de la transaction intervenue le 9 février 1996 entre les deux pays et homologuée par une sentence arbitrale amiable du 22 février 1996 où il est clairement précisé que l'indemnisation des victimes acceptée par les Etats-Unis l'avait été sur une base « *ex gratia* » et ne saurait constituer un « *précédent juridique* » (texte *in I.L.M.* 1996.553).).

686. ***Confirmation de la différence courtoisie/coutume par la C.I.J.*** — Autrement dit, il existe des actes habituels des relations internationales qui sont fréquents et qui relèvent de la courtoisie et donc de la pure bonne volonté des Etats et non pas de la règle de droit, de la coutume internationale. La Cour Internationale de Justice devait insister sur ce point dans son arrêt déjà cité sur le *plateau continental de la Mer du Nord* de 1969. La Cour notait en effet : « Il existe nombre d'actes internationaux dans le domaine du protocole, par exemple, qui sont accomplis presque invariablement, mais sont motivés par de simples considérations de courtoisie, d'opportunité ou de traditions et non par sentiment d'une obligation juridique » (§ 77).

2 — La reconnaissance explicite du caractère obligatoire de la coutume.

687. ***Recherche de la motivation*** — Prouver l'existence d'un certain comportement des Etats est insuffisant pour rétablir la présence d'une coutume. Il faut, de surcroît, démontrer la *motivation* de ce comportement. Autrement dit, il faut pouvoir prouver que si les Etats ont agi de la sorte, c'est parce qu'ils avaient le sentiment *qu'ils devaient agir comme ils l'ont fait*. Il s'agit là d'une conception traditionnelle de la coutume dont la C.P.J.I. et la C.I.J. ne se sont jamais départies. A cet effet, on peut mentionner deux affaires célèbres déjà souvent citées : la première, celle du « *Lotus* » de 1927 (Ser. A, n° 10), et la seconde, celle du *plateau continental de la Mer du Nord* de 1969.

688. ***Le précédent : l'affaire du Lotus devant la C.P.J.I.*** — Dans l'affaire du « *Lotus* », le gouvernement français avait soutenu devant la C.P.J.I. que, à la suite de l'abordage en haute mer entre un navire français et un navire turc, des poursuites pénales ne pouvaient avoir lieu que devant les tribunaux de l'Etat du pavillon. En l'espèce, cela impliquait que seule la France avait compétence pour engager des poursuites pénales à l'encontre des marins responsables car elle était l'Etat du pavillon du navire qui avait abordé le bâtiment turc. La France estimait que cette compétence de l'Etat du pavillon avait son origine dans une *règle coutumière*. Devant la Cour, l'agent du gouvernement français montra que les juridictions des tribunaux du pays victime de l'abordage n'avaient pas, en général, connu de ce type de poursuite ; et, devant la très grande rareté de ces cas, l'agent du gouvernement français estimait qu'il y avait là la preuve « d'un consentement tacite des Etats » et ainsi « l'expression du droit international positif en matière d'abordage ». Donc, de *l'abstention des Etats*, l'agent du gouvernement français tirait la conclusion que les poursuites pénales en matière d'abordage appartenaient à l'Etat du pavillon, parce que l'Etat des victimes n'intervenait que très rarement, voire jamais.

La Cour refusa très clairement cette argumentation ; elle répondit directement au dernier argument de l'agent du gouvernement français en ces termes : « De l'avis de la Cour, cette conclusion n'est pas fondée, même si la rareté des décisions judiciaires que l'on peut trouver dans les recueils de jurisprudence était une preuve suffisante du fait invoqué par l'agent du gouvernement français, il en résulterait simplement que les Etats se sont souvent abstenus en fait d'exercer des poursuites pénales et non qu'ils se reconnaissent obligés de ce fait. *Or c'est seulement si l'abstention était motivée par la conscience d'un devoir de s'abstenir que l'on pourrait parler de coutume internationale.* Le fait allégué ne permet pas de conclure que les Etats aient été conscients de pareil devoir. Par contre, comme on le verra tout à l'heure, il y a d'autres circonstances qui sont de nature à persuader du contraire » (p. 28).

On voit ainsi que la Cour de La Haye ne s'est pas contentée d'examiner l'élément matériel de la coutume — ici l'abstention des Etats —, mais a été au-delà et a essayé de voir si cette abstention était motivée par le sentiment que les Etats avaient été obligés d'agir de la sorte. Inutile de dire que la preuve de cette « motivation » est fort difficile à apporter et, en l'espèce, la C.P.J.I. estima que la France n'y était pas parvenue.

689. ***Une approche confirmée par la C.I.J. dans l'affaire du plateau continental de la Mer du Nord (1969)*** — Dans l'affaire du *plateau continental de la Mer du Nord* de 1969, la Cour Internationale de Justice devait suivre la même démarche. Elle reprit en particulier, rappelons-le, l'extrait précité de l'arrêt du « *Lotus* », confirmant ainsi sans ambiguïté sa valeur contemporaine (voir le n° 78 de l'arrêt). La C.I.J. devait insister de nouveau dans les termes les plus nets sur la nécessaire présence des deux composantes de la règle coutumière : l'élément matériel et l'élément psychologique.

La Cour s'exprima en effet en ces termes en ce qui concerne la situation juridique des Etats non parties à la Convention de Genève de 1958 sur le plateau continental, afin de déterminer si certains aspects de cette Convention avaient valeur coutumière — et donc obligatoire — à l'égard des Etats qui n'avaient pas signé cette Convention, ou qui, l'ayant fait, ne l'avaient pas ratifiée et n'y avaient pas adhéré par la suite. Pour que cette Convention possède une valeur coutumière, la Cour nota que « deux conditions doivent être remplies : non seulement les actes considérés doivent représenter une pratique constante, mais, en outre, ils doivent témoigner par leur nature ou la manière dont ils sont accomplis, de la conviction que cette pratique est rendue obligatoire par l'existence d'une règle de droit. La nécessité de pareille conviction, c'est-à-dire l'existence d'un élément subjectif, est implicite dans la notion même d'*opinio juris sive necessitatis.* Les Etats intéressés, conclut la Cour, doivent donc avoir le sentiment de se conformer à ce qui équivaut à une obligation juridique » (§ 77).

690. ***Coutume et abstention*** — Autrement dit, on ne saurait prouver l'existence d'une coutume dans la simple abstention des Etats pris en tant que tels. Il faut prouver que cette *abstention* est le fruit de la volonté non équivoque des Etats en raison d'un sentiment d'être obligé de s'abstenir. A l'inverse, une action déterminée précise des Etats, une action positive, ne suffit pas non plus pour prouver l'existence d'une coutume : il faut, de surcroît, démontrer que cette action positive résulte de la volonté non ambiguë des Etats de respecter une règle qu'ils considèrent comme obligatoire.

3 — L'absence d'objections.

691. ***Rôle des protestations éventuelles*** — En outre, exigence supplémentaire, non seulement les Etats concernés (cas d'une coutume locale ou régionale), mais les Etats tiers (cas d'une coutume générale) ne doivent pas avoir élevé *d'objections aux pratiques en cause* dont il est allégué qu'elles seraient de nature coutumière. A défaut, en effet, de *précédent* émanant de leur part, il faut tout au moins que ces Etats aient gardé le silence. Autrement dit, l'élément psychologique est également apprécié au regard du comportement des Etats tiers. On peut citer en ce sens *l'affaire des pêcheries* de 1951, qui opposa la Grande-Bretagne à la Norvège devant la Cour Internationale de Justice. La Cour nota que la pratique norvégienne de délimitation de ses eaux territoriales avait été confortée par « l'attitude des gouvernements » dans la mesure où ceux-ci, en s'abstenant de protester, « ne l'avaient pas considérée (cette méthode) comme étant contraire au droit international » (p. 139).

Pour éviter la formation d'une règle coutumière, il est fréquent que des Etats *protestent,* élèvent des objections contre les pratiques de pays tiers et manifestent ainsi leur refus de considérer cette pratique comme leur étant *opposable*, comme étant légale sur le plan international. Par exemple, lorsque de nombreux pays d'Amérique latine tentèrent dans le passé de porter la largeur de leur mer territoriale à 200 milles, de très nombreux Etats ont élevé d'énergiques protestations de façon à empêcher que cette règle de 200 milles ne reçoive la cristallisation de la règle juridique de nature coutumière.

692. ***Difficulté de la charge de la preuve*** — En conséquence, la présence de ces deux éléments cumulatifs de la coutume, élément matériel (les précédents), élément psychologique (reconnaissance du caractère obligatoire de la pratique) fait qu'il est souvent fort difficile de prouver l'existence d'une coutume devant le juge international. Il est d'ailleurs à noter que, devant la Cour de La Haye, de nombreuses parties ont échoué en raison de la présence obligatoire cumulée de ces deux composantes de la coutume, surtout d'ailleurs de la deuxième (c'est-à-dire l'élément psychologique) dont ils ont été incapables d'apporter la preuve.

Ainsi, dans *l'affaire du « Lotus »*, en 1927, la Cour estima que la compétence pénale exclusive de l'Etat du pavillon, à la suite d'un abordage en mer, n'était pas une règle coutumière. Il convient de noter, au passage, qu'il s'agit maintenant d'une règle de droit positif conventionnel depuis la signature de la Convention de Bruxelles de 1952. Celle-ci a été directement à l'encontre de la décision de la Cour Permanente de Justice Internationale dans l'affaire du « Lotus » puisqu'elle a estimé qu'en cas d'abordage, la compétence pénale normale était celle de l'Etat du pavillon.

Ainsi encore, dans *l'affaire Haya della Torre* qui opposa la Colombie au Pérou devant la C.I.J. en 1950, la Cour refusa de voir dans l'octroi de *l'asile diplomatique une règle coutumière* régionale propre aux Etats du continent latino-américain.

De même, dans l'affaire du *plateau continental de la Mer du Nord* de 1969, la C.I.J. refusa de voir une coutume dans la règle de l'équidistance pour délimiter les plateaux continentaux contigus.

Plus récemment encore et en suivant la même approche, *faute d'opinio juris*, la C.I.J. arriva à la conclusion qu'aucune règle coutumière n'interdisait *l'usage ou la menace d'emploi des armes nucléaires* (avis consultatif du 8 juillet 1996 sur la « *Licéité de la menace ou de l'emploi d'armes nucléaires* » (§ 71 et 105 A et B).

Section III

Le rôle de la coutume

693. ***Plan*** — La coutume a des fonctions très diverses dans la société internationale contemporaine. Elle peut s'adapter tout d'abord aux besoins de tous, de quelques-uns ou seulement de deux Etats ; autrement dit, elle a une portée géographique variable (§ 1). Traditionnellement, la coutume joue le rôle de stabilisation de la règle de droit (§ 2). Mais, actuellement, elle apparaît également comme un élément important de la modification rapide de règles de droit antérieures (§ 3). Enfin elle est susceptible de combler les lacunes du droit conventionnel (§ 4).

§ 1 — La portée géographique de la coutume.

694. ***Article 38 du Statut de la C.I.J.*** — L'article 38, souvent cité, du Statut de la Cour Internationale de Justice ne parle que « des coutumes générales », c'est-à-dire de celles qui ont une portée universelle. Mais rien n'empêche qu'il en existe certaines de portée plus limitée, régionale, voire locale. La C.I.J. en a admis le principe et parfois — rarement, il est vrai — l'existence.

1 — Les coutumes générales.

695. ***Invocation fréquente devant la Cour de La Haye*** — Il s'agit du type de coutumes dont la Cour de La Haye eut à connaître le plus souvent. Ainsi, dans *l'affaire Interhandel* de 1959 qui opposa la Suisse aux Etats-Unis, la C.I.J. devait estimer que : « La règle selon laquelle les recours internes doivent être épuisés avant qu'une procédure internationale puisse être engagée, est une règle bien établie du droit international coutumier » (p. 29). Une règle coutumière, on le rappelle, ne nécessite pas, pour exister, de précédent émanant de tous les Etats de la communauté internationale : il suffit, en effet, qu'un ensemble d'Etats suffisamment représentatifs aient été les auteurs de ces précédents et qu'ils aient agi avec la conscience de respecter une obligation internationale. Il faut également, on le rappelle, qu'il n'y ait pas eu d'objection ou de protestation soulevé par les pays tiers, ce qui empêcherait alors la formulation d'une telle règle coutumière à portée générale.

696. ***Une application générale uniforme*** — Cela étant, une fois qu'une telle coutume existe et est prouvée, elle s'applique *également, uniformément à tous les Etats*. Il ne saurait y avoir d'applications parcellaires ou de soumission à une quelconque procédure de réserve. Il en résulte que la *coutume universelle se révèle supérieure et plus contraignante que le traité multilatéral* qui ne lie que les parties contractantes et qui peut faire l'objet de réserves. Il n'en va différemment que si ledit traité possède une valeur objective (voir *supra*, nos 392-401) ; traité objectif et coutume universelle se trouvent alors sur un pied d'égalité. La Cour a affirmé avec force cette *universalité* de la règle coutumière générale dans *l'affaire du plateau continental de la Mer du Nord* de 1969. La Cour s'exprima en ces termes : « Dans le cas de règles et d'obligations de droit général ou coutumier *qui, par nature, doivent s'appliquer dans des conditions égales à tous les membres de la communauté internationale* et ne peuvent donc être subordonnées à un droit d'exclusion exercé unilatéralement et à volonté par l'un quelconque des membres de la communauté à son propre avantage... ». (n° 63).

En l'espèce, la C.I.J. nota que la règle d'équidistance contenue dans la Convention de Genève de 1958 sur le plateau continental, était formulée dans l'un des articles (l'article 6) sur lesquels les parties contractantes avaient la faculté de *présenter des réserves* au moment de la signature, de la ratification ou de l'adhésion. Cette possibilité d'introduire des réserves à cette règle d'équidistance a été un élément extrêmement important dans le raisonnement de la Cour pour en apprécier la nature juridique. En effet, pour la Cour, s'il est possible d'apporter des réserves à cette technique de l'équidistance, c'est bien dire que les parties contractantes ne l'ont pas considérée comme une règle à portée générale coutumière à laquelle il serait interdit de déroger en raison de son caractère fondamental. La Cour continua d'ailleurs sur ce point son raisonnement *a contrario*, en notant que cette même Convention de Genève *excluait la possibilité* de réserves sur un certain nombre d'articles (les articles 1 à 3). La Cour ne put s'empêcher de noter que : « Ces trois articles sont ceux que l'on a alors manifestement considérés comme *consacrant ou cristallisant des règles de droit international coutumier relatives au plateau continental,* règles établies ou du moins en voie de formation visant notamment la question de l'étendue du plateau continental vers le large, le caractère juridique du titre de l'Etat riverain, la nature des droits pouvant être exercés, le genre de ressources naturelles sur lesquelles portent ces droits, le maintien du régime juridique des eaux sur-jacentes au plateau continental en tant que haute mer, le maintien du régime juridique de l'espace aérien situé au-dessus de ces eaux » (§ 63).

Autrement dit, dans cette Convention, comme dans un certain nombre d'autres conventions internationales, pour examiner les règles qui sont susceptibles de pouvoir être qualifiées de coutumières, il faut faire la *distinction entre celles qui peuvent faire l'objet de réserves et celles qui ne le peuvent pas* ; seules les secondes peuvent éventuellement entrer dans la catégorie des *règles coutumières*.

Si ces conditions ne sont pas remplies, c'est-à-dire s'il n'y a pas reconnaissance par une majorité suffisamment représentative d'Etats membres de la communauté internationale, rien n'empêche une coutume de présenter une portée plus *restreinte* à un groupe d'Etats déterminés. Il existe, autrement dit, des coutumes à portée plus limitée que les coutumes universelles.

2 — Les coutumes régionales.

697. ***L'affaire Haya della Torre*** — La Cour eut à connaître de l'existence éventuelle d'une coutume régionale dans l'affaire déjà citée *Haya della Torre* qui opposa le Pérou à la Colombie (arrêt du 20 novembre 1950). La Colombie avait accordé l'asile diplomatique dans son Ambassade à Lima à un homme politique péruvien fort connu, Haya della Torre. Ce faisant, la Colombie s'appuyait sur « le droit international américain » et une « coutume régionale... propre aux Etats de l'Amérique latine » pour accorder dans de telles circonstances l'asile politique ; elle prétendait que le pays accordant l'asile (ici elle-même) avait le droit de procéder à une qualification unilatérale du délit en cause afin de déterminer s'il justifiait l'octroi de l'asile diplomatique. La Cour examina les précédents cités par la Colombie et elle ne les trouva pas pertinents. Elle nota en outre les « incertitudes et contradictions », les « fluctuations et discordances de la pratique » qui, à ses yeux, interdisaient de voir dans ces précédents la preuve « d'une coutume constante et uniforme acceptée comme étant le droit » (p. 277). La Cour conclut que, même si une telle coutume régionale avait existé entre les autres Etats d'Amérique latine dans ce sens, à savoir que l'Etat prétendant accorder l'asile diplomatique avait le droit de procéder à une qualification unilatérale et définitive du délit commis par la personne ayant demandé l'asile, la Cour estima qu'une telle coutume ne serait, de toute manière, pas opposable au Pérou dans la mesure où le Pérou avait *expressément répudié une telle règle dans sa pratique.*

En bref, dans cette affaire, en l'absence des éléments constitutifs traditionnellement requis, la Cour ne reconnut pas l'existence d'une coutume régionale, ce qui ne veut pas dire pour autant qu'un tel type de coutume ne puisse pas exister. Il faut seulement en administrer la preuve.

A titre de coutume régionale latino-américaine (parfois aussi reconnue sur le Continent africain) il est loisible de citer la règle dite de l'*uti possidetis* selon laquelle les états nouvellement indépendants gardent, à titre de frontières internationales, les délimitations territoriales effectuées de manière administrative par l'ancienne puissance coloniale.

3 — Les coutumes locales.

698. ***L'affaire du droit de Passage en territoire indien*** — L'existence de coutumes purement locales se posa devant la Cour Internationale de Justice dans *l'affaire dite du droit de passage sur le territoire indien* qui opposa le Portugal à l'Inde (arrêt du 12 avril 1960). La première question que la C.I.J. eut alors à résoudre fut de savoir *si l'existence de coutumes locales*, c'est-à-dire liant seulement deux Etats, *était juridiquement possible.* L'Inde souleva en effet cette objection de principe et estima qu'il ne saurait y avoir de coutume locale liant deux Etats seulement. La Cour Internationale de Justice refusa cette manière de voir. En effet, disait-elle, « on voit difficilement pourquoi le nombre des Etats entre lesquels une coutume locale (pourrait) se constituer sur la base d'une pratique prolongée devrait nécessairement être supérieur à deux. La Cour ne voit pas de raison, ajoutait-elle, pour qu'une pratique prolongée constituée entre deux Etats, pratique acceptée par eux comme régissant leurs rapports, ne soit pas à la base de droits et d'obligations réciproques entre ces deux Etats » (p. 39). Autrement dit, la Cour accepta, sur le plan théorique, la possibilité de coutumes purement locales, c'est-à-dire liant deux Etats.

Ensuite, la Cour procéda selon sa méthode traditionnelle pour déterminer si, en l'espèce, il y avait bien une coutume locale. Elle nota « la pratique constante et uniforme » de libre passage pour les personnes privées portugaises, les fonctionnaires civils portugais, les marchandises portugaises en général, au travers du territoire indien. La Cour mentionna, au surplus, « l'acceptation comme étant le droit de cette pratique du droit de passage par les deux parties », Portugal, bien sûr, mais Inde, dont le territoire était traversé. En conséquence, elle affirma qu'il existait *un droit de passage de type coutumier,* mais au profit seulement des personnes privées et des marchandises.

En revanche, pour le droit de *passage des forces armées,* en appliquant les mêmes méthodes et le même raisonnement, la Cour arriva à une *conclusion inverse* ; elle nota que : « L'existence d'une autorisation préalable au droit de passage (était) la négation même de l'exercice du passage à titre de droit » (p. 42). Elle refusa ainsi de voir dans le passage des forces armées portugaises à travers une certaine portion du territoire indien une coutume locale.

§ 2 — La coutume, facteur de stabilisation de la règle de droit.

699. ***La coutume conservatrice*** — On est ici en présence de la conception traditionnelle de la coutume, ce qu'un auteur (R.J. Dupuy) a appelé la « coutume sage ». Dans cette optique, la coutume est tournée vers le passé et son processus de formation est extrêmement lent. Elle apparaît alors ici dans sa fonction « conservatrice » (R.J. Dupuy).

A l'origine, le droit international a été presque essentiellement de type coutumier. La coutume a bien souvent précédé le traité. D'ailleurs beaucoup de traités, au XIXe siècle et même encore maintenant, ont procédé à la « codification » de ces règles coutumières (voir *supra*, n° 250).

Il est d'ailleurs à noter que l'une des missions de l'Assemblée générale des Nations unies est d'encourager « la codification » du droit international (art. 13-1, a de la Charte). L'Assemblée générale s'est acquittée de cette mission en créant la Commission du droit international (C.D.I.) et en convoquant des conférences internationales qui ont eu pour fonction de codifier dans des traités multilatéraux à vocation universelle bon nombre de règles qui ont pu ainsi être précisées. Au titre de ces conférences de codification qui ont incorporé de nombreuses règles coutumières, il est loisible de mentionner en 1958 la première Conférence sur le droit de la mer, en 1961-1963 les Conférences relatives aux relations diplomatiques et consulaires, en 1969 la Conférence de Vienne sur le droit des traités, et depuis 1974 la deuxième Conférence sur le droit de la mer qui devait aboutir à la signature de la convention de Montego Bay de décembre 1982. Il est à noter que les trois premières conférences citées ont donné naissance à des traités multilatéraux qui sont entrés en vigueur pour un assez grand nombre d'Etats.

700. ***Codification, coutume et nouveauté*** — Il convient ici de présenter trois remarques finales. Tout d'abord, cette codification contribue également ou est susceptible au moins de contribuer au « développement progressif » du droit international. On rappellera que le développement progressif du droit international est l'autre mission que la Charte confie à l'Assemblée générale des Nations unies en ce qui concerne le droit international, en vertu de l'article 13-1, a, précité. A titre d'exemple d'une conférence de codification qui n'a pas fait que figer le droit, mais qui a contribué à son développement, il faut citer la Conférence de Vienne sur le droit des traités, qui a reconnu et donné une grande place à un concept nouveau du droit international étudié précédemment, à savoir le « jus cogens » (voir *supra*, n° 161 et s.).

701. ***Codification et maintien de la règle coutumière*** — Ensuite, cette *codification conventionnelle n'élimine pas les règles coutumières en la matière*. En effet, il est constant que certains Etats ne participent pas à ces conférences ou que les Etats qui y participent ne ratifient pas les traités dont le texte a ainsi été élaboré. Il faut noter ici que le sort de ces *traités codificateurs* n'affecte en rien la portée obligatoire des règles coutumières ainsi « formalisées ».Ces règles coutumières demeurent des règles coutumières *obligatoires* pour les Etats qui n'ont pas ratifié ces traités ou qui n'y ont pas accédé, tandis que, pour les Etats qui ont ratifié ces traités ou y ont adhéré, ces règles perdent leur valeur coutumière, pour acquérir à leur égard une valeur conventionnelle (voir *supra* n° 393-394 et 650).

Ainsi un Etat ne saurait invoquer son absence d'approbation à un traité de codification pour se soustraire au respect de la norme coutumière codifiée. La jurisprudence internationale a toujours clairement affirmé ce principe (voir la sentence du Tribunal Arbitral Mixte gréco-bulgare dans *l'affaire Léontios et Nicolas Arakas c. Etat bulgare* qui affirme que la convention de La Haye de 1907 devait « être prise en considération dans la mesure où elle reprodui(sait) des principes de droit coutumier en matière de guerre maritime ». (T.A.M. VII, p. 37) ; voir dans le même sens, la sentence arbitrale du 14 janvier 1945 dans *l'affaire Attilio Regolo* où les arbitres ont adoptés une position identique à propos de la convention de La Haye de 1907 sur les droits et devoirs de puissances neutres en cas de guerre maritime (R.S.A., vol. XII, p. 1). L'exemple plus contemporain encore des *préférences commerciales* peut encore être cité comme manifestation de cette règle. Depuis 1975, on peut estimer qu'il s'agit là d'une obligation coutumière qui pèse sur les pays développés ; un certain nombre d'entre eux ont accepté d'insérer cette règle dans le droit positif conventionnel au titre du G.A.T.T. ; mais, pour les pays qui ne font pas partie du G.A.T.T., il est clair que leur obligation demeure et qu'elle a un fondement exclusivement coutumier.

Plus récemment encore, dans *l'Affaire des activités militaires et paramilitaires au Nicaragua et contre celui-ci*, la C.I.J. devait confirmer ces principes généraux quant aux rapports de complémentarité entretenus par le droit conventionnel et le droit coutumier (arrêt du 27 juin 1986, § 174-179).

702. ***Codification et développement de nouvelles règles coutumières*** — Enfin, il ne faut pas non plus oublier — et nous l'avons déjà signalé — que certaines des règles conventionnelles adoptées dans ces conférences de codification peuvent recevoir par la suite la sanction de la règle coutumière si la pratique des Etats va en ce sens. On se rappelle que tel était là l'essentiel du débat placé devant la Cour Internationale de Justice dans *l'affaire du plateau continental de la Mer du Nord* de 1969.

§ 3 — La coutume, facteur de modification de la règle de droit.

703. ***Coutume et loi*** — Selon une conception traditionnelle, la coutume agit *praeter* et non *contra legem*. Autrement dit, la coutume comble les lacunes du droit écrit mais elle ne saurait le modifier. C'est une vision qui, pour être classique, ne contient pas toute la vérité. Il arrive, en effet, à la coutume de modifier la règle de droit écrite. Par exemple, on citera en matière constitutionnelle l'évolution de la IIIe République où le droit de dissolution du Président de la République est tombé en désuétude, est devenu caduc, modifiant ici une disposition essentielle des lois constitutionnelles de 1875 et changeant les équilibres institués entre les divers pouvoirs publics.

Dans le droit international contemporain, on retrouve également cette même tendance où la norme coutumière modifie la règle écrite. Il s'agit là d'un phénomène marqué et qui a été en s'accélérant, notamment au cours de ces dernières années.

1 — La coutume révisionniste.

704. ***Coutume et modification des traités*** — La coutume est susceptible de modifier un traité international écrit. Sans doute, cette position n'a pas été acceptée par la Convention de Vienne de 1969 sur le droit des traités pour des raisons évidentes de prudence. Toutefois, il n'est pas niable que la *pratique ultérieure des parties contractantes,* si elle est *uniforme et constante,* peut aboutir à modifier des dispositions de règles conventionnelles. La C.I.J. l'a reconnu implicitement sans doute, dans son Avis consultatif relatif à *certaines dépenses des Nations unies* (20 juillet 1962), pour l'admettre sans ambiguïté alors dans son Avis consultatif de 1971 sur la *Namibie*. La Cour a donc, sur ce point, été moins conservatrice que les diplomates présents à Vienne en 1969.

705. ***L'avis consultatif de la C.I.J. de 1962 sur les dépenses des Nations-Unies*** — Dans son Avis consultatif sur les *dépenses de l'O.N.U. en 1962,* la Cour avait accepté, sans doute seulement d'une manière implicite, qu'une coutume puisse modifier un traité formel, ici la Charte de l'O.N.U. La Cour accepta, en effet, la validité de la fameuse « résolution Acheson » de 1950 (dite union pour le maintien de la paix) qui bouleversait les équilibres constitutionnels de la Charte en permettant à l'Assemblée générale de se saisir d'une question affectant la paix internationale lorsque le Conseil de sécurité serait paralysé par l'exercice du droit de veto. Sans le dire expressément, la C.I.J., dans cette affaire, accepta ce transfert de compétences et se montra disposée à reconnaître qu'une pratique coutumière avait modifié des dispositions centrales de la Charte de l'Organisation des Nations unies.

706. ***L'avis consultatif de la C.I.J. de 1971 sur la Namibie*** — D'une manière beaucoup plus claire et non ambiguë, dans son *Avis consultatif de 1971 sur la Namibie*, la Cour admit que la « pratique générale » suivie par le Conseil de sécurité des Nations unies avait entraîné une modification des dispositions de la Charte, en l'occurrence de l'Article 27 du paragraphe 3. En effet, pour la Cour, nous l'avons déjà signalé, *l'abstention* d'un membre permanent du Conseil de sécurité ne fait pas obstacle à l'adoption valide d'une résolution par cet organe et cela en dépit d'une *lecture stricte ou attentive* de cette disposition de la Charte qui semble bien montrer que le *vote positif* de tous les membres permanents du Conseil de sécurité est nécessaire (on parle du vote « affirmatif »). Mais la Cour a estimé qu'une *règle coutumière, la pratique générale de l'Organisation,* avait pu modifier dans un sens particulier cette disposition de la Charte selon laquelle l'abstention ne faisait pas obstacle à l'adoption valable d'une résolution par le Conseil de sécurité. En bref, la C.I.J. a ici directement accepté qu'une règle coutumière puisse modifier une disposition précise de la Charte de l'O.N.U.

2 — La coutume révolutionnaire ou « sauvage » (R. J. Dupuy).

707. ***Facteurs explicatifs*** — Cette fonction de la coutume, très nouvelle et, pourrait on dire, presque contradictoire avec l'idée de coutume, est bien marquée dans l'ordre international contemporain. Elle est le fait de trois facteurs conjugués :

D'abord un *facteur politique* : le désir des pays du tiers-monde de promouvoir un nouvel ordre juridique international qui leur soit plus favorable et qui transforme les règles anciennes conventionnelles ou coutumières.

Ensuite un *facteur juridique et social,* à savoir l'accélération de l'histoire qui entraîne également, nous l'avons vu — et cela a été reconnu par la C.I.J. dans *l'affaire du plateau continental de la Mer du Nord* de 1969 — *une accélération correspondante du processus de formation de la coutume.* L'on notera que cette accélération de la coutume a été confirmée dans *l'affaire des pêcheries islandaises* de 1974, où la Cour a reconnu la notion de « droits préférentiels des Etats riverains... pour les pays ou territoires se trouvant dans une situation de dépendance spéciale à l'égard de leurs pêcheries côtières » (§ 58). La Cour a estimé qu'il y avait là une règle coutumière et celle-ci avait pu voir le jour en une dizaine d'années à peu près (voir § 55 à 58 de l'arrêt de la Cour).

Facteur technique, enfin : il s'agit de la contribution des organisations internationales à l'élaboration plus rapide des règles coutumières par le biais de leurs *résolutions* ou, plus généralement, par le moyen de leurs actes unilatéraux.

708. ***Exemples*** — On peut noter un certain nombre de domaines d'élection de ces coutumes dites « sauvages » ou « révolutionnaires ». Ainsi, en matière de droit de la mer, cette notion à laquelle nous avons déjà fait allusion de « zone économique exclusive » de 200 milles où les Etats riverains ont des droits prioritaires pour l'exploitation des ressources de la mer et de son sous-sol. Cette notion a été lancée dans le début des années 1970 et a reçu la sanction coutumière quelques cinq ou six années plus tard lorsque tous les Etats l'ont adoptée et l'ont mise en œuvre (la Cour d'appel de Rennes, dans son arrêt *Rego Sanles,* précité, a d'ailleurs reconnu qu'un nouveau droit coutumier, remplaçant celui de Genève, s'était mis en place en la matière). Toujours en ce qui concerne le droit de la mer, la consécration à 12 milles ont rabaissé leurs prétentions et se sont alignés sur la norme internationale de 12 milles nautiques de la largeur de la mer territoriale par la Convention de Montego Bay de 1982 a rapidement revêtu une valeur coutumière : les Etats qui revendiquaient des limites de 50, voire 200 milles ont rabaissé leurs prétentions et se sont alignés sur la norme internationale de 12 milles (ainsi le Gabon, la Guinée, Madagascar et le Sénégal), tandis que ceux qui s'en tenaient à l'ancienne règle coutumière des 3 milles devaient la porter à 12 (telle la Grande-Bretagne en 1987).

Ainsi encore, dans le cadre du « nouvel ordre international économique » où certaines notions, comme celle de *régimes commerciaux préférentiels* au profit des pays en développement ont reçu rapidement, en moins de 10 ans, valeur coutumière, pour avoir maintenant une valeur conventionnelle, au moins pour les pays qui ont accepté de participer aux dernières négociations commerciales multilatérales du G.A.T. T. (voir aussi *supra*, n° 637).

Il en va encore de même, dans le domaine économique international, avec la *notion de non-réciprocité* qui a eu tout d'abord une valeur coutumière, avant de recevoir une valeur conventionnelle quand le G.A.T.T. a été modifié en ce sens en 1966, mais qui continue à avoir une valeur coutumière pour les pays qui ne font pas partie de cette institution.

709. ***Rôle central - et controversé - du juge ou de l'arbitre*** — Il y a là autant d'exemples de règles coutumières qui sont nées en quelques années, en tout cas dans un laps de temps bien inférieur à dix ans et qui ont *modifié des règles conventionnelles formelles* posées par des traités multilatéraux antérieurs.

Bien entendu, il demeure ici une difficulté inhérente à toute coutume. Il s'agit, en effet, d'en prouver l'existence, ce qui n'est pas sans poser, dans cette optique, des problèmes délicats d'interprétation. Dans un tel contexte, le rôle déjà essentiel du juge se trouve encore renforcé mais il peut devenir matière à ample contestation par les parties en litige : certaines ne l'accuseront-ils pas d'avoir purement et simplement « créé » une norme nouvelle tandis que d'autres, à l'inverse, lui reprocheront de n'avoir pas su « détecter » la règle coutumière à leurs yeux déjà existante ?

§ 4 — La coutume, élément central du droit et des rapports « transnationaux ».

710. ***Le comblement des lacunes du droit conventionnel*** — La coutume remplit ici une mission essentielle et nouvelle qui est de combler les lacunes du droit conventionnel inter-étatique. Nous avons vu précédemment que les personnes privées et ici surtout les multinationales, étaient devenues des acteurs essentiels de la société internationale. Mais elles sont mal intégrées à l'ordre juridique international. Les Etats en ont besoin et ont souvent recours à elles ; mais ils ne se sont pas décidés ou ne peuvent pas mettre sur pied un cadre conventionnel adéquat pour régler leurs relations réciproques. Des coutumes vont alors combler cette lacune et permettre de faire face à cette impossibilité, temporaire ou définitive.

711. ***Exemples dans le domaine économique et financier*** — Il est loisible ici de citer un certain nombre d'exemples dans le domaine des relations économiques et financières internationales. Depuis une quinzaine d'années s'est élaboré un véritable *ordre international économique privé* qui repose sur deux institutions centrales : le marché dit des *euro-devises* et celui des *euro-obligations,* l'un étant un marché monétaire, l'autre étant un marché financier. Il s'agit de marchés demeurant entièrement libres et qui ne sont pas réglementés sur le plan international par les Etats ou les organisations internationales. Pourtant, les Etats y sont des parties prenantes essentielles, soit, le plus souvent, en tant qu'emprunteurs, soit, parfois, comme prêteurs (par exemple les pays exportateurs de pétrole de l'O.P.E.P.). Ces relations entre les Etats nationaux et ce que l'on a appelé « le pouvoir bancaire privé international » sont des rapports préteur/emprunteur. Ces rapports pour l'essentiel sont réglés par des pratiques et usages commerciaux que l'on peut considérer maintenant comme possédant une valeur coutumière ou comme constituant, dans certains cas, des principes généraux de droit. Ici la coutume (ou le principe général de droit) apparaît comme la seule source possible de droit. La coutume, en effet, a, seule, la flexibilité requise tandis qu'elle manifeste la nécessaire présence de la règle de droit. De plus, elle apparaît comme la seule norme juridique possible en raison des rigidités bien connues du processus conventionnel inter-étatique. Chacun sait non seulement la lourdeur de la procédure de la conclusion d'un traité international (surtout à portée universelle) mais aussi toute la difficulté de déterminer des règles de droit généralement acceptées et qui possèdent également un contenu précis tout en demeurant aisées à mettre en œuvre et à faire respecter.

712. — ***Une source novatrice indispensable par sa souplesse.*** En bref, la *coutume* apparaît pour ces domaines nouveaux du droit international comme la seule source de droit possible avec les *principes généraux de droit* (voir *infra*, n° 713 et s.) en raison de sa souplesse, de son informalisme et, pourrait-on dire, de son caractère « feutré ». Elle permet, de surcroît, d'instituer des relations juridiques stables et précises entre des sujets (Etats, personnes privées, organisations internationales) possédant des statuts extrêmement différents.

En ce sens, la coutume apparaît comme une source « novatrice », féconde et irremplaçable du droit international. Loin de disparaître, son rôle ne fait qu'augmenter dans l'ordre international, du moins dans certains secteurs nouveaux comme les secteurs économiques et financiers, ce qui suffit à assurer à la règle coutumière un bel avenir.

CHAPITRE II

LES PRINCIPES GÉNÉRAUX DU DROIT

Bibliographie sommaire : A. Blondel, « Les principes généraux du droit devant la C.P.J.I. et la C.I.J. », *in* Mélanges Guggenheim, 1968, 201 ; Sir H. Lauterpacht, « Private law sources and analogies of international law », 1927 ; Sir A. Mc Nair, « The general principles of law recognized by civilised nations », B.Y.I.L., 1957.I ; F.A. Mann, « Reflexions on a commercial law of nations », B.Y.I.L., 1957.20 ; A. Pellet, « Recherche sur les principes généraux de droit international », Thèse Paris II, Mult., 1974 ; P. Reuter, « Les recours de la C.J.C.E. à des principes généraux de droit », Mélanges Rolin, 1964, 263 ; G. Ripert, « Les règles du droit civil applicables aux rapports internationaux », R.C.A.D.I. 1933-II, vol. 44.565 ; M. Virally, « Le rôle des « principes » dans le développement du droit international », *in* Mélanges Guggenheim, *op. cit.*, 531 ; P. Weil, « Principes généraux du droit et contrats d'Etat », *in* Mélanges Goldman, Paris, Litec, 1982, p. 387 et s.

1 — Une expression historiquement située.

713. ***Son insertion dans le Statut de la C.I.J.*** — L'article 38 du Statut de la Cour Internationale de Justice mentionne « les principes généraux de droit reconnus par les nations civilisées » comme étant l'une des sources du droit international. Cette disposition fut insérée dans le statut de la C.P.J.I. élaboré en 1920 par le Comité de juristes de la Société des Nations. Il y eut à l'époque de très nombreuses discussions entre les éminents juristes composant le Comité et, finalement, cette formule représenta le compromis qui fut accepté à l'unanimité des participants. Cette formulation fut suggérée par le représentant américain Root, à la suite d'une proposition initiale du Baron belge Descamps. Aux dires mêmes de ses promoteurs, cette expression devait constituer la manifestation concrète dans le droit international contemporain de l'idée de « droit naturel » qui n'a cessé d'être présente — sans doute avec une intensité variable — dans toute l'histoire du droit international, depuis son origine jusqu'à nos jours (voir *supra*, Introduction générale).

714. ***Une expression historiquement située*** — Tout d'abord, on peut noter que cette formule « principes généraux de droit reconnus par les nations civilisées » est quelque peu *malencontreuse* ou qu'elle est, du moins, très historiquement située, avec cette référence aux « nations civilisées ». Lors de l'élaboration du statut de la C.P.J.I. (en 1920), le sens de cette expression était clair : il s'agissait des principes reconnus par « les peuples jouissant de la civilisation européenne », pour reprendre une remarque de Frédéric De Martens. On rencontre là une vieille et, pourrait-on dire, classique idée des fondateurs du droit international et de ses glossateurs, à savoir que le droit international ne s'applique qu'à certaines collectivités étatiques, les collectivités « chrétiennes » ou « occidentales » ou « européanisées », les rapports entre ces « pays civilisés » et les autres, non civilisés, les « barbares », n'étant pas réglés par le droit, mais simplement par la force. Il est à noter que personne ne demanda la suppression de ce membre de phrase lors des réunions qui conduisirent à l'adoption de la Charte de l'Organisation des Nations unies. Pourtant, cette expression est actuellement vivement critiquée, du moins dans sa formulation complète faisant référence aux « nations civilisées », ainsi qu'en témoigne par exemple, l'opinion du juge libanais Ammoun dans *l'affaire du plateau continental de la Mer du Nord* de 1969 (Rec. p. 133-136).

715. ***Son lien avec la qualité étatique*** — Actuellement, le sens de cette formule doit être apprécié d'une manière bien différente. Par « principes généraux du droit reconnus par les nations civilisées », il est maintenant communément admis qu'il s'agit des « principes » reconnus par les Etats en tant que tels et cela sans aucune coloration particulère, la constitution en « Etat » d'une collectivité déterminée étant supposée être la marque de la « civilisation juridique » Autrement dit, tout Etat, par le fait même qu'il existe, se trouve dans la catégorie des « nations civilisées ». En bref, l'article 38, al. 1 c du statut de la C.I.J. doit se lire amputé de son dernier membre de phrase.

2 — Une expression aux sens multiples.

716. ***Cinq sens différents*** — L'expression « principes généraux du droit » est susceptible de revêtir des sens extrêmement nombreux et variés. La consultation du *« Dictionnaire de la terminologie du droit international »* est sur ce point éclairante : on n'y relève pas moins de cinq sens principaux possibles.

717. ***Son assimilation au droit international commun ou général*** — i) Tout d'abord, par « principes généraux de droit », on peut entendre l'ensemble des règles de droit régissant les rapports internationaux, c'est-à-dire en fait, tout le *droit international commun.* La C.P.J.I., dans son arrêt n° 10 (ser. A) a adopté cette conception des principes généraux du droit. Pour elle : « Le sens des mots principes du droit international ne peut, selon leur usage général, signifier autre chose que le droit international tel qu'il est en vigueur entre toutes les nations faisant partie de la communauté internationale... ». Il n'est pas possible, ajoute la Cour, d'interpréter le terme « principes du droit international autrement que comme signifiant les principes en vigueur entre toutes les nations indépendantes et qui, partant, s'appliquent au même titre à toutes les parties contractantes » (p. 16-17). Telle fut aussi la conception de la C.P.J.I. dans son *Avis consultatif sur la ville libre de Dantzig* (ser. A/B, n° 44, p. 23-24).

718. ***Son assimilation à une norme fondamentale du droit international*** — ii) Selon une deuxième conception, par « principe général du droit » il faut entendre une *règle fondamentale du droit international* qui n'ait de valeur ni coutumière ni conventionnelle. Les principes généraux du droit résulteraient alors « des usages établis entre nations civilisées, des lois de l'humanité, des exigences de la conscience publique », pour reprendre le préambule de la Convention concernant les lois et coutumes de la guerre sur terre signée à La Haye en 1899 et 1907.

719. ***Son assimilation à une norme générale*** — iii) Selon une troisième conception, un principe général de droit est seulement un moyen de qualifier une règle particulière du droit international afin d'insister sur sa *généralité et son importance.* La C.P.J.I. a utilisé l'expression « principe général de droit » dans ce sens dans *l'affaire de l'usine de Chorzow* (fond). Elle s'exprimait en ces termes : « La Cour constate que c'est un principe du droit international, voire une conception générale du droit, que toute violation d'un engagement comporte l'obligation de réparer » (Ser. A, n° 17, p. 29).

720. ***Son assimilation à des règles politico-juridiques*** — iv) Selon une quatrième conception, par principe général de droit, il faut entendre l'ensemble des *principes politico-juridiques* gouvernant les relations internationales contemporaines. C'est ainsi, par exemple, que sont parfois qualifiés les fameux principes dits de la « cœxistence pacifique » qui furent posés pour la première fois, semble-t-il, dans le célèbre traité sino-indien du 29 avril 1954 ; celui-ci consacrait ces « cinq principes » (ou « panch sila ») fondamentaux que sont : le respect mutuel de l'intégrité territoriale et de la souveraineté, la non-agression mutuelle, la non immixtion mutuelle dans les affaires intérieures, l'égalité et l'avantage mutuels et la cœxistence pacifique. Ces principes devaient être repris dans d'innombrables traités ou déclarations internationales solennelles. Ainsi les communiqués signés tout au long de l'année 1972 à la suite des réunions bilatérales au sommet marquant la « normalisation » des relations américano-chinoises, américano-soviétiques et sino-japonaises devaient faire le plus large emprunt à ces principes généraux.

721. ***La conception contemporaine*** — v) Enfin, dans une cinquième conception, par principes généraux du droit, il faut entendre *l'ensemble des principes communs aux grands systèmes de droit contemporains et applicables à l'ordre international.* Il s'agit de la conception des principes généraux du droit qui est la plus communément acceptée actuellement et qui sera retenue ici.

722. — Afin d'être en mesure de qualifier une norme quelconque de « principe général de droit », il faut que cette règle, de *procédure* ou de *fond,* soit présente dans tous les grands systèmes de droit, c'est-à-dire dans la famille romano-germanique, dans les pays de « common law », dans les pays qui ont adopté un système « socialiste », voire dans les régimes juridiques à forte coloration religieuse (pays islamiques ou bouddhistes). Il faut, en outre, que ces règles de procédure ou de fond communes à tous les grands systèmes de droit *puissent être transposées* dans l'ordre international en raison de leur généralité même. Au surplus, ces principes doivent être susceptibles de *recevoir une force obligatoire* ; autrement dit, ils doivent pouvoir recevoir la sanction de la règle de droit. Il ne doit pas s'agir de règles de bienséance, de convenance, de politesse internationales, en un mot de *courtoisie* (et sur ce point on ne peut que renvoyer aux développements précédents concernant les rapports entre la coutume et la courtoisie, voir *supra*, n° 684 et s.).

3 — Des principes controversés.

Les principes généraux de droit ont toujours été au centre de nombreuses controverses doctrinales.

723. ***Une existence controversée*** — Le premier élément fondamental de la controverse porte sur *l'existence même* de ces principes généraux de droit. Existent-ils ou n'existent-ils pas ? Toute une partie de la doctrine nie l'existence de principes généraux de droit en tant que catégorie juridique autonome. Pour cette doctrine, les principes généraux du droit doivent être assimilés à des « coutumes générales ». Telle est la position de Georges Scelle par exemple dans son « manuel de droit international public » (p. 400). De tels auteurs notent que les principes généraux, pour exister, nécessitent la preuve des mêmes éléments que ceux qui doivent présider à l'existence d'une coutume : un élément matériel —les précédents — et un élément psychologique — la reconnaissance du caractère obligatoire de ces règles dans les divers droits positifs internes des Etats. Dès lors, ils estiment logique de ne pas différencier coutumes et principes généraux du droit. D'autres, au contraire, notent la spécificité de l'existence de ces principes généraux du droit. Ils remarquent que ces principes généraux du droit possèdent une particularité qui tient au milieu où ils prennent naissance. En effet, ils trouvent leur source dans le droit interne et ils sont destinés, du moins initialement, à y produire exclusivement leurs effets de droit. Comment ne pas noter ici que nombre de normes du droit international ne peuvent que provenir directement du droit interne émis par les Etats ? Ce phénomène d'emprunt qui n'a jamais cessé n'est pas pour étonner dans la mesure où l'ordre interne, plus achevé, a d'abord dû régler des problèmes qui, par la suite, se sont posés au niveau international : dans ces conditions, l'ordre interne a toujours servi de modèle et de cadre de référence normal et irremplaçable à l'ordre international.

724. ***Un sens controversé*** — Le deuxième élément de controverse porte sur le sens même de cette expression « principes généraux du droit ». Nous rappellerons simplement qu'il existe des conceptions nombreuses et diverses et que certaines d'entre elles aboutissent à la négation de toute spécificité pour cette catégorie de normes internationales — ce qui revient à affirmer son inexistence.

725. ***Un rôle controversé*** — Le troisième élément de controverse sur ces principes généraux du droit porte sur le *rôle* qu'il convient de leur accorder. Certains donnent à ces principes généraux du droit un rôle central parmi les sources du droit international et affirment leur « autonomie » (Mac Nair, Lalive). Ces principes généraux du droit seraient autonomes, notamment comme éléments importants du « droit transnational », droit transnational qui joue un grand rôle dans le droit international des contrats internationaux, ainsi que nous avons eu l'occasion de le signaler plusieurs fois. D'autres, au contraire, n'accordent à ces principes généraux du droit qu'un rôle subsidiaire, marginal et transitoire. Pour eux, la vocation normale d'un principe général de droit, si même ils en admettent l'existence, est d'être par la suite *absorbé* dans une règle coutumière ou conventionnelle.

4 — Des principes fréquemment invoqués, mais rarement reconnus.

726. — Les principes généraux du droit font l'objet d'invocations extrêmement fréquentes, alors qu'ils sont utilisés d'une manière très prudente, parcimonieuse, pourrait-on dire, par la jurisprudence internationale.

La doctrine, du moins celle qui leur est favorable, invoque très fréquemment l'existence de principes généraux du droit. Les représentants des Etats ou des organisations internationales dans leurs plaidoiries devant les tribunaux internationaux, les agents des gouvernements devant la Cour de La Haye, ont très souvent fait allusion ou estimé qu'on était en présence, dans tel ou tel cas, d'un principe général de droit. On retrouve aussi cette défense et illustration des principes généraux de droit dans certaines opinions individuelles ou dissidentes des juges de la C.P.J.I. et de la C.I.J.

En revanche, la Cour de La Haye ou les tribunaux arbitraux ont fait des utilisations très prudentes — et très inégales — des principes généraux du droit.

I. — La pratique arbitrale.

727. ***Une reconnaissance à éclipse mais grandissante de nos jours*** — Il y a — on ne peut s'empêcher de le noter — un certain paradoxe dans le recours aux principes généraux du droit par les arbitres internationaux. En effet, avant 1920, c'est-à-dire avant la reconnaissance officielle des principes généraux du droit comme source possible du droit international au titre de l'article 38 des Statuts de la nouvelle Cour permanente de justice internationale, les principes généraux du droit étaient assez fréquemment appliqués par la pratique arbitrale internationale. Les arbitres internationaux entendaient par là les *principes communs au droit interne des Etats civilisés et qui étaient transposables dans l'ordre international.* Avant 1920, on peut dire que c'était assez normal dans la mesure où le droit international, rudimentaire, était toujours dans une phase de formation et où seul le droit interne avait une existence complète, autonome, parfaite. Il était donc normal que les systèmes nationaux de droit des « pays civilisés » — et il y en avait peu alors — influencent fortement ce droit international en développement. Il n'y avait rien là de bien nouveau, ce phénomène ayant de tout temps existé ainsi que nous l'avons déjà signalé.

Dans les années 1920-1930, on trouve encore un recours relativement fréquent aux principes généraux de droit dans la jurisprudence arbitrale, notamment dans celle des *tribunaux arbitraux mixtes* des années 1920-1930. En revanche, depuis 1945, les références aux principes généraux du droit dans la pratique arbitrale internationale sont de moins en moins nombreuses alors qu'on aurait pu penser que cette tendance à la reconnaissance des principes généraux du droit comme source fondamentale du droit international allait s'accroître. A cela il faut toutefois apporter une réserve d'importance : les sentences internationales rendues en matière de *contrats internationaux* (par exemple la *sentence Aramco* ou la *sentence Dupuy* de 1977), en revanche reconnaissent l'existence de certains principes généraux du droit, comme éléments fondamentaux d'un droit international de type « transnational ».

II. — La pratique des Cours de La Haye.

728. ***Une réticence certaine à leur usage*** — La C.P.J.I. et la C.I.J. ont rarement eu recours, du moins de façon claire et non ambiguë aux principes généraux de droit mentionnés à l'article 38 de leur statut. On notera, tout d'abord, que ni la C.I.J. ni la C.P.J.I. n'ont jamais visé formellement les principes généraux du droit au titre de l'article 38, si ce n'est de manière « négative ». Le plus souvent, la Cour de La Haye a mentionné les principes généraux du droit, mais d'une manière purement hypothétique et pour les exclure, en l'espèce. En outre, la Cour a parfois utilisé la notion de « principes », mais sans autre qualification (voir *supra*). En particulier, on a pu noter que la C.P.J.I. avait été *timorée* en la matière. Il semble, en revanche, que la C.I.J. soit moins réticente. La C.I.J. fit quelquefois des allusions explicites à des « principes généraux du droit » dans la mesure où les parties en litige en avaient fait un élément de leur argumentation, sans toutefois se pencher plus avant sur la question. Il en alla ainsi, par exemple, dans *l'affaire du droit de passage* en 1960 entre l'Inde et le Portugal (Rec., p. 43) ou dans *l'affaire du Plateau continental de la Mer du Nord* de 1969 (Rec., p. 21). Si, dans *l'affaire du Sud-Ouest africain* (arrêt au fond de 1966), la C.I.J. fit l'une des références les plus claires de toute sa jurisprudence à l'article 38, al. 1 c de son statut, ce fut, en l'occurrence, pour refuser de reconnaître l'existence d'un principe général du droit éventuel (Réc., p. 47 et voir *infra*, n° 1102).

III. — La pratique de la Cour de Justice des Communautés Européennes.

728 bis. ***Un recours fréquent*** — On notera, pour terminer, qu'une Cour de justice internationale, la *Cour de Justice des Communautés Européennes* de Luxembourg, fait un usage plus fréquent, voire systématique, des principes généraux de droit (voir J.P. Spitzer, Les principes généraux de droit communautaire dégagés par la Cour de Justice des Communautés Européennes, Gaz. Pal. 26-27 novembre 1986 ; Y. Galmot, L'élaboration de la règle de droit par la C.J.C.E. grâce à la méthode du recours aux principes communs aux droits des Etats membres *in* Conseil d'Etat. Quel droit pour l'Europe ? La Doc. française, 1990, p. 193 et s.). Il faut noter qu'il y a là une tâche plus facile pour les juges de Luxembourg dans la mesure où les pays membres de la C.E.E. ont une assez forte homogénéité dans leurs systèmes juridiques et qu'il est ainsi plus aisé de déterminer la présence de règles de fonds ou de procédure, constituant une sorte de patrimoine, de fonds commun juridique européen.

Ces remarques générales étant faites, nous examinerons tout d'abord les problèmes liés à la détermination des principes généraux de droit (Section I), puis leur domaine d'application (Section II) et, enfin, nous verrons les fonctions qu'ils remplissent ou sont susceptibles de remplir (Section III).

Section I

La détermination des principes généraux du droit

729. ***Une analyse analogue à celle de la règle coutumière*** — L'identification d'un principe général de droit relève d'un processus assez proche de celui de la détermination d'une règle coutumière.

Notons ici, comme précédemment, le très grand rôle du juge ou de l'arbitre saisi par une partie de l'existence supposée d'un principe général du droit. C'est lui qui en reconnaissant ce principe général de droit — comme il est amené à reconnaître l'existence de la règle coutumière — va, dans la réalité, lui donner naissance en lui accordant le sceau de l'autorité et de l'approbation juridictionnelle. Dans son rôle de « détection », le juge ou l'arbitre va être éclairé par la doctrine qui remplit — comme en matière coutumière — une fonction d'assistance non négligeable.

On est ici en présence de principes juridiques communs aux divers systèmes de droit interne (§ 1) et qui, en tant que tels, sont transposables dans l'ordre international (§ 2).

§ 1 — Des principes de droit positif interne.

730. ***Eléments constitutifs*** — Les principes généraux de droit se rapprochent bien évidemement de la coutume dans leurs éléments constitutifs. Ils possèdent, comme elle, un *élément matériel,* à savoir leur présence généralisée dans les divers systèmes juridiques existants. Ils possèdent aussi un *élément psychologique,* à savoir qu'ils doivent être *reconnus* comme étant des règles de droit *obligatoires* dans l'ordre interne tout d'abord et dans l'ordre international ensuite.

1 — La reconnaissance interne des principes généraux du droit.

731. — Les principes généraux de droit doivent pouvoir être « détectés » dans l'ordre interne.

a) Les éléments de preuve.

732. ***Le bloc de légalité interne*** — Pour prouver l'existence d'un principe général de droit, il faut se référer au contenu du *bloc de la légalité* dans l'ordre interne. A ce titre, il convient de consulter les règles constitutionnelles, les lois ordinaires, les règlements et décrets adoptés par le pouvoir exécutif. Il faut aussi se référer aux *décisions de justice,* notamment si la jurisprudence a reconnu certaines règles non écrites comme constituant des principes généraux du droit. Ainsi, en France, par exemple, le *Conseil* d'Etat a dégagé un certain nombre de principes généraux du droit dans sa jurisprudence administrative.

b) Domaine.

733. ***Des principes relevant du droit "privé" ou "public"*** — Les principes généraux de droit peuvent exister dans toutes les branches du droit, qu'il s'agisse du *droit privé* ou du *droit public.* Sans doute, les principes généraux de droit auxquels il a été fait le plus souvent allusion trouvent leur origine dans le droit privé ou dans le droit civil (voir le titre même du livre de Lauterpacht ainsi que celui du cours de Georges Ripert à La Haye, cités dans la bibliographie). Il n'est pas surprenant que le premier terme de référence soit le droit privé, dans la mesure où le droit international, on le rappelle, a été fortement influencé par les romanistes et les canonistes qui, tout naturellement, lui ont appliqué les maximes traditionnelles du droit romain, celles du « jus civile ». Cependant, les principes de droit public tendent à être de plus en plus utilisés, notamment dans la jurisprudence des tribunaux administratifs internationaux (à propos du droit de la fonction publique internationale) ou dans le droit interne des organisations internationales. On notera également que ces principes généraux de droit public sont très utilisés dans la *jurisprudence de la Cour de Justice des Communautés Européennes,* notamment pour tout ce qui concerne le contentieux de la *légalité communautaire.*

On signalera enfin que le domaine de ces principes généraux du droit n'est pas limité aux *règles de fond.* Ils peuvent fort bien exister en matière *procédurale.*

Il convient de noter que tous ces principes généraux de droit empruntés à l'ordre interne sont susceptibles d'évoluer en fonction des nécessités de la vie juridique nationale. Ils n'ont pas d'existence statique, immuable. Certains, parmi les plus notoires du droit français, ont été dégagés progressivement par les juges, ainsi par exemple, l'enrichissement sans cause, l'abus de droit, la responsabilité sans faute ou la stipulation pour autrui. Dans ces conditions, il est clair que la transposition de ces principes généraux du droit de l'ordre interne à l'ordre international se trouve alors beaucoup plus délicate.

2 — La généralité de ces principes.

734. — Là encore, on suivra la même approche que pour analyser la coutume. Ces principes doivent être communs à l'ensemble de la communauté internationale, du moins s'ils sont universels ; ils peuvent également être propres à certains de ses membres seulement. Autrement dit, il peut y avoir des principes universels comme il peut y avoir des principes régionaux ou locaux.

a) Des principes universels.

735. — Là encore, on peut reprendre la même ligne d'approche que pour l'étude de la règle coutumière. Pour qu'il y ait *universalité du principe,* il suffit qu'il ait été reconnu dans le *droit positif,* si ce n'est de tous les pays de la communauté internationale, du moins *des plus représentatifs d'entre eux.* On rappellera que, comme en matière coutumière, l'exigence d'une reconnaissance par tous les Etats de l'existence d'un principe général de droit en rendrait la démonstration quasiment impossible. Il suffit donc, là encore, *qu'une grande majorité d'Etats représentatifs* aient adopté une telle règle dans leur droit positif interne pour que son *opposabilité internationale* soit possible si elle devait être transposée à ce niveau en tant que principe général de droit. Un tel principe se trouvera alors opposable à un Etat, même si celui-ci ne possède aucune règle de ce type dans son droit positif. Sans doute, la présence formelle d'une règle déterminée dans le droit positif d'un Etat est-elle de nature à empêcher ce dernier de contester l'application d'une telle norme dans l'ordre international en tant que principe général du droit pour peu, bien entendu, que ses conditions de formation soient réunies par ailleurs. Il faut signaler ici une nouvelle fois toute l'importance de pouvoir trouver des *précédents* émanant d'un Etat afin de lui rendre opposable au niveau international une norme juridique non écrite qu'il aura lui-même reconnue dans son ordre interne.

b) Des principes régionaux ou locaux.

736. ***Silence du statut de la C.I.J.*** — L'article 38 du statut de la C.I.J. ne fait pas allusion, comme en matière de coutume d'ailleurs, à la possibilité de principes régionaux ou locaux. Il faut noter que la Cour Internationale de Justice n'a jamais appliqué de principes généraux de droit locaux ou régionaux contrairement à ce qu'elle a pu faire en matière coutumière (voir *supra*, n° 697 et s.), pas plus d'ailleurs qu'elle n'y a fait allusion, même de manière indirecte.

737. ***Reconnaissance par le droit communautaire*** — L'existence possible des principes généraux du droit de portée régionale ou même locale a été admise en doctrine, reconnue par la jurisprudence arbitrale, et même parfois, par le droit conventionnel.

C'est ainsi par exemple que le Traité de Rome de 1957 a officialisé expressément l'existence de « principes généraux communs aux droits des Etats membres » à propos de la responsabilité non contractuelle des institutions communautaires et de leurs agents (voir l'article 215

C.E.E. repris dans le nouvel article 288). La *Cour de Justice des Communautés Européennes* a d'ailleurs dégagé un bon nombre de ces principes généraux de droit « régionaux », propres aux pays membres de la C.E.E. comme la confiance légitime, la proportionnalité ou le respect des droits fondamentaux de la personne humaine. Pour être opposables aux Etats de la région, il va de soi que ces principes généraux de droit, comme les coutumes régionales (voir *supra*, n° 697) doivent être reconnus par les ordres juridiques de tous, ou, à tout le moins, ne doivent pas faire l'objet d'une dénégation, d'une objection, par l'un quelconque des Etats concernés.

3 — Leur présence dans les grands systèmes de droit contemporain.

738. ***Rôle du droit comparé*** — Il convient ici de déterminer si ces principes généraux de droit se retrouvent dans les grands systèmes de droit contemporains dans lesquels se rangent les Etats modernes. Autrement dit, c'est la *généralité* de ces principes qu'il convient ici de tester.

Concrètement, il faut donc se livrer à une analyse du droit positif des *grandes familles juridiques* (pays de tradition romano-germaniste, pays de common-law, pays socialistes dans le passé, pays à droit « religieux ») afin de déterminer si telle ou telle règle de fond ou de procédure s'y trouve bien. Sa présence généralisée la rendra alors de nature à être *transposée* dans l'ordre international. Toutefois, cela ne saurait signifier que tout norme commune aux divers systèmes de droits nationaux devient ainsi *ipso facto* une règle internationale en tant que principe général du droit. Ce processus de *transposition* n'est en rien « mécanique » et il doit tenir compte des caractéristiques propres de la société internationale (voir *infra*, n° 741 et s.).

Afin d'administrer la preuve de la présence d'un principe dans les grands systèmes de droit contemporain, il faut recourir, bien entendu, aux *méthodes du droit comparé.* C'est ainsi que les parties devant les tribunaux, afin de démontrer l'existence d'un principe général de droit, recourent extensivement aux solutions et aux méthodes du droit comparé. Cependant la Cour Internationale de Justice ne s'est jamais expressément référée au droit comparé pour exprimer son point de vue sur un principe général de droit.

739. ***Large usage par la C.J.C.E.*** — A l'inverse, il convient de noter que la *Cour de Justice des Communautés Européennes* fait un usage très fréquent de la méthode du droit comparé pour apprécier l'existence ou non d'un principe général de droit entre les pays membres. Il est vrai, là encore, que le rôle du juge communautaire est plus aisé dans la mesure où il n'y a encore qu'un petit nombre de pays membres (six hier, quinze aujourd'hui) et qu'il est incontestablement plus simple de se livrer à cet exercice de comparaison pour dégager l'existence d'un principe qui serait commun aux systèmes juridiques des pays membres.

740. ***Une méthode d'identification consacrée par le statut de la C.I.J.*** —On notera, enfin, que cette méthode d'identification des principes généraux de droit mentionné par l'article 38 du statut de la Cour à partir de leur présence dans les grands systèmes de droit contemporain, est d'ailleurs parfaitement conforme à l'esprit et à la lettre d'autres dispositions du Statut de la C.I.J. On rappelera, en effet, que l'article 9 du Statut relatif à *l'élection des juges* dispose que ceux-ci doivent assurer « la représentation des grandes formes de civilisation et des principaux systèmes juridiques ». Si les juges doivent représenter ces grandes formes de civilisation et les principaux systèmes juridiques, il est clair que certains principes généraux de droit présents dans ces grandes formes de civilisation et dans ces principaux systèmes juridiques, peuvent, en raison de leur qualité, recevoir la sanction du droit international.

§ 2 — Des principes transposables dans l'ordre international comme règles juridiques obligatoires.

741. ***Des principes de droit interne*** — La démarche qu'il convient de suivre ici a été fort bien illustrée par une remarque du juge japonais Tanaka dans *l'affaire du Sud-Ouest africain* devant la Cour Internationale de Justice en 1966. Il s'exprima en effet en ces termes : « Au départ, les principes généraux sont censés être des principes de droit privé dégagés grâce à la méthode de droit comparé et applicables par anologie à des questions de droit international » (Rec., pp. 295-296). A l'exception de la remarque que ces principes généraux sont seulement des principes de droit privé (nous avons vu aussi qu'ils peuvent être des principes de droit public) cette citation du juge Tanaka mérite d'être approuvée pleinement dans toute sa portée explicative.

1 — Le raisonnement par analogie.

742. ***Transposabilité dans l'ordre international*** — Dès lors que l'existence d'une règle particulière a été prouvée comme *commune aux grands systèmes juridiques contemporains,* celle-ci devient susceptible d'être transposée au niveau international en tant que principe général du droit afin de régir une *situation* ou un *comportement analogue.*

743. ***L'affaire de l'indemnité russe*** — La Cour permanente d'arbitrage dans *l'affaire de l'indemnité russe* fournit une bonne illustration de la démarche intellectuelle suivie par l'arbitre (ou le juge) ; la C.P.A. s'exprimait ainsi : « dès l'instant où le tribunal a reconnu que, d'après les principes généraux et la coutume en droit international public, il y avait similitude de situation entre un Etat et un particulier débiteur d'une somme conventionnelle liquide et exigible, il est équitable et juridique d'appliquer aussi, par analogie, les *règles du droit privé commun* » (sentence du 11 novembre 1912, R.S.A., vol. XI, p. 446).

744. ***Communauté de la règle juridique*** — Ce qu'il faut dégager ici, ce n'est pas seulement une *technique juridique particulière,* mais bien *l'esprit,* le concept qui est commun à tous ces grands systèmes du droit. Par exemple, si l'on prend le cas que nous avons déjà examiné de *l'estoppel,* il s'agit là d'une technique juridique initialement empruntée à la procédure judiciaire britannique et qui n'est que la transposition précise du principe de non-contradiction bien connu du droit romain « venire contra factum proprium non valet ». Donc appliquer la règle *d'estoppel* dans l'ordre international au titre d'un principe général de droit, c'est non pas appliquer une norme propre à un régime juridique déterminé, mais c'est se *référer à l'esprit d'une institution* qui se retrouve dans l'ensemble des grands systèmes juridiques contemporains.

Si une règle juridique « commune » réglemente de la même manière une situation déterminée de l'ordre interne, une situation analogue de l'ordre international pourra se voir soumise à un régime juridique identique en vertu d'un principe général de droit : la solution « commune » proposée par le droit interne deviendra alors, en raison de sa généralité, celle qui sera retenue par le droit international pour appréhender ce type de situation ou de comportement.

2 — Le grand rôle du juge ou de l'arbitre.

745. ***Une construction prétorienne*** — Comme dans la coutume, c'est le juge ou l'arbitre qui sera chargé d'effectuer ce mécanisme intellectuel de transposition. Il y a bien évidemment là un élément d'incertitude, de subjectivité dans l'identification d'un principe général de droit. Il faut noter seulement que le juge ne peut pas « tout faire ». Il est, en effet, limité dans son rôle de transposition : la société internationale est beaucoup moins intégrée que la société interne et elle ne saurait recevoir à titre de principes généraux du droit l'ensemble des règles « communes » aux grandes familles juridiques — nous l'avons déjà signalé —. Ce processus de transposition est freiné naturellement en raison de la *spécificité* du « milieu » international.

746. ***Ses limites objectives*** — A titre d'exemple général de cette spécificité de la société internationale comme instituant une *limite objective* au rôle du juge, il est loisible de citer l'attitude fort caractéristique de la C.I.J. dans *l'affaire du Sud-Ouest africain* en 1966. Dans cette affaire, les demandeurs — l'Ethiopie et le Libéria — prétendaient qu'il existait, dans l'ordre international, une sorte *d'action populaire pour la défense des intérêts collectifs* un peu sur le modèle de ce qui existe en droit interne où il y a un ministère public pour la défense des intérêts de la société. La C.I.J. refusa d'admettre « une sorte d'« actio popularis » ou un droit pour chaque membre d'une collectivité d'intenter une action pour la défense d'un intérêt public. Or, ajoute la Cour, s'il se peut que certains systèmes de droit interne connaissent cette notion, le droit international, tel qu'il existe actuellement, ne la reconnaît pas et la Cour ne saurait y voir l'un des *« prin-*

cipes généraux de droit » mentionnés à l'article 38, § 1 (c) de son statut (p. 47).

747. — En outre, la nature intrinsèquement différente de certaines situations va rendre impossible la transposition de l'ordre interne au droit international. Ainsi la nature particulière du *territoire* en droit international, liée à l'existence même de la *souveraineté de l'Etat,* rend inapplicables les règles du droit privé issues pour la plupart du droit romain et relatives à la propriété privée. C'est ainsi que Georges Ripert, dans son Cours à l'Académie de La Haye déjà cité, avait noté que l'usucapion, par exemple, ne saurait constituer un mode d'acquisition du territoire en droit international (p. 591 et s.).

748. — De même, comme autre exemple de la spécificité de l'ordre international de nature à freiner la transposition des règles de l'ordre interne, on peut citer la particularité des tribunaux internationaux ou des cours arbitrales dont la juridiction demeure *facultative.* Il en résulte que les règles applicables aux tribunaux internes ne sont pas transposables en elles-mêmes, du moins pas toutes, aux juridictions internationales. Si, par exemple, les règles relatives à l'administration de la preuve peuvent être transposées sans difficulté, il n'en va pas de même en matière de compétence ou surtout de « voies d'exécution ».

749. ***Prudence prétorienne*** — En transposant la règle de droit de l'ordre interne à l'ordre international en tant que principe général, le juge ou l'arbitre devra faire preuve de la plus grande prudence. En fait, juges et arbitres internationaux se contentent, le plus souvent, d'affirmer ou de refuser l'existence d'un principe général de droit sans s'efforcer de justifier leur démarche intellectuelle. Les expressions employées le plus fréquemment sont de ce type : « le principe allant de soi... », « il est certain que... », « le principe bien connu suivant lequel... », « en règle générale... », etc. Ces formules dispensent ainsi le juge ou l'arbitre de toute autre forme d'explication. Un tel procédé « cavalier » est pour le moins fâcheux car affirmer n'est pas démontrer. Il est à noter que la *Cour de Justice des Communautés Européennes,* elle, ne tombe pas dans ce travers quand elle décide de se référer à des principes généraux de droits communs aux pays membres de la Communauté (voir, à ce titre d'exemple, *l'affaire Algera,* 12 juillet 1957, aff. 7/56 et 3 à 7/57, Rec. 81).

Section II

Les domaines d'application des principes généraux du droit

750. — Certains appartiennent aux domaines les plus classiques du droit international (§ 1), tandis que d'autres relèvent, en revanche, des domaines plus nouveaux du droit international (§ 2).

§ 1 — Les domaines classiques d'application.

751. — Quelles que soient les controverses, souvent bien théotiques, sur les classifications de ces principes généraux de droit, on peut retenir qu'il existe trois secteurs particuliers où ceux-ci sont appelés à jouer un rôle assez considérable.

1 — Les principes d'interprétation.

752. — Il s'agit ici de grands principes qui gouvernent l'interprétation de tous les actes internationaux, à commencer, bien entendu par les traités. Dans *l'affaire* dite des *« cargaisons détournées »*, l'arbitre René Cassin ne pouvait s'empêcher de noter, dans sa sentence du 10 juin 1955, « l'étroite correspondance des règles d'interprétation du traité et de celles applicables au contrat » (R.S.A.N.U., XII, p. 70). Auparavant, dans son cours déjà cité à l'Académie de La Haye, Georges Ripert avait déjà présenté une remarque générale analogue (p. 648 et s.).

C'est ainsi par exemple, que les principales techniques d'interprétation examinées précédemment au titre des traités, constituent autant de principes généraux du droit. Il en va de même pour la règle selon laquelle ce qui est spécifique déroge au général (« specilia generalibus derogant »).

2 — Les principes relatifs à la responsabilité internationale.

753. — Ici encore, la doctrine est unanime ou quasi unanime pour considérer que les principes généraux de la responsabilité dans l'ordre interne président également au régime de la responsabilité internationale des sujets de l'ordre international. De surcroît, nombre de décisions judiciaires ou arbitrales démontrent que la transposition est possible et l'ont clairement acceptée.

754. — Ainsi, dans *l'affaire* précitée de *l'indemnité russe*, la Cour permanente d'arbitrage estimait « ne pas apercevoir de différence essentielle entre les diverses responsabilités » (responsabilité interne et internationale). La Cour poursuivait ainsi : « Identiques dans leur origine, la faute, elles sont les mêmes dans leur conséquence, la réparation en argent » (11 novembre 1912, R.S.A.N.U. XI, p. 440).

755. — D'une manière plus précise, on peut signaler que le principe général selon lequel tout dommage implique, pour son auteur, *l'obligation de réparer* est présent dans l'ordre interne comme dans l'ordre international (v. *infra*, n° 1155 et s.). De même, le préjudice subi est indemnisé dans ses deux composantes : la perte subie (« dammum emergens ») et le gain futur manqué (« lucrum cessans »).

Il y a là autant d'exemples de principes généraux du droit international qui trouvent leur origine dans les divers systèmes juridiques des nations.

3 — Principes relatifs à l'administration de la justice.

756. — Ce phénomène de transposition dans l'ordre international des règles de droit interne est ici encore extrêmement marqué. On peut en citer un grand nombre d'exemples. Ainsi le juge international ou l'arbitre a ce qu'il est convenu d'appeler « la compétence de sa compétence », c'est-à-dire que c'est à lui qu'il appartient de déterminer s'il peut valablement être saisi de l'affaire qui lui est confiée. De même, le juge international ou l'arbitre, comme le juge interne, ne peut statuer « ultra petita ». De même, on ne saurait être juge dans sa propre cause (« *nemo judex in re sua* »). De même encore, une décision judiciaire possède l'autorité de la chose jugée (« *res judicata* »), celle-ci étant « relative », limitée aux parties en litige. En matière d'administration de la preuve, celle-ci incombe au demandeur (« actori incumbit probation ») et celui-ci peut faire valoir tous les moyens de preuve directs ou indirects. Les jugements ou les sentences doivent être motivés. Les juges ou les arbitres doivent être indépendants des parties en litige. Il y a là autant d'exemples de principes généraux de droit qui président au fonctionnement des tribunaux internationaux et qui trouvent leur origine dans des règles communes gouvernant la conduite des Cours de l'ordre interne.

§ 2 — Les domaines nouveaux d'application.

757. — Le droit international contemporain s'est étendu, nous l'avons vu, à de nouveaux domaines. Cette extension « ratione materiae » a rendu nécessaire l'examen des solutions retenues par les droits nationaux pour appréhender ces matières nouvelles : le droit interne sert là — comme dans le passé — de cadre de référence, de source d'inspiration pour le droit international. Dans la mesure où les règles existant dans les « grands systèmes de droit » coïncidaient, le droit international les a accueillies au titre de « principes généraux du droit ».

Dans cette optique moderne, il est loisible de situer deux grands domaines où ces « principes généraux du droit », connaissent actuellement un grand développement : les organisations internationales et les rapports entre Etats (ou organisations internationales) et personnes privées étrangères.

1 — Principes généraux du droit et organisations internationales.

758. ***Analogies structurelles avec l'Etat*** — On notera tout d'abord que la raison essentielle de la présence de principes généraux du droit dans ce domaine tient aux analogies certaines qui existent entre la structure étatique et les organisations internationales. En effet, ces dernières possèdent une *structure interne* qui n'est pas sans rappeler celle des Etats : elles sont régies par une « charte constitutive » (le traité qui leur a donné naissance) prévoyant — à l'instar d'une constitution étatique — leurs compétences, le mandat de leurs organes, leurs compétences réciproques. Comme l'Etat, elles disposent d'un *personnel* pour remplir leurs fonctions...

759. — Dès lors, il n'est pas étonnant que certaines solutions « constitutionnelles » ou « administratives » consacrées par les Etats nationaux se retrouvent au sein des organisations internationales en tant que principes généraux du droit. Et il est clair que plus l'organisation internationale en cause sera « intégrée », c'est-à-dire empruntera au « modèle étatique », plus la similarité des règles de droit applicables sera frappante. Ceci explique, entre autres, que la C.E.E. qui institue un ordre juridique propre, à mi-chemin entre le droit interne et le droit international classique, fasse un très large usage des « principes généraux du droit ».On citera encore à titre d'exemple l'affaire *Algera* (aff. jointes 7-56 et 3-57 à 7-57) où la C.J.C.E. admit que, en vertu d'un « principe général du droit », un acte administratif illégal émanant d'un organe communautaire était *révocable* pendant un délai raisonnable (Rec. 1957, p. 81, concl. Lagrange).

a) Principes généraux du droit et fonctionnement interne des organisations internationales.

760. — Il existe une analogie certaine entre l'organisation internationale et la « diplomatie parlementaire », ainsi que devait justement le noter la C.I.J. dans *l'affaire du Sud-Ouest africain* de 1962. Dans ces conditions, le fonctionnement interne des organisations internationales va faire de nombreux emprunts au « droit parlementaire » des Etats-nations.

761. — Les exemples abondent. Ainsi il en va de l'autorité exclusive d'une organisation internationale sur son personnel administratif. Ainsi les procès-verbaux des réunions doivent être publiés d'une façon intégrale, non d'une façon abrégée. Ainsi les actes des organisations internationales ne sont adoptés que pour l'avenir, ils ne peuvent pas avoir d'effet rétroactif. Ainsi encore les organisations internationales ont la capacité de créer des tribunaux propres, comme l'a reconnu la Cour Internationale de Justice dans l'Avis consultatif de 1954 sur les *« effets des jugements du tribunal administratif des Nations unies accordant indemnités »*. La Cour s'exprimait en ces termes : « Il est de pratique constante pour les législatures nationales de créer des tribunaux qui ont la capacité de rendre des décisions liant le législateur qui les a créés » (Rec. 1954, p. 61) ; et à la suite de cette constatation, la Cour admettait que l'Organisation des Nations unies avait le pouvoir de créer un tribunal administratif rendant des décisions obligatoires y compris pour elle-même.

b) Principes généraux du droit et rapports entre organisations internationales et Etats (ou le fonctionnement externe des organisations internationales).

762. — Ici encore, les exemples sont nombreux où les rapports des organisations internationales avec leurs pays membres sont dominés par des principes généraux de droit.

Il en va ainsi tout d'abord en matière de *responsabilité*. En effet, tous les actes des organisations internationales qui viendraient à léser les Etats membres ou leurs nationaux, sont susceptibles d'engager la responsabilité internationale de l'institution en cause. Ceci a été formellement admis lorsque les *forces d'urgence des Nations unies au Congo* ont entrepris certaines actions qui ont causé des torts à des ressortissants belges et à la Belgique elle-même. L'O.N.U. a procédé à des indemnisations, reconnaissant que sa responsabilité avait été engagée (voir les accords Spaak - U Thant du 20 février 1965 et l'analyse de J.A. Salmon in A.F.D.I. 1965-468). Il faut aussi noter que si les organisations internationales sont responsables des dommages causés par leurs actes, il en va de même des Etats à l'égard des organisations internationales : les Etats peuvent être responsables à l'égard des organisations internationales pour ceux de leurs actes qui viendront à leur causer un préjudice.

De même, les traités conclus entre les Etats et les organisations internationales ainsi qu'entre elles-mêmes se voient régis, entre autres, par des principes généraux du droit (ainsi par exemple en matière d'interprétation), tant que la Convention de Vienne du 20 mars 1986 les codifiant ne sera pas entrée en vigueur et devenue d'application générale (voir Ph. Manin, A.F.D.I., 1986, 454 et s.).

c) Principes généraux du droit et rapports des organisations internationales avec leur personnel.

763. — Il n'est pas exagéré de dire que, pour l'essentiel, le régime juridique de la fonction publique internationale est dominé par des principes généraux du droit. Ce droit a été développé par les *tribunaux administratifs* internationaux qui ont utilisé le fonds commun du droit judiciaire et du droit adminsitratif en vigueur dans les divers Etats.

764. — Tout d'abord, la présence quasi généralisée de tribunaux administratifs internationaux (ou de commissions de recours) apporte la preuve d'un principe général selon lequel les fonctionnaires internationaux doivent pouvoir bénéficier d'une certaine protection judiciaire dans leurs rapports avec les institutions qui les emploient. Ainsi, une organisation qui ne possédait aucune juridiction de ce type, la Banque Mondiale, vient récemment de créer un « tribunal administratif » pour combler cette lacune (voir le texte des statuts de la nouvelle juridiction *in* I.L.M. 1980, 958).

765. — Ensuite, les règles présidant au fonctionnement de ces tribunaux administratifs internationaux sont celles qui sont communément admises pour ce type de juridiction dans l'ordre interne. En revanche, il demeure un principe contesté : ces tribunaux ont-ils l'obligation de juger sous peine de commettre un déni de justice ? Peuvent-ils arguer pour ce faire — contrairement à leurs homologues de l'ordre interne — de l'obscurité ou de l'insuffisance de la loi ? Il ne s'est trouvé qu'une seule décision du tribunal administratif de l'O.I.T. pour l'infirmer en 1953 (jugement n° 11 dans *l'affaire Micheline Desgranges*) (voir aussi *infra*, n° 780).

766. — Enfin, il existe des règles de fond que tous ces tribunaux respectent car elles sont considérées comme inhérentes à une bonne administration de la justice (respect des droits de la défense, égalité des parties devant la Cour, paiement des dépens par la partie qui succombe...). De plus, la spécifité « administrative » de ces tribunaux a nécessité de larges emprunts aux jurisprudences administratives nationales afin de délimiter les moyens de contrôle des actes des organisations internationales (incompétence, erreur, violation de la loi, détournement de pouvoir) c'est-à-dire les cas dans lesquels l'institution en cause a commis un excès de pouvoir à l'égard de ses agents ou en vue de préciser ces notions essentielles du droit interne de la fonction publique que sont celles du « pouvoir hiérarchique » et du « pouvoir discrétionnaire » de l'institution internationale concernée. Mais on notera, par exemple, que le double degré de juridiction n'existe pas l'ordre international : les jugements de ces tribunaux administratifs sont définitifs et sans appel possible.

2 — Principes généraux du droit et rapports entre Etats ou organisations internationales et personnes privées étrangères.

767. — On se trouvera ici dans les situations de *droit transnational* qui ont été plusieurs fois examinées (voir *supra*, n° 464 et s.). Ici les principes généraux de droit sont d'utilisation fréquente et ils constituent, pour l'essentiel, le *droit matériel* de ce *nouveau droit international des contrats internationaux.* Ils sont d'ailleurs parfois expressément mentionnés par les parties contractantes comme étant des sources du droit applicable. De plus, les arbitres internationaux y ont fait souvent référence dans des sentences importantes récentes.

a) Les principes généraux du droit : leur insertion dans les contrats internationaux.

768. — De nombreux contrats internationaux, notamment dans le passé les *contrats de concession,* prévoyaient, d'une part, l'application du droit local et, d'autre part, le recours à titre complémentaire à tel ou tel principe général de droit, comme la bonne foi ou le respect de l'esprit de la lettre du contrat, ou faisaient référence à l'ensemble des principes généraux de droit.

Il en va ainsi, par exemple, de l'article 46 de l'accord relatif au consortium pétrolier en Iran, de 1954. Cet accord prévoyait formellement que le droit applicable serait le droit commun à l'Iran et aux pays dont ressortissaient les sociétés pétrolières et, « à leur défaut, les principes généraux de droit reconnus par les nations civilisées ». De même, plus récemment, l'article 35 du contrat entre l'ERAP française et l'INOC irakienne de 1968 faisait une double référence au droit local et aux principes généraux du droit.

Il est fréquent encore que l'on trouve cette référence aux principes généraux du droit dans des contrats internationaux passés entre un Etat (ou une organisation internationale) et une personne privée étrangère.

b) Les principes généraux du droit : leur application par les arbitres.

769. — L'arbitre — c'est le plus souvent de lui qu'il s'agit — est parfois expressément invité à s'appuyer sur les principes généraux du droit pour prendre sa décision. C'est ainsi, par exemple, que l'article 42, al. 1 de la Convention B.I.R.D. de 1965 vise expressément « les principes de droit international comme source du droit applicable ». Dans le même sens, l'article 46, al. 4 de l'accord franco-algérien de 1965 sur les hydrocarbures prévoyait que le tribunal arbitral éventuel qui viendrait à être constitué pourrait « en cas de silence ou de lacune des textes » recourir aux « principes généraux du droit ».

770. — Les arbitres ont assez souvent fait appel aux principes généraux du droit dans leurs sentences. Il est loisible d'en citer un certain nombre. Ainsi dans *l'affaire de la Lena Goldfields,* les arbitres ont reconnu que *l'exécution de bonne foi* était un principe général du droit applicable comme tel aux contrats internationaux (Cornell Law Quarterly, 1950, 50). Dans *l'affaire Sapphire* (sentence Cavin), l'arbitre en appelle aux « règles de droit fondées sur la raison commune aux nations civilisées » afin de définir le concept de force majeure dans les contrats internationaux (I.L.R. 1953, 534 et s.). Plus récemment, dans *l'affaire Aramco* de 1958, les arbitres appliquèrent à la fois le droit de l'Etat en cause, à savoir celui de l'Arabie Saoudite, mais en l'interprétant et le complétant par les « principes généraux du droit » et « *les usages suivis dans l'industrie pétrolière* ». Dans cette affaire, les arbitres déclarèrent que nul ne pouvait déroger à ses propres engagements, et qu'il y avait là une « maxime juridique d'une portée universelle » (R.G.D.I.P. 1963.315). Dans une autre instance, *l'affaire d'Abu Dhabi* (sentence de Lord Asquith) de 1951, l'arbitre, vu l'état rudimentaire du droit local, estima qu'il convenait d'appliquer « les principes ancrés dans le bon sens et la pratique générale de l'ensemble des nations civilisées » (comme) une sorte de droit naturel moderne (« modern law of nature ») (I.C.L.Q. 1952, p. 247). Plus récemment encore, la sentence précitée Dupuy dans *l'affaire Texaco/Calasiatic* notait le rôle central joué par les principes généraux du droit comme *éléments d'internationalisation* de tels contrats, et l'arbitre estimait que ces principes jouaient un rôle important dans *l'équilibre contractuel* voulu par les parties (voir les paragraphes 41, 42 et 51-52).

Section III

Les fonctions des principes généraux du droit

771. — Ces fonctions doivent être appréciées différemment en vertu des domaines d'application de ces principes. Ces principes jouent un rôle central au sein du droit « transnational » (§ 1) ; en revanche, ils demeurent un élément subsidiaire du droit international inter-étatique classique (§ 2).

§ 1 — Les principes généraux du droit, élément central du droit de la société transnationale.

772. ***Inadaptation des traités*** — Ici, cette source traditionnelle s'il en est du droit international que sont les *traités* apparaît très souvent comme mal adaptée aux besoins des nouveaux acteurs de la société internationale. De plus, le droit conventionnel, quand il existe, demeure très « parcelaire », incomplet et insuffisant. Dans ces conditions, les principes généraux du droit jouent — avec la *coutume* (voir *supra*, n° 643 et s.) — un rôle irremplaçable. Il y a là une illustration frappante de la revanche et du triomphe du droit non-écrit dans l'ordre international (voir *supra*, n° 649).

773. ***Les principes généraux comme stock de règles applicables à l'ordre international*** — Ces principes généraux constituent, en quelque sorte, un « stock » de règles juridiques, un réservoir de normes applicables à ces domaines nouveaux du droit international ou à ces relations juridiques délicates et complexes entre des sujets relevant de statuts juridiques différents.

C'est ainsi que ces principes généraux du droit, nous l'avons déjà signalé, jouent un rôle essentiel dans le droit des organisations internationales, sujets nouveaux de l'ordre international, dans leur droit interne ou même dans leurs relations externes.

De même, ces principes généraux du droit jouent un rôle central dans le droit international des contrats internationaux.

Enfin, on notera l'importance croissante de ces principes généraux du droit avec les nouveaux développements du droit international et son extension à des nouveaux secteurs tels que la pollution, la protection de l'environnement en général ou les règles de bon voisinage international.

§ 2 — Les principes généraux du droit, élément subsidiaire du droit de la société interétatique.

774. ***Méfiance à l'égard des principes généraux du droit*** — La raison est assez simple à comprendre. En effet, il existe une *méfiance certaine* à l'égard de ces principes généraux de droit dans la mesure où ils sont imprécis et où leur « découverte » ne procède pas d'un processus entièrement « objectif » et dépend dans une large mesure d'une appréciation « subjective » du juge ou de l'arbitre. De plus, certaines catégories de pays (les Etats socialistes hier ou ceux du Tiers-Monde encore aujourd'hui) font preuve d'une *réticence* certaine dans la mesure où ils craignent que les principes généraux du droit ne soient trop « orientés » et qu'ils empruntent davantage aux systèmes juridiques des pays capitalistes développés et moins à leurs propres sys-

tèmes de droit, de sorte que ces normes non écrites ne correspondent guère à leurs préoccupations et intérêts. N'y aurait-il pas là une sorte de « machine de guerre » qui pourrait être utilisée contre leurs intérêts ? Ne serait-on pas en présence d'une manifestation insidieuse d'impérialisme juridique ?

En dépit de ces craintes et réticences, les principes généraux du droit demeurent présents pour régler les relations inter-étatiques ; cependant, ils n'y jouent qu'un rôle subsidiaire, voire marginal.

1 — Les principes généraux du droit, moyen de combler les lacunes du droit international général.

775. ***Raison de leur insertion dans le statut de la C.I.J. en 1920*** — C'est là une fonction identique à celle que les principes généraux du droit jouent pour ces sujets nouveaux du droit international que sont les organisations internationales et les personnes privées. Pour ces sujets traditionnels que sont les Etats, les principes généraux de droit peuvent servir à combler les lacunes de l'ordre international traditionnel. Telle est sans doute la raison essentielle pour laquelle ces principes généraux de droit ont été insérés en 1920 dans l'article 38 du Statut de la Cour.

776. ***Réticence de la C.I.J.*** — La jurisprudence, d'ailleurs, adopte cette approche des principes généraux du droit comme moyen de combler les lacunes du droit international. En effet, elle n'a recours aux principes généraux de droit qu'en l'absence d'autres normes du droit international, traités ou coutumes. La Cour de La Haye a toujours préféré fonder ses décisions, quand elle le pouvait, sur des bases autres que les principes généraux du droit. Par exemple, dans *l'affaire du « Wimbledon »,* la Cour a noté l'existence d'une règle conventionnelle qui la dispensait d'examiner le problème des servitudes découlant des principes généraux du droit (1923, n° 1, p. 24). De même, dans *l'affaire du droit de passage* déjà citée de 1960 entre l'Inde et le Portugal, la C.I.J. a constaté l'existence d'une coutume locale (p. 43-44), ce qui l'a dispensée de rechercher l'existence éventuelle d'un principe général de droit allant dans le même sens.

777. — En outre, les juges de la Cour, dans leurs opinions individuelles ou dissidentes, ont souvent insisté sur le rôle des principes généraux du droit comme moyen pour combler les lacunes du droit international. On citera, à titre d'exemple, l'opinion dissidente du juge Quintana dans *l'affaire du droit de passage* en 1960 (pp. 89-90), l'opinion individuelle du juge Ammoun (très critique au demeurant de cette expression) dans *l'affaire du plateau continental de la Mer du Nord* de 1969 (pp. 132-135), ainsi que dans *l'affaire de la Barcelona Traction* de 1970 (Rec., pp. 332-333), ou encore l'opinion dissidente du juge Tanaka dans *l'affaire du Sud-Ouest africain* de 1966 (p. 299).

778. ***Recours par la C.J.C.E.*** — Dans *l'affaire* déjà citée *Algera,* devant la *Cour de Justice des Communautés Européennes,* la C.J.C.E. avait noté l'absence de règles contenues dans le Traité C.E.C.A. en la

matière pour justifier son recours aux principes généraux du droit (Rec., p. 115).

779. ***Recours par les arbitres*** — Enfin, il convient de remarquer également que, dans les grands arbitrages entre Etats et personnes privées cités précédemment, les arbitres ont justifié l'usage des principes généraux du droit par la nécessité de préciser, voire de combler les lacunes du droit existant.

780. ***Le problème particulier du non liquet*** — Toutefois, les principes généraux du droit, s'ils peuvent servir à combler les lacunes du droit international, ne permettent pas de les combler toutes et ils ne rendent pas impossible le « non liquet » du juge ou de l'arbitre.

Ce point est ici controversé. En effet, seul le tribunal administratif de l'O.I.T. dans son jugement n° 11, *Micheline Desgranges,* de 1953, estima que « c'est une norme fondamentale de toute technique juridique qu'aucun tribunal ne peut s'abstenir de juger sous prétexte de silence ou d'obscurité de la loi ». Ce jugement est resté unique et cette question demeure en suspens. Est-ce que le « non liquet », c'est-à-dire le refus de juger constitue bien un principe général de droit ? Autrement dit, le juge ou l'arbitre n'a-t-il pas toujours l'obligation de juger comme le juge de l'ordre interne, par exemple ? Or il n'existe pas, à notre connaissance, d'autre exemple où un juge ou un arbitre international ait estimé qu'il avait l'obligation de juger, autrement dit que l'interdiction du « non liquet » était un principe général de droit. (On notera cependant que la « convention B.I.R.D. de 1965 » sur « le règlement des différends relatifs aux investissements entre Etats et ressortissants d'autres Etats » contient une disposition qui fait obligation de juger au tribunal créé sous les auspices du C.I.R.D.I. — (Centre International pour le Règlement des Différends sur les investissements) ; l'article 42, al. 2 de la Convention précise en effet que « le tribunal ne peut refuser de juger sous prétexte du silence ou de l'obscurité de la loi »).

2 — Les principes généraux du droit : leur rôle subsidiaire parmi les sources de droit.

781. — Il semble qu'un principe général de droit doive céder devant un traité contraire. Il semble également qu'un principe général de droit doive céder devant une règle coutumière contraire. Autrement dit, le principe général de droit peut servir à préciser un traité ; il ne saurait aller à son encontre. De même, en cas de règle coutumière. Ce qui voudrait dire que les principes généraux du droit seraient inférieurs au traité et à la coutume dans la hiérarchie des normes du droit international.

Cet aspect subordonné des principes généraux du droit s'explique, semble-t-il, de la manière suivante : coutume et traité ont une origine purement internationale tandis que les principes généraux du droit ne possèdent qu'un fondement interne ; dès lors n'est-il pas logique de reconnaître la primauté de l'ordre international sur l'ordre interne dans le processus de formation du droit international ?

3 — Le caractère « transitoire » des principes généraux du droit.

782. — Les principes généraux du droit sont transitoires à deux titres dans la mesure où ils peuvent donner naissance à des coutumes ou à des règles conventionnelles. Dans un cas comme dans l'autre, ils en viennent ainsi eux-mêmes à disparaître par « absorption ». Les principes généraux du droit peuvent donner naissance à des *règles coutumières*. Certains des principes généraux du droit ont maintenant reçu la sanction de la règle coutumière, comme par exemple, l'obligation d'indemniser en cas de nationalisation ou d'expropriation de biens étrangers ; ou comme la règle selon laquelle un tribunal international est toujours juge de sa propre compétence ; ou comme les règles d'interprétation, ou également, bien que ces principes soient discutés en tant que règles coutumières, l'abus de droit ou l'estoppel.

Les principes généraux du droit peuvent aussi donner naissance à des *règles conventionnelles*. C'est ainsi que les principes généraux du droit qui existent en matière d'interprétation des actes internationaux ont été « codifiés » dans la Convention de Vienne de 1969 sur le droit des traités. De même, le statut de la Cour Internationale de Justice « codifie » un certain nombre de principes généraux du droit tels que l'indépendance des juges, l'égalité des parties ou la *res judicata*.

En bref, les principes généraux du droit constituent une « base » de développement du droit international. Ils permettent ainsi en cas de besoin d'adapter le droit international aux nécessités nouvelles de la société internationale, et, parfois même, d'en combler les lacunes.

TITRE IV

LES NORMES SUBSIDIAIRES

783. — L'article 38 du Statut de la Cour Internationale de Justice fait expressément allusion à des « moyens auxiliaires » de détermination des règles du droit international. Il s'agit tout d'abord de la doctrine (chapitre I) et ensuite des décisions judiciaires (chapitre II). Mais le statut laisse aussi à la cour la possibilité de statuer « ex aequo et bono » c'est-à-dire de recourir pour l'essentiel à l'équité (chapitre III).

CHAPITRE I

LA DOCTRINE

(Voir A. Oraison, Réflexions sur la "doctrine des publicistes les plus qualifiés des différentes nations", RBDI 1991/2.507).

784. — A propos de la doctrine, l'article 38 du statut de la C.I.J. emploie une expression à la fois « pompeuse » et prudente. L'article 38 parle, en effet, de la « doctrine des publicistes les plus qualifiés des différentes nations, comme moyen auxiliaire de déterminer des règles de droit ».

On se contentera ici de présenter trois remarques de caractère général sur le rôle et l'importance de la doctrine dans l'ordre international.

1 — L'importance plus grande de la doctrine en droit international qu'en droit interne.

785. ***Une codification doctrinale ancienne*** — Le droit international, nous l'avons souvent signalé, a un caractère plus vague, moins précis, que le droit interne. Dès lors, il n'est pas étonnant que les auteurs, la doctrine, aient joué un rôle de première importance pour présenter et formuler les règles applicables du droit international. Cela a été particulièrement marqué dans le passé où certains auteurs pouvaient être considérés comme ayant *codifié le droit international positif,* de leur époque. Ce fut le cas pour *Grotius* au XVIIe siècle ou de *Vattel* au XVIIIe siècle. Mais, dans cette fonction de détermination du droit international positif, le rôle de la doctrine a diminué à l'époque contemporaine. Il existe en effet désormais des recueils systématiques des traités publiés sous l'égide de la S.D.N. puis de l'O.N.U., des recueils systématiques de la pratique des Etats et des organisations internationales, de même que d'assez nombreuses conventions ont codifié une bonne partie du droit international non écrit.

786. ***Une réticence inégale des tribunaux internes*** — De plus, il faut noter que les divers systèmes de droit voient l'apport de la doctrine d'un œil différent. Sans doute la doctrine a plus d'influence dans les pays de la famille romano-germanique qu'elle n'en a dans les pays de *common law,* encore que des nuances devraient être ici apportées. Par exemple, les *tribunaux anglais* ont toujours été très réticents pour s'appuyer sur la doctrine. Dans *l'affaire Queen V. Keyne* (2 EX.D.63.202.204, (1876), le « chief justice » eut à apprécier la compétence des tribunaux anglais pour juger un étranger pour des faits d'homicide involontaire lors d'une collision entre un bateau britannique et un navire relevant d'un pays tiers, cette collision s'étant produite à *l'extérieur des eaux territoriales* de la Grande-Bretagne qui étaient à l'époque de 3 milles nautiques. En l'espèce, la Cour estima que le droit international ne lui donnait pas compétence pour connaître de tels faits. Dans son analyse du droit international applicable, la Cour fit une brève allusion à la « doctrine » et ne put s'empêcher de noter le désaccord des principaux auteurs quant à l'étendue de la mer territoriale — question dont l'issue du débat dépendait —. En outre, la Cour nota que, même s'il y avait eu unanimité doctrinale en la matière, ce fait aurait été de peu de poids pour elle, la doctrine ne pouvant « créer le droit ». La Cour précisa dans les termes les plus nets que les juges anglais d'alors ne reconnaissaient comme sources obligatoires du droit international que le *traité* et la *coutume* en tant que manifestations de la volonté des nations.

787. — En revanche, les *tribunaux américains* se montrent sensiblement plus favorables au rôle de la doctrine. Ainsi, dans *l'affaire du Paquete Habana* (175.US.677), (1900), la *Cour suprême accepta de se référer à la doctrine pour prouver l'existence d'une coutume.* Il s'agissait de savoir s'il y avait ou non droit de prise des bateaux de pêche étrangers en cas de guerre avec l'Etat du pavillon. Et, pour arriver à la conclusion qu'il n'y avait pas de prise de ces bateaux de pêche dans une telle situation, la Cour suprême s'appuya, entre autres, sur les travaux des juristes et des commentateurs qui, disait-elle, « grâce à des années de travail, de recherches et d'expériences, avaient acquis une bonne connaissance de la matière comme preuve de l'existence d'une règle de droit ».

2 — Le rôle de la doctrine dans la formulation de certaines règles de droit international.

788. ***Doctrine et codification du droit international*** — Tout d'abord, la doctrine peut contribuer à *individualiser*, à *détecter*, à *préciser, la portée des règles non écrites du droit international, coutumes et principes généraux du droit.* Elle peut être utilisée comme élément de preuve. Elle ne crée pas de telles règles mais elle aide à en reconnaître l'existence. De même, elle peut remplir une fonction — sans doute limitée — de codification de certaines règles non écrites du droit international : c'est ainsi, par exemple, qu'une attention particulière doit être portée aux « résolutions » de l'Institut du Droit International ou à l'Association de Droit International (International Law Association) créés respectivement en 1873 et 1876, ou aux « restatements » effectués aux Etats-Unis par l'Université Harvard tout d'abord en 1932 puis par l'American Law Institute en 1965 et en 1987.

789. ***Doctrine et développement du droit international*** — Ensuite, la doctrine peut contribuer à la formulation de règles dans des domaines nouveaux du droit international ou en changement rapide.

A ce titre, il est loisible de mentionner le *droit de l'espace* dont l'essentiel du régime juridique repose sur un fondement purement « doctrinal » ou encore le *droit de la mer* où la doctrine a joué un rôle non négligeable pour le développement de concepts tels que le « plateau continental », la « zone contiguë », la « zone économique exclusive » ou pour les règles applicables en matière de pollution.

3 — Un apport rarement reconnu par les tribunaux internationaux.

790. — Il est tout d'abord exceptionnel qu'un auteur particulier soit cité par un tribunal international dans le corps de sa décision. Lauterpacht en cite un seul exemple emprunté à la jurisprudence de la *Commission mixte américano-égyptienne* (voir H. Lauterpacht, Development of law by the International Court of Justice, 1958, p. 25, n° 84).

791. — Parfois des références à des ouvrages doctrinaux se trouvent dans des arbitrages. On citera à ce propos la sentence Dupuy dans *l'affaire Texaco c/Calasiatic* où l'arbitre s'appuya sur certains ouvrages considérés par lui comme importants. Toutefois, la plupart du temps, les références à la doctrine sont globales et non individualisées ; tout en demeurant fort rares. A cet égard, peuvent être considérées comme typiques les allusions de la C.P.J.I. dans l'affaire du *« Lotus »* (sér. A, n° 7, p. 26) ou de *certains intérêts allemands en Haute-Silésie polonaise* (Sér. A, n° 6, 1925, p. 20). Mais, dans tous les cas, la Cour se servit de la doctrine d'une manière « négative » pour montrer que l'allégation d'une partie au procès concernant l'existence de telle ou telle règle — compétence de l'Etat du pavillon à la suite d'un abordage dans *l'affaire du « Lotus »,* doctrine de la *« litispendance »* dans le second cas — était loin d'être prouvée, qu'elle démeurait controversée et donc qu'elle ne saurait être admise en droit international.

En revanche, doctrine et auteurs particuliers sont abondamment utilisés par les parties devant la C.I.J., devant les tribunaux internationaux ou les cours d'arbitrage ; ils font parfois l'objet de références explicites dans les opinions individuelles ou dissidentes de juges ou d'arbitres internationaux.

CHAPITRE II

LA JURISPRUDENCE

792. — Il convient tout d'abord de faire une distinction liminaire entre les *décisions judiciaires internes* et celles qui sont rendues par les *tribunaux internationaux* — C.I.J. ou tribunaux arbitraux —. Les premières ne jouent qu'un rôle très marginal ; elles sont utilisées pour *prouver la pratique des Etats,* c'est-à-dire comme moyen de détermination d'une règle non écrite du droit international, coutume ou principes généraux.

793. — Cela étant, ce qu'il convient ici d'examiner, c'est le rôle des *décisions judiciaires internationales* dans la formation du droit international. On se contentera également de présenter quelques remarques générales en distinguant, d'une part, le rôle des décisions et avis de la Cour de La Haye et, d'autre part, le rôle des sentences arbitrales, les premiers bénéficiant d'une attention privilégiée en raison de l'autorité morale et du prestige de la C.P.J.I. puis de la C.I.J.

1 — Le rôle des arrêts et avis de la Cour de La Haye (C.P.J.I. et C.I.J.).

794. — Trois points sont ici à noter. Tout d'abord les arrêts de la Cour n'ont qu'une *portée relative,* de même que les avis consultatifs, mais, bien sûr, à un autre niveau. Toutefois, il existe une *continuité judiciaire* à laquelle la Cour s'est montrée, dans l'ensemble, très attachée. Enfin, les arrêts et avis consultatifs de la Cour ont exercé et exercent encore une influence décisive sur le *développement du droit international.*

a) La relativité des arrêts et avis de la Cour.

795. — C'est, bien entendu, le cas des *avis consultatifs.* Ils ne lient ni en effet les institutions qui les ont demandés, ni a fortiori, les Etats. Cependant, ils possèdent un grand poids moral (voir *infra,* n° 1458 et s.).

Les arrêts, c'est-à-dire l'activité de la Cour dans sa fonction contentieuse ont, eux, une *portée obligatoire,* mais *relative pour les seules parties au litige* (art. 59 du Statut de la C.I.J.) (voir aussi *infra*, n° 1440 et s.).

Ceci semble indiquer que le juge international n'est pas amené à rendre des « arrêts de règlement », comme cela est interdit au juge français par l'article 5 du Code civil par exemple. Cela signifie certainement que la règle de *common law,* dite du « stare decisis », selon laquelle les Cours inférieures sont liées par les « décisions de principe » des Cours supérieures (et il faut noter ici que ce principe traditionnel est d'application moins stricte aux Etats-Unis qu'en Grande-Bretagne), ne préside pas au fonctionnement de la Cour Internationale de Justice. *Celle-ci n'est pas liée par ses propres décisions antérieures.* Toutefois, de tels précédents ne sont pas sans valeur dans la mesure où les Cours, en particulier celle de La Haye, sont toujours sensibles à la continuité de leur jurisprudence.

b) La continuité judiciaire.

796. — Comme l'a noté Lauterpacht, « La pratique de se référer à ses décisions antérieures est devenue l'un des traits les plus caractéristiques des arrêts et avis de la Cour » (*op. cit.*, p. 9).

Dès le début, la *Cour Permanente de Justice Internationale* pratiqua la référence systématique à ses décisions antérieures ; elle s'appuya sur ses décisions préalables pour conforter son point de vue dans telle ou telle affaire. « Comme la Cour a eu l'occasion de le préciser dans ses arrêts et avis antérieurs » constitue la formule classique employée par la C.P.J.I. comme par la C.I.J. pour illustrer cette « continuité » judiciaire. Parfois, la Cour peut se montrer plus précise encore en se référant à l'une de ses décisions passées : ainsi dans *l'affaire de certains intérêts allemands en Haute-Silésie polonaise,* la C.P.J.I. s'éstimait fondée à affirmer que « rien (n'avait) été allégué dans la présente procédure qui puisse ébranler l'opinion de la Cour à ce sujet » (telle qu'elle avait été formulée dans son avis consultatif n° 6 précédent) (Sér. A, n° 7, (1926), p. 31).

Cette pratique a été suivie aussi avec constance par la *Cour Internationale de Justice.* Soit celle-ci s'est appuyée sur ses propres décisions : ainsi, dans l'*Avis consultatif de 1954 sur les effets des jugements du tribunal administratif des Nations unies,* la Cour fit expressément référence à son autre Avis consultatif de 1949, dans *l'affaire du Comte Bernadotte* (Rec. 1954, p. 56). Soit la Cour Internationale de Justice s'est appuyée sur les décisions de la C.P.J.I. ; par exemple, dans son *Avis consultatif de 1948 sur les conditions d'admission,* la C.I.J. fit référence à la *pratique constante* de la Cour permanente de justice internationale dont il convenait, à ses yeux, de ne pas se départir en matière d'usage de *travaux préparatoires* (p. 63). Plus récemment encore, la Cour Internationale de Justice, dans *l'affaire du plateau continental de la Mer du Nord,* devait reprendre, sur la coutume, les mots mêmes employés par la C.P.J.I. dans *l'affaire du « Lotus »* (n° 78, voir aussi *supra,* n° 689).

c) Une profonde contribution au développement du droit international.

(Voir, en général, le livre déjà cité de H. Lauterpacht intitulé « Dévelopment of International law by the International Court of Justice », London, Stevens, 1958).

797. — La Cour de La Haye a, tout d'abord, contribué au développement du droit international en reconnaissant l'existence de règles non écrites (coutumes) qui se voyaient ainsi « officialisées » par la plus haute instance judiciaire internationale.

La Cour de La Haye a aussi constitué — et constitue encore — une source *d'inspiration* pour les rédacteurs des traités internationaux de codification, à commencer par la C.D.I. On en a déjà rencontré plusieurs exemples. Ainsi, dans son avis consultatif relatif aux *réserves à la Convention sur le génocide de 1951,* la Cour a employé des formules qui se retrouvent mot pour mot dans la Convention de Vienne sur le droit des traités de 1969 (ainsi celle relative à l'admissibilité des réserves en fonction de « l'objet et du but » du traité — voir *supra,* n° 320).

Ainsi également, dans *l'affaire des pêcheries* de 1951 qui opposa la Grande-Bretagne à la Norvège, la Cour employa des expressions qui devaient être intégralement reprises par la Convention de Genève de 1958 à propos de la délimitation des espaces maritimes, celle-ci devant suivre la « ligne générale de la côte ».

Les arrêts et avis consultatifs de la Cour jouissent également d'une grande *autorité morale* pour tous les tribunaux internationaux à commencer par les *tribunaux administratifs.* Cette autorité existe également pour les *tribunaux arbitraux.* Cependant, les *tribunaux arbitraux* se sentent plus libres à l'égard de ce qu'a pu décider dans le passé la Cour internationale de La Haye. C'est ainsi, par exemple que, dans la *sentence Dupuy* souvent citée, l'arbitre estima que certaines décisions antérieures de la Cour permanente de justice internationale ne représentaient plus exactement l'état du droit international contemporain et que « l'analyse juridique (s'était) beaucoup affinée » depuis lors. (Il s'agissait des célèbres affaires de 1929 relatives aux *Emprunts serbes et brésiliens.* Voir le § 29 de la sentence et voir aussi *supra,* n° 453).

2 — La rôle des tribunaux arbitraux.

a) Leur faible incidence sur les décisions de la Cour de La Haye.

798. — La Cour de La Haye (C.P.J.I., C.I.J.) s'est très rarement référée à des sentences arbitrales précises. H. Lauterpacht, dans son livre précité, n'en cite que trois cas. On notera, par exemple, que dans *l'affaire Nottebõhm,* la Cour Internationale de Justice se référait au célèbre arbitrage de l'*« Alabama »* (voir exceptions préliminaires, Rec. 1953, p. 119). Elle devait le faire une nouvelle fois dans son avis consultatif du 26 avril 1988 sur la *fermeture du bureau de l'O.L.P.* (Rec. p. 34 et § 57). Plus récemment, dans l'affaire *Jan Majen* qui opposa le Danemark à la Norvège, la Cour devait faire souvent référence à l'arbitrage franco-britannique de 1977 de la *mer d'Iroise* (voir les § 46, 51, 55-56 et 66 de l'arrêt du 14 juin 1993).

Le plus souvent, la Cour de La Haye n'a fait que se référer à la « jurisprudence des tribunaux arbitraux », sous cette forme générale et indifférenciée. Il en fut ainsi, par exemple, dans *l'affaire de l'usine de Chorzow* (Sér. A, n° 17, 1928, p. 31) ou dans *l'affaire du « Lotus »* où la Cour fit une allusion, plus vague encore, aux décisions des « tribunaux internationaux » (Sér. A, n° 9, 1927, p. 28). La C.I.J. suivit la même approche que sa devancière et se contenta de références d'ensemble à la jurisprudence arbitrale et cela sans autre précision.

Il convient enfin de noter que l'utilisation de la jurisprudence arbitrale par la Cour de La Haye a été très « orientée » : elle s'en est en effet servie pour conforter son propre point de vue afin d'affirmer l'existence — ou l'inexistence — d'une règle non écrite déterminée du droit international.

b) Une contribution substantielle au développement du droit international.

799. — On peut faire ici les mêmes remarques que précédemment. En effet, les sentences rendues par les tribunaux arbitraux ont contribué à la détermination, notamment, *des règles non écrites du droit international,* règles coutumières et aussi principes généraux du droit. Toutefois, il existe un très grand nombre de sentences arbitrales rendues dans les *forums* très différents (C.I.R.D.I., C.C.I., ou arbitrages *ad hoc*) et qui, en demeurant, ne font pas l'objet d'une publication stystématique ; de la sorte celles-ci sont loin de présenter une complète uniformité dans leurs analyses du droit international et dans les solutions qu'elles retiennent. Ce « phénomène de discordance » explique que les sentences arbitrales jouissent, en général, d'une autorité moindre que les arrêts ou avis consultatifs de la Cour de La Haye. En un mot et à proprement parler, il n'existe pas de véritable *jurisprudence arbitrale*.

800. — En dépit de cette dernière et évidente faiblesse, on ne peut s'empêcher de remarquer le renouveau de l'arbitrage (voir *infra*, n° 1395) et partant le *rôle croissant des tribunaux arbitraux* à mesure du *déclin certain de la Cour Internationale de Justice* (voir *infra*, n° 1464 et s.). L'arbitrage est devenu le mode de règlement de prédilection de différends d'ordre économique ou technique ; il est de plus le seul qui présente la souplesse nécessaire pour trancher des conflits entre acteurs de la société internationale possédant des statuts juridiques différents (Etats, « entités publiques » internationales et personnes privées).

CHAPITRE III

L'ÉQUITÉ

Bibliographie : D. Bardonnet, « Equité et frontières terrestres », *in* mél. Reuter, 1981, 35 ; P. Reuter, « Quelques réflexions sur l'équité en droit international », R.B.D.I., 1980-165 ; Ch. de Visscher, « De l'équité dans le règlement arbitral ou judiciaire des litiges en droit international public », Paris, Pedone, 1972.

801. ***Sens de l'équité*** — Ce concept d'équité peut recevoir deux acceptions différentes.

Dans un premier sens, on peut entendre par là l'« equitas » romain et l'« equity » anglaise. Il s'agit alors, avec cette notion d'équité, d'un *système juridique séparé* destiné à pallier les insuffisances du droit positif civil ou « commun ». Dans un autre sens, il s'agit alors seulement d'un *mode d'interprétation des règles* de droit — et cela sous des vocables divers : équitable, raisonnable, ou honnête —, mode d'interprétation reconnu dans tous les systèmes juridiques.

Or on retrouve ces deux fonctions de l'équité dans l'ordre international : palliatif des insuffisances du droit positif, mode d'interprétation des normes juridiques.

1 — L'équité, source du droit international : le jugement « ex aequo et bono ».

802. — En ce sens, le rôle de l'équité a été formellement admis par l'article 38, al. 2, du Statut de la Cour Internationale de Justice. C'est ici accorder un très grand rôle au juge — ou à l'arbitre — international qui va alors avoir une possibilité de choix et une marge de manœuvre considérables.

Il pourra en effet *écarter,* à ce titre, une *règle de droit positif* dont l'application à l'affaire litigieuse pourrait être, à son avis « inéquitable ». Il peut également *combler une lacune du droit international* et énoncer alors les règles qui devraient être appliquées. Autrement dit, il peut faire un *arrêt de règlement.* Il peut, enfin, statuer en *amiable compositeur,* c'est-à-dire s'appuyer davantage sur les faits que sur le droit positif afin d'atteindre un résultat équitable compte tenu de l'intérêt des parties en cause.

En raison de ces très larges pouvoirs du juge ou de l'arbitre statuant « ex aequo et bono », on comprendra la *nécessité du consentement exprès des parties* pour lui confier cette mission. Or les *cas sont extrêmement rares* où juges ou arbitres ont été appelés à statuer « ex aequo et bono ». Jamais, par exemple, dans l'histoire de la C.I.J. ou de la C.P.J.I., les juges de La Haye n'ont été appelés à statuer « ex aequo et bono » par des Etats qui avaient un litige devant cette Cour. La C.P.J.I., dans son ordonnance du 6 décembre 1930 dans *l'affaire des zones franches* notait elle-même que cette possibilité était de caractère « absolument exceptionnel » et devait dépendre d'un texte « clair et explicite » émanant des parties en litige (sér. A, n° 24, p. 10).

803. ***Un pouvoir jamais confié au juge de La Haye*** — Ce pouvoir, s'il n'a jamais été confié au juge de La Haye, a parfois été attribué à des arbitres pour régler un conflit politique aigu. L'exemple typique en est constitué par le règlement de la « guerre du Chaco » entre la Bolivie et le Paraguay, organisé par un traité spécial signé le 21 juin 1938. Celui-ci disposait que la frontière entre les deux pays serait déterminée par les Présidents des Etats-Unis, d'Argentine, du Brésil, du Pérou et de l'Uruguay, qui devraient rendre une sentence en tant qu'arbitres statuant « ex aequo et bono ». La sentence fut rendue quelques mois plus tard par les Présidents de ces Etats sans faire la moindre référence à des considérations juridiques, ce qui ne l'empêcha pas d'être acceptée par les deux parties au conflit (A.J.I.L. 1939, 180 ; R.S.A. vol. III, p. 1817). Comme autres exemples, il est loisible de citer les *affaires des Pêcheries de l'Atlantique Nord* (R.S.A., vol. XI.167) ou de *l'I'm Alone* (R.S.A., vol. III.1612).

804. ***Un pouvoir parfois reconnu aux arbitres*** — Ce pouvoir a parfois été aussi confié à des arbitres pour fixer des règles en cas de *lacunes* ou de *silence* du droit international, et cela dans des circonstances nouvelles. On a ici un exemple particulièrement frappant dans *l'arbitrage de la fonderie du Trail entre les Etats-Unis et le Canada* de 1941 (R.S.A.N.U. 1949, 1905, vol. 3). Dans cette affaire, des fumées provenant d'une usine de plomb située au Canada avaient entraîné des dommages à des agriculteurs américains et avaient rendu des terres impropres à toute culture. Le Canada fut jugé responsable des dommages causés par ces fumées nocives provenant de son territoire alors même que leur propagation était due à des facteurs climatiques hors de son contrôle. Le Canada fut aussi prié de prendre toutes les mesures en son pouvoir pour mettre fin à cette situation portant atteinte à l'intégrité du territoire américain.

La Cour nota, en l'espèce, qu'il n'existait pas de règle du droit international positif en matière de *pollution de l'air*. Elle souligna que l'*analogie* la plus proche était à trouver dans le régime de la pollution des eaux et que, là encore, il n'y avait pas non plus de *précédent international.* La Cour raisonna par *analogie* avec les *décisions judiciaires internes* rendues par la Cour suprême des Etats-Unis et le tribunal fédéral suisse dans des matières relatives à la pollution des eaux qui opposaient entre eux certains Etats fédérés et cantons dans la mesure où il s'agissait là de «situations internationales » et où donc les solutions retenues par ces juridictions suprêmes pouvaient être « transposées » pour trancher des litiges similaires opposant des Etats. En l'espèce, le tribunal estima que « d'après les principes du droit international tout comme d'après la loi américaine, aucun Etat n'a(vait) le droit de faire usage, ou de permettre qu'il soit fait usage de son territoire, de manière à causer des dommages, par des émanations de fumées sur le territoire d'un Etat voisin, à ce territoire ou aux biens se trouvant sur ce territoire, lorsque des conséquences graves peuvent en résulter et que le dommage est établi par des preuves certaines et concluantes » (p. 1965). En bref, dans cette affaire qui constitua le *point de départ du droit international de l'environnement,* les arbitres furent amenés à juger « en équité » en même temps qu'ils furent invités à faire un règlement pour l'avenir.

Dans l'affaire plus ancienne des *Pêcheries de la Mer de Behring,* le compromis d'arbitrage donnait également aux arbitres mission de faire un « règlement d'intérêts » afin d'assurer la protection et la conservation des phoques à fourrure menacés d'extinction en raison de prises trop importantes (Moore, International Arbitration, p. 4761).

De tels exemples demeurent exceptionnels.

2 — L'équité, mode d'interprétation des règles du droit international.

805. — Dans cette optique, l'équité apparaît à la fois comme un *principe de fond* — « la règle de droit doit être équitable » — et comme une *technique d'interprétation* — « la règle de droit doit être interprétée de façon équitable » —. Ainsi comprise, certains ont estimé que « l'équité » constituait un *principe général du droit international* (telle fut, par exemple, la position du juge américain Hudson dans son opinion individuelle émise lors de *l'affaire des prises d'eau de la Meuse* qui opposa la Belgique à la Hollande devant la C.P.J.I. en 1937 (sér. A/B, n° 70, pp. 76-78).

Les tribunaux arbitraux ont fréquemment fait allusion à l'équité et l'ont utilisée pour trancher des litiges. La Cour de La Haye, elle, a été souvent plus prudente en la matière.

a) La jurisprudence arbitrale : la sentence des Indiens Cayugas de 1926 entre la Grande-Bretagne et les Etats-Unis (R.S.A.N.U., vol. VI, 173).

806. — Dans cette affaire, la Grande-Bretagne épousa la cause des Indiens Cayugas réfugiés au Canada et demanda aux Etats-Unis de leur verser une indemnité en vertu de traités bilatéraux conclus dans le passé entre cette tribu indienne et l'Etat de New York. Lors de la Révolution américaine, ces Indiens Cayugas vivaient dans la région de New York. Des traités furent passés entre l'Etat de New York et ces Indiens et une indemnité devait être payée à la nation Cayuga sans limitation de durée pour l'abandon de leurs terres. Or cette tribu indienne se coupa en deux lors de la guerre entre les Etats-Unis et la Grande-Bretagne de 1812, une partie des Indiens Cayugas émigrant au Canada. Ceux-ci avaient-ils encore un droit à recevoir une partie de l'indemnité annuelle qui était payable aux Cayugas et qui devait être versée par l'Etat de New York ?

Le tribunal constitué en l'espèce devait appliquer *à la fois les principes du droit international et de l'équité.* Le tribunal considéra que la demande des Indiens Cayugas du Canada présentée par la Grande-Bretagne en tant que souverain territorial était particulièrement *forte en équité.* En revanche, il nota qu'en *droit strict* seuls les Indiens Cayugas restés à New York pouvaient encore être considérés comme la « nation Cayuga », au sens étroit du traité de 1795 passé entre l'Etat de New York et la nation Cayuga. Toutefois notèrent les arbitres, un tel résultat sera *inéquitable* pour cette partie des Indiens Cayugas qui avaient émigré au Canada. Donc, *en équité,* la Cour décida que ces Indiens avaient le droit à une portion de l'indemnité versée par l'Etat de New York à la nation Cayuga dans son ensemble. Autrement dit, si la Cour avait appliqué le droit strict, ces Indiens Cayugas n'auraient reçu aucune indemnité particulière. Le tribunal invoqua « des principes de justice et de bonne foi reconnus d'une manière universelle contre les dures conséquences des doctrines strictes de la personnalité juridique... La demande des Indiens Cayugas, poursuivait-il, est fondée sur un principe élémentaire de justice qui oblige à considérer la substance et à ne pas s'arrêter au formalisme du droit » (p. 180).

Ici *l'équité vient tempérer la rigueur du droit.*

b) L'équité dans la jurisprudence de la Cour de La Haye.

806 bis. — Dans le passé, le recours à l'équité dans la jurisprudence de la Cour de La Haye était assez rare. En revanche, depuis une quinzaine d'années la C.I.J. accorde une place essentielle à cette notion d'équité au point qu'il est loisible de se demander si, au moins dans certains cas, elle juge encore en droit ou selon le vieux principe de Salomon... On se bornera ici à examiner ses décisions les plus topiques en notant leur évolution.

I. — L'affaire du plateau continental de la Mer du Nord de 1969.

807. — La Cour reconnut que la délimitation des plateaux continentaux contigus des Etats dans la Mer du Nord devait s'effectuer sur « des principes équitables » (n° 55) et qu'il fallait tenir compte des « circonstances spéciales » tandis qu'il n'y avait pas de mode de délimitation uniforme ou automatique, ceci après s'être appuyée sur les *travaux préparatoires* de la Convention de Genève.

La C.I.J. précisa ce qu'il fallait entendre par « principes équitables » en l'espèce. Selon la Cour : « Il s'agit là, sur la base de préceptes très généraux de justice et de bonne foi, de véritables règles de droit en matière de délimitation des plateaux continentaux limitrophes, c'est-à-dire de règles obligatoires pour les Etats pour toutes délimitations ». « En d'autres termes, poursuit la Cour, il ne s'agit pas d'appliquer l'équité simplement comme une représentation de la justice abstraite, mais d'appliquer une règle de droit prescrivant le recours à des principes équitables conformément aux idées qui ont toujours inspiré le développement du régime juridique du plateau continental en la matière » (§ 85). Et la Cour de mentionner quelles étaient ces idées qui avaient toujours inspiré le développement du régime juridique du plateau continental en la matière. Il faut noter ici que, pour la Cour, il s'agit de principes très généraux qui sont, en même temps, de véritables règles de droit, mais qui ne sont pas une représentation de la justice abstraite, c'est-à-dire qui *ne constituent pas une sorte de droit naturel.* Dans cette affaire, la Cour devait revenir sur la notion d'équité et noter que « les décisions du juge » doivent, par définition, être justes, donc, en ce sens, équitables (voir n° 88 de l'arrêt de la Cour). Il ne s'agit donc pas là d'une situation où le juge est amené à statuer *ex aequo et bono.*

La Cour, ensuite, se consacra à l'application de cette notion d'équité aux cas pratiques qui lui étaient soumis. Elle nota que l'application de la règle de l'équidistance en matière d'utilisation des plateaux continentaux limitrophes peut être de nature à créer une « incontestable inéquité » dans certaines conditions géographiques (voir n° 89 et 90 de l'arrêt de la Cour). Et la Cour ajouta que : « L'équité n'implique pas nécessairement l'égalité » (n° 91). Ici, en effet, une inéquité serait créée entre les divers Etats riverains si l'on appliquait une même méthode réalisant une égalité qui serait purement théorique, formelle.

Pour arriver à ce qu'elle considérait comme « l'équitable », la Cour prit en considération divers facteurs qui devaient jouer un rôle cumulatif pour délimiter les plateaux continentaux : l'aspect géographique, l'aspect géologique et l'unité du gisement (voir § 92 à 99 de l'arrêt).

II. — L'affaire des pêcheries islandaises entre l'Islande et la Grande-Bretagne (arrêt du 25 juillet 1974).

808. — La Cour, dans cette affaire, a souvent insisté sur la nécessité de régler « de façon équitable » les droits respectifs des parties en litige (n° 73). La Cour a reconnu qu'il n'y avait pas là de « droit absolu » (n° 71). Il fallait donc, pour la C.I.J., concilier les « droits préférentiels » de l'Etat riverain, les droits des pays tiers, et les « nécessités de la conservation » des ressources de la mer.

La Cour estima que les négociations futures entre les parties devaient parvenir à une « répartition équitable des ressources halieutiques » fondée sur les données locales et les intérêts des Etats tiers ayant des « droits de pêche bien établis » (n° 78). « Il ne s'agit pas simplement, dit la Cour, d'arriver à une solution équitable, mais d'arriver à une solution équitable qui repose sur le droit applicable » (*Ibid.*). Et la Cour de citer ici l'extrait de son arrêt sur le plateau continental de la Mer du Nord de 1969 (le paragraphe 85 [illegible] avons mentionné précédemment). La Cour ajoutait : « Il ne s[illegible] simplement d'appliquer l'équité comme une représentation [illegible] tice abstraite, mais d'appliquer une règle de droit pres[illegible] recours à des principes équitables » (n° 78).

III. — L'affaire de la délimitation du plateau continental entre la Libye et la Tunisie (arrêt du 24 février 1982).

(Voir Queneudec, Note sur l'arrêt de la C.I.J. relatif à la délimitation du plateau continental entre la Tunisie et la Libye. A.F.D.I. 1981, p. 203 ; E. Decaux. L'arrêt de la C.I.J. dans l'affaire du plateau continental (arrêt du 24 fév. 1982), A.F.D.I. 1982, p. 357).

809. — La Cour fut saisie, dans cette affaire, par la voie d'un compromis lui demandant quels étaient les principes et règles du droit international pouvant être appliqués à la délimitation du plateau continental entre ces deux pays. Elle fit, dans son arrêt, une place prépondérante aux *principes équitables* (dont le compromis lui demandait de tenir compte, sans pour autant lui conférer le droit de statuer *ex aequo et bono*). Mais la Cour fut très imprécise sur la définition de ces principes dont elle dit simplement : « L'équité d'un principe doit être appréciée d'après l'utilité qu'il présente pour aboutir à un résultat équitable. Tous les principes ne sont pas en soi équitables : c'est l'équité de la solution qui leur confère cette qualité » (Rec., p. 59, § 70). Elle eut, en outre, de grandes difficultés à exprimer concrètement ce que prescrivaient ces principes équitables ; elle décida que « chaque litige relatif au plateau continental doit être résolu en fonction des critères qui lui sont propres ; il n'y a donc pas lieu d'élaborer une construction abstraite au sujet de l'application des principes et règles relatifs au plateau continental » (Rec., p. 91, § 132).

Les incertitudes et embarras de la Cour furent, bien sûr, vivement critiqués ; le juge Evensen estima, dans son opinion dissidente, que la recherche de la Cour s'était effectuée dans le vide juridique (Rec., p. 294) ; de son côté, le juge Gros fut d'avis qu'il n'était « pas apparu au cours de la construction de cet arrêt qu'il s'agisse d'équité » (Rec., p. 153, § 19).

Cette décision est à déplorer dans la mesure où la Cour adopte une conception laxiste de l'équité et où la frontière avec l'amiable composition apparaît de plus en plus ténue. La règle de droit, affectée d'une telle interprétation en équité, reçoit ainsi un contenu incertain et fluctuant qui ne peut que désorienter les plaideurs.

810. — En bref, le concept d'équité doit demeurer dans le cadre de ses deux conceptions traditionnelles. D'une part, à la seule demande des parties, l'équité permet au juge de *statuer ex aequo et bono* et d'écarter ainsi une règle de droit positif « injuste ». D'autre part, en tant que *règle de droit international positif,* elle est une méthode d'interprétation et de conciliation des règles du droit international applicables à une certaine situation, règles qui permettent d'aboutir à un résultat, à une « solution juste » pour les parties en cause.

TROISIÈME PARTIE

L'APPLICATION DES NORMES DU DROIT INTERNATIONAL

811. — Bien évidemment, la première vocation du droit international est de régir les rapports entre les divers acteurs de la société internationale. Il s'applique ainsi tout naturellement à l'ordre international, c'est ce que nous examinerons dans un premier titre. Mais le droit international s'applique également dans l'ordre interne ; il est, en effet, une source de la légalité interne, c'est ce que nous examinerons dans un deuxième titre. D'où :

TITRE I. — *L'application du droit international dans l'ordre international.*

TITRE II. — *L'application du droit international dans l'ordre interne.*

bien relever plus tard du droit international si l'Etat en décide ainsi, par exemple en concluant un traité en cette matière. Ainsi, *la monnaie*, traditionnellement, était un domaine rentrant dans la souveraineté interne de l'Etat ; depuis la fin de la seconde guerre mondiale, il n'en va plus de même dans la mesure où il existe tout un ensemble d'obligations conventionnelles que les Etats ont accepté de respecter dans ce domaine. On pourrait faire la même remarque pour bien d'autres secteurs du droit international si l'on se rappelle *son extension matérielle* considérable : par exemple une matière comme les *droits de l'homme* était jadis considérée comme rentrant dans la compétence interne de l'Etat, alors que, maintenant, elle est devenue une *matière d'intérêt international* où les Etats ont des obligations à respecter.

2 — La notion formelle : la juridiction de l'Etat.

822. ***Ediction et exécution de la règle de droit*** — L'expression doit être ici employée dans son sens étymologique (juris dicere) pour signifier *le pouvoir de l'Etat d'édicter une règle de droit et également d'en assurer l'exécution.* C'est ce que précise clairement le *Restatement* publié par l'Américan Law Institute dans son chapitre I. C'est également la conception de la compétence de l'Etat que nous retiendrons ici en raison de sa plus grande valeur explicative. Bien entendu, il s'agit là encore de noter que cette compétence de l'Etat à la fois d'édicter une règle de droit et d'en assurer l'exécution lui est attribuée en vertu du droit international.

Cette distinction (entre compétence d'édiction et compétence d'exécution) est largement acceptée par les tribunaux américains : on en donnera pour exemple la très importante décision rendue par la *Court of Appeals for the District of Columbia* le 17 novembre 1980 dans l'*affaire Federal Trade Commission v. Compagnie de Saint-Gobain/Pont-à-Mousson* (texte in I.L.M. 1981.597 et commentaires *in* L. et P.I.B. Extraterritorial service of administrative subpœnas par David M. Simon, ou *in* J.I.L.E. 1981.119 par Ann E. Condon).

On notera également avec intérêt que cette distinction se trouve en filigrane de la *décision du Conseil Constitutionnel français du 11 février 1982* dans son analyse des effets extraterritoriaux des nationalisations françaises de l'époque : le Conseil reconnut au Parlement le pouvoir de légiférer sur des biens et avoirs situés hors du territoire national, tout en admettant comme un « fait » les refus éventuels d'exécution opposés par les ordres juridiques étrangers.

a) La capacité d'édicter une règle de droit.

823. — On fait ici référence à ce phénomène général selon lequel l'Etat *est compétent pour adopter des règles de droit régissant la conduite des sujets de droit de l'ordre interne.* C'est ainsi que tout Etat édicte des règles de droit civil, de droit commercial, de droit administratif, de droit du travail ou de droit criminel.

b) La capacité d'en assurer l'exécution.

824. — Si l'Etat est compétent pour édicter une règle de droit donnée, il doit aussi être en mesure d'en assurer l'exécution, la sanction. Ainsi, la capacité d'assurer l'exécution d'une règle de droit édictée par l'Etat, c'est le pouvoir des autorités étatiques de se saisir d'un individu, de l'arrêter, au cas où il a violé une règle du droit criminel, par exemple ; c'est également la possibilité de saisir un bien d'un individu ; c'est la possibilité de traduire un individu en jugement si celui-ci a violé une règle édictée par l'Etat. En bref, c'est la possibilité pour l'Etat de mettre en œuvre toutes les *voies d'exécution forcée* afin de faire respecter son ordre juridique interne.

c) Les rapports entre ces deux capacités.

825. — La capacité d'édicter une règle de droit et d'en assurer l'exécution coïncident le plus souvent ; mais parfois la coïncidence n'est pas complète.

I. — Leur coïncidence.

826. ***Fréquence*** — Nous l'avons signalé, il s'agit du cas le plus fréquent : celui où un Etat, en exerçant sa juridiction, édicte une règle de droit et, en même temps, a les moyens, la compétence d'en assurer l'exécution. Prenons un *exemple typique avec les nationalisations*. Un Etat a le droit de nationaliser les biens de ses propres nationaux ou de ressortissants étrangers : il possède ici la capacité d'édiction. Il pourra également procéder à l'exécution de cette mesure en prenant effectivement possession des biens qui se trouvent situés sur son territoire : l'Etat possède ici la compétence d'exécution en raison de la localisation des biens.

Dans une telle hypothèse, la coïncidence est parfaite entre l'édiction et l'exécution d'une règle de droit par l'Etat.

II. — Leur absence de coïncidence.

827. ***Rareté*** — Il existe des cas, relativement rares, où ces deux types de compétence n'appartiennent pas cumulativement au même Etat ; lorsque celui-ci prétend néanmoins les exercer, on se trouve alors devant des difficultés internationales sérieuses et délicates tenant à des *conflits de juridiction*, c'est-à-dire mettant en présence et en opposition deux souverainetés étatiques. En règle générale, les Etats exercent avec mesure et modération leurs propres compétences de façon à éviter des conflits avec celles de pays tiers ; mais ce n'est pas toujours le cas, ainsi que le montrent *les anciennes et traditionnelles prétentions des Etats-Unis* à faire une large application extraterritoriale de certaines de leurs lois nationales (lois boursières ou anti-trust) (voir aussi *infra*, n° 893 et s.). Toutefois, pour éviter de tels conflits et afin de se prêter main-forte, il est fréquent que les Etats concluent des conventions bi ou multilatérales de coopération et d'entraide judiciaire (ainsi la Convention de La Haye de 1970).

Ceci étant deux situations générales sont ici à examiner :

α) L'absence de compétence d'exécution alors qu'il y a compétence d'édiction.

828. ***Exemples*** — Un Etat a le droit de prendre une mesure déterminée, mais il n'a ni la capacité, ni les moyens de la faire respecter, c'est-à-dire d'en assurer l'exécution.

Ainsi, un Etat peut décider que tous ses citoyens, même ceux qui résident à l'étranger, devront faire leur service militaire. Toutefois, dans une telle hypothèse, il n'a aucun moyen de procéder à l'exécution de cette mesure à l'encontre de ses nationaux qui résident à l'étranger. Il n'a pas compétence d'exécution car celle-ci se heurterait à la souveraineté territoriale d'un pays tiers — l'Etat d'accueil de son national.

De même, en cas de *nationalisation*, un Etat pourra décider, en vertu de sa juridiction, de ses capacités d'édiction d'une règle de droit, que les biens de ses citoyens situés à l'étranger seront également nationalisés. Toutefois, là encore, il n'aura aucun moyen de s'assurer de l'exécution de cette décision, il devra obtenir le concours du pays tiers, du pays d'accueil où sont situés ces biens, une telle mesure mettant à l'évidence en cause la compétence territoriale d'un Etat tiers, ou encore intenter une action en justice. Ainsi, en 1986, les autorités suisses acceptèrent de bloquer provisoirement les avoirs locaux des anciens Présidents Marcos des Philippines et Duvalier de Haïti en attendant que les tribunaux se prononcent au fond sur la requête de ces deux Etats qui cherchent à récupérer ces sommes, à leur avis, indûment possédées et illégalement sorties du pays.

Toutefois, il est bien clair que par traité un Etat peut accepter que des nationalisations effectuées par un Etat étranger produisent un effet direct sur son territoire : tel fut l'objet du célèbre « Litvinov Assignment » du 16 novembre 1933 consistant en un échange de lettres entre le commissaire soviétique aux affaires étrangères et le Président Roosevelt aux termes duquel l'U.R.S.S. déléguait aux Etats-Unis tous les droits et créances qu'elle estimait posséder aux Etats-Unis à la suite des nationalisations effectuées après la révolution de 1917 — ce qui revenait à leur reconnaître un effet extraterritorial (voir *U.S. v. Pink*, 315 U.S. 203, 1942). Mais c'est là l'exception qui confirme la règle. Celle-ci a eu l'occasion d'être réaffirmée récemment dans la controverse qui opposa au début des années 1980 l'Iran et les Etats-Unis à propos de la « fortune de l'ex-Shah » : l'Iran a procédé à la *confiscation* des biens de l'ancienne famille impériale en Iran, ce qui est parfaitement licite dans la mesure où ici cet Etat possède à la fois la compétence d'édiction et celle d'exécution ; en revanche, lorsque l'Iran prétend également se saisir des biens de l'ex-Shah et de sa famille situés aux Etats-Unis, la situation est entièrement différente : l'Iran n'a aucune compétence pour assurer l'exécution d'une telle mesure à l'étranger et, pour ce faire, il devra obtenir l'accord du gouvernement « compétent » en raison de la localisation des biens, en l'occurrence ici les Etats-Unis. Les Etats peuvent agir plus subtilement, avec un « faux nez » pour reprendre la célèbre expression de Niboyet, en procédant par nationalisation « indirecte » où le passage du secteur privé au secteur public se réalise par *simple substitution d'actionnaires* : l'Etat devenant l'actionnaire unique de la société mère, le devient également pour ses filiales — locales ou étrangères. La France procédera de la sorte pour ses nationalisations de 1982. Le Conseil constitutionnel dans ses décisions des 16 janvier et 11 février 1982 ne trouva — à tort — rien à redire sur cette technique que le droit international coutumier ne saurait accepter.

β) L'absence de compétence d'exécution s'il n'y a pas aussi compétence d'édiction.

829. ***Hypothèse*** — On se trouve ici dans une hypothèse différente selon laquelle un Etat n'est pas fondé à prendre des mesures d'exécution s'il n'a pas également compétence pour édicter la règle de droit qu'il prétend faire respecter.

Ainsi, un Etat quelconque ne saurait édicter une règle sanctionnant le comportement des nationaux d'un Etat tiers à l'égard de ses propres citoyens résidant dans cet Etat. Par exemple, la France ne saurait édicter de règles criminelles sanctionnant le comportement éventuel des citoyens suisses à l'encontre de ses propres ressortissants résidant en Suisse. Dans la mesure où un Etat — ici la France — n'aurait pas compétence pour édicter une telle règle, il va de soi qu'il ne serait pas fondé à en assurer la sanction en l'appliquant aux nationaux de cet Etat s'ils venaient à rentrer sur son propre territoire. Dans notre exemple, la France ne pourrait pas arrêter et poursuivre devant ses tribunaux des citoyens suisses qui viendraient à se trouver sur son territoire pour violation d'une loi criminelle française sanctionnant leur comportement en Suisse à l'égard de résidents français. La France n'ayant pas compétence d'édiction d'une telle norme n'aurait nullement compétence pour en assurer l'exécution. De même, un Etat ne saurait enrôler dans son armée les ressortissants étrangers d'un certain âge résidant sur son territoire pour y faire leur service militaire faute d'avoir compétence pour les soumettre à une telle obligation.

830. ***Discussion lors de l'affaire du "Lotus"*** — Ce problème de la coïncidence — ou non — de ces deux compétences — édiction et excécution d'une règle de droit — fut discuté lors de l'*affaire du « Lotus »* de 1927. La Turquie avait-elle le droit d'édicter une règle pénale prévoyant la répression de crimes affectant ses nationaux, alors que les faits dommageables s'étaient déroulés en haute mer, c'est-à-dire en dehors de son territoire ? La Turquie pouvait-elle appliquer — compétence d'exécution — à un national étanger le respect de cette loi interne lorsque ce dernier se trouverait sur son territoire ? En l'occurence, la Turquie pouvait-elle appliquer à un national étranger — français en l'espèce — la sanction d'une règle criminelle pour des faits qui s'étaient produits en dehors de son territoire, en haute mer, à l'occasion d'un abordage entre un navire français et un navire turc ? La réponse de la France était négative : la Turquie n'avait à ses yeux pas de compétence d'exécution, donc de poursuite des marins français responsables de l'abordage, car la Turquie n'avait pas également de compétence d'édiction d'une telle norme.

A l'inverse, la Turquie prétendait posséder ces deux titres de compétence et avoir une entière juridiction. L'on se rappelle que la C.P.J.I. donna raison à la thèse turque, estimant que la Turquie possédait, en vertu du droit international, les deux compétences : édiction et exécution.

831. ***Règle générale*** — En conséquence, on peut noter le principe général suivant : *si l'Etat agit en dehors de ses compétences, au-delà de sa juridiction, il viole le droit international* car, dans une telle hypothèse, il aura agi « sans pouvoir ». Telle fut d'ailleurs la position que soutint — en vain — la France à l'encontre de la Turquie dans *l'affaire* précitée *du Lotus* de 1927.

§ 2 — La compétence territoriale.

832. — Le territoire — chacun le sait — est l'un des éléments constitutifs essentiels de l'Etat. Seul l'Etat possède un territoire dans l'ordre international, ce qui assure déjà sa spécificité par rapport aux autres sujets du droit international. Tout naturellement donc le territoire va donner un *titre à agir* à l'Etat en raison de sa simple existence.

1 — Les limites matérielles (géographiques) de la compétence territoriale.

833. ***Composantes du territoire*** — On se bornera ici à présenter des remarques très générales dans la mesure où cet aspect du droit international a été étudié auparavant en première année. On rappelle, en effet, que le territoire est en général composé de trois éléments. Tout d'abord, une *partie terrestre*. Ensuite, éventuellement, une *partie maritime* qui se subdivise elle-même en deux avec, d'une part, les eaux intérieures et leur sous-sol qui relèvent de la compétence territoriale exclusive de l'Etat riverain, et, d'autre part, la mer territoriale et son sous-sol qui sont soumis, avec des limites, à la compétence territoriale de l'Etat riverain ; il faut maintenant ajouter à ces espaces marins la nouvelle zone économique de 200 milles où l'Etat riverain a certaines compétences exclusives de nature économique. Enfin, il existe une partie aérienne, *l'espace* surjacent le domaine terrestre et maritime de l'Etat (mais qui ne s'étend pas au-dessus de la zone économique maritime exclusive). Cet *espace aérien* est soumis à la compétence exclusive de l'Etat dont le territoire est sous-jacent.

834. ***Problèmes de délimitation*** — Si la consistance terrestre, maritime ou aérienne du territoire de l'Etat n'est pas contestée, en revanche il existe *des difficultés certaines de délimitation*, si ce n'est de la partie terrestre du territoire de l'Etat, du moins de la *composante maritime et aérienne*. Ici on rappelle que les Etats sont *prima facie* compétents pour définir leur espace maritime et aérien, qu'ils le font en vertu d'actes unilatéraux, mais que, dans l'exercice de cette compétence de délimitation, *ils doivent respecter les prescriptions du* *droit international,* que celui-ci soit de nature conventionnelle ou coutumière (voir *supra*, n° 556). On se bornera ici à noter que les *incertitudes* du droit international demeurent nombreuses (voir, par exemple ici, P. Weil, Perspectives du droit de la délimitation maritime, Paris, Pedone, 1988). Il ne définit pas, du moins actuellement, quelle est la largeur exacte de la mer territoriale, pas plus qu'il ne précise les limites de la souveraineté aérienne de l'Etat. Enfin, on rappellera qu'il existe des *espaces internationaux* — ce que l'on qualifie parfois de « domaine public international » — comme la haute mer, les voies de communication internationales (canaux trans-océaniques, fleuves), l'espace extra-atmosphérique, qui ne sauraient faire l'objet d'appropriations souveraines par les Etats en raison de coutumes internationales bien établies ou de traités spécifiques. Notons enfin que, à la suite de la conclusion du traité sur l'Antarctique de 1959, les Etats ont accepté, au moins à titre provisoire, de s'abstenir de faire valoir des revendications territoriales sur ce continent. En bref, la juridiction de l'Etat à raison de son territoire connaît des limites *ratione loci et ratione materiae* : elle ne saurait s'étendre à certains espaces qualifiés d'internationaux en même temps qu'elle ne revêt pas la même intensité sur les diverses composantes de ce territoire (elle est en effet plus « forte » sur la partie terrestre et aérienne que sur la partie maritime).

2 — La nature de la compétence territoriale.

835. ***Caractéristiques*** — La compétence territoriale de l'Etat présente deux caractéristiques classiques, traditionnelles, à savoir la *plénitude* et *l'exclusivité*. Plénitude et exclusivité de la compétence territoriale de l'Etat ont été fort bien mises en lumière dans une sentence arbitrale classique — dite de *l'Ile des Palmes* — qui opposa les Etats-Unis aux Pays-Bas et fut rendue sous les auspices de la C.P.A. par le grand juriste suisse Max Huber, le 4 avril 1928 (R.S.A., T. II, 830 ; texte français *in* R.G.D.I.P. 1935.156).

a) Une compétence pleine et entière.

836. ***Affaire de l'Ile des Palmes*** — Que la compétence territoriale de l'Etat soit *pleine* et *entière* constitue un principe fondamental, incontesté du droit international. Pour reprendre l'expression de Max Huber dans *l'affaire* précitée de *l'Ile des Palmes*, « l'indépendance relativement à une partie du globe est le droit d'y exercer, à l'exclusion de tout autre Etat, les fonctions étatiques » (p. 838). Autrement dit, l'Etat, sur cette partie du globe qui constitue son territoire, dispose de toutes les compétences. Ces « fonctions étatiques » visées par Max Huber sont potentiellement illimitées. L'Etat peut prendre des actes de toute nature, constitutionnelle, législative, administrative. C'est l'aspect de sa souveraineté interne que nous avons signalé précédemment. Au sens large, l'Etat peut « légiférer », comme devait d'ailleurs le reconnaître la C.P.J.I. dans *l'affaire du Groenland oriental* déjà citée. La Cour s'exprimait dans les termes suivants :

« La législation est une des formes les plus frappantes de l'exercice du pouvoir souverain » (1933, sér. A/B, n° 53, p. 48).

837. ***Affaire du Lac Lanoux*** — En conséquence, les normes juridiques édictées par l'Etat sur son territoire bénéficient d'une présomption de validité. Tout acte que l'Etat accomplit dans les limites de son territoire est en principe « valide », sauf bien entendu s'il se révélait contraire à une obligation imposée par le droit international. La sentence arbitrale rendue dans *l'affaire dite du lac Lanoux*, entre la France et l'Espagne, constitue une illustration frappante de ce principe. Les arbitres s'exprimèrent dans les termes suivants : « La souveraineté territoriale joue à la manière d'une présomption ; elle doit fléchir devant toutes les obligations internationales qu'elles qu'en soient les sources, mais ne fléchit que devant elles » (16 novembre 1957, R.G.D.I.P. 1958, p. 79, R.S.A. t. XII, 281).

838. ***Article 3 du code civil*** — Cette compétence pleine et entière de l'Etat sur son territoire *s'exerce sur toutes les personnes qui l'habitent,* qu'il s'agisse de ses nationaux ou des ressortissants de pays tiers, ce qui ne veut pas dire, nous le verrons par la suite, que l'Etat puisse « tout faire » en l'espèce. Elle s'exerce naturellement aussi sur tous les biens qui sont situés sur son territoire : *lex locus rei sitae*. L'article 3 du Code civil français fournit une excellente illustration concrète de ces principes classiques quand il affirme : « les lois de police et de sûreté obligent tous ceux qui habitent le territoire. Les immeubles, même ceux possédés par des étrangers, sont régis par la loi française »...

b) Une compétence exclusive.

839. ***Affaire de l'Ile des Palmes*** — Il s'agit là du deuxième élément fondamental cité par Max Huber dans sa sentence précitée de *l'Ile des Palmes*. L'illustre arbitre le reconnaissait dans les termes suivants : « le principe de la compétence exclusive de l'Etat en ce qui concerne son propre territoire (est) le point de départ du règlement de la plupart des questions qui touchent aux rapports internationaux ».

840. ***Règle coutumière*** — Cette *exclusivité* de la compétence territoriale de l'Etat est, à l'évidence, *un principe coutumier* qui a été très souvent rappelé par la Cour de La Haye. Par exemple, dans l'affaire souvent citée du *Lotus*, la C.P.J.I. s'exprimait ainsi : « La limitation primordiale qu'impose le droit international est celle d'exclure — sauf l'existence d'une règle permissive contraire — tout exercice de sa puissance sur le territoire d'un autre Etat » (ser. A, n° 10, p. 18). Autrement dit, le fait que l'Etat soit souverain sur son territoire et que cette souveraineté soit exclusive empêche un Etat tiers d'exercer le moindre acte d'autorité sur le territoire du premier Etat. La C.I.J., dans *l'affaire* déjà citée du *détroit de Corfou* de 1949, qui opposa la Grande-Bretagne à l'Albanie, devait reprendre le même point de vue : « Entre Etats indépendants le respect de la souveraineté territoriale est une des bases essentielles des rapports internationaux » (Rec., p. 35). Cette position, la C.I.J. ne devait jamais s'en départir et elle eut l'occasion de la réaffirmer dans les *affaires* déjà citées du *droit* *d'asile de 1951* (Haya della Torre) et du *droit de passage en territoire indien de 1960.*

Cette exclusivité de la compétence territoriale implique deux conséquences d'ordre général :

I. — L'inapplication sur le territoire d'un Etat de la réglementation juridique édictée par un Etat étranger.

841. ***Absence d'effet extraterritorial des lois nationales*** — En règle générale, on peut poser le principe que les *lois nationales ne produisent pas d'effet extra-territorial,* c'est-à-dire que leur validité s'arrête à la limite du territoire où l'Etat exerce sa juridiction, ses compétences. Toutefois, il est des lois nationales qui, par définition, vont faire sentir leurs effets dans l'ordre juridique de pays tiers : il s'agit de celles relatives au *statut personnel des individus*. Particulièrement caractéristique à cet égard est l'article 3 du Code civil français qui dispose dans son alinéa 3 que les « lois concernant l'état et la capacité des personnes régissent les Français, même résidant en pays étranger ».

842. ***Fondement international des conflits de loi*** — Sans doute, une branche particulière du droit interne des Etats, l*e droit international privé,* essaye-t-il de trouver une solution ordonnée pour trancher de façon satisfaisante ces divers conflits de lois. Cependant, les principes conducteurs sont à trouver dans le droit international général dans la mesure où celui-ci, nous l'avons souvent mentionné, fonde et ordonnance les diverses compétences étatiques.

II. — L'Etat doit respecter la souveraineté territoriale des autres Etats et s'interdit d'y exercer des actes de contrainte.

843. ***Principe coutumier*** — Il y a là un p*rincipe coutumier incontesté* qui a été reconnu par les juges de La Haye aussi bien dans *l'affaire du Lotus* que dans celle *du détroit de Corfou* et qui devait être intégré dans la Charte de l'O.N.U. comme l'un des fondements des relations internationales contemporaines (article 2, par. 4). En raison de cette exclusivité de la compétence territoriale, un Etat tiers ne saurait y porter atteinte en exerçant des actes d'autorité sur le territoire d'un autre Etat. Ce principe coutumier fondamental a donné lieu à des affaires célèbres que l'on examinera ici brièvement.

844. — *L'affaire Joly*. - Un français soupçonnait un Belge de vol en France. Il passa la frontière belge avec deux garde-champêtres français, se saisit de ce citoyen belge, le ramena en France où ce dernier fut incarcéré pour vol. La Belgique protesta vigoureusement contre cette violation de sa souveraineté territoriale par des citoyens français et demanda le restitution de son ressortissant. Le tribunal correctionnel d'Avesnes fit droit à la demande du procureur de la République qui avait soutenu la cause belge et libéra le détenu en déclarant que toute la procédure était nulle « car atteinte d'une nullité substantielle absolue », à savoir la violation de la souveraineté territoriale belge (22 juillet 1933, S. 1934, II, 105 - J.D.I. 1935.899).

Toutefois, la solution n'est pas toujours aussi favorable pour l'individu, en ce sens qu'il n'est pas systématiquement restitué à l'Etat dont la souveraineté territoriale a été violée dans ce type d'hypothèse.

845. — *L'affaire Eichmann* - Ce criminel de guerre nazi s'était enfui et réfugié en Argentine lors de la fin des hostilités. En 1960, il fut « enlevé » par des agents israéliens et reconduit « manu militari » en Israël où il fut jugé. L'Argentine protesta contre cette violation de sa souveraineté territoriale par des agents d'une puissance étrangère. Des débats eurent lieu au Conseil de sécurité de l'O.N.U. et l'Argentine obtint d'ailleurs des excuses d'Israël et la reconnaissance par ce pays de la violation de sa souveraineté territoriale. En revanche, Eichmann ne fut pas restitué à l'Argentine qui ne l'avait d'ailleurs pas demandé. Eichmann, en tant que criminel nazi, fut alors jugé, condamné et exécuté en Israël, cela en dépit de son arrestation délictueuse et en application d'une autre règle traditionnelle en la matière « *Male captus bene detentus* » ; autrement dit : celui qui est capturé dans des conditions illicites est censé être détenu dans des conditions qui, elles, sont licites ; le droit, bien théorique en l'espèce, ne se réfère qu'à la situation de la personne en cause et non à la manière dont elle a pu être attraite devant un tribunal.

846. — *L'affaire Argoud.* - Le colonel Argoud avait été « enlevé » en Allemagne en 1963 par des personnes de nationalité française non identifiées et reconduit de force en France où il fut jugé et condamné. Il y avait là très clairement une *violation de la souveraineté territoriale allemande* qui avait été ici commise par des « agents » d'un gouvernement étranger, ici la France. Comme dans *l'affaire Eichmann* et, en application du même principe, les juges français estimèrent que *cette violation du droit international n'entâchait pas la procédure de nullité,* ceci parce que l'Allemagne, tout en protestant, n'avait pas demandé, comme l'Argentine dans le cas précédent, la restitution d'Argoud. Selon la Cour de sûreté de l'Etat — et cela fut confirmé par la Cour de cassation — : « L'individu lésé est sans droit ou qualité à invoquer en justice une violation du droit des gens, *a fortiori* lorsque l'Etat considéré ne réclame rien » (voir A.F.D.I. 1965, p. 935 et s.)

846 bis. — *Affaire du Rainbow Warrior.* Le 10 juillet 1985, le *Rainbow Warrior* appartenant au mouvement écologiste « Green Peace » était coulé dans le port d'Auckland, en Nouvelle-Zélande, par des membres des services secrets français agissant sur ordre du Gouvernement. Lors du règlement de cette affaire en juillet 1986, le Gouvernement français dut, entre autres, présenter ses « excuses formelles et sans réserve » pour cette violation flagrante du droit international et verser, à la Nouvelle-Zélande, une indemnité compensatrice de 7 millions de dollars. La France dut également indemniser l'organisation écologiste « Green Peace » pour un montant de 8 millions de dollars fixé par un tribunal d'arbitrage *ad hoc* (voir l'échange de lettres franco-néo-zélandais du 4 juillet 1986 *in* J.O. 13 juillet, p. 3750 ; pour des commentaires plus développés, voir J. Charpentier A.F.D.I., 1986.873 et G. Apollis, R.G.D.I.P., 1987.9).

846 ter. — *L'affaire Alvarez-Machain.* Alvarez-Machain, citoyen mexicain soupçonné d'avoir participé en 1985 au meurtre commis au Mexique à l'encontre d'un agent de l'office américain des stupéfiants, devait être enlevé en avril 1990 par des hommes armés et soutenus par le Gouvernement américain puis amené de force aux Etats-Unis pour y être jugé. Le Mexique protesta vigoureusement contre cette violation évidente de sa souveraineté territoriale demandant en conséquence le retour de son national et le respect du traité d'extradition le liant aux Etats-Unis. En dernière instance, la Cour suprême des Etats-Unis, à la majorité de six voix contre trois, décida que les tribunaux locaux avaient bien compétence pour juger Alvarez-Machain et ce quelles qu'aient pu être les conditions de son enlèvement et les protestations du Mexique (112 S. Ct. 2188 et ILM 1992-900).

Cet arrêt de la Cour Suprême devait soulever une émotion certaine à la fois aux Etats-Unis et en dehors, en raison de sa méconnaissance des règles du droit international et surtout de son refus de les prendre en considération : les protestations du Mexique demandant le retour de son national enlevé au mépris de sa souveraineté territoriale auraient dû entraîner une décision inverse, au même titre d'ailleurs que le traité d'extradition qui fut interprété par la majorité de la Cour Suprême comme ne s'opposant pas à ce type d'enlèvement faute d'avoir prévu et interdit une telle méthode. Il est clair ici que l'internationaliste ne peut qu'être en désaccord avec une telle décision et, au contraire, approuver la position des juges de la minorité (sur cette affaire, voir AJIL 1992. pp. 736-756 et 811-820).

847. ***Des actes susceptibles d'entraîner la responsabilité de l'Etat*** — En bref, toutes ces violations, dans ces diverses affaires, de la souveraineté territoriale d'un Etat par des ressortissants ou même des agents d'un Etat tiers *constituent à l'évidence des actes contraires au droit international* ; comme tels, *ils sont susceptibles d'entraîner la responsabilité internationale* de l'Etat pour le compte duquel ces actes délictueux ont été commis, pour peu, toutefois, que l'Etat dont la souveraineté territoriale a été violée décide de la mettre en œuvre. Or, dans le cas de *l'affaire Eichmann* ou de *l'affaire Argoud*, l'Argentine ou l'Allemagne Fédérale auraient été dans leur bon droit en demandant la restitution de ces individus — ce qu'elles s'abstinrent de faire ; ces pays auraient pu également demander une réparation adéquate, ce que ne fit pas l'Allemagne Fédérale, mais ce que fit l'Argentine en recevant les excuses officielles d'Israël.

848. ***La couverture de l'illégalité : l'affaire Savarkar*** — L'Etat concerné peut encore, par sa conduite, acquiescer à cette action d'un Etat étranger sur son territoire, auquel cas *il couvre l'illégalité* qui a été commise. Il en fut ainsi jugé dans *l'affaire Savarkar* qui opposa la France à la Grande-Bretagne devant la Cour permanente d'arbitrage qui rendit sa sentence le 24 février 1911. En l'espèce, Savarkar, un nationaliste indien, qui avait commis des crimes aux Indes, devait y être jugé par la puissance coloniale de l'époque, la Grande-Bretagne ; il fut embarqué sur un navire britannique qui fit relâche dans un port français, à Marseille. Savarkar s'échappa du navire britannique, mais les marins anglais, aidés en cela par la police française, se saisirent de sa personne en territoire français et le ramenèrent à bord. La France, par la suite, protesta contre la violation de sa souveraineté territoriale par des agents britanniques ; mais la Cour refusa la protestation française, estimant qu'il n'y avait pas eu, en l'espèce, illicéité en raison du comportement des autorités françaises qui équivalait à un acquiescement puisque la police française avait prêté main forte aux marins britanniques pour se saisir de la personne de ce prisonnier indien (Revue de droit international et de législation comparée, 1923.398 - R.S.A., Tome II, p. 243).

849. ***Acceptation d'exceptions*** — Il est aussi bien admis que, par traité, un Etat peut accepter qu'un autre Etat effectue des actes de souveraineté sur son propre territoire. Une telle pratique n'est pas inhabituelle en matière douanière entre pays frontaliers : c'est ainsi par exemple que les douanes françaises officient à Genève en territoire suisse ou que les services douaniers et d'immigration américains exercent leurs fonctions à Montréal en territoire canadien. De même, le droit communautaire né de *l'accord Schengen* permet des opérations policières conjointes sur les territoires des Etats membres de l'Union Européenne.

850. ***La règle de principe*** — Cela étant, *le principe reste que toute violation de la souveraineté territoriale d'un Etat par un pays tiers constitue un acte contraire au droit international qui est susceptible d'engager la responsabilité internationale de l'Etat qui a commis cette violation du droit.*

Ce principe devait être rappelé dans *l'affaire* souvent citée du *détroit de Corfou* de 1949. En l'espèce, la Grande-Bretagne avait procédé par elle-même à l'enlèvement des mines se trouvant dans les eaux territoriales albanaises et sur lesquelles des bateaux de la marine de guerre anglaise avaient « sauté » peu de temps auparavant. La Cour condamna sévèrement l'action de la marine de guerre britannique en estimant qu'il y avait là *un acte contraire au droit international*, le non-respect de l'intégrité territoriale de l'Albanie par la Grande-Bretagne ; et la Cour estima que cette condamnation de principe de l'action de la marine britannique valait « réparation suffisante » pour l'Albanie (Rec., p. 35).

3 — Un exercice soumis au droit international.

851. ***Existence d'obligations internationales*** — Dire que l'Etat a une compétence territoriale pleine et exclusive ne signifie pas — nous l'avons déjà signalé — qu'il peut « tout faire ». *Les conditions d'exercice de sa souveraineté territoriale par l'Etat sont soumises à des règles écrites et non écrites posées par le droit international.* Autrement dit, les Etats n'ont pas seulement des droits, mais ils ont aussi des obligations qui sont attachées à leur souveraineté territoriale.

Ces obligations des Etats dérivant du droit international tiennent, d'une part, à la délimitation du territoire et, d'autre part, au contenu de la compétence territoriale.

a) La délimitation du territoire.

852. ***Soumission au droit international*** — Nous avons déjà signalé qu'en principe si les Etats étaient compétents, ils exerçaient leur compétence sous l'empire du droit international. Nous avions d'ailleurs cité l'exemple de la délimitation du territoire qu'il convient ici seulement de rappeler pour mémoire (voir *supra*, n° 556).

853. ***L'affaire des pêcheries*** — La délimitation par un Etat de son territoire maritime — mais le propos peut être généralisé —, pour être *opposable* aux Etats tiers, doit être *conforme au droit international.* On renverra ici à *l'affaire des pêcheries de 1951* entre la Grande-Bretagne et la Norvège et qui portait justement sur la délimitation par la Norvège de sa mer territoriale et sur l'opposabilité ou de la non-opposabilité de la méthode suivie à l'encontre de la Grande-Bretagne ; et, en l'espèce, on se souvient que la C.I.J. avait estimé que la méthode norvégienne de tracé de sa mer territoriale était conforme au droit international et était donc opposable à la Grande-Bretagne. A l'inverse, les prétentions passées de nombreux Etats latino-américains de revendiquer une mer territoriale de 200 milles étaient à l'évidence contraires aux solutions communément admises par le droit international et se sont heurtées à des protestations formelles des Etats tiers intéressés.

854. ***Les espaces non appropriables*** — On rappelera également qu'il existe des *espaces internationaux* qui demeurent en dehors de toute appropriation territoriale exclusive par un Etat quelconque (la haute-mer, l'espace extra-atmosphérique, les voies d'eau internationales, l'Antarctique...).

b) Le contenu de la compétence territoriale.

855. ***L'affaire de l'Ile des Palmes*** — Comme devait le reconnaître, de façon générale, Max Huber, dans son arbitrage précité de *l'affaire de l'Ile des Palmes* : « La souveraineté ne peut se limiter à son aspect négatif, c'est-à-dire au fait d'exclure les activités des autres Etats » (p. 839).

Max Huber précisait également que l'Etat, sur son territoire, bien que souverain, devait aussi « garantir en tous lieux » le minimum de protection résultant du droit international. Autrement dit, l'Etat territorial doit respecter les droits des autres Etats et de leurs nationaux ainsi que les intérêts de la communauté internationale.

I. — Le respect des droits des Etats Tiers.

856. ***Obligations générales*** — Le respect des droits des Etats tiers constitue une obligation générale pour l'Etat territorial. Cette obligation peut s'analyser en deux propositions également très générales :

857. — α) *Un Etat ne saurait tolérer sur son territoire des actes portant atteinte à l'intégrité territoriale d'un Etat tiers.* Par exemple, un Etat ne saurait accepter sur son territoire l'entraînement de « maquisards » qui iraient franchir la frontière et troubler l'ordre territorial d'un pays voisin. C'est là, par exemple, tout le contentieux passé entre la France et l'Espagne, à propos des activités en France de groupes « terroristes » basques espagnols utilisant le territoire français comme base pour réaliser des opérations sur le territoire espagnol ; l'Espagne fit souvent des représentations au gouvernement français pour que celui-ci contrôle les activités de ces terroristes sur son territoire et ne permette pas que le territoire français soit utilisé par eux comme une « base-arrière », doublée d'un « sanctuaire ».

Récemment, la C.I.J. dans *l'affaire des activités militaires et paramilitaires au Nicaragua et contre celui-ci* devait estimer que l'appui financier et logistique, l'entraînement de bandes armées dans le but de renverser un gouvernement établi constituaient une intervention illicite dans les affaires intérieures de l'Etat victime tout en n'étant pas assimilables à une agression armée (arrêt du 26 juin 1986, § 241-242 et 230, 247). Force est de reconnaître que toutes ces tentatives de « déstabilisation » d'Etats étrangers — notamment par des actions territoristes — demeurent fréquentes dans la pratique internationale contemporaine en dépit de leur illicéité.

858. — β) *Tout Etat doit pratiquer des relations de « bon voisinage » avec ses voisins.* Il ne saurait, en règle générale, tolérer des actes qui portent atteinte aux intérêts juridiquement protégés de pays tiers. Par exemple, il doit notifier aux tiers « les dangers » dont il a connaissance sur son territoire et qui pourraient affecter les Etats tiers et leurs ressortissants. Telle était, on s'en souvient, la situation dans *l'affaire du détroit de Corfou* de 1949. Il était reproché à l'Albanie de ne pas avoir notifié aux tiers la présence de mines sur son territoire, ce qui constituait un danger évident. Dans des circonstances analogues, les Etats-Unis devaient être condamnés par la C.I.J. pour n'avoir pas notifié la pose, au demeurant illégale, de mines à l'entrée de certains ports du Nicaragua (voir l'arrêt précité de 1986, § 215). De même, lorsque des Etats procèdent à des explosions nucléaires (ils le faisaient dans le passé dans l'atmosphère), ils doivent le signaler aux tiers et instituer des zones de sécurité pour que les ressortissants de pays tiers ne soient pas atteints par ces explosions. Il y a là autant d'obligations de faire de la part des Etats concernés auteurs du risque potentiel.

De même encore, lorsqu'un accident se produit sur le territoire d'un Etat et *est susceptible d'occasionner des dommages transfrontaliers*, il existe une obligation de notification immédiate — sans préjudice des réparations éventuelles. Tous ces aspects ont été illustrés lors de *l'accident nucléaire de Tchernobyl* en URSS, en 1986 (v. P.P.S. N° 552-553 de 1987 et A. Ch. Kiss, A.F.D.I., 1986.139).

859. ***Affaire de la fonderie du Trail et protection de l'environnement*** — Au titre de cette obligation générale de pratiquer des relations de bon voisinage, les Etats doivent faire en sorte que leur territoire ne soit pas utilisé de manière à causer des troubles sur le territoire d'un pays tiers. Notamment, il ne doit pas contribuer à polluer le territoire d'un Etat tiers. Nous avons déjà cité, dans cette espèce, *l'affaire dite de la fonderie du Trail* qui opposa, en 1938, les Etats-Unis au Canada et où le Canada fut reconnu responsable à raison des fumées de plomb émanant d'une usine située sur son territoire et qui portaient atteinte à l'intégrité du territoire américain en rendant des terres impropres à la culture.

Cette obligation générale de ne pas polluer le territoire d'un Etat voisin a été reconnue par la Conférence de Stockholm de 1972 relative à la protection de l'environnement ainsi que par de nombreuses conventions particulières. Concrètement, cela signifie qu'un Etat ne saurait faire de son territoire une sorte de « poubelle » qui serait ainsi source de nuisances pour les pays voisins.

Enfin, les Etats ne doivent rien faire ou tolérer qui puisse modifier les conditions climatiques ou écologiques prévalant dans des pays tiers. Il s'agit là d'une obligation générale de ne pas faire — ou laisser faire.

II. — Le respect des droits des étrangers.

860. ***L'affaire du "Lynchage des Italiens à la Nouvelle-Orléans"*** — L'Etat, sur son territoire, doit respecter les droits des étrangers qui y résident, c'est-à-dire des nationaux de pays tiers. Il doit respecter non seulement les *droits conventionnels* que ces étrangers posséderaient, mais aussi leurs droits coutumiers. C'est ainsi que l'Etat territorial, en vertu du droit coutumier, a l'obligation générale de protéger les étrangers qui résident sur son territoire ainsi que leurs biens. Il leur doit *sécurité et protection.* On peut citer à ce propos *l'affaire* célèbre du *« lynchage des Italiens à la Nouvelle-Orléans »*, en 1891 (texte *in* Moore, Digest of International Law, 1906, pp. 837-841). Le 14 mars 1891, onze individus d'origine italienne soupçonnés du meurtre du chef de la police de la Nouvelle-Orléans étaient assassinés dans une prison locale par une foule de citoyens locaux surexcités. Le gouvernement italien protesta vigoureusement contre ce « lynchage » dont avaient été victimes ses ressortissants et estima que la responsabilité des Etats-unis était engagée pour absence de protection adéquate due aux résidents étrangers ; il demandait également que les fauteurs de troubles soient poursuivis en justice. Or, le « grand jury » qui se réunit à la Nouvelle-Orléans publia le 5 mai 1891 un rapport qui trouvait toutes les circonstances atténuantes aux extrémistes locaux qui avaient participé à l'assaut de la prison et au meurtre des citoyens italiens et décida de n'en poursuivre aucun en justice. A la suite de nouvelles protestations officielles de l'Italie, ce différend fut réglé à l'amiable entre les deux gouvernements. Au nom des Etats-Unis, le Président Harrison exprima ses regrets à l'Italie et, en même temps, versa une indemnité pour que celle-ci soit distribuée aux familles des victimes qui restaient en Italie.

III. — Le respect des intérêts de la communauté internationale.

861. ***Une limitation d'importance croissante*** — Ici encore il s'agit d'une autre limite à l'exercice par l'Etat de sa souveraineté territoriale. L'Etat territorial devra, en effet, exercer ses compétences *d'une manière conforme aux normes générales du droit international représentant les intérêts fondamentaux de la communauté internationale dans son ensemble.*

C'est ainsi, par exemple, qu'il devra respecter les normes du *jus cogens* (voir *supra*, n° 161 et s.). Par exemple, un Etat, même sur son territoire, ne saurait rétablir l'esclavage, ne saurait établir en matière de droits de l'homme des normes contraires à une règle éventuelle de *jus cogens*. En conséquence, la compétence territoriale de l'Etat se trouve ici limitée, non seulement à l'égard des étrangers, mais aussi à l'égard de ses propres nationaux. Il a été récemment suggéré — et une certaine pratique va clairement dans ce sens — que le non-respect de ces normes de *jus cogens* entraînerait un véritable droit voire un « devoir d'ingérence » de la part de la communauté internationale de nature à justifier des interventions militaires (voir *supra* n° 190 bis et s. et *infra*, n° 998 et 1323 bis).

Egalement, l'Etat territorial doit exercer sa compétence d'une manière qui maintienne la *liberté des communications internationales*. Par exemple, à l'occasion de l'exploitation de son plateau continental ou de sa zone économique exclusive, l'Etat riverain doit respecter la liberté de navigation sur les espaces marins surjacents.

Dans le même sens, si l'Etat riverain a compétence pour exercer sa juridiction sur sa mer territoriale, il ne doit pas faire obstacle au « passage innocent » des navires en temps de paix. *Ce principe coutumier du droit de passage innocent* au travers de la mer territoriale d'un Etat a été reconnu par la Cour internationale de justice à propos des détroits internationaux dans *l'affaire précitée du détroit de Corfou de 1949* (Rec., p. 28).

De même, enfin, l'Etat doit accepter *la relâche forcée* des navires ou des aéronefs (ce que l'on appelle *l'entrée en détresse*). Dans ce cas, l'Etat ne doit pas appliquer ses lois territoriales à ces navires ou à ces aéronefs qui sont en relâche forcée, ceci en vertu d'une *règle coutumière internationale* bien établie.

§ 3 — La compétence personnelle.

862. ***L'affaire Nottebohm*** — Il s'agit ici encore d'un titre à agir de l'Etat et qui, notons-le, est propre à l'Etat puisque lui seul a des « sujets directs », une population qui lui est rattachée. Par conséquent, la population comme le territoire sont deux titres spécifiques à agir, qui sont propres à l'Etat en tant qu'acteur de l'ordre international.

Par nationalité, il faut entendre ici, pour citer la Cour internationale de justice dans *l'affaire Nottebohm* de 1955 qui opposa le Liechtenstein au Guatemala, « un lien juridique ayant à sa base un fait social de rattachement, une solidarité effective d'existence, d'intérêts, de sentiments, jointe à une réciprocité de droits et de devoirs. Elle est, peut-on dire, l'expression juridique du fait que l'individu auquel elle est conférée, soit directement par la loi, soit par un acte de l'autorité, est, en fait, plus étroitement rattaché à la population de l'Etat qui la lui confère qu'à celle de tout autre Etat. Conférée par un Etat, elle ne lui donne titre à l'exercice de la protection vis-à-vis d'un autre Etat que si elle est la traduction, en termes juridiques, de l'attachement de l'individu considéré à l'Etat qui en a fait son national » (Rec., p. 23).

863. ***Compétence de l'Etat*** — Ainsi, l'Etat a, *prima facie*, compétence pour attribuer une nationalité — sa nationalité — aux individus qui sont nés sur son territoire *(jus soli)* ou qui sont nés à l'étranger de parents possédant déjà sa nationalité *(jus sanguinis)*. Toutefois, l'exercice de cette compétence n'est pas discrétionnaire : elle est liée à la présence de certaines conditions de fond pour être internationalement opposable. Certaines limites apparaissent en effet nécessaires en raison des conséquences de la plus grande importance qui sont traditionnellement attachées à l'octroi de la nationalité.

1 — L'octroi de la nationalité par l'Etat.

864. — L'Etat va accorder sa nationalité à des *personnes physiques,* à des *personnes morales*, et, enfin, pour des raisons évidentes de commodité à *certains objets* qui lui sont rattachés (bateaux, avions, satellites et engins spatiaux).

a) La nationalité des personnes physiques.

I. — La compétence exclusive de l'Etat territorial pour l'octroi de sa nationalité.

865. ***Principe coutumier*** — Il s'agit là d'un *principe coutumier* du droit international selon lequel un Etat a pleine compétence pour déterminer les conditions d'acquisition ou de perte de sa nationalité. Seul, bien entendu, l'Etat dispose de cette compétence dans l'ordre international.

Le principe selon lequel l'Etat a la compétence exclusive d'octroyer sa nationalité a été reconnu par la Cour internationale de justice. D'abord dans *l'affaire de l'échange des populations grecques et turques* la C.P.J.I. affirma : « La qualité de ressortissant d'un Etat ne peut se fonder que sur la loi de cet Etat » (ser. B, n° 10, 1925, p. 19). La C.I.J. en 1955, dans *l'affaire Nottebohm* réaffirma clairement ce principe : « Il appartient à tout Etat souverain de régler par sa propre législation l'acquisition de sa nationalité ainsi que de conférer celle-ci par la naturalisation octroyée par ses propres organes, conformément à cette législation » (Rec., p. 20).

Sans doute, *des conventions internationales* peuvent-elles intervenir *pour limiter ou ordonner cette compétence étatique* en matière d'octroi de la nationalité, essentiellement pour éviter les cas de double nationalité ou les cas d'apatridie, sans parler d'éviter les mesures de dénationalisation (voir *infra*, n° 991).

866. ***Article 3 du code civil*** — Seuls des engagements conventionnels précis ou des règles coutumières générales comme dans *l'affaire Nottebohm* peuvent limiter cette compétence de l'Etat en matière d'octroi de sa nationalité. Tout individu est, par nécessité, relié à un ordre territorial déterminé. Dès lors, à son égard, l'Etat possède un double titre à agir : d'une part en tant que souverain teritorial, d'autre part en tant que « souverain personnel » (voir, à titre d'exemple, l'article 3 précité du Code civil français). On conçoit donc aisément que le droit international ne puisse faire céder ces deux chefs de compétences que dans des cas bien délimités ou marginaux.

II. — Une opposabilité internationale conditionnelle : le « rattachement réel » ou la « nationalité effective ».

867. ***L'affaire Nottebohm*** — La nationalité octroyée par l'Etat, si elle est *prima facie* valable sur le plan interne, ne l'est pas, en revanche, dans tous les cas au niveau international. Tel est ici le grand apport de *l'arrêt Nottebohm* de la Cour internationale de justice. La Cour décida en effet, que la nationalité accordée par un Etat, pour être opposable à un Etat tiers, *ne devait pas être fictive*. Elle devait être *effective* et reposer sur un *rattachement réel entre l'individu et l'Etat lui octroyant sa nationalité*. La Cour s'exprima dans les termes suivants : « La Cour doit examiner si la nationalité conférée à Nottebohm par voie de naturalisation présente ce caractère (lien effectif), en d'autres termes, si le rattachement de fait existant entre Nottebohm et le Liechtenstein à l'époque précédant, entourant et suivant sa naturalisation apparaît comme suffisamment étroit, comme si prépondérant par rapport au rattachement pouvant exister entre lui et tel ou tel autre Etat, qu'il permette de considérer la nationalité à lui conférée comme effective, comme l'expression juridique exacte d'un fait social de rattachement préexistant ou se constituant ensuite » (p. 24). En appliquant ces critères généraux au cas de l'espèce, la Cour arriva à la conclusion que le lien de rattachement entre Nottebohm et le Liechtenstein n'était pas effectif. La Cour estima en effet : « Ces faits établissent clairement, d'une part, l'absence de tout lien de rattachement entre Nottebohm et le Liechtenstein, d'autre part l'existence d'un lien ancien et étroit de rattachement entre lui et le Guatemala, lien que sa naturalisation n'a aucunement affaibli. Cette naturalisation, poursuit la Cour, ne repose pas sur un rattachement réel au Liechtenstein qui lui soit antérieur et elle n'a rien changé au genre de vie de celui auquel elle a été conférée dans des conditions exceptionnelles de rapidité et de bienveillance. Sous ces deux aspects, poursuit la Cour, elle manque de la sincérité qu'on doit attendre d'un acte aussi grave pour qu'il s'impose au respect d'un Etat se trouvant dans la situation du Guatemala. Elle a été octroyée sans égard à l'idée que l'on se fait, dans les rapports internationaux, de la nationalité » (Rec., p. 26).

En l'espèce, la Cour n'a pas dit que Nottebohm ne possédait pas la nationalité du Liechtenstein sur le plan interne — d'ailleurs ce n'était pas la question posée — mais que cette nationalité ainsi octroyée n'avait pas d'effet international, qu'elle ne pouvait être opposable à un Etat tiers, ici le Guatemala.

b) La nationalité des personnes morales.

868. — En règle générale, les principes de base sont identiques. Toutefois, nous le verrons, le contrôle du droit international est plus faible en la matière.

I. — La compétence exclusive de l'Etat territorial.

869. ***L'affaire de la "Barcelona Traction"*** — Ici encore, le principe est le même ; l'Etat territorialement souverain *a seul compétence pour déterminer la nationalité des personnes morales*. En règle générale, il existe deux méthodes d'octroi de la nationalité pour les sociétés : d'une part, les pays de la famille romano-germanique utilisent le critère du *siège social*, d'autre part les pays de common law utilisent le *lieu d'incorporation*. Parfois, un troisième critère est employé, mais à des fins bien particulières — nationalisation, confiscation de biens ennemis — ou pour des motifs de politique économique interne comme en matière d'investissements étrangers par exemple — à savoir le *contrôle* de la société en question.

Dans *l'affaire de la Barcelona Traction*, qui opposa la Belgique à l'Espagne devant la Cour internationale de justice, la C.I.J. devait formellement reconnaître l'existence de ces critères retenus par les divers sytèmes de droit interne, sans marquer sa préférence pour l'un des deux premiers, mais tout en excluant le troisième comme trop exceptionnel (voir les paragraphes 70 et 71 de l'arrêt).

II. — L'absence de contrôle par le droit international de l'effectivité du rattachement de la société à l'Etat territorial.

870. ***Une approche de la CIJ différente de celle suivie dans l'affaire Nottebohm*** — On ne peut ici qu'être frappé par la *grande différence* avec laquelle la Cour internationale de justice a abordé le problème de la nationalité des individus et celle des personnes morales. En effet, en matière de personnes physiques, la Cour a retenu le critère de la *nationalité effective* ; or, elle ne devait pas suivre cette approche pour la *nationalité des sociétés*, des personnes morales. Elle estima, en effet, « qu'aucun critère absolu applicable au lien effectif n'a(vait) été accepté de manière générale. Les critères que l'on a retenus ont un caractère relatif, poursuit la Cour, et l'on a parfois mis en balance les liens d'une société avec un Etat et ses liens avec un autre. A cet égard, l'on s'est référé à l'affaire Nottebohm et, en fait, les parties l'ont fréquemment mentionnée au cours de la procédure. Toutefois, ajoute la C.I.J., étant donné les aspects de droit et de fait que présente la protection en l'espèce, la Cour estime qu'il ne saurait y avoir d'analogie avec les questions posées ou la décision prise en cette affaire » (§ 70).

871. ***L'approche formelle de la Cour dans l'affaire de "la Barcelona Traction" désavouée par le droit conventionnel*** — Dans *l'affaire de la Barcelona Traction*, la C.I.J. nota que cette société, étant « incorporée » au Canada possédait la nationalité de ce pays ; en conséquence, seul le *Canada avait le droit d'exercer sa protection diplomatique au profit de cette société.* La Cour n'attacha aucune importance au fait — non contesté — que la majorité des actionnaires de cette société étaient des ressortissants belges ; ainsi, refusant de retenir le *critère du contrôle*, la Cour fut logiquement amenée, dans ces conditions, à dénier tout droit à la Belgique de « prendre fait et cause » pour cette société. Une telle conception purement formelle de la nationalité des sociétés entraîne des conséquences importantes — et néfastes — dans le domaine des relations économiques internationales que la Cour ne semble pas avoir entrevues (voir *infra*, n° 887). C'est ainsi par exemple que *l'Agence Multilatérale pour la Garantie des Investissements* (A.M.G.I.) créée par une convention négociée sous les auspices de la Banque Mondiale en 1985 repose sur une analyse inverse à celle suivie par la C.I.J. ; en effet, la protection internationale établie par ce traité couvre à la fois les sociétés établies dans les Etats membres et celles qui sont *contrôlées* par leurs nationaux sans qu'il soit tenu compte ici du lieu du siège social ou du dépôt de leurs statuts (voir l'article 13 (a) de la Convention de Séoul du 11 octobre 1985). D'une façon générale, la pratique internationale telle qu'elle s'exprime par les traités bilatéraux en matière de protection des investissements privés étrangers (et plus de 1 600 traités de ce type sont actuellement en vigueur) a pris le contre pied de la position de la Cour et consacre officiellement le critère du contrôle aux fins de l'exercice par les Etats de leur compétence de protection au profit des sociétés dont leurs nationaux sont les actionnaires majoritaires.

872. ***Refus par la C.I.J. de retenir le critère du contrôle*** — Ainsi, en matière de *nationalité des personnes morales*, la Cour de La Haye refusa de prendre en considération *l'effectivité du rattachement* entre la société et l'Etat dont elle prétendait posséder la nationalité. Autrement dit, la Cour refusa de recourir au *critère du contrôle*, ce qui l'aurait alors amenée à « percer le voile social », entreprise sans doute difficile à mener dans la plupart des cas. Cependant, une approche en ce sens de la C.I.J. aurait constitué le pendant en matière de nationalité des sociétés du critère du « lien effectif » retenu par elle dans *l'affaire Nottebohm* pour apprécier la validité internationale de la nationalité des personnes physiques. Or, on perçoit mal les raisons qui ont poussé la Cour à retenir des critères différents pour la nationalité des personnes physiques et pour celle des personnes morales — sans parler de celle des navires.

c) La nationalité des navires.

873. ***Nécessité*** — Tout navire doit avoir une *nationalité*, c'est-à-dire un rattachement à l'ordre juridique d'un Etat déterminé. Il ne saurait y avoir de « vaisseau fantôme » dans l'ordre international. De la sorte, il sera plus aisé d'établir un ordre juridique en matière de navigation maritime internationale. Ceci étant, tout Etat possède une *entière compétence* pour déterminer les navires qu'il autorisera à « battre son pavillon », c'est-à-dire qui posséderont sa nationalité à des fins maritimes. Cependant, le droit international semble limiter ici le pouvoir discrétionnaire étatique en imposant un « rattachement effectif » qui, dans bien des cas, pourra demeurer purement fictif.

I. — Un octroi discrétionnaire par les Etats.

874. ***Compétence coutumière de l'Etat*** — Dans l'affaire dite des « *Boutres de Mascate* », jugée le 8 août 1905, la Cour Permanente d'Arbitrage, se plaçant sous l'angle du *droit coutumier* — le seul d'ailleurs qui existait à l'époque en la matière — devait relier l'octroi de la nationalité aux navires à la souveraineté de l'Etat. « En règle générale, reconnaît la C.P.A., il appartient à tout Etat souverain de décider à qui il accordera le droit d'arborer son pavillon et de fixer les règles auxquelles l'octroi de ce droit sera soumis » (R.S.A., XI, p. 92). Cette règle coutumière devait être reprise par le droit conventionnel contemporain. Ainsi, la Convention de Genève sur la haute mer de 1958 dispose dans son article 5 : « Chaque Etat fixe les conditions auxquelles il accorde sa nationalité aux navires ainsi que les conditions d'immatriculation et du droit de battre son pavillon. Les navires possèdent la nationalité de l'Etat dont ils sont autorisés à battre pavillon ». Cet article prévoit *in fine* l'existence d'un « lien substantiel entre l'Etat et le navire », tout en s'abstenant de préciser ce qu'il faut entendre par « lien substantiel ». La Convention des Nations unies sur le Droit de la Mer, signée à Montego Bay le 10 décembre 1982 devait reprendre cette même formulation (art. 91, al. 1). On notera enfin, que la situation de *double nationalité*, si elle est admise pour les personnes physiques, est ici formellement interdite pour les navires, ce qui se conçoit aisément pour des raisons pratiques évidentes (voir l'article 5 de la convention de Genève précitée de 1958 et l'article 91 alinéa 1 de celle de Montego Bay).

II. — Un faible contrôle international : « un lien substantiel » souvent fictif.

875. ***Légalisation des "pavillons de complaisance"*** — Le même article 5 de la Convention de Genève de 1958 sur la haute mer prévoit, à titre d'illustration de cette « nationalité effective », que l'Etat du pavillon doit « notamment exercer effectivement sa juridiction et son contrôle dans les domaines technique, administratif et social » sur les navires battant son pavillon. Cette dernière disposition semble viser et exclure les pratiques laxistes bien connues suivies par des pays comme le Panama, le Libéria ou le Honduras, qui acceptent d'immatriculer des navires sans imposer de contrôle réel de leur part ; pour ces raisons, ils sont d'ailleurs communément décrits comme des « pavillons de complaisance » (flags of convenience).

Toutefois, l'interprétation de la Cour Internationale de Justice n'alla pas dans ce sens. En effet, elle fut amenée, en 1960, à donner un avis consultatif sur *la composition du Comité de la sécurité maritime de l'O.M.C.I.* En l'espèce, il s'agissait d'interpréter l'expression de « pays possédant les flottes de commerce les plus importantes », ces nations ayant alors le droit de nommer un représentant au Comité de la sécurité maritime. Or, deux pays à « pavillons de complaisance », occupaient, l'un le Libéria le troisième rang mondial, et l'autre, Panama le huitième rang. Ces deux Etats qui, en raison d'un très et trop généreux octroi de leur pavillon parmi les plus importantes du monde, possédaient-ils le droit d'être représentés à ce Comité de l'O.M.C.I. ? Autrement dit, convenait-il de retenir un simple *critère formel pour la détermination de la nationalité des navires — leur pays d'immatriculation — ou au contraire un critère matériel*, leur « rattachement effectif », leur « lien substantiel » avec un Etat déterminé ? La C.I.J. décida de suivre la première branche de l'alternative. La Cour s'appuya en effet sur *le seul critère du tonnage immatriculé* comme étant « pratique, certain et facilement applicable » et conforme à « la pratique internationale et aux usages maritimes » (Rec., p. 169).

La Cour refusa d'aborder le problème de la nationalité des navires par le biais du « rattachement effectif » ou du « lien substantiel » comme l'y invitait la Convention de Genève précitée, ce qui aurait dû lui permettre d'aboutir à une solution différente, du type « Nottebohm ». Autrement dit, *en matière de nationalité des navires, la Cour n'a pas suivi sa jurisprudence Nottebohm.* Si elle l'avait suivie, elle aurait estimé que Panama et le Libéria ne possédaient pas de *lien substantiel* avec les bateaux battant leur pavillon et que, par conséquent, ils ne pouvaient pas être qualifiés de « pays possédant les flottes de commerce les plus importantes ».

Cette jurisprudence laxiste semble avoir été condamnée par la Convention précitée de Montego Bay de 1982 qui impose une longue liste d'obligations à l'Etat du pavillon, qui, si elles étaient effectivement respectées, réduiraient à néant les avantages des flottes de complaisance (v. l'article 94).

876. ***Une approche formelle annonciatrice de la décision "Barcelona Traction"*** — On remarquera que cette *approche purement formelle* de la nationalité suivie par la C.I.J. en matière de navires est celle que la même Cour devait suivre plus tard en matière de nationalité des sociétés dans *l'affaire* précitée de la *Barcelona Traction.* Le moins que l'on puisse dire devant cette jurisprudence sinueuse est que la conception de la Cour Internationale de Justice en matière de nationalité manque singulièrement de continuité, voire de logique.

d) La nationalité des aéronefs.

877. ***Convention de Chicago*** — L'article 17 de la Convention de Chicago de 1944 relative à l'O.A.C.I. (Organisation de l'aviation civile internationale) impose l'immatriculation des aéronefs dans un seul Etat ; *l'avion possédera ainsi la nationalité du pays où il est immatriculé.*

On notera avec intérêt qu'elle n'impose aucun « lien substantiel » (comme cela est le cas pour les navires, voir *supra*, n° 875) ou un « rattachement effectif » (comme cela est le cas pour les personnes physiques en vertu de la « jurisprudence Nottebohm », voir *supra*, n° 867) entre ledit aéronef et l'Etat d'immatriculation. Pour la Convention de Chicago, l'octroi de la nationalité à un aéronef par le biais de son immatriculation relève du pouvoir discrétionnaire des Etats. Pourtant, cette solution multilatérale permissive allait être rapidement désavouée par la pratique des Etats. En effet, les accords aériens bilatéraux conclus entre Etats imposent une «nationalité effective», c'est-à-dire un contrôle capitalistique par les nationaux des transporteurs pour que ceux-ci puissent bénéficier des libertés aériennes négociées. Cette condition spécifique apparaît ainsi comme un obstacle insurmontable à des fusions transfrontières de compagnies aériennes.

878. ***Large compétence de l'Etat d'immatriculation*** — Un Etat a donc la possibilité d'accepter d'immatriculer des avions appartenant à des compagnies étrangères, celles-ci devant alors appliquer pour ces appareils toute la réglementation aéronautique émise par l'Etat d'immatriculation. Il peut en résulter des situations curieuses pour une compagnie aérienne qui aura immatriculé ses appareils dans des pays différents. Tel fut le cas, par exemple de la compagnie française U.T.A. dont certains appareils étaient immatriculés en France et d'autres aux Etats-Unis. A la suite d'accidents qui frappèrent un modèle d'avion (des D.C. 10) ils furent suspendus de vol dans tous les pays du monde pendant une certaine durée, la suspension ayant cependant été plus longue aux Etats-Unis qu'ailleurs ; de la sorte, cette compagnie aérienne française se trouva empêchée d'utiliser pendant une certaine période ses avions « américains » tandis qu'elle put faire voler ses appareils immatriculés en France. Si un conflit de travail se déclenche, ce sont en conséquence les tribunaux du pays d'immatriculation qui seront compétents (voir, dans *l'affaire Air Afrique*, l'arrêt de la Chambre mixte de la Cour de cassation du 28 février 1986, *in* Clunet 1986.992 avec une note P. Rodière).

e) Les satellites et objets spatiaux.

879. — Le principe est que satellites et objets spatiaux doivent être immatriculés par l'Etat (ou une institution internationale comme INTELSAT ou l'Agence Spatiale Européenne) qui a procédé à leur lancement. Cette règle est posée par la *Convention sur l'immatriculation des objets lancés dans l'espace extra-atmosphérique* du 14 janvier 1975, qui a été ratifiée par la France le 19 décembre 1977 (voir J.O. 30 décembre 1977, p. 6293). Il n'y a pas ici de limite particulière au droit de l'Etat d'immatriculer des objets ou satellites spatiaux. On notera toutefois ici que le lien est réel puisque seuls les Etats capables, bien entendu, de lancer et de fabriquer de tels engins vont les immatriculer. Il y a donc peu de chance d'avoir des situations de satellites ou d'objets spatiaux de complaisance. L'immatriculation, nous le verrons, entraîne des conséquences importantes en raison des accidents qui pourraient être causés par la chute de ces satellites et objets spatiaux ; dans une telle hypothèse, la responsabilité internationale de l'Etat (ou de l'institution internationale) qui a procédé au lancement sera engagée.

2 — Les conséquences de l'octroi de la nationalité.

880. — Les conséquences de l'octroi de la nationalité par un Etat sont fondamentales dans l'ordre international ; elles peuvent s'articuler autour de trois grands principes généraux.

a) L'application de l'ordre juridique de l'Etat national.

L'Etat va appliquer à ses nationaux — individus, sociétés, navires, aéronefs, satellites — ses lois. Trois situations doivent être définies :

881. ***Application sur son territoire*** — i) L'Etat applique tout d'abord ses lois nationales aux individus, aux sociétés et aux choses qui se trouvent sur son territoire. La compétence de l'Etat trouvera ici son fondement à la fois sur la *localisation territoriale* et sur le *lien de nationalité*. Dans une telle hypothèse, de loin la plus fréquente, l'Etat possédera une *pleine juridiction* (édiction et exécution des normes juridiques).

882. ***Application à ses nationaux dans des espaces internationaux*** — ii) L'Etat applique également ses lois nationales aux individus, aux sociétés, aux choses — avions, navires, satellites — qui se trouvent dans un *espace international*, par exemple en haute mer ou dans l'espace extra-atmosphérique. Cette extension de la compétence personnelle de l'Etat au-delà de son territoire s'explique par la *préoccupation d'éviter le vide juridique*. Tant qu'il n'y aura pas un droit international complet applicable à ces espaces internationaux, il est clair que le *titre à agir* des divers Etats nationaux sera fondé non pas sur le territoire puisqu'ils n'ont pas de compétences territoriales dans ces espaces internationaux, mais *sur le lien de nationalité*, c'est-à-dire sur leur *compétence personnelle*, voire sur leur *compétence de protection de certains intérêts internationaux*. Dans une telle hypothèse, la juridiction étatique sera encore complète (édiction et exécution des normes juridiques), mais elle devra s'exercer à l'intérieur des limites posées par le droit international. C'est ainsi, par exemple, que l'Etat pourra surveiller l'activité de ses nationaux (voire parfois des étrangers) sur des lieux de pêche situés en haute mer, afin de s'assurer qu'ils respectent la réglementation applicable, que celle-ci soit d'origine nationale ou internationale. Si le régime international de cet espace international est imprécis — voire inexistant — des conflits de juridiction pourront se produire, plusieurs Etats prétendant exercer concurremment leurs compétences.

883. ***Application à ses nationaux en territoire étranger*** — iii) L'Etat applique aussi ses lois nationales à des individus, des sociétés ou des objets qui viendraient à se trouver sur le territoire d'un Etat étranger. Par exemple, le Français qui se rend dans un pays étranger va se trouver à la fois soumis à la compétence personnelle de l'Etat français et à la compétence territoriale de l'Etat où il va résider. Il en va de même pour les bateaux ou les avions. Et, dans ce cas, il existe un conflit de juridiction possible entre, d'une part, la compétence personnelle d'un Etat et, d'autre part, la compétence territoriale d'un autre. Le premier aura une juridiction incomplète : il continuera à posséder une compétence d'édiction, mais il perdra toute compétence d'exécution. En revanche, le second possédera une pleine juridiction. Une telle situation est éminemment propice à la naissance et au développement de conflits de *juridiction inter-étatiques* (voir *infra*, n° 893 et s.).

Certains Etats ont des conceptions particulièrement extensives de leurs titres à agir. Il en va ainsi par exemple de la France qui accorde à ses nationaux un très large privilège de juridiction (entendu ici au sens du droit d'être jugé par des tribunaux français) aux termes des articles 14 et 15 du Code civil. De même, traditionnellement, les Etats-Unis prétendent exercer leur juridiction sur des sociétés étrangères pour peu que celles-ci soient « possédées ou contrôlées » (owned or controlled) par des nationaux ou résidents américains. De telles prétentions exorbitantes ne sauraient être reconnues par le droit international positif contemporain.

b) La mise en jeu possible de la responsabilité internationale de l'Etat à raison des ses « nationaux ».

884. ***Rappel de deux principes généraux*** — On se bornera ici, puisque cette question sera examinée plus en détail par la suite, à rappeler deux principes extrêmement généraux.

D'une part, *la responsabilité internationale de l'Etat peut être engagée à raison du comportement de ses nationaux.* Il en va ainsi dans toutes les circonstances où ceux-ci ont agi *en tant qu'agents dudit Etat.* Il en va différemment si les nationaux n'agissent qu'en tant que personnes privées. Par exemple, le sabotage le 10 juillet 1985 dans le port néo-zélandais d'Auckland du navire « Rainbow Warrior » appartenant au mouvement écologiste « Greenpeace » constitua une violation directe du droit international (atteinte à l'intégrité territoriale d'un Etat étranger) parce qu'il fut effectué par des agents des services « secrets » du gouvernement français. En revanche, si le même acte avait été commis par des ressortissants français agissant pour leur propre compte, la responsabilité internationale de l'Etat français n'aurait pu être mise en cause.

L'Etat peut voir aussi sa responsabilité internationale engagée pour les *objets* qu'il a accepté d'immatriculer, avions, navires ou surtout satellites et engins spatiaux. C'est ainsi, par exemple, que si un satellite se disloque et tombe sur le territoire d'un autre Etat en causant des dommages, l'Etat d'immatriculation sera obligé de les réparer. On en a eu un exemple passé lorsqu'un satellite soviétique de la série dite *Cosmos* est tombé sur le territoire canadien et a causé certains dommages dont le Canada a demandé réparation à l'U.R.S.S. (voir la demande présentée par le Canada à l'U.R.S.S. en janvier 1979. Texte *in* I.L.M. 1979.899. Pour le règlement de cette affaire en 1981, voir I.L.M. 1981.689).

c) L'exercice possible par l'Etat national de sa « protection diplomatique » au bénéfice de ses nationaux.

885. ***Nécessité d'un lien de nationalité*** — Là encore, l'essentiel de cette question sera étudié plus en détail et l'on se bornera à évoquer les principes fondamentaux de la matière.

Pour que l'Etat puisse exercer sa protection diplomatique à l'égard de personnes physiques ou morales, il faut que celles-ci *possèdent la nationalité de cet Etat.*

886. ***Le refus de la protection diplomatique faute de lien de nationalité : l'affaire Nottebohm*** — Le lien de nationalité est ici essentiel. En son absence, l'Etat ne pourra pas exercer sa protection diplomatique. Telle fut, on le rappelle, la situation factuelle de *l'affaire Nottebohm :* la C.I.J. refusa au Liechtenstein le droit d'exercer sa protection diplomatique à l'encontre du Guatemala en raison de la nationalité « fictive » du sieur Nottebohm qui n'était pas « opposable » à ce dernier pays ; faute d'un lien de nationalité adéquat, le Liechtenstein perdait tout droit à agir en faveur de Nottebohm.

887. ***Ditto : les affaires de "la Barcelona Traction" et "Elettronica Sicula"*** — Il en alla de même dans *l'affaire* précitée de la *Barcelona Traction.* La Cour de La Haye refusa en effet à la Belgique le droit d'exercer sa protection diplomatique à l'encontre de l'Espagne et au profit de ses nationaux qui, en tant qu'actionnaires majoritaires, contrôlaient cette société, incorporée au Canada et possédant la nationalité de ce pays. Autrement dit, en l'espèce, seul le Canada était fondé à exercer sa protection diplomatique au titre de sa compétence personnelle. La C.I.J. justifia sa position par des raisons de simplicité. Elle s'exprima dans les termes suivants : « La Cour considère que l'adoption de la thèse de la protection diplomatique des actionnaires comme tels, en ouvrant la voie à des réclamations diplomatiques concurrentes, pourrait créer un climat de confusion et d'insécurité dans les relations internationales » (paragraphe 96 de l'arrêt de la Cour).

Cette solution n'emporte pas la conviction malgré les explications données de simplicité. En effet, il y a là une approche bien formelle qui est contraire à la réalité de la multinationalisation, ou de l'internationalisation des affaires. Il est fréquent que les filiales d'entreprises dites « multinationales », elles-mêmes contrôlées à 100 % par la maison mère, effectuent des investissements dans des pays tiers ; et, dans ce cas, la filiale qui aura la nationalité française, allemande ou anglaise, et qui aura investi dans un pays tiers, ne sera pas — dans les faits — protégée par l'Etat dont elle a la nationalité, dans la mesure où les nationaix de cet Etat n'auront aucun intérêt économique dans cette société. et telle fut d'ailleurs la position du Canada à l'égard de la *Barcelona Traction* : pourquoi aurait-il engagé des frais et risqué d'envenimer ses relations avec un pays ami — l'Espagne — pour protéger une société où ses nationaux n'avaient acun intérêt ? De plus, en droit, l'Etat de la société mère se verra empêché de protéger diplomatiquement une filiale étrangère parce que cette dernière n'en aura pas la nationalité, même si elle est entièrement contrôlée par ses ressortissants. On se trouve alors dans une situation de vide juridique, de nature à créer un déni de justice pour ce type de filiales de sociétés multinationales, qui se voient ainsi privées de toute possibilité de protection diplomatique. En 1989, dans *l'affaire ELSI* qui opposa les Etats-Unis à l'Italie, la C.I.J. devait s'en tenir à son analyse purement formelle développée lors du litige concernant la *Barcelona Traction* de sorte que cette jurisprudence regrettable doit être maintenant considérée comme bien établie (voir, dans le même sens, P. Juillard, l'arrêt de la Cour Internationale de Justice (chambre) du 20 juillet 1989 : *l'affaire de l'Elettronica Sicula* (Etats-Unis/Italie), « Procès sur un traité ou procès d'un traité ? », A.F.D.I., 1989.276 ; et voir, pour une interprétation contraire, B. Stern, « La protection diplomatique des investissements internationaux, de *Barcelona Traction à Elettronica Sicula* ou les glissements progressifs de l'analyse », Clunet, 1990.897). Le droit international conventionnel récent - tant bilatéral que multilatéral - a formellement répudié cette analyse de la C.I.J. ; pour lui un investissement est protégeable par l'Etat dont les nationaux possèdent le *contrôle effectif* d'une société, quelle que soit la nationalité formelle de cette dernière.

Par conséquent, c'est le lien de nationalité qui est essentiel pour permettre à l'Etat d'exercer sa protection diplomatique ; en son absence, l'Etat sera dépourvu de « titre » pour exercer sa protection diplomatique.

888. ***Compétence propre de l'Etat*** — Cela étant, il convient de ne pas oublier que, même en protégeant diplomatiquement ses nationaux, *l'Etat ne fait qu'exercer ses propres droits*, plus précisément son droit à voir les Etats tiers respecter *la légalité internationale.* Autrement dit, l'Etat protecteur n'agit pas en tant que *subrogé* dans les droits de ses nationaux. La Cour Internationale de Justice l'a maintes fois précisé. C'est ainsi que dans l'une des toutes premières affaires dont elle eut à connaître — *l'affaire Mavromatis* — la C.P.J.I. s'exprima dans les termes classiques suivants : « En prenant fait et cause pour l'un des siens, en mettant en mouvement en sa faveur l'action diplomatique ou l'action judiciaire internationale, (un) Etat fait, à vrai dire, valoir son propre droit, le droit qu'il a de faire respecter en la personne de ses ressortissants le droit international » (ser. A, n° 2, p. 12 ; et ser. A/B, n° 21, p. 17).

La Cour de La Haye ne devait jamais plus se départir de cette position de principe. La C.I.J. la rappela dans les termes les plus nets lors de *l'affaire Nottebohm* précitée. La Cour s'exprimait ainsi : « La protection diplomatique et la protection par la voie judiciaire internationale constituent une mesure de défense des droits de l'Etat » (Rec., p. 24).

Nous aurons l'occasion de revenir en détail plus tard sur tout l'artifice que constitue cette construction prétorienne du mécanisme de la protection diplomatique.

§ 4 — La compétence de l'Etat pour protéger les intérêts d'Etats tiers ainsi que les siens propres (le principe de protection).

889. ***Titre à agir de l'Etat*** — L'Etat dispose ici d'un autre *titre à agir* : il est en effet, *prima facie*, compétent pour protéger certains intérêts d'Etats tiers en même temps que les siens propres.

890. ***Obligation de protection des intérêts légitimes des Etats étrangers*** — i) Un Etat est tout d'abord dans l'obligation d'édicter des normes juridiques protégeant les *intérêts légitimes de pays tiers*, c'est-à-dire leur *honneur*, leur *système politique ou économique*.

Par exemple, les atteintes à l'honneur des Chefs d'Etats étrangers et de leurs représentants sont traditionnellement réprimés par le droit interne des nations. La loi française punit comme un *délit* les offenses publiques commises à l'encontre des chefs d'Etats étrangers et de leurs représentants (voir l'ordonnance du 6 mai 1944 modifiant les articles 36-37 de la loi sur la presse de 1881). De plus, les autorités françaises peuvent même être amenées à intervenir préventivement. Dans ce sens, une affaire eut son heure de célébrité il y a quelques années à propos d'une pièce écrite par un auteur américain, et dont le titre était « Mac Bird » ; il s'agissait d'une parodie de la célèbre pièce de Shakeaspeare qui dépeignait sous des traits particulièrement désagréables le président des Etats-Unis de l'époque, Lyndon B. Johnson et surtout sa femme. Le gouvernement français fit savoir que la représentation de cette pièce en France serait soumise à des poursuites pénales dans la mesure où il y avait là atteinte à l'honneur d'un chef d'Etat étranger.

Dans un domaine différent, l'Etat va aussi protéger le *système économique* des pays tiers, à commencer par *leur monnaie*. Le Code pénal français réprime comme un crime : « la contrefaçon ou l'altération de monnaies étrangères, de billets de banque » (voir les articles 133-134).

De même, le *système politique ou administratif* des Etats bénéficie d'une protection générale par le biais de la répression de la *falsification des documents officiels*. C'est ainsi par exemple qu'une loi française de 1918 réprime comme un délit les contrefaçons de sceaux, timbres, cachets et marques des gouvernements étrangers et autorités étrangères (articles 444-1 à 9 du nouveau Code pénal). *A fortiori*, un Etat ne saurait, en temps de paix, faire procéder à la falsification de la monnaie ou des documents officiels d'un pays tiers. La France dut ainsi présenter ses excuses à la Suisse lorsque certains de ses agents, arrêtés en Nouvelle-Zélande à la suite du sabotage en juillet 1985 du « Rainbow Warrior » dans le port d'Auckland, furent trouvés porteurs de faux passeports de la Confédération Helvétique.

891. ***Droit de protection de ses propres intérêts légitimes*** — ii) Un Etat a également compétence pour *réprimer* dans son ordre juridique certains actes effectués en pays étranger. Il possédera ici compétence d'édiction mais non celle d'exécution. Si, en principe, les *infractions* *commises à l'étranger par des étrangers* ne rentrent pas dans la compétence répressive d'un Etat tiers, cette règle cède dans des domaines qui présentent un intérêt national vital ; ainsi, la France réprime les crimes contre la sûreté de l'Etat français, même si ceux-ci ont été commis à l'étranger et par des étrangers (voir l'article 113-10 du nouveau Code pénal). En outre, il est naturel que la compétence de l'Etat soit plus étendue pour *poursuivre les infractions commises à l'étranger par ses nationaux* ; c'est ainsi, par exemple, que la juridiction pénale française s'étend aux crimes et délits perpétrés à l'étranger par des nationaux français (voir l'article 113-6 du nouveau Code pénal). Il va de soi que, pour assurer la sanction effective de ces normes répressives, le pays qui les édicte devra bénéficier du concours de l'Etat sur le territoire duquel ces faits criminels ou délictueux se sont produits.

L'exercice par l'Etat de sa compétence de protection constitue une *source certaine de conflit* — notamment dans le domaine économique et plus particulièrement en matière de concurrence — lorsqu'il prétend appréhender des actes qui se sont déroulés à l'étranger parce qu'ils produisent des effets *nocifs* sur son territoire (voir *infra*, n° 893 et s.).

§ 5 — La compétence de l'Etat pour la protection de certains intérêts de la communauté internationale.

892. ***Nouveau titre à agir d'importance croissante*** — On est ici en présence d'un autre titre à agir de la part de l'Etat, d'un nouveau chef de compétence : il a le droit — et parfois l'obligation — de protéger *certains intérêts particulièrement fondamentaux de la communauté internationale*. Il y a là autant d'exemples de la loi dite du « dédoublement fonctionnel » si chère à Georges Scelle, et selon laquelle l'Etat national est également chargé d'assurer la gestion et la défense des intérêts internationaux en plus des siens propres.

C'est ainsi qu'en vertu de règles conventionnelles ou coutumières internationales, tout Etat a le droit d'agir aux fins de réprimer certains crimes ou de les prévenir. C'est ainsi que tout Etat a le droit de réprimer « les crimes internationaux » comme la piraterie en haute mer ou aérienne, l'esclavage, la traite des êtres humains, le trafic de narcotiques ou les crimes contre l'humanité, par exemple. Dans ces hypothèses, il est même loisible d'affirmer que l'Etat n'a pas seulement le droit mais bien l'obligation d'agir. On rappellera également la tendance souvent notée du droit international le plus récent qui est d'accorder aux Etats le droit, si ce n'est de leur imposer le devoir, d'agir en tant que mandataire de la communauté internationale - au besoin militairement -, pour mettre fin à des violations massives du droit humanitaire international, à défaut du *jus cogens* dans son ensemble (voir *supra* n° 861 et *infra* n°s 998, 1323bis).

De même l'Etat peut être fondé à agir afin de prévenir la naissance de situations qui pourraient être dommageables pour l'ordre international ; ainsi, les Etats ont le droit de prendre des mesures unilatérales en haute mer afin d'éviter l'épuisement des stocks de poissons ; une telle compétence est expressément reconnue, par exemple, par la Convention de Genève du 29 avril 1958, sur la conservation des espèces marines. Dans ce type de situations, l'Etat a seulement le droit mais non l'obligation d'agir. La Convention de Montego Bay de 1982 précitée, bien que moins précise que celle de Genève, reconnaît aux Etats ce pouvoir d'action unilatérale aux fins de conservation des ressources biologiques de la haute mer dans son article 119.

§ 6 — Les conflits de compétence.

893. ***Situations conflictuelles*** — Il s'agit ici d'examiner des situations complexes où intervient une opposition entre deux Etats qui prétendent régir la même personne ou la même situation. Le plus souvent, on est en présence *d'une opposition, d'un conflit entre la compétence territoriale et la compétence personnelle ou de protection.* Sans doute, pour régir les personnes ou les situations sur son territoire, l'Etat n'a pas besoin de faire appel à sa compétence personnelle : tous les individus, tous les objets qui se trouvent sur le territoire d'un Etat sont soumis à sa compétence, en raison de leur localisation. En revanche, lorsque des étrangers résident sur le territoire de l'Etat — personnes physiques ou morales, avions ou navires immatriculés à l'étranger —, ils sont alors sans doute soumis à la juridiction de cet Etat, mais les conflits peuvent alors être aigus entre deux Etats dont l'un prétend exercer sa compétence territoriale et l'autre sa compétence personnelle. Sans doute, en règle générale, est-il possible d'affirmer la *primauté de la compétence territoriale sur les autres chefs de compétence*, et cela en raison de l'importance cardinale du territoire comme élément constitutif de l'Etat (voir *supra*, n° 832 et s.). Toutefois, il n'en va pas toujours ainsi. De plus, il faut examiner de plus près les rapports et interférences entre ces divers titres des Etats « à agir ».

1 — La compétence personnelle peut l'emporter sur la compétence territoriale.

894. ***Exemples historiques*** — Que la compétence personnelle puisse l'emporter sur la compétence territoriale relève de situations tout à fait exceptionnelles. C'était le cas, par exemple sous l'ancien régime dit des « capitulations », institution typiquement « inégalitaire » et « colonialiste » s'il en est. C'est ainsi que dans certains pays — Chine, Egypte, Tunisie, Turquie — , les pays occidentaux imposèrent durant le cours du XIXe siècle un régime exorbitant du droit commun selon lequel leurs nationaux continueraient à se voir soumis à leur propre droit « personnel » appliqué par des tribunaux spéciaux et non pas à celui de l'Etat de leur résidence, ce qui leur donnait une sorte de privilège d'extra-territorialité. Ce régime des « capitulations » fut progressivement aboli comme étant à la fois un « sous-produit » de l'impérialisme de l'époque et comme constituant une anomalie juridique en raison de son opposition totale avec le principe de la suprématie de la compétence territoriale.

895. ***Le statut des diplomates et consuls*** — En revanche — exception traditionnelle et fondamentale — *la compétence personnelle l'emporte sur la compétence territoriale lorsqu'il s'agit du statut des diplomates et agents consulaires.* Ceux-ci jouissent d'immunités et de privilèges à raison de leurs fonctions en tant qu'ils représentent un Etat étranger souverain. Les immunités et privilèges vont couvrir la personne de ces agents diplomatiques et consulaires et la compétence personnelle l'emportera ici sur la compétence territoriale. Sur ce dernier point, on rappellera que la Cour Internationale de Justice, dans son arrêt du 24 mai 1980, dans *l'affaire concernant le personnel diplomatique et consulaire des Etats-Unis à Téhéran,* dans des termes d'une grande vigueur, insista sur cet aspect fondamental du respect de la personne des envoyés diplomatiques et consulaires étrangers. La Cour estima que les Conventions de Vienne de 1961 et 1963 sur les relations diplomatiques et consulaires entraînant des limites à l'exercice des compétences territoriales de l'Etat de résidence à raison du statut personnel spécifique des représentants officiels des Etats étrangers énonçaient « les règles et principes indispensables au maintien de relations pacifiques entre Etats et acceptés dans le monde entier par des nations de toutes croyances, cultures et appartenances politiques » (§ 45). Plusieurs fois, la Cour souligna la « gravité et l'ampleur » des violations de ces principes par l'Iran alors qu'ils sont « d'une importance capitale pour le maintien de bonnes relations entre Etats dans le monde interdépendant d'aujourd'hui » (§ 91). Déjà auparavant, dans son ordonnance du 15 décembre 1979, la C.I.J. avait remarqué que : « dans la conduite des relations entre Etats, il (n'y avait) pas d'exigence plus fondamentale que celle de l'inviolabilité des diplomates et des ambassades... (et) que... tout au long de l'histoire, des nations de toutes croyances et toutes cultures (avaient) observé des obligations réciproques à cet effet » (Rec., p. 19).

2 — La compétence personnelle limite la compétence territoriale.

896. ***Le traitement des étrangers*** — Le plus souvent, la compétence personnelle d'un Etat va jouer comme un frein, une limite à l'exercice par un Etat tiers de sa compétence territoriale. Cet écheveau de relations subtiles se trouve au centre des *règles applicables au traitement des étrangers.*

En effet, lorsqu'un étranger se trouve sur le territoire d'un Etat, il est soumis à la compétence territoriale de celui-ci, tout en conservant bien entendu la nationalité de son Etat d'origine : de la sorte, tout *mauvais traitement* qui viendrait à lui être administré, soit dans sa personne, soit dans ses biens, est susceptible d'entraîner la responsabilité internationale de l'Etat territorial si, bien entendu, l'Etat possédant la compétence personnelle décide d'exercer sa protection diplomatique. Il faut noter que ces conflits de compétence en matière de traitement des étrangers, sont à l'origine d'un grand nombre de difficultés internationales. Ils constituent, et de loin, la première source de contentieux international (voir *infra*, n° 1113 et s.).

3 — La compétence territoriale limite la compétence personnelle.

897. ***Absence de compétence d'exécution*** — Telle est la situation normale. La compétence territoriale d'un Etat va limiter l'exercice par un pays tiers de sa compétence personnelle, voire la paralyser. On se trouve ici dans toutes les situations où un Etat possède bien une compétence d'édiction d'une norme juridique mais non celle d'exécution, son « national » se trouvant sur le territoire d'un Etat tiers ou le fait, l'action, qu'il prétend appréhender, s'y étant produite. Dès lors, l'Etat ayant la compétence d'édiction ne pourra assurer l'exécution de la règle émise que grâce au concours actif et volontaire de l'Etat territorial concerné. C'est ainsi, par exemple, que si le national d'un Etat se livre, en pays étranger, à des actes attentatoires à la sécurité du premier, il devra — pour être en mesure de donner plein effet à sa législation — demander à l'Etat territorial de lui remettre cet individu *(de l'extrader)* ou de le poursuivre devant ses propres tribunaux. Il est à noter que, de manière traditionnelle et sauf convention contraire, les Etats refusent de se prêter mutuellement assistance en *matière fiscale*, celle-ci étant qualifiée *d'application strictement territoriale*.

Notons enfin que les Etats (tel la France) — sauf encore convention internationale contraire — refusent d'extrader leurs propres nationaux au cas où ils auraient commis à l'étranger des actes criminels ou délictueux *(a contrario*, la Grande-Bretagne accepta d'extrader en Belgique pour y être jugés par les tribunaux locaux, un certain nombre de ses ressortissants à l'origine d'actes dramatiques de violence qui firent 38 morts au Stade de Heysel lors d'un match de football en 1986).

4 — Les compétences concurrentes (l'application extra-territoriale des lois nationales).

(B. Stern, Quelques observations sur les règles internationales relatives à l'application extraterritoriale du droit, A.F.D.I. 1986.7 et l'Extraterritorialité révisitée, A.F.D.I. 1992.239 et pour une application paticulière, B. Goldman, les champs d'application territoriale des lois sur la concurrence, R.C. A.D.I. 1969.III.631).

898. ***Compétence personnelle et compétence territoriale*** — On se trouve ici en présence de situations où deux Etats possèdent le droit d'agir, mais en vertu de « titres » différents, le territoire, la protection ou le lien de nationalité pour régir les activités d'une même personne « étrangère ». La conciliation de ces compétences repose sur quelques principes fondamentaux simples : le *statut personnel* de l'étranger sera celui déterminé par la loi de l'Etat dont il est le national, tandis que le régime de ses biens sera celui du pays où ils sont situés ; en cas de conflit entre ces deux règles édictées, l'une par un Etat au titre de sa compétence personnelle, et l'autre par un Etat au titre de sa compétence territoriale comme élément constitutif de son « ordre public » interne, la seconde l'emporte en raison de son caractère fondamental pour la société nationale en question. La conciliation de ces compétences n'est pas toujours chose aisée (voir en général l'enseignement de *droit international privé*).

899. ***Compétence de protection et compétence territoriale*** — Des difficultés particulières ne manquent pas de se poser lorsqu'un Etat entend faire produire à certaines de ses lois un *effet extra-territorial* étendu. Pour ce faire, l'Etat peut invoquer deux titres à agir : sa *compétence personnelle* à l'égard de ses nationaux résidant à l'étranger, sa *compétence de protection* pour appréhender des actes qui se déroulent sur le territoire d'un pays tiers mais qui sont susceptibles d'affecter son propre ordre juridique ou économique. C'est ainsi que les traditionnelles prétentions des Etats-Unis à donner un effet extra-territorial large à certaines de leurs lois nationales (lois sur la concurrence (anti-trust), lois sur les relations du travail, lois sur les opérations boursières, lois « politiques » imposant des restrictions économiques à l'encontre de certains pays pour des motifs stratégiques) ne cessent de susciter depuis plusieurs décennies de sérieux conflits avec leurs partenaires commerciaux.

900. ***Exemples de conflits en matière de droit de la concurrence*** — C'est ainsi, par exemple, qu'en matière de *droit de la concurrence*, les Etats-Unis prétendent faire respecter leurs propres lois nationales par des sociétés même étrangères et opérant en dehors de leur territoire pour peu que leurs activités, selon eux répréhensibles, produisent des effets néfastes *sur le commerce intérieur américain*. Cette prétention abusive émise au nom de leur *compétence de protection* par les Etats-Unis entraîna des frictions internationales sérieuses à l'égard de pays comme la Grande-Bretagne et la Suisse à la suite de ces « causes célèbres » que furent les décisions des tribunaux américains l'une dans l'affaire *U.S. v. Imperial Chemical Industries* 100 F. supp. 504 (S.D.N.Y. 1951), 105 F. supp. 215 (1952) et l'autre dans *l'affaire U.S. v. The watchmakers of Switzerland information center* (Trade Case. 70.600 (S.D.N.Y. 1963) et Trade Case. 71.352 (S.D.N.Y. 1965). On notera que la Cour d'appel d'Angleterre refusa de reconnaître l'effet extra-territorial de ces décisions judiciaires américaines (*British Nylon Spinners, ltd v. Imperial Chemical Industries, Ltd* (1955), I. Ch. 19). Dans la seconde affaire, les protestations de la Suisse se révélèrent tellement énergiques que le gouvernement américain dut se résoudre à demander à la Cour qui avait rendu son jugement de le modifier de façon à éviter tout conflit avec la souveraineté helvétique (sur ces questions complexes, voir, parmi une littérature abondante, B. Goldman, *Le champ d'application territorial des lois sur la concurrence*, R.C.A.D.I., T. 128 (1969-III) 631 et B. Audit, *L'affaire du gazoduc sibérien*, R.C.D.I.P. 1983, p. 401).

Depuis 1976, les Cours d'Appel américaines — la Cour Suprême n'a pas encore eu l'occasion de se saisir de cette question — ont décidé de revenir sur le critère posé dans la célèbre décision *Alcoa* (*U.S. v. Aluminium Company of America*, 148 F2d 416 (2d Cir. 1945) selon lequel « tout Etat a le droit d'imposer des obligations, même à des personnes qui ne lui doivent pas allégeance, pour des actes faits à l'étranger pour peu qu'ils entraînent sur son territoire des conséquences qu'il sanctionne » ; en effet, dans les décisions *Timberlane Lumber Co v. Bank of America* (549 F2d 597° (9th Cir. 1976) et *Mannington Mills Inc. v. Congoleum Corp* (595 F2d 1287) (3d Cir. 1979), ces tribunaux décidèrent de prendre également en considération les intérêts légitimes des pays tiers et non plus des seuls Etats-Unis et de *reconnaître la compétence du pays ayant les intérêts les plus forts dans l'affaire* ; mais force est de reconnaître que le jeu de ce nouveau critère de « comparaison équilibrée des intérêts nationaux en présence » n'a guère été favorable à la reconnaissance des compétences des Etats étrangers, les tribunaux américains ayant presque toujours conclu à la validité de leur propre juridiction (pour un exemple typique voir la célèbre affaire dite du « *Cartel de l'uranium* », *In re Uranium Antitrust Litig.* 617 F2d 1248 (7th Cir. 1980) ; pour une bonne et claire mise au point de la jurisprudence américaine en la matière et des évolutions récentes, voir J.P. Griffin, A primer on entraterritoriality, Intl. Bus. Lawyer, jan. 1985.23, ainsi que P. Demaret, L'extraterritorialité des lois et les relations transatlantiques : une question de droit ou de diplomatie ?, R.T.D.E. 1985.I).

Plus récemment, dans sa décision *Hartford Fire Insurance Co.v. California* du 28 juin 1993, la Cour Suprême devait confirmer l'application extra-territoriale du droit antitrust américain, celle-ci n'étant limitée que par la courtoisie internationale (« international Comity ») en cas de conflit majeur avec une loi étrangère et par une règle de raison (« rule of reasonableness ») (113 S. Ct. 2891 et A.J.I.L. 1994.109).

901. ***Exemples de conflits en matière de restrictions d'ordre stratégique*** — En matière de *restrictions stratégiques* (embargos de diverse nature), les Etats-Unis prétendent leur donner une large portée territoriale en s'appuyant cette fois sur leur *compétence personnelle.* Le schéma est invariablement le même : la loi américaine adopte une définition large de ce qu'il faut entendre par « personnes soumises à la juridiction des Etats-Unis » de façon à les soumettre au régime juridique édicté. C'est ainsi que sont traditionnellement définis comme de telles « personnes » les *filiales* des sociétés américaines à l'étranger, le critère retenu étant celui du *contrôle*, ce qui ne laisse pas de surprendre et est porteur de nombreux conflits dans la mesure où les *filiales étrangères possèdent juridiquement la nationalité* de l'Etat où elles ont leur *siège social* ou leur lieu d'*incorporation*. Concrètement, cela signifie que, du moins aux fins d'application de certaines lois des Etats-Unis, les filiales françaises des sociétés américaines doivent en respecter les termes. On imagine aisément les conflits — et la position inconfortable de ces sociétés et de leurs dirigeants — lorsque la législation française contiendra des dispositions contraires rendant ainsi impossible le respect des deux ordres juridiques. Tel fut d'ailleurs le cas de figure parfait dans cette autre « cause célèbre » que fut *l'affaire Raoul Massardy et autres, société Fruehauf c. Me Solvet et S.A. des Automobiles Berliet*, du début des années 60 (C.A. Paris, 14° ch. 22 mai 1965 J.C.P. 1965, II, 14274 bis ; Gaz. Pal. 1965, II, 86 Concl. Nepveu). Les faits méritent ici d'être rappelés. La Société Fruehauf-France, filiale contrôlée majoritairement par la société américaine du même nom mais juridiquement une société de nationalité française car y possédant son siège social, passa un contrat de fournitures de pièces de camions à Berliet. Ces éléments fournis par Fruehauf-France devaient être incorporés dans des camions fabriqués par Berliet en vue d'être exportés en Chine populaire. La maison mère de Fruehauf aux Etats-Unis reçut notification des autorités américaines que la transaction de sa filiale française était illicite au regard de la législation américaine ayant institué un « embargo stratégique » couvrant les ventes de ce type de matériel à la Chine. En conséquence, Fruehauf-Amérique donna pour instruction à sa filiale française de dénoncer le contrat qui la liait à Berliet afin de ne pas tomber sous le coup de la loi américaine. Autrement dit, il était demandé à Fruehauf-France, société française, de se plier aux dispositions de la réglementation stratégique américaine interdisant ce genre de transactions qui, elles, demeuraient licites au regard du droit français. Le conflit de souveraineté était ainsi direct entre la compétence territoriale de la France et la compétence personnelle des Etats-Unis telle que ce pays l'entendait d'une manière large et abusive. Après bien des péripéties judiciaires, Fruehauf-France reçut un administrateur provisoire nommé par les tribunaux afin de procéder à l'exécution du contrat avec Berliet. La France put ainsi faire triompher sa compétence territoriale ; elle avait en effet en l'espèce pleine juridiction à la fois d'édiction et d'exécution.

Un conflit analogue devait se reproduire en 1982 lors de *l'affaire* dite du « *gazoduc eurosibérien* » où le gouvernement américain prétendit, en vain, imposer un embargo stratégique sur certaines exportations en direction de l'U.R.S.S. de matériels fournis par des filiales allemande, anglaise, française et italienne d'entreprises américaines. L'issue juridique devait être identique : les pays territorialement concernés l'emportèrent et exigèrent la poursuite de l'exécution des contrats régulièrement conclus (voir B. Audit, « Extraterritorialité et commerce international », R.C.D.I.P., 1983.401).

Plus récemment, les Etats-Unis devaient adopter deux lois à très large portée extraterritoriale. La première dite « Helms-Burton » (ou « *Libertad* ») du 12 mars 1996 (voir I.L.M. 1996.357) interdit sous peine de sanctions à toute entreprise dans le monde de « trafiquer » avec des biens confisqués par le régime de Fidel Castro à Cuba. La seconde, dite « *d'Amato* » d'août 1996 (voir I.L.M. 1996.1273) interdit également sous peine de sanctions à toute entreprise dans le monde d'investir en Iran et en Libye pour développer les secteurs gaziers et pétroliers de ces pays. On est ici en présence de lois qui sont en contradiction tant avec les règles du droit international relatives à la répartition des compétences entre les Etats qu'avec les dispositions de nombre de chartes constitutives d'organisations internationales à commencer par celles de l'OMC devant laquelle elles ont d'ailleurs été déférées (pour des premiers commentaires controversés américains sur la loi Helms-Burton, voir A.J.I.L. 1996.419 et B. Stern, Vers la mondialisation juridique ? Les lois Helms-Burton et d'Amato-Kennedy, RGDIP, 1996.979 ; M. Cosnard, Les lois Helms-Burton et d'Amato-Kennedy, Interdiction de commercer avec et d'investir dans certains pays, A.F.D.I., 1996.33).

Ces affaires constituent une bonne illustration des principes généraux présidant à la solution de ce type de conflits de compétence.

D'une part, *l'Etat territorial possède une compétence supérieure* qui l'emporte sur les autres titres à agir des Etats étrangers. D'autre part, dans *l'exercice de sa compétence personnelle ou de protection, l'Etat ne doit pas exiger de ses nationaux résidant à l'étranger un comportement qui le mette en contravention avec les lois du pays « hôtes », en particulier des ses lois pénales* ; il ne doit pas non plus exiger des étrangers résidant sur son territoire un comportement qui les mette en contravention avec les lois de leur pays « d'origine ». On est ici en présence d'obligations contradictoires pesant sur la même personne en raison d'ordres antinomiques donnés par des Etats revendiquant leur droit d'agir en vertu du titre territorial, personnel ou de protection. Ce problème des obligations contradictoires est particulièrement épineux pour les sociétés transnationales où les ordres donnés à une filiale par le souverain local peuvent être opposés à ceux donnés par l'Etat de la maison-mère — ou d'une autre filiale (l'O.C.D.E. s'en préoccupe d'ailleurs activement dans le cadre de ses « principes directeurs » de 1976 ; voir Investissement international et entreprises multinationales, le ré-examen 1984, Paris, OCDE, 1984 et en particulier les § 23-34 ainsi que son étude spéciale consacrée à cette question en 1987 et intitulée « Atténuer les obligations contradictoires », et où elle prône des attitudes de « modération et de retenue »).

902. ***Réactions internationales et nationales*** — Il est intéressant de noter que depuis quelques années un certain nombre de pays (Australie, France, Grande-Bretagne, Italie) se sont dotés des armes nécessaires pour lutter contre ce type *d'impérialisme juridique* particulièrement en provenance des Etats-Unis (sur ces réactions nationales de plus en plus répandues prenant la forme de *lois de blocage*, voir R.D.P.C.I. 1986, n° 4). En adoptant des lois appropriées, ils ont voulu sauvegarder le plein exercice de leurs compétences territoriales contre les prétentions abusives de pays tiers désireux d'étendre l'application de leur législation en dehors de leur territoire national par le biais de leur compétence personnelle ou de protection. Le cas de la France est à cet égard très typique : le 16 juillet 1980, le Parlement vota une loi interdisant dans les termes les plus larges et sous peine d'amendes et d'emprisonnement la « communication de documents et de renseignements d'ordre économique, commercial ou technique à des personnes physiques ou morales étrangères » de nature « à porter atteinte à la souveraineté, à la sécurité, aux intérêts économiques essentiels de la France ou à l'ordre public ». (J.O. 17 juillet 1980).

On notera également que le vote par les Etats-Unis des lois précitées Helms-Burton et d'Amato en 1996 entraîna l'adoption de législations de protection rentrant dans la catégorie des contre-mesures par des pays comme le Canada et le Mexique ainsi que par la Communauté européenne (Règlement CEE n° 227/96, J.O.C.E. 22 novembre 1996 ; les lois canadiennes du 9 octobre 1996 et mexicaines du 23 octobre 1996, sont publiées in I.L.M. 1997 aux pages 111 et 133 respectivement ; voir B. Sturlese et E. Bouretz, Les lois Helms-Burton et d'Amato : Quelles réponses juridiques possibles à une nouvelle manifestation de l'impérialisme américain ? Gaz. Pal., Doctrine 23.25, mars 1997.2).

903. ***La solution : l'exercice conjoint des compétences étatiques*** — Il est bien clair que la solution de ces conflits de juridiction passe par des accords internationaux appropriés. On notera en ce sens l'approche bilatérale suivie par les Etats-Unis qui ont, en matière de lois sur la concurrence, passé des traités internationaux avec des pays comme la R.F.A. ou l'Australie pour éviter des conflits de juridiction (voir *supra*, n° 493). Incontestablement, l'approche multilatérale constituerait la voie royale et permettrait un élimination — ou au moins une atténuation des conflits de juridiction interétatiques ; l'O.C.D.E. est en train de s'y engager pour ce qui a trait aux entreprises multinationales et à l'investissement international. *En matière bancaire internationale*, le « Concordat de Bâle » de 1982 contient des principes réellement révolutionnaires quant à la répartition interétatique des compétences ; sans entrer dans le détail, il convient seulement ici de signaler que le grand principe retenu est celui de la *compétence conjointe* des Etats (Etat de la maison-mère, Etat des filiales et des succursales) quant à la solvabilité, les liquidités et les positions de change des euro-banques : en bref, la primauté de la compétence territoriale n'est plus reconnue tandis que l'application extraterritoriale des lois nationales est expressément reconnue — voire recherchée. Ce retournement complet de perspectives s'explique par le caractère véritablement international du marché des euro-devises qui ignore les frontières nationales et par *la reconnaissance de la primauté des intérêts de la communauté financière internationale* — ce dernier titre à agir apparaissant comme le plus fort, le plus attractif (voir sur ce « Concordat de Bâle », A.F.D.I., Chronique de droit international économique, 1983, 609).

Ainsi, les chefs de compétence classiques de l'Etat apparaissent de plus en plus dépassés en raison des progrès techniques et de la globalisation de l'économie mondiale. On en voudra pour preuve supplémentaire *l'intégration financière poussée des marchés boursiers internationaux* où transactions et paiements se font en continu, 24 heures sur 24, grâce à des moyens électroniques et où la « localisation » des opérations — et des compétences — est de plus en plus difficile à détecter. Les conflits de juridiction apparaissent inéluctables — et ils se sont d'ailleurs déjà produits — en raison de la difficulté de déterminer avec certitude « l'Etat compétent ».Il est d'ailleurs loisible de citer des exemples récents où de tels conflits ont eu lieu en matière d'offres publiques d'achat (O.P.A.) transnationales : tel a été le cas célèbre d'une entreprise luxembourgeoise *Minorco S.A.* — contrôlée par des intérêts sud-africains — qui s'est vu bloquée dans son O.P.A. lancée sur le marché de Londres contre une entreprise minière anglaise par une décision des tribunaux... américains qui estimèrent qu'une telle opération aurait un effet indésirable sur la concurrence aux Etats-Unis en raison de l'existence d'une filiale locale (Newmont) dont le contrôle lui aurait donné un rôle prépondérant en matière de production aurifère (voir *Consolidated Gold Fields Plc. v. Minorco S.A.*, 871 F.2d.252 et 713 F. supp. 1457, U.S.

Court of Appeals, 2d.(Cir.), 22 mars 1989 ; U.S. District Court, 17-24 avril 1989 in A.J.I.L. 1989.823 et I.F.L.R., juin 1989.39 ; voir aussi les autres affaires rapportées par Thomas E. Crocker, Beware the international freeze order, I.F.L.R. December 1988.8). Les solutions adéquates passent inévitablement par des traités internationaux qui ne peuvent être fondés que sur un principe d'exercice conjoint de compétences ou sur un principe de « reconnaissance mutuelle » de leur exercice (voir A.J.I.L. Proceedings, 1989, pp. 19-62 et en particulier pp. 54-60).

§ 7 — La protection des compétences de l'Etat.

904. — Le droit international protège les compétences de l'Etat à un double titre, quant au fond et quant à leurs modalités d'exercice. D'une part, le droit international — mais il est ici en constante et rapide évolution — reconnaît aux Etats un « domaine réservé » (ou compétence nationale essentielle) où ils conservent un pouvoir entièrement discrétionnaire ; il s'agit du « noyau dur » de la souveraineté étatique. D'autre part, l'Etat, dans l'exercice de ses compétences bénéficie, de la part des pays tiers, de certains privilèges et immunités.

1 — Le domaine réservé (ou la compétence nationale des Etats).

(Voir en général, G. Arangio-Ruiz, Le domaine réservé, l'organisation internationale et le rapport entre droit international et droit interne, 225, R.C.A.D.I., 1990.9-484).

905. ***Une expression ancienne*** — Cette expression « domaine réservé » fait référence à une idée ancienne, formulée dès le début du XIXE siècle, selon laquelle il existerait des secteurs où la compétence de l'Etat demeurerait discrétionnaire, où l'Etat ne serait pas lié par le droit international. Autrement dit, c'était affirmer que certaines matières ne relevaient pas du droit international. Il y avait là autant de cas de non-application du droit international (voir aussi *infra*, n° 1057 et s.). Il en irait ainsi, par exemple, lorsque l'*honneur ou les intérêts vitaux essentiels* de l'Etat seraient en jeu. C'étaient là les lacunes « officielles » du droit international.

Sans doute, actuellement, cette notion de « domaine réservé » fait-elle partie du droit international positif. Cependant, elle ne possède qu'une portée pratique restreinte dans la mesure où son contenu est mouvant ; à la limite, elle est susceptible de disparaître, voire condamnée à terme.

a) Une reconnaissance formelle de l'existence d'un « domaine réservé ».

906. ***Droit conventionnel spécifique*** — Un très grand nombre de traités multilatéraux ou bilatéraux prévoient que leurs dispositions ne s'appliqueront pas au cas où « la sécurité nationale ou internationale » où les « intérêts vitaux » de l'une ou l'autre des parties contractantes seraient menacés. En particulier, les *Chartes constitutives des Organisations internationales* prévoient que ces institutions ne sauraient intervenir dans les « affaires intérieures des Etats ». Il en va ainsi, par exemple, du F.M.I. ou de la B.I.R.D.

On trouve également, dans nombre d'actes unilatéraux des Etats, des références à la protection de leur domaine réservé ou de leurs intérêts vitaux. Par exemple, lorsque les Etats décident de reconnaître la *compétence obligatoire de la C.I.J.* aux termes de la procédure de la déclaration unilatérale prévue par les dispositions de l'article 36, alinéa 2 du Statut de la Cour, ils excluent le plus souvent de la juridiction de la Cour un certain nombre de domaines qui rentrent, à leur avis, dans leurs intérêts vitaux, leur compétence nationale propre. En un mot, ils excluent les litiges touchant à leur domaine réservé (voir aussi *infra*, n° 1447 et s.).

A l'échelon universel, cette idée qu'il existe un *domaine réservé* a été officiellement reconnue, si ce n'est codifiée, en des termes différents, aussi bien par le Pacte de la S.D.N. que par la Charte de l'O.N.U.

I. — La « compétence exclusive » de l'Etat selon l'article 15, paragraphe 8 du Pacte de la S.D.N.

907. ***Une disposition restrictive*** — Cette clause du Pacte dispose : « Si l'une des parties prétend et si le Conseil reconnaît que le différend porte sur une question que *le droit international laisse à la compétence exclusive de cette partie,* le Conseil le constatera dans un rapport, mais sans recommander aucune solution. »

Autrement dit, il y avait là une disposition qui limitait expressément la capacité d'agir du Conseil de la Société des Nations : il ne pouvait pas empiéter sur des matières rentrant dans la compétence exclusive des membres de la S.D.N. Toutefois, ce n'était nullement un « chèque en blanc » qui était ainsi accordé aux Etats membres ; ceux-ci n'étaient nullement libres pour déterminer de façon discrétionnaire le contenu de leur « domaine réservé ». Il existait en effet deux « verrous » : d'une part, et cela est fondamental, c'était au *droit international de déterminer si une matière rentrait ou non dans la compétence exclusive des Etats ;* d'autre part, un *jugement positif* en ce sens devait aussi être émis par le Conseil de la Société.

Cette disposition limitant l'intervention du Conseil de la Société des Nations fut due à une initiative des Etats-Unis qui ne voulaient pas que la nouvelle Organisation internationale se mêle de questions qu'ils entendaient continuer à régler en toute liberté ; et, à l'époque, ils avaient deux domaines de préoccupations particulières, à savoir leur politique d'immigration et les droits de douane.

908. ***L'affaire des décrets de nationalité en Tunisie et au Maroc*** — Cette expression « compétence exclusive » fut la source de *nombreuses controverses.* La C.P.J.I. dut l'interpréter dans son *Avis consultatif* n° 4 du 7 février 1923 relatif à l'*affaire des décrets de nationalité en Tunisie et au Maroc.* La Cour s'exprima dans les termes suivants dont on remarquera la prudence : « Les mots « compétence exclusive » semblent plutôt envisager certaines matières qui, bien que pouvant toucher de très près aux intérêts de plus d'un Etat, ne sont pas, en principe, réglées par le droit international. En ce qui concerne ces matières, ajoute la Cour, chaque Etat est seul maître de ses décisions » (sér. B, n° 4, p 23-24).

II. — La « compétence nationale essentielle » de l'Etat en vertu de l'article 2, paragraphe 7 de la Charte de l'O.N.U.

909. ***Une disposition assouplie*** — L'article 2 paragraphe 7 stipule : « Aucune disposition de la présente Charte n'autorise les Nations Unies *à intervenir dans des affaires qui relèvent essentiellement de la compétence nationale d'un Etat* ni n'oblige les membres à soumettre les affaires de ce genre à une procédure de règlement aux termes de la présente Charte. Toutefois, ce principe ne porte en rien atteinte à l'application des mesures de cœrcition prévues au chapitre 7 ».

On notera les différences fort sensibles entre ces deux textes faisant référence à ce même concept de « domaine réservé ».

910. ***Elargissement*** — Deux éléments centraux doivent être mis en lumière.

1) Tout d'abord, la *notion de domaine réservé a été élargie* avec la Charte de l'O.N.U. La terminologie employée est beaucoup plus large. La Charte de l'O.N.U. accorde à l'Etat une *compétence nationale* essentielle, alors que, sous l'empire des dispositions du Pacte de la S.D.N., il s'agissait seulement d'une compétence exclusive, donc a priori de type plus limitatif. En outre, la portée de la disposition de la Charte de l'O.N.U. est plus grande que celle du Pacte de la S.D.N. En effet, toute action de l'Organisation des Nations Unies est interdite dans ce secteur de la compétence nationale essentielle. Ce n'est pas seulement un organe, le Conseil, qui ne peut intervenir aux fins du règlement d'un différend particulier, mais c'est toute action de l'un quelconque des organes des Nations Unies (donc, y compris la C.I.J.) qui se trouve prohibée.

Mais il faut tout de même noter une limite à l'élargissement de cette notion, en ce sens que l'article 2, § 7, précise bien que les dispositions du chapitre 7 ayant trait aux mesures de cœrcition économique ou militaire ne sauraient être paralysées par ce domaine réservé, par cette compétence essentielle de l'Etat (ce qui montre bien le caractère de *supra-légalité* internationale de ces dispositions de la Charte de l'O.N.U. — voir *supra*, n° 153 et s.).

911. ***Imprécision*** — 2) On notera aussi que le contenu de la notion de compétence nationale visée par l'article 2, § 7, de la Charte est beaucoup moins précis que la disposition correspondante du Pacte de la Société des Nations. En effet, le Pacte de la Société des Nations prévoyait un *double contrôle* de la consistance de ce domaine réservé. Tout d'abord, l'ensemble de la matière était dominé par le *droit international : c'est au droit international qu'il incombait de déterminer si une matière faisait ou non partie du domaine réservé.* De plus, un contrôle « politique » était prévu dans la mesure où le Conseil de la S.D.N. devait également arriver à une telle conclusion. La Charte ici ne fait plus aucune allusion à une quelconque détermination « objective » de la notion de compétence nationale essentielle de l'Etat. D'une part, la référence à une détermination par le droit international a disparu. D'autre part, le « jugement » de l'organe saisi d'une telle exception a également disparu. Celle-ci semble désormais jouer d'une manière automatique et incontrôlée.

b) Un domaine « mouvant » (ou une signification limitée).

912. — Cette notion de compétence nationale a toujours eu un contenu contingent, et elle est à l'évidence de type évolutif. En raison de son imprécision, l'effet pratique de ce concept de compétence nationale n'a jamais eu qu'une portée limitée.

I. — Un contenu contingent.

913. ***La reconnaissance par la Cour de la Haye*** — La C.P.J.I. devait très clairement reconnaître cet aspect contingent ou mouvant de la notion de compétence — à l'époque — exclusive des Etats, dans son *Avis consultatif précité de 1923 sur les décrets de nationalité*. La Cour s'exprimait dans les termes suivants : « La question de savoir si une certaine matière rentre ou ne rentre pas dans le domaine exclusif d'un Etat est une question essentiellement relative : elle dépend du développement des rapports internationaux. Il se peut très bien, ajoute la Cour, que, dans une matière qui, comme celle de la nationalité, n'est pas, en principe, réglée par le droit international la liberté de l'Etat de disposer à son gré soit néanmoins restreinte par des engagements qu'il aurait pris envers d'autres Etats. En ce cas, la compétence de l'Etat, exclusive en principe, se trouve limitée par des règles de droit international » (p. 24).

De cette approche de la Cour, on notera que le contenu de ce *domaine réservé dépend des nécessités de la vie internationale, telles qu'elles s'expriment par le développement du droit international* positif, que celui-ci soit écrit ou non écrit, et, en fonction bien entendu, de son interprétation par le juge ou par l'arbitre.

914. ***Un contrôle revendiqué par la Cour de la Haye*** — Cet article 2, § 7, de la Charte a été souvent invoqué devant la C.I.J. *par des Etats pour dénier toute compétence à la Cour. En général, la Cour a refusé cette argumentation*. Elle n'a cessé d'affirmer — suivant en cela l'approche du Pacte de la S.D.N. — que, seul le droit international tel qu'elle avait mission de l'interpréter, était susceptible d'en préciser contour et portée. Autrement dit, la C.I.J. a refusé de voir dans cette notion de domaine réservé ou de compétence nationale, une *objection systématique à sa compétence qui serait déterminée exclusivement par l'Etat et non pas par le droit international tel qu'elle l'interprétait*. A ce titre on peut citer une jurisprudence constante de la C.I.J. (voir *l'affaire des traités de paix* de 1950, Rec., p. 70-71 ; *l'affaire Nottebohm* de 1955, Rec., p. 20-21 ; *l'affaire* dite de *l'Interhandel* entre les Etats-Unis et la Suisse de 1959, Rec., p. 24 ; et, enfin *l'affaire du droit de passage en territoire indien* de 1960, Rec., p. 32-33).

II. — Un effet pratique limité.

915. ***Faible portée*** — Le fait même que le contenu de ce concept de « domaine réservé » soit aussi mouvant et transitoire entraîne de sérieuses conséquences quant à son caractère « opérationnel ». Toute une pratique internationale va clairement en ce sens et peut être interprétée comme lui déniant toute portée effective.

Que signifie, tout d'abord, l'idée d'« intervention » dans les affaires intérieures d'un Etat, lorsqu'on applique cette notion *l'acte d'une Organisation internationale* dans ses rapports avec ses membres ? Cette objection a été fréquemment soulevée au sein de l'O.N.U. entre autres. Par exemple, est-ce que la simple inscription à l'ordre du jour d'une question constitue une intervention dans les affaires intérieures d'un pays membre ? S'il y a discussion d'une question, voire d'adoption d'une recommandation, y a-t-il là des actions constitutives de telles interventions interdites à l'Organisation concernée ? Cette objection a été soutenue par de nombreux Etats devant les organes de l'O.N.U. pour empêcher cette institution de se saisir d'une question les embarrassant. Toutefois, jusqu'à présent du moins, elle l'a été sans succès : jamais, ni l'assemblée générale ni le Conseil de Sécurité n'ont accepté de voir dans cet article 2, § 7 une limite à leur possibilité, si ce n'est d'action, au moins de discussion.

916. ***Existence douteuse d'un domaine réservé par nature : l'exemple du régime politique*** — *Y a-t-il encore un domaine réservé par nature ?* C'est là une question primordiale si l'on se rappelle que le contenu de la notion de domaine réservé est essentiellement contingent et dépend des nécessités de la vie internationale. On peut douter qu'il existe actuellement encore un *domaine réservé par nature à l'Etat, et ceci en raison du développement du droit international aussi bien sur le plan universel que sur le plan régional.* C'est ainsi, par exemple, que tout un chacun s'accordera pour affirmer que *l'organisation politique d'un Etat fait certainement partie de ce noyau dur des compétences*, qu'elle constitue un aspect de sa souveraineté interne qui rentre dans son domaine réservé. Et pourtant, il est loisible de citer des exemples où ce type de questions a été appréhendé par le droit international. C'est ainsi, par exemple, que le traité d'Etat autrichien de 1955 portant rétablissement de ce pays comme « indépendant et démocratique » imposait à l'Autriche deux obligations fort précises quant à son organisation politique interne : les quatre puissances occupantes obligeaient l'Autriche à maintenir un régime démocratique — sans que cette expression cardinale soit, au demeurant, définie ; de plus, le régime autrichien doit être fondé sur des *élections au suffrage universel.* De même, lorsque la situation en Rhodésie du Sud fut discutée à l'O.N.U. à la suite de la déclaration unilatérale d'indépendance de 1965, il fut posé en principe qu'aucun pays ne reconnaîtrait l'existence internationale de ce pays tant qu'il n'aurait pas adopté un système selon lequel la majorité noire pourrait prendre le pouvoir à la suite d'élections fondées sur le principe « un électeur, une voix » (*one man, one vote*). Egalement, les accords de Zurich du 17 février 1959 concernant l'indépendance de Chypre devaient déterminer les « structures de base » de la nouvelle République dans le plus grand détail ; les principes constitutionnels fondamentaux ainsi posés ne pouvaient plus être modifiés par le nouvel Etat. Plus récemment encore, l'accord des 6-7 août 1987 de Guatemala City entre les Présidents des cinq Républiques d'Amérique centrale sur le processus de paix dans la région, imposait au Nicaragua la démocratisation de sa société politique sur une base pluraliste caractérisée par une totale liberté de la presse écrite et parlée, le maintien d'un Etat de droit, la liberté des partis politiques, la tenue d'élections libres, périodiques et honnêtes, etc. (texte *in* I.L.M., 1987.1168).

Plus officiel et plus précis, l'*Accord de Dayton* pour la paix en Bosnie-Herzégovine formellement signé à Paris le 14 décembre 1995 incorpore à la fois le texte de la Constitution de ce pays (Annexe 4) en même temps qu'il pose des principes fondamentaux quant à la tenue des élections qui doivent être « démocratiques » (Annexe 3) et du respect des Droits de l'Homme (Annexe 6) (voir le texte *in* I.L.M. 1996.75).

Mieux encore, la Banque Européenne pour la Reconstruction et le Développement (BERD), créée en 1991, a pour mission première d'aider les pays ex-socialistes d'Europe centrale et orientale à devenir des régimes démocratiques : la poursuite et le respect de *l'idéal démocratique* deviennent ici les *conditions mêmes de l'aide* de cette nouvelle institution internationale.

917. ***Suite - L'exemple des droits de l'homme*** — Il est loisible de faire les mêmes remarques en matière de *droits de l'homme.* La manière dont un Etat traite ses citoyens, leur accorde ou leur refuse certains droits ne rentre-t-elle pas dans ce domaine réservé ? Or la Charte de l'O.N.U. elle-même, d'innombrables résolutions internationales, à commencer par la Déclaration Universelle de 1948, montrent clairement que cette matière relève des préoccupations légitimes de la communauté internationale.

918. ***Suite - L'exemple du système économique et social*** — De même, *l'organisation économique et sociale d'un pays* semble bien rentrer dans son domaine réservé comme étant l'un des autres éléments constitutifs de sa souveraineté interne (voir *supra*, n° 820). Et pourtant, il est fréquent de voir les Etats en difficulté aidés par des institutions monétaires ou financières internationales comme le F.M.I. ou la B.I.R.D. obligés de procéder à des réformes conjoncturelles ou structurelles d'envergure comme conditions de cette assitance. Disposent-ils encore d'un « domaine réservé » dans ces matières ? Il est loisible d'en douter (pour des exemples, voir Chronique de Droit international économique, A.F.D.I. 1977, pp. 698-699, 1978, p. 659, 1979, p. 634).

919. ***Une question essentiellement politique*** — Le « domaine réservé » apparaît bien aussi comme *contingent* et sans doute, à tout prendre comme *illusoire*. En effet, il faut bien voir qu'il s'agit là d'une *question avant tout politique* et qui n'a que peu de rapport avec le droit international : aucun domaine, quel qu'il soit n'a vocation, par sa nature, à demeurer à jamais en dehors du champ d'application du droit international.

2 — Les immunités des Etats étrangers.

(Voir Netherlands Yearbook of international law, 1979, pp. 1 à 292 ; I. Seidl-Hohenveldern, L'immunité de juridiction et d'exécution des Etats et des organisations internationales, I.H.E.I., Paris, Pedone, 1981 ; J.A. Grant, Thinking the unthinkable : attaching a State's assets, I.F.L.R. octobre 1984.15 ; et surtout, Y. Pingel, les immunités des Etats en droit international, Bruylant, Bruxelles, 1997 ainsi que M. Cosnard, La soumission des Etats aux tribunaux internes, Paris, Pedone, 1996. Pour un tour d'horizon clair du point de vue du droit français voir Y. Pingel-Lenuzza, Les immunités des Etats en droit français, D.P.C.I., 1996.5).

920. ***Privilèges d'Etat*** — Il s'agit ici des divers « privilèges » que les *Etats se reconnaissent mutuellement afin de protéger leurs compétences propres contre les empiètements éventuels d'origine nationale*. Ces privilèges s'étendent à l'Etat central, à ses représentants officiels ainsi qu'à certains de ses organes.

Depuis des temps immémoriaux, les Etats ont accepté, sur la base de la réciprocité, de faire bénéficier leurs représentants officiels (diplomates et consuls) d'immunités étendues de juridiction et d'excécution en raison de leurs fonctions : ceux-ci ne sauraient être traduits devant les tribunaux locaux du pays où ils sont crédités et, *a fortiori*, leur personne et leurs biens ne sauraient être soumis aux voies d'exécution de droit commun. Au cours des ans, de *nombreuses règles coutumières* se sont développées dans ce domaine avant d'être codifiées par les Conventions de Vienne de 1961 (pour les diplomates) et de 1963 (pour les agents consulaies). On est ici en présence de règles fondamentales de l'ordre international, voire *de normes de jus cogens* : on ne peut que rappeler ici la condamnation dans les termes les plus nets par la C.I.J. des actions iraniennes dans *l'affaire des représentants diplomatiques américains à Téhéran* (voir *supra*, n° 895).

921. ***Absence de droit conventionnel général*** — En revanche, la matière de *l'immunité de juridiction et d'exécution des Etats étrangers* ne jouit pas d'un régime juridique international aussi précis. Il n'existe à l'heure actuelle aucune convention internationale universelle ayant procédé à la codification des immunités étatiques bien que cette matière ait été inscrite à l'ordre du jour des travaux de la Commission du Droit international depuis ses débuts en 1949. La raison en est simple : s'il existe un « consensus » quant à l'existence et au fondement de telles immunités, en revanche, nous aurons l'occasion de le voir en détail par la suite, les controverses les plus vives demeurent en ce qui concerne leur étendue. Sans doute, au niveau régional, une

Convention sur l'immunité des Etats a-t-elle été élaborée sous les auspices du Conseil de l'Europe en 1972 (voir l'article de M.O. Wiederker *in* A.F.D.I. 1974.924) : toutefois, elle n'est en vigueur qu'entre un petit nombre d'Etats (4) dont la France ne fait d'ailleurs pas partie. Pour l'essentiel, ce domaine demeure appréhendé à la fois par le droit coutumier au niveau des « grands principes » et surtout par le *droit interne* au niveau de leur mise en œuvre pratique ; on notera en particulier que cette tâche de détermination du contenu des immunités étatiques a, dans le passé, presque exclusivement reposé sur les *tribunaux nationaux* (et tel est encore la situation en France) tandis que l'on assiste actuellement à un *effort de codification* entreprise par certains pays : Etats-Unis (1976), Grande-Bretagne (1978), Canada (1982) qui ont adopté des lois spécifiques à cet effet au cours de ces dernières années.

922. ***Distinction fondamentale*** — Pour aborder cette question, tout en se limitant à ses principales caractéristiques, il convient de faire une distinction fondamentale entre l'immunité de juridiction, d'une part, et l'immunité d'exécution, de l'autre, la seconde ayant toujours été envisagée d'une manière plus stricte que la première : juger un Etat étranger est une chose, soumettre ses biens à des procédures d'exécution forcée en est une autre. Il est clair que *l'atteinte à la souveraineté de l'Etat* sera beaucoup plus forte dans le second cas que dans le premier.

a) L'immunité de juridiction de l'Etat étranger.

923. — Le fondement de cette règle est clair : c'est l'égale souveraineté des Etats. En revanche, le contenu de cette immunité l'est beaucoup moins.

I. — Un fondement clair : la souveraineté de l'Etat.

924. ***Le couple souveraineté égalité des Etats*** — *Si les Etats sont souverains, c'est-à-dire s'il n'existe aucune autorité juridique qui leur soit supérieure, ils sont donc égaux.* En conséquence, un Etat déterminé A, par exemple, ne saurait soumettre une autre Etat B à sa juridiction, ce qui violerait cette règle d'égalité dans la mesure où l'Etat B se trouverait ainsi soumis aux lois et aux tribunaux de l'Etat A. Cette *règle coutumière* s'exprime par une expression latine bien connue : « *Par in parem non habet juridictionem* ». Autrement dit, il n'y a pas de compétence juridictionnelle entre égaux. Cette règle a été reconnue de tout temps par les divers tribunaux nationaux des Etats qui l'ont appliquée comme étant de *nature coutumière*. On en donnera deux exemples, l'un pris dans le cadre français et l'autre dans le cadre américain.

925. ***Précédents jurisprudentiels*** — C'est ainsi que, dans une affaire célèbre qui opposa le gouvernement espagnol à *Lambége et Pujol*, la Cour de cassation eut l'occasion, dans un arrêt rendu le 21 janvier 1849, d'affirmer la position de principe suivante concernant la saisie-arrêt de sommes appartenant à cet Etat en France : « L'indépendance réciproque des Etats est l'un des principes les plus universellement reconnus du droit des gens... De ce principe, il résulte qu'un gouvernement ne peut être soumis, pour les engagements qu'il contracte, à la juridiction d'un Etat étranger.. ».(S. 1849, I, 81 ; D.P. 1849, I, 5).

La Cour suprême des Etats-Unis fonda également le principe de l'immunité de juridiction des Etats étrangers sur le respect dû à leur souveraineté *(The Schooner exchange v. Mac Faddon,* 7 cranch 116, 136 (U.S. 1812).

926. ***Exclusion des entités non-souveraines*** — Cette immunité de juridiction ne profite qu'à *l'Etat lui-même en tant que titulaire du pouvoir souverain ;* elle ne s'étend pas, en général, aux autres entités publiques qui n'ont pas de « souveraineté », comme les villes, les départements, les collectivités locales. Mais, en revanche, elle s'étend aussi aux *entités publiques nationales qui sont chargées d'une mission de souveraineté,* d'une mission étatique. Ainsi, les banques centrales, par exemple, bénéficient également, en France et ailleurs, de l'immunité de juridiction.

927. ***Possibilité et fréquence des renonciations*** — Il va de soi que l'Etat étranger a toujours le loisir, en raison de son pouvoir souverain, de *renoncer à son immunité de juridiction* et d'accepter ainsi d'être attrait devant les tribunaux d'un pays tiers. Une telle renonciation ne saurait se présumer et elle doit résulter d'un engagement non équivoque de l'Etat concerné. Il est d'ailleurs à noter qu'une telle pratique est traditionnelle lorsque l'Etat se livre à des *transactions économiques internationales* : c'est ainsi que les contrats qui les matérialisent (contrats d'emprunts, de fournitures de biens ou de services...) contiennent systématiquement une clause aux termes de laquelle le « partenaire étatique » renonce à évoquer son immunité de juridiction à l'égard de la « partie privée » pour tous les différends portant sur l'exécution de l'opération en cause ; il s'agit là en effet d'un « *sine qua non* » auquel se plient tous les pays, qu'ils soient capitalistes, socialistes ou en voie de développement, et quelle que soit leur propre conception en matière d'immunités de juridiction.

II. — Un contenu incertain.

928. ***Double incertitude*** — L'incertitude quant aux limites de l'immunité de juridiction de l'Etat étranger est double. Elle concerne, en effet, les *entités publiques concernées*, ainsi que les *actes couverts* par l'immunité de juridiction.

α — Ratione personae

Tout d'abord, en ce qui concerne les entités publiques couvertes, faut-il dire que l'immunité de juridiction est un privilège limité au seul Etat central ? Ou peut-on affirmer que ce privilège s'étend également à ses *subdivisions administratives et politiques, aux établissements publics ou aux sociétés qu'il contrôle ?*

Sur ce point, les hésitations de la jurisprudence ont été assez importantes, que ce soit en France ou ailleurs.

929. ***Jurisprudence française*** — En *France*, la réponse serait actuellement assez clairement négative. L'immunité de juridiction ne bénéficie qu'à l'E*tat central et aux entités publiques remplissant une mission de souveraineté,* comme les banques centrales. C'est ainsi que la Cour de cassation devait confirmer qu'un institut d'émission étranger bénéficiait en France d'une complète immunité de juridiction (Cass. Civ. 121 Ch. 19 mai 1976, *Banque du Japon*, Rev. Crit. de d.i.p. 1977.359, avec une note Battifol, et R.G.D.I.P. 1977.334 avec une note Rousseau). En revanche, les démembrements de l'Etat étranger ou ses institutions chargées de mission de service public ne sauraient bénéficier en France de la moindre immunité de juridiction (pour une formulation récente, voir Cass. civ. 121, 18 novembre 1986 ; *Banque Camerounaise de développement c. Société des Etablissements Robber*, J.C.P. 1987.II, 20909 avec une note Nicod, Clunet 1987.632 avec une note Ph. Kahn).

Toutefois, plus récemment, la Cour de cassation devait reconnaître, et ce d'une manière contestable, l'immunité de juridiction à un organisme agissant sur ordre et pour le compte d'un Etat étranger dans le cadre d'une « mission de service public » (Cass. civ. 1ère, 2 mai 1990, *Société nationale iranienne du gaz c. Soc. pipeline service et autre*, R.C.D.I.P., 1991.140 avec une note P. Bourel). A l'inverse, très peu de temps après, la même Cour se refusait à voir dans le licenciement d'un journaliste employé par l'émanation d'un Etat étranger un acte « accompli dans l'intérêt du service public » et lui refusait ainsi de bénéficier de l'immunité de juridiction (Cass. civ. 1ère, 12 juin 1990, *Kuwait News Agency c. Parrot*, R.C.D.I.P., 1991.142, note P. Bourel).

930. ***Approche plus large des pays de Common law*** — Pour les pays de *common law*, la réponse est, dans l'ensemble, plus libérale. Autrement dit, ces pays acceptent que des entités publiques autres que l'Etat central bénéficient également d'une immunité de juridiction. Il en va ainsi de la nouvelle loi américaine sur les immunités des souverains étrangers selon laquelle sont admis à se prévaloir d'une immunité de juridiction non seulement le gouvernement central, mais ses subdivisions politiques territoriales ainsi que les autres personnes morales possédées ou contrôlées par le gouvernement central étranger ou ses subdivisions politiques (établissements publics, entreprises nationales...) (*The Foreign sovereign immunities act de 1976*, texte *in* ILM 1976, 1388 ; commentaires par Delaume in AJIL 1977, 399, et par Brower et autres *in* AJIL 1979, 200).

β — Ratione materiae

931. ***Diversité d'approches*** — La clarté est loin d'être totale en ce qui concerne les « actes » couverts par l'*immunité de juridiction de l'Etat étranger*. Si les diverses « approches » nationales connaissaient jadis une grande divergence, elles tendent maintenant à se rapprocher, du moins au sein du groupe des pays capitalistes développés. Deux conceptions bien différentes de l'immunité de juridiction étatique peuvent être dégagées : l'une, *absolue* et l'autre, *restreinte*.

932. ***La controverse : thèse absolue ou restrictive*** — Pour les uns — pays de *common law* jadis, pays socialistes hier et la plupart des pays en développement encore actuellement — l'immunité de juridiction dont doit bénéficier l'Etat étranger est totale ; elle *couvre tous ses actes quels qu'ils soient.* Pour les autres (Autriche, Belgique, Danemark, France, Grèce, Italie...), elle n'est que relative et ne s'applique qu'à certains actes de l'Etat étranger, *ceux qu'il effectue dans l'exercice de son pouvoir souverain.*

Cette distinction — communément acceptée de nos jours — entre les actes de « *jure gestionis* » et de « *jure imperii* » de l'Etat étranger trouve son origine dans les jurisprudences belge et italienne de la fin du siècle dernier et du début du xxe siècle.

933. ***Evolution vers la thèse restrictive : exemple de la jurisprudence française***— L'évolution de la position française constitue une excellente illustration de la *thèse restrictive.* Après être partis d'une conception absolue de l'immunité de juridiction de l'Etat étranger, les tribunaux français se sont rangés à une thèse restrictive. Le « grand tournant » fut pris en 1926-1929 à propos du *statut de la représentation commerciale de l'U.R.S.S.* en France. La Cour de Paris d'abord (arrêt du 19 novembre 1926, Clunet 1927.406), la Cour de cassation ensuite (Ch. req. arrêt du 19 février 1929, Clunet 1929.1043) devaient dénier à cette institution soviétique tout droit à bénéficier d'une immunité de juridiction au motif que : « cette représentation commerciale manifest(ait) son activité commerciale dans tous les domaines... ces manifestations ne pouv(ant) apparaître que comme *des actes de commerce auxquels le principe de la souveraineté des Etats demeur(ait) complètement étranger* ». C'était ainsi officialiser la distinction entre les *actes de puissance publique* (ou de *jure imperii*) et les *actes commerciaux* (ou de « gestion privée », de *jure gestionis*) de l'Etat étranger. *Pour les premiers, les tribunaux français accordent l'immunité de juridiction* (voir pour une formulation récente, *Administration des chemins de fer du gouvernement iranien c. Sté Levant Express Transport*, Cass. Civ. 1re Ch., 25 février 1969, R.G.D.I.P. 1969.883, avec une note Rousseau). *Pour les seconds, les tribunaux français refusent en revanche toute immunité de juridiction* (pour une formulation récente, voir Cass. Civ. 1re Ch., 17 janvier 1973, *Sté Hôtel George V c. Etat espagnol*, R.G.D.I.P. 1973.907, avec une note Rousseau et Cass. civ. 1re Ch. 4 février 1986, *G.N.M.T.C. c. Marseille frêt*, Clunet 1987.112, note J.M. Jacquet).

La jurisprudence française en la matière présente des méandres qu'il est difficile de suivre car elle n'a jamais clairement précisé le critère qu'il convenait de retenir pour apprécier la « commercialité » des actes de l'Etat étranger : elle ne cesse en effet d'osciller entre un *critère finaliste fort imprécis* — le but de service public poursuivi — et un *critère matériel plus satisfaisant — la nature de l'activité* en cause (ou l'activité selon les formes du droit privé). Des décisions récentes semblent marquer la *prédominance du critère matériel*, ce qui rejoint l'orientation des autres pays à économie de marché (Etats-Unis, Grande-Bretagne, Canada).

Selon le dernier état de la jurisprudence, il apparaîtrait que celle-ci assimile les actes de gestion publique à ceux accomplis dans l'intérêt d'un service public ce qui introduit des distinctions qui n'entraînent pas toujours la conviction et n'évitent pas un certain arbitraire. Ainsi, il a pu être jugé que « l'emploi d'infirmière-secrétaire médicale » auprès d'une ambassade étrangère en France relevait de « l'intérêt du service public » organisé par le pays concerné (C.A. Versailles, Ch. Sociales réunies, 14 juin 1995, *Dame Barrandon*, J.D.I. (Clunet) 1996.102 avec une note C. Byk) tandis que tel n'était pas le cas des « fonctions d'adjoint au service de presse » auprès d'une autre ambassade étrangère en France (Cass. soc. 2 avril 1996 *M. Coco c. Etat Argentin*, L.P.A. 1997.20 avec une note S. Rouquié), l'immunité de juridiction de l'Etat étranger étant ainsi admise dans le premier cas et refusée dans le second. Toutefois, dans l'affaire *Dame Barrandon* précitée, la Cour de Cassation devait casser l'arrêt de la Cour d'Appel de Versailles et refuser - à juste titre à notre sens - le bénéfice de l'immunité de juridiction (C. Cass., 1er ch. civ., 10 novembre 1998, D. 1999.157 note M. Menjucq et voir sur l'ensemble de la question, I. Pingel Lenuzza, Autonomie juridictionnelle et employeur privilégié : concilier les contraires, R.G.D.I.P. 2000-445). Le motif invoqué est que les fonctions exercées par cette employée ne lui conféraient "aucune responsabilité particulière dans l'exercice du service public diplomatique, de sorte que son licenciement constituait un acte de gestion" (pour une formulation identique, voir l'arrêt de la même chambre de la Cour de Cassation du 11 février 1997, *M. Saignié c. Ambassade du Japon* où il s'agissait du licenciement d'un concierge, rev. crit. dr. int. pr 1197.333 note H. Muir-Watt et Bull. Cass. 1997, n° 49.32).

934. ***Suite - Evolution aux Etats-Unis*** — Aux Etats-Unis, l'évolution a été analogue, bien que plus tardive. De plus, elle n'a pas été, comme en France, le fait des tribunaux mais de l'action conjuguée du pouvoir exécutif et du Congrès. Initialement, les tribunaux américains avaient adopté une conception absolue de l'immunité de juridiction de l'Etat étranger. Le premier tournant d'importance eut lieu en 1952 lorsque le Département d'Etat fit savoir aux Cours locales qu'il était favorable à une *théorie restrictive de l'immunité de juridiction de l'Etat étranger limitée aux seuls actes de souveraineté et excluant les actes commerciaux* et que telle serait sa politique dans l'avenir (voir la célèbre « Tate letter », *in* 26 Dpt of State Bull. 1952.984). Toutefois, il fallut attendre la loi précitée de 1976 pour que cette distinction reçoive la valeur et la sanction du droit positif. Désormais, les tribunaux américains, comme leurs homologues français, n'accordent plus d'immunité de juridiction à l'Etat étranger que pour ses seuls actes de souveraineté à l'exclusion de ses actes commerciaux. On notera cependant que tous les problèmes ne sont pas résolus pour autant dans la mesure où cette nouvelle législation américaine n'est pas de la plus grande clarté quant à la définition de ce qu'il faut entendre par « activités commerciales » et que le dernier mot a été laissé à l'interprétation des Cours. On remarquera avec intérêt, et la question revêt actuellement une grande importance pratique, que le législateur américain a *expressément* qualifié d'actes commerciaux ne bénéficiant donc d'aucune immunité de juridiction, *les emprunts contractés par les Etats étrangers et leurs entités publiques.*

935. ***L'absence de consensus formel*** — En bref, si l'on veut résumer la conception actuellement dominante de l'immunité de juridiction de l'Etat étranger *au sein des pays développés à économie de marché,* il est loisible d'affirmer qu'ils se sont désormais rangés à la *théorie restrictive* (telle est également l'optique *adoptée par la Convention européenne de 1972* précitée).

Le critère de répartition retenu est de type matériel, à savoir *la nature commerciale de l'activité poursuivie.* En revanche, les pays socialistes et telle était la position de l'U.R.S.S. dans le passé — et nombre de pays du tiers-monde demeurent, du moins officiellement, de farouches partisans de la conception de l'immunité absolue de l'Etat étranger au nom de la défense sourcilleuse de leur souveraineté ; toutefois, dans les faits, ils sont amenés à y renoncer systématiquement dans les relations économiques internationales de sorte qu'il existe un décalage total entre leur doctrine et leur pratique.

b) L'immunité d'exécution à l'encontre de l'Etat étranger.

(Voir en général, L'immunité d'exécution à l'encontre de l'Etat étranger, Cahiers du CEDIN, Paris, Montchrestien, 1990, ainsi que les études précitées d'I. Pingel et G. Cosnard).

936. ***Atteinte directe à la souveraineté de l'Etat étranger*** — L'immunité d'exécution est, en revanche, beaucoup plus souvent accordée car, ainsi que nous l'avons déjà noté, elle constitue une *atteinte directe à la souveraineté de l'Etat étranger.* Accepter de juger un Etat étranger est une chose, lui appliquer les moyens d'exécution forcée en est une autre. Sans doute y a-t-il là un paradoxe certain : n'est-il pas illogique — et à tout le moins inéquitable pour la partie privée — de refuser l'immunité de juridiction à l'Etat étranger tout en lui accordant une complète immunité d'exécution ? Le droit interne de la plupart des Etats n'échappe pas à cette contradiction — à l'exception notable de la Suisse où les tribunaux ont adopté, à juste titre selon nous, une conception globale et logique des immunités de l'Etat étranger : si les tribunaux helvétiques estiment que l'Etat étranger ne saurait bénéficier en l'espèce de l'immunité de juridiction, ils lui dénient également le bénéfice de l'immunité d'exécution (voir N.Y.B.I.L., *op. cit.*, p. 133 et s. et en particulier p. 162). De plus, il convient de rappeler que *tous les Etats bénéficient d'une immunité d'exécution totale en vertu des règles de leur propre droit interne :* ils ne sont pas soumis aux voies d'exécution forcée du droit commun. Dès lors, n'y aurait-il pas quelque paradoxe de leur part à accepter pour l'Etat étranger des solutions qu'ils refusent pour eux-mêmes ?

937. ***De l'insaisissabilité absolue à une saisissabilité relative des biens et avoirs de l'Etat étranger*** — Ces arguments semblaient tellement forts que le principe général semblait bien être celui de *l'insaisissabilité absolue des biens et avoirs de l'Etat étranger.* Toutefois, dans ce domaine également, une certaine évolution est perceptible.

C'est ainsi par exemple qu'en France des arrêts récents de la Cour de cassation ont pu être interprétés dans un sens plus restrictif comme *autorisant des saisies de fonds privés et n'accordant une pleine immunité d'exécution que pour les seuls fonds publics* (voir *l'arrêt Englander,* Cass. civ. 1re Ch., 11 février 1969, Clunet 1969.923, avec une note Kahn, et R.G.D.I.P. 1969.1148 avec une note Rousseau, ainsi que *l'arrêt Clerget,* Cass. Civ. 1re Ch., 2 novembre 1971, Clunet 1972.267, avec une note Pinto). Cependant, même si une telle tendance devait trouver d'autres confirmations exemptes d'ambiguïtés, il n'est pas sûr que la position des plaignants *privés* s'en trouverait pour autant transformée dans la mesure où il leur appartiendrait encore *d'apporter la preuve — combien difficile — de l'origine et de la destination privée ou publique* des fonds de l'Etat étranger dont ils entendraient obtenir la saisie *(l'affaire Clerget* précitée constitue un bon exemple de cette difficulté pratique majeure). Toutefois une plus récente décision de la Cour de cassation dans *l'affaire Eurodif* (Cass. Civ. 1re Ch., deux espèces, 14 mars 1984, J.C.P. II, 2205, note Synvet) semble être plus encourageante pour les parties privées ; cet arrêt adopte, en effet, une conception *restrictive* de l'immunité d'exécution de l'Etat étranger en France, puisque toute immunité est désormais refusée *si le bien en cause est affecté à une activité commerciale* ; la Cour de cassation semble donc avoir abandonné le critère de l'affectation des fonds au profit de celui de l'affectation des biens. Dans un arrêt plus récent encore du 20 mars 1989, toujours à propos de *l'affaire Eurodif,* la Cour de cassation devait accroître sensiblement la possibilité de saisir les biens et avoirs de l'Etat étranger en n'exigeant plus que *l'affectation commerciale* du bien en cause relève du contrat litigieux « si l'immunité d'exécution dont jouit l'Etat étranger et ses départements ministériels est de principe, elle peut toutefois être exceptionnellement écartée notamment lorsque le bien saisi a été affecté à l'activité économique ou commerciale relevant du droit privé qui donne lieu à la demande en justice même si cette affectation n'a pas été prévue par une clause expresse du contrat, la juridiction saisie pouvant rechercher par tous moyens si cette affectation existe ». (Cass. civ. 1re Ch. civ. 20 mars 1989, *République Islamique d'Iran et O.I.A.T.E.I. c. Société Framatome et autres*, Clunet 1990.1004, avec une note de Ph. Ouakrat).

Dans un arrêt récent, la première chambre civile de la Cour de Cassation devait rendre une décision clarificatrice de première importance dans ce domaine à dire vrai assez confus au cas où un Etat aurait renoncé à son immunité de juridiction au titre d'une clause compromissoire-type comme celle du règlement d'arbitrage de la Chambre de Commerce internationale (C.C.I.) ; la Cour devait interprêter un tel engagement par l'Etat signataire d'une clause d'arbitrage d'exécuter la sentence rendue comme valant renonciation à son immunité d'exécution (6 juillet 2000, *sté Creighton limited c. Etat du Quatar*, J.D.I. 2000.1054 avec une note Y. Pingel-Lenuzza). Si cette décision devait être confirmée, l'avancée serait considérable en ce sens que la signature d'une clause compromissoire vaudrait alors renonciation par l'Etat à son immunité d'exécution.

En revanche, aucune immunité d'exécution n'existe pour les « émanations de l'Etat étranger » — que celles-ci prennent la forme d'organismes publics dotés ou non de la personnalité morale. (Pour une formulation récente, voir Cass. civ. 1re Ch. 1er octobre 1985, *Sonatrach c. Migeon*, J.C.P., 1986.II, n° 20566 avec une note H. Synvet et les conclusions de l'Avocat général Gulphe, R.C.D.I.P., 1986.527 avec une note B. Audit). Dans une décision isolée et pour le moins inusitée, la Cour de Cassation devait refuser d'accorder à l'Irak le bénéfice de l'immunité d'exécution en raison des "limitations apportées à la souveraineté [de cet Etat] par les sanctions internationales" (en l'espèce la résolution n° 687 du Conseil de sécurité prise au titre du Chapitre VII de l'O.N.U. voir supra n° 158 et s.). (Cass. 1re ch. civ., 15 juillet 1999, *Dumez GTM c. Etat irakien*, J.D.I. 2000.45 avec une note M. Cosnard).

De même, mais d'une manière plus claire, les nouvelles législations américaine et britannique de 1976 et 1978 *autorisent des mesures d'exécution à l'encontre des biens et avoirs des Etats étrangers affectés à leurs activités commerciales et ne les excluent que pour ceux servant de support à leurs actes de puissance publique*. Toutefois, et cette exception présente une importance pratique considérable surtout dans le contexte économique international actuel, *les fonds détenus par les banques centrales étrangères et pour leur propre compte demeurent soumis à une immunité d'exécution totale en vertu* des dispositions de la loi américaine de 1976 ; or, dans la mesure où les instituts d'émission « centralisent » tous les avoirs en devises étrangères des Etats, les plaignants privés devront apporter la preuve, afin de pouvoir en obtenir la saisie judiciaire, que ces fonds détenus par la banque centrale étrangère en cause le sont au nom de l'Etat dont elle relève et servent à financer des activités commerciales ; inutile là encore d'insister sur le fait que la tâche des demandeurs sera particulièrement ardue...

938. ***Renonciations systématiques*** — Il convient enfin de signaler qu'Etats et autorités publiques étrangères peuvent fort bien *renoncer à leur immunité d'exécution*. En raison de l'importance d'un tel acte, il est clair qu'une renonciation de ce type ne saurait être présumée et qu'elle doit se présenter d'une manière explicite et formelle.

Toutefois, *il est de pratique courante en matière de transactions économiques internationales entre Etats* (ou autorités publiques en dépendant) e*t personnes privées étrangères* que les contrats qui les matérialisent contiennent tous une clause aux termes de laquelle les premiers *renoncent non seulement à leur immunité de juridiction* (voir *supra*, n° 547) mais également à leur immunité d'exécution. Il s'agit là encore d'un « *sine qua non* » auquel, *volens nolens*, tous les Etats quels qu'ils soient doivent se plier à l'égard de leurs co-contractants privés ; il est à noter que même les pays dont la position officielle est de défendre une conception absolue des immunités de juridiction et d'exécution des Etats (pays socialistes ou du tiers-monde) acceptent de se soumettre à ce type de clause. On ne peut s'empêcher de noter pour terminer le *décalage considérable* qui existe entre les positions « publiques » des Etats et leur pratique internationale ; les faits se trouvent ainsi profondément en avance sur les solutions retenues par le droit positif actuel, mais n'y a-t-il pas là une indication infaillible sur son évolution future ?

§ 8 — Les aliénations de compétence.

939. ***Décision souveraine de l'Etat*** — L'Etat peut décider d'aliéner certaines de ses compétences. Ces aliénations sont susceptibles de revêtir des formes diverses, mais elles présentent toujours un point commun : elles supposent en effet *l'accord formel ou tacite de l'Etat concerné* qui va voir sa compétence limitée. Il convient ici de rappeler ce principe fondamental qui avait été posé par la C.P.J.I. dans *l'affaire* souvent citée du *Lotus,* selon lequel « des limitations à la souveraineté des Etats ne se présumaient pas ». Ces aliénations peuvent porter sur la compétence territoriale ou sur la compétence personnelle de l'Etat.

1 — Les aliénations de compétence territoriale.

940. ***Examen limité aux alinéations partielles*** — On envisagera ici seulement les seuls cas *d'aliénation partielle de certaines compétences territoriales*. En effet, au-delà, il peut y avoir cession de territoire et, dans une telle hypothèse, il en résulte bien évidemment une extinction complète de la compétence de l'Etat cédant.

Certaines aliénations partielles de compétence territoriale sont fondées sur des règles coutumières, d'autres sur des principes conventionnels.

a) Des limites coutumières.

941. ***Exclusion des considérations humanitaires*** — Si l'on exclut les hypothèses « d'entrée en détresse » de navires ou d'aéronefs, il existe deux séries de cas où un Etat, par le biais de coutumes internationales, va voir sa compétence territoriale en partie aliénée (ou limitée). Il s'agit de la présence de navires étrangers dans ses ports ou de forces militaires étrangères sur son territoire.

I. — La présence de navires étrangers dans les ports.

942. ***Situation différente selon la nature des navires en cause*** — Les navires étrangers vont bénéficier, en tant que tels, de certaines immunités, dans la mesure où, en fait, si ce n'est en droit, ils sont assimilés à une sorte de « territoire flottant » de l'Etat dont ils arborent le pavillon. L'Etat de mouillage va être amené à renoncer à exercer une partie de ses compétences à leur égard, mais d'une manière tout à fait inégale en fonction de la nature de ces navires.

S'il s'agit de *navires de guerre étrangers,* ils bénéficient d'une *immunité de juridiction et d'exécution totale* : l'Etat territorial les excluera de sa juridiction dans la mesure où ces navires de guerre sont l'une des *marques officielles, publiques de la souveraineté de l'Etat étranger*. En revanche, *les navires marchands*, après avoir bénéficié pendant longtemps *d'immunités de juridictions et d'exécutions relatives* pour autant qu'ils ne troublent que la *tranquillité du port* où ils étaient ancrés (et telle était la solution française datant de 1806), sont maintenant entièrement soumis à l'ordre juridique de l'Etat du port même si celui-ci fait en général preuve de retenue quant à l'exercice de ses compétences.

Cela étant, bien entendu, si la présence de ces navires étrangers limite la compétence de l'Etat territorial, il faut noter que ce *dernier a toujours l'entière liberté d'accepter ou de refuser la présence de ces bâtiments dans ses ports*. Une fois qu'il a accepté leur présence, il est amené à voir l'exercice de sa compétence territoriale diminué, en vertu des règles coutumières précitées.

II. — La présence de forces militaires étrangères.

943. ***De l'affaire des déserteurs de Casablanca (1909) au retrait français de l'OTAN (1966)*** — Là encore, la présence de forces militaires étrangères va limiter l'exercice par le souverain local de sa compétence terroriale. Ce principe coutumier fut reconnu par la Cour permanente d'arbitrage, le 22 mai 1909, dans *l'affaire* dite *des déserteurs de Casablanca*, qui opposa la France à l'Allemagne (D.P. 1911, II, 177, note Gidel). Avant l'établissement du protectorat français, la France occupa militairement une partie du Maroc. Trois légionnaires allemands faisant partie des forces françaises essayèrent de s'échapper, mais ils furent repris par les troupes françaises. Le consulat allemand local protesta et prétendit exercer sa compétence personnelle au profit de ces légionnaires de nationalité allemande. La France, elle, estimait que l'Allemagne était dépourvue de compétence en l'espèce, sa compétence personnelle sur ses ressortissants étant primée par un acte de souveraineté français effectué pour la mise en œuvre de son service public de la défense nationale. La C.P.A. donna raison à la France dans ce conflit de compétences et s'exprima dans les termes suivants : « Un corps d'occupation exerce, en règle générale, une juridiction exclusive sur tous les hommes appartenant au dit corps d'occupation ». Il s'agit là d'un principe coutumier de l'ordre international. Mais, là encore, on peut faire la même remarque que précédemment en ce sens que la présence de troupes étrangères sur le territoire d'un pays déterminé est limitée et conditionnée par le consentement du pays d'accueil. Le plus souvent, d'ailleurs, le stationnement de forces militaires étrangères sur le territoire d'Etats tiers est réglé par des conventions internationales. C'est ainsi, par exemple, que des traités spécifiques en précisant le régime juridique ont été conclus dans le cadre de *pactes militaires* comme celui de l'Atlantique de 1949 entre les « pays occidentaux ». Il convient ici de rappeler que l'un des motifs invoqués par le général de Gaulle en 1966 lorsqu'il annonça sa décision du *retrait de la France des forces militaires intégrées de l'O.T.A.N.* et donc le départ des troupes alliées stationnées en territoire français, fut la préoccupation « de la France de recouvrer sur son territoire l'entier exercice de sa souveraineté actuellement entamé par la présence permanente d'éléments militaires alliés...». (voir le § 3 de la lettre adressée par le général de Gaulle au Président Johnson en date du 7 mars 1966).

b) Des limites conventionnelles.

944. — Par convention internationale, les Etats peuvent accepter d'aliéner certains éléments de leur souveraineté territoriale. Par exemple, ils peuvent accepter de se placer sous *le protectorat* d'un pays étranger ; ils peuvent *céder des bases militaires* ; ils peuvent louer des terres, ainsi que cela fut le cas d'une partie de la colonie britannique de Hong-Kong (bail de 99 ans qui vint à échéance le 30 juin 1997). Ou encore les Etats peuvent s'engager à respecter des « servitudes » internationales : c'est ainsi qu'ils peuvent accepter de *démilitariser* certaines parties de leur territoire, voire certaines villes.

2 — Les aliénations de compétence personnelle.

945. ***Aliénations conventionnelles et coutumières*** — Les aliénations de compétence personnelle peuvent également provenir d'engagements de type conventionnel ou coutumier.

A *titre conventionnel*, l'exemple historique le plus célèbre porte sur le régime dit des « capitulations » que nous avons déjà signalé. Dans certains cas — Chine, Egypte, Tunisie, Turquie —, l'Etat territorial voyait sa compétence sur les résidents étrangers céder devant la compétence personnelle des Etats tiers. Egalement, on peut citer les traités protégeant les « minorités » qui ont été conclus à la fin de la première guerre mondiale : là encore le souverain territorial avait accepté d'apporter des limites à l'exercice de sa compétence, à raison du statut personnel institué au profit de certaines catégories de ressortissants qui, tout en étant juridiquement ses nationaux, bénéficiaient en tant que « minoritaires » d'une protection organisée de leurs droits culturels, linguistiques ou religieux.

Enfin, à *titre coutumier,* on rappellera *les privilèges* et les *immunités diplomatiques et consulaires* reconnus aux représentants des Etats étrangers. Pour l'essentiel, on le rappelle, ils ont été codifiés dans les Conventions de Vienne de 1961 et de 1963. Mais, pour les Etats non parties à ces Conventions, leurs obligations en la matière possèdent un fondement coutumier certain — voire font partie des normes du « jus cogens » (voir aussi *supra*, n° 161 et s.).

946. ***Limites à la pleine juridiction de l'Etat territorial*** — En bref, on se trouve ici en présence d'autant d'exemples où l'Etat territorial ne pourra pas imposer sa pleine juridiction (notamment dans le domaine du statut des personnes et de leurs biens) à l'égard de certaines catégories de ressortissants étrangers, en raison de leur protection par un statut international coutumier ou conventionnel spécifique.

§ 9 — L'effet *ratione temporis* des compétences de l'Etat (le principe de la continuité de l'Etat).

(Voir en général, K. Marek, Identity and continuity of States in public international law, Droz, Genève, 1954.)

947. ***Continuité de l'Etat et perpétuité de sa "souveraineté"*** — Lorsqu'un Etat s'engage à l'égard d'un autre Etat, d'une organisation internationale ou d'une personne privée étrangère, cet engagement continuera à le lier quelles qu'aient pu être les modifications institutionnelles qui l'ont affecté (changements de gouvernements ou révolutions par exemple). Autrement dit, si un Etat exerce ses compétences dans l'ordre international, les obligations par lui souscrites produiront dans le temps les effets conventionnellement agréés. Il n'en va différemment que si l'Etat disparaît ou est absorbé par un autre Etat, ce qui pose alors de délicats problèmes de succession (on en a eu récemment un bon exemple lors de la disparition de la République Démocratique Allemande à l'occasion de son absorption par la R.F.A. à la suite du processus de réunification en 1990).

Ce principe de la continuité de l'Etat — et donc des compétences qu'il exerce — est essentiel pour assurer la stabilité des relations juridiques. Il est d'ailleurs *inhérent à la souveraineté de l'Etat qui est à la fois continue et perpétuelle*. La pratique des Etats va clairement dans ce sens (voir pour la France, Kiss, *op. cit.*, T. II, n° 695-708 et pour des Etats-Unis, Whiteman, *op. cit.*, vol. 2, pp. 755 et s.). Les tribunaux, dans les rares cas où ils ont eu à se prononcer sur ce point, n'ont pas hésité à mentionner la continuité de l'Etat parmi les règles coutumières du droit international (voir aux Etats-Unis, *The Sapphire* II, Wall, 164 (U.S. 1871) et en France, Cass. Com. 2 juillet 1951, *Société belge d'entreprises commerciales c. Banque d'Espagne et autres,* Gaz. Pal. 1952.I.44 ; J.C.P. 1951.IV.133).

Sans doute, dans certains cas, des Etats peuvent-ils être tentés de renier ce principe de continuité pour échapper à leurs dettes passées. L'exemple le plus célèbre en est fourni par l'ex U.R.S.S. qui a toujours refusé de se reconnaître liée par les emprunts contractés par le régime tsariste. Dès le 28 mars 1918, les gouvernements britannique et français devaient s'opposer à cette répudiation en faisant valoir des arguments classiques et qui méritent d'être ici reproduits en raison de leur caractère de droit positif : « aucun principe n'est mieux établi, affirmaient les deux gouvernements, que celui d'après lequel une nation est responsable des actes de son gouvernement, sans qu'un changement d'autorité affecte les obligations encourues » ; et d'ajouter que s'il n'en allait pas ainsi, « ce serait la ruine du crédit des Etats au point de vue politique comme au point de vue financier » (texte *in* Clunet, 1918.861). Cette attitude devait finir par être payante à terme puisque l'URSS accepta en 1986 d'indemniser les porteurs britanniques d'emprunts russes afin, sans doute, de pouvoir utiliser de nouveau les services financiers de la place de Londres (voir A.F.D.I., 1986.650). En 1998, la Russie accepta également d'indemniser les porteurs français à la suite d'un accord de compensation globale en bonne et due forme conclu avec la France - ce qui lui permit de retrouver un accès au marché des capitaux français quand bien même l'indemnisation devait se révéler peu généreuse pour ne représenter qu'environ 1 % du principal et des intérêts dus.

Ce principe de la continuité de l'Etat devait être opposé à la Chine devant les tribunaux américains à propos du remboursement d'emprunts émis par le gouvernement impérial chinois en 1911 (voir *Jackson et al. v. The People's Republic of China,* U.S. District Court, N.D. Alabama, 1er sept. 1982 *in* I.L.M. 1983.75). La Chine devait refuser cette analyse en raison du caractère « odieux » de la dite dette (voir l'aide-mémoire chinois *in* I.L.M. 1983.81). Elle devait finalement obtenir satisfaction en 1986, le Tribunal reconnaissant qu'à l'époque où les titres avaient été émis elle bénéficiait d'une immunité de juridiction absolue (*Jackson v. P.R.C.*, 794 F 2d 1490 ; texte *in* I.L.M. 1986.1466).

Section II

Les sujets à compétences spécialisées : les institutions internationales

(Voir O. Audéoud, La détermination des compétences des Organisations internationales, Thèse Paris I, 1982.)

948. ***Rapprochement avec les sociétés dans l'ordre interne*** — Dans l'ordre international, le phénomène des institutions internationales fait penser à celui des sociétés commerciales dans l'ordre interne. Dans les deux cas, on est en effet en présence d'une véritable révolution juridique avec l'apparition de nouveaux sujets de droit ayant une personnalité propre, indépendante de celle de leurs fondateurs, avec toutes les conséquences que cela implique notamment en matière de passation d'actes juridiques, de responsabilité et de patrimoine propres.

Toutes choses égales par ailleurs, les rapports Etats/organisations internationales font immanquablement penser aux relations entre les personnes physiques et les sociétés commerciales auxquelles elles ont donné naissance en tant qu'actionnaires. Globalement, les organisations internationales sont à la société interétatique ce que les sociétés commerciales par actions ont été et sont encore pour le capitalisme moderne.

On se trouve ici en présence d'institutions (organisations internationales, « établissements publics » internationaux) qui ont été créées par des accords inter-gouvernementaux. Il s'agit donc de « sujets dérivés », seconds du droit international par rapport aux Etats. Dès lors, en termes de compétences, il est clair que *celles dont bénéficieront ces organisations internationales seront moindres que celles d'un Etat*. La C.I.J. devait fortement insister sur ce point dans son *Avis consultatif souvent cité de 1949,* dit *Comte Bernadotte*. La Cour s'exprimait dans les termes suivants : « La Cour arrive à la conclusion que l'Organisation (O.N.U.) est une personne internationale. Cela n'équivaut pas à dire que l'Organisation soit un Etat, ce qu'elle n'est certainement pas, ou que sa personnalité juridique, ses droits et ses obligations soient les mêmes que ceux d'un Etat. Encore moins, ajoute la Cour, cela équivaut-il à dire que l'Organisation soit un « super-Etat », quel que soit le sens de cette expression ».(Rec., p. 179).Si cette analyse de la C.I.J. est parfaitement exacte en ce qui concerne l'O.N.U., en revanche, il est loisible d'imaginer des exemples d'organisations régionales venant peu ou prou supplanter des Etats pré-existants et s'y substituer. Ainsi l'évolution de la C.E.E. en une véritable union économique et monétaire au terme du processus prévu par le traité de Maastricht fera des pays membres des Etats dévalués, dénués de toute capacité économique, financière ou monétaire propre. Dans cette hypothèse très particulière, la Communauté européenne apparaîtra bien comme un « super Etat » régional.

949. ***Termes du problème*** — Cela étant, le problème de la personnalité de ces institutions internationales a été longtemps posé dans des termes assez peu clairs en raison de l'imprécision de la plupart de leurs Chartes constitutives. En effet, celles-ci se sont, le plus souvent, contentées de dire que ces institutions possédaient des *compétences internes* sans aborder la question de leurs compétences dans l'ordre international. Sur ce point — on aura l'occasion de le voir — la contribution de la Cour de La Haye a été essentielle.

950. ***Plan*** — Il faudra donc, tout d'abord, examiner la personnalité interne de ces organisations internationales, c'est-à-dire *leurs compétences dans l'ordre interne des pays membres* (§ 1), pour ensuite se tourner vers l'examen de *leur personnalité internationale* (§ 2), c'est-à-dire l'exercice de leurs compétences dans l'ordre international ; enfin nous verrons que *leurs compétences*, comme celles des Etats, *sont protégées* (§ 3).

§ 1 — La capacité dans l'ordre interne : la personnalité interne des institutions internationales.

951. ***Des personnes morales dans le droit interne des pays membres*** — Les Chartes constitutives des institutions internationales prévoient toutes que les organisations auxquelles elles donnent naissance doivent être considérées comme des personnes morales dans l'ordre interne des pays membres. Avec des degrés de précision variable, elles tracent également le contenu minimum de cette personnalité morale interne.

1 — Un fondement conventionnel.

952. ***Une reconnaissance par les chartes constitutives*** — Il est maintenant courant, du moins pour les institutions créées depuis la fin de la seconde guerre mondiale, que *leurs Chartes constitutives leur confèrent la personnalité juridique sur le territoire des pays membres.*

Mais cela n'a pas toujours été le cas dans le passé. C'est ainsi que le Pacte de la Société des Nations était muet sur cette question. A l'époque, le problème dut être réglé par des conventions spéciales, ou encore par des lois internes des pays membres. C'est ainsi, par exemple, qu'une Convention particulière a dû être signée en 1926 pour régler les rapports juridiques (privilèges et immunités, statut dans l'ordre interne...) entre la S.D.N. et la Suisse (pays hôte de la Société dont le siège était situé à Genève).

953. ***L'exemple de la charte de l'ONU*** — La disposition la plus typique relative à la reconnaissance de la personnalité juridique des organisations internationales dans l'ordre interne de leurs membres, est celle contenue dans l'article 104 de la Charte de l'O.N.U. Il dispose en effet que : « L'Organisation jouit sur le territoire de chacun de ses membres de la capacité juridique qui lui est nécessaire pour exercer ses fonctions et atteindre ses buts ». Pour être commode dans la mesure où il accorde à l'O.N.U. une compétence large et évolutive fondée sur la théorie des « pouvoirs implicites » (voir *supra*, n° 211), ce texte demeure insuffisant car imprécis et lacunaire. C'est ainsi qu'il a dû être complété par la convention de 1946 sur les privilèges et immunités de l'O.N.U. De même, une convention de 1947 a été élaborée dans un but analogue afin de préciser les privilèges et immunités des « institutions spécialisées » de l'O.N.U.

954. ***Portée des accords de siège*** — En outre, il faut noter que les « accords de siège », c'est-à-dire les conventions particulières conclues entre l'Organisation concernée et le pays sur le territoire duquel elle est située, vont préciser l'étendue et la portée de sa « personnalité interne » dans l'ordre juridique du pays d'accueil.

2 — Son contenu.

955. ***Une personnalité fonctionnelle*** — Le contenu de cette personnalité interne des organisations internationales est de « type fonctionnel ». En règle générale, il doit permettre à l'institution en cause d'accomplir les « tâches », de s'acquitter des « fonctions » qui lui ont été imparties. Mais il s'agit là d'expressions de type général et qui souvent n'ont pas été précisées. Ici encore on peut faire la même remarque que sur le point précédent, à savoir que les chartes constitutives des organisations internationales sont souvent très *lacunaires en ce qui concerne le contenu de cette capacité interne des organisations internationales.* L'article 104 précité de la Charte de l'O.N.U. fournit un excellent exemple de cette tendance.

956. ***Des précisions plus grandes*** — Toutefois d'autres chartes constitutives d'institutions internationales se sont voulues plus précises et mentionnent des domaines particuliers où ces organisations possèdent la personnalité juridique dans l'ordre interne. C'est ainsi, par exemple, que l'article IX, Section II, de l'Accord de Bretton-

Woods, portant statut juridique du F.M.I., dispose : « Le Fonds jouira de la pleine personnalité juridique et, en particulier, de la capacité : i) de contracter ; ii) d'acquérir des biens meubles et d'en disposer ; iii) d'ester en justice ».

On retrouve des dispositions analogues dans le Traité de Rome de 1957. Celui-ci, après avoir posé, à l'article 210 (et nouvel article 281), que la Communauté avait la personnalité juridique — « la Communauté a la personnalité juridique », dit le texte d'une manière lapidaire —, l'article 211 (et nouvel article 282) donne de plus amples précisions. Il dispose en effet : « Dans chacun des Etats membres, la Communauté possède la capacité juridique la plus large reconnue aux personnes morales par les législations nationales. Elle peut notamment acquérir ou aliéner des biens immobiliers et mobiliers et ester en justice... ».

957. ***Règle générale*** — En bref, il faut considérer que *toutes les institutions internationales bénéficient de la pleine capacité juridique interne sur le territoire de leurs pays membres, de façon à ce qu'elles puissent remplir les missions qui leur ont été confiées par leurs chartes constitutives respectives.*

Cependant, affirmer la « personnalité interne » d'une institution internationale n'est pas lui reconnaître une capacité à agir dans l'ordre international. *Autrement dit, personnalité interne ne signifie pas personnalité internationale.*

§ 2 — La capacité dans l'ordre international : la personnalité internationale des institutions internationales.

958. ***Une question centrale*** — Il s'agit là d'une *question fondamentale* aussi bien du point de vue théorique que pratique.

Sur le plan théorique, c'est admettre que les *Etats ne possèdent plus le monopole de la personnalité juridique dans l'ordre international.* Les Etats, si l'on reconnaît aux institutions internationales une certaine personnalité internationale, une capacité à agir, vont alors se heurter à des « pouvoirs concurrents » dotés d'une volonté et d'une personnalité propres.

Sur le plan pratique, la question est également importante. Cela signifie, en effet, que si une institution internationale a la capacité internationale, *elle peut agir de son propre chef*, sans passer par l'intermédiaire des pays membres. Elle pourra alors conclure des traités, protéger ses agents, etc., cela sans le concours des Etats.

959. ***Insuffisance du droit conventionnel*** — Or, le droit conventionnel s'est révélé particulièrement insuffisant dans ce domaine. Soit *il n'a pas tranché cette question* — l'exemple type est encore donné par la Charte de l'Organisation des Nations unies —, soit il l'a abordée d'une façon *peu satisfaisante car trop vague.* Il est loisible de mentionner plusieurs exemples anciens et récents de cette tendance.

Ainsi, le Traité de Paris de 1951 qui donnait naissance à la C.E.C.A. disposait dans son article 6, alinéa 2, que : « dans les relations internationales, la Communauté joui(ssait) de la capacité juridique nécessaire pour exercer ses fonctions et atteindre ses buts », ce qui était reconnaître à la *nouvelle institution une personnalité internationale fonctionnelle,* mais au contenu fort imprécis.

Plus vague encore est le récent accord du 27 mai 1980 conclu entre les pays membres de l'O.P.E.P. en vue de créer un nouveau « Fonds spécial pour le développement international ». Il dispose en effet que la nouvelle organisation aura la « personnalité juridique internationale » (art. 1.01), sans que cette expression cardinale soit autrement précisée (voir le texte *in* I.L.M. 1980.879).

Dans le même sens, quoique un peu moins vague, on peut citer le projet de convention relative à la constitution d'un « Fonds commun sur les matières premières » ouvert à la signature des Etats à compter du 1er octobre 1980 et depuis lors entré en vigueur. L'article 41 prévoit que : « la nouvelle institution aura la pleine personnalité juridique et, en particulier, la capacité de conclure des accords internationaux avec les Etats et organisations internationales, de contracter..., de recourir à des procédures judiciaires » (voir le texte *in* I.L.M., 1980, p. 896). La plus récente Banque Européenne pour la Reconstruction et le Développement (BERD) créée en 1990 et dont les activités ont commencé à compter du 15 avril 1991 est dotée sur ce point de statuts traditionnellement imprécis ; elle dispose en effet de la « pleine personnalité juridique » (art. 45), sans autre précision. De même, le traité du 17 décembre 1994 créant le MERCOSUR entre les pays d'Amérique Latine dispose simplement dans son article 34 que celui-ci « possède la personnalité juridique internationale ».

Autant dire que ces exemples, pour importants qu'ils soient, ne donnent pas une idée précise du contenu de la compétence internationale de ces institutions internationales.

960. ***Une construction prétorienne*** — Sur cette question, *l'apport essentiel est venu de la Cour Internationale de Justice.* Toute la théorie actuelle de la personnalité internationale des institutions internationales trouva son fondement dans la construction prétorienne de la Cour de La Haye qui, dans ce domaine, a apporté une contribution essentielle au développement du droit international contemporain (voir *supra*, n° 383).

961. ***Plan*** — Cette personnalité internationale dont bénéficient les institutions internationales demeure sans doute limitée — du moins par rapport à celle des Etats-Nations —. Cependant, elle n'est pas statique, figée : elle est de type « évolutif ». Ceci étant, nous verrons que ces Organisations possèdent toutes un certain nombre de compétences communes minimales.

1 — Une reconnaissance et une construction jurisprudentielles.

962. ***L'affaire Bernadotte (1949)*** — La construction théorique de la personnalité internationale des organisations internationales est d'*origine prétorienne* étant due à la Cour Internationale de Justice dans son Avis consultatif de 1949, *Comte Bernadotte*, dans lequel elle devait, dans les termes les plus généraux, *reconnaître la personnalité internationale de l'O.N.U.* Il va de soi que la démarche de la Cour n'est pas limitée à l'O.N.U. et qu'elle est transposable, — sans doute *mutatis mutandis* — à l'appréciation de la personnalité internationale des autres institutions internationales.

Dans cette *affaire Bernadotte,* la Cour dut examiner si l'O.N.U. possédait « la personnalité internationale ». Pour arriver à cette conclusion — et on rappellera que la Charte de l'O.N.U. ne contient aucune disposition en la matière —, la Cour procéda à une analyse d'abord des *caractères généraux* de l'O.N.U., puis des buts et principes qui lui avaient été assignés. Sur ce dernier point, la Cour s'estimait fondée à affirmer que : « Pour atteindre ces buts, il é(tait) indispensable que l'Organisation ait la personnalité internationale » (p. 178).

La Cour s'appuya également sur la *structure interne de l'Organisation* et les compétences propres de ses organes. Elle fit aussi référence à la *pratique de l'Organisation* et nota que l'O.N.U. avait conclu des accords internationaux avec plusieurs de ses membres. Elle nota avec insistance l'importance des missions de l'O.N.U. qui ne saurait être minimisée puisqu'il s'agit du *maintien de la paix et de la sécurité internationale,* et qu'elle ne saurait les remplir sans « posséder une large mesure de personnalité internationale et la capacité d'agir sur le plan international » (p. 179). Au terme de son analyse, la C.I.J. posa le principe suivant : « On doit admettre, dit la Cour, que ses membres, en lui assignant certaines fonctions, avec les devoirs et les responsabilités qui les accompagnent, l'ont revêtue (l'Organisation) de la compétence nécessaire pour lui permettre de s'acquitter effectivement de ses fonctions » (p. 179). Autrement dit, la C.I.J., en appliquant *la théorie des pouvoirs implicites* (voir aussi *supra,* n° 368), utilise les missions attribuées à une institution internationale comme critère et mesure de ses compétences. Ainsi, en vertu de la démarche suivie par la Cour de la Haye, une organisation internationale est censée *posséder toutes les compétences nécessaires pour lui permettre de s'acquitter de ses fontions, de ses missions telles qu'elles apparaissaient dans sa Charte constitutive.* N'est-ce pas d'ailleurs *l'intention réelle des pays fondateurs* de voir la nouvelle organisation dotée des *compétences effectives* requises pour lui permettre de remplir les espoirs qu'ils avaient placés en elle ?

De surcroît, on rappellera que cette « personnalité internationale » n'est pas *seulement opposable aux pays membres, mais qu'elle peut l'être également aux Etats non membres* dans la mesure où l'organisation en cause — et c'est ce que reconnut la Cour Internationale de Justice au profit de l'O.N.U. — possédait une « *personnalité internationale objective* » (p. 185) (voir aussi *supra,* n° 400).

963. ***Solution transposable*** — Cette démarche et ces solutions sont transposables, toutes proportions gardées bien sûr, aux *autres organisations internationales universelles ou régionales.* Il est ainsi loisible de poser le principe général suivant selon lequel *les organisations internationales possèdent toutes les compétences internationales nécessaires pour remplir les buts et missions qui leur ont été confiées par les pays fondateurs, tels qu'ils apparaissent dans leur charte constitutive.*

2 — Des compétences spécialisées.

964. ***Différence avec les Etats*** — Il existe ici une *différence fondamentale avec les Etats.* Toutes les compétences des organisations internationales sont limitées, spécifiques — en un mot *affectées.* D'ailleurs, la terminologie officielle reconnaît bien ce phénomène : comment ne pas rappeler en effet que les institutions qui font partie de la « famille de l'O.N.U. » sont qualifiées de « spécialisées » ? En termes de compétences, les rapports entre Etats et institutions internationales font penser, *mutatis mutandis,* à ceux qui existent entre l'Etat et les établissements publics en droit administratif français, les seconds se caractérisant par leur stricte « spécialisation ».

965. ***Hiérarchie entre les organisations internationales*** — Il est impossible ici d'entrer dans les détails et d'aller au-delà de la mention de ce principe général de spécialité. Cette « spécialisation » est propre à chaque organisation internationale dans la mesure où elle dépend étroitement de sa charte constitutive. C'est ainsi que l'on peut dresser *toute une hiérarchie des Organisations internationales en fonction de leurs compétences propres.* On opposera ainsi les organisations internationales en fonction de l'*aire géographique de leurs compétences* qui pourront avoir une portée universelle ou simplement régionale. Il est également possible de distinguer les organisations internationales à partir de la *portée matérielle* de leurs compétences ; c'est ainsi que les organisations spécialisées qui font partie de la « famille de l'O.N.U. », comme l'O.M.S., le F.M.I., la Banque mondiale ou maintenant le nouveau Fonds international de développement agricole (F.I.D.A.), ont, à l'évidence, une *compétence matérielle moindre* que l'Organisation des Nations unies. Sur ce dernier point, on notera que la Cour Internationale de Justice, dans *l'affaire Bernadotte*, ne pouvait empêcher de qualifier l'Organisation des Nations unies de « type le plus élevé d'organisation internationale » (p. 179). On rappelera que l'évolution de la Commuauté européenne en une véritable « Union économique et monétaire » telle que prévue par le Traité de Maastricht, fera de celle-ci une sorte de « super Etat » grâce à l'acquisition de compétences tout-à-fait inusitées pour une organisation internationale (voir aussi *supra* n° 948).

3 — Des compétences évolutives : les « pouvoirs implicites » des institutions internationales.

966. ***Méthode d'interprétation téléologique*** — Nous avons déjà signalé l'existence de *cette méthode d'interprétation judiciaire* qui a été utilisée fréquemment par la *Cour suprême des Etats-Unis,* notamment pour renforcer les pouvoirs du gouvernement fédéral face aux Etats fédérés (voir *supra*, n° 285). La démarche de la Cour suprême des Etats-Unis, dans de nombreuses décisions, a été que le gouvernement fédéral et ses organes possédaient tous les pouvoirs inhérents aux missions que lui avaient confiées les Pères fondateurs de la Constitution de 1787. Nous avons vu que *cette méthode d'interprétation avait été reprise au niveau international* (voir *supra*, n° 962). Cette méthode d'interprétation a été également *utilisée au profit des organisations internationales*, à la fois sur un plan général par la Cour de La Haye, et ensuite dans un cadre régional particulier, par le Droit communautaire qui l'a officialisée.

a) Un recours fréquent par la Cour de La Haye.

967. ***Un recours traditionnel*** — Cette théorie des pouvoirs implicites appliquée aux compétences d'une institution internationale a été utilisée par la première Cour de La Haye, la C.P.J.I., dès le début, ou presque, de son fonctionnement. C'est ainsi qu'elle devait *recourir à cette méthode pour apprécier la compétence de l'Organisation internationale du travail* (Avis consultatif n° 13 du 23 juillet 1926, sér. B, p. 18) ou *à propos de la compétence de la Commission européenne du Danube* (Avis consultatif n° 14 du 8 décembre 1927, sér. B, p. 64).

Cette technique particulière et dynamique d'interprétation d'un traité multilatéral constitutif d'organisation internationale a été également utilisée fréquemment et avec une grande force par la Cour Internationale de Justice. La Cour le fit d'abord dans *l'affaire Bernadotte*, si souvent citée, de 1949. Elle s'exprimait dans les termes, non ambigus, suivants : « Selon le droit international, l'organisation (l'O.N.U.) doit être considérée comme possédant ces pouvoirs qui, s'ils ne sont pas expressément énoncés dans la Charte, sont, par une conséquence nécessaire, conférés à l'organisation en tant qu'essentiels à l'exercice des fonctions de celle-ci » (Rec., p. 182).

La C.I.J., dans des affaires ultérieures, a souvent fait référence à cette méthode d'interprétation dite *téléologique* pour apprécier la compétence des institutions internationales ainsi que la portée de leurs actes. Il en alla ainsi dans les affaires suivantes : Avis consultatif du 11 juillet 1950 sur le *Sud-Ouest africain* (p. 132-137), Avis consultatif du 13 juillet 1954, sur *l'effet des jugements du tribunal administratif des Nations unies* (p. 56-57), Avis consultatif du 20 juillet 1962 sur *certaines dépenses des Nations unies* (p. 158, 162, 165, 167, 170) ; Avis consultatif du 21 juin 1971 sur *la Namibie* (p. 49-54).

968. ***Limitation constitutionnelle*** — On est donc là en présence d'une conception particulièrement *activiste* de la part de la Cour de La Haye qui n'a ainsi cessé de contribuer puissamment au développement du droit international.

Il faut toutefois signaler une limite certaine à cette construction dynamique des compétences d'une institution internationale effectuée par le juge international. Celui-ci ne saurait accorder à l'institution en cause des *compétences qui vont au-delà des termes de la Charte constitutive de l'Organisation.*

969. ***Suite - L'affaire Tadic***— Autrement dit, la charte constitutive de l'organisation constitue toujours un garde-fou, une *limite constitutionnelle, à l'extension des compétences de l'organisation en cause*. Il est à noter toutefois que, pour une institution internationale du type de l'O.N.U. investie des missions les plus larges, la limite constituée par la charte elle-même est faible pour freiner l'extension des compétences de l'organisation de New York. C'est ainsi que dans l'affaire *Tadic* précitée (voir *supra* n° 160, 220), le nouveau *Tribunal pénal international pour l'ex-Yougoslavie* devait confirmer la compétence du Conseil de Sécurité agissant sur le fondement du Chapitre VII pour créer cette Cour spécifique destinée à juger les auteurs de crimes de guerre et contre l'humanité à l'occasion de la dislocation de ce pays. Sans surprise, la même approche fut adoptée par le *Tribunal pénal international pour le Rwanda* (voir l'affaire 96-15, arrêt du 18 janvier 1997, *Prosecutor v. Kanyabashi*). Mais ce qui est vrai de l'O.N.U. en tant que « type le plus élevé d'organisation internationale », comme le rappelait la Cour Internationale de Justice dans *l'affaire Bernadotte,* ne l'est pas des institutions spécialisées, ni des organisations internationales de type régional.

b) Une reconnaissance formelle par le droit communautaire.

970. ***Consécration conventionnelle*** — Cette théorie des pouvoirs implicites joue également un très grand rôle dans le droit communautaire.

On notera tout d'abord, qu'elle a été *formellement officialisée par le Traité de Rome* dans son article 235 (et nouvel article 308) (voir G. Olmi, La place de l'article 235 C.E.E. dans le système des attributions de la compétence de la Communauté, Mél. F. Dehousse, Paris, 1979, vol. 2.279). Celui-ci dispose en effet : « Si une action de la Communauté apparaît nécessaire pour réaliser, dans le fonctionnement du Marché Commun, l'un des objets de la Communauté, sans que le présent Traité ait prévu les pouvoirs d'action requis à cet effet, le Conseil, statuant à l'unanimité sur proposition de la Commission et après consultation de l'Assemblée, prend les dispositions appropriées ». Et il est à noter que cette disposition de l'article 235 du traité de Rome (et maintenant 308), relative aux pouvoirs implicites des organes communautaires en cas de silence de la Charte constitutive, a été plusieurs fois utilisée par le Conseil des Communautés selon la procédure prévue à cet article. Tel a été le cas notamment en matière monétaire, d'environnement, de recherche et de développement ou d'aides aux régions défavorisées (voir R. Kovar, « Les compétences implicites : jurisprudence de la Cour et pratique communautaire », *in* Relations extérieures de la Communauté européenne et marché intérieur : aspects juridiques et fonctionnels, Ed. par P. Demaret, Colloque 1986, Collège d'Europe, n° 45, sans date de publication).

971. ***Large usage par la C.J.C.E.*** — On notera également que non seulement les organes communautaires ont recouru assez souvent à cette technique, mais que la *Cour de Justice des Communautés Européennes*, la C.J.C.E., a fréquemment, bien que prudemment, utilisé cette méthode d'interprétation finaliste, téléologique, dans les affaires qui lui étaient soumises (voir par exemple l'avis de la Cour du 17 décembre 1959 en application de l'article 95 de la C.E.C.A., Rec. 1958-59.551).

4 — Des compétences minimales communes.

972. ***Liste exemplative*** — Il est loisible ici de dresser une liste, sans doute non exhaustive, *des principales compétences internationales* qui sont reconnues aux organisations internationales, en raison de leur capacité internationale, de leur personnalité internationale.

— Toutes les organisations ont le *pouvoir de conclure des traités ou accords internationaux* avec les Etats, d'autres organisations internationales, ou des contrats avec des personnes privées. Il n'y a qu'une limite à ce pouvoir de conclusion d'engagement internationaux, c'est le respect de leurs compétences par les institutions concernées.

— Toutes les organisations internationales sont censées avoir *la capacité de présenter une réclamation internationale*. Tel est l'un des aspects concrets de *l'affaire Bernadotte* citée très souvent et décidée par la Cour Internationale de Justice en 1949. On se rappelle qu'en l'espèce la Cour internationale de justice a reconnu à l'O.N.U. le droit de présenter une réclamation internationale à l'égard de tout Etat, même d'un pays non membre — ce qui était le cas à l'époque d'Israël.

— Toute organisation internationale a la *capacité de « protection fonctionnelle »* de ses agents. Nous y reviendrons pas la suite, mais signalons qu'il s'agit là d'une autre contribution de l'Avis consultatif de la Cour de 1949 dans *l'affaire Bernadotte*. En l'espèce, la Cour avait reconnu le droit de l'Organisation des Nations unies d'utiliser la voie diplomatique pour protéger ses agents, en l'espèce, pour obtenir une réparation à la suite de l'assassinat du Comte Bernadotte dans ses fonctions de médiateur des Nations unies en Palestine.

— Toutes les organisations internationales disposent de la *possibilité d'apparaître devant des tribunaux internationaux* à titre de demandeur ou de défendeur. Elles peuvent soumettre leurs différends à l'arbitrage international ou à des tribunaux spécialisés, comme par exemple la Cour de Justice des Communautés Européennes. Notons seulement — nous aurons l'occasion d'y revenir — que les organisations internationales de la famille de l'O.N.U. n'ont pas *le droit de soumettre leurs différends au contentieux* avec des pays membres ou même entre elles, à la *Cour Internationale de Justice,* mais peuvent seulement saisir cette institution par la *voie de l'avis consultatif.*

— Toutes les organisations internationales ont la *possibilité de mettre en cause la responsabilité internationale d'autres institutions ou d'Etats, au cas où leurs droits auraient été atteints. A l'inverse, elles sont susceptibles de voir leur propre responsabilité internationale* mise en jeu, si elles ont causé un préjudice à l'un de leurs membres ou à une autre organisation internationale. C'est dire que la responsabilité des Etats membres pris *ut singuli* ne saurait être engagée au cas où une organisation internationale dont ils font partie aurait manqué à ses obligations. L'analogie avec le droit des sociétés apparaît ici à l'évidence. Ce point de droit devait être bien mis en lumière dans un arrêt de la Chambre des Lords britannique qui refusa de voir la responsabilité des Etats membres du Conseil International de l'Etain engagée à raison du manquement à ses obligations de cette institution internationale qui se trouvait dans une situation de faillite (voir l'arrêt du 26 octobre 1989 dans *l'affaire de l'International Tin Council, Australia and New-Zealand Banking group Ltd. et Al. v. Australia et al., in* I.L.M. 1990.670 ; voir P.M. Eisemann, Epilogue de la crise du Conseil International de l'Etain, AFDI 1990.678 et s. ; il est à noter que le Tribunal fédéral suisse devait suivre la même analyse dans *l'affaire Westland* - voir le bulletin de l'association suisse d'arbitrage, 1989.1.63 et s. ainsi que l'étude de Ch. Dominice, Le Tribunal fédéral suisse et la personnalité juridique d'un organisme international, Revue de droit suisse, 1989.1.517 ; voir également C.F. Amerasinghe, Liability to Third parties of Member States of International Organizations : practice, principle and judicial precedent, AJIL 1991.259. Pour une étude exhaustive, voir P. Klein, La responsabilité des organisations internationales, Bruxelles, Bruylant, 1998).

Les organisations internationales et parfois les établissements publics internationaux — mais là le point est plus discuté — ont, comme les Etats, un *droit de légation active et passive* : elles peuvent recevoir (accréditer) des représentants officiels d'Etats ou d'autres organisations internationales ; elles peuvent également envoyer leurs représentants propres auprès d'Etats ou d'autres organisations internationales.

973. ***Des extensions exceptionnelles*** — Telles sont là les *compétences minimales communes propres à l'ensemble des organisations internationales.* Exceptionnellement, ces compétences peuvent être étendues, aller au-delà. Leurs compétences se rapprocheront alors un peu plus de celles des Etats. C'est ainsi, par exemple, que, dans des cas exceptionnels, une organisation internationale peut recevoir des « *compétences territoriales partielles* ». Ce fut le cas de la Société des Nations à propos de la ville de Dantzig ou de la Sarre. Ce fut également le cas pour l'O.N.U. qui se vit confier, pendant un certain temps, une mission d'administration directe de l'Irian occidental.

De même, et tout aussi exceptionnellement, une *organisation internationale peut recevoir des compétences personnelles* qui ne sont pas sans rappeler celle que tout Etat est en droit d'exercer. Ainsi, toujours dans *l'affaire de l'Irian occidental*, l'O.N.U. fut autorisée à donner des documents de voyage aux habitants (des passeports) et à exercer sa protection diplomatique à leur profit pendant la période transitoire où elle avait reçu mission d'administrer ce territoire, avant que ses habitants aient définitivement tranché de leur sort et du pays auquel ils voulaient être rattachés (sur ces compétences très particulières de l'O.N.U. sur l'Irian occidental, voir Fr. Montconduit, L'accord du 15 août 1962 entre la République d'Indonésie et le royaume des Pays-Bas relatif à la nouvelle Guinée occidentale (Irian occidental), A.F.D.I. 1962.491). Toujours à titre exceptionnel, il est loisible de citer les missions relevant traditionnellement de *l'imperium* étatique confiées à l'O.N.U. dans le cadre de l'accord de Paris d'octobre 1991 conclu à l'occasion de la Conférence internationale sur le Cambodge. Ainsi, *l'autorité provisoire des Nations unies au Cambodge* (ou APRONUC) mise sur pied par le Conseil de sécurité en février 1992 devait, dans les dix-huit mois suivant, à la fois ramener la paix dans le pays et organiser des élections libres pour le mois de mai 1993. En particulier, l'APRONUC devait désarmer les divers belligérants, maintenir l'ordre, rapatrier les réfugiés et personnes déplacées et s'assurer de la stricte neutralité de l'administration provisoire cambodgienne en attendant la tenue des élections et l'élaboration d'une nouvelle constitution. Autant dire que l'O.N.U., via l'APRONUC, se trouvait chargée sans doute provisoirement — de l'essentiel des responsabilités gouvernementales d'un de ses Etats membres (voir P. Isoart, L'autorité provisoire des Nations-Unies au Cambodge, A.F.D.I. 1993.157). Plus récemment, le même phénomène s'est reproduit mais en plus large encore avec le Kosovo : depuis 1999 en effet l'O.N.U. a été amenée à administrer directement - et sans doute pour une longue période - ce territoire faisant partie de l'ex-Yougoslavie et ainsi à y exercer l'essentiel des fonctions étatiques (voir par exemple E. Lagrange la mission intérimaire des Nations-Unies au Kosovo, nouvel essai d'administration directe d'un territoire, A.F.D.I. 1999.335).

§ 3 — La protection des compétences des institutions internationales.

974. *Des moyens classiques* — Cette protection des compétences des organisations internationales s'effectue d'une manière relativement classique. En effet, pour se protéger, elles peuvent, tout d'abord, mettre en jeu *la responsabilité internationale* des Etats ou des autres institutions internationales qui leur ont causé un préjudice ; elles peuvent également recourir à tous les moyens de réglement des différends qui leurs sont ouverts. Mais ces institutions jouissent aussi, dans l'exercice de leurs compétences, d'une certaine autonomie de juridiction, tandis que, comme les Etats, elles bénéficient de privilèges et immunités qui garantissent l'exercice de leurs compétences propres.

1 — L'autonomie des institutions internationales dans l'exercice de leurs compétences.

975. ***Une double garantie*** — Les organisations internationales, pour exercer leurs compétences, que ce soit dans l'ordre interne ou dans l'ordre international, bénéficient d'une *double garantie à la fois personnelle et matérielle.* Personnelle, parce que leurs fonctionnaires doivent être indépendants. Matérielle, en ce sens que chaque organisation a la pleine capacité d'agir à l'intérieur des compétences qui lui sont reconnues.

a) L'indépendance des fonctionnaires (ou agents) des institutions internationales.

976. ***Obligation de loyauté*** — Il s'agit là d'un élément essentiel de nature à protéger l'organisation internationale dans l'exécution de ses missions. Les fonctionnaires internationaux ont *une obligation de loyauté exclusive* à l'égard des organisations internationales dont ils dépendent. De plus, de leur côté, les Etats devront *respecter cette indépendance des agents, des fonctionnaires internationaux* : ils ne devront pas chercher à leur donner des ordres, ou plus généralement à les influencer dans l'exercice de leurs fonctions. A ce titre, on peut citer comme particulièrement caractéristiques les dispositions de l'article 100 de la Charte des Nations unies où il est précisé, dans l'alinéa 1, que « dans l'accomplissement de leurs devoirs, le secrétaire général et le personnel ne solliciteront ni n'accepteront d'instructions d'aucun gouvernement, d'aucune autorité extérieure à l'Organisation. Ils s'abstiendront de tout acte incompatible avec leur situation de fonctionnaires internationaux et ne sont responsables qu'envers l'Organisation ». De plus,l'alinéa 2 précise que « chaque membre de l'Organisation s'engage à respecter le caractère exclusivement international des fonctions du secrétaire général ou du personnel et à ne pas chercher à les influencer dans l'exécution de leur tâche ».

Des dispositions analogues se retrouvent dans les chartes constitutives de toutes les institutions internationales, ce qui donne là une *garantie de type personnel* à un exercice autonome par les organisations internationales de leurs compétences.

Mais les Etats peuvent être tentés de faire pression sur les fonctionnaires nationaux détachés dans les organisations internationales : les exemples sont malheureusement nombreux depuis la célèbre « chasse aux sorcières » déclenchée aux Etats-Unis dans les années 50 par le sénateur Mc Carthy et qui s'étendit à des agents de nationalité américaine au service de l'O.N.U. et d'autres institutions internationales (voir, en général, M. Bedjaoui, « Fonction publique internationale et influences nationales », Paris, Pedone, 1958 et pour une actualisation, D. Ruzié, « La protection des agents internationaux », *in* Les agents internationaux, Colloque S.F.D.I., Aix-en-Provence, Paris, Pedone, 1985).

b) L'indépendance de l'action des institutions internationales dans la limite de leurs « compétences constitutionnelles ».

977. ***Limite constitutionnelle*** — La seule limite pour une institution internationale dans l'exercice de ses compétences réside dans le respect des dispositions de sa charte constitutive. Autrement dit, cette limite « constitutionnelle » des compétences d'une institution internationale apparaît pour elle comme une garantie de son autonomie. Si l'institution ne peut aller au-delà de ses compétences sous peine de commettre un « abus de pouvoir », nul ne peut la forcer à rester en deçà de ses compétences telles qu'elles existent au vu de sa charte constitutive.

978. ***L'exemple du conflit ONU/Banque mondiale*** — Particulièrement illustratif à ce propos est le conflit qui dura pendant plusieurs années de 1961 à 1967, entre la B.I.R.D. et l'O.N.U., *à propos des prêts de la Banque mondiale à l'Afrique du Sud et au Portugal,* nonobstant les nombreuses déclarations de l'Organisation des Nations unies relatives à l'octroi de l'indépendance aux colonies portugaises d'Afrique et à la condamnation du régime de l'apartheid en Afrique du Sud et nonobstant également les dispositions contenues dans de nombreuses déclarations de l'O.N.U. qui appelaient toutes les organisations internationales, y compris la Banque mondiale, à ne pas octroyer de prêts à ces deux pays en raison de leur politique coloniale ou de discrimination raciale. La Banque mondiale passa outre à ces recommandations de l'O.N.U. et accorda, notamment en 1966, des prêts à ces deux pays, arguant qu'elle était liée par sa propre charte constitutive — les Accords de Bretton-Woods de 1944 —, et par elle seule, celle-ci lui imposant : 1) de n'accorder des prêts que sur des considérations exclusivement économiques et 2) de ne pas intervenir dans les affaires intérieures des pays membres.

Cet épisode montre donc clairement en l'espèce *la double fonction de la charte constitutive d'une organisation internationale : limite à son action mais aussi garantie de son autonomie dans les domaines relevant de ses compétences propres.* D'ailleurs, en l'espèce, l'O.N.U. ne parvint jamais à faire triompher son point de vue sur celui de la Banque mondiale, alors que celle-ci fait pourtant partie des institutions spécialisées qui lui sont rattachées par une convention particulière en vertu des articles 57 et 63 de la Charte de San Francisco.

Un conflit analogue devait opposer en 1982 l'O.N.U. au F.M.I. à propos des prêts que cette dernière institution continuait à accorder à l'Afrique du Sud ; ici encore, le Fonds Monétaire International eut le dernier mot en se fondant sur le respect de sa charte constitutive garantissant son autonomie institutionnelle (sur cet épisode, voir A.F.D.I., Chronique de droit international économique, 1982.780).

2 — Les privilèges et immunités des institutions internationales.

(V. J. Duffar, Contribution à l'étude des privilèges et immunités des Organisations internationales, Paris, L.G.D.J., 1982. E. Gaillard et

Y. Pingel-Lenuzza, L'immunité de juridiction des organisations internationales : restreindre ou contourner, in Mélanges Kahn *op. cit.*, p. 205).

979. ***Fondement conventionnel*** — Les institutions internationales et leur personnel bénéficient, comme les Etats, mais toutes proportions gardées, de certains privilèges et immunités. Ces privilèges et immunités se trouvent déterminés par voie conventionnelle. C'est ainsi que les chartes constitutives des organisations internationales posent le principe de l'existence de ces privilèges et immunités. A titre d'exemple on peut citer l'article 105, al. 1, de la Charte de l'O.N.U., mentionnant que : « L'Organisation jouit sur le territoire de chacun de ses membres des privilèges et immunités qui lui sont nécessaires pour atteindre ses buts ». Bien entendu, là encore, de telles dispositions sont insuffisantes et elles ont dû être précisées dans des conventions multilatérales, par exemple celles de 1946 et de 1947 déjà citées concernant les privilèges et immunités de l'O.N.U. et des institutions spécialisées, ou encore dans des conventions bilatérales comme les *accords de siège* conclus « avec le pays hôte », ou encore enfin dans des lois internes adoptées par les Etats (tel est d'ailleurs le cas aux Etats-Unis).

Cela étant, on se bornera, sur ce point, à des remarques de caractère très général.

980. ***Un caractère fonctionnel*** — i) Ces privilèges et immunités des organisations internationales sont de « type fonctionnel ».Cela veut dire qu'ils sont, de toute manière, *moins étendus que ceux des Etats* puisque ceux-ci disposent d'une plénitude de compétence alors que les organisations internationales n'ont qu'une compétence limitée. Ces privilèges et immunités sont ainsi limités aux besoins de l'institution internationale, afin de lui permettre d'exercer *ses missions en toute autonomie*. Par conséquent, sur le plan quantitatif, ces privilèges et immunités resteront limités.

981. ***Un caractère étendu*** — ii) *Sur le plan qualitatif,* les privilèges dont bénéficient les organisations internationales sur les territoires de leurs pays membres sont analogues à ceux des Etats en ce sens qu'ils portent à la fois sur les *immunités de juridiction* et sur *des immunités d'exécution.* (Pour un exemple récent concernant l'Union de l'Europe Occidentale - U.E.O. -, voir l'arrêt de la première chambre civile de la Cour de Cassation du 14 novembre 1995 in J.D.I. (Clunet) 1997.141 avec une note C. Byk).

En principe, les organisations internationales jouissent d'une *immunité de juridiction* absolue, *sauf renonciation* expresse de leur part à propos d'une affaire déterminée. Tous les actes d'une organisation internationale échappent donc à la connaissance des juges nationaux. Il y a là une garantie fondamentale de l'indépendance de ces institutions. On notera ici que les organisations internationales sont mieux traitées que les Etats dont seuls les actes de souveraineté se trouvent juridiquement protégés contre les empiètements éventuels des tribunaux de l'ordre interne (pour un exemple spécifique, voir I.

Seidl-Hohenveldern, L'immunité de juridiction des communautés européennes, R.M.C. 1990.475 et Claudia Schmidt, le protocole sur les privilèges et les immunités des communautés européennes, C.D.E. 1991.67). Sans doute existe-t-il des exceptions à cette règle de l'immunité de juridiction absolue quand il y va de l'intérêt de l'institution en cause : c'est ainsi par exemple que les organisations financières internationales comme la B.I.R.D. ou les banques régionales de développement demeurent soumises au droit commun local lorsqu'elles émettent des valeurs mobilières et ne bénéficient d'aucun privilège de juridiction qui ne manquerait pas d'avoir pour effet d'effrayer les prêteurs potentiels.

L'immunité d'exécution des organisations internationales apparaît, là encore comme celle des Etats, beaucoup plus étendue. En principe, leurs biens et savoirs ne sauraient être saisis par des créanciers privés même à la suite de litiges nés à propos de leurs activités commerciales — sauf bien entendu renonciation de leur part à ce privilège quand, toutefois, elle est possible (on notera par exemple qu'aucune mesure d'exécution ne peut être exercée sur les biens et avoirs des *Communautés Européennes* sans une autorisation expresse de la Cour de justice de Luxembourg — voir l'article I du Protocole sur les privilèges et immunités des Communautés). En revanche, aucune immunité d'exécution n'existe au profit des institutions financières internationales comme la B.I.R.D. ou les banques régionales de développement à l'égard de leurs *créanciers privés* (voir en général, G. Delaume, Transnational contracts *op. cit.*, Fasc. 14, par. 12.06).

982. ***Des renonciations possibles*** — iii) Les organisations internationales peuvent, enfin, comme les Etats, renoncer à leurs *immunités de juridiction et d'exécution.* On notera ici que ce phénomène de renonciation à leurs immunités de juridiction et d'exécution est beaucoup *plus fréquent* pour les organisations internationales que pour les Etats. Elles y renoncent d'ailleurs traditionnellement dès qu'elles se livrent à des *activités commerciales* normales. Ainsi, quand les organisations internationales empruntent sur les marchés de capitaux privés, *nationaux ou internationaux*, elles renoncent toujours systématiquement, comme les Etats d'ailleurs, à leurs immunités de juridiction et d'exécution. On rapellera qu'il s'agit là d'une *condition sine qua non* pour gagner la confiance des épargnants étrangers.

Section III

Les sujets à compétences limitées : les personnes privées (individus, sociétés et organisations non gouvernementales)

983. ***Remarques générales*** — Avant d'examiner la personnalité, sans doute bien limitée, subsidiaire, de ces nouveaux sujets de l'ordre international que sont les personnes physiques et morales ou les organisations non-gouvernementales, il convient de présenter un certain nombre de remarques d'ordre général.

984. ***Fins humaines de tout pouvoir*** — i) *Les fins du pouvoir,* qu'elles soient envisagées du point de vue du droit interne ou du droit international, *sont toujours humaines*, il convient de le rappeler. Le droit international initial, originel, c'est-à-dire celui datant d'avant la naissance de l'Etat, était orienté, en partie au moins, vers *la défense de certains droits minimaux au profit des étrangers* (voir *supra*, n° 4 et s.). Cette préoccupation correspondait à la conception d'une société internationale de type « atomistique », composée essentiellement d'individus (voir l'introduction). Cette *finalité humaine du pouvoir a tendu à disparaître ou du moins a été obscurcie avec la naissance et le développement de l'Etat moderne* qui a entraîné une mutation dans la nature de la société internationale, modifiant par ce fait même sa finalité. Cependant, à l'époque actuelle, on assiste à une *résurgence de l'individu* comme sujet de l'ordre international au-delà et à travers *l'écran étatique.*

985. ***Ecran étatique de jadis*** — ii) A l'époque du droit international dit « classique », qui correspondait à une *conception organique* de la société internationale, c'est-à-dire comme étant une société *composée exclusivement d'Etats,* les « préoccupations humaines » ou individuelles tendirent à disparaître. Les individus n'allaient plus être que des « objets » du droit international ; autrement dit, ils apparaissaient seulement comme les « bénéficiaires » éventuels de l'action des Etats-nations. Sans doute les individus allaient-ils tirer profit — directement ou indirectement — des conventions d'établissement, des traités de commerce conclus entre les Etats, voire des traités relatifs au réglement des différends internationaux. Seulement, ils *n'étaient pas considérés comme pouvant être des « sujets » du droit international,* comme ayant une capacité juridique propre. *L'écran étatique était alors omniprésent.*

986. ***Remise en cause par l'avis consultatif de la C.P.J.I. de 1928 : l'affaire des tribunaux de Dantzig***— iii) Une évolution considérable devait se produire dès la fin de la première guerre mondiale pour s'accélérer de nos jours. Le point de départ, la percée intellectuelle pourrait-on dire, fut le fait d'un *Avis consultatif de la Cour Permanente de Justice Internationale* rendu en 1928. La Cour, en effet, devait *lever cet obstacle intellectuel selon lequel les individus ne pou-*

vaient pas être des sujets du droit international ; elle allait reconnaître que rien ne s'opposait, du moins en théorie, à ce que l'individu puisse devenir un sujet de droit international, au moins un sujet partiel du droit international.

Cette position de la C.P.J.I. fut développée dans *l'affaire sur la compétence des tribunaux de Dantzig* (Avis consultatif n° 15 de 1928). Les faits étaient les suivants : un traité avait été conclu entre la Pologne et la ville de Dantzig pour réglementer les conditions de l'emploi d'agents locaux dans les chemins de fer polonais. Il s'agissait de savoir si les agents des chemins de fer de Dantzig, passés du service de la Ville à la Pologne, pouvaient directement ester en justice devant les tribunaux dantzigois contre la compagnie de chemin de fer qui les employait pour obtenir réparation de dommages causés pour non-respect de leurs droits qui trouvaient leur origine dans ce traité passé entre la Pologne et la ville libre de Dantzig. Le point de droit essentiel sur lequel la Cour eut à se prononcer était de savoir si un *traité international pouvait conférer directement des droits à des individus* sans qu'il y ait, comme c'était le cas auparavant, une « transformation » ou une « incorporation » des dispositions conventionnelles au moyen d'une législation interne appropriée. Pour la Pologne, la thèse classique s'imposait : les agents des chemins de fer de Dantzig n'avaient pas pu obtenir directement de droits en vertu du traité ; le traité n'avait créé de droits et d'obligations qu'entre les parties contractantes, c'est-à-dire entre la ville libre et la Pologne ; pour la Pologne, s'il y avait de son fait un non-respect éventuel de l'accord conclu avec la ville libre, cette violation était susceptible d'engager sa responsabilité, mais à l'égard de l'autre partie contractante, la ville de Dantzig. Cette argumentation polonaise représentait la *position traditionnelle, orthodoxe, du droit international coutumier en vigueur à l'époque. Or la Cour ne suivit pas cette approche traditionnelle.*

Dans sa réponse, la C.P.J.I. commença avec une réaffirmation de la solution « classique » : « Selon un principe bien établi en droit international, affirmait la Cour, le Beamtenabkommen étant un accord international, ne peut pas, en tant que tel, créer directement des droits et des obligations pour les individus » (Rec., p. 17). Mais, immédiatement après, la Cour devait se départir de cette optique traditionnelle en ajoutant : « on ne peut pas contester que *l'objet même d'un accord international,* selon l'intention des parties contractantes, *peut être l'adoption par les parties de certaines règles précises créant des droits et des obligations individuels et applicables par les tribunaux nationaux* » (p. 18). Et, en l'espèce, elle estima que tel était bien le cas et que l'accord entre Dantzig et la Pologne pouvait créer directement des droits dans le chef des employés dantzigois des chemins de fer polonais et que ceux-ci pouvaient donc les faire valoir en justice devant les tribunaux de la ville libre.

La conséquence de cette approche de la Cour est absolument fondamentale : en effet, les Etats et les Organisations internationales ne vont plus être alors les bénéficiaires exclusifs des droits et obligations internationales ; ils vont perdre leur monopole de la personnalité internationale. Dans ces conditions, les invidus vont pouvoir leur porter concurrence en apparaissant comme des sujets du droit international — au moins à titre partiel ou subsidiaire ; il faut en effet noter que les individus ne peuvent agir en tant que tels que par suite de la volonté de leur Etat national ou d'une organisation internationale ; c'est ainsi, par exemple, que les ressortissants français n'ont obtenu le droit de saisine directe de la Commission européenne des Droits de l'homme qu'après que le gouvernement le leur ait accordé (voir décret 9 oct. 1981).

987. ***Dépassement contemporain croissant*** — iv) *Cet écran étatique* entre l'ordre international et les personnes privées allait être progressivement démantelé au cours des années qui suivirent cet Avis consultatif de la Cour, sans toutefois que cette évolution soit entièrement parvenue à son terme, même à l'époque actuelle. Cette évolution se déroula à la fois sur le *plan qualitatif* et sur le *plan quantitatif.* Quantitativement, les individus, personnes physiques, furent les premiers à bénéficier d'une certaine personnalité internationale qui est maintenant étendue aux personnes morales, sociétés et associations.

Extension aussi sur le plan qualitatif dans la mesure où la tendance contemporaine est de reconnaître aux individus un nombre croissant de droits dans l'ordre international en même temps que de leur accorder des moyens plus importants pour les faire valoir à l'échelon international.

Ceci étant, il conviendra d'examiner le contenu de cette personnalité internationale de l'individu (§ 1), puis des sociétés (§ 2) et enfin des associations (ou O.N.G.) (§ 3).

§ 1 — L'individu dans l'ordre international.

988. ***Plan*** — L'évolution du droit international dans ce domaine a été dans deux directions. D'abord, historiquement, le droit international a entendu réprimer certains individus aux activités particulièrement nuisibles. Puis, de nos jours la tendance dominante va vers la protection d'ensemble de tous les individus dans l'ordre international.

1 — La protection de l'individu.

989. ***Divers degrés de protection*** — Cette protection de l'individu s'exerce à plusieurs niveaux. Sont protégés, en effet, les individus qui se trouvent dans une situation ou position particulièrement cruelle. Sont également protégés certains groupes défavorisés d'individus et, enfin, actuellement, on essaie d'arriver à une véritable protection internationale des droits de l'homme, de tous les individus, cette tendance étant plus marquée encore à l'échelon régional qu'à l'échelon universel. Parfois, surtout au niveau régional, l'individu se verra reconnaître la possibilité de faire valoir directement ses droits devant des tribunaux de l'ordre international.

a) La protection de l'individu sans lien national.

990. ***Deux situations*** — Deux situations différentes, mais analogues ou presque quant à leurs résultats, sont ici à envisager : celle des individus qui ont perdu leur nationalité, c'est-à-dire les *apatrides*, et celle des individus qui, tout en conservant leur personnalité, ne peuvent plus dans les faits s'en prévaloir, les *réfugiés*.

I. — Les apatrides (« heimatlos »).

991. ***L'individu sans nationalité*** — L'apatridie, situation dans laquelle un *individu n'a pas ou plus de nationalité*, constitue un cas particulièrement douloureux. Cette apatridie peut se produire soit *en raison des lacunes des lois nationales relatives à l'attribution de la nationalité* — cas d'un individu perdant sa nationalité, par exemple par mariage, mais ne l'acquérant pas par ce même mariage, cas d'un individu né de parents soumis à un Etat de *jus soli* et né dans un pays de *jus sanguinis* et qui se trouve alors sans nationalité — ou en raison de *mesures de dénationalisations collectives* prises par certains Etats, comme, par exemple, le décret pris par l'U.R.S.S. le 15 décembre 1921 « dénationalisant » les « Russes blancs » ou la loi allemande du 14 juillet 1933 adoptée par l'Allemagne nazie faisant perdre la nationalité allemande à toute une catégorie de citoyens allemands réfugiés à l'étranger, notamment ceux de religion juive. Enfin, il arrive que certains régimes dictatoriaux prennent des mesures ponctuelles portant déchéance de la nationalité de personnes déterminées, en général des « opposants politiques » ; c'est ainsi, pour prendre l'exemple qui fut le plus frappant en son temps, que Soljetnitsyne fut privé de sa nationalité soviétique durant « l'ère Brejnev » avant de la récupérer sous « l'ère Gorbachev ».

Des efforts ont été tentés dans deux directions pour éviter ce type de situation ou, à tout le moins, la rendre moins « pénible » (voir la Convention de 1961 adoptée dans le cadre de l'O.N.U.).

D'une part, on a voulu *limiter le droit de l'Etat de procéder à des mesures de dénationalisation*. Il est notamment prévu qu'un Etat ne pourra pas priver de sa nationalité des individus pour des motifs politiques, religieux ou raciaux. Cela a été aussi confirmé par l'article 15 de la Déclaration universelle des droits de l'homme de 1948 qui dispose : « Nul ne sera arbitrairement privé de sa nationalité ».

La deuxième direction de ces efforts conventionnels a été *d'accorder un minimum de droits à ces apatrides dans les pays d'accueil* (en règle générale, l'idée est que les apatrides disposent d'un statut au moins aussi favorable que celui des étrangers « normaux », mais toutefois pas aussi favorable que celui des étrangers privilégiés, par exemple ceux bénéficiant d'une convention d'établissement avec une clause de la nation la plus favorisée). A la fin de 1988, il y avait en France 2 267 apatrides.

II. — Les réfugiés.

992. ***Une absence de nationalité réelle*** — On est ici en présence d'individus qui ont toujours une nationalité, mais celle-ci est fictive en ce sens que, dans les faits, ils ne peuvent plus s'en prévaloir car il leur est impossible sans risque majeur de retourner dans leur pays d'origine (voir D. Alland, Le dispositif international du droit d'asile, in colloque SFDI 1996, Pedone. M. Bettati, L'asile politique en question, Paris, P.U.F., 1985, 205 p. ; L. Norek et F. Doumic-Doublet, « Le droit d'asile en France », P.U.F., Que sais-je ?, n° 2151). Les premiers efforts pour protéger les réfugiés sont relativement anciens en raison de l'ampleur du phénomène après la première guerre mondiale. Ainsi, une Convention fut conclue le 28 octobre 1933 au terme de laquelle les parties contractantes acceptaient un certain nombre d'obligations au profit des réfugiés russes et arméniens présents sur leur territoire. En 1946, une *Organisation internationale des réfugiés* fut créée pour être remplacée, en 1952, par un *Haut-Commissariat des Nations Unies pour les réfugiés.* En 1951, une nouvelle Convention sur le statut international des réfugiés fut conclue, qui améliorait celle de 1933 précitée.

993. ***Une assimilation aux étrangers non privilégiés*** — Le but poursuivi par cette dernière convention est de *donner aux réfugiés des droits égaux aux nationaux dans certains domaines* (par exemple la religion, l'emploi ou l'éducation) et, pour le reste, d'accorder aux réfugiés un *statut égal à celui des étrangers en tant que tels*, mais, là encore, pas des étrangers privilégiés. De la sorte, en règle générale, *le statut des réfugiés est plus favorable que celui des apatrides.*

C'est ainsi qu'en France il existe depuis 1952 et afin d'appliquer la convention internationale précitée de 1951, un établissement public chargé de veiller à la défense des droits de ces individus, à savoir *l'Office français pour la protection des réfugiés et apatrides* (O.F.P.R.A.), organisme bien occupé s'il en est puisque, au 31 décembre 1988 il y avait, selon les chiffres du ministère des Affaires Etrangères, 181 679 réfugiés politiques en France. A la fin de 1992, on comptait plus de 18 millions de réfugiés dans le monde contre 2,5 millions en 1970 et 8 millions en 1980.

b) La protection de certains groupes.

I. — La protection des minorités nationales.

994. ***Un grand développement dans les traités de Paix mettant fin à la première guerre mondiale*** — La protection des minorités nationales devint un objectif important de la communauté internationale après la première guerre mondiale. Toutefois, il faut noter qu'il n'y avait aucune disposition en ce sens dans le Pacte de la Société des Nations. En revanche, de nombreuses clauses furent insérées dans les *traités de paix mettant fin à la première guerre mondiale* afin de protéger certaines minorités nationales se trouvant dans les pays nouvellement créés ou dont les frontières avaient été profondément modifiées. C'est ainsi que les traités de paix conclus entre les Etats alliés, la Pologne, la Tchécoslovaquie, la Grèce, d'une part, avec la Hongrie, la Bulgarie et la Turquie, d'autre part, contenaient des dispositions spécifiques garantissant les droits des minorités nationales des Etats premiers nommés notamment dans le *domaine culturel et religieux.* De plus, des conventions spéciales relatives au territoire de Memel ou à la Haute-Silérie polonaise devaient contenir des dispositions analogues.

Afin d'assurer la protection de ces minorités nationales, certains droits leur étaient garantis, comme par exemple la liberté individuelle, la liberté de religion, la liberté d'éducation, l'octroi des droits civils et politiques.

995. ***Recours offerts directement aux individus*** — Plus importants encore furent les *moyens de recours directs ouverts aux individus.* C'est ainsi que ceux-ci bénéficiaient d'un *droit de pétition au Conseil de la S.D.N.* et surtout *pouvaient saisir des tribunaux spéciaux*, les tribunaux arbitraux mixtes, ou T.A.M. Enfin, solution traditionnelle, les Etats parties contractantes avaient toujours la possibilité de soumettre les violations éventuelles de ces traités de paix au Conseil de la Société des Nations ou à la Cour Permanente de Justice Internationale.

Ainsi, 39 T.A.M. devaient être institués entre l'Allemagne, l'Autriche, la Hongrie, la Bulgarie et la Turquie d'une part et les puissances alliées de l'autre. 30 000 affaires devaient être déférées au tribunal germano-polonais, 20 000 au tribunal franco-allemand et 13 000 au tribunal germano-américain (cité *in* Jessup, A modern law of nations, 1948, p. 95).

995 bis. ***Un retour en arrière après la deuxième guerre mondiale*** — En revanche, en dépit d'une efficacité certaine, on notera qu'aucun système analogue n'a été mis sur pied dans le cadre des traités de paix conclus à la suite de la Seconde Guerre mondiale.

Le Conseil de l'Europe devait renouer avec cette tradition de protection des minorités nationales en adoptant à cet effet une convention-cadre le 10 novembre 1994. Cette convention (qui n'est pas encore entrée en vigueur et qui a peu de chance d'être ratifiée par la France en raison de sa conception « Jacobine » de l'Etat) s'abstient de définir ce qu'il faut entendre par « minorités nationales » tout en leur accordant certains droits (droit à la sauvegarde de l'identité culturelle, droit au bénéfice des libertés publiques fondamentales, interdiction des politiques d'assimilation forcée ou de manipulations démographiques...). Pour ne pas prêter le flanc à la déstabilisation des Etats, la Convention précise qu'elle ne saurait porter atteinte à leur intégrité territoriale ou à leur indépendance politique. Mais la reconnaissance juridique de « minorités nationales » ne débouche-t-elle pas sur l'octroi à leur profit du « droit à l'autodétermination » et donc sur un « redécoupage » des espaces étatiques ? (Pour un point de vue français fort critique voir J. Fourré, la Convention-cadre pour la protection des minorités nationales, L.P.A. 1995, n° 125.11).

II. — La protection des habitants dont le territoire était placé sous mandat (S.D.N.) ou tutelle (O.N.U.).

996. ***Situation coloniale*** — Pour régler le sort de certains territoires coloniaux appartenant à des puissances ennemies, il fut décidé de créer un régime international, le *mandat* sous les auspices de la Société des Nations et la *tutelle* sous l'égide de l'O.N.U. La Cour Internationale de Justice eut ainsi l'occasion de se pencher plusieurs fois sur le statut du Sud-Ouest africain, mandat qui avait été confié par la Société des Nations à l'Afrique du Sud. *Dans son Avis consultatif de 1950 relatif au statut international du Sud-Ouest africain*, la Cour affirma : « Le mandat a été créé dans l'intérêt des habitants du territoire et de l'humanité en général, comme une institution internationale à laquelle était assigné un but international : une mission sacrée de civilisation » (p. 132).

Les Etats administrants doivent, en général, *promouvoir le respect des droits de l'homme et des libertés fondamentales* ainsi que cela est expressément mentionné par l'article 76 de la Charte relatif au régime international de tutelle. C'est ainsi que, pour avoir méconnu ses obligations en la matière, l'Afrique du Sud se fit retirer par l'O.N.U. en 1970 son mandat sur le Sud-Ouest africain.

Les *habitants des territoires sous tutelle*, eux, se virent reconnaître *certains moyens pour faire respecter leurs droits.* C'est ainsi qu'ils disposaient du *droit de pétition* devant les organes compétents de l'Organisation des Nations unies ; de son côté, le Conseil de tutelle de l'O.N.U. pouvait envoyer des missions pour prendre contact directement avec les habitants de ces territoires et ainsi examiner leur sort sur le terrain. Autrement dit, les habitants de ces territoires pouvaient faire valoir leurs droits sans passer par l'intermédiaire de la puissance administrante.

III. — La protection internationale des travailleurs.

997. ***L'O.I.T.*** — Il convient ici de mentionner le *rôle fondamental de l'Organisation internationale du travail* créée en 1919 par le Traité de Versailles. Ce n'est pas ici le lieu de traiter de cette institution internationale dans le détail, mais trois de ses caractéristiques essentielles méritent d'être notées.

Tout d'abord, les *travailleurs eux-mêmes sont associés à l'élaboration des normes internationales du travail.* En effet, il est précisé que les délégations nationales à l'O.I.T. doivent être composées sur une base tripartite, c'est-à-dire qu'elles doivent comprendre, à côté des représentants des Etats, des représentants des employeurs et des représentants des travailleurs, en fait des syndicats ouvriers.

Les *conventions internationales du travail* qui sont négociées au sein de l'O.I.T. *s'efforcent de donner un contenu concret aux droits fondamentaux de l'homme dans l'ordre économique et social et de dégager des standards communs.* C'est ainsi que des conventions ont été adoptées luttant contre le travail forcé, les discriminations dans l'emploi, l'extension des systèmes de sécurité sociale, l'affirmation du droit du travail, de la liberté syndicale, etc.

Enfin, il est prévu des *moyens de contrôle* qui, sans doute demeurent laissés à la discrétion des gouvernements. Toutefois, les gouvernements doivent soumettre des rapports annuels à l'O.I.T. sur l'application des conventions en vigueur ; ils peuvent aussi déposer des plaintes contre d'autres Etats membres pour violation des normes internationales du travail ; ces plaintes peuvent résulter dans des enquêtes internationales, voire dans des condamnations éventuelles de l'Etat considéré comme « fautif ».

Sans doute l'individu ne peut pas en tant que tel mettre en branle une procédure internationale de contrôle pour faire valoir les droits conventionnellement reconnus. Il demeure tributaire d'une action gouvernementale. Cependant rien n'empêche les représentants des syndicats ouvriers et patronaux d'attirer l'attention des participants aux conférences internationales du travail sur des situations individuelles ou collectives « anormales » qu'ils auraient détectées dans certains pays membres de l'O.I.T.

c) La protection internationale des droits de l'homme.

(Voir en général F. Sudre, « Droit international et européen des droits de l'Homme », Paris, P.U.F., 1995 ; S.F.D.I., Colloque de Strasbourg, La protection des droits de l'homme et l'évolution du droit international, Paris, Pedone, 1998).

998. ***Une préoccupation immémoriale*** — De tout temps, la protection des droits de l'homme a été une préoccupation de l'ordre international, même avant la naissance de l'Etat moderne (voir *supra* n°s 7, 10, 11, 15). Plus tard, à l'époque de la société internationale inorganisée classique, les Etats furent toujours attentifs aux situations « extrêmes » où leurs nationaux, voire des étrangers, étaient soumis à de mauvais traitements ou risquaient même d'être exterminés. Ainsi, le droit international coutumier avait avalisé les interventions militaires, dites « d'humanité » par lesquelles un Etat protégeait ses nationaux ou des populations tierces (ainsi les chrétiens maronites au Liban qui bénéficièrent d'une intervention armée de la France en 1860) menacées dans leur existence. La colonisation devait même souvent trouver là un de ses fondements. A l'époque contemporaine, ce actions ponctuelles ont perduré et ont même reçu la sanction de l'O.N.U. (voir *supra* n°s 190 bis et s. et *infra* n°s 1316 et s.).

Si on laisse ici de côté ces types marginaux et très exceptionnels de protection des droits de l'homme, ceux-ci — et c'est un progrès notable — sont maintenant appréhendés par le *droit international conventionnel*. Celui-ci n'a cessé de se développer depuis la fin de la Seconde Guerre mondiale, sans doute inégalement, à deux niveaux — universel et régional.

I. — La protection universelle des droits de l'homme au sein de l'O.N.U.

999. ***De la charte de San Francisco (1945) aux pactes de 1966*** — Les droits de l'homme constituent l'une des préoccupations majeures de l'Organisation des Nations unies : leur respect et leur poursuite sont mentionnés à la fois dans le préambule de la Charte à l'article 1, § 3 en tant que l'un des buts et principes fondamentaux de l'O.N.U. et surtout aux articles 55 et 56. De plus, on notera que le Conseil économique et social de l'O.N.U. créa, *dès 1946, la Commission internationale des droits de l'homme* pour superviser l'application de ces droits et libertés fondamentales reconnus à tous, pour les promouvoir, et enfin pour attirer l'attention sur leur violation éventuelle. En outre, l'O.N.U. fit de nombreux efforts pour développer le champ d'application des droits de l'homme dans l'ordre international. C'est ainsi *qu'en 1948 fut adoptée une Déclaration universelle des droits de l'homme.* Un peu plus tard, le 19 décembre 1966, étaient conclus, sous les auspices de l'O.N.U., des *pactes internationaux, l'un sur les droits civils et politiques et l'autre sur les droits économiques, sociaux et culturels.* Ces pactes devaient entrer en vigueur le 23 mars 1976 tandis que la France ne devait les ratifier que le 25 juin 1980. (Pour les lois autorisant l'adhésion française, voir J.O. 26 juin 1980 ; les décrets de publication de ces textes ont été pris le 12 février 1981, voir J.O., p. 398 et s.).

Toutefois, on ne peut s'empêcher de noter que tout ce droit d'origine « onusienne » est affecté de faiblesses qui rendent la portée de ces textes relatifs aux droits de l'homme pour le moins incertaine et en réalité limitée.

Tout d'abord, les Etats concernés excipent toujours de leur « compétence nationale » au titre de l'article 2, par. 7, pour s'opposer à toute discussion sérieuse qui risquerait de les embarrasser à propos de la manière dont les « droits de l'homme et libertés fondamentales » sont appliqués à leurs ressortissants (voir aussi *supra*, n° 917). Force est ici de noter que la Charte de San Francisco renferme des dispositions conflictuelles : d'une part, les droits de l'homme sont visés parmi les préoccupations essentielles de l'O.N.U. — ce qui tiendrait à montrer que l'on se trouve ici en présente d'une « matière d'intérêt international » —, tandis que, d'autre part, un « domaine réservé » est expressément reconnu aux Etats membres et que ceux-ci ne cessent de prétendre que le traitement de leurs nationaux en fait à l'évidence partie. La Charte de l'O.N.U. ne contient aucune règle juridique permettant de trancher un tel conflit qui est loin d'être théorique et qui s'est fréquemment posé. A la suite de tous les développements « onusiens » précités, il est sans *doute maintenant difficile de soutenir en droit que les droits de l'homme font partie du domaine réservé des Etats et ne sont pas appréhendés par le droit international positif* ; toutefois, son imprécision en la matière et ses ambiguïtés constituent une source de nombreux conflits. Mieux, on rappellera que pour certains la protection et le respect des droits de l'homme et des libertés fondamentales sont les principaux éléments constitutifs des « normes impératives du droit international » (jus cogens) (voir *supra*, n° 176).

De plus, nombre des principes posés en la matière demeurent très et trop généraux pour être vraiment effectifs. Il en va ainsi non seulement des dispositions de la Charte de l'O.N.U. mais aussi de la Déclaration universelle de 1948, ou même du pacte de 1966 sur les droits économiques et sociaux. De la sorte, ces règles ne possèdent pas les qualités intrinsèques requises pour être « auto-exécutoires » ou directement « applicables » (« self executing ») ; ainsi *elles ne pénètrent pas directement dans l'ordre interne et ne font pas partie du patrimoine juridique des individus de sorte que ceux-ci ne peuvent pas les faire valoir avec succès devant leurs tribunaux nationaux.* Autrement dit, pour que ce droit d'origine « onusienne » soit susceptible de produire un effet quelconque dans l'ordre interne des pays membres, il faut que ces derniers aient adopté les mesures « d'accompagnement » nécessaires (voir aussi *infra*, n° 1203 et s. sur l'application du droit international en droit interne).

Enfin, il n'existe pas, tant s'en faut, de *conception commune* de ce qu'il faut entendre par « droits de l'homme » et « libertés fondamentales ». Des lectures bien différentes, si ce n'est contradictoires, aussi bien des dispositions de la Charte que de celles de la Déclaration universelle de 1948 ou même des Pactes de 1966, sont faites par les pays membres de l'O.N.U. La conception « socialiste » n'est pas la conception « capitaliste », sans parler de celles de nombre de pays du tiers monde. Dans de telles conditions, la protection des droits de l'homme n'a aucune chance d'être uniforme sur le plan du droit international, les mêmes concepts recevant des contenus entièrement différents en fonction du niveau de développement ou de l'organisation économique et sociale des pays. En bref, à l'échelon universel, la protection des droits de l'homme ne peut être actuellement qu'illusoire, ce « pavillon » recouvrant des « marchandises » par trop disparates.

999 bis. ***L'application directe en droit français de certaines dispositions du Pacte sur les droits civils et politiques de 1966*** — Cette appréciation négative mérite d'être nuancée, au moins en ce qui concerne la portée en droit français du *Pacte sur les droits civils et politiques* (voir J.F. Flauss, Le Pacte international relatif aux droits civils et politiques devant le juge administratif, L.P.A. 2000, n° 104 p. 31 et S. Guinchard, L'application du pacte international relatif aux droits civils et politiques L.P.A. 2000 n° 104 p. 23). Après bien des années d'oubli, cet engagement international de la France a été redécouvert par les praticiens du droit. Les avocats en ont invoqué le bénéfice pour leurs clients tandis que les tribunaux acceptèrent d'en viser les dispositions pertinentes, à titre accessoire ou confirmatif il est vrai bien plus qu'à titre principal. Sans prétendre ici à l'exhaustivité, il est loisible de mentionner toute une récente jurisprudence en ce sens. C'est ainsi que le Tribunal des conflits, dans un arrêt du 9 juin 1986 devait s'appuyer sur l'article 12.2 du Pacte donnant à tout un chacun le droit de sortir du territoire national (voir Clunet 1987.75, note F. Julien-Laferrière). De même, le Conseil d'Etat devait viser l'article 14-7 relatif au principe de la confusion des peines dans son arrêt *Gasparin* du 9 décembre 1983 (Rec. p. 495), les articles 2 et 25 sur la participation non discriminatoire à la vie publique nationale, notamment en matière électorale, dans son arrêt *Roujanski* du 23 novembre 1984 (Rec. p. 383), l'article 25 encore quant aux inéligibilités en matière électorale dans son arrêt *Elections municipales de Chantilly* du 26 janvier 1990 (Rec. p. 20). De leur côté, les tribunaux de l'ordre judiciaire ne devaient pas être en reste. La Cour de cassation devait s'appuyer entre autres sur l'article 12-2 du Pacte pour reconnaître le droit de quiconque de quitter son pays au titre de la liberté fondamentale d'aller et de venir dans deux arrêts du 28 novembre 1984 (Bull. civ. 1re ch. 1984 - 1re partie, n° 321, *Receveur général des finances de Paris c. Buisson et M. Bonnet c. Trésorier principal de Boulogne-Billancourt)*, viser l'article 18 sur la liberté de conscience dans son arrêt rendu en assemblée plénière le 7 novembre 1986 *(Conseil départemental de l'ordre des médecins de l'Isère,* Bull. civ. novembre 1986, n° 12, p. 21). Il n'est pas jusqu'aux tribunaux inférieurs qui décident maintenant de reconnaître pleine valeur juridique obligatoire aux dispositions du pacte d'effet direct. C'est ainsi que la Cour d'appel de Paris devait, dans le cadre d'un contentieux douanier et des changes, reconnaître l'application générale en France du principe de la *lex mitius* (c'est-à-dire de la rétroactivité de la loi pénale plus douce) consacré par l'article 15.1 du Pacte (Paris, 9e ch. corr. 5 décembre 1990, *Alain Lesieutre c. Administration des douanes*, Gaz. Pal. 13-14 mars 1991.5 avec une note J.P. Marchi et J. Pannier, Gaz. Pal. 13-14 mars 1991, Doc. 2). Il y a là une jurisprudence encourageante et qui doit être accueillie avec faveur. Sans doute, comme pour tout texte nouveau, interne ou international, il faut une certaine période de temps avant que les esprits ne s'en imprègnent. L'invocation du droit communautaire en général ou de la Convention européenne des droits de l'homme de 1950 dans les prétoires français ne s'est réalisée que progressivement après une période de familiarisation dont on a pu regretter la longueur. Le même phénomène commence actuellement à jouer pour le *Pacte relatif aux droits civils et politiques*. Celui-ci, *contrairement au pacte sur les droits économiques et sociaux qui ne possède pas les mêmes qualités d'applicabilité directe pour la plupart de ses dispositions qui se rapprochent de la formulation que l'on peut trouver dans la Charte de l'O.N.U., constitue une source potentielle considérable de protection pour les justiciables*. A sa lecture, il apparaît que la plupart des droits et libertés dont les Etats doivent assurer le respect, sont formulés d'une manière claire, précise et surtout très concrète (et l'on perçoit ici la nette influence exercée par des juristes de la *common law* pour leur rédaction) qui les rend aisément directement applicables dans l'ordre interne (voir *infra*, n° 1198 et s.). Mieux, la qualité juridique du Pacte de l'O.N.U. sur les droits civils et politiques, au sens de son invocabilité devant les tribunaux, apparaît même largement supérieure à celle de la Convention européenne des droits de l'homme de 1950.

II. — La protection des droits de l'homme dans un cadre régional : l'exemple européen.

(Voir G. Cohen-Jonathan, La protection internationale des droits de l'homme dans le cadre des organisations régionales, la Doc. française, juillet 1989 ; les droits de l'homme et la nouvelle architecture de l'Europe, Institut du droit de la paix et du développement, Nice, 1991).

1000. ***Un modèle repris sur d'autres continents (Amériques)*** — Il faut signaler cependant que l'Europe n'est pas le seul continent ayant institué un régime régional effectif de protection des droits de l'homme, même si celui-ci demeure le plus notoire. Les pays du continent américain ont fait des efforts récents et marqués en ce sens. En effet, une *Convention de protection internationale des droits de l'homme* fut signée en 1970 et est entrée en vigueur en 1978 (voir ILM 1970, 673, et 1979, 1189). Il faut noter également qu'il existe une *Cour américaine des droits de l'homme* afin de compléter l'édifice conventionnel de 1970 (voir le texte des statuts de la Cour in ILM 1980, 634). Cette cour a commencé à fonctionner dès 1981, la première affaire impliqua le Costa-Rica (voir I.L.M. 1981.1057 et 1424).

Ceci étant, nous nous bornerons à l'examen du « cas » européen dans la mesure où ce continent donne l'exemple de deux réalisations en la matière, d'ailleurs de portée et valeur fort inégales.

α) La protection des droits de l'homme dans le cadre de la Conférence sur la sécurité et la coopération en Europe (C.S.C.E.) de 1975.

1001. ***Un contrôle politique*** — Au titre des déclarations de principe, tous les pays participant à la Conférence sur la sécurité d'Helsinki réaffirmèrent leur « respect des droits de l'homme et des libertés fondamentales, y compris la liberté de pensée, de conscience, de conviction ou de religion » (VII). En même temps, les participants à cette Conférence d'Helsinki et les signataires de l'Acte final entendirent développer leur coopération dans les *domaines humanitaires et autres*, comme le développement des contacts entre les personnes ou la diffusion des moyens d'information, etc.

On rappellera que toutes ces dispositions de l'Acte final d'Helsinki voient leur application contrôlée par des conférences ultérieures qui en assurent le « suivi » périodique : l'une se tint à Belgrade en 1978, l'autre à Madrid à la fin de 1980. Cependant, il convient de ne pas oublier que l'Acte final d'Helsinki rentre dans la catégorie des « engagements non-contraignants » (voir *supra*, n° 511) ce qui en limite la portée effective. De plus, les principes posés à Helsinki en matière de droits de l'homme sont — comme ceux de l'O.N.U. — susceptibles de faire l'objet de « lectures » bien différentes selon les pays en fonction de leur système économique et social : c'est ainsi que les conférences de Belgrade et de Madrid ont vu des affrontements forts vifs en la matière entre « l'Est » et « l'Ouest ». Ce n'est pas dire pour autant que l'« acquis » d'Helsinki doit être considéré comme quantité négligeable en matière de droits de l'homme. Beaucoup d'observateurs ont en effet noté que les « principes d'Helsinki » avaient eu un impact certain sur l'attitude des gouvernements des pays « socialistes » à l'égard de leurs « dissidents » et qu'une politique « répressive » était maintenant plus difficile à mener qu'auparavant. Comment ne pas signaler, par exemple, que la création du syndicat « Solidarité » en Pologne en 1980 avait été certainement facilitée par les « principes d'Helsinki » dans la mesure où ceux-ci lui donnaient une base internationale légale et reconnue officiellement comme telle par les 35 pays participants ? Dans le même sens, la constitution en Tchécoslovaquie du groupe dit de la « Charte 77 » pour l'application des principes d'Helsinki joua un grand rôle dans la « révolution de velours » de 1989 qui devait marquer la chute du régime communiste et son remplacement par un système démocratique. En bref, sans vouloir minimiser l'« acquis » d'Helsinki en matière de droits de l'homme, il est loisible de suggérer qu'il relève plus du « politique » que du « juridique ».

β) La protection des droits de l'homme dans le cadre du Conseil de l'Europe.

(Voir en général, G. Cohen-Jonathan, La convention européenne des droits de l'homme, Paris, Economica, 1989 ; la Convention européenne des droits de l'homme sous la direction de L.E. Pettiti, E. Decaux et P.H. Imbert, Paris, Economica, 1995).

1002. ***Un régime juridique assorti d'un contrôle juridictionnel*** — On est ici en présence du système de protection le plus achevé, le plus perfectionné en matière de droits de l'homme au plan international. L'explication en est simple. Cette réalisation européenne est due à *l'homogénéité* des pays participants qui partagent des concepts et des valeurs communs dont le respect est jugé fondamental pour le bon fonctionnement des régimes démocratiques.

Cette convention présente des caractéristiques uniques qui ont été bien mise en lumière par la Cour Européenne de Droits de l'Homme elle-même dans l'affaire *Irlande c. Royaume-Uni* du 18 janvier 1978 : « à la différence des traités internationaux de type classique, la Convention Européenne déborde le cadre de la simple réciprocité entre Etats contractants... Elle créé des obligations objectives... qui bénéficient d'une garantie collective » (Série A n° 25).

C'est ainsi que la *Convention européenne de protection des droits de l'homme et des libertés fondamentales du 4 novembre 1950* a pu être élaborée par le Conseil de l'Europe et constitue ce qu'il est convenu d'appeler le « Bill of rights » moderne de l'Europe occidentale. Elle garantit tout d'abord certains droits spécifiquement énumérés (voir les articles 2 à 14 de la Convention) ; en bref, il s'agit des droits civils, politiques, religieux, inhérents à toute société démocratique. La Convention de 1950 a été complétée par des protocoles additionnels facultatifs en 1952 étendant la protection conventionnelle au respect des biens, au droit à l'instruction et à l'obligation de tenir périodiquement des élections libres (Protocole n° 1) ainsi qu'à la liberté d'aller et de venir dans un pays membre, de le quitter, d'y rentrer et de ne pas en être expulsé (Protocole n° 4).

De surcroît, cette convention prévoyait des *mécanismes de protection sophistiqués* avec la constitution d'une *Commission des droits de l'homme* et, en dernier ressort, d'une *Cour de Justice* siégeant à Strasbourg. La Commission, en cas de plainte concernant une violation éventuelle des droits de l'homme dans un pays membre jouait tout d'abord le rôle de « filtre » ; elle pouvait être saisie par les gouvernements ou, si ceux-ci l'avaient accepté, par les individus lésés eux-mêmes. Il est à noter que ce n'est qu'en mai 1974 que la France procéda à la ratification de cette convention et plus tard encore, soit par le décret du 9 octobre 1981, qu'elle reconnut à ses nationaux le droit de saisine de la Commission. Une fois saisie, cette dernière instruisait l'affaire et décidait, le cas échéant, de la porter devant la Cour européenne des droits de l'homme. Au cas où l'affaire était portée devant la Cour, la Commission allait jouer pour l'individu lésé le rôle de représentant et de conseil juridique.

Avec l'adoption du protocole n° 11, une refonte totale du système européen de protection des droits de l'homme a été réalisée (voir R. Abraham, La réforme du mécanisme de contrôle de la Convention Européenne des Droits de l'Homme, Le Protocole n° 11 à la convention, A.F.D.I. 1994.619 ; J.F. Flauss, A.J.D.A. 1995.124 ; O. de Schutter, La nouvelle Cour Européenne des Droits de l'Homme, C.D.E. 1998.319 ; Le Protocole n° 11 à la Convention Européenne des Droits de l'homme, Bruxelles, Bruylant, 1995). Sans prétendre ici rentrer dans le détail de cette réforme fondamentale, on se bornera à en mentionner l'essentiel. La Commission a été éliminée pour être remplacée par une Cour (celle-ci a commencé à fonctionner à compter du 3 novembre 1998) qui jugera elle-même directement les affaires qui lui seront déférées par requêtes individuelles ou étatiques. Autrement dit, la Cour Européenne des Droits de l'Homme pourra désormais être saisie directement par les individus, à charge pour elle d'apprécier la recevabilité des requêtes et d'en effectuer le tri (ce qui était le rôle de l'ancienne Commission). Ce nouveau mécanisme de protection européen des droits de l'homme apparaît ainsi plus simple en raison de son unification institutionnelle. Il y a tout lieu de penser qu'il ne perdra rien en efficacité.

Après une période normale de rodage, les recours ont été de plus en plus fréquents tant devant la Commission que devant la Cour elle-même. C'est ainsi qu'à la fin de l'année 1990, la Commission avait été amenée à examiner 47 000 dossiers. Pour la seule année 1989, 925 requêtes devaient provenir du Royaume-Uni et plus de 700 de la France et de la République Fédérale d'Allemagne. De son côté, la Cour devait être saisie d'un nombre grandissant d'affaires. Si durant la période 1959-1975 elle fut peu occupée avec en moyenne une affaire par an, elle dut en connaître 25 en 1986, 57 en 1989 et 105 en 1997 dont 14 concernèrent la France. Elle fut ainsi amenée à examiner des questions aussi diverses et d'importance aussi dissemblable que celle de l'internement administratif en Irlande du Sud, des lois linguistiques en Belgique, de la peine du fouet en Grande-Bretagne, de l'éducation sexuelle dispensée à l'école aux élèves danois, des écoutes téléphoniques sans garantie légale en Grande-Bretagne et en France, des nationalisations britanniques de 1977, de l'extradition déguisée par la France d'un ressortissant italien ou de la lenteur déraisonnable de la justice française. (Pour une analyse systématique de cette jurisprudence, il convient de se référer aux chroniques régulières du Professeur Pelloux à l'Annuaire Français de Droit International reprises maintenant par le Professeur Coussirat-Coustère).

Il convient de noter dès à présent que l'*impact de cette convention est renforcé par son application directe dans l'ordre interne en raison du caractère auto-exécutoire (ou self-executing) de ses dispositions* (voir *infra*, n° 1211).

d) La saisine directe par l'individu de tribunaux internationaux.

1003. ***Un critère dénotant l'amélioration de la qualité du droit international*** — Il y a évidemment là un *bon critère* pour apprécier la place de l'individu dans l'ordre international. Si l'individu se voit, en effet, reconnaître des droits, a-t-il au moins les moyens de les faire valoir lui-même devant des tribunaux indépendants, c'est-à-dire devant des tribunaux internationaux ? Force est ici de reconnaître que, *sauf dans des cas exceptionnels et limités, l'individu ne possède aucune capacité d'ester en justice sur le plan international*. Il n'a pas de « *locus standi* ». Cette capacité d'ester en justice *reste pour l'essentiel un monopole des Etats*. Il y a là une survivance regrettable du passé, mais elle est tenace. C'est ainsi que l'article 34, al. 1, du Statut de la Cour Internationale de Justice contient la disposition lapidaire suivante : « Seuls les Etats ont qualité pour se présenter devant la Cour ». On pourrait penser que si les Etats ont seuls qualité pour se présenter devant la Cour au contentieux, les individus pourraient éventuellement apparaître pour demander des avis consultatifs. Nous verrons qu'il n'en va pas ainsi : seules les Organisations internationales peuvent le faire. Autrement dit, la *Cour Internationale de Justice ne saurait réparer des dommages causés à un individu au moins directement*. Il y a là une grave faiblesse du système international qui obère bien entendu le régime de protection des droits de l'homme mis sur pied par l'Organisation des Nations unies, par exemple.

1004. ***Un droit chichement accordé par les Etats*** — Cependant il existe des cas, certes exceptionnels, où des traités entre Etats ont expressément prévu le *droit de saisine directe des individus devant une juridiction internationale spécifiquement constituée.* Il en alla ainsi entre les Républiques centre-américaines qui créèrent une *Cour centre-américaine de justice*, laquelle fonctionna de 1908 à 1918 et devant laquelle les individus pouvaient intervenir directement, sans intermédiaire « étatique » ; cette solution fut tout naturellement maintenue par les nouveaux statuts de cette Cour qui fut « réactivée » en 1994 (article 22 G et texte *in* I.L.M. 1995.921). Ce fut également le cas — nous l'avons déjà vu — pour les *tribunaux arbitraux mixtes* créés par les Traités de paix de 1919 ou par des conventions spéciales, comme le Traité germano-polonais du 15 mai 1922 relatif à la Haute-Silésie polonaise ; dans tous ces exemples, les individus appartenant à une « minorité » dont les droits conventionnellement protégés étaient lésés, disposaient d'un accès direct à ces tribunaux de l'ordre international. On rappellera encore l'existence des *tribunaux administratifs internationaux* créés par la plupart des institutions inter-gouvernementales pour connaître d'une catégorie bien particulière de différends, à savoir les litiges entre elles-mêmes et leurs fonctionnaires ou agents.

On signalera également le nouveau « Tribunal européen en matière d'immunité d'Etat » qui vient d'être installé peut être saisi directement par les individus ressortissants des Etats parties à la Convention constitutive (voir A.F.D.I., 1985.390).

Telle est également maintenant la situation en matière de protection des droits de l'homme et des libertés fondamentales à la suite de la récente révision de la Convention de 1950 accordant aux individus un droit de saisine directe devant la nouvelle Cour Européenne de Strasbourg.

1005. ***L'exception du droit communautaire*** — On notera enfin — et l'exemple est le plus probant — l'existence de la *Cour de justice des Communautés européennes* où, directement ou indirectement, les individus peuvent faire valoir leurs droits. Indirectement, par la *procédure de l'article 177 du Traité de Rome* (et nouvel article 234), qui est le *recours en interprétation*. Directement — mais dans des cas limités —, avec l'annulation de mesures communautaires contraires à leurs droits (voir supra n° 230).

2 — La répression de certains individus troublant l'ordre international.

1006. ***La détermination d'infractions internationales et leur répression*** — Le droit international, l'idée en est bien admise depuis fort longtemps, détermine lui-même des « *infra*ctions » à raison de la violation par des individus de certaines règles fondamentales de la société internationale. Exceptionnellement, des *tribunaux internationaux* ont été mis sur pied pour juger les coupables. Il en a été ainsi après la fin de la seconde guerre mondiale avec l'établissement des *tribunaux militaires internationaux* qui, siègeant à Nuremberg et Tokyo, eurent à juger des *criminels de guerre* nazis ou nippons. Plus récemment, le Conseil de sécurité agissant en vertu du Chapitre VII de la Charte devait décider la mise sur pied d'un « tribunal international [chargé de] juger les personnes présumées responsables de violations graves du *droit humanitaire international* (italiques ajoutées) commises sur le territoire de l'ex-Yougoslavie depuis 1991 » (voir la résolution 808 du Conseil de Sécurité en date du 22 février 1993 ; pour une présentaiton d'ensemble, voir K. Lescure, Le Tribunal pénal international pour l'ex-Yougoslavie, CEDIN, Paris, Montchrétien, 1994).

Quelque temps après et toujours sur le même fondement et pour les mêmes motifs, le Conseil de sécurité procéda à la création du *Tribunal International pour le Rwanda* (Résolution n° 955 du 8 novembre 1994). Ces deux juridictions internationales d'exception ont commencé à fonctionner, la première ayant été beaucoup plus active que la seconde (voir D. Marro et R. Maison, Quelle répression internationale des crimes commis dans l'ex-Yougoslavie ? Le bilan d'une année d'activité judiciaire du Tribunal Pénal International de La Haye, Doc. Gaz. Pal. 17-21 mai 1996).

En outre, on notera la récente signature à Rome le 18 juillet 1998 du traité instituant la première *Cour Pénale Internationale.* L'entreprise est marquante en ce sens qu'elle institue pour la première fois un tribunal répressif permanent, à vocation mondiale, possédant la personnalité internationale et chargé de réprimer les individus (tous les individus y compris les chefs d'Etat et autres responsables politiques) ayant commis les crimes les plus sérieux (génocides, crimes contre l'humanité, crimes de guerre, crimes d'agression). Il reste maintenant à espérer que le projet puisse être mené à bien en dépit de l'hostilité de pays aussi différents que les Etats-Unis, l'Irak, la Libye et la Chine (les seuls pays à s'être opposés à la création de cette Cour lors de la Conférence de Rome de juillet 1998 alors que les 120 autres pays participants en signèrent le texte constitutif) et de la nécessité de réviser les constitutions existantes dans certains pays (et tel est le cas de la France qui, à la suite de la décision précitée du Conseil Constitutionnel en date du 22 janvier 1999, dut se résoudre à modifier la Constitution de 1958 par un vote du Congrès réuni à Versailles le 28 juin 1999, voir *supra* n° 129, 263).

Mais à côté de ces exemples à dire vrai peu convaincants, car exceptionnels, la règle générale demeure selon laquelle il appartient aux *Etats de réprimer ces infractions en vertu de leurs règles internes.* Grotius devait poser la règle fondamentale en la matière dès la fin du XVIIe sècle : l'Etat concerné doit soit *extrader* le contrevenant soit le *juger (aut dedere, aut judicare).*

Ces infractions internationales peuvent provenir de la violation de règles coutumières ou conventionnelles du droit international.

a) La répression des individus violant les règles coutumières du droit international.

1007. ***Répression traditionnelle*** — En vertu des règles traditionnelles, coutumières du droit international, certains actes particulièrement graves commis dans des espaces internationaux ou perpétrés à l'encontre de certaines personnes, sont qualifiés de crimes « internationaux » qui peuvent — voire doivent — être réprimés par tout Etat. Ici, l'infraction sera internationale, la répression demeurant — le plus souvent — nationale. Il en va ainsi par exemple de la piraterie en haute mer ; de la traite des esclaves ; de la suppression de collectivités humaines entières (génocide) ou de la violation des lois élémentaires de la guerre (crimes de guerre). En bref, rentrent dans cette catégorie ce qu'il est convenu d'appeler les « crimes contre l'humanité ». (Pour une étude particulière, voir Corinne Touret, La piraterie au XXe siècle, Piraterie maritime et aérienne, Paris, L.G.D.J., 1992).

b) La répression des individus violant des règles conventionnelles du droit international.

1008. ***Des infractions croissantes*** — D'assez nombreuses conventions internationales contemporaines font de leur violation par les individus une infraction pénale réprimée par le droit interne des Etats parties contractantes. Ici encore, l'infraction sera internationale tandis que la répression sera exclusivement mise en œuvre au niveau national.

C'est ainsi que l'on distingue les *infractions pour trafics immoraux* (publications obscènes ou trafics de stupéfiants par exemple) de celles *commises dans un espace international* (capture illicite d'aéronefs — communément appelée « piraterie aérienne » —, rupture de câbles sous-marins). Dans tous ces cas, les conventions internationales concernées déterminent une infraction, celle-ci étant réprimée par le droit interne des Etats parties contractantes. On est là encore en présence d'un exemple frappant de cette loi du *dédoublement fonctionnel* déjà signalée, si chère à Georges Scelle.

§ 2 — Les sociétés dans l'ordre international.

1009. ***Une double approche par le droit international contemporain*** — Par là il faut entendre les personnes morales qui poursuivent un but lucratif et cela, quel que soit leur statut juridique dans l'ordre interne. Autrement dit, ces sociétés peuvent relever du droit interne public ou du droit privé, peu importe. Il faut noter ici que l'*évolution du droit a été plus lente encore que pour les individus*, les sociétés ayant acquis plus tardivement le statut de sujet du droit international.

Toutefois, le mouvement s'est rapidement accéléré au cours de ces dernières années en raison du *poids économique considérable* des grandes entreprises à vocation mondiale, les *entreprises multinationales*. Celles-ci, en raison de leur puissance économique, sont parvenues à « parler d'égal à égal » avec les Etats-nations, voire à imposer leur volonté aux plus faibles d'entre eux. Elles ont réussi à faire éclater les vieilles structures juridiques héritées du droit international classique qui, paradoxalement, après les avoir longtemps ignorées, persistait à leur reconnaître moins de droits qu'aux individus. La réalité présente est entièrement différente.

A cet égard, le droit international contemporain s'est engagé dans deux directions différentes. D'une part, il a essayé, tant bien que mal, de les appréhender en tant que purs « objets » de réglementation. D'autre part, *volens nolens,* les sociétés apparaissent comme des sujets de l'ordre international au rôle important mais au statut encore très inachevé, embryonnaire (voir en général, D. Carreau et P. Juillard, Droit international économique, *op. cit.*, n° 74 et s.).

1 — Les sociétés, objet du droit international.

(Voir en général pour une bonne et claire présentation P. Merciai, Les entreprises multinationales en droit international, Bruxelles, Bruylant, 1993).

1010. ***Le problème du contrôle international des firmes multinationales*** — Comme nous l'avons déjà signalé, l'une des préoccupations majeures du droit international contemporain est d'essayer de réglementer les activités des plus grandes sociétés — les « entreprises multinationales » — à défaut de leur donner un statut uniforme, l'ampleur de la tâche semblant présentement insurmontable. Si les tentatives sont relativement nombreuses, les réalisations effectives le sont moins. La loi internationale n'a pas encore réussi à s'imposer pleinement à la « puissance économique » transnationale.

1011. ***Des projets à portée universelle*** — A l'échelon universel, l'Organisation des Nations unies et la C.N.U.C.E.D. se sont attelées à l'élaboration d'un « code de conduite » des multinationales. Or, celui-ci a peu de chance de voir le jour, *au moins sous une forme obligatoire,* en raison de la difficulté de la tentative et de parvenir à des solutions de compromis acceptables pour tous.

1012. ***Réalisations régionales*** — Il existe, en revanche, *quelques réalisations régionales* qui ont été dans trois directions différentes.

Tout d'abord, certaines Organisations comme l'O.C.D.E. se sont aussi lancées dans l'approche d'un « code de bonne conduite ». L'O.C.D.E. a ainsi élaboré, en 1976-1979, les « principes directeurs » qui doivent imposer à la fois aux pays membres et aux entreprises multinationales. Mais ceux-ci restent, du moins à l'heure actuelle, entièrement « non contraignants » (voir *supra*, n° 516).

Dans un autre sens, certaines Organisations internationales ont adopté des réglementations partielles non pas des entreprises multinationales en tant que telles, *mais des abus de puissance économique.* C'est ainsi que les *célèbres articles 85 et 86 du Traité de Rome condamnent les pratiques commerciales restrictives et les abus de position dominante.* C'est donc par ce biais, un peu marginal, que la Communauté européenne essaie de faire face au problème multinational.

1013. ***Cas spécifique des multinationales Andines*** — Enfin, réalisation unique en son genre, l*es pays du Groupe Andin* (à savoir la Bolivie, la Colombie, l'Equateur, le Pérou et le Venezuela) ont mis sur pied en 1971 *un véritable statut* des entreprises multinationales constituées entre les ressortissants des Etats de cette région (celui-ci devait être sensiblement modifié en 1987). Les règles présidant à leur constitution, à leur fonctionnement et au règlement des différends éventuels ont désormais un fondement international. Les entreprises multinationales andines sont ainsi devenues des sujets directs d'un droit international régional spécifique.

2 — Les sociétés, sujets du droit international.

1014. ***Un rôle multiforme et croissant*** — Les sociétés, — en réalité les entreprises multinationales — se sont elles-mêmes posées comme sujets du droit international en se trouvant à la source d'un certain nombre de normes internationales dont le respect s'imposait aux autres acteurs de la société internationale, à commencer par les Etats. Nous avons vu précédemment comment le « pouvoir bancaire international privé » avait été à l'origine de la constitution de marchés tels que ceux des « euro-devises » et des « euro-obligations » et avait donné naissance dans ces secteurs à des règles coutumières ou à des principes généraux du droit à valeur juridique obligatoire pour tous les prêteurs et emprunteurs quel que soit leur statut (Etat, institutions internationales ou personnes privées) (voir *supra*, n° 711). Dans le même sens, nous avons également signalé que ces « entreprises multinationales » avaient conclu de *véritables accords internationaux avec des Etats-nations* (ainsi les « accords pétroliers » du début des années 1970 signés entre le « cartel » des compagnies les plus importantes (les sept « sœurs ») avec les pays producteurs à Téhéran, Tripoli ou New York (voir *supra*, n° 62). Nous avons également mentionné les « accords » conclus entre sociétés aux fins de réglementer certaines activités internationales en matière de transports (ainsi le rôle des « chargeurs » en matière de « conférences maritimes » ou des transporteurs aériens au sein des « conférences de trafic » instituées par l'I.A.T.A.).

Ce rôle des sociétés comme sujets du droit international s'explique pour plusieurs séries de raisons qu'il convient ici de rappeler : tout d'abord, ces sociétés ont été à même de s'imposer comme sujets du droit international en raison des *lacunes* de ce dernier dans les secteurs nouveaux où elles intervenaient. De plus, elles ont bénéficié de *l'abstention pour le moins bienveillante* des Etats-nations qui n'ont pas voulu — ou pas pu — intervenir dans ces domaines qui ont été ainsi laissés au « pouvoir international économique privé ».

1015. ***Une protection formellement inférieure à celle des individus mais en réalité supérieure en raison des solutions contractuelles retenues*** — En bref, curieusement, les *sociétés*, en droit du moins, sont plus mal loties que les individus. En effet, les grandes conventions internationales protectrices des droits de l'homme (la *Convention européenne* de 1950, les *Pactes de l'ONU* de 1966 - voir *supra* n°s 998 et s.) visent essentiellement à garantir certains droits fondamentaux au profit de la *personne humaine* et qui d'ailleurs lui sont propres tels que le droit à la vie, à la liberté ou à la sûreté.

Pourtant, indirectement le plus souvent — *les personnes morales* à commencer par les *sociétés commerciales* — sont susceptibles de bénéficier de droits conventionnellement garantis. Il en a ainsi été jugé par la *Cour Européenne des Droits de l'Homme* en matière de droit de propriété, de la liberté d'expression ou du droit à un procès équitable. En cas d'atteinte à de tels droits, les entreprises sont alors *recevables* pour saisir les organes compétents institués par la *Convention Européenne des Droits de l'Homme et des Libertés Fondamentales* (voir pour un exemple récent l'arrêt de la Cour Européenne de Strasbourg, *Société Stenuit c. France*, 27 février 1992, et le commentaire de F. Sudre, JCP, Ed. Entreprise, n° 28, *sup.* 4/1992).

Sans doute, lorsqu'il s'agit de traités à vocation plus spécifiquement économique comme le *Traité de Rome de 1957*, les sociétés bénéficient au même titre que les individus du droit de saisine directe et indirecte de la CJCE (voir *supra* n° 1005).

Enfin, dans la réalité du monde des affaires internationales, il convient de ne pas oublier que, en *raison même de leur puissance économique*, ces sociétés ont été souvent à même d'imposer aux Etats des *clauses d'arbitrage prévoyant la saisine d'un tribunal ad hoc* indépendant des parties et statuant d'après les règles du droit international pour régler leurs différends éventuels. Ceci est notamment la pratique courante dans *les grands contrats internationaux* que nous avons déjà rencontrés, les clauses d'arbitrage étant l'un des éléments constitutifs de l'internationalisation de ces contrats (voir *supra*, n° 470). Ainsi, de fait, les sociétés sont des acteurs, des sujets importants de l'ordre international, mais dont le statut juridique reste à établir.

§ 3 — Les associations dans l'ordre international : les organisations non gouvernementales (O.N.G.).

(Voir A. Bleckmann, Non-governmental organizations, *in* Int. Encyclo. of Comp. Law, vol. XVII, ch. 25.III ; T. Gastan, Le rôle des O.N.G aux Nations unies, Assoc. Inter. n° 4, 1982, p. 254 ; v. Sauerwein, Les relations entre les O.N.G. et l'O.N.U., Assoc. Inter. n° 3, 1982, p. 198).

1016. ***Un phénomène ancien*** — Ce phénomène associatif privé est très ancien puisqu'il remonte au XVIIIe siècle, c'est-à-dire qu'il a précédé les Organisations internationales de type intergouvernemental. Il s'agit d'organisations privées qui ne poursuivent pas de but lucratif, qui *fonctionnent selon les lois d'un Etat déterminé* mais qui exercent, au moins pour certaines d'entre elles, une *influence internationale non négligeable.* Leur nombre est considérable — plusieurs dizaines de milliers — et leur domaine d'action très diversifié, puisqu'il couvre toutes les activités humaines, que ce soit le secteur culturel, scientifique, humanitaire, sportif, syndical, économique ou social (voir l'introduction de ce cours).

Sur le plan de la personnalité de ces associations, on se bornera aux quelques remarques générales suivantes.

D'une part, leur personnalité juridique relève, en général, du droit interne ; elle n'existe que rarement en droit international, si ce n'est de manière fonctionnelle, bien que la tendance soit à leur accorder un statut, au moins embryonnaire.

1 — Une personnalité juridique de droit interne.

1017. ***Parallèle avec les sociétés*** — Ces associations, pour exister juridiquement, doivent être constituées selon les lois d'un Etat quelconque. A ce titre, leur *situation est identique à celle des sociétés.* Seulement leur reconnaissance dans un Etat, en tant que personne juridique au titre d'une association, ne vaut pas reconnaissance dans un autre Etat, ce qui là est sensiblement différent de la situation des sociétés. Ainsi, ces groupements ne possèdent, en général, la personnalité morale d'association que dans l'Etat où elles sont constituées ; et cela est vrai, même pour des associations « mixtes » où des Etats peuvent être parmi les institutions participantes.

Pour autant, les règles que ces O.N.G. émettent sont loin de se limiter en portée au territoire du pays dont elles ont la nationalité et où elles jouissent en conséquence de la personnalité juridique. Nombre d'entre elles édictent des règles à portée transnationale. L'un des exemples les plus frappants réside dans les O.N.G. « sportives ». Ainsi, les fédérations sportives internationales créent et gèrent les règles communes qui doivent être respectées par tous les pratiquants où qu'ils se trouvent et dont elles assurent la sanction par la prise de mesures financières ou disciplinaires appropriées et ce, sous un contrôle de légalité effectué par les tribunaux compétents, à savoir ceux de leur siège (pour un exemple, voir Tribunal de Berne, Ord. ref. Pres., 9 septembre 1993, *SA Olympique de Marseille c. Union des Associations Européennes de Football — U.E.F.A.* — , J.C.P. ed. G.II.J, 1993, n° 22178 avec une note Gros, Lascombe et Vandendriessche).

2 — Une personnalité juridique « fonctionnelle » rare en droit international.

1018. ***Développement d'un droit international professionnel*** — Ces Organisations non gouvernementales, du moins certaines d'entre elles, ont une grande utilité technique et leur statut privé peut se révéler fort commode. Telle est d'ailleurs la raison pour laquelle les Etats peuvent déléguer certaines compétences à ces associations. C'est le cas, par exemple, de l'Association internationale des transporteurs aériens (A.I.T.A., association de droit canadien) qui a reçu le pouvoir — ô combien important (voir *supra* n° 499) — de déterminer les prix des billets d'avion et des services rendus à bord ; ce faisant, cette association privée joue un rôle de suppléant fort commode par rapport à celui, public, assuré par les Etats au sein de l'Organisation intergouvernementale de l'O.A.C.I. En bref, on est ici en présence de *tout un droit professionnel international* qui est secrété par les groupements intéressés (ainsi les « règlements » émis par les fédérations internationales sportives, le règlement international des hôteliers publié par l'Association internationale des hôteliers ou les « incoterms » élaborés par la Chambre de Commerce Internationale). Ce droit professionnel international n'est pas sans rappeler celui qui est émis par les professions dans l'ordre interne ; il s'agit là d'une source importante de la légalité internationale qui agit de manière diffuse et trop mal connue en dehors du cercle des participants. Plus curieux encore est le rôle du *Comité international de la Croix-Rouge* (C.I.C.R.) qui est une association de droit suisse, mais dont une partie des fonctions relèvent du droit international dans la mesure où elle remplit officiellement des missions de « service public » international. C'est ainsi, par exemple, que les quatre Conventions précitées de Genève de 1949 reconnaissent certains droits au Comité international de la Croix-Rouge, comme celui de visiter les prisonniers de guerre et les civils internés, de les secourir, de fournir des renseignements sur eux et de prendre toutes mesures pour assister les victimes de guerre. En bref, le *C.I.C.R. a été investi d'un droit d'intervention de type humanitaire.* Il peut aussi entrer en contacts directs avec les gouvernements et passer des accords relatifs à son activité internationale. Le C.I.C.R. possède ainsi un statut international, hybride, mixte, à la fois « public » et « privé », relevant du droit international et du droit interne suisse (voir P. Reuter, La personnalité juridique internationale du Comité International de la Croix-Rouge, *in* Le développement de l'ordre juridique international, Paris, Economica, 1996 et ici p. 205 et s.).

Nous avons vu également le rôle de certaines associations internationales qui formaient des *cartels privés* ou qui passaient des « accords » avec des Etats nationaux (voir *supra* n° 500, les développements sur les « conférences maritimes », voir aussi n° 466 les *accords d'auto-limitation* sur l'acier par exemple, entre les associations de producteurs européens et japonais et le gouvernement des Etats-Unis, conclus à la fin des années 1960).

3 — Le statut consultatif de certaines organisations non gouvernementales.

1019. ***Rôle exceptionnel de consultant auprès des organisations intergouvernementales*** — On est là en présence d'un embryon de statut international. Le but n'est pas ici de reconnaître une personnalité internationale complète à ces O.N.G., mais de leur assigner *certaines fonctions spécifiques.*

Le modèle est constitué par l'article 71 de la Charte de l'O.N.U. qui a ici innové, e*n accordant à certaines O.N.G. la possibilité de recevoir un statut consultatif.* On rappellera que rien de tel n'existait du temps de la Société des Nations. C'est ainsi que certaines O.N.G. participent aux travaux du Conseil économique et social de l'O.N.U. avec une *voix consultative* seulement et *non délibérative* (400 O.N.G. ont actuellement reçu ce statut d'observateur auprès du Conseil économique et social de l'O.N.U.).

Il est à noter que *d'autres organisations internationales* ont adopté cette formule du statut consultatif pour des Organisations non gouvernementales : par exemple les *Communautés européennes* ou, à un moindre degré, l'O.C.D.E. ont accordé ce régime à certaines O.N.G.

Il s'agit là autant d'exemples de *coopération fonctionnelle utile entre les Organisations internationales intergouvernementales et des Organisations internationales privées, les O.N.G.*

1020. ***Un rôle général de "groupes de pression" à l'échelle internationale*** — En bref, actuellement, les O.N.G. sont encore pour l'essentiel un « objet » du droit international, certaines jouant un rôle plus actif mais limité à titre consultatif. Exceptionnellement, elles peuvent apparaître comme des sujets du droit international en raison de leur « habillage privé » commode, et lorsque les Etats décident de leur confier des missions qu'ils se sentent mal outillés pour assurer eux-mêmes.

Enfin, ces O.N.G. jouent un rôle non négligeable, notamment comme « groupes de pression » au sein des Organisations internationales opérationnelles comme les Communautés européennes, la Banque mondiale ou les Banques régionales de développement.

Il serait utile d'harmoniser leur rôle à l'échelon international et de leur donner une personnalité internationale limitée, mais définie. Récemment, une convention devait être élaborée en la matière au sein du Conseil de l'Europe après vingt années d'études (voir M.O. Wiederkehr, « La Convention européenne sur la reconnaissance de la personnalité juridique des organisations non-gouvernementales » du 24 avril 1986, A.F.D.I., 1987.749). Le résultat proposé est bien modeste car il ne fait que confirmer l'état du droit existant : les O.N.G. ne possèdent la capacité juridique que dans l'ordre interne qui leur a donné naissance. S'il est prévu une reconnaissance réciproque des O.N.G. constituées selon la loi d'une des parties contractantes, rien n'est dit sur leur capacité internationale ; sans doute était-il difficile d'en être autrement en raison de la multiplicité des O.N.G. et de la diversité considérable de leurs fonctions.

CHAPITRE II

LA MISE EN ŒUVRE DES NORMES DU DROIT INTERNATIONAL

1021. ***Spécificité du "milieu" international*** — Tous les sujets du droit international examinés auparavant — Etats, Organisations et établissements publics internationaux, personnes privées — doivent, chacun en ce qui le concerne, respecter les règles du droit international écrit ou non écrit, qui leur seraient applicables. Cela est également vrai des Etats, même si une plus grande publicité est tout naturellement donnée aux violations du droit dont ils se seraient rendus coupables (voir G. de Lacharrière, La politique juridique extérieure, *op. cit.*, pp. 112-114).

Toutefois, le « milieu » international est bien différent du« milieu » interne. Sur le plan de l'application des normes du droit international, on rappellera que le *recours au juge ou à l'arbitre reste,* en général, *facultatif.* Egalement la « sanction » du droit est beaucoup moins bien organisée, dans l'ordre international que dans l'ordre interne notamment dans ses aspects de contrainte (voir *infra*).

Enfin, *les normes du droit international sont souvent loin de présenter le degré de clarté et de précision de celles de l'ordre interne*, ce qui complique encore leur application. Ainsi, comme l'a noté un observateur avisé de la pratique des Etats, ceux-ci —contrairement aux personnes privées par exemple — ont volontiers recours à des formulations ambiguës afin de pouvoir limiter la portée de leurs engagements (G. de Lacharrière, *ibid.*, p. 89 et s.).

1022. ***Plan*** — Cela étant, dans l'ordre international comme dans l'ordre interne, il existe des cas où la règle de droit ne va pas être appliquée (Section I). Comme dans l'ordre interne, mais avec des spécificités marquées, la non-application d'une règle de droit obligatoire est susceptible d'engager la mise en jeu de la responsabilité du sujet « coupable » (Section II).

Section I

Les exceptions au principe de l'application générale et obligatoire des normes du droit international

1023. ***Plan*** — Certaines exceptions sont communes à l'ordre interne et à l'ordre international. Ainsi la force majeure, le changement fondamental de circonstances, la violation par une autre partie de ses engagements, se retrouvent au titre des exceptions dans ces deux ordres (§ 1). Ce sont les plus sérieuses et d'ailleurs les seules valables. D'autres, en revanche, sont traditionnellement présentées comme propres à l'ordre international alors qu'elles ne lui sont pas inhérentes, loin de là. (§ 2).

§ 1 — Les exceptions communes à l'ordre interne et à l'ordre international.

1 — La force majeure.

1024. ***L'exemple de l'article 1148 du Code Civil*** — La force majeure est un principe de droit interne qui est également reconnu en droit international.

a) Un principe de droit interne.

La survenance d'un cas de « force majeure » dispense la partie affectée d'exécuter son obligation et l'exonère de toute responsabilité en l'espèce. Cette solution est consacrée, par exemple, par l'article 1148 du Code civil français. Il en va de même dans tous les systèmes de droit.

Cependant les conditions constitutives d'un cas de force majeure sont particulièrement strictes afin de ne pas mettre en cause la stabilité des relations juridiques. Pour constituer un cas de force majeure, un fait donné doit être *imprévisible, extérieur* à la conduite des parties et à leur volonté, *impossible à empêcher*. Enfin, il doit rendre également *impossible l'exécution de l'engagement en cause*.

b) Un principe reconnu en droit international.

1025. ***Reconnaissance jurisprudentielle*** — La force majeure a d'abord été reconnue dans la jurisprudence des tribunaux internationaux avant de l'être sous une forme atténuée par la Convention de Vienne sur le droit des traités.

1026. ***La sentence arbitrale de l'indemnité russe de 1912*** — i) La Cour permanente d'arbitrage dans l'affaire déjà citée de *l'indemnité de guerre dûe par la Turquie à la Russie* du 11 novembre 1912 estima que la *force majeure était un principe général de droit* et elle en définissait les caractéristiques classiques : événement imprévisible, extérieur aux parties et rendant impossible l'exécution de l'obligation. En l'espèce, la Cour devait refuser de reconnaître un cas de force majeure au bénéfice de l'Empire ottoman dans la mesure où le paiement de sa dette à l'égard de la Russie n'aurait pas mis « son existence en péril » ou n'aurait pas « gravement compromis sa situation interne ou externe » (R.S.A., T. XI, 421, p. 443).

1027. ***Les arrêts de 1929 de la CPJI dans l'affaire des emprunts serbes et brésiliens***— ii) La Cour Permanente de Justice Internationale devait également faire allusion à la force majeure et lui donner une construction particulièrement stricte. La C.P.J.I. dut, en effet, se pencher sur ce problème de la force majeure dans l'ordre international lors de *l'affaire des emprunts serbes et brésiliens* de 1929. En l'espèce, ces Etats débiteurs avaient, entre autres, excipé de la force majeure pour refuser le paiement en or de leurs emprunts. Ils estimaient en effet que la première guerre mondiale était, en elle-même, constitutive de force majeure. La C.P.J.I. refusa cette manière de voir. A cet argument, la Cour répondit en effet que : « On ne saurait prétendre que la guerre elle-même, quelques graves qu'aient été ses conséquences économiques, ait juridiquement affecté les obligations nées des contrats entre le gouvernement serbe et les porteurs français. Les bouleversements économiques provoqués par la guerre n'ont pas libéré l'Etat débiteur, bien qu'ils puissent comporter des considérations d'équité » (arrêt n° 14, Rec., p. 39). « Le bouleversement économique causé par la grande guerre n'a pas, au point de vue des principes juridiques, libéré de ses obligations le gouvernement brésilien » (arrêt n° 15, Rec., p. 120).

La Cour Permanente de Justice Internationale rejoignait ici la position traditionnelle des tribunaux français qui ont toujours refusé de voir dans la guerre, du moins en elle-même, un élément automatique de force majeure et qui demandent, de surcroît, que l'exécution de l'obligation en cause soit devenue impossible et non pas seulement plus onéreuse.

1028. ***La position ambigüe de la convention de Vienne de 1969*** — iii) L'impossibilité d'exécution d'un traité international pour raison de force majeure a été officiellement *reconnue par la Convention de Vienne sur le droit des traités de 1969*.

Toutefois celle-ci n'utilise pas, et sans doute à dessein, l'expression de « force majeure ». L'article 61 de la Convention de Vienne parle seulement d'une « situation rendant l'exécution impossible d'un traité ». Comme exemples de telles situations rendant l'exécution d'un traité impossible, il est loisible d'envisager le cas d'un traité portant sur l'utilisation d'une île qui serait par la suite submergée, la construction d'un barrage sur un fleuve alors que celui-ci deviendrait asséché ou l'exploitation d'un barrage qui viendrait à être détruit.

1029. ***Sa limitation à l'impossibilité d'exécution*** — Il y a là une *conception beaucoup plus restrictive que celle normalement attachée à la notion de force majeure.* Le Professeur Reuter, dans son « Introduction au droit des traités », signale que cette notion particulière d'impossibilité d'exécution retenue par la Convention de Vienne sur le droit des traités s'explique parce que, pour les membres de la Commission du droit international, la force majeure relevait du droit de la responsabilité, et non du droit des traités (voir le n° 268). Ce point de vue devait être partagé par la C.I.J. dans son analyse de ce qu'elle qualifia « d'état de nécessité » dans l'affaire qui opposa devant elle la *Hongrie à la Slovaquie* à propos de la construction d'un barrage sur le Danube interrompu du côté hongrois pour des raisons tenant à la protection de l'environnement (voir les § 48 à 53 de l'arrêt du 25 septembre 1997).

Lorsqu'il existe un cas de force majeure, ses effets dans le temps varient en fonction de sa nature propre.

Soit, en effet, les événements constitutifs de force majeure vont être simplement de *nature provisoire,* et, dans ce cas, *la force majeure suspendra seulement l'engagement de la partie qui prétend que l'on se trouve dans une telle situation.* Soit les événements en cause présenteront un caractère définitif, et, dans ce cas, la force majeure mettra définitivement fin aux *engagements des parties en présence.*

2 — L'inexécution d'une obligation en raison de sa violation par l'une des parties (*exceptio non adimpleti contractus*).

1030. ***Un principe de droit interne : l'article 1184 c. civ.***— Ici encore, il s'agit d'un *principe général du droit des obligations tel qu'il est bien connu et reconnu dans l'ordre interne pour les contrats synallagmatiques.* Pour se limiter au seul exemple du droit français, l'article 1184 du Code civil dispose que : « La condition résolutoire est toujours sous-entendue dans les contrats synallagmatiques pour le cas où l'une des deux parties ne satisfera point à son engagement ».

1031. ***Principe fondé sur la réciprocité*** — Ce principe existe également dans l'ordre international au nom de la *réciprocité* qui gouverne l'exécution des engagements internationaux. A ce titre, il convient de citer *l'article 55 de la Constitution française de 1958* qui inclut expressément la réciprocité *comme condition de l'exécution par la France de ses engagements internationaux.*

Sans doute la pratique internationale est-elle peu étendue en matière d'inexécution des traités internationaux au motif que l'autre partie n'a pas respecté ses propres engagements conventionnels. Toutefois, si elle est limitée, la pratique va clairement dans le sens de la reconnaissance de ce principe, même si — nous le verrons — ses contours demeurent encore relativement imprécis.

I. — Le précédent : l'arbitrage Coolidge dans l'affaire de Tacna et Arica entre le Chili et le Pérou (4 mars 1925, R.S.A., vol. II, 921 et s.).

1032. ***Faits*** — Les faits étaient les suivants : le Pérou soutenait que le Chili avait empêché la tenue d'un plébiscite dans cette région de Tacna et d'Arica en violation de l'article 3 du Traité d'Ancon entre les deux pays. Dans ces conditions, le Pérou estimait que, dans la mesure où le Chili avait violé un de ses engagements conventionnels, il se trouvait délié de toute obligation à l'égard du Chili au titre de ce Traité d'Ancon. L'arbitre américain Coolidge, après avoir examiné cet argument du Pérou, le repoussa dans les termes suivants : « Il est manifeste que si des abus administratifs pouvaient avoir pour effet de mettre fin à un tel accord, il faudrait prouver que ces abus administratifs ont créé une situation si grave qu'elle empêcherait la réalisation des fins de l'accord et, à notre avis, poursuivait l'arbitre, l'existence d'une situation de cette gravité n'a pas été démontrée » (pp. 943-944).

1033. ***L'opinion dissidente du juge Anzilotti en 1937*** — La portée de ce principe du non-respect d'une obligation internationale en raison de sa violation par l'autre partie fut examinée par le juge Anzilotti dans *l'affaire des prises d'eau de la Meuse* qui opposa la Belgique à la Hollande en 1937. La Belgique soutenait qu'elle avait le droit de suspendre l'exécution d'un traité qui la liait à la Hollande en raison de la violation par ce dernier pays d'une de ses obligations conventionnelles. Le juge Anzilotti, dans son opinion dissidente, estimait la position de la Belgique « si juste, si équitable, si universellement reconnue, que (le principe d'inexécution d'une obligation en raison de sa violation par l'autre partie) devait être appliqué aussi dans les rapports internationaux... ».(C.P.J.I., ser. A/B, n° 70, p. 50). Ainsi, pour le juge Anzilotti, la non-exécution par une partie de ses obligations conventionnelles en raison de la violation par l'autre partie de ses propres engagements au titre d'un traité constitue un principe général du droit au sens de l'article 38 du Statut de la Cour.

II. — Confirmation dans l'affaire de la Namibie

1034. ***Confirmation en 1971 par la C.I.J.*** — Cette solution a été confirmée par la Cour Internationale de Justice dans son *Avis consultatif sur la Namibie de 1971*. La Cour, en effet, confirma l'existence « du principe juridique général selon lequel le droit de mettre fin à un traité comme conséquence de sa violation doit être présumé exister pour tous les traités » (p. 47 et s.).

1035. ***Principe général reconnu*** — Il est ici loisible de reprendre l'analyse de la C.I.J. et de généraliser son propos à l'ensemble des engagements internationaux conclus par les sujets du droit international. Ainsi, en vertu d'un *principe général du droit, toute partie est fondée à mettre fin à l'une quelconque de ses obligations internationales si l'autre partie cesse de son côté de respecter ses engagements correspondants.*

III. — Les limites de la caducité : une « violation substantielle » du traité ou du droit international.

1036. ***Nécessité d'une violation importante*** — Il est clair que toute violation d'un engagement aussi bien dans l'ordre interne que dans l'ordre international ne vaut pas exonération pour l'autre partie du respect de ses obligations. Il doit y avoir une *violation importante du droit* pour justifier la non-application de règles juridiques entre les parties contractantes.

1037. ***Violation substantielle nécessaire selon la convention de Vienne*** — Telle est la raison pour laquelle la Convention de Vienne de 1969 sur le droit des traités mentionne seulement la « violation substantielle » d'un traité bi ou multilatéral (art. 60) comme justifiant sa suspension ou sa terminaison, selon les cas.

1038. ***Solution coutumière*** — La C.I.J., dans son *Avis consultatif précité de 1971* sur *la Namibie*, devait reconnaître que les dispositions de l'article 60 de la Convention de Vienne représentaient *« la codification du droit coutumier existant dans ce domaine »* (p. 47).

Ultérieurement, la C.I.J. devait appliquer ce principe dans une affaire qui opposa l'Inde au Pakistan *(Appel concernant la compétence du Conseil de l'O.A.C.I.).* Dans son arrêt de 1972, la Cour Internationale de Justice estima que toute violation d'un traité par une des parties contractantes n'autorisait pas automatiquement l'autre partie contractante à se déclarer déliée de toute obligation conventionnelle ; il était nécessaire que la violation de l'obligation en cause soit substantielle (arrêt, Rec. 1972, p. 67).

1039. ***Absence de la notion de réciprocité en droit communautaire et européen des droits de l'homme*** — Il faut noter que ce principe général qui est une manifestation de *l'idée de réciprocité* dans les rapports internationaux, ne joue pas dans un ordre plus intégré comme celui institué par la Communauté économique européenne. *Le Traité de Rome n'est pas fondé sur la notion de réciprocité.* En conséquence, la violation par l'un des pays membres de l'une de ses obligations au titre du droit communautaire ne vaut pas autorisation pour les autres pays membres à suspendre de leur côté leurs obligations communautaires. La Cour de justice des Communautés européennes devait le rappeler dans *l'affaire 7/71 du 14 décembre 1971* qui opposa la Commission à la France et elle prit grand soin d'insister sur la spécificité de l'ordre juridique communautaire qui se séparait ici de la solution internationale classique (Rec. 1971.1003, concl. K. Rœmer). (Voir aussi précédemment les affaires 90, 91-93, *Commission c. Luxembourg et Belgique*, Rec. 1964.1217 et surtout p. 1231).

La même solution s'applique en matière de *protection internationale des droits de l'homme* où le principe de *non-réciprocité* domine. Cette situation dérogatoire au droit international commun devait être consacrée tant par la Cour Internationale de Justice (voir son avis consultatif dans l'*affaire de la Namibie* de 1971, Rec. 55 et par. 122) que par la Cour Européenne des Droits de l'Homme qui nota que la Convention de 1950 « à la différence des traités internationaux de type classique... déborde le cadre de la simple réciprocité entre Etats contractants » (*Affaire Irlande c. Royaume-Uni,* arrêt du 18 janvier 1978, Ser. A n° 25 par. 239).

1040. ***Absence fréquente en droit international économique*** — Il faut enfin noter, de façon plus générale, que cette caducité des obligations internationales fondée sur l'idée de réciprocité des engagements, est plus difficile à mettre en œuvre dans des domaines comme le droit international économique où les obligations de comportement sont plus nombreuses que celles de résultat et connaissent une plus grande flexibilité ou malléabilité. Ainsi, la suspension des effets d'un engagement économique par une partie au cas où l'autre partie n'aurait pas pleinement respecté ses propres engagements demeure exceptionnelle — du moins dans un cadre institutionnalisé —. L'approche sera moins « légaliste » ; on recherchera davantage à aider le pays en difficulté qu'à le « sanctionner », si du moins il manifeste un « esprit de coopération » (voir D. Carreau et P. Juillard, « Droit international économique », *op. cit.*, n° 31et s.).

3 — Le changement fondamental de circonstances (la clause dite « *rebus sic stantibus* »).

(Voir G. Haraszti, Treaties and the fundamental change of circumstances, R.C.A.D.I., 1975, vol. 146, p. 1).

1041. ***Un principe hérité du droit romain*** — Le droit romain connaissait déjà bien ce principe selon lequel toute convention devait se comprendre, « toutes choses égales par ailleurs », c'est-à-dire en fonction des conditions qui avaient prévalu à sa conclusion (« *omnis conventio intellegitur rebus sic stantibus* »).

Autrement dit, si le contexte change, le contenu de l'obligation se trouve également modifié ou, à tout le moins, est susceptible d'être changé. Il est bien clair *qu'un tel principe est très dangereux pour la stabilité des relations juridiques*. Toutefois, dans la plupart des ordres internes, on trouve cette idée selon laquelle la survenance de certains événements est de nature à modifier la portée des engagements juridiques. C'est la théorie bien connue dite de « l'imprévision ».

1042. ***Un principe inégalement reconnu en droit français*** — En droit français, si la théorie de l'imprévision est encore répudiée par les juridictions de l'ordre judiciaire, en revanche elle a été consacrée depuis longtemps par le Conseil d'Etat et constitue même l'une des originalités marquées du droit des contrats administratifs. On ne peut ici s'empêcher de noter que la position des tribunaux judiciaires français est, avec celle des tribunaux belges, la seule qui refuse d'admettre cette notion d'imprévision comme facteur susceptible de modifier la portée des obligations contractuelles. Que ce soit en Suisse, en Allemagne, en Angleterre ou aux Etats-Unis, les tribunaux locaux admettent, sans doute avec prudence de façon à maintenir la sécurité des transactions, que des événements imprévus puissent venir modifier l'exécution des contrats.

1043. ***Paradoxe au niveau international*** — Au niveau du droit international, ce principe du changement fondamental de circonstances n'est pas exempt de *paradoxes*. En effet, si tous estiment que la clause « rebus sic stantibus » possède une existence coutumière — ou constitue à tout le moins un principe général de droit —, si elle est très souvent invoquée par les parties dans des instances internationales, en revanche, en raison sans doute de ses dangers, *elle n'a jamais été reconnue applicable dans un seul cas d'espèce*, que ce soit en contentieux ou non. Ceci étant, cette clause du changement fondamental de circonstances a été codifiée dans la Convention de Vienne de 1969 sur le droit des traités.

a) Un principe coutumier du droit international fréquemment invoqué.

1044. ***Reconnaissance générale*** — Tous les auteurs reconnaissent l'existence de cette clause « rebus sic stantibus ». A des degrés divers, tous les systèmes de droit interne font également une place à cette notion. En particulier, les tribunaux internes chargés d'appliquer le droit international ont reconnu que cette clause du changement fondamental de circonstances faisait partie du *« corpus juridicum »* international. Telle est la situation, par exemple, des tribunaux fédéraux qui sont amenés à trancher certains différends entre cantons, Etats ou provinces par application des règles et principes du droit international. C'est ainsi que le tribunal fédéral suisse, la Cour Suprême des Etats-Unis ou le Reichsgericht ont formellement reconnu, dans leurs décisions, l'existence de cette clause du changement fondamental de circonstances.

1045. ***Invocations fréquentes*** — Les Etats ont assez souvent invoqué ce changement fondamental de circonstances dans leurs argumentations présentées aux juges de La Haye. Ainsi la France, dans *l'affaire des décrets de nationalité de 1927* et surtout dans *l'affaire des zones franches* de 1932, s'appuya sur cette clause « rebus sic stantibus ». De même, la Chine soutint une théorie identique dans l'affaire qui l'opposa à la Belgique à propos de la *dénonciation du traité de 1865* (C.P.J.I., sér. C, n° 2) (1928), mais qui ne fut jamais jugée au fond par la C.P.J.I. Plus récemment, cet argument fut également avancé en vain devant la C.I.J. dans l'affaire qui opposa la Hongrie à la Slovaquie à propos de la construction d'un barrage sur le Danube (voir § 104 de l'arrêt du 24 novembre 1997).

De même, les Etats invoquent fréquemment cette clause du changement fondamental de circonstances soit devant les organes politiques de l'O.N.U., soit en général dans leurs relations internationales. Par exemple, *pour justifier le retrait français des forces intégrées* de l'O.T.A.N., le général de Gaulle attacha une très grande importance au changement fondamental de circonstances qui s'était produit dans les relations internationales entre 1945 et 1966, notamment en matière d'armement militaire et dans les rapports entre l'Est et l'Ouest.

b) Un principe jamais reconnu applicable.

1046. ***Le paradoxe : une absence d'application*** — Tel est bien là le paradoxe de la question. Lorsqu'une partie a invoqué cette clause *« rebus sic stantibus »* pour se délier de ses engagements internationaux à l'égard d'une autre, ou à tout le moins pour en demander la modification, celle-ci a toujours été déboutée de son action par les tribunaux internationaux, tandis qu'elle se heurtait à des refus de la part de ses partenaires. Ainsi, dans le cas précédemment cité du retrait français des forces intégrées de l'O.T.A.N. de 1966, les partenaires de la France ont refusé tout crédit à l'argumentation fondée sur un changement fondamental de circonstances. De même, les tribunaux internationaux ont systématiquement refusé de faire l'application de la clause « *rebus sic stantibus* » dans les affaires dont ils étaient saisis, tout en reconnaissant « l'existence théorique » de cette notion.

1047. ***L'affaire des zones franches de 1932*** — Ainsi, dans *l'affaire des zones franches* de 1932, qui opposa la France à la Suisse, la Cour estima que les faits de la cause ne pouvaient justifier l'application de la clause « rebus sic stantibus ». Elle nota, au demeurant, qu'il était inutile pour elle d'examiner « l'une quelconque des questions de principe qui se posent à propos de la théorie de la caducité des traités à raison du changement de circonstances, telle que la mesure dans laquelle cette théorie peut être considérée comme constituant une règle de droit international, les cas dans lesquels, si la théorie était reconnue, elle pourrait être appliquée ou par quelle méthode, et enfin la question de savoir si la théorie précitée s'appliquerait à des traités par lesquels ont été créés des droits tels que ceux que détient la Suisse en vertu des traités de 1815 et 1816 » (Sér. A/B, n° 46, p. 158).

1048. ***L'affaire des pêcheries islandaises de 1973*** — Dans *l'affaire des pêcheries islandaises* (arrêt du 2 février 1973), la question du changement fondamental de circonstances dut aussi être abordée par la Cour Internationale de Justice. L'Islande, en l'espèce, avait invoqué ce changement fondamental de circonstances pour tenter de justifier la caducité d'une clause compromissoire. La C.I.J. refusa cette manière de voir : « *Les changements de circonstances qui doivent être considérés comme fondamentaux ou vitaux sont ceux qui mettent en péril l'existence ou le développement vital de l'une des parties* » (Rec., p. 19). De plus, la Cour ajouta que « pour que l'on puisse invoquer un changement de circonstances en vue de mettre fin à un traité, ce changement (devait) avoir entraîné une transformation radicale de la portée des obligations qui rest(aient) à exécuter » (p. 21). Ainsi, en l'espèce, la C.I.J. refusa de voir dans les faits invoqués par l'Islande des éléments constitutifs d'un changement fondamental de circonstances dont pourrait se prévaloir ce pays.

c) Sa codification par la Convention de Vienne sur le droit des traités (art. 62).

I. — Les éléments constitutifs.

1049. ***Critères stricts*** — En vertu de cette nouvelle disposition conventionnelle, il est tout d'abord nécessaire que *le changement en question porte sur les circonstances telles qu'elles existaient au moment de la conclusion des traités*. En outre, ce changement doit être de *nature fondamentale*. Il doit aussi avoir été *imprévisible pour les parties contractantes*. La partie qui l'invoque doit aussi démontrer que ce sont les *circonstances de l'époque qui ont constitué une base essentielle de son consentement à être liée*. Autrement dit, il faut prouver que si les circonstances avaient été autres, la partie en cause n'aurait pas donné son consentement. Enfin, last but not least, il faut démontrer que *le changement de circonstances a radicalement modifié* la portée des obligations conventionnelles concernées.

Toutefois l'article 62 de la Convention de Vienne précise qu'il y a *deux séries de cas où cette clause ne peut pas être invoquée.* Tout d'abord, elle n'est pas applicable aux *traités qui établissent une frontière* entre des Etats. La préoccupation essentielle est ici de maintenir la stabilité des frontières internationales — mais ceci, notons-le, ne préjuge pas de l'application du principe d'auto-détermination dont la mise en œuvre entraîne des mutations territoriales évidentes —. De plus, cette clause ne saurait être mise en avant au cas où le changement en cause résulterait de la *violation par la partie* qui l'invoque, du traité ou de l'obligation internationale concernée. Autrement dit, c'est là faire référence à *l'extériorité* de ce changement de circonstances. Le *changement de circonstances ne doit pas être imputable au comportement de l'une des parties en cause.* C'est ici faire application de ce principe général de droit bien connu selon lequel une partie ne saurait se *prévaloir de sa propre faute (règle dite « nemo auditur ») pour se délier de ses propres obligations internationales.* Ce principe a été reconnu par la C.P.J.I. dans *l'affaire de l'usine de Chorzow* de 1927 (Sér. A, n° 9, p. 31).

II. — Ses effets.

1050. ***Absence de caducité automatique*** — D'après l'article 62 de la Convention de Vienne, l'existence reconnue d'un changement fondamental de *circonstances n'entraîne pas la caducité automatique du traité en cause.* Autrement dit, elle peut être invoquée par une partie contractante pour mettre fin au traité ou pour s'en retirer ou, seulement, pour en suspendre provisoirement les effets. Au demeurant, cette clause de changement de circonstance peut être invoquée à des fins de renégociation d'un traité ; au cas où une partie refuserait toute demande de révision fondée sur un tel motif, une semblable attitude négative pourrait constituer une justification de l'action d'une autre partie contractante pour porter l'affaire devant une instance internationale compétente, juridictionnelle ou politique.

1051. ***Un régime coutumier*** — Ce régime juridique international du changement fondamental de circonstances ainsi codifié par la Convention de Vienne de 1969, a reçu l'aval de la Cour Internationale de Justice dans *l'affaire précitée des pêcheries islandaises* de 1973. La Cour s'exprima dans les termes suivants : « Le droit international admet que si un changement fondamental de circonstances qui ont incité les parties à accepter un traité transforme radicalement la portée des obligations imposées par celui-ci, la partie lésée de ce fait peut, à certaines conditions, en prendre argument pour invoquer la caducité ou la suspension du traité. Ce principe, les conditions et les exceptions auxquelles il est soumis ont été énoncés à *l'article 62 de la Convention de Vienne sur le droit des traités qui peut, à bien des égards, être considéré comme une codification du droit coutumier existant en ce qui concerne la cessation des relations convention-*

nelles en raison d'un changement de circonstances ». (Rec. 1973, p. 18).

§ 2 — Les exceptions propres à l'ordre international.

1052. ***Des exceptions limitées*** — Deux exceptions sont ici à envisager ; l'une d'ailleurs qui n'est qu'une « pseudo-exception » et qui repose sur une mauvaise conception de la souveraineté de l'Etat ; l'autre, plus sérieuse, mais plus « provisoire », qui a trait aux « lacunes » du droit international.

1 — La « pseudo-exception » de souveraineté.

1053. ***L'argument fondé sur la souveraineté*** — Il a parfois été soutenu, du moins par des Etats, qu'une norme particulière du droit international ne pouvait pas leur être applicable parce qu'elle limitait leur souveraineté. C'est là une manière de dire que la souveraineté de l'Etat constitue la seule mesure du droit et des obligations des Etats, ce qui revient en fait à nier toute existence au droit international.

1054. ***Sa condamnation par la C.P.J.I. dans l'affaire du "Wimbledon"*** — Cette assertion a été, à juste titre, condamnée par la jurisprudence internationale, sans parler de la doctrine, à commencer par la Cour permanente de justice dans la première affaire qui lui fut soumise, celle du *Wimbledon* que nous avons déjà souvent citée (Sér. A, n° 1, 1923). On se rappelle que les faits étaient les suivants. Ce navire avait été affrété par des armateurs français pour transporter du matériel de guerre au profit de la Pologne, alors en guerre avec l'Union soviétique. Ce navire voulut emprunter le canal de Kiel qui avait été internationalisé par le Traité de Versailles. L'Allemagne s'opposa au passage du navire, prétendant qu'elle était puissance neutre dans ce conflit et que, de plus, il serait *contraire à sa souveraineté territoriale de laisser passer une telle cargaison* ; en ratifiant le traité de Versailles, l'Allemagne n'avait nullement renoncé à sa souveraineté territoriale qui était, selon elle, de nature « imprescriptible ».

La C.P.J.I. refusa cette thèse allemande dans les termes les plus nets : « *La Cour se refuse à voir, dans la conclusion d'un traité quelconque, par lequel l'Etat s'engage à faire ou à ne pas faire quelque chose, un abandon de sa souveraineté.* Sans doute, poursuit la Cour, toute convention engendrant une obligation de ce genre apporte une restriction à l'exercice du droit souverain, en ce sens qu'elle imprime à cet exercice une direction déterminée ; mais la *faculté de contracter des engagements internationaux est précisément un attribut de la souveraineté de l'Etat* » (p. 25).

1055. ***Une jurisprudence constante*** — Cette position, la seule juridiquement correcte, ne devait jamais plus être contestée par la suite. C'est ainsi que, dans une sentence arbitrale rendue entre la Pologne et l'Allemagne, le 10 avril 1924, les arbitres devaient reconnaître : « Chaque Etat agit et décide souverainement ; mais, dans la mesure où il a contracté des obligations, il est tenu d'agir et de décider conformément à ses obligations » (R.S.A.N.U., T.I, p. 420).

1056. ***Dénonciation du sophisme*** — En bref, la situation se présente de la manière suivante. *La faculté de s'engager dans l'ordre international est l'un des éléments de la souveraineté de l'Etat.* Cette souveraineté de l'Etat ne saurait constituer une exception ou un obstacle au respect par l'Etat de ses obligations internationales. *Sans doute, toute obligation internationale pesant sur l'Etat constitue une limite évidente à sa souveraineté.* Il s'agit là de la seule solution conforme à la primauté, à la supériorité du droit international. Toute position autre entraînerait la destruction du droit international et reviendrait à affirmer son inexistence, la souveraineté préexistant alors au droit international, et celui-ci ne fondant et ne délimitant plus les compétences étatiques. On ne peut dès lors que regretter la position du Conseil constitutionnel français qui persiste à faire de l'atteinte à la souveraineté nationale l'un des critères de la constitutionnalité des traités conclus par la France (voir *supra*, n° 129 et *infra* n° 1253).

2 — Les « lacunes » du droit international.

(Voir à titre bibliographique sommaire : L. Siorat, « Le problème des lacunes en droit international », Paris, L.G.D.J., 1958 ; et Sir Gerald Fitzmaurice, The problem of non liquet : Prolegomena to a restatement, *in* Mélanges Rousseau, *op. cit.* p. 89).

1057. ***Lacunes et état de droit*** — En théorie, il ne saurait y avoir de « lacunes » dans un système dominé par « l'état de droit ». Il doit nécessairement se trouver des principes juridiques permettant la solution de tout litige sur la base du droit. Ainsi, en dernière analyse, c'est au juge ou à l'arbitre qu'il incombe de « dire le droit », de déterminer les règles juridiques qui vont lui permettre de départager les plaideurs. Or, nous l'avons déjà signalé, le problème se pose dans des termes entièrement différents dans l'ordre interne et dans l'ordre international. Si l'ordre interne est parfait, ne connaît pas de « lacunes », en revanche, il n'en va pas de même dans l'ordre international. De son côté, le juge international ne pourra qu'imparfaitement répondre à ces « lacunes » de l'ordre international, sous peine de sortir de sa fonction judiciaire qui est bien particulière. Toutefois, nous verrons que le juge international n'est pas non plus complètement démuni.

a) Les « lacunes » du droit dans l'ordre interne et dans l'ordre international.

I. — La « plénitude du droit » dans l'ordre interne.

1058. ***L'exemple de l'article 5 du code civil*** — Il est inhérent à tout système juridique interne qu'il existe une règle de droit applicable à n'importe quelle espèce et, en même temps, un juge pour en connaître et pour trancher le litige. Autrement dit, *il ne saurait y avoir* *de deni de justice.* On rappelle que l'article 5 du Code civil français déclare coupable de déni de justice le juge refusant de juger sous prétexte de silence, d'obscurité ou d'insuffisance de la loi. D'une manière assez sensiblement différente, *l'article 1er du Code civil suisse* dispose : « A défaut d'une procédure légale applicable, le juge se prononce selon le droit coutumier et, à défaut d'une coutume, selon les règles qu'il établirait s'il avait à faire acte de législateur ».

En bref, quel que soit le système suivi — le système français où le juge doit toujours trouver une source de droit ou le système suisse où le juge est amené à faire fonction de législateur —, il ne saurait y avoir de « lacunes » du droit interne, et le juge ne saurait s'abstenir de juger pour insuffisance du droit. Autrement dit, il n'y a pas de « non liquet » dans l'ordre interne.

II. — L'imperfection du droit dans l'ordre international.

1059. ***Des juges peu armés pour faire face à des lacunes éventuelles*** — Nous avons déjà noté ce phénomène propre au droit de la société internationale. Tout d'abord, le droit international est bien souvent de qualité très imparfaite. En effet, le droit applicable à la société internationale demeure insuffisamment développé ou obscur et aux contours imprécis. De plus, il est des domaines où il ne pénètre pas ou fort peu, soit qu'il s'agisse d'une insuffisance de fait, soit — plus grave — qu'il s'agisse d'une carence comme, par exemple, avec la notion du *domaine réservé* (voir *supra*, n° 904 et s.).

Cette imperfection d'ensemble est encore accentuée par le rôle du juge qui, dans l'ordre international, apparaît comme minoré par rapport à celui qu'il joue dans l'ordre interne. Le juge international n'est pas, en effet, dans la même situation que son collègue de l'ordre interne. Il *demeure un juge d'attribution* : il ne possède de compétence qu'en vertu du *consentement explicite* des parties, à commencer, bien entendu, par les Etats (voir *infra*, n° 1440 et s.). Le juge international demeure ainsi mal armé pour faire face aux « lacunes » du droit international et il lui arrivera de refuser de statuer et de recourir au « *non liquet* » — ce qui ne lui est d'ailleurs nullement interdit — contrairement au juge interne.

1060. ***L'exception des juridictions particulières*** — Seuls des juges internationaux particuliers, c'est-à-dire opérant dans un système juridique bien délimité *comme les juges administratifs internationaux ou le juge communautaire*, sont susceptibles d'agir autrement, le fonctionnement de ces tribunaux se rapprochant beaucoup de celui des juridictions de l'ordre interne. C'est ainsi par exemple que dans son jugement n° 11 de 1953 déjà cité, *Micheline Desgranges*, le tribunal administratif de l'Organisation internationale du travail (O.I.T.) s'était cru fondé à affirmer que : « C'est une norme fondamentale de toute technique juridique qu'aucun tribunal ne peut s'abstenir de juger sous prétexte de silence ou de l'obscurité de la loi » (R.G.D.I.P. 1954, p. 300-303). Ce même tribunal, dans son jugement n° 14, affirmait le *pouvoir du juge administratif international de compléter le* *droit existant en cas d'insuffisance* (voir R.G.D.I.P. 1955, p. 141-144).

b) Le juge international face aux « lacunes » du droit international : le refus de juger (ou « non liquet »).

1061. ***Situation rare*** — Sans doute une telle situation est-elle exceptionnelle. Mais il est arrivé, dans un certain nombre d'affaires, que le juge saisi refuse de statuer en raison du « silence » ou de la « carence » du droit international en la matière. Il est loisible de citer plusieurs exemples empruntés à la jurisprudence de la Cour de La Haye.

1062. ***L'exemple de l'avis consultatif de la C.I.J. de 1950 sur les traités de Paix*** — Dans son *Avis consultatif de 1950 sur l'interprétation des traités de paix conclus avec la Bulgarie, la Hongrie et la Roumanie,* la Cour eut l'occasion de préciser sa conception quant à son propre rôle et à l'étendue de sa fonction judiciaire. Elle commença par réaffirmer solennellement que sa mission était « d'interpréter les traités, non de les réviser » (Rec., p. 229). En l'occurrence, le refus par l'une des parties en cause de nommer son représentant dans les commissions mixtes d'arbitrage qui avaient été instituées par ces traités de paix rendait entièrement inefficace la procédure de règlement des différends prévue par ses rédacteurs. Or, si la Cour ne put s'empêcher de reconnaître une situation de « carence », elle nota également qu'il ne lui appartenait pas de la lever car : « Il ne pouvait être pourvu à cette carence simplement par la voie d'interprétation judiciaire » (p. 229). La Cour refusa de procéder de sa propre autorité à la modification des dispositions d'un traité de façon à le rendre plus efficace et à combler une de ses lacunes. Selon elle, y procéder aurait été « sortir de son rôle judiciaire sous prétexte de remédier à une carence à laquelle les traités ont omis de pourvoir » (p. 230).

1063. ***L'exemple de l'affaire Bernadotte de 1949*** — Dans *l'affaire* très souvent citée du *Comte Bernadotte* de 1949, l'une des questions qui se trouvait posée à la Cour était de savoir *comment concilier la protection fonctionnelle* de l'Organisation des Nations unies à l'égard de ses agents, si toutefois la C.I.J. la reconnaissait — et ce qu'elle fit —, *avec l'exercice de la compétence personnelle* de l'Etat dont la victime est le ressortissant. En l'espèce, comment sur le plan du droit éviter un conflit entre l'exercice par l'O.N.U. de la protection fonctionnelle de son agent, le comte Bernadotte, avec l'exercice par la Suède de la protection diplomatique de son national, le même comte Bernadotte ? La Cour se contenta de noter : « En pareil cas, il n'existe pas de règles de droit qui attribuent une priorité à l'une ou à l'autre, ou qui obligent, soit l'Etat, soit l'Organisation, de s'abstenir de présenter une réclamation internationale » (p. 185). La Cour se contenta de suggérer un renvoi du traitement de cette question à des accords internationaux à conclure entre l'O.N.U. et les Etats intéressés soit au cas par cas, soit « en général » (p. 186). Pour ce faire, la Cour exprima sa confiance « dans la bonne volonté et le bon sens des parties intéressées » (p. 186) et dans leur « esprit de coopération » (p. 186). Ainsi, dans cette affaire, la Cour réserva aux parties intéressées — Etats et organisations internationales — le soin de conclure les traités qui s'imposaient et elle refusa, quant à elle, de combler cette lacune du droit international.

1064. ***L'exemple de l'affaire Haya della Torre de 1951*** — Dans *l'affaire du droit d'asile entre la Colombie et le Pérou (Haya della Torre)* décidée le 13 juillet 1951, la Cour suivit une démarche identique. Elle refusa, en effet, de donner des indications aux parties en litige sur la manière de mettre fin à « l'asile », et cela en raison des « silences » de la Convention de La Havane de 1928 sur ce point. La Cour nota que cette Convention prévoyait sans doute que l'asile serait limité dans le temps, mais « qu'elle rest(ait) muette, dans un certain nombre de cas, quant au point de savoir comment il fa(llait) mettre fin à l'asile » (Rec., p. 80). La Cour arriva à la conclusion que la Colombie qui avait accordé l'asile d'une manière irrégulière à Haya della Torre, devait mettre fin à cette situation illégale, mais sans être pour autant tenue de remettre cet individu au Gouvernement péruvien. « Le silence de la Convention, estima la Cour, implique qu'on a voulu laisser l'aménagement des suites de cette situation à des décisions inspirées de considérations de convenance et de simple opportunité politiques. Ce serait méconnaître le rôle de tels facteurs extra-juridiques dans le développement de l'asile en Amérique ainsi que l'esprit de la Convention de La Havane que de se prévaloir du silence de celle-ci pour conclure à l'obligation de remettre celui à qui l'asile a été irrégulièrement octroyé » (p. 81). Si, pour la Cour, l'asile doit bien prendre fin, elle s'abstint cependant de préciser comment. Elle refusa même de répondre aux conclusions déposées à cette fin par les deux gouvernements au motif qu'elle « ne saurait donner aucun conseil pratique aux parties quant aux voies qu'il conviendrait de suivre pour mettre fin à l'asile, car, ce faisant, elle sortirait du cadre de sa fonction judiciaire » (p. 83). Elle ajouta seulement, d'une manière toute diplomatique, « qu'il appart(enait) aux parties de trouver une solution pratique satisfaisante, en s'inspirant des considérations de courtoisie et de bon voisinage qui, en matière d'asile, (avaient) toujours tenu une très large place dans les relations entre les Républiques de l'Amérique latine » (p. 83).

c) Les moyens à la disposition du juge international pour éviter le « non liquet ».

1065. ***Deux moyens disponibles*** — Il existe deux séries de moyens pour le juge international afin d'éviter le refus de statuer, ce à quoi, bien entendu, tout juge répugne. D'une part, il peut avoir reçu expressément les compétences requises pour se prononcer, même en cas de « lacunes » du droit. D'autre part, il peut éviter le « non liquet » en recourant à des techniques particulières d'interprétation du droit.

I. — La compétence reconnue au juge pour statuer même en cas de « lacunes » du droit international.

1066. ***Le jugement "ex aequo et bono"*** — Il s'agit là des cas où juges et arbitres ont reçu le pouvoir de statuer « *ex aequo et bono* » (voir *supra*, n° 802 et s.). Mais, on le rappelle, il doit s'agir d'une *attribution formelle et explicite de compétence*. Or celle-ci est extrêmement rare : c'est ainsi que la Cour de La Haye n'a jamais reçu de tels pouvoirs depuis qu'elle existe.

En revanche, des arbitres internationaux ont parfois reçu ce pouvoir de statuer nonobstant les lacunes éventuelles du droit, voire ont, en de rares occasions, été invités à les combler expressément.

C'est ainsi que l'article 5, al. 2, du traité d'arbitrage et de conciliation entre l'Allemagne et la Suisse du 3 décembre 1921 (R.T.S.D.N., XIII, 271) prévoyait que pour résoudre les différends juridiques le tribunal constitué appliquerait le droit international au vu des sources mentionnées à l'art. 38 du Statut de la C.P.J.I. De surcroît, ce traité envisageait clairement l'éventualité de lacunes et entendait que ce problème fût ainsi réglé : « Si, dans un cas donné, les bases juridiques énoncées ci-dessus accusent des lacunes, le tribunal se prononce selon les principes juridiques qui, à son avis, devraient faire règle de droit international. Il s'inspire à cet effet des solutions consacrées par la doctrine et la jurisprudence ».

De même, l'article 28 de l'Acte général d'arbitrage du 26 septembre 1928, révisé le 28 avril 1949 et entré en vigueur le 20 septembre 1950, dispose que le tribunal institué apliquera les règles de fond énumérées à l'article 38 du Statut de la Cour Internationale de Justice, mais « en tant qu'il n'existe pas de pareilles règles applicables aux différends, le tribunal jugera *ex aequo et bono* ».

1067. ***Exemples*** — Des compromis d'arbitrage peuvent aussi contenir des *clauses de règlements d'intérêts* invitant les arbitres à poser des règles obligatoires pour l'avenir : il en alla ainsi dans le compromis du 29 février 1892 relatif aux « *pêcheries de la mer de Behring* » qui dans son article 7 demandait aux arbitres de suggérer les mesures nécessaires pour assurer la protection et la conservation des phoques à fourrure (voir la sentence du 15 août 1893 *in* Moore. International Arbitrations, p. 4761) ; il en alla de même pour l'affaire précitée de la « fonderie du Trail » où l'article 3 du compromis du 15 avril 1935 invitait formellement les arbitres à poser les règles nécessaires pour prévenir ce type de pollution (voir la sentence du 11 mars 1941, R.S.A. vol. III, 1905).

II. — Le recours aux techniques d'interprétation judiciaire pour éviter le « non liquet ».

1068. ***Référence au droit interne*** — Il s'agit là de l'une des méthodes favorites du juge lorsqu'il est en présence d'une « lacune » du droit international. Le juge ou l'arbitre a la possibilité de la combler en faisant référence aux solutions de droit interne. Par exemple, lorsque le droit international n'a pas fixé ses propres règles dans une matière déterminée, le juge pourra appliquer les règles analogues de l'ordre interne. La Cour Internationale de Justice procéda de la sorte dans *l'affaire de la Barcelona Traction* (p. 34-35) à propos du régime juridique de la société anonyme et de ses actionnaires, règles qui n'existent pas dans l'ordre international et pour l'appréciation et la détermination desquelles le juge international a procédé par renvoi aux systèmes internes.

1069. ***Référence aux principes généraux du droit*** — Dans le même but, le juge international peut toujours se servir du droit interne, afin de le faire accéder à la *dignité de principes généraux du droit* (voir *supra*, n° 730 et s.).

1070. ***Référence à l'équité*** — Il peut faire référence à *l'équité*, ce qui fut précisé dans une sentence arbitrale entre l'Allemagne et le Portugal du 31 juillet 1928 : « Enfin, à défaut de règles du droit des gens applicables aux faits litigieux, les arbitres estiment devoir combler la lacune en statuant suivant les principes d'équité, tout en restant dans le sens du droit des gens appliqué par analogie, et en tenant compte de son évolution » (R.S.A., vol. II, p. 1011, p. 1016).

1071. ***Références aux pouvoirs implicites*** — On rappellera également que le juge ou l'arbitre peut recourir à cette méthode d'interprétation bien connue de type finaliste, téléologique : à savoir la théorie des *pouvoirs implicites* (voir *supra*, n° 962 et s.).

Il y a là, on le rappelle, une méthode particulièrement *dynamique d'interprétation* qui est susceptible d'être utilisée pour combler éventuellement les lacunes de l'ordre international.

1072. ***Un phénomène contingent*** — Enfin, il est à noter que ce problème des « lacunes » en droit international est *essentiellement contingent*. Il n'est — il faut le souligner — nullement inhérent à la société internationale et à son ordonnancement juridique. Il est fonction de l'état du développement de la société internationale et de son droit : rien n'interdit donc de penser que les lacunes disparaîtront au fur et à mesure du renforcement progressif des liens entre les membres de la communauté internationale. Autrement dit, le recul de ces « lacunes » va de pair avec le *développement de l'interdépendance des Etats* et de l'atténuation de leur souveraineté entendue dans un sens essentiellement négatif en même temps qu'avec la constitution d'une véritable communauté internationale dont les divers sujets seraient pleinement intégrés sur le plan du droit.

Section II

La sanction de la violation de la règle de droit : la responsabilité internationale

Bibliographie sommaire : on renverra ici aux excellents travaux de la Commission du droit international (C.D.I.) qui ont été préparés par plusieurs rapporteurs spéciaux dont le Professeur Ago, au cours de ces dernières années. Voir ainsi les divers annuaires de la C.D.I. à partir de

1971. Voir également S.F.D.I., la responsabilité dans le système international, Colloque du Mans, Paris, Pedone 1991.

1073. ***Généralités*** — A titre liminaire, il convient ici de faire trois remarques générales :

i) *La responsabilité est inhérente à l'existence d'un « état de droit »*, et cela est vrai aussi bien sur le plan interne qu'international. La C.I.J. devait le reconnaître expressément dans *l'affaire de la Barcelona Traction* en 1970 : « La responsabilité est le corollaire nécessaire du droit » (Rec. 1970, p. 34).

ii) *Le droit de la responsabilité internationale est, à l'évidence, historiquement très « situé »*. Il a été formulé, le plus souvent, à la suite de décisions de jurisprudence internationale à une époque bien déterminée où le seul sujet du droit international était alors l'Etat-nation. En conséquence, seul l'Etat était susceptible d'être internationalement responsable. Seul également, il pouvait mettre en cause la responsabilité internationale d'un autre Etat.

Ces solutions classiques ne correspondent plus aux réalités internationales contemporaines, nous le verrons. De plus, ces solutions traditionnelles héritées du XIXe siècle ont été *contestées* par un certain nombre d'*Etats du tiers monde* : nombre d'Etats nouveaux ont critiqué ces règles de la responsabilité internationale, notamment le mécanisme *dit de la protection diplomatique,* en estimant qu'il s'agissait d'institutions de type « impérialiste » qui ne devaient plus avoir cours, du moins dans leur forme ancienne, à l'époque contemporaine.

iii) De nos jours, l*a responsabilité internationale s'applique,* sans doute avec des mécanismes différents, à *tous les acteurs de la société internationale :* Etats, institutions internationales et personnes privées.

1074. ***Plan*** — Si la mise en œuvre concrète de la responsabilité internationale repose sur des mécanismes particuliers adaptés au statut propre des divers sujets du droit international, en revanche, *il existe des règles de base communes.*

Il doit, en effet, s'agir d'une violation du droit international (§ 1), imputable à un sujet de droit international (§ 2), ayant causé un préjudice (§ 3) à un autre sujet du droit international, la victime (§ 4), et qui entraîne, en conséquence, une obligation de réparer (§ 5).

§ 1 — La violation du droit international : le fait générateur.

1075. ***Responsabilité en cas de violation du droit*** — Le principe est clair : la mise en jeu de la responsabilité internationale n'est possible que si une règle du droit international a été au préalable violée. Il doit donc y avoir un « fait illicite » sur le plan du droit international. Toutefois, la responsabilité peut être atténuée, voire disparaître, en présence de causes exonératrices ou de circonstances atténuantes.

Dans certains cas — rares, il est vrai —, elle peut être, au contraire, élargie et elle trouve alors son fondement dans la notion de « risque ».

1 — Le fait international illicite.

1076. ***Fait illicite et non seulement acte illicite*** — A titre liminaire, on remarquera que la Commission du droit international, dans ses divers projets sur la responsabilité internationale, parle expressément de « fait » et non seulement « d'acte illicite ».Cette différence terminologique a bien pour but de mettre en évidence que *l'illicéité peut naître non seulement d'une action quelconque, mais aussi d'une omission, d'une abstention.*

Cette illicéité est déterminée par le droit international lui-même et non par le droit interne. Autrement dit, un acte interne licite au regard du droit local peut fort bien être « illicite » sur le plan du droit international. Ce n'est ici qu'une conséquence particulière du *principe de primauté du droit international* (voir *supra*, n° 105 et s.). La C.P.J.I. a depuis longtemps posé cette règle (voir l'affaire déjà citée du *Wimbledon* ou *l'Avis consultatif du 4 février 1932 sur le traitement des nationaux polonais de Dantzig).*

Ceci étant, ce fait internationalement illicite peut consister soit dans la violation d'une obligation conventionnelle, entendue au sens large, soit dans la violation d'une obligation coutumière, soit encore dans une abstention « condamnable ».

a) La violation d'une obligation conventionnelle.

1077. ***Violation d'une obligation conventionnelle directe ou indirecte*** — Il y a là un principe qui a été établi depuis longtemps par la Cour de La Haye et qui a une *valeur coutumière : toute violation d'un engagement international implique l'obligation de réparer* (voir *infra*, n° 1156 et s.) et, *partant, est susceptible de mettre en jeu la responsabilité internationale de l'auteur de cet acte ou de ce fait illicite.* La jurisprudence sur ce point est abondante aussi bien de la Cour Permanente de Justice Internationale que de la Cour Internationale de Justice (pour la C.P.J.I., *voir les arrêts Usine de Chorzow* du 13 septembre 1928, *Oscar Chinn* du 12 décembre 1934, *Phosphates du Maroc* du 14 juin 1938 ; pour la C.I.J., voir, entre autres, l'arrêt du 5 février 1970 relatif à la *Barcelona Traction* et, plus récemment, l'arrêt du 24 mai 1980 dans *l'affaire du personnel diplomatique et consulaire américain à Téhéran, qui a opposé les Etats-Unis à l'Iran).*

Il en va de même en matière de non respect par un Etat d'une de ses obligations trouvant naissance dans un acte unilatéral d'une organisation internationale à laquelle il appartient. C'est ainsi que le *contentieux de la Cour de Justice des Communautés Européennes* fournit de nombreux exemples de condamnations d'Etats membres au titre du *non-respect du droit communautaire dérivé et non pas simplement du seul droit originaire* (traité de Rome tel que modifié).

b) La violation d'une obligation coutumière ou non écrite.

1078. ***Exemples jurisprudentiels*** — Ici encore, le principe est le même : *toute violation d'une règle coutumière du droit international est de nature à engager la responsabilité de l'auteur de cette violation.* A titre d'exemple, on citera une affaire souvent mentionnée : *l'affaire du détroit de Corfou* que la Cour Internationale de Justice eut à connaître en 1949. Dans cette affaire, le Royaume-Uni a vu sa responsabilité internationale engagée à la suite du déminage que sa flotte de guerre avait effectué dans les eaux territoriales albanaises en violation de la souveraineté territoriale de ce pays, règle coutumière fondamentale s'il en est de l'ordre international. De son côté, on rappelle que l'Albanie avait vu sa responsabilité internationale engagée à l'égard de la Grande-Bretagne parce qu'elle n'avait pas mentionné la présence de champs de mines dans ses eaux territoriales, ce qui constituait un danger évident pour la navigation internationale. Ici, l'Albanie fut condamnée pour violation de ce *principe coutumier de l'ordre international selon lequel l'Etat compétent se doit d'avertir les Etats tiers des situations dangereuses qui peuvent exister sur les espaces territoriaux soumis à sa souveraineté.*

De même, dans *l'affaire des activités militaires et paramilitaires au Nicaragua* et contre celui-ci, les Etats-Unis furent condamnés par la C.I.J. pour avoir violé bon nombre de règles consacrées par le droit international coutumier : interventions dans les affaires d'un autre Etat en entraînant, armant et équipant les « contras » ; non-recours à la force en organisant des raids aériens et navals, ou en mouillant des mines dans les eaux intérieures et territoriales ; absence de notification de l'existence et de l'emplacement desdites mines.

c) L'abstention coupable ou « illicite ».

1079. ***Exemples jurisprudentiels*** — Nous avons déjà eu l'occasion de voir plusieurs exemples où le souverain territorial avait l'obligation de *prévenir les Etats tiers des dangers existant sur son territoire.* L'Etat a l'obligation générale de ne pas laisser utiliser son territoire d'une manière qui cause un préjudice au territoire d'un pays tiers ou aux intérêts de ses ressortissants.

Ainsi, dans *l'affaire déjà citée du détroit de Corfou* de 1949, *l'abstention de l'Albanie,* qui n'avait pas signalé la présence de mines dans ses eaux territoriales, entraîna sa responsabilité internationale à l'égard de la Grande-Bretagne, en raison des dommages causés à sa flotte de guerre.

De même, dans *l'affaire* déjà citée de la *fonderie du Trail entre les Etats-Unis et le Canada* de 1941, il fut jugé que l'inaction du Canada en ne prévenant pas les pollutions en cause qui portaient atteintes aux biens d'agriculteurs américains, entraînait sa responsabilité internationale à l'égard des Etats-Unis.

Plus récemment, dans l'*affaire* déjà citée *du personnel diplomatique et consulaire américain à Téhéran,* la C.I.J., dans son arrêt du

24 mai 1980, devait mentionner comme ayant engagé la responsabilité du gouvernement iranien « la totale inaction des autorités iraniennes pour protéger les locaux, le personnel et les archives de la mission américaine à Téhéran » (voir § 63 à 75 de l'arrêt de la Cour).

Sur la base de cette même jurisprudence, les Etats-Unis devaient être condamnés par la C.I.J. dans *l'affaire des activités militaires et paramilitaires au Nicaragua* (arrêt du 27 juin 1986) pour n'avoir pas signalé l'existence et l'emplacement des champs de mines posés dans les eaux nicaraguayennes. Sans qu'il y ait de suite contentieuse, l'URSS devait être vivement critiquée pour n'avoir pas signalé immédiatement la survenance de *l'accident nucléaire de Tchernobyl* en 1986.

2 — Les atténuations ou exonérations de responsabilité à la suite d'un manquement au droit international.

a) Les atténuations.

La responsabilité internationale pour fait illicite peut être atténuée dans deux circonstances générales :

1080. ***Imprécision de la règle de droit*** — Tout d'abord, en cas *d'imprécision des règles du droit international dont il est prétendu qu'elles ont été violées* (il s'agit le plus souvent de règles coutumières). Par exemple, *en matière de traitement des étrangers,* lorsqu'il est soutenu que le respect dit du « standard minimum de civilisation » a été violé. Egalement encore lorsque l'on prétend que la règle dite de la *due diligence de l'Etat d'accueil pour la protection des étrangers* n'a pas été respectée par ce dernier.

1081. ***Comportement de la victime*** — Le responsabilité internationale peut encore être *atténuée en raison du comportement de la victime* (voir *infra*, n° 1129 et s.) ou de l'autre partie. Ainsi, dans *l'affaire du détroit de Corfou*, la Cour reconnut que l'action de déminage entreprise par la marine de guerre britannique dans les eaux territoriales albanaises (action d'autodéfense) était sans doute en elle-même condamnable, mais qu'elle bénéficiait de circonstances atténuantes dues au comportement lui-même fautif de l'Albanie.

De même, dans *l'affaire du personnel diplomatique et consulaire américain à Téhéran*, dans son arrêt du 24 mai 1980, la C.I.J. fit allusion à l'opération américaine de sauvetage des otages du 24 avril 1980. Sans doute n'examina-t-elle pas la légalité de cette opération puisque la question n'avait pas été soulevée, mais elle ne put s'empêcher de noter que ce type d'action était de nature à porter atteinte au *respect dû à la procédure judiciaire* dans les relations internationales, et cela en particulier dans la mesure où, dans son ordonnance du 15 décembre 1979, la Cour avait enjoint aux deux parties en cause de ne rien faire qui puisse « aggraver la tension entre elles » (§ 93 de l'arrêt). Il est loisible de penser que si la Cour s'abstint de condamner formellement les Etats-Unis à propos du « raid de Tabas » ce fut en raison du comportement inadmissible des autorités iraniennes dans toute cette affaire. Si responsabilité des Etats-Unis il y avait eu, nul doute qu'elle aurait été fortement atténuée.

b) Les exonérations.

1082. — Il convient ici de signaler trois cas généraux où la responsabilité internationale peut disparaître :

— la force majeure (voir *supra*, n° 1024 et s.),

— la légitime défense (voir *infra*, n° 1309 et s.),

— les représailles (voir *infra*, n° 1324 et s.).

On rapellera simplement que si la force majeure est très difficile à identifier dans l'ordre international, en revanche, lorsqu'elle est prouvée, elle constitue, comme dans l'ordre interne, un *élément exonératoire de la responsabilité de l'auteur de l'acte qui, en temps normal, serait illicite.*

3 — L'élargissement du domaine de la responsabilité : la responsabilité pour risque ou la responsabilité objective.

1083. ***Un fondement exclusivement conventionnel*** — On est ici en présence d'un *régime spécial de responsabilité internationale et qui a exclusivement un fondement conventionnel.* Dans de telles hypothèses conventionnelles, la responsabilité d'une partie peut être engagée *à raison du seul dommage causé et sans qu'il y ait eu un acte ou un fait illicite initial.* On ne peut ici que noter le parallèle avec l'ordre interne. Il est bien connu, en effet, qu'en droit interne, il s'est développé tout un système de responsabilité pour risque, notamment à raison des choses dangereuses.

Le droit international contemporain contient trois domaines principaux où ce type de responsabilité « objective » a été institué et qui relève de l'idée de risque inhérent à des activités dangereuses.

Il s'agit, tout d'abord, du *domaine nucléaire.* D'assez nombreuses conventions internationales établissent, en effet, un régime de responsabilité objective de l'exploitant de l'installation ou du navire nucléaire au cas où celui-ci causerait un dommage.

Il en est également ainsi dans le *domaine de la pollution des mers par hydrocarbures.* Les Etats ont institué un régime de responsabilité « objective » là encore pour les propriétaires de navires ou les exploitants des installations de forage en mer. Mais ici il faut noter que ces obligations pèsent sur les « exploitants privés et publics » qui se trouvent ainsi obligés de s'assurer contre des risques qu'ils font courir aux hommes et à l'environnement. Cette responsabilité internationale objective ne pèse pas directement sur les gouvernements.

En revanche, dans le *domaine spatial,* il existe une responsabilité objective des Etats et des organisations internationales pour les dommages causés par les engins qu'ils viendraient à lancer et qui se trouvent sous leur juridiction parce qu'ils ont accepté de les immatriculer (voir le régime par la Convention du 30 novembre 1971 ; voir sur cette question : « International liability for damage caused by space objects » par C.Q. Christol *in* A.J.I.L. 1980, 346). A titre d'exemple de ce type de responsabilité objective, on citera la désintégration du satellite soviétique « Cosmos 954 » au-dessus du territoire canadien en janvier 1978 ; un accord entre les deux pays du 2 avril 1981 devait mettre fin à l'incident, l'U.R.S.S., Etat lanceur, acceptant de payer 3 millions de dollars canadiens à l'Etat victime du dommage causé (voir le texte *in* I.L.M. 1981.689).

§ 2 — L'imputabilité à un sujet du droit international (l'auteur de l'acte).

1084. ***Plan*** — Initialement, l'Etat étant l'acteur unique et donc le sujet unique de l'ordre international, c'était lui, et lui seul, qui pouvait voir sa responsabilité internationale mise en jeu. Autrement dit, l'acte illicite était toujours exclusivement imputable à un Etat (et nous verrons d'ailleurs plus tard qu'il reste encore des « échos » importants de cette formation très historiquement « située » du droit de la responsabilité internationale).

Il convient maintenant d'ajouter comme autres sujets du droit international auxquels une responsabilité peut être imputée à la fois les *institutions internationales* (Organisations et établissements publics internationaux) et les *personnes privées*.

1 — Les faits illicites imputables à l'Etat.

1085. ***Une responsabilité générale*** — L'Etat peut voir sa responsabilité internationale engagée à raison de *tout fait illicite* imputable à l'un quelconque de ses organes constitutionnels, législatifs, administratifs ou juridictionnels ; de même que sa responsabilité peut être engagée pour des faits identiques émanant de l'une quelconque de ses *subdivisions politiques* (commune, département, région, Etat fédéré ou province dans une structure de type fédéral). Dans le concret, la responsabilité de l'Etat va se trouver engagée par des actes commis par des personnes qui seront juridiquement ses agents (fonctionnaires par exemple) ou qui apparaîtront comme tels.

a) La responsabilité du fait des lois.

1086. ***Hypothèses*** — Dans cette optique, trois situations sont à envisager. Soit, tout d'abord, une loi adoptée par un Etat se trouve en contradiction avec une obligation internationale antérieure de cet Etat. Soit, ensuite, la loi contraire à un engagement international de l'Etat n'a pas été abrogée de sorte qu'elle fait toujours obstacle à ce que le droit international produise ses effets pour ses destinataires. Soit, enfin, une loi n'a pas été adoptée pour mettre en œuvre un engagement international particulier de l'Etat. Dans toutes ces hypothèses, la responsabilité internationale de l'Etat pourra être engagée en raison de son action particulière ou de son abstention.

1087. ***Refus de l'excuse de non-discrimination dans la jurisprudence de la Cour de La Haye*** — Souvent, à titre de défense de ces législations internes contraires au droit international, les Etats ont fait valoir que de *telles lois s'appliquaient sans discrimination aux nationaux et aux étrangers, et donc que, de ce fait, l'illicéité cessait.* Il existe une jurisprudence internationale constante pour dénier toute valeur à une telle argumentation : toute loi violant une obligation internationale de l'Etat est susceptible d'entraîner sa responsabilité internationale, son application non discriminatoire aux nationaux comme aux étrangers ne constituant nullement une cause exonératoire. La Cour Permanente de Justice Internationale l'a rappelé plusieurs fois. On peut citer, à ce titre, le jugement n° 7 dans *l'affaire des intérêts allemands en Haute-Silésie polonaise* (25 mai 1926, p. 31-33) ou *l'affaire de l'Université Pazmany* du 15 décembre 1933 (sér. A/B, n° 61).

1088. ***Position identique des arbitres*** — La jurisprudence arbitrale va dans le même sens et confirme ces principes posés par la C.P.J.I. A ce titre on peut citer la *sentence Ador* entre la France et l'Espagne du 15 juin 1922. L'arbitre estima *(affaire de l'impôt sur les bénéfices de guerre)* que la France n'avait pas le droit d'appliquer aux ressortissants espagnols vivant en France des impôts extraordinaires dans la mesure où ils en avaient été dispensés par les conventions contraires, et cela alors que la France soutenait que cette législation fiscale était licite dans la mesure où elle ne créait aucune discrimination entre nationaux et étrangers (R.S.A., vol. I, p. 302-305).

De même, la Cour permanente d'arbitrage, dans *l'affaire des réclamations entre la Norvège et les Etats-Unis*, jugée le 13 octobre 1922, appliqua ce principe à propos de nationalisations sans indemnité de biens étrangers (R.S.A., vol. I, p. 307-346).

b) La responsabilité du fait des actes administratifs.

1089. ***Son application principale en matière de traitement des étrangers*** — Sur ce point, il existe une jurisprudence internationale extrêmement abondante, notamment arbitrale, à propos de litiges dus aux « mauvais traitements » subis par les étrangers. Particulièrement typique des cas d'espèce que la Cour permanente d'arbitrage eut à connaître, fut *l'affaire Chevreau* qui opposa la France à la Grande-Bretagne en 1931 (R.S.A., vol. II, p. 1115-1143).

Tels furent aussi la plupart des litiges soumis aux *commissions mixtes* entre les Etats-Unis et le Mexique à propos notamment de détentions arbitraires et, en général, du fait du mauvais comportement des autorités de police locales.

1090. ***Absence de protection adéquate*** — En règle générale, il est loisible de distinguer trois types de conduites « condamnables » à raison du fonctionnement ou plutôt du mauvais fonctionnement des services administratifs. Tout d'abord, il peut s'agir d'une *absence de* *protection adéquate des étrangers.* On en a un exemple caractéristique dans *l'affaire du personnel diplomatique et consulaire américain à Téhéran* où l'Iran fut condamné par la C.I.J. pour son abstention totale, son inaction, en un mot son absence de protection suffisante de ces étrangers privilégiés que sont les diplomates et les consuls.

1091. ***Absence de poursuites des contrevenants***— Un autre chef très fréquent de mauvais fonctionnement des services administratifs a *trait à la poursuite ou à la recherche des criminels.* Tel fut l'essentiel de l'affaire qui opposa, à la fin du siècle dernier, l'Italie aux Etats-Unis à propos du *lynchage des Italiens à la Nouvelle-Orléans,* en 1891 (Moore, Digest, vol. 6, 837-841, 1906). En l'espèce, on rappelle qu'il s'agissait de ressortissants italiens qui, alors qu'ils avaient été emprisonnés, furent pris à partie par une foule excitée qui avait pris d'assaut leur lieu de détention et les avaient « lynchés ».Les auteurs de ces actes criminels ne devaient pas être poursuivis par les tribunaux locaux. Les Etats-Unis, à la suite de cette affaire, reconnurent que leur responsabilité était engagée du fait à la fois de la protection inadéquate accordée à ces ressortissants italiens de la part des autorités de police de la Nouvelle-Orléans et de la non-répression des auteurs de ces actes ; ils présentèrent leurs excuses au gouvernement italien, en même temps qu'ils payèrent une indemnité à l'Italie pour être distribuée aux familles des victimes résidant dans ce pays.

1092. ***Violation des contrats*** — Enfin, le troisième chef général imputable au fonctionnement des services administratifs de nature à engager la responsabilité de l'Etat concerne le *non-respect des contrats passés avec les étrangers,* notamment des contrats en matière de concession. Ainsi dans *l'affaire des emprunts serbes et brésiliens* de 1929, la C.P.J.I. eut à connaître du non-respect de clauses insérées dans les contrats d'emprunts conclus en France par ces deux gouvernements. Dans *l'affaire dite El Triumfo*, qui opposa, en 1902, devant une commission d'arbitrage, les Etats-Unis au Salvador (1902, U.S. Foreign, Rel. 859) les arbitres eurent à apprécier le non-respect par ce dernier pays d'un *contrat de concession.* Des faits analogues se trouvèrent à l'origine de grands arbitrages récents comme la *sentence Aramco* précitée de 1958 ou la *sentence Texaco* de 1977. Dans toutes ces espèces soumises à l'arbitrage, les modifications de contrats internationaux de concession décidées unilatéralement par les Etats furent jugées contraires au droit international et comme ouvrant droit à une réparation adéquate au titre de la mise en jeu de la responsabilité internationale des pays « fautifs ».

c) Responsabilité du fait des actes juridictionnels.

1093. ***Absence de procès équitable*** — Là encore, il existe un contentieux international très important qui porte soit sur des cas de « deni de justice », c'est-à-dire de non-accès reconnu aux étrangers aux tribunaux locaux, soit, le plus souvent, sur une *mauvaise administration de la justice* (droits de la défense non respectés, tribunaux non impartiaux, absence d'assistance par un conseil juridique local, absence de traducteur, lenteur ou hâte excessive de la procédure, jugement manifestement injuste...). En bref, il s'agit de toutes les hypothèses où les tribunaux locaux ne fonctionnent pas selon des principes élémentaires de bonne administration de la justice. On en trouvera un grand nombre d'exemples dans la jurisprudence de la *Commission générale de réparation* instituée entre les Etats-Unis et le Mexique en 1923 (voir, par exemple, Mexico c/U.S., *affaire Mallen,* opinion des commissaires, 1927, 254 ; voir aussi U.S. c/Mexico, *affaire Laura B. Janes,* opinion des commissaires 1927, p. 108 et s.).

La *Convention européenne des droits de l'homme de 1950* contient ainsi dans son article 6 tout un nombre d'exigences précises pour que le *procès soit équitable* (indépendance, impartialité et diligence du tribunal, publicité des débats, respect des droits de la défense). Il s'agit là d'une de ses dispositions les plus fréquemment invoquées par les plaideurs et qui ont fait l'objet de nombreux arrêts de la Cour européenne des droits de l'homme de Strasbourg.

d) L'absence de responsabilité de l'Etat du fait des particuliers.

1094. ***Principe général*** — Il s'agit là d'un principe général qui a été posé par Max Huber dans *l'affaire des biens britanniques au Maroc espagnol* (R.S.A., vol.II, 615 et s.). Selon un principe peu contesté de l'ordre international, *l'Etat territorial n'est pas tenu responsable des dommages causés aux étrangers par ses propres nationaux* pour peu que ces derniers ne soient pas ses fonctionnaires ou agents et n'aient pas agi sur son ordre. Cependant, ce principe, s'il est bien établi, cède dans plusieurs cas. D'une part, il ne faut pas oublier que *l'Etat territorial est soumis à une obligation générale de protection et de sécurité* à l'égard de tous les ressortissants étrangers qui résident sur son territoire. De plus, il est dans l'obligation de réprimer ceux de ses citoyens qui ont porté atteinte à la personne ou aux biens de nationaux étrangers. Un Etat peut donc voir sa *responsabilité internationale engagée s'il a failli à son devoir de prévention ou à son devoir de répression* (voir les hypothèses envisagées, *supra*).

1095. ***Exception : l'affaire des diplomates américains en Iran (1980)*** — Il existe aussi des cas marginaux, heureusement rares, où un Etat peut voir sa responsabilité internationale engagée du fait d'actes émanant de ses nationaux si, ultérieurement, il démontre, par sa propre conduite, qu'il a endossé, fait siennes, approuvé de telles actions dommageables à l'égard d'Etats étrangers ou de leurs ressortissants. Dans ce type de situation, *les particuliers deviennent de véritables agents de l'Etat ;* leurs actes de « privés » qu'ils étaient initialement (ou qu'ils aient pu apparaître) deviennent alors « publics » et donc imputables à l'Etat national.On a d'ailleurs un exemple, pourrait-on dire parfait, au moins à titre théorique, de ce *glissement de responsabilité dans l'affaire du personnel diplomatique et consulaire américain à Téhéran jugée par la Cour Internationale de Justice le 24 mai 1980*. La C.I.J. commença par noter que, dans un premier temps au moins, l'attaque de l'ambassade américaine à Téhéran, la détention du personnel diplomatique américain, ainsi que la saisie des archives étaient le fait de militants révolutionnaires qui ne pouvaient pas être considérés comme des agents ou des organes de l'Etat iranien. Par conséquent, dans ces conditions, l'imputabilité à l'Iran de ces actes illégaux ne pouvait être faite sur cette base, au moins initialement (§ 58 à 61 de l'arrêt). Mais, la Cour nota de manière classique que cette absence de lien entre ces individus incontrôlés et l'Etat iranien n'exonérait pas pour autant ce dernier de toute responsabilité internationale en la matière, dans la mesure *où il avait failli, par sa passivité, à son devoir de protection et de répression* (§ 62 à 73). Plus intéressante encore, fut l'analyse de la Cour de l'évolution de la situation en Iran ; elle ne put en effet s'empêcher de remarquer que, par la suite, les autorités iraniennes donnèrent à ces actions des militants extrêmistes locaux le *« sceau de leur approbation officielle »* (§ 73). De la sorte, nota la Cour, cette approbation officielle a posteriori « transforma fondamentalement la nature juridique de la situation créée par l'occupation de l'ambassade et la détention comme otages de son personnel diplomatique et consulaire.. ». « Ces militants, auteurs de l'invasion et geôliers de leurs otages, poursuit la Cour, étaient maintenant devenus des agents de l'Etat iranien dont les actes engageaient la responsabilité internationale de l'Etat lui-même » (§ 74). Il y a donc, pour la Cour, et on ne peut ici que lui donner raison, une transformation radicale de situation de nature à rendre plus lourde et plus directe la responsabilité internationale de l'Etat concerné qui, par son comportement ultérieur, approuve les actions illicites de ses ressortissants.

2 — Les faits illicites imputables à des institutions internationales.

1096. ***Un principe général de responsabilité*** — De tels faits pour être imputables aux institutions internationales peuvent aussi bien *émaner de leurs organes que de leurs agents.* C'est ainsi que l'Organisation des Nations unies vit sa responsabilité internationale engagée à propos des dommages causés à des ressortissants belges au Congo par les forces d'urgence qu'elle avait instituées. L'Organisation des Nations unies estima qu'elle devait indemniser ces ressortissants car c'était là *agir en vertu d'un principe général de droit* (voir A.F.D.I. 1965, 468 et s. ; les accords Spaak/U Thant du 20 février 1965, par J.J.-A. Salmon).

L'article 215 du Traité de Rome (et nouvel article 288) par exemple, prévoit expressément la mise en jeu de la *responsabilité à la fois contractuelle et extracontractuelle des organes communautaires devant la Cour de Justice des Communautés Européennes.*

3 — Les faits illicites imputables à des personnes privées.

1097. ***Répression à l'encontre des criminels internationaux*** — Nous avons vu précédemment que certaines catégories d'individus pouvaient être poursuivies soit dans l'ordre interne — ce qui est le plus fréquent —, soit dans l'ordre international (par exemple les criminels de guerre devant les tribunaux de Nuremberg et de Tokyo), pour violation de règles du droit international (voir *supra*, n° 1006 et s. ou plus récemment les auteurs de crimes contre l'humanité devant les Tribunaux successifs internationaux créés pour l'ex-Yougoslavie et le Rwanda en 1993 et 1994).

1098. ***Poursuite pour non respect du droit communautaire*** — On rappellera également que certaines personnes privées, par exemple des sociétés peuvent se voir attraire devant la Cour de justice des Communautés européennes *pour violation du droit communautaire,* par exemple, en cas de non-respect des dispositions des articles 85 et 86 du Traité de Rome (et nouveaux articles 81 et 82) relatifs à la concurrence et aux abus de position dominante.

1099. ***Poursuite pour non-respect des engagements conventionnels*** — De plus, il convient de signaler que, dans leurs rapports avec les Etats et les institutions internationales, les personnes privées peuvent aussi être actionnées devant des tribunaux *ad hoc* pour violation de leurs engagements. C'est ainsi que la plupart des contrats internationaux conclus à l'époque actuelle prévoient systématiquement le recours à l'arbitrage comme moyen exclusif de règlement des différends éventuels entre la partie « publique » et la partie « privée ».

§ 3 — Le préjudice.

(Voir Brigitte Bollecker-Stern, « Le préjudice dans la théorie de la responsabilité internationale », Paris, Pedone, 1973).

1100. ***Différence avec le droit interne*** — Pour qu'il y ait mise en jeu de la responsabilité internationale, *il faut,* comme en droit interne, *qu'un préjudice ait été subi par la victime*. Or il convient dès maintenant d'introduire une différence essentielle avec le droit interne. Dans l'ordre interne, il existe des cas nombreux où la responsabilité d'un individu est engagée, et cela dans l'intérêt de la société nationale, pour violation de la loi, alors même qu'aucun préjudice n'a été subi par quiconque. Tel est le cas, par exemple, des poursuites pénales engagées par le ministère public. Or rien de tel n'existe dans la société internationale, du moins pas encore.

Le préjudice auquel il sera accordé réparation sur le plan du droit international doit porter sur la violation d'un droit et non d'un simple intérêt. Ce préjudice doit être individualisé et direct ; enfin, il peut être de type matériel ou moral.

1 — L'atteinte à un droit juridiquement protégé.

1101. ***Nécessité de l'atteinte à un droit*** — La C.I.J. a toujours affirmé *qu'il fallait qu'un droit juridiquement protégé ait été violé pour qu'il puisse y avoir mise en œuvre de la responsabilité internationale*. Pour la C.I.J., *la violation d'un simple intérêt ne saurait suffire à mettre en œuvre cette procédure de responsabilité internationale*. Ainsi, dans *l'affaire de la Barcelona Traction* souvent citée

(1970), la Cour s'exprima dans les termes suivants : « La preuve qu'un préjudice a été causé ne suffit pas *ipso facto* à justifier d'une réclamation diplomatique. Un dommage ou un préjudice peuvent léser une personne dans des conditions extrêmement variées. Cela n'entraîne pas en soi l'obligation de réparer, poursuit la Cour. La responsabilité n'est pas engagée si un simple intérêt est touché ; elle ne l'est que si un droit est violé.. » (Rec., p. 36).

1102. ***Insuffisance de l'atteinte à un simple intérêt*** — L'atteinte à un *simple intérêt* est insuffisante pour mettre en œuvre la responsabilité internationale. Un Etat qui invoquerait ce seul motif serait déclaré irrecevable à intenter une action en justice. Sur ce point, la jurisprudence de la C.I.J. est constante. Outre *l'affaire de la Barcelona Traction* précitée, on peut citer deux autres exemples typiques.

Ainsi, dans *l'affaire du Cameroun septentrional* de 1963, la C.I.J. estima que le Cameroun n'avait pas d'intérêt juridiquement protégé (de droit) à voir respecter par la Grande-Bretagne ses obligations concernant le statut du Cameroun septentrional qui avait été rattaché, à la suite d'un référendum, à la Fédération du Nigeria. La Cour remarqua que son jugement « serait sans objet » (p. 38), que le Cameroun ne demandait aucune réparation ou indemnité en l'espèce, tandis qu'elle ne voyait pas comment son arrêt, si éventuellement elle se déclarait compétente en l'espèce, pourrait recevoir un effet pratique. Dans ces conditions, elle dénia au Cameroun la possibilité d'apparaître devant elle. Le Cameroun n'avait pas apporté la preuve qu'un de ses droits juridiquement protégés avait été atteint (Rec., p. 33-34), son simple intérêt n'étant pas un titre suffisant pour agir en justice devant la Cour de La Haye.

De même, dans *l'affaire du Sud-Ouest africa*in de 1966, la C.I.J. estima que les deux Etats plaignants, l'Ethiopie et le Libéria, n'avaient pas d'intérêt juridiquement protégé, c'est-à-dire pas de droit qu'ils pouvaient faire valoir devant elle, et, de la sorte ils furent déboutés de leur action. La Cour nota que l'intérêt qu'ils invoquaient, à savoir que le mandataire, c'est-à-dire l'Afrique du Sud, respecte « la mission sacrée de civilisation » dans le Sud-Ouest africain ne constituait pas en soi un titre suffisant, ne s'agissant pas d'un véritable droit. La Cour s'exprima dans les termes suivants : « Pour que cet intérêt puisse prendre un caractère spécifiquement juridique, il faut que la mission sacrée elle-même soit ou devienne quelque chose de plus qu'un idéal moral ou humanitaire » (Rec., p. 34).

2 — Un préjudice individualisé.

1103. ***Absence de consécration d'une "actio popularis"*** — *Au niveau international, un Etat ou tout autre sujet du droit international ne peut faire valoir que ses propres droits. Il ne saurait jouer le rôle du ministère public dans l'ordre interne et agir pour la défense d'un intérêt collectif qui aurait été méconnu.*

La C.I.J. eut l'occasion d'insister sur ce principe dans l'*affaire du Sud-Ouest africain* de 1966, ainsi que nous l'avons déjà signalé. La Cour s'exprima en ces termes : « Les droits ou intérêts juridiques ne sauraient exister que s'ils ont été clairement conférés à ceux qui les revendiquent par un texte, un instrument ou une règle de droit ; en l'espèce on n'en a jamais conféré aux membres de la S.D.N. à titre individuel, que ce soit par l'un des instruments pertinents ou dans le cadre général du système des mandats ou d'une autre manière » (Rec., p. 32-33). Et la Cour ajouta, d'une façon plus générale, qu'elle se refusait à « admettre une sorte d'*actio popularis* ou un droit pour chaque membre d'une collectivité d'intenter une action pour la défense d'un intérêt public. S'il se peut, poursuit la Cour, que certains systèmes de droit connaissent cette notion, le droit international, tel qu'il existe actuellement, ne la reconnaît pas » (p. 47).

En conséquence, il n'y a donc pas d'*actio popularis* au titre d'une défense des intérêts collectifs sauf convention particulière contraire, ainsi que cela est le cas, par exemple, avec la *Convention européenne des droits de l'homme de 1950* (voir *supra*, n° 1002) et surtout avec le droit communautaire ; en effet, la Commission qui est investie du rôle général de *gardienne du droit communautaire* remplit le rôle du ministère 'public dans l'ordre interne : si la Commission estime qu'un Etat membre a manqué à ses obligations, elle pourra le poursuivre devant la Cour de Justice des Communautés Européennes (article 169 et nouvel article 226).

1104. ***Une évolution possible*** — Toutefois dans *l'affaire de la Barcelona Traction,* la Cour a semblé aller au-delà de ce qu'elle avait admis avec force dans l'extrait précité de son arrêt de 1966 sur le *Sud-Ouest africain,* au cas où il y *aurait des violations de normes impératives du droit international* (normes du « *jus cogens* »). Dans cette affaire, la Cour s'exprima ainsi : « *Une distinction essentielle doit être établie entre les obligations des Etats envers la Communauté internationale dans son ensemble et celles qui naissent vis-à-vis d'un autre Etat* dans le cadre de la protection diplomatique. Par leur nature même, les premières concernent tous les Etats. *Vu l'importance des droits en cause,* ajoute la Cour, *tous les Etats peuvent être considérés comme ayant un intérêt juridique à ce que ces droits soient protégés ; les obligations dont il s'agit sont des obligations « erga omnes »* (p. 32). Et, dans ce même arrêt, la Cour mentionne une liste non exhaustive de ces obligations *« erga omnes »*, à savoir l'interdiction de l'agression et du génocide ou la protection des droits fondamentaux de la personne humaine, comme l'interdiction de l'esclavage ou la discrimination raciale (*ibid.*).

1105. ***Absence provisoire (?) de contentieux objectif*** — Faut-il affirmer ici que, dans tous ces cas, les Etats bénéficieraient d'un droit pour intervenir dans une instance internationale, afin de faire respecter de telles obligations internationales fondamentales ? Il convient d'être prudent avant de donner une réponse positive et il faut reconnaître que, en l'état actuel du droit international, il n'existe pas *encore de « contentieux objectif » de la légalité internationale.*

3 — Un préjudice direct.

1106. ***Préjudice direct et indirect*** — La distinction entre préjudice direct/préjudice indirect est bien connue de l'ordre interne. On la retrouve également en droit international. *En droit international comme en droit interne, le seul type de préjudice qui soit pris en considération est le préjudice direct.* Autrement dit, il doit exister un lien de causalité étroit entre la violation du droit international et le préjudice qui en résulte.

1107. ***Une distinction reconnue par la jurisprudence internationale*** — Ce principe essentiel du droit international selon lequel seul le préjudice direct est indemnisé a été posé par un arbitrage célèbre que nous avons déjà rencontré : celui de *l'Alabama* en 1872. Le tribunal arbitral, à l'époque, accepta d'indemniser les seules pertes directes subies par les Etats-Unis du fait des activités de ce navire armé illégalement en Grande-Bretagne. En revanche, il *refusa d'indemniser les dommages indirects,* par exemple les dommages inhérents à la prolongation de la guerre, à la hausse des primes d'assurances ou de frêts... (voir La Pradelle et Politis, vol. II, p. 891 et s.).

La jurisprudence, sur ce point, est constante, qu'il s'agisse de la jurisprudence arbitrale ou de celle de la Cour Permanente de Justice Internationale.

Ainsi, en matière d'arbitrage, on peut citer *la sentence du 30 juin 1930 entre l'Allemagne et le Portugal* à propos de la responsabilité de l'Allemagne à raison des actes commis postérieurement au 31 juillet 1914 et avant que le Portugal ne participât à la guerre (R.S.A., vol. II, p. 1035 et s.).

La C.P.J.I., dans *l'affaire précitée du Wimbledon* (n° 1, sér. A, p. 32) adopta la même position de principe : le droit international n'indemnise que le préjudice direct et non le préjudice indirect. Toutefois, chacun le sait, la ligne de démarcation entre ces deux types de préjudices n'est pas toujours facile à tracer.

4 — Un préjudice matériel et moral.

1108. ***Analogie avec le droit interne*** — Cet aspect du droit international de la responsabilité présente là encore des analogies étroites avec les solutions retenues par le droit interne. Par exemple, en France, l'unification de la jurisprudence est maintenant réalisée : le juge civil comme le juge administratif indemnisent à la fois le préjudice matériel et moral. Mais il est bien connu qu'il n'en a pas toujours été ainsi : les tribunaux administratifs, à commencer par le Conseil d'Etat, ont été pendant longtemps fort réticents pour indemniser le préjudice moral, le « prix de la douleur ».

1109. ***Evolution de la jurisprudence internationale*** — On a assisté à une évolution identique dans l'ordre international. En effet, pendant longtemps, le préjudice moral n'a pas été indemnisé par les tribunaux internationaux. Le changement est apparu à partir de la *sentence dite des veuves du Lusitania du 1er novembre 1923 où les arbitres acceptèrent d'inclure le préjudice moral parmi le préjudice indemnisable à l'échelon international* (R.S.A., vol. VII, p. 32 et s.). Dans *l'affaire précitée Chevreau* de 1931 entre la France et la Grande Bretagne, la Cour permanente d'arbitrage devait adopter une position identique.

1110. ***Indemnisation de l'ensemble du préjudice*** — Il est donc maintenant loisible d'estimer que, en droit international, le *préjudice indemnisable couvre à la fois le préjudice matériel et le préjudice moral.*

§ 4 — La victime lésée.

1111. ***Originalité du droit international de la responsabilité*** — C'est sans doute à ce titre que *l'originalité du droit international de la responsabilité apparaît le mieux.* Mais c'est aussi là où ce droit est *historiquement le plus marqué :* en effet, les solutions traditionnelles ne correspondent plus guère aux besoins et aux réalités de la société internationale contemporaine.

En droit interne et, en vertu de l'existence d'un « état de droit », toute victime d'un dommage a le droit et la possibilité d'en demander réparation devant les tribunaux à l'encontre de l'auteur de l'acte illicite. Le droit international ne connaît rien d'aussi systématique. La raison en est que la société internationale « classique » née à partir du XVIe siècle se composait exclusivement d'Etats, le droit applicable étant alors de type inter-étatique. Dès lors, *la responsabilité internationale n'était qu'une affaire d'Etat à Etat.* Tout dommage était imputé à l'Etat, tandis que la victime apparaissait toujours, elle aussi, comme un Etat. Autrement dit, si la victime était un individu ou s'il y avait atteinte à un intérêt privé, celle-ci n'avait, en tant que telle, aucun remède ; elle devait obtenir la *protection diplomatique* de son Etat national qui allait alors évoquer l'affaire au niveau international contre l'Etat auteur du dommage.

Cet « écran étatique » fut omniprésent jusqu'à la fin de la première guerre mondiale. Depuis, il a tendu à se dissiper quelque peu au fur et à mesure que l'individu apparaissait comme un sujet du droit international. A la limite il disparaît complètement lorsque les personnes privées reçoivent un droit d'action directe devant des tribunaux internationaux (voir *supra*, n° 1003).

Sans doute, un tel mécanisme de la responsabilité classique limitée aux Etats devenait difficilement applicable pour une institution internationale. Celle-ci pouvait-elle être autonome en la matière ou, au contraire, devait-elle compter sur la nécessaire médiation de ses membres en tant qu'Etats pour obtenir réparation ? Cet « écran étatique » ne s'est ici jamais appliqué : il a en effet été admis que les institutions internationales, en raison de leur personnalité internationale propre, pouvaient obtenir directement réparation des préjudices éventuellement subis par elles.

Il convient ainsi d'isoler plusieurs « cas de figures » selon que la victime est un Etat, une institution internationale ou une personne privée.

A — La victime Etat ou institution internationale.

1112. ***Renvoi*** — La situation juridique de ces « personnes morales de droit public » est identique sur ce point. Etat et institution internationale ont à leur disposition de très nombreux moyens diplomatiques et juridictionnels pour assurer le respect de leurs droits éventuellement violés par un autre Etat ou institution (voir *infra*, IVe partie).

B — La victime personne privée.

1113. ***La nécessaire protection de l'individu et la rareté de son droit d'action directe*** — Si une personne privée subit un préjudice de la part d'un Etat ou d'une institution internationale en raison d'une violation du droit international, elle ne peut, en général, *qu'exceptionnellement en obtenir directement réparation devant les tribunaux internationaux.* Le contentieux doit être « évoqué » soit par l'Etat national qui va exercer sa « protection diplomatique », soit par l'institution internationale qui va alors exercer sa « protection fonctionnelle » au profit de ses agents. Toutefois, il existe maintenant une tendance croissante à accorder à l'individu un « droit d'action directe », sans passer par cette institution rétrograde mais classique et encore bien vivante du droit international qu'est la « protection diplomatique ».

(On notera que l'atteinte à des intérêts privés « étrangers » constitue — et de loin — la plus grande source du contentieux international ; pour une analyse claire et contemporaine, voir International Law of State responsibility for injuries to aliens, R.B. Lillich, ed., University Press of Virginia, 1983).

1 — L'élévation du conflit par l'Etat national : la protection diplomatique.

a) Un fondement fictif : le droit propre de l'Etat national de la victime privée.

1114. ***Une fiction commode***— Telle est la vision classique, coutumière du droit international en la matière. Elle est sans doute *critiquable* car elle est source d'injustices. En revanche, elle est *commode* dans la mesure où les différends juridiques pourront se trouver à la fois limités et aisément circonscrits.

Le préjudice subi par une personne privée et résultant d'une violation du droit international ne donne pas en soi un droit à la victime d'obtenir réparation. En revanche, « son » Etat national peut prendre

« fait et cause » pour elle et « endosser » sa réclamation. Ce faisant, le conflit appartient alors à l'ordre international et il devra être tranché sur la base du droit international, dans la mesure où, désormais, il va opposer deux Etats.

Autrement dit, *l'Etat qui exerce sa protection diplomatique à l'égard d'un de ses nationaux victime d'un manquement au droit international de la part d'un autre Etat ou d'une organisation internationale utilise sa compétence personnelle afin de « faire valoir » son droit propre qui est de veiller au respect du droit international à l'égard de ses nationaux.*

Ce fondement classique et largement illusoire de la protection diplomatique a été, depuis longtemps, posé par la Cour de La Haye qui ne s'en est jamais départie. Il a été également reconnu comme tel par les juridictions de l'ordre interne.

1115. ***Sa formulation classique dans l'affaire Mavrommatis (1924)*** — Dans *l'affaire Mavrommatis*, la Grèce prétendait obtenir réparation de la Grande-Bretagne pour violation des droits d'un de ses nationaux en Palestine, à l'époque sous mandat anglais. La Cour admit, contre la thèse anglaise, la prétention grecque dans les termes suivants : « Un différend international est un désaccord sur un point de fait ou de droit, une opposition de thèses juridiques ou d'intérêts entre deux personnes ; tel est certainement le caractère du litige qui sépare actuellement la Grande-Bretagne et la Grèce ; *cette dernière fait valoir son droit propre à ce que son ressortissant, M. Mavrommatis,* qui aurait été traité par les autorités palestiniennes ou britanniques d'une manière contraire à certaines obligations internationales dont le respect s'imposait, obtienne de ce fait une indemnité de Sa Majesté britannique ».Et la Cour poursuivait ainsi : *« C'est un principe élémentaire du droit international que celui qui autorise l'Etat à protéger ses nationaux lésés par des actes contraires au droit international commis par un autre Etat, dont ils n'ont pu obtenir satisfaction par les voies ordinaires. En prenant fait et cause pour l'un des siens, en mettant en mouvement, en sa faveur, l'action diplomatique ou l'action judiciaire internationale, cet Etat fait, à vrai dire, valoir son droit propre, le droit qu'il a de faire respecter en la personne de ses ressortissants, le droit international »* (arrêt n° 2, exception préliminaire, 30 août 1924, sér. A, p. 12).

1116. ***Une jurisprudence bien établie*** — Par la suite, la Cour de La Haye n'allait jamais plus se départir de cette attitude. Elle devait être confirmée, par exemple, dans *l'affaire des emprunts serbes et brésiliens* de 1929 (sér. A, 20 et 21) et surtout dans *l'affaire dite des chemins de fer de Panevezys-Saldutiskis* de 1939 (sér. A/B, n° 76, p. 16) où elle devait reprendre *expressis verbis,* les termes utilisés par *l'arrêt Mavrommatis.*

La C.I.J. devait ici encore suivre les analyses de sa devancière : voir par exemple *l'affaire Nottebohm* (Rec. 1955, p. 24) ou *l'affaire de la Barcelona Traction* (Rec. 1970, pp. 43-44).

1117. ***Une approche acceptée par la Cour de Cassation*** — La *Cour de cassation française*, dans un arrêt fort intéressant, devait s'exprimer dans des termes quasiment identiques à ceux utilisés par la C.P.J.I. dans les *affaires Mavrommatis et des chemins de fer de Panevezys-Saldutiskis*. Selon la Cour de cassation : « Lorsqu'il exerce la protection diplomatique de ses nationaux, l'Etat fait valoir le droit propre qu'il a de faire respecter, en la personne de ses ressortissants, le droit international » (*Cass. 1re Ch. civ. 14 juin 1977, S.E.E.E. c/ République socialiste fédérative de Yougoslavie - Etat français et autres,* Rev. crit. DIP, 1978, 710, note L. Dubouis). Toutefois, la Cour de cassation devait tirer de cette séparation des deux droits — celui propre de l'Etat et celui de l'individu — une conséquence particulière qui montre bien le fondement fictif du mécanisme de la protection diplomatique : « Dès lors, affirme la Cour de cassation, l'accord diplomatique par lequel le gouvernement français accepte la limitation de la dette d'un gouvernement étranger envers un ressortissant français ne prive pas ce dernier de l'exercice des voies découlant du contrat passé par lui » (voir sur ce point la note critique du professeur Dubouis).

1118. ***Appréciation d'ensemble*** — On pourra, sur ce mécanisme, faire les remarques générales suivantes.

Ce mécanisme classique d'« endossement » par l'Etat national est *potentiellement injuste pour l'individu*. En effet, l'Etat national peut s'abstenir de le protéger ou peut aboutir, pour des raisons d'Etat, à un accord partiel qui ne satisfasse pas l'individu lésé ainsi que le montre clairement par exemple l'indemnisation des porteurs français de titres russes négociée par la France et formalisée dans l'accord de compensation globale conclu avec la Russie en 1998 et acceptant une amputation de 99 % des droits financiers des personnes physiques et morales concernées... Et c'est bien l'hypothèse dont la Cour de cassation eut à connaître dans son arrêt précité de 1977. Ceci explique que la Cour ait admis que la société en cause lésée pouvait toujours continuer à faire valoir ses droits et, à cette fin, utiliser les voies de recours qui lui étaient offertes, nonobstant l'exercice par la France de sa protection diplomatique qui, par son action, n'avait pas « épuisé » tous les droits de son ressortissant ; autrement dit, la Cour de cassation reconnut « l'indépendance » de ces deux catégories de droits — ceux de la personne privée lésée et ceux de l'Etat national — ainsi que celle des moyens aux fins d'obtenir satisfaction. Mais une telle dualité d'actions n'est pas toujours possible, même si elle est souhaitable (voir pour une opinion contraire et plus « classique » l'article précité du professeur Dubouis). En l'espèce, une telle possibilité demeurait ouverte au bénéfice de la société française, car il s'agissait d'un litige né à propos de *l'exécution d'un contrat passé avec l'Etat yougoslave et qui contenait une clause d'arbitrage*.

Ce mécanisme peut également se révéler *dangereux* dans la mesure où il est susceptible de constituer au profit de l'Etat qui « élève le conflit » un prétexte pour « intervenir dans les affaires intérieures » de l'Etat auteur du fait illicite et du dommage. Et telle est d'ailleurs la raison pour laquelle de *nombreux Etats du tiers-monde ont protesté* depuis longtemps, à commencer par les pays de l'Amérique latine dès le XIXe siècle, *contre cette institution de la protection diplomatique.* Dans ces conditions, l'exercice de la protection diplomatique peut être analysé comme compliquant la solution du litige.

En revanche, il faut noter *l'aspect positif du système* en ce sens qu'il est de *nature à limiter le nombre de tels conflits internationaux.* Cette procédure de la protection diplomatique sert en quelque sorte de « filtre » et va permettre de ne retenir que les litiges, les réclamations qui sont sérieuses et bien fondées.

b) Les conditions d'exercice de la protection diplomatique.

1119. ***Deux conditions préalables nécessaires*** — Il existe deux conditions fondamentales à l'exercice de la protection diplomatique par l'Etat : la première touche à la nationalité de la victime et la seconde à son comportement.

I. — La protection de l'Etat à l'égard de ses seuls nationaux.

1120. ***Conséquence de l'octroi de la nationalité*** — L'exercice de la protection diplomatique étant lié aux compétences personnelles de l'Etat (voir *supra*, n° 885 et s.), *celui-ci ne pourra donc protéger que ses seuls nationaux, personnes physiques ou morales.*

Ce principe général a été posé par la Cour Permanente de Justice Internationale dans son arrêt du 23 février 1939 déjà cité entre l'Estonie et la Lituanie dans *l'affaire des chemins de fer de Panevezys-Saldutiskis.* La Cour avait, en effet, précisé : « Ce droit (d'exercer sa protection diplomatique) ne peut nécessairement être exercé qu'en faveur de son national, parce que, en l'absence d'accords particuliers, c'est le lien de nationalité entre l'Etat et l'individu qui seul donne à l'Etat le droit de protection diplomatique » (sér. A/B, n° 76, p. 16).

On notera avec intérêt que le Traité de Maastricht de 1992 a introduit au titre des nouvelles dispositions sur « la citoyenneté de l'Union » un article 8 C qui accorde à tout citoyen le bénéfice de la protection diplomatique « dans les mêmes conditions que les nationaux » au cas où l'Etat membre dont il est le ressortissant ne serait pas représenté dans un pays qui aurait porté atteinte à ses droits et intérêts. Toutefois, et conformément au droit international général, ce nouveau droit accordé aux citoyens de l'Union Européenne nécessitera la conclusion d'accords appropriés de façon à en permettre l'exercice effectif, ce que reconnaît d'ailleurs ce même article 8 C *in fine* (maintenant devenu l'article 20).

α) La protection diplomatique des personnes physiques.

1121. ***Principe de protection des seuls nationaux*** — Le principe est que l'Etat ne peut exercer sa protection diplomatique à l'égard d'un autre Etat ou d'une institution internationale qu'en faveur de ses seuls nationaux ; il ne cède qu'en cas de convention spéciale contraire.

Ce principe a été appliqué traditionnellement par la jurisprudence internationale. C'est ainsi que, dans *l'affaire des propriétés religieuses au Portugal* qui opposa la France, l'Espagne et la Grande-Bretagne au Portugal, ces trois pays ne furent admis par la Cour permanente d'arbitrage à protéger que leurs seuls nationaux dont les biens avaient été expropriés par le Portugal, à l'exclusion des nationaux de pays tiers (sentence du 2 septembre 1920, R.S.A., vol. I, p. 7 et s.).

Toutefois, un tribunal statuant en équité pourra éventuellement accepter une dérogation à ce principe qu'un Etat pouvait être amené à exercer sa protection diplomatique en faveur du ressortissant d'un Etat tiers. Ce fut d'ailleurs ce que décidèrent les arbitres dans *l'affaire dite du « I'm alone »* qui opposa les Etats-Unis au Canada. Les commissaires acceptèrent que le Canada puisse accorder sa protection diplomatique et recevoir à ce titre des indemnités de la part des Etats-Unis au profit de la famille d'un marin français qui se trouvait sur ce bateau qui avait été coulé par les autorités douanières américaines au moment de la prohibition pour transport illicite de boissons alcoolisées (R.S.A., vol. III, 1613).

En conséquence, il ne *saurait y avoir de protection diplomatique pour les apatrides.* On ne peut s'empêcher ici de noter l'injustice de cette solution, même si elle s'explique par des principes classiques (voir pour un exemple de ce type, *l'affaire Dickson Car Wheel C°* qui opposa les Etats-Unis au Mexique, *in* Whiteman, Digest, vol. I, p. 36 et s. ; R.S.A., vol. IV, p. 669).

1122. ***Nécessité d'une nationalité effective*** — Toutefois, la mise en œuvre de ce principe selon lequel un Etat ne peut protéger que ses seuls nationaux ne cesse de poser des difficultés en ce qui concerne *l'appréciation du lien de nationalité.*

1123. ***Nécessaire appréciation de ce lien de nationalité*** — Cette nationalité, tout d'abord, doit être « effective » pour être opposable à l'Etat tiers à l'encontre duquel un autre Etat prétend exercer sa protection diplomatique. Telle était — on s'en souviendra — l'hypothèse de *l'affaire Nottebohm* qui opposa le Liechtenstein au Guatemala devant la C.I.J. en 1955. En l'espèce, la Cour estima que la *nationalité accordée* par le Liechtenstein à Nottebohm n'étant pas effective, celle-ci n'était pas *opposable au Guatemala* faute d'être conforme aux prescriptions du droit international. Dans ces conditions, le lien de nationalité étant « fictif », *le Liechtenstein ne possédait pas le titre requis* pour exercer sa protection diplomatique à l'encontre du Guatemala en faveur du sieur Nottebohm.

1124. ***Cas des doubles nationaux*** — *L'individu lésé ne doit pas avoir à la fois la nationalité de l'Etat réclamant et celle de l'Etat auteur du dommage.* On vise ici l*es cas de double nationalité* où l'individu lésé a donc la nationalité de l'Etat où le dommage s'est produit et, en même temps, la nationalité de l'Etat qui prétend en obtenir réparation. Le principe en a été posé dans *l'affaire Canevaro* qui opposa l'Italie au Pérou devant la Cour permanente d'arbitrage. Canevaro avait la double nationalité italienne et péruvienne et, en conséquence, les arbitres estimèrent que l'Italie n'était pas fondée dans ces conditions à exercer sa protection diplomatique au bénéfice du sieur Canevaro contre le Pérou (sentence du 3 mai 1912, texte in R.G.D.I.P., 1913, p. 328-333).

On notera également que la Cour Internationale de Justice, dans son avis consultatif du 11 avril 1949 dans *l'affaire dite du Comte Bernadotte,* reconnut l'existence de cette exception et remarqua « la pratique généralement suivie selon laquelle un Etat n'exerce pas sa protection diplomatique au profit d'un de ses nationaux contre un Etat qui considère celui-ci comme son propre national » (p. 186). Sans doute, la Cour ne précisa-t-elle pas formellement qu'il s'agissait là d'une règle coutumière, bien que les mots employés « pratique généralement suivie » fassent penser qu'il en soit ainsi.

Cependant, une évolution notable s'est produite au cours de ces dernières années en matière de *protection diplomatique des doubles nationaux.* De nombreuses décisions arbitrales ont fait application à cette situation de la jurisprudence *Nottebohm* sur la nationalité effective : elles ont fait *prévaloir la nationalité effective* et ont ainsi permis à l'Etat réclamant de l'invoquer pour protéger son national contre l'Etat de nationalité » secondaire ». Ainsi dans *l'affaire Florence Mergé* décidée le 10 juin 1955, la Commission de conciliation italo-américaine devait dégager les principes suivants : « Le principe fondé sur l'égalité souveraine des Etats, qui exclut la protection diplomatique en cas de double nationalité, doit céder devant le principe de nationalité effective, chaque fois que cette dernière nationalité est celle de l'Etat réclamant. Mais, il ne doit pas céder quand cette prédominance n'est pas prouvée » (R.S.A. T. XIV, p. 239) (voir aussi pour des applications récentes, B. Leurent, Problèmes soulevés par les demandes des doubles nationaux devant le Tribunal des différends irano-américain, R.C.D.I.P., 1985, 273 et 477).

1125. ***Cas des changements de nationalité*** — *Le changement de la nationalité de la victime ou de ses ayants droit pose de redoutables problèmes lorsqu'il s'agit d'appécier l'existence de ce lien de nationalité.* Quand, en effet, cette nationalité doit-elle exister pour justifier l'exercice de la protection diplomatique par l'Etat réclamant ? Cette nationalité peut, à l'évidence, changer. D'où l'importance de la question. Cette nationalité peut être appréciée à des moments extrêmement divers : soit à la date du fait générateur du dommage, soit à la date de la signature de la convention de réparation, soit enfin à la date du jugement par le tribunal international. Il faut noter que la jurisprudence a beaucoup évolué sur ce point. Au début, elle adopta un principe très strict, à savoir celui de la « continuité de la nationalité ». Ce qui voulait dire que la nationalité de la personne victime du dommage devait exister du début jusqu'à la fin, la victime devant être un ressortissant de l'Etat réclamant depuis la naissance du fait générateur jusqu'à la date du jugement rendu par le tribunal. Par la suite, *la jurisprudence s'est assouplie* et elle a admis que la possession de la nationalité lors de la signature du compromis ou de l'accord relatif aux modalités de la réparation était suffisante, ce qui venait à *abandonner l'idée de la continuité de la nationalité.* Ce changement de jurisprudence internationale s'est produit lors de *l'affaire* précitée dite *des veuves du « Lusitania »* décidée par la Commission mixte germano-américaine, le 12 novembre 1923 (R.S.A., vol. VII, p. 32 et s.). Cette commission, établie par un traité spécial entre les deux pays, était chargée de se prononcer sur les réclamations américaines à l'encontre de l'Allemagne avant l'entrée en guerre des Etats-Unis. Le *Lusitania*, navire britannique coulé par la marine allemande, avait à son bord un grand nombre de ressortissants américains. Par la suite, certaines veuves des personnes qui se trouvaient sur le *Lusitania* avaient acquis une autre nationalité. Les Etats-Unis pouvaient-ils également protéger ces veuves qui ne possédaient plus la nationalité américaine et qui avaient pris la nationalité d'un pays tiers ? Si l'on adoptait la solution traditionnelle, la réponse était négative. Toutefois, en l'espèce, la Commission accepta cette protection diplomatique pour toutes les veuves qui possédaient la nationalité américaine lors de la signature du traité entre les Etats-Unis et l'Allemagne instituant la procédure d'arbitrage. Une telle solution, moins stricte et plus libérale, est équitable car elle va dans le sens de l'intérêt des victimes et de leurs ayants droit.

β) La protection diplomatique des personnes morales.

1126. ***Dualité de situations*** — Deux cas ici à envisager : d'une part la protection de la société en tant qu'entité, en tant que personne morale ; et ensuite celle des individus en tant qu'actionnaires de cette société.

1127. — **La reconnaissance progressive du droit de protection diplomatique au profit des sociétés en tant que personnes morales.**

La solution s'est dégagée lentement et elle est due à la jurisprudence internationale de la deuxième moitié du XIXe siècle. Initialement, en effet, les sociétés, en tant que personnes morales, ne pouvaient pas être protégées par le biais de la protection diplomatique par leur Etat national.

En revanche, maintenant, il s'agit d'un principe bien admis de l'ordre international selon lequel les sociétés en tant que telles peuvent être protégées par le biais de la protection diplomatique. Ce principe a été reconnu dans *l'affaire de la Barcelona Traction,* qui opposa l'Espagne à la Belgique. Dans son arrêt de 1970, la C.I.J. s'exprimait de la façon suivante : « S'agissant d'actes illicites, dirigés contre une société à capitaux étrangers, la règle générale de droit international n'autorise que l'Etat national de cette société à formuler une réclamation » (Rec. 1970, p. 46).

On rappellera qu'il n'existe pas de droit international des sociétés et donc que la qualification du lien de nationalité se fait nécessairement par renvoi à l'ordre national interne. C'est d'ailleurs ce qu'a reconnu la Cour dans *l'affaire de la Barcelona Traction.* En l'espèce, la Cour estima que la Belgique n'avait pas qualité pour protéger cette société Barcelona Traction alors même que ses nationaux en possédaient le « contrôle ». La C.I.J. élimina donc, en matière de nationalité des sociétés, le critère du contrôle. Elle n'en retint, par conséquent, que deux autres, à savoir : l*e lieu d'incorporation* (qui est le critère, en général, adopté par les pays de *common law*) et celui du *siège social* (qui est la solution retenue par les pays de droit civil). Ce faisant, la Cour estima qu'en l'espèce seul le Canada avait compétence pour exercer sa protection diplomatique, dans la mesure où la Barcelona Traction était incorporée dans ce pays. Le droit positif conventionnel actuel repose sur une analyse inverse et reconnaît le droit de protection des États de sociétés dont les actionnaires majoritaires, et qui en assurent donc le contrôle, s'avèrent être leurs ressortissants (voir aussi *supra* n° 871).

1128. — La reconnaissance exceptionnelle du droit de protection diplomatique au profit des actionnaires *pris ut singuli.*

Initialement, il n'existait pas non plus de protection diplomatique possible des actionnaires pris en tant que tels.

Là encore, *l'évolution a été due à la jurisprudence* internationale *de la deuxième moitié du XIXe siècle.* C'est ainsi que la protection diplomatique des actionnaires d'une société étrangère fut reconnue pour la première fois, semble-t-il, dans une *affaire Ruden*, qui opposa les Etats-Unis au Pérou (sentence rendue le 28 février 1870 ; voir le texte *in* La Pradelle et Politis, vol. II, p. 589-593).

Par la suite, *une certaine pratique conventionnelle* internationale allait admettre que les actionnaires puissent être individuellement protégés, à côté de la société ; autrement dit, dans ces cas, il fut admis que l'on pouvait « percer le voile social » et protéger les individus ayant conclu le pacte sociétaire (voir par exemple l'article 297 a) du Traité de Versailles ou l'article 78, § 4, b) du traité de paix avec l'Italie de 1947).

Or il s'agit là de règles spécifiques du droit conventionnel et il serait aventureux d'affirmer que l'on est en présence d'un principe général du droit international. La C.I.J. en a d'ailleurs jugé ainsi dans *l'affaire* précitée *de la Barcelona Traction* (Rec. 1970, p. 47).

II. — Le comportement de la personne lésée.

1129. ***Contraintes*** — Le comportement de l'individu lésé peut affecter de deux manières les conditions d'exercice de la protection diplomatique par son Etat national et la rendre même éventuellement, à la limite, « irrecevable ».

L'individu lésé, doit avoir les « mains propres » ; il doit aussi avoir « épuisé » toutes les voies de recours internes.

α) La règle des « mains propres » (« Clean hands »).

(Voir « Des mains propres comme condition de recevabilité des réclamations internationales » par J.J.A. Salmon, A.F.D.I. 1964, 225).

1130. ***Atténuation voire exonération de responsabilité*** — L'individu pour qui l'Etat exerce ou prétend exercer sa protection diplomatique ne doit pas lui-même avoir eu une « conduite blâmable ».S'il en est ainsi, ce type de conduite *va atténuer la responsabilité éventuelle de l'Etat tiers* à qui une violation du droit international est reprochée, soit même elle va *l'exonérer complètement* en rendant la protection diplomatique irrecevable ou, si l'on préfère, non fondée.

1131. ***Le premier précédent : l'affaire Ben Tillett (1899)*** — Des hypothèses de ce genre se présentent lorsque *l'individu en cause a violé le droit interne du pays auteur du dommage*. Il en fut ainsi, par exemple, dans *l'affaire Ben Tillett* qui opposa la Grande-Bretagne à la Belgique à la fin du siècle dernier (voir R.G.D.I.P. 1899, 46). Dans cette affaire, il s'agissait d'un syndicaliste anglais, Ben Tillett qui se rendit en Belgique, à Anvers pour prendre la parole lors d'une réunion syndicale interdite, et cela malgré les mises en demeure des autorités belges. Ben Tillett passa outre ; il fut arrêté et renvoyé en Grande-Bretagne. La Grande-Bretagne prit fait et cause pour Ben Tillett, demanda réparation à la Belgique pour ce qu'elle pensait être une violation du droit international ; l'arbitre débouta la Grande-Bretagne en raison de la violation par Ben Tillett du droit belge. En bref, il n'avait pas les « mains propres ».

1132. ***L'affaire du "Virginius"*** — Des hypothèses de ce genre se présentent également lorsque l'individu en cause a violé une règle fondamentale du droit international, comme par exemple des actes portant atteinte à la neutralité des Etats par des actions de contrebande de guerre... C'est ainsi que, dans *l'affaire du « Virginius »* (Moore Digest, II, p. 895 et s.) qui opposa l'Espagne aux Etats-Unis, ce navire qui avait obtenu par fraude la nationalité américaine se livrait à la contrebande d'armes au profit d'insurgés cubains. Il fut saisi en haute mer par un navire de guerre espagnol, conduit à Cuba, et tous les passagers jugés pour piraterie et exécutés. Dans l'absolu, l'Espagne était en droit d'agir comme elle le fit. Toutefois, si une indemnité, en l'espèce, fut accordée à la Grande-Bretagne et aux Etats-Unis à raison de l'exécution des marins anglais ou américains, ce fut parce que *l'administration de la justice avait été défectueuse de la part des autorités espagnoles locales*. Cependant, la responsabilité de l'Espagne se trouva atténuée dans la mesure où les individus en cause se livraient à un trafic international illicite.

β) L'« épuisement » des recours internes.

(Voir J. Chappez, « La règle de l'épuisement des voies de recours internes », Paris, Pedone, 1972).

1133. ***Une règle coutumière*** — *Avant de pouvoir exercer sa protection diplomatique, l'Etat réclamant doit s'assurer que son national lésé a bien épuisé toutes les voies de recours gracieuses ou contentieuses existantes à l'encontre de l'Etat tiers auteur du dommage et qui auraient été organisées par l'ordre interne de ce pays.*

Il s'agit là d'une *règle coutumière du droit international* qui a été reconnue depuis longtemps par la jurisprudence internationale. C'est ainsi que, dans l'affaire qui opposa, en 1939, l'Estonie à la Lituanie *(chemins de fer de Panevezys-Saldutiskis* ; C.P.J.I., sér. A/B, n° 76) puis surtout dans *l'affaire dite de l'Interhandel* qui opposa les Etats-Unis à la Suisse devant la C.I.J. en 1959, la Cour reconnut formellement le caractère coutumier de cette règle. Dans la dernière espèce, elle s'exprima selon les termes suivants : « *La règle selon laquelle les recours internes doivent être épuisés avant qu'une procédure internationale puisse être engagée est une règle établie du droit international coutumier.* Elle a été généralement observée dans des cas où un Etat prend fait et cause pour son ressortissant dont les droits auraient été lésés par un autre Etat, en violation du droit international. Avant de recourir à la juridiction internationale, il a été considéré, en pareil cas, nécessaire que l'Etat où la lésion a été commise puisse y remédier par ses propres moyens, dans le cadre de son ordre juridique » (Rec. 1959, p. 27).

La Cour Internationale de Justice appliqua également ce principe dans *l'affaire Ambatielos* de 1953 (Rec. 1953, p. 19) qui opposa la Grande-Bretagne à la Grèce ou dans celle de *l'Anglo-Iranian* de 1952, qui opposa la Grande-Bretagne à l'Iran. Plus récemment, dans *l'affaire Elsi* opposant les Etats-Unis à l'Italie, la C.I.J. (chambre) devait qualifier cette règle de « principe important de droit international coutumier » (n° 50).

1134. ***Une règle confirmée par voie conventionnelle*** — Il faut noter que ce principe de l'épuisement des recours internes est consacré par la *pratique internationale conventionnelle.* C'est ainsi, par exemple, que la Convention européenne des droits de l'homme de 1950, dans son article 26, précise que la Commission (et maintenant la Cour) ne peut être saisie par un individu se plaignant de la violation d'un de ses droits conventionnellement garantis, qu'après épuisement des recours internes « tel qu'il est entendu selon les principes de droit international généralement reconnus ».

On notera également que ce principe de l'épuisement des recours internes a été également consacré par la *résolution 1803 de l'Assemblée générale des Nations-Unies* relative à la « souveraineté permanente sur les ressources naturelles » dans son article 4.

Toutefois, cette règle coutumière ne connaît *aucune application en droit communautaire en raison de sa spécificité.* De plus, dans *les contrats d'Etat (State Contracts) internationalisés,* les parties cherchent tout naturellement à éviter son emploi en introduisant des *clauses compromissoires* donnant à des arbitres de leur choix la compétence de juger en premier et dernier ressort (voir *supra* n° 470 et *infra* n° 1154 et 1425).

1135. ***Raisons*** — Les raisons de cette règle apparaissent clairement :

— Il s'agit tout d'abord *d'éviter la multiplication des différends internationaux* ; autrement dit, on est là en présence d'une règle d'économie du contentieux international.

— Il s'agit encore d'une *règle de bon sens qui touche à la bonne administration de la justice*. En effet, tout Etat est supposé avoir un système judiciaire complet et objectif. Dans ces conditions, c'est d'abord dans l'ordre interne que l'individu doit trouver à la fois ses juges naturels et des remèdes adéquats ; et ce n'est qu'en cas d'échec qu'il peut y avoir élévation du conflit au niveau international.

1136. ***Dispense*** — Toutefois, il existe des *atténuations à cette règle*. D'une part, il peut être décidé d'y déroger par convention expresse contraire. D'autre part, cette règle ne joue pas lorsqu'il n'y a pas de recours locaux à épuiser, soit qu'il n'existe pas de voies de droit ouvertes à l'individu lésé, soit que celles-ci apparaissent à l'évidence comme « illusoires » en raison du mauvais fonctionnement bien connu de la justice de ce pays. C'est ce que formula d'une manière condensée un ancien Secrétaire d'Etat aux Etats-Unis au XIXe siècle, Hamilton Fish, en affirmant : *« Un réclamant, dans un Etat étranger, n'est pas tenu d'épuiser la justice quand il n'y a pas de justice à épuiser »*.

Toutefois, cette règle n'est pas toujours d'un maniement aisé, et il est parfois difficile de déterminer à partir de quand les recours internes ont été réellement épuisés. Pour un exemple concret de ce type de difficultés, particulièrement redoutables dans le cadre d'un Etat fédéral en raison de l'existence de procédures judiciaires à « plusieurs niveaux » et fort complexes, on ne peut que renvoyer aux faits de *l'affaire* précitée de *l'Interhandel* entre les Etats-Unis et la Suisse.

c) Les procédures d'exercice de la protection diplomatique.

1137. ***Plan*** — L'examen de cette question s'articule autour de deux propositions : d'une part, l'Etat possède une entière liberté pour la déclencher ; d'autre part, il possède également une entière liberté dans le choix des moyens à employer.

Enfin, un dernier problème — mais celui-là controversé — se pose relativement fréquemment au cas où un individu, dans un contrat passé avec un Etat tiers, renoncerait à demander la protection diplomatique de son Etat national. Dans une telle hypothèse, cette renonciation à la protection diplomatique est-elle licite sur le plan international quand elle émane de l'individu ?

I. — Le libre choix de l'Etat dans le déclenchement de la protection diplomatique.

1138. ***Pouvoir discrétionnaire de l'Etat*** — On est ici en présence d'un pouvoir entièrement discrétionnaire appartenant à l'Etat puisque celui-ci, on le rapelle, fait valoir son « propre droit » et non celui de son ressortissant.

Ce point a été réaffirmé dans les termes les plus claires par la Cour Internationale de Justice dans *l'affaire de la Barcelona Traction* de 1970 : « L'Etat, dit la Cour, doit être considéré comme seul maître de décider s'il accordera sa protection, dans quelle mesure il le fera et quand il y mettra fin. Il *possède*, à cet égard, *un pouvoir discrétion-*

naire dont l'exercice peut dépendre de considérations, d'ordre politique notamment, étrangères au cas d'espèce. Sa demande n'étant pas identique à celle du particulier ou de la société dont il épouse la cause, l'Etat jouit d'une liberté d'action totale » (Rec. 1970, p. 44).

1139. ***Une solution potentiellement injuste*** — Une telle solution peut se révéler *manifestement injuste* pour la personne privée lésée. Mais celle-ci, en vertu des règles générales du droit international examinées précédemment, ne saurait trouver un remède quelconque dans l'ordre international (voir *l'arrêt de la Barcelona Traction* précité, p. 44). La personne privée lésée pourra éventuellement — mais exceptionnellement — *trouver un remède dans l'ordre interne.* Ainsi l'article 112 de la Constitution de Weimar de 1919 reconnaissait un tel droit aux citoyens allemands à l'encontre de leur gouvernement. Mais, à notre connaissance, cette solution est restée unique. Si l'on prend le cas de la France, par exemple, le refus par le gouvernement français d'exercer sa protection diplomatique au profit d'un national français, individu ou société, dont les intérêts auraient été lésés à l'étranger, constituerait un « acte de gouvernement ». Sur ce point, il existe une jurisprudence ancienne et constante.

Une solution identique existe aux Etats-Unis où le gouvernement fédéral a toujours dénié le droit de ses ressortissants à être systématiquement protégés à raison de leurs activités internationales, de leur présence ou de leurs investissements dans des pays étrangers.

II. — Le libre choix par l'Etat des moyens d'exercice de la protection diplomatique.

1140. ***Diversité des moyens*** — Ce point devait être clairement mis en lumière par la C.I.J. dans *l'affaire de la Barcelona Traction.* La Cour affirmait en effet : « Dans les limites fixées par le droit international, un *Etat peut exercer sa protection diplomatique par les moyens et dans la mesure qu'il juge appropriés,* car c'est son droit propre qu'il fait valoir » (Rec. 1970, p. 44). On notera, là encore, que c'est toujours la même explication qui est donnée pour justifier ce libre choix par l'Etat des moyens d'exercice de la protection diplomatique, à savoir que celui-ci fait valoir « son propre droit » et non celui de son ressortissant lésé : ceci veut dire que ces moyens peuvent être soit le recours à des *procédures diplomatiques* (voir *infra*, n° 1370 et s.), soit le *recours à des procédures cœrcitives* dans la mesure où celle-ci sont licites (voir *infra*, n° 1340 et s.), soit enfin le recours à la *juridiction internationale,* arbitrage ou juge international, ce qui est relativement peu fréquent. La C.I.J. devait relever ces différentes « options » dans *l'affaire de la Barcelona Traction* dans les termes suivants : « L'action judiciaire internationale n'est qu'un des moyens dont disposent les Etats quand ils invoquent leur droit d'exercer la protection diplomatique » (Rec. 1970, p. 45).

III. — La renonciation à la protection diplomatique : la clause Calvo.

1141. ***Renonciation par le bénéficiaire*** — Il ne s'agit pas ici d'examiner le droit de l'Etat de ne pas exercer sa protection diplomatique, voire d'y renoncer expressément par convention internationale.

Tout Etat a la possibilité de renoncer par convention internationale à l'exercice de son droit de protection diplomatique puisque, là encore, rappelons-le, c'est toujours son droit propre que l'Etat fait valoir. C'est ainsi, par exemple, que l'article 27 de la *Convention B.I.R.D. de 1965 relative au règlement des différends portant sur les investissements internationaux*, prévoit que les parties contractantes renoncent à l'exercice de leur protection diplomatique en cas de clause compromissoire soumettant le différend en cause au Centre international pour le règlement des différends relatifs aux investissements (C.I.R.D.I.). L'hypothèse est ici entièrement différente. Il s'agit des cas *où, conventionnellement, les personnes privées se sont engagées auprès d'un Etat tiers à ne pas invoquer la protection diplomatique de leur Etat national.*

1142. ***Une validité contestée*** — Cette renonciation émanant de personnes privées est-elle valable sur le plan du droit international ?

Cette clause de renonciation est souvent appelée « *clause Calvo* », du nom d'un professeur de droit et ministre des Affaires étrangères argentin de la fin du XIXe siècle. Pour justifier cette clause de renonciation insérée dans les contrats passés entre les étrangers et les pays latino-américains, Calvo s'appuyait sur deux considérations. D'une part, les Etats étant libres, indépendants et souverains, *ne doivent souffrir aucune ingérence de la part des Etats tiers* : autrement dit, pour lui, tout exercice de la protection diplomatique constitue une modalité d'interférence dans les affaires intérieures d'un Etat par un pays tiers. D'autre part, pour Calvo — c'était là sa deuxième raison, — *les étrangers ne sauraient bénéficier sur le territoire du pays où ils résident que des droits et privilèges qui sont accordés aux nationaux.* Ne bénéficiant par hypothèse que du traitement national et non d'un régime privilégié quelconque, il est dès lors normal que les étrangers ne puissent avoir de remèdes autres que ceux offerts par les seules autorités locales.

Les buts poursuivis par cette clause de renonciation à la protection diplomatique sont évidents. En effet, dans le passé, la protection diplomatique avait été accordée souvent de façon très libérale, voire *abusive*, par des pays européens à leurs ressortissants résidant dans les pays latino-américains ; de la sorte, ceux-ci y voyaient une institution « coloniale », impérialiste, utilisée pour justifier des interventions dans leurs affaires intérieures qui pouvaient, à la limite, dégénérer en opérations militaires. Il en alla ainsi du blocus des côtes vénézuéliennes en 1902. Cette « *clause Calvo* » avait donc directement pour objet de lutter contre de tels abus.

Le juge mexicain Padilla Nervo expliqua fort bien la position de nombre de pays du tiers-monde en la matière dans son opinion individuelle lors de *l'affaire de la Barcelona Traction* en 1970 : « L'histoire de la responsabilité des Etats, en matière de traitement des étrangers, est une suite d'abus, d'ingérences illégales dans l'ordre interne des Etats faibles, de réclamations injustifiées, de menaces et même d'agressions militaires sous le couvert de l'exercice de droits de protection, et de sanctions imposées en vue d'obliger un gouvernement à faire les réparations demandées » (Rec., p. 246). Ce même juge avait développé des arguments analogues devant la C.D.I. en 1957 lors de l'examen du projet de convention sur la « Responsabilité internationale de l'Etat pour les dommages causés sur son territoire à la personne et aux biens étrangers » ; pour lui, les règles de la responsabilité internationale des Etats établies au XIXe siècle l'avaient été « non seulement sans référence aux petits Etats mais contre eux » et n'apparaissaient que comme des instruments de relations inégales entre les Grandes Puissances et les Etats faibles, ayant récemment acquis leur indépendance — c'est-à-dire pour l'essentiel les pays latino-américains.

Pendant longtemps, les pays latino-américains firent de la « clause Calvo » un de leurs principaux « chevaux de bataille » au point d'en faire souvent une obligation constitutionnelle. Toutefois, une inflexion marquée et récente est ici à noter. C'est ainsi que *l'Argentine*, pays promoteur de la *Clause Calvo,* devait formellement l'abandonner ainsi que cela ressort clairement du traité du 14 novembre 1991 conclu entre les Etats-Unis à propos de l'encouragement et de la protection réciproque des investissements (voir l'article VII de ce traité dont le texte est reproduit *in* ILM.1992.124). Un autre grand défenseur de cette doctrine, le *Mexique*, devait également l'abandonner dans sa loi cadre du 21 décembre 1991 sur les traités internationaux (voir l'article 8 de cette loi reproduite *in* ILM.1992.390).

1143. — Une appréciation différenciée.

La pratique internationale relative à la validité de cette « clause Calvo » est pour le moins contradictoire :

— Si l'on s'en tient à la théorie classique en matière de responsabilité internationale selon laquelle l'Etat qui exerce sa protection diplomatique fait exclusivement valoir son « droit propre », *on doit alors conclure à la nullité de cette « clause Calvo »*. En effet, en bonne logique, une personne privée ne saurait renoncer à un droit qui ne lui appartient pas et qui, de surcroît, est une prérogative d'Etat, inhérente à sa souveraineté. Telle est d'ailleurs la tendance dominante si l'on se réfère à la doctrine ou à la pratique des Etats (notamment américaine). Une telle condamnation peut également être inférée de la jurisprudence de la Cour de La Haye.

— Mais il existe aussi un certain nombre *d'arbitrages qui ont reconnu la licéité internationale de la « clause Calvo »*. Il en alla ainsi de certaines décisions de la *Commission générale d'arbitrage instituée en 1923 entre les Etats-Unis et le Mexique.* On peut citer deux affaires où les commissaires ont expressément reconnu la validité internationale de cette « *clause Calvo* » (*North American Dredging C°*, 1926, R.S.A., vol. IV, p. 26 et s. ; *International Fisheries C°*, 1931, R.S.A., vol. IV, 691).

1144. ***Un rôle reconnu mais atténué*** — Il semble cependant que, dans des cas limites, comme ceux envisagés par les deux espèces décidées par la Commission générale d'arbitrage entre les Etats-Unis et le Mexique, la « clause Calvo » puisse jouer un certain rôle non pas en tant que telle, mais accessoirement comme de nature à constituer une exemption, ou au moins une atténuation à l'exercice de la protection diplomatique ; ainsi le non respect d'une telle clause par la personne privée lésée pourrait servir d'élément de preuve pour démontrer que celle-ci n'avait pas les « mains propres » ou s'était abstenue d'épuiser les recours internes.

2 — L'élévation du conflit par une institution internationale : la protection fonctionnelle de ses agents.

1145. ***Un régime calqué sur la protection diplomatique*** — Lorsque l'individu lésé par un manquement au droit international imputable soit à un Etat, soit à une institution internationale tierce, est un agent ou un fonctionnaire d'une institution internationale, celle-ci peut exercer à son profit sa « protection fonctionnelle ».Elle peut faire valoir, à l'égard de l'auteur du fait illicite dommageable, son « propre droit » au respect du droit international dans la personne de ses agents ou fonctionnaires.

a) La protection fonctionnelle de ses agents est inhérente aux pouvoirs de toute institution internationale (voir aussi supra, n° 972).

1146. ***L'apport de l'affaire Bernadotte*** — Telle est la solution générale dégagée par la C.I.J. dans *l'affaire Bernadotte* souvent citée de 1949. On se rapelle ici les faits de l'espèce : le Comte Bernadotte avait été nommé médiateur des Nations unies en Palestine, en 1948, et, peu de temps après, il avait été assassiné par des individus non identifiés mais relevant du gouvernement israélien. L'Organisation des Nations unies avait-elle compétence pour demander au profit de son agent et de ses ayants droit une réparation adéquate à Israël, cet Etat ayant été reconnu responsable de cette action dommageable ? La Cour donna, on s'en souvient, une réponse positive à cette question. D'après la C.I.J., l'O.N.U., et on peut ici généraliser son propos à toutes les Organisations internationales, a une *compétence de protection fonctionnelle* qu'elle est en droit d'exercer au profit de ses agents. Il y a là une *compétence inhérente* aux buts et aux missions de l'institution en cause.

1147. ***Une application spécifique de la théorie des pouvoirs implicites*** — On est ici en présence d'une nouvelle application particulière de la théorie des « pouvoirs implicites » que nous avons rencontrée plusieurs fois (voir *supra*, n° 966 et s.). La Cour a, en effet, reconnu que l'O.N.U. avait qualité pour « exercer dans une certaine mesure une protection fonctionnelle de ses agents... » ; que celle-ci était « nécessairement impliquée dans la Charte » et qu'elle dépendait à la fois « du caractère des fonctions confiées à l'Organisation » et de la « nature des missions de ses agents ». Cette protection appropriée dont bénéficie l'Organisation internationale doit contribuer à lui assurer « un exercice efficace et indépendant de ses fonctions » en même temps qu'elle doit « procurer à ses agents un appui effectif » et qu'elle garantit ainsi « leur indépendance » dans l'exercice de leurs fonctions (Rec. 1949, p. 182-183).

b) Le fondement : le « droit propre » de l'institution en cause.

1148. ***Analogie avec la protection diplomatique*** — Il faut ici procéder par *analogie*. Les mécanismes de la responsabilité internationale précédemment analysés au titre de la protection diplomatique des Etats sont ici transposables, toutes proportions gardées, aux institutions internationales. La C.I.J., dans son Avis précité de 1949 *(affaire Bernadotte)* l'a fortement marqué : « *Quand (l'Organisation) demande réparation à raison d'un manquement à ses obligations, elle invoque son propre droit, le droit de voir respecter les obligations assumées envers elle... En demandant une réparation fondée sur le préjudice subi par son agent, l'Organisation ne représente pas son agent ; elle affirme son propre droit, le droit de garantir le respect des engagements contractés envers l'Organisation* »... (Rec., 1949, p. 184).

Si cette compétence de « protection fonctionnelle » au profit de leurs agents trouve son fondement dans le « droit propre » des institutions internationales, il en va de même des modalités de sa mise en œuvre et de ses conséquences. Autrement dit, en appliquant un raisonnement par analogie, *il est loisible d'affirmer que les institutions internationales disposent de la même liberté que l'Etat dans la mise en œuvre de leur protection fonctionnelle à l'égard de leurs agents*, sauf si des dispositions particulières du statut de ses agents leur faisait obligation d'intervenir aux fins de les protéger.

Des considérations analogues gouvernent le régime juridique des *réparations* éventuellement obtenues par une institution internationale à la suite de l'exercice de son droit de protection fonctionnelle à l'égard de ses agents.

Il reste cependant une question non résolue de façon générale - à savoir la conciliation entre la protection fonctionnelle de l'institution internationale au profit de son agent et la protection diplomatique de l'Etat concerné au profit de son national (voir aussi *supra* n° 1063).

3 — Le droit d'« action directe » de la personne privée au plan international.

1149. ***Rappel***— On se contentera ici d'un bref rappel dans la mesure où cette question a déjà été abordée au titre de la personnalité internationale des individus (voir *supra*, n° 983 et s.). Nous avons vu, en effet, que les personnes privées, dans un nombre de cas sans doute limités mais croissants, avaient conventionnellement reçu le droit de faire valoir — directement ou indirectement — leurs droits en justice au niveau international. Dans ces cas, *les individus peuvent demander le respect de leurs droits aux tribunaux internationaux compétents institués sans passer par le canal de la protection diplomatique des Etats ou de la protection fonctionnelle des Organisations internationales.*

1150. ***Amélioration de la qualité du droit international*** — On est ici en présence d'un progrès extrêmement marqué du droit international, d'une amélioration de type qualitatif qui renforce « l'état de droit » en la matière. Si la personne privée peut demander directement — ou indirectement — réparation du préjudice subi devant des juges internationaux indépendants, sa situation de sujet du droit international se trouve alors garantie et, partant, mieux assurée. Mais, nous l'avons déjà signalé, un tel progrès est accueilli avec réticence par les Etats qui tiennent beaucoup à conserver leur rôle d'écran en empêchant une internationalisation des différends juridiques nés dans l'ordre interne et qui se dénoueraient en dehors de leur contrôle.

1151. ***La solution favorable de la C.E.D.H.*** — Les échos d'une telle réticence étatique étaient visibles dans la version initiale de la *Convention européenne des droits de l'homme de 1950* où les individus ne pouvaient pas saisir directement la Cour de Strasbourg et devaient passer par l'intermédiaire de la *Commission européenne des droits de l'homme* qui, tout en étant indépendante, devait être un intermédiaire obligé. Avec la réforme entrée en vigueur en 1998, ce système appartient maintenant au passé et les individus peuvent désormais effectuer une *saisine directe* de la Cour, celle-ci jugeant également de la recevabilité des requêtes.

1152. ***Idem pour la convention BIRD de 1965*** — Dans le même sens, les Etats hésitent encore souvent à accepter systématiquement le recours à l'arbitrage international pour règler les différends nés lors de l'exécution des contrats conclus avec les personnes privées ; cependant, actuellement, sous l'impulsion notamment de la *Convention B.I.R.D. de 1965* souvent citée et de *nombreux accords bilatéraux sur la garantie et la protection des investissements privés,* ils sont amenés à accepter ce type de clause compromissoire. En outre, nombre d'Etats, en dépit de leurs options, sont obligés, sous la pression de leurs partenaires « privés », d'insérer une « clause d'arbitrage » dans leurs contrats internationaux, les parties « privées » en faisant souvent un « *sine qua non* ».Dans toutes ces instances, les cocontractants privés possèdent alors un *droit d'action directe* devant un tribunal international pour obtenir réparation adéquate de la violation de leurs droits.

1153. ***Idem en droit communautaire*** — Il existe toutefois une *exception conventionnelle marquée dans l'ordre international* où une personne privée peut directement faire valoir ses droits devant des juges internationaux indépendants et permanents ; il s'agit du régime juridique institué par le droit communautaire et qui se situe bien souvent à mi-chemin entre l'ordre interne et l'ordre international. Toutefois, même dans le système communautaire, si les individus ont bien le droit de faire valoir directement leurs griefs en justice, l'évolution n'est pas encore achevée ; le droit de saisine directe de la Cour de Justice des Communautés Européennes par les personnes privées est loin d'être total : *celles-ci ne possèdent pas en effet de recours individuel contre tous les actes des organes communautaires* ; de plus elles n'ont pas le droit d'actionner directement devant la Cour de Luxembourg les Etats membres pour violation de leur part des traités constitutifs ou du droit dérivé.

1154. ***Elimination de la protection diplomatique par la voie contractuelle*** — Il convient également de noter que des personnes privées — en réalité des sociétés — peuvent recourir directement à des arbitres internationaux, éliminant ainsi la nécessité d'obtenir la protection diplomatique de « leur » Etat national. Il en va ainsi, soit parce que les Etats leur ont reconnu ce droit par traité (voir *infra*, n° 1419 et s.) soit parce qu'elles ont été en mesure d'imposer une clause compromissoire à leur co-contractant étatique étranger (voir *infra*, n° 1425 et s.).

En bref, *l'érosion de la protection diplomatique va à l'évidence de pair avec la reconnaissance aux personnes privées de droits propres qu'elles peuvent faire directement valoir devant un juge international.*

§ 5 — La réparation.

1155. ***Plan*** — Lorsqu'une violation d'une obligation internationale a été commise, elle donne naissance à une obligation correspondante de réparer. Cette réparation peut prendre des formes extrêmement diverses. Si cette réparation a pour but d'indemniser un préjudice subi par une personne privée, il conviendra alors de procéder à la répartition de l'indemnité reçue par l'Etat ou l'institution internationale.

1 — L'obligation de réparer.

1156. ***Un principe général du droit incontesté*** — Il s'agit là d'un principe général du droit, voire d'une règle coutumière, qui a toujours été affirmé aussi bien dans l'ordre interne que dans l'ordre international. Ce principe a tout d'abord été reconnu par la jurisprudence arbitrale avant de l'être par la Cour de La Haye. *Il n'a jamais été contesté tant, en effet, il est élémentaire : toute faute entraîne réparation.*

a) La pratique arbitrale.

1157. ***Quelques causes célèbres*** — Celle-ci est abondante et l'on se contentera d'en citer seulement quelques cas parmi les plus célèbres.

Ainsi, dans *l'affaire de l'Alabama* décidée le 14 septembre 1872, le tribunal arbitral condamna la Grande-Bretagne à payer une indemnité — lourde au demeurant — aux Etats-Unis pour violation de ses obligations internationales en tant que puissance neutre pendant la guerre de Sécession (texte *in* La Pradelle et Politis, T. II, p. 891).

Dans *l'affaire de l'indemnité russe* déjà citée, la Cour permanente d'arbitrage estima que « tous les dommages-intérêts (étaient) toujours la réparation, la compensation d'une faute ». (Sentence du 11 décembre 1912, R.S.A., vol. XI, p. 440).

Enfin, d'une manière plus générale encore, Max Huber, dans une sentence arbitrale du 12 mai 1925 relative aux « *réclamations britanniques pour dommages survenus dans la zone espagnole du Maroc* » posait les principes suivants : « *La responsabilité est le corollaire nécessaire du droit... La responsabilité entraîne comme conséquence l'obligation d'accorder une réparation au cas où l'obligation n'aurait pas été remplie* » (R.S.A., vol. II, p. 641).

b) La pratique de la Cour de La Haye.

1158. ***Une formulation classique de la Cour de La Haye*** — La C.P.J.I. eut souvent l'occasion de formuler ce principe dans des termes classiques à l'occasion des divers arrêts relatifs à *l'usine de Chorzow*. Dans son arrêt du 26 juillet 1927, la Cour affirmait : « *C'est un principe de droit international que la violation d'un engagement entraîne l'obligation de réparer dans une forme adéquate* » (sér. A, n° 9, p. 21).

Quelque temps plus tard, dans son arrêt du 13 septembre 1928, la Cour se référait à son arrêt précédent et estimait que « c'est un principe du droit international, voire une conception générale du droit, que toute violation d'un engagement international comporte l'obligation de réparer » (sér. A, n° 17, p. 29).

Enfin, plus près de nous encore, dans son Avis consultatif souvent cité de 1949, dans *l'affaire dite du Comte Bernadotte*, la C.I.J. confirma le principe posé par sa devancière et fit d'ailleurs expressément référence à la jurisprudence passée (voir Rec. 1949, p. 184).

2 — Les modalités de la réparation.

1159. ***Ses deux formes***— La réparation est susceptible de revêtir deux formes principales selon qu'il y a eu ou non dommage matériel : elle prendra alors une forme pécuniaire ou non pécuniaire. Dans un cas il y aura simple satisfaction et, dans l'autre, versement d'une indemnité en argent.

a) La satisfaction : la réparation morale.

1160. ***Nécessité d'une absence de dommage matériel*** — Il s'agit là du mode de *réparation normal quand il n'y a pas dommage matériel et lorsqu'il y a atteinte aux seuls intérêts moraux ou politiques de l'Etat ou de l'institution internationale.* L'Etat auteur du fait international illicite ayant porté un préjudice à un autre Etat pourra, par exemple, lui présenter des excuses ou rendre les honneurs officiels à son représentant qui a subi le dommage, prendre des sanctions internes contre les agents responsables, etc.

1161. ***Reconnaissance formelle de l'illicite par le juge ou l'arbitre*** — Parfois, cette satisfaction peut prendre la forme *d'une* *reconnaissance par le juge ou l'arbitre international* de la violation d'un droit par un Etat à l'encontre d'un autre. Telle fut la situation qui se présenta dans *l'affaire du détroit de Corfou* entre l'Albanie et la Grande-Bretagne. L'Albanie demandait à la Grande-Bretagne des excuses pour la violation de sa souveraineté territoriale, à savoir le déminage opéré par la marine de guerre britannique ; mais elle ne demandait pas de somme d'argent puisqu'il n'y avait pas eu dommage matériel. La Cour donna ici raison à l'Albanie : « par les actions de sa marine de guerre dans les eaux albanaises au cours de l'opération des 12-13 novembre 1946, le Royaume-Uni a violé la souveraineté de la République populaire d'Albanie, cette constatation par la Cour constituant en elle-même une satisfaction appropriée » (Rec. 1949, p. 36). Il en alla de même dans l'arbitrage déjà cité du 30 avril 1990 qui opposa la Nouvelle-Zélande à la France dans l'*affaire du Rainbow Warrior.* Le tribunal ayant publiquement fait « quatre déclarations de violation substantielle par la France de ses obligations », il considéra que cela constituait « dans les circonstances, une satisfaction appropriée pour les dommages légaux et moraux causés à la Nouvelle-Zélande » (§ 123 de la sentence reproduite *in* Clunet 1990.861 avec un commentaire de R. Pinto).

b) Le versement d'une indemnité : la réparation pécuniaire.

1162. ***Règle générale en cas de dommage matériel*** — Le principe général est que s'il y a eu dommage matériel l'indemnité doit être versée en argent. Cette règle incontestée fut posée par la C.P.A. dans *l'affaire précitée de « l'indemnité russe »* : « Il est certain... que toutes les fautes, quelle qu'en soit l'origine, finissent par être évaluées en argent et transformées en obligation de payer ; elles aboutissent toutes, en dernière analyse, à une dette d'argent » (R.S.A., vol. XI, p. 440).

La C.P.J.I. dans son arrêt du 13 septembre 1928 dans *l'affaire de l'usine de Chorzow* devait suivre la même approche quand elle affirma : « Il est un principe de droit international que la réparation d'un tort peut consister en une indemnité correspondant au dommage que les ressortissants de l'Etat lésé ont subi par suite de l'acte contraire au droit international. C'est même la forme de réparation la plus usitée... ».(sér. A, n° 17, p. 27).

Il convient ici d'insister sur deux difficultés d'application de cette règle générale. L'une est propre au droit international et elle a trait à la mesure de la réparation ; l'autre, commune au droit de la responsabilité, concerne les modalités d'évaluation de la réparation.

I. — La mesure de la réparation.

1163. ***Difficulté propre au droit international*** — Cette difficulté est inhérente aux mécanismes spécifiques de la responsabilité internationale que nous avons examinés précédemment et elle apparaît chaque fois qu'un dommage a été causé à une personne privée et qu'un Etat (ou une institution internationale) « élève le conflit » et exerce sa protection diplomatique pour violation du droit international dans la personne d'un de ses nationaux ou « agent » : dans un tel cas, on le rappelle, l'Etat (ou institution internationale) fait valoir son « propre droit » et non celui de son ressortissant ou agent. Dans une telle hypothèse, le conflit devient alors « inter étatique » ou « public » ainsi que la C.I.J. devait le signaler dans l'affaire des « phosphates marocains » du 14 juin 1938 : « S'agissant d'un acte imputable à l'Etat et décrit comme contraire aux droits conventionnels d'un autre Etat, la responsabilité internationale s'établit directement dans le plan des relations entre ces Etats » (sér. A/B, n° 74, p. 28).

1164. ***Dommage subi par le particulier et dommage subi par l'Etat national*** — Ainsi, lorsque la violation du droit international trouve son origine dans *l'atteinte à des droits privés,* quelle va être la *mesure de la réparation* ? Prendra-t-on en considération les droits de l'individu ou seulement ceux de son Etat national ? La C.P.J.I. dans *l'affaire de l'usine de Chorzow* donna à cette question une réponse qui ne pouvait être qu'embarrassée en raison de l'artifice que constitue toute la procédure de la « protection diplomatique » considérée comme une institution de défense des intérêts étatiques. Elle s'exprima dans les termes suivants : « ... La réparation due à un Etat par un autre Etat ne change pas de nature par le fait qu'elle prend la forme d'une indemnité pour le montant de laquelle le dommage subi par un particulier fournira la mesure. Les règles de droit qui déterminent la réparation sont les règles de droit international en vigueur entre les deux Etats en question, et non pas le droit qui régit les rapports entre l'Etat qui aurait commis un tort et le particulier qui aurait subi le dommage. Les droits ou intérêts dont la violation cause un dommage à un particulier, se trouvent toujours sur un autre plan que les droits de l'Etat auxquels le même acte peut également porter atteinte. *Le dommage subi par le particulier n'est donc jamais identique en substance avec celui que l'Etat subira ; il ne peut que fournir une mesure convenable de la réparation due à l'Etat* » (sér. A, n° 17, 1928, p. 28).

1165. ***Solutions dégagées par le droit international prétorien*** — De cette longue citation de la Cour qui constitue encore le droit en vigueur, il est loisible de dégager les principes suivants :

— *Le droit international de la réparation est autonome* : il régit des situations impliquant des seuls Etats ou institutions internationales, indépendamment des rapports juridiques sous-jacents. Autrement dit, le droit applicable — dans une telle hypothèse — ne sera pas celui prévu contractuellement par exemple entre un Etat et une personne privée, qu'il soit fait référence au droit « international » des contrats internationaux ou à un droit interne étatique quelconque ;

— *Le droit international de la réparation est exclusif* (sauf, bien entendu, existence d'une clause compromissoire spécifique) : seul le droit international va s'appliquer à l'exclusion de tout autre système juridique. Toujours dans une hypothèse de « protection diplomatique », les règles internes ou celles prévues par le contrat international en cause ne seront pas applicables ; seul le droit international régira les règles de la réparation. Ainsi, en cas de nationalisation ou d'expropriation, si le droit interne de l'Etat concerné ne prévoit aucune — ou une faible — indemnisation, cette règle « interne » ne sera, comme les autres, qu'un « simple fait » qui ne liera nullement le juge ou l'arbitre international. Il en irait de même pour de strictes règles d'indemnisation prévues par les parties contractantes dans leur accord « internationalisé » ;

— *Le dommage subi par l'Etat* (ou l'institution internationale) exerçant sa « protection » *n'est pas identique à celui subi par le particulier* : ce dernier, purement privé, va disparaître dans l'instance, ou du moins être « mis entre parenthèses », au profit du premier de nature « publique » ; sera ainsi « réparé » le « droit propre » de l'Etat ou de l'institution internationale qui a été atteint par suite d'une violation du droit international ;

— Cependant, *le dommage « privé » servira de « mesure » à la réparation due à l'Etat national ou à l'institution internationale. Ici, tout l'artifice du mécanisme de la protection diplomatique apparaît au grand jour* : soit l'Etat ou l'institution internationale ne poursuivent que la réparation de leur « droit propre » et alors point n'est besoin de faire référence au dommage initial « privé » ; soit l'Etat ou l'institution internationale concernés n'ont pas subi de préjudice autre que celui subi par leur national ou agent, et alors ils apparaissent dans une situation de subrogation et ne peuvent posséder un titre supérieur ou inférieur à celui du particulier lésé, les deux dommages — ainsi que la réparation correspondante — se confondant. La solution intermédiaire encore reconnue par le droit international positif ne saurait donner satisfaction sur le plan théorique ou pratique. On notera sur ce dernier point que, en vertu de tels principes, l'Etat ou l'institution internationale exerçant sa protection peut fort bien obtenir une réparation supérieure au préjudice effectivement subi par le particulier, soit — ce qui est le plus souvent le cas — *inférieure*. Dans cette dernière hypothèse, le particulier lésé, s'il dispose d'un titre autonome (clause compromissoire) en vertu d'un engagement contractuel violé par un Etat tiers par exemple, pourra fort bien décider de faire valoir ses « propres droits » en estimant que l'Etat le protégeant diplomatiquement n'a fait, lui, que demander réparation pour la violation de son droit également « propre » : c'est d'ailleurs ce que reconnut — logiquement — la Cour de cassation française dans son arrêt précité du 14 juin 1977, *S.E.E.E. c/ République socialiste fédérale de Yougoslavie, Etat français et autres* (R.C.D.I.P. 1978, 710). Le professeur Dubouis, dans sa note précitée (*ibid.*, p. 615 et s.) critique la Cour de cassation pour avoir adopté une telle position qui à notre sens possède deux grands mérites : d'une part, elle offre dans certains cas une voie de recours autonome à la personne privée en cas de protection étatique « insuffisante » ; d'autre part, et sur un plan plus général, elle montre clairement le caractère archaïque, inadapté et hybride des mécanismes de la « protection diplomatique » qui ressortent avec la plus grande netteté quand il s'agit de procéder à l'évaluation de la réparation due à raison de la violation du droit international commise à l'encontre de personnes privées.

II. — Les modalités de l'évaluation de la réparation.

α) Un principe contesté : la remise des choses en l'état (ou la « restitutio in integrum »).

1166. ***Affirmation du principe*** — Toute une pratique arbitrale et judiciaire internationale estime que l'on se trouve ici en présence d'un principe général de droit selon lequel le mode de réparation *normal* serait la *« restitutio in integrum ».* C'est ainsi que la Cour permanente d'arbitrage, dans *l'affaire de la réquisition des navires norvégiens par les Etats-Unis,* rendue le 13 octobre 1922, affirma que « la juste compensation impliqu(ait) le rétablissement complet du *statu quo* » (R.S.A., vol. I, p. 307). Plus près de nous, l'arbitre Dupuy, dans sa *sentence Texaco* déjà souvent citée, s'estimait fondé à affirmer que *« la restitutio in integrum* constitu(ait)... selon les principes... du droit international, la sanction normale de l'inexécution d'obligations contractuelles et qu'elle ne pourrait être écartée que dans la mesure où le rétablissement du *« statu quo »* se heurterait à une impossibilité absolue » (§ 109 de la sentence *in* Clunet 1977, p. 387 ; voir aussi l'analyse de la jurisprudence internationale contenue aux par. 97-101).

De son côté, la C.P.J.I. posa un principe identique dans son arrêt précité du 13 septembre 1928 relatif à *l'usine de Chorzow* : « le principe essentiel, dit la Cour, qui découle de la notion même d'acte illicite et qui semble se dégager de la pratique internationale, notamment de la jurisprudence des tribunaux arbitraux, est que la réparation doit, autant que possible, effacer toutes les conséquences de l'acte illicite et rétablir l'état qui aurait vraisemblablement existé si ledit acte n'avait pas été commis. Restitution en nature ou, si elle n'est pas possible, paiement d'une somme correspondant à la valeur qu'aurait la restitution en nature ; allocation, s'il y a lieu, de dommages-intérêts pour les pertes subies qui ne seraient pas couvertes par la restitution en nature ou le paiement qui en prend la place ; tels sont les principes desquels doit s'inspirer la détermination du montant de l'indemnité due à cause d'un fait contraire au droit international » (sér. A, n° 17, pp. 47). Déjà auparavant, dans *l'affaire des concessions Mavrommatis* en 1925, (C.P.J.I., sér. A, n° 5, p. 45), puis dans celle de *Préah-Vihéar* en 1962 (Rec., pp. 36-37), la Cour de La Haye devait se référer à ce principe de la « *restitutio in integrum* » et en faire application.

1167. ***Son inapplication ponctuelle : les nationalisations illicites*** — Pourtant, en dépit de l'autorité des tribunaux ayant procédé à ces affirmations, il demeure contesté et contestable que la « remise des choses en l'état », la « *restitutio in integrum* » soit bien le mode normal de la réparation en droit international, en tant que principe général de droit. Il convient tout d'abord de noter que toutes ces décisions précisent bien que ce mode de réparation doit être « possible » pour s'imposer : or, la « *restitutio in integrum* » se révèle le plus souvent « impossible » à effectuer dans l'ordre international. Il en va notamment ainsi en matière de *nationalisations ou expropriations,* et sur ce point nous ne pouvons suivre la solution de la « sentence Dupuy » précitée (voir les § 110-112) : en effet, imposer le retour à la situation antérieure à l'Etat nationalisant ou expropriant revient, en réalité, à lui interdire de procéder à une telle mesure, ce qui va directement à l'encontre de sa souveraineté territoriale. De fait, jamais dans le passé un concessionnaire « nationalisé » n'a été restauré dans ses droits. Pour ces raisons, d'autres arbitres qui ont eu à connaître au cours des dernières années des « nationalisations libyennes » ont justement estimé que le litige devait se régler par le versement de dommages-intérêts (voir la *sentence Lagergren* du 10 octobre 1973 dans *l'affaire B.P. c/Libye,* et *la sentence Mahmassani* du 12 avril 1977 dans *l'affaire L.I.A.M.C.O. c/Libye* reproduites partiellement *in* Revue de l'Arbitrage, 1980, n° 1, avec un commentaire de Brigitte Stern). On notera enfin que la « *restitutio in integrum* » est loin de constituer une règle présente dans les « grands systèmes juridiques » de sorte qu'il est difficile d'en faire « un principe général du droit international » (voir *supra*, n° 470).

β) La réalité internationale : le versement de dommages-intérêts.

1168. ***Règle générale*** — Le plus souvent, dans l'ordre international, la réparation prendra la forme du paiement de dommages-intérêts par la partie « fautive », auteur du fait international illicite. Leur montant devra couvrir *l'intégralité du préjudice subi.* Sans doute, *l'évaluation* du préjudice effectivement subi n'est-elle pas toujours aisée à déterminer. Sans doute encore convient-il avec la C.P.J.I. de faire une *distinction* selon que l'expropriation ou la nationalisation par exemple est licite ou non : dans la deuxième hypothèse, la *compensation sera alors plus élevée* (voir sur cette distinction, l'arrêt n° 17 de 1928 dans *l'affaire de l'usine de Chorzow,* p. 47).

Cependant, l'importance qu'il convient d'attacher à la licéité ou l'illicéité de la mesure en cause ne doit pas être exagérée quant à ses conséquences sur le montant de l'indemnité. La remarquable *sentence Amoco* rendue par le tribunal des différends irano-américains a eu le grand mérite de le démontrer en rappelant l'état actuel *du droit international contemporain de l'évaluation de l'indemnité de nationalisation ou d'expropriation (Amoco International Finance Corp. v. Islamic Republic of Iran*, 14 juillet 1987, ILM 1988.1314 et voir, pour une excellente mise au point, P. Juillard, AFDI, 1988, pp. 573-582).

1169. ***Réparation de la totalité du préjudice subi***— Ceci étant, l'indemnité devra être équivalente à l'ensemble du préjudice subi à la fois dans son aspect *matériel et moral.* En particulier, la réparation devra porter sur la *perte subie (le damnum emergens)* ainsi que sur le *manque à gagner (le lucrum cessans).* D'innombrables décisions jurisprudentielles ont fait application de ces règles qui peuvent être considérées comme des *principes généraux du droit international* (voir *supra*, n° 755 ; à titre d'exemples on peut citer *l'affaire des chemins de fer d'Antiquia* de 1866 *in* La Fontaine, Pasicirisie internationale (1899), p. 545 ; *l'affaire du chemin de fer de la Baie de Delagoa* de 1900 in La Fontaine, Pasicirisie, *op. cit.*, p. 397 ; la *sentence Asser dans l'affaire du Cap Horn Pigeon* de 1902, *in* R.S.A., vol. IX, p. 63 ;

l'affaire Shuffeldt in R.S.A., vol. II, p. 1079...). On renverra également à la sentence *Amoco* précitée pour une bonne analyse de l'évolution du droit international en la matière. Notons enfin que les tribunaux internationaux, comme ceux de l'ordre interne, *accordent des intérêts sur les sommes allouées* à raison des délais entre la survenance du préjudice et sa réparation effective. Toutefois, sauf intention contraire des parties au litige, des *intérêts composés* ne sont pas alloués (pour une appréciation à juste titre critique, voir F.A. Mann, *Compound interest as an item of damage in international law,* U.C. Davies Law Review, 1988.577).

1170. — L'indemnité allouée sera alors versée à l'Etat (ou à l'institution internationale) et non directement à la personne privée victime du dommage, à charge pour ces entités « publiques » de procéder à son reversement ou à sa répartition au profit des intéressés.

3 — La répartition de l'indemnité.

1171. ***Compétence discrétionnaire de l'Etat*** — Traditionnellement, il était affirmé que l'Etat qui recevait d'un autre Etat une indemnité compensatoire au profit de ses ressortissants lésés était maître de la répartir comme il l'entendait. Cette matière rentrait dans sa *compétence discrétionnaire* dans la mesure où, il convient encore de le rappeler, l'Etat n'ayant fait valoir que son « propre droit » obtenait donc réparation pour sa seule violation. Cette règle ne connaissait dans le passé que de rares exceptions conventionnelles ou arbitrales (voir sur ce dernier point la *sentence Tinoco* rendue entre la Grande-Bretagne et le Costa-Rica le 18 octobre 1923, R.S.A., vol. I, p. 369).

1172. ***Evolution vers sa juridictionnalisation interne*** — Depuis quelques années, on assiste à une évolution marquée du droit en la matière (voir G. Berlia, « Contribution à l'étude de la protection diplomatique, A.F.D.I., 1957, p. 66 et s.). Ce changement ressort clairement de la pratique suivie par les Etats-Unis, la France et la Grande-Bretagne. Dans ces trois pays, une véritable « juridictionnalisation » de la procédure de répartition de ces indemnités « internationales » a été instituée en raison, notamment, de la conclusion entre les Etats *d'accords globaux d'indemnisation* (lump sum agreements) qui, d'une part, n'individualisent plus les créances et, d'autre part, prévoient des versements assez nettement inférieurs à la valeur cumulée des biens privés saisis ou nationalisés. Dès lors, la répartition de cette indemnité devient une affaire délicate et de la plus grande importance pour les particuliers lésés concernés.

Dans ces trois pays, des « commissions de répartition » de telles indemnités ont été mises sur pied. En France, il est prévu un contrôle juridictionnel ultime qui incombe au Conseil d'Etat (pour des applications, voir D. Carreau, T. Flory et P. Juillard, « Chronique de droit international économique », A.F.D.I. 1976, p. 608 et s., et 1978, p. 642 et s. ; plus récemment, une commission de répartition *ad hoc* fut établie en 1998 dans le cadre de l'indemnisation des porteurs de titres de la dette russe de l'époque de l'empire tsariste). En Grande-Bretagne, la commission créée fonctionne comme les tribunaux ordinaires. Aux Etats-Unis, la « Commission pour les réclamations internationales » mise sur pied en 1950 (« International claims commission » devenue en 1954 la « Foreign claims settlement commission ») non seulement fonctionne comme les juridictions ordinaires mais doit aussi expressément appliquer dans ses décisions le droit international conventionnel et coutumier, les principes généraux du droit ainsi que les principes de « justice et d'équité » de façon à être en mesure d'accorder la plus large satisfaction aux justiciables privés.

1173. ***Conclusions*** — Deux conclusions, l'une spécifique et l'autre générale, peuvent être tirées de cette évolution en ce qui concerne le droit de la répartition des indemnités internationales.

— Tout d'abord, on notera que l'Etat — ou du moins certains d'entre eux — ne possède plus de compétence discrétionnaire pour répartir les indemnités reçues au titre de la réparation des dommages subis par ses ressortissants dans l'ordre international. Toutefois, on notera que ce changement ne concerne pas directement le droit international : il est intervenu à la suite de modifications jugées souhaitables selon le point de vue de l'ordre interne.

— D'une manière plus générale, cette évolution illustre une nouvelle fois le caractère « boiteux », peu satisfaisant, voire archaïque, de la « protection diplomatique » comme mécanisme de mise en jeu de la responsabilité internationale de l'Etat (voir aussi *supra*, n° 1114 et s.). Le « droit propre » que l'Etat entend faire valoir apparaît ici encore dans tout son artifice : s'il est réellement de cette nature, alors toute la procédure doit rester entièrement discrétionnaire depuis sa mise en œuvre initiale jusqu'à sa phase finale sans qu'il soit besoin d'essayer de lier la compétence de l'Etat au stade de la répartition de l'indemnité. Si, en revanche, il ne s'agit pas seulement d'un droit propre de l'Etat (et nous avons déjà noté que la séparation « droit de l'Etat » « droit du particulier » ne pouvait pas être et n'était d'ailleurs pas totale en matière d'évaluation de la réparation), pourquoi alors ne pas associer davantage la personne privée lésée à la procédure, voire lui accorder une *capacité à agir* pour faire valoir directement au niveau international ses « droits propres » violés devant les juges internationaux autonomes et impartiaux ? Le droit international s'est engagé — trop — timidement dans cette direction tant au niveau mondial avec la *Convention B.I.R.D. de 1965* qu'au niveau régional dans le cadre, par exemple, de la *Convention européenne des droits de l'homme de 1950* ou surtout des *Communautés Européennes*. Pour le reste, seules les « puissances économiques privées » ont pu obtenir, au coup par coup, des Etats et des institutions internationales avec lesquelles elles contractent, l'accès à des « forums » internationaux par le biais de *l'insertion quasi systématique de clauses compromissoires prévoyant le recours à des tribunaux arbitraux ad hoc* en cas de litiges. Il est regrettable — et injuste — que *l'individu isolé* demeure encore pour l'essentiel sous la dépendance exclusive de son Etat national (ou de l'institution internationale qu'il sert) pour obtenir une réparation (au demeurant rarement pleine et entière) des violations du droit international qui viendraient à être commises à l'encontre de sa personne ou de ses biens.

TITRE II

L'APPLICATION DU DROIT INTERNATIONAL DANS L'ORDRE INTERNE

1174. ***Plan*** — On est ici en présence d'un problème extrêmement délicat sur le plan théorique et de grande importance sur le plan pratique.

Sur le plan théorique, tout d'abord, c'est soulever toute la question des rapports entre le droit international et de droit interne. Sur le plan pratique, il s'agit de savoir comment les personnes privées peuvent être directement affectées par le jeu du droit international : comment, concrètement, peuvent-elles directement recevoir des droits ou se voir imposer des obligations en vertu du droit international ? De plus, comment le juge national saisi d'un différend à propos de l'application d'une règle du droit international va-t-il concrètement lui donner effet dans l'ordre interne ?

Ce sont à ces grandes interrogations que les deux chapitres de ce titre seront consacrés.

CHAPITRE I. — *Les obstacles à l'application du droit international dans l'ordre interne.*

CHAPITRE II. — *Le droit international devant le juge interne français.*

CHAPITRE I

LES OBSTACLES A L'APPLICATION DU DROIT INTERNATIONAL DANS L'ORDRE INTERNE

1175. ***Supériorité du droit international et application dans l'ordre interne*** — *Le droit international l'emporte sur le droit interne.* Nous avons eu l'occasion d'examiner en détail ce principe de suprématie du droit international tout au début de ce cours. Toutefois, paradoxe dû à l'imperfection du « système » international, *ce principe de primauté ne signifie pas que le droit international va s'appliquer directement dans l'ordre interne à titre de droit positif* ; il ne signifie pas non plus — nous l'avons vu précédemment — que cette supériorité sera toujours reconnue et sanctionnée dans l'ordre interne.

Cette situation peut être considérée comme *choquante* et *anormale.* Mais elle ne saurait étonner outre mesure si l'on entreprend de faire ici un parallèle avec la situation du droit constitutionnel en France, par exemple. Il est, en effet, un principe incontesté que celui de la supériorité des normes de droit constitutionnel sur toutes les autres règles juridiques françaises. Toutefois, cela ne signifie pas que ces normes constitutionnelles vont connaître une application directe systématique. Ainsi, les règles constitutionnelles concernant les individus, leurs libertés ou leurs droits, sont loin de s'appliquer directement dans l'ordre juridique français. On sait que l'application directe dans le droit positif interne des normes constitutionnelles, notamment de celles contenues dans les préambules des Constitutions, est extrêmement variable ; elle dépend de la nature, du degré de précision des dispositions en cause : par exemple, il a été admis que l'égalité des citoyens devant la loi rentrait bien dans la catégorie des normes directement applicables mais pas, en revanche, le droit au travail.

De plus, dire que le droit constitutionnel est supérieur à toutes les autres règles juridiques de l'ordre interne français ne signifie pas non plus que cette supériorité va être strictement et systématiquement sanctionnée. On sait qu'il n'existait pas ou peu de sanctions de ce principe de la supériorité des règles constitutionnelles sous l'empire des Constitutions de la IIIe ou de la IVe République : de la sorte, des lois pouvaient fort bien être contraires à la Constitution tout en possédant une pleine valeur obligatoire pour les citoyens. Sans doute, avec la Constitution de la Ve République, ce système a-t-il quelque peu changé en raison de l'introduction d'un certain contrôle de constitutionnalité des lois dévolu au Conseil constitutionnel. Toutefois, cela n'élimine pas la possibilité de lois votées par le Parlement en contrariété avec la Constitution et cependant promulguées et donc obligatoires pour tous dans les hypothèses où le Conseil constitutionnel ne serait pas saisi par les personnes ou organes compétents.

Mutatis mutandis, le droit international se trouve dans une situation analogue face à l'ordre interne.

1176.***Plan*** — Deux types de difficultés constituent de sérieux obstacles à une « bonne » application du droit international dans l'ordre interne. La première série d'obstacles est liée à *la qualité du droit international* en question. Autrement dit, tout le droit international écrit ou non écrit, conventionnel ou non, est-il *directement applicable* en droit interne ou n'est-il seulement que d'*application indirecte,* devant compter sur le concours de l'ordre interne ? C'est ce que nous examinerons dans une Section I.

Il existe une deuxième série d'obstacles qui, elle, en revanche, est liée à l'ordre interne lui-même. En effet, la *structure juridique* de très nombreux Etats ne permet pas ou mal au droit international de s'imposer avec toutes ses conséquences dans l'ordre interne, voire d'y produire un effet direct. C'est ce que nous examinerons dans une Section II.

Section I

Les « faiblesses » du droit international : une applicabilité directe limitée en droit interne

(Voir en général, T. Buergenthal, Self-executing and non self-executing treaties in national and international law, 235 R.C.A.D.I., 1992.303).

1177. ***Les deux sens de l'expression "applicabilité directe"*** — Cette applicabilité directe du droit international doit être examinée sous deux aspects différents. Cette applicabilité revêt, en effet, deux sens : l'un matériel, l'autre formel.

Au sens matériel, l'applicabilité directe du droit international se réfère à son contenu, à sa précision, en un mot à sa *qualité intrinsèque*. Il s'agit ici de répondre à cette question générale suivante : le droit international est-il en mesure de créer directement des droits et des obligations dans le chef des particuliers, ces droits et ces obligations faisant alors partie directement du droit positif interne tel qu'il est appliqué et sanctionné par le juge national ?

Au sens formel du terme, il s'agit d'examiner *les modalités d'application* du droit international en droit interne. Il s'agit alors de répondre à la question générale suivante : comment le droit international arrive-t-il à faire partie du droit positif interne ? En fait-il partie directement, de lui-même ou doit-il être « reçu », « transformé » par le droit interne d'après des procédures propres à ce dernier ?

Le débat sur l'applicabilité directe du droit international a été souvent obscurci parce que ses deux aspects, matériel et formel, ont été mélangés. Nous les étudierons donc successivement dans deux paragraphes différents.

§ 1 — L'applicabilité directe du droit international au sens formel du terme : les modalités de l'application du droit international dans l'ordre interne.

1178. ***Plan*** — En général, le droit international est muet quant à la manière dont ses règles s'incorporent au droit interne de l'Etat. En général également, les modalités d'application du droit international dans l'ordre interne sont laissées à la discrétion des Etats qui ont, sur ce point, adopté des solutions fort différentes.

1 — Le silence du droit international sur les modalités de son application directe dans l'ordre interne.

1179. ***Raisons*** — L'inexistence d'une telle règle peut paraître choquante. Tout système juridique ne doit-il pas, en effet, prévoir la manière dont les normes vont s'appliquer à leurs destinataires naturels, les personnes privées ? Cette lacune du droit international montre, une nouvelle fois, son caractère incomplet et imparfait. Pourtant, ce silence du droit international s'explique par plusieurs raisons qui tiennent à son histoire, d'une part, à sa logique, de l'autre.

Historiquement, tout d'abord, on s'en souvient, *le droit international était presque exclusivement constitué* de règles non écrites, des coutumes essentiellement, des principes généraux du droit accessoirement. Or ces règles non écrites manquent, le plus souvent, de *précision suffisante pour être directement applicables.* De plus, de telles règles portent sur le fond du droit applicable et non sur ses modalités d'application, ces dernières étant laissées à la discrétion des Etats.

Sur le plan logique, ensuite, il était difficile, si ce n'est impossible, au droit international de jadis de « dicter » aux Etats une règle commune touchant à ses modalités d'application dans l'ordre interne. S'il en avait été ainsi, cela aurait constitué une limite très sérieuse à la souveraineté étatique.

1180. ***Libre choix des Etats pour assurer la suprématie du droit international*** — *Dès lors, le droit international se contente d'affirmer sa supériorité à l'égard du droit interne et il laisse aux Etats le libre choix des moyens pour assurer la mise en œuvre concrète de ce principe cardinal* : ainsi ce seront les Etats qui, en tant que souverains possédant une juridiction pleine et absolue (voir *supra*, n° 835 et s.) auront la charge d'assurer concrètement dans leur ordre juridique propre la suprématie du droit international. Dans ces conditions, si les Etats ne prennent pas les mesures nécessaires qui viendraient à s'imposer pour assurer l'application du droit international dans leur ordre interne, il y aura là *matière à engager leur responsabilité internationale.*

Autrement dit, *le droit international commande les deux extrémités de la chaîne.* D'une part, *il impose sa suprématie et, de l'autre, il en sanctionne le non-respect.* Entre les deux, c'est aux Etats d'assurer dans leur ordre juridique et selon les modalités de leur choix l'intégration éventuelle du droit international. *Mutatis mutandis,* cette position traditionnelle du droit international est reprise par le *droit communautaire* en ce qui concerne le régime juridique des *directives* qui s'imposent aux Etats quant au résultat à atteindre, mais qui leur laisse le libre choix des moyens pour y parvenir (voir l'article 189, al. 3 du traité C.E.E. et nouvel article 249 al. 3).

Il est d'ailleurs frappant de noter que la *Convention de Vienne sur le droit des traités de 1969* suit la même approche. Si, en effet, l'article 26 pose le *principe du respect obligatoire des traités* — la règle « pacta sunt servanda » — et si l'article 27 pose celui de la supériorité du droit international sur le droit interne, aucune disposition ne vient préciser les modalités d'application des traités dans l'ordre juridique national. De plus, les sanctions pour mauvaise ou non-application des traités dans l'ordre interne des Etats parties contractantes n'y sont pas envisagées directement, cette matière étant renvoyée au titre de la responsabilité internationale des Etats.

1181. ***Solution valable pour tout le droit international écrit*** — Ces considérations générales valables pour le droit des traités, le sont également, et pour les mêmes raisons, à propos *des actes des Organisations internationales* qui viendraient à produire des « effets directs ». C'est encore aux *Etats membres qu'il incombe de déterminer comment de tels effets directs se produiront dans leur ordre interne.* De plus, en la matière, il existe une considération supplémentaire qui pousse dans le même sens, à savoir la *« publicité » souvent insuffisante de ces actes* qui laisse les justiciables dans l'ignorance de leurs droits et obligations éventuels. D'où ici une nécessité supplémentaire de « transcription » dans l'ordre interne de la norme juridique trouvant son origine dans un acte unilatéral d'une Organisation internationale. On notera que la *sanction* de ce non-respect par l'Etat de la supériorité de l'acte unilatéral obligatoire d'une Organisation internationale est la même, à savoir, *la mise en œuvre éventuelle de la responsabilité internationale de l'Etat fautif.*

1182. ***La solution proche du droit communautaire*** — Ces principes généraux — avec quelques différences notables — sont applicables même dans le cadre très particulier du *droit communautaire* du moins tel qu'il est prévu par le texte du Traité de Rome. Celui-ci, en effet, n'est guère plus précis que le droit international général en ce qui concerne les « moyens » par lesquels le droit communautaire sera « directement » appliqué dans l'ordre interne des pays membres. Sans doute le jeu combiné des articles 189, al. 2 (et nouvel article 249, al. 2) et 191 (et nouvel article 254) du Traité de Rome permet d'arriver à la conclusion, au moins pour les *règlements*, que leur simple publication au Journal Officiel des Communautés européennes suffit pour les rendre directement applicables dans l'ordre juridique interne des pays membres.

1183. ***Solution internationale et solution fédérale*** — S'il en allait autrement, c'est-à-dire *si le droit international imposait lui-même aux Etats les modalités de son application dans l'ordre interne, on se retrouverait alors, à l'évidence, dans un système de type fédéral.* Telle est, par exemple, la situation aux Etats-Unis en vertu de la *fameuse clause dite de suprématie,* contenue à l'article 6 de la Constitution fédérale de 1787. Celle-ci prévoit, en effet, à la fois *la supériorité et l'applicabilité directe des lois fédérales sur tout le territoire de l'Union*, lois fédérales que tous les juges fédéraux sont tenus d'appliquer dès leur publication.

2 — Le libre choix des moyens par les Etats : les solutions nationales.

Pour de nombreux éléments d'information tirés du droit comparé, voir les rapports du « *Committee on International law in national courts* » de l'International Law Association aux conférencs de Buenos Aires (1994), d'Helsinski (1996) et de Taipeï (1998).

1184. ***Plan*** — Globalement, les Etats peuvent se ranger dans deux grandes catégories : ceux, tout d'abord, qui acceptent « directement » les règles du droit international dans leur ordre interne ; ceux, ensuite, qui ne les acceptent que d'une manière « indirecte », c'est-à-dire qui exigent une « réception » de la norme internationale dans l'ordre interne, en général par une loi, afin que celle-ci possède pleine valeur juridique dans le droit positif local. Toutefois, la réalité est plus complexe et il convient d'apprécier cette question en fonction des diverses normes du droit international, selon qu'on se trouve en présence d'une règle coutumière ou conventionnelle ou du droit dérivé des Organisations internationales.

a) L'applicabilité directe du droit international coutumier.

(Voir L. Dubouis, « L'application du droit international coutumier par le juge français », *in* L'application du droit international par le juge français, A. Colin, 1972, p. 75 et s. ; J.F. Flauss, les sources internationales du droit administratif français, Juriscl. Adm. Fasc. 104).

1185. ***Question complexe*** — On est ici en présence du domaine le plus compliqué pour apprécier cette application du droit international dans l'ordre interne. Cette complexité est due, bien entendu, au caractère propre de la coutume. Il s'agit, on le rappelle, d'une règle non écrite dont le contenu est souvent peu précis et qui, contrairement aux traités, n'est jamais « reçue » dans l'ordre interne par un acte spécifique. Il n'existe pas de lois de ratification ou de législation spéciales appliquant comme obligatoire dans l'ordre interne une coutume de l'ordre international. Dans ces conditions, la matière n'est que très rarement et peu précisément abordée par le droit écrit interne et elle est, en général, laissée à l'appréciation des juges.

I. — Des références constitutionnelles vagues.

1186. ***Imprécisions constitutionnelles. Exemples*** — Les *Constitutions internes,* lorsqu'elles abordent ce problème, le font le plus souvent dans les termes les *plus imprécis.* A titre d'exemple, on peut citer le *Préambule de la Constitution française du 27 octobre 1946.* Celui-ci disposait : « La République française, fidèle à ses traditions, se conforme aux règles du droit public international ». On rappellera que la Constitution de 1958, dans son Préambule également, marque son « attachement » aux principes visés par le constituant en 1946. Dans la même veine d'imprécision, il est loisible de citer l'article 10 de la Constitution italienne du 27 décembre 1947 qui dispose : « L'ordre juridique italien se conforme aux règles du droit international généralement reconnues ». La maxime bien connue dans les pays de *Common law,* énoncée par Blackstone dans ses « Commentaires » de 1765 « International law is part of the law of the land » va également dans le même sens.

1187. ***Autres exemples*** — Parfois, certaines dispositions constitutionnelles se révèlent moins ellyptiques, mais le degré de précision demeure encore tout relatif. C'est ainsi que *l'article 25 de la loi fondamentale de 1949 de la République fédérale allemande dispose :* « Les règles générales du droit international font partie intégrante du droit fédéral et elles priment les lois et font naître directement des droits et des obligations pour les habitants du territoire fédéral ». Cette disposition est précisée par l'article 100, § 2, 31, où il est dit : « Le juge interne peut refuser l'application de règles contraires au droit international commun ». Egalement, l'article 7 de la Constitution espagnole de 1931 prévoyait : « L'Etat espagnol observera les normes universelles du droit international en les incorporant dans son droit national ». Des constitutions modernes ne sont guère plus précises. Ainsi, la nouvelle Constitution russe de 1993 dispose dans son article 15(4) que « les principes généralement reconnus et les normes (sic) du droit international... feront partie du système juridique » local. Des formulations analogues se retrouvent dans nombre de lois fondamentales des ex-pays socialistes d'Europe centrale et orientale (voir E. Stein, International Law in Internal law : toward internationalization of Central-Eastern European Constitutions ? A.J.I.L. 1994.427 et ici pp. 445-446).

1188. ***Exemple particulier para-constitutionnel*** — Enfin, on peut citer comme exemple de disposition « para-constitutionnelle » plus précise reconnaissant le caractère obligatoire du droit international général et coutumier, *une décision du Président de la République française* du 14 avril 1959, agissant en tant que Président de la Communauté, disposant : « *Conformément à la Constitution, les traités et accords internationaux, ainsi que les obligations relevant de principes généraux du droit des gens, s'imposent aux Etats de la Commu-*

nauté qui doivent prendre les mesures nécessaires à leur application » (J.O. 19 avril 1959).

II. — Une grande marge d'appréciation des juges nationaux.

1189. ***L'approche positive de la Cour de cassation face au négativisme du Conseil d'Etat*** — En réalité, *c'est au cas par cas que les juges nationaux feront ou ne feront pas application de la règle coutumière* ou, plus généralement, de la règle internationale non écrite, dont l'existence et le caractère obligatoire sont invoqués par une partie au cours d'une instance judiciaire. Les juges anglais, par exemple, acceptent fréquemment l'application de la coutume internationale pour étayer ou motiver leurs décisions. Les juges judiciaires français également (voir par exemple les deux arrêts de la Cour de Cassation - 1re ch. civ. — des 2 et 29 mai 1990 qui s'appuient sur « les règles régissant les relations entre Etats » pour apprécier — et ici refuser — la compétence des tribunaux français en cas de demandes d'Etats étrangers fondées sur des « dispositions de droit public et impliquant l'exercice de la puissance publique » *in* Clunet, 1991.137 avec une étude de J. Dehaussy, « Le statut de l'Etat étranger demandeur sur le for français : droit international coutumier et droit interne », Clunet 1991.109). Le juge administratif français, en revanche, ne le fait jamais du moins directement et de manière explicite (voir les articles précités de L. Dubouis et J.F. Flauss). Toutefois, le Conseil d'Etat semblait (du moins jusqu'à sa décision *Aquarone* - voir infra) avoir engagé un certain revirement de jurisprudence, encore timide il est vrai, en reconnaissant l'existence de « principe(s) de droit international » non écrits s'imposant aux autorités françaises (CE. Ass. 23 août 1987, *Société Nachfolger Navigation Co. Ltd.,* concl. J. Massot, RFDA 1987.963, note J.M. Auby et voir l'étude de D. Ruzié, « La destruction d'une épave en haute-mer : problèmes de droit interne et de droit international », RFDA, 1988, n° 2.345 et pour une analyse d'ensemble, J.F. Flauss, « Les sources internationales du droit administratif français », *op. cit.*, n° 11-16).

Mieux, alors qu'il a la possibilité d'appliquer une règle internationale coutumière, il va se contenter - sans démonstration aucune - d'en nier l'existence (voir l'arrêt d'assemblée du Conseil d'Etat du 6 juin 1997 dans *l'affaire Aquarone*, Rec. 206, L.P.A. 1998, n° 16.18, avec une note P.M. Martin et Droit fiscal, 1997, n° 29.961, avec les conclusions du Commissaire du Gouvernement Bachelier). Dans cette même affaire, le Conseil d'Etat devait montrer toute sa réticence - et d'ailleurs son incompréhension - devant cette source ô combien classique du droit international en lui déniant pratiquement toute portée en droit interne - notamment au regard de la loi. On ne peut s'empêcher ici de noter que cette analyse du Conseil d'Etat se trouve en complète contradiction avec celle du Conseil Constitutionnel qui, lui et en vertu du préambule de la Constitution, accepte de vérifier la compatibilité des lois avec le droit international non écrit et donc en grande partie coutumier (voir *infra* n° 1248).

b) L'applicabilité directe du droit conventionnel.

(Voir les rapports Blondeau pour les tribunaux de l'ordre judiciaire, p. 43 et s. ; et Questiaux pour le Conseil d'Etat, p. 63 et s., *in* L'application du droit international par le juge français, op. cit.).

1190. ***Les deux systèmes possibles*** — C'est dans ce domaine précis que l'on rencontre les deux systèmes mentionnés précédemment dans l'introduction de cette section. En effet, soit une *réception spéciale* du traité dans l'ordre interne est nécessaire pour qu'il reçoive valeur de droit positif ; soit la *simple formalité de la ratification suivie d'une publication* dans le journal officiel local suffit.

I. — La nécessité d'une « réception » du traité dans l'ordre interne.

1191. ***Absence d'effet direct per se*** — *Telle est ici la pratique suivie par un grand nombre de pays pour lesquels un traité international ne saurait produire d'effet interne direct.* Pour ce faire, il doit toujours être « transformé » , reçu par une législation nationale appropriée. Un tel système est celui de la Grande-Bretagne, par exemple, où la seule source de droit positif interne consiste dans les lois votées par le Parlement de Westminster. Avec des différences sans doute, d'autres pays comme l'Irlande ou l'Italie ont suivi ce modèle : un traité ne produit d'effet dans l'ordre interne que s'il est transformé, reçu par une réglementation nationale (en général une loi) en reprenant les termes ou prévoyant son applicabilité dans l'ordre interne.

II. — Le caractère suffisant de la ratification et de la publication du traité.

1192. ***Reconnaissance éventuelle d'un effet direct*** — Dans un très grand nombre de pays, sans doute la vaste majorité d'entre eux, *la ratification du traité selon la procédure visée par la Constitution, suivie de sa publication dans le Journal officiel local, suffit à « l'incorporer » au droit interne et donc à lui donner valeur de droit positif* lui permettant alors de produire éventuellement des effets directs, si telle est bien la portée du contenu de ce traité (voir *infra,* § 2).

Telle est, par exemple, la méthode suivie par la Constitution de 1946 en France (voir les articles 26 et 28) qui reprenait d'ailleurs la solution coutumière dégagée par les tribunaux français sous l'empire des lois constitutionnelles de 1875 qui, elles, étaient muettes sur ce sujet. Tel est encore le système repris par *l'article 55 de la Constitution de la Ve République* ; celui-ci dispose en effet que les traités, qui sont régulièrement ratifiés et approuvés, ont, *dès leur publication, une autorité supérieure à celle des lois nationales.* Tel est également le système de la Constitution yougoslave de 1963 (art. 153) ou de la loi fondamentale de la République fédérale d'Allemagne (voir l'article 25 précité tel qu'il a été interprété par les tribunaux allemands). Les nouvelles constitutions russe de 1993 (article 15 al. 3 et 4), bulgare de 1991 (article 5 al. 4) ou hongroise de 1989 (article 7 al. 1) relèvent également de cette approche.

c) L'applicabilité directe du « droit dérivé » des Organisations internationales.

(Voir D. Ruzié, « Le juge français et les actes des Organisations internationales », *in* « Le juge français face au droit international », *op. cit.*, p. 103 et s. ; M.P. Lanfranchi, La valeur juridique en France des résolutions du Conseil de Sécurité, A.F.D.I. 1997.31).

1193. ***Incertitude de la matière*** — Il convient de noter la très grande incertitude qui règne dans ce domaine. La matière n'est, en général, pas réglée par le droit constitutionnel local, car ce phénomène du caractère obligatoire des actes des Organisations internationales apparaît comme très nouveau. Elle n'est pas appréhendée non plus par les Chartes constitutives des Organisations internationales, sauf en de rares cas, à commencer par l'exception notoire et notable de la Communauté économique européenne.

On se bornera ici à examiner la solution française et la solution communautaire.

I. — La solution française.

1194. ***Textes applicables*** — La *Constitution de 1958 est muette quant à* l'application directe éventuelle des actes des Organisations internationales dans l'ordre juridique interne français. Il faut donc se référer au *décret du 14 mars 1953* (J.O. 15 mars 1953, p. 2436) tel que modifié par le décret du 11 avril 1986 (J.O. 13 avril, p. 5427) *relatif à la ratification et à la publication des engagements internationaux souscrits par la France*. Ce décret mentionne, à côté des conventions, accords et protocoles, « les règlements internationaux par lesquels la France se trouve engagée ». *Ces règlements doivent être publiés au Journal officiel de la République française s'ils affectent les droits et obligations des personnes privées.* Il n'en va différemment que s'ils sont publiés au bulletin officiel de l'Organisation internationale concernée et si cette publication suffit à les rendre applicables aux particuliers (art. 3, § 3). Cette dernière disposition visait à l'évidence les *actes de la première institution communautaire*, la C.E.C.A. mise sur pied par le Traité de Paris du 18 avril 1951.

1195. ***Solutions jurisprudentielles aléatoires*** — Or, dans les rares instances où les tribunaux français ont été saisis de l'application directe éventuelle d'actes d'Organisations internationales autres que ceux émanant des Communautés européennes, les *solutions* auxquelles ils ont abouti *n'ont guère été satisfaisantes*. C'est ainsi, par exemple, que les tribunaux français ont reconnu en France l'applicabilité directe des annexes de la Convention de Chicago de 1944 sur l'O.A.C.I., qui n'avaient pourtant jamais été officiellement publiées (voir l'arrêt de la Cour d'appel de Dakar du 15 mai 1957, R.F.D.A. 1957, p. 355 ; confirmation par la Cour de cassation, Cass. crim. 8 novembre 1963, *Trésor Public c. Buttel*, Bull. crim. p. 666, D. 1964, somm. p. 38).

En revanche, ces mêmes tribunaux ont refusé de reco l'applicabilité directe en France du règlement sanitaire internationa de l'O.M.S. de 1951 qui, pourtant lui, était de plein droit applicable en vertu de l'article 22 de la Charte constitutive de l'O.M.S., et qui avait été de plus régulièrement publié (sur cette affaire, voir la décision de la Cour de Paris, 18 novembre 1967, *Ep. Pivert,* A.F.D.I. 1968, p. 866, Clunet 1968, p. 728, note Ph. Kahn, R.C.D.I.P. 1968.442, note M.S.D.).

1196. ***Le cas particulier de la portée du pouvoir d'auto-interprétation de certaines organisations internationales*** — Toutefois, on notera que certains actes internes d'Organisations internationales, par exemple *ceux interprétant officiellement telle ou telle disposition de leur Charte constitutive*, ont été reconnus par des tribunaux français ; ceux-ci les ont ainsi directement appliqués pour trancher les litiges qui leur étaient soumis. On citera par exemple, l'interprétation officielle de 1949 faite par le Fonds Monétaire international (F.M.I.) de l'article VIII, Section II, b. de ses statuts, relatifs aux contrats de change mettant en cause la monnaie d'un pays membre, qui seraient contraires aux règlementations des changes de cet Etat et sanctionnés par leur non-exécution dans l'ordre interne des pays membres. Lorsque les tribunaux français ont eu plusieurs fois à appliquer ces dispositions de l'article VIII, Section II, b. des statuts du F.M.I., ils l'ont fait en se référant expressément à l'interprétation officielle de 1949 ; une telle référence a semblé aux juges français comme « allant de soi » et ne posant pas de problème juridique particulier, alors même que cette interprétation du Fonds Monétaire n'avait jamais été publiée en France ou en français — du moins officiellement — (voir D. Carreau et P. Juillard, Droit international économique, *op. cit.*, 35 avec les références citées).

De cette pratique française, le moins que l'on puisse dire est qu'elle est fluctuante et mal établie.

II. — La solution communautaire.

1197. ***Un système communautaire et non national*** — Nous avons vu précédemment que le Traité de Rome de 1957 n'était pas d'une clarté totale en ce qui concernait les modalités de son application directe dans l'ordre interne des pays membres. C'est ainsi que certains pays ont « profité » de cette imprécision. Par exemple, l'Italie, toujours attachée à la doctrine « dualiste » d'Anzilotti, devait systématiquement « recevoir » dans son ordre juridique interne les dispositions du droit communautaire dérivé directement applicables. Il est d'ailleurs à noter que la Cour de justice des Communautés européennes devait sanctionner, dans les termes les plus nets, cette pratique italienne. *Pour elle, les dispositions communautaires directement applicables « pénètrent dans l'ordre juridique interne sans le secours d'aucune mesure nationale »* (3 avril 1968, *Firma Molkerei,* aff. 28-67, Rec. 1968, 211, p. 228). Il s'agit là d'une jurisprudence constante qui a été réaffirmée encore dans *l'affaire Simmenthal* (voir R.T.D.E. 1978, p. 381 et s. avec notre commentaire).

On notera que cette solution communautaire — pour souhaitable qu'elle soit — ne provient pas des termes du Traité lui-même, mais d'une construction de celui-ci réalisée par la Cour de Luxembourg.

§ 2 — L'applicabilité directe du droit international au sens matériel du terme : le contenu du droit international directement applicable.

(Pour une claire illustration des problèmes ici posés, voir J. Mertens de Wilmars, réflexions sur le système d'articulation du droit communautaire et du droit des Etrats membres, *in* Mélanges Boulouis, Dalloz, 1991.391).

1198. ***Un enjeu considérable*** — En théorie du moins, toutes les normes du droit international sont susceptibles de produire un effet direct dans l'ordre interne. Tout dépend ici de leurs caractéristiques propres, en réalité de leur plus ou moins grande précision et netteté. En ce qui concerne les *règles non-écrites du droit international,* ce sera au *juge national* saisi du litige de déterminer si la coutume ou le principe général de droit invoqué par le justiciable est bien d'application directe et s'il doit ainsi lui être donné effet (voir *supra* n°s 1185-1189). Le *juge judiciaire français* — contrairement au juge administratif — ne répugne pas à reconnaître l'effet direct de certaines normes non-écrites du droit international et à leur accorder sa sanction (voir *infra* n° 1257).

Ne seront ici envisagées plus en détail que les seules normes écrites du droit international, de type conventionnel ou non, en raison de leur importance quantitative plus grande et des problèmes spécifiques qu'elles posent. Dans une terminologie anglo-américaine, on fait ici référence aux engagements internationaux qui ont un caractère « self executing » ou « auto-exécutoire ».

Sur le plan pratique, l'applicabilité directe d'une règle du droit international présente une importance capitale. En effet, si l'on se rappelle que toutes les règles du droit international sont supérieures à l'ordre juridique interne, celles qui se trouvent directement applicables vont alors produire un effet d'expulsion de la norme interne contraire. *Le jeu combiné de la supériorité et de l'applicabilité directe des règles du droit international va avoir pour conséquence la mise à l'écart, l'inapplicabilité de la règle nationale contraire.* On saisit bien ici tout l'enjeu du problème.

Ce domaine ne brille pas par sa grande clarté dans la mesure où le *droit international lui-même est très fréquemment silencieux sur son propre caractère « auto-exécutoire »*. C'est le plus souvent à une analyse cas par cas qu'il convient de se livrer pour savoir si, dans un litige déterminé, telle ou telle règle du droit international conventionnel possède bien cette qualité d'application directe. Celle-ci, comme précédemment, est le plus souvent le fait des tribunaux de l'ordre interne ; toutefois, il commence à exister une certaine jurisprudence internationale en la matière, en particulier grâce aux efforts remarquables de la Cour de justice des Communautés européennes.

1 — L'imprécision du droit international.

1199. ***Plan*** — Il est relativement rare que le droit international lui-même, qu'il s'agisse du droit conventionnel ou du droit dérivé des Organisations internationales, détermine celles de ses règles qui vont être d'effet immédiat, qui vont produire des effets directs dans l'ordre interne des parties contractantes ou des pays membres selon le cas.

Il convient d'examiner ici brièvement les solutions retenues par le droit conventionnel général et par le droit dérivé des Organisations internationales.

a) Le droit conventionnel général.

1200. ***Le droit conventionnel "simple"*** — Par droit conventionnel général, il faut entendre à la fois les traités internationaux « *simples* » et ceux, plus particuliers, qui donnent naissance à une organisation internationale et qui en forment la charte constitutive.

Si l'on prend, tout d'abord, le droit international conventionnel « simple » non constitutif d'Organisations internationales, assez peu de ses dispositions se trouvent directement applicables. Sans doute, certaines catégories de traités internationaux revêtentcet aspect. C'est ainsi, par exemple, que les *conventions d'établissement* qui portent statut des nationaux des parties contractantes sur leurs territoires respectifs possèdent cette qualité, au moins dans nombre de leurs dispositions. Leur but, leur raison d'être, est *en effet de conférer directement des droits ou des obligations aux ressortissants de chacune des parties contractantes résidant sur leur sol,* notamment dans les domaines du commerce, de la fiscalité ou des investissements. Mais, le plus souvent, même au cas où certaines dispositions de ce droit conventionnel « simple » se trouveraient directement applicables, les textes des traités n'en disent rien. Là encore, le rôle du juge va être fondamental : la détermination de celles des dispositions d'un traité qui possèderont la qualité « d'immédiateté », qui produiront directement des effets dans l'ordre interne demeure avant tout une *question de construction jurisprudentielle et d'interprétation.*

1201. ***Le droit conventionnel constitutif d'une organisation internationale*** — Si l'on se réfère maintenant à ce droit conventionnel spécifique que sont les chartes constitutives d'Organisations internationales, là encore on ne peut manquer d'être frappé par l'imprécision des dispositions en la matière. D'une part, en règle générale, ces traitements particuliers ne contiennent pas ou très peu de dispositions qui sont directement applicables et, d'autre part, ils ne renferment que fort peu de précisions sur celles d'entre elles qui revêtent cette qualité. La Charte de l'Organisation des Nations unies, par exemple, est quasiment silencieuse sur cette question, à l'exception toutefois des articles 104 et 105 concernant les privilèges et immunités dont bénéficie l'O.N.U. sur le territoire des pays membres afin de remplir ses fonctions et missions : à l'évidence, il s'agit de dispositions qui possèdent bien la qualité « d'immédiateté », bien que leur contenu demeure fort imprécis (voir *supra,* n° 979 et s.).

De même, le *Traité de Rome de 1957 n'est guère plus précis*. Il ne contient nullement la liste de celles de ses dispositions qui sont directement applicables en droit interne, même si certaines — comme les célèbres articles 85 et 86 (et nouveaux articles 81 et 82) relatifs aux pratiques commerciales restrictives et aux abus de position dominante — possèdent à l'évidence cette qualité. Là encore, pour l'essentiel, le tri des normes originaires du droit communautaire directement applicables ou non dans le droit interne des pays membres a dû être effectué au cours des ans par la C.J.C.E. en fonction des affaires dont elle eut à connaître.

Si l'on prend une institution spécialisée des Nations unies comme le *Fonds monétaire international*, l'imprécision est analogue. En lisant les statuts du Fonds, on s'aperçoit que seules deux dispositions se voient reconnaître un effet obligatoire direct dans l'ordre juridique interne des Etats. Il s'agit, tout d'abord, des dispositions contenues à l'article 9 des statuts visant les immunités et les privilèges dont bénéficie le Fonds sur le territoire des pays membres afin de lui permettre de remplir ses fonctions. La section X prévoit que : « Chaque membre prendra toutes dispositions utiles sur ses propres territoires pour *rendre effectifs et incorporer à sa propre législation* les principes énoncés dans ce présent article et fournira au Fonds un compte rendu détaillé des mesures qu'il aura prises ». De même, il existe une autre disposition du F.M.I. à laquelle nous avons déjà fait allusion, le fameux article VIII, Section II b., relatif à l'effet extra-territorial possible des réglementations de change des pays membres, pour peu qu'elles soient conformes aux statuts de cette institution. Cette disposition est la seule règle de droit matériel contenue dans les statuts du Fonds bénéficiant d'une applicabilité directe en raison de sa nature propre. Un tel résultat est atteint en vertu de l'article XXXI, section II a. des statuts du F.M.I., qui fait obligation à tous les pays membres d'avoir pris « toutes les mesures nécessaires pour se mettre en état d'exécuter toutes les obligations » assumées en vertu de ce traité. On ne peut s'empêcher de noter ici que la démarche suivie par les rédacteurs des Statuts du F.M.I. est demeurée oblique. Les statuts du Fonds s'abstiennent de mentionner que certaines dispositions doivent produire d'elles-mêmes un effet direct dans l'ordre interne des pays membres ; en revanche, ils se contentent d'obliger les pays membres à prendre les mesures qui s'imposeraient de façon à permettre le plein effet interne de leurs obligations « statutaires ». Sans doute une telle formule ménage-t-elle les choix des Etats membres, mais elle demeure inutilement ambiguë.

b) Le droit dérivé des Organisations internationales.

1202. ***Une matière laissée aux juges internationaux et surtout nationaux***— Parfois, nous l'avons vu précédemment, les Organisations internationales disposent d'un véritable pouvoir « normatif » réglementaire ou, si l'on préfère, d'un pouvoir « quasi législatif ». Parfois également, leurs chartes constitutives prévoient que certains de ces actes seront d'application directe. Il en va ainsi, par exemple, pour l'O.M.S. (art. 21 et 22). Il en va de même pour la Communauté économique européenne : le Traité de Rome, dans son article 189 (et nouvel article 249) précise que les *règlements et décisions posséderont une valeur obligatoire directe dans l'ordre juridique interne des pays membres.*

En bref, les précisions conventionnelles demeurent rares et quand elle existent, elles sont souvent peu satisfaisantes. On est ici en présence d'un domaine qui est laissé à la *responsabilité des tribunaux nationaux ou internationaux.* Inutile de dire qu'une telle situation laissant l'initiative aux tribunaux est riche de dangers et de conflits, à commencer par celui de *l'absence d'uniformité du droit applicable :* certaines cours jugeront ainsi une disposition conventionnelle particulière directement applicable et d'autres, dans des pays tiers, voire dans le même pays, en jugeant différemment. Un tel risque, nous le verrons, est loin de demeurer théorique. Cependant, il n'existe pas — ou moins — dans l'ordre communautaire en raison de la présence unificatrice de la Cour de justice de Luxembourg.

2 — Une construction jurisprudentielle.

1203. ***Une idée d'origine américaine largement reprise*** — A l'origine, *cette idée selon laquelle le droit international pouvait avoir valeur directe en droit interne sans l'aide d'une législation de « réception » ou d'application particulière a été avancée par la Cour suprême des Etats-Unis* ; depuis lors, elle a été reprise de façon quasi universelle aussi bien par les tribunaux de l'ordre interne que par des tribunaux internationaux comme la Cour de justice des Communautés européennes, par exemple.

a) La jurisprudence américaine.

1204. ***L'arrêt Foster et Elam de 1829*** — La Cour suprême reconnut pour la première fois en 1829, dans *l'affaire Foster et Elam, V. Neilson (2), Pet. 253 (US 1829),* que les dispositions conventionnelles du droit international pouvaient avoir valeur directe en droit interne américain sans l'aide d'une législation de réception ou d'application (voir en général sur cette question J.J. Paust, Self-executing treaties, A.J.I.L. 1988.760).

Les faits étaient les suivants : un traité du 22 février 1819 entre les Etats-Unis et l'Espagne portait cession par la seconde aux premiers de la Floride. Son article 8 disposait que : « Les dons de terre (octrois) faits avant le 24 janvier 1818 par le roi d'Espagne seront ratifiés et confirmés aux personnes en possession de terres, dans la mesure où de telles concessions seraient valides si les territoires étaient restés sous la dépendance du roi d'Espagne ». La Cour suprême eut à apprécier la portée juridique précise de cet engagement, Concrètement, cette disposition avait-elle pour effet de conférer directement des droits aux individus titulaires de titres de propriété « valides » ou ne liait-elle seulement que les gouvernements américain et espagnol, le premier devant confirmer par une législation spécifique les titres conférés par le second ? En bref, ce traité international en produisait-il des effets qu'au niveau interétatique ou, au contraire, pouvait-il pénétrer plus avant et produire directement des effets à l'égard des particuliers ? La Cour suprême, sous la plume de son président, le célèbre Marshall, devait estimer que cette disposition était de type directement exécutoire (« self executing ») ne nécessitant pas de législation particulière du Congrès pour la mettre en œuvre. A cette occasion, la Cour posa les critères de ce qu'il fallait entendre par traité directement applicable dans l'ordre interne : « Un traité est, affirme le juge Marshall, de par sa nature un contrat entre deux nations, non un acte législatif... Aux Etats-Unis, d'après la Constitution, un traité constitue la loi du pays (« law of the land »). *Il doit en conséquence, ajoute Marshall, être considéré par les tribunaux comme équivalant à un acte du législateur,* chaque fois qu'il opère de lui-même, sans l'aide d'aucune disposition législative. Mais quand les termes de la stipulation impliquent un contrat, quand chacune des parties s'engage à effectuer un acte particulier, le traité s'adresse (alors) aux gouvernements et non aux tribunaux ; et le législateur doit exécuter le contrat avant qu'il ne puisse devenir une règle de droit pour les tribunaux... ».

Autrement dit, *le caractère « auto-exécutoire » ou non d'une disposition d'un traité apparaît comme une question de construction juridique pour les tribunaux internes* des pays lorsqu'il y a silence des textes conventionnels, ce qui est le cas le plus fréquent, nous l'avons déjà signalé.

Il est important ici de revenir sur les critères mentionnés par le juge Marshall car, en essence, ils seront appliqués par la suite, et par la jurisprudence américaine et par les tribunaux des autres pays, sans parler de la C.J.C.E. qui les affinera encore.

— *Le traité est incomplet s'il se réfère à une application ultérieure par les parties contractantes par le biais d'une législation appropriée ou s'il nécessite pour son exécution l'adoption d'un acte positif par l'une des parties contractantes.* Dans un tel cas, le traité n'est pas « self executing », auto-exécutoire, et les tribunaux ne peuvent pas en connaître et lui faire produire des effets directs. Ainsi, par exemple, des traités prévoyant des paiements forfaitaires à la suite de nationalisations *(lump sum agreements)* demeurent ineffectifs tant qu'ils n'ont pas été suivis par une loi spéciale allouant ces fonds aux particuliers concernés ; ils ne sont pas auto-exécutoires.

— Un traité est « complet » dans tous les autres cas où il se suffit à lui-même pour assurer son application, son exécution dans l'ordre interne. Il en va ainsi, par exemple, *des traités de commerce ou d'établissement qui contiennent la clause de la nation la plus favorisée ou des traités qui accordent aux étrangers un traitement égal à celui des nationaux* (clause du traitement national en matière commerciale, par exemple).

1205. ***L'arrêt Fujii de 1950*** — Ces principes sur *l'aspect complet ou incomplet* des traités pour apprécier leur effet directement exécutoire ont été appliqués par les tribunaux américains au droit « onusien » et pour lui dénier tout effet auto-exécutoire. C'est ainsi que la Cour suprême de Californie, dans une *affaire Fujii c/ California* (217, P. 2d 481 (1950) ; 38, cal. 2d 718 ; 242 P. 2d 617 (1952) fut amenée à analyser *la valeur directement exécutoire ou non de certaines dispositions de la Charte de l'O.N.U. relatives aux droits de l'homme.* Dans cette affaire, il s'agissait d'apprécier la valeur d'une loi californienne limitant les achats de terres en Californie aux seuls citoyens américains et la déniant, en l'espèce, à un ressortissant japonais. La Cour d'appel de Californie avait fait prévaloir la Charte des Nations unies sur cette loi locale, estimant les dispositions de la première directement applicables, « self-executing ». La Cour suprême de Californie cassa cet arrêt et estima que *les dispositions de la Charte de l'O.N.U. sur les droits de l'homme* (les articles 1, 55 et 56) *n'étaient pas self-executing* (ou *auto-exécutoires*). Pour arriver à cette conclusion, la Cour suprême de Californie s'appuya sur l'intention des parties contractantes qui avaient rédigé la Charte de l'O.N.U. à San Francisco. « *Les dispositions de la Charte*, affime la Cour suprême de Californie, *demandant la coopération (de ses membres) pour la promotion et l'observation des libertés fondamentales ne présentent pas les qualités d'obligation et de précision qui indiqueraient une intention de créer, dès la ratification, des droits que les personnes privées pourraient faire valoir en justice. Au contraire, affirme la Cour, elles se présentent comme une promesse d'action future pour les Etats membres* ». Donc, en l'espèce, ces dispositions de la Charte de l'O.N.U. ne possèdent pas les qualités intrinsèques requises pour avoir une valeur obligatoire directe en droit interne. Elles contiennent des obligations internationales incomplètes qui doivent, en effet, être précisées par des législations nationales appropriées pour avoir valeur de droit positif interne.

Cette solution devait être rappelée par une décision d'une cour d'appel fédérale des Etats-Unis qui confirma le caractère non exécutoire des dispositions de la Charte en matière de droits de l'homme, en même temps que celles contenues dans l'Acte Final d'Helsinki, au titre de la troisième corbeille *(Frolova v. U.S.S.R.*761 F. 2d 370, A.J.I.L. 1985.1057).

1206. ***Jurisprudence constante récente*** — La Cour d'appel des Etats-Unis suivit le même raisonnement à propos de *la valeur juridique d'une résolution du Conseil de sécurité* (voir *l'affaire Diggs c/Richardson* du 17 décembre 1976, 555, F.2d. 848). La Cour eut à apprécier, dans cette affaire, la valeur juridique de la résolution 301 du Conseil de sécurité adoptée en 1971 et votée par les Etats-Unis, qui demandait aux pays membres de l'O.N.U. de s'abstenir de tout acte impliquant la reconnaissance de la légalité de la présence de l'Afrique du Sud au Sud-Ouest africain (Namibie). Il fut allégué devant le tribunal que cette résolution constituait une obligation internationale liant les Etats-Unis et qu'elle avait valeur « auto-exécutoire ». En conséquence, dans l'espèce, les Etats-Unis auraient eu l'obligation d'interdire l'importation de phoques à fourrure en provenance du Sud-Ouest africain. La Cour s'abstint de discuter et de répondre au premier argument, tout en mentionnant « sa conviction qu'une telle résolution ne constituait pas un engagement international liant les Etats-Unis ». Elle discuta plus en détail le second aspect de la question, à savoir la valeur auto-exécutoire d'une telle résolution et l'examina au vu des critères de la Cour suprême des Etats-Unis dans l'affaire sus-mentionnée *Foster et Elam c/Neilson* : « Les dispositions de cette nature, affirme la Cour américaine, ne s'adressent pas aux tribunaux. De par leurs termes, poursuit la Cour, elles ne confèrent aucun droit aux individus ; elles s'adressent aux gouvernements pour qu'ils adoptent certaines mesures... ; *elles ne confèrent pas aux citoyens ut singuli des droits susceptibles d'être appliqués par les tribunaux nationaux américains* ».

b) La jurisprudence française.

1207. ***Une approche moins conceptualisée*** — Celle-ci est, en général, moins systématique que la jurisprudence américaine. Pour les tribunaux français, les termes du problème ne sont pas ici sans rappeler le débat mentionné plus haut et bien connu des « constitutionnalistes » sur la portée juridique des préambules et déclarations des droits. Dans quelle mesure le juge français est-il amené à reconnaître qu'une norme du droit international est de nature à produire des effets directs dans l'ordre interne, c'est-à-dire des droits et des obligations dans le chef des particuliers et qu'il devra sanctionner ?

A cet égard, comme cela est bien souvent le cas pour tout ce qui touche aux « questions internationales », il convient d'opposer la position de la jurisprudence administrative, essentiellement du Conseil d'Etat, à celle des juridictions de l'ordre judiciaire : la première demeure plus stricte, voir plus « nationaliste » que la seconde davantage teintée « d'internationalisme ».

I. — La position stricte du Conseil d'Etat.

1208. ***Une approche ponctuelle*** — Le Conseil d'Etat adopte, toutes choses égales par ailleurs, la position des tribunaux américains. Pour lui, en effet, il ne suffit pas qu'un traité international ait été ratifié et publié pour qu'il produise des effets directs dans l'ordre juridique français et qu'il en résulte des droits que les simples particuliers pourraient faire valoir en justice. Il faut aussi qu'il présente les qualités intrinsèques requises tel qu'il les apprécie au cas par cas.

Les exemples en sont nombreux. Ainsi, dans une décision du 12 octobre 1979, *Syndicat des importateurs de vêtements et de produits artisanaux* (R.T.D.E. 1979, 730, concl. Massot), le Conseil d'Etat eut à apprécier l'applicabilité directe du célèbre « accord multifibres » A.M.F. Le Conseil d'Etat la refusa pour le motif cryptique suivant : « Il ressort clairement (que l'A.M.F.) compte tenu de la nature de ses dispositions et notamment des possibilités de dérogation qu'elles comportent... ne donne pas aux justiciables d'un Etat membre de la Communauté le droit de s'en prévaloir en justice... ». Dans le même sens, le Conseil d'Etat devait estimer que les normes édictées par l'O.A.C.I. n'étaient pas directement applicables en droit interne "compte tenu de leur nature et notamment des possibilités de dérogations" (arrêt du 20 novembre 1981, *Syndicat national des officiers mécaniciens de l'aviation civile,* Rec. 428). Plus récemment, dans un arrêt d'assemblée en date du 8 mars 1985 *Alvaro Garcia Henriquez,* le Conseil d'Etat devait suivre la même approche restrictive en estimant qu'un traité d'extradition « cré(ait) seulement des obligations entre les Etat sans ouvrir de droit aux intéressés » (Rec. 1985.70, R.F.D.A., 1985.592 note Ruzié ; R.D.P., 1985.1130, concl. Genevois).

Le Conseil d'Etat avait estimé auparavant, à juste titre en l'espèce, que la *Déclaration universelle des droits de l'homme de 1948 ne produisait aucun effet juridique direct en droit interne français en raison de ses caractères propres et de son imprécision*, ce qui était ici reprendre la position précitée de la Cour suprême de Californie, alors même que cette déclaration avait été publiée au Journal officiel de la République française (J.O. 19 février 1949, p. 1859) (voir les arrêts du 18 avril 1951, *élections de Nolay*, Rec. p. 189, (problème d'inéligibilité), du 11 mai 1960, Rec. p. 319, Clunet, 1961, p. 404, note Pinto (délivrance de passeport), du 21 décembre 1990, *Confédération nationale des associations familiales catholiques et autres,* Rec. 369, concl. Stirn ; la publication au J.O. de la Déclaration universelle n'en fait pas pour autant un traité ou accord international au sens de la Constitution de 1958)).

1209. ***Une jurisprudence fluctuante*** — Toutefois, le Conseil d'Etat n'a pas toujours fait preuve de la plus grande rigueur ou continuité jurisprudentielle. C'est ainsi, par exemple, qu'il accepta de reconnaître l'effet direct d'une résolution de l'Assemblée générale des Nations unies mettant fin à la tutelle de la France au Cameroun. On remarquera toutefois que, pour arriver à ce résultat, le Conseil d'Etat donna une analyse contractuelle de cette résolution en vertu de la théorie dite de la « résolution-accord » (voir *supra,* n°s 609-611), précisant que ce texte avait été pris « avec le plein accord du gouvernement français » (3 novembre 1961, *M'Bounya,* Rec., p. 612, R.G.D.I.P. 1962, 867, note Rousseau ; Penant, 1963, p. 61, concl. Ordonneau, note P. Lampué).

Il est à signaler que le juge administratif — comme d'ailleurs le juge judiciaire — est amené de plus en plus souvent à connaître de l'applicabilité directe des conventions internationales en matière de protection des droits de l'homme qui ont pour finalité principale de pouvoir rentrer « dans le patrimoine juridique des particuliers » et donc d'être invocables en justice. C'est ainsi qu'un nombre croissant d'arrêts du Conseil d'Etat se réfèrent à la *Convention Européenne des droits de l'homme de 1950, aux pactes de l'O.N.U. de 1966 sur les droits civils et politiques et sur les droits économiques et sociaux ou encore à la Charte sociale européenne*. Si, dans la plupart des cas, le Conseil d'Etat n'a pas été amené à trouver de conflit entre le droit interne et le droit international conventionnel, ce n'est pas dire pour autant qu'il refuse d'en reconnaître l'effet direct (voir aussi *supra,* n°s 999 et 999bis, et voir, en général, les précieuses chroniques de J.F. Lachaume à l'A.F.D.I. sur la jurisprudence française relative au droit international).

1210. ***L'hostilité de principe à l'effet direct des directives communautaires*** — On notera enfin que le Conseil d'Etat refuse par principe toute possibilité d'effet direct aux *directives communautaires* : celles-ci pour être invocables en justice, doivent avoir fait l'objet de mesures d'exécution par les autorités françaises (telle est la solution de principe posée par l'*arrêt Cohn-Bendit* du 22 décembre 1978 où la Haute Assemblée affirme — contrairement à la Cour de Luxembourg — que les « directives ne sauraient être invoquées par les ressortissants des Etats à l'appui d'un recours contre un acte administratif individuel » (Rec. 524 et J.F. Lachaume, Jurisprudence française relative au droit international (année 1978), A.F.D.I. 1979, pp. 889-890 avec les nombreuses références citées. Voir pour une confirmation C.E. 30 avril 1982, *Roland*, Rec., p. 547).

Mais dans un arrêt d'Assemblée *Alitalia* du 3 février 1989, le Conseil d'Etat devait sensiblement infléchir sa jurisprudence passée en reconnaissant *l'obligation d'abroger un règlement devenu contraire aux objectifs d'une directive communautaire ultérieure* (R.F.D.A. 1989.391, avec les concl. de N. Chahid-Nourai et les notes de L. Dubouiset O. Beaud ; R.T.D.E. 1989.509, avec une note de J. Vergès ; G. Tixier et Th. Lamulle, La Vie Judiciaire n° 2260, 1989). C'est dire qu'un particulier peut désormais invoquer avec succès le bénéfice des dispositions d'une directive communautaire devant le juge administratif pour peu que l'acte administratif individuel attaqué soit pris en application d'un règlement incompatible avec cette directive. Autrement dit, c'est *seulement encore indirectement que la directive communautaire pourra produire des effets directs que le juge administratif français acceptera de sanctionner.* Le progrès est certain, mais le Conseil d'Etat demeure encore éloigné de la jurisprudence de la C.J.C.E. reconnaissant aux directives communautaires la possibilité de produire un effet direct « vertical ». Devant les juridictions administratives, un justiciable français ne peut en effet toujours pas invoquer « directement » le bénéfice d'une directive communautaire si l'acte individuel attaqué ne repose pas sur des mesures réglementaires elles-mêmes en situation d'incompatibilité ou de contradiction avec ladite directive. Considérant la nouvelle attitude beaucoup plus positive du Conseil d'Etat à l'égard de l'autorité et de l'effet tant du droit international que du droit communautaire, une telle évolution n'est pas à exclure. Au demeurant, il devrait y être encouragé par une récente circulaire du premier ministre en date du 25 janvier 1990 à l'adresse des départements ministériels relative « au suivi et à la transposition des directives communautaires en droit interne » (J.O. 1er février).

II. — La position plus souple (ou favorable) des tribunaux de l'ordre judiciaire.

1211. ***Une jurisprudence flottante*** — Les tribunaux de l'ordre judiciaire sont, en général, plus favorables, et parfois à tort, à l'ordre international en lui permettant de produire des effets directs dans l'ordre interne. C'est ainsi, par exemple, que la Cour de Paris, *à propos de la Déclaration universelle des droits de l'homme de 1948*, devait déclarer que sa publication en avait fait une « loi de l'Etat français » et *qu'elle était ainsi directement applicable* (29 avril 1959, Clunet 1960, 128, note Goldman). Plus récemment, la Chambre criminelle de la Cour de Cassation devait faire la même erreur en analysant cette Déclaration, aussi solennelle et célèbre soit-elle, comme un véritable traité (arrêt du 29 janvier 1997, *Gallien*, Bull. crim. 1997.116).

Mais — et cette fois-ci à bon droit — le tribunal correctionnel de Montpellier, par exemple, dans un jugement du 3 octobre 1977, *Ministère de la Guerre contre P.* (Gaz. Pal. 1977, I, 219, note Petiti) précisa que la Convention européenne des droits de l'homme de 1950, ratifiée par la France en 1974 (J.O. du 4 mai 1974), « présent(ait) incontestablement un caractère self-executing et fai(sait) partie du droit positif français ». En revanche la Cour d'Appel de Paris décida dans un arrêt du *29 février 1980 Andrieu,* (Gaz Pal. 1980, II, 697, note Junoszasdro-Jewski) que les articles 6 et 13 de cette même convention « ne constitu(aient) que des lignes directrices pour la législation des divers Etats signataires » et que partant, ils ne s'imposaient pas au droit interne. De son côté, le tribunal correctionnel de Cambrai dans un jugement du 18 septembre 1986, devait écarter l'application de l'article 101 de la loi de finances pour 1982 sanctionnant la détention d'avoirs irréguliers à l'étranger pour incompatibilités avec les articles 6 et 7 de la Convention précitée de 1950, en raison de sa rétroactivité et de son imprescripbilité (J.C.P. 1987. II., 16.786).

Toutefois, en dépit de ces errements jurisprudentiels que l'on peut considérer comme appartenant au passé, la Cour de cassation devait dès le début des années 1980 reconnaître l'effet direct, le caractère *self-executing* de la Convention européenne des droits de l'homme et des libertés fondamentales (pour un exemple plus récent, voir C. Cass, 1re ch. civ. 15 novembre 1989, *Sieurs Lalanne et Sutter*, Clunet, 1990.611 avec une note de F. Julien-Laferrière ; voir M. Fabre, L'application de la Convention européenne de sauvegarde des droits de l'homme et des libertés fondamentales par les juges nationaux L.P.A., 1996, n° 93.4).

On notera enfin que la plus haute juridiction française, le Tribunal des Conflits, dans une décision du 9 juin 1986 estima que le retrait d'un passeport pour dette fiscale était constitutif d'une voie de fait par l'administration comme portant atteinte à la liberté d'aller et venir, et notamment de quitter le territoire national, reconnue, entre autres, par le 4e Protocole additionnel à la Convention Européenne des Droits de l'Homme de 1950 et par le Pacte de l'O.N.U. de 1966 relatif aux droits civils et politiques (voir Clunet, 1987.75, note F. Julien-Lafferrière).

Toutefois, il existe également des décisions plus « classiques » des tribunaux de l'ordre judiciaire qui reconnaissent la validité et le bien-fondé du principe général selon lequel les traités internationaux ne produisent des effets de droit qu'au seul niveau des Etats et non à celui des personnes privées (voir pour une formulation récente, Cass. civ. 3e ch., 6 avril 1976, *agent judiciaire du Trésor c/C. Fauran*, J.C.P. 1977, II, 18559, note Ruzié, Clunet 1976, 903 (mais voir pour une approche plus « internationaliste » Cass. crim. 5 décembre 1978, *Baroum Chérif,* D. 1979, p. 50, note S. Kehrig ; cependant, la Chambre criminelle persiste à juger — comme le Conseil d'Etat — qu'un traité d'extradition ne crée d'obligations « qu'entre les puissances entre lesquelles ils interviennent », sans que les individus puissent les invoquer, 26 novembre 1985, *Murillo-Rayego*, Bull. Crim., 1985.961).

Ici encore, il convient de faire la même remarque que précédemment (voir n° 1209) à propos de l'effet direct du droit international conventionnel — *notamment en matière de droits de l'homme* — tel qu'il est apprécié par le juge judiciaire. Ce dernier, comme le juge administratif, accepte de rechercher si la norme en cause est d'effet direct et si elle se trouve en contradiction avec une règle de l'ordre interne, ce que l'un et l'autre estiment être d'ailleurs et à juste titre rarement le cas. C'est ainsi, par exemple, que toute une série de décisions récentes de la Cour de cassation relatives à la « Convention des Nations unies relative aux droits de l'enfant » du 26 janvier 1990 (signée, ratifiée par la France et publiée au J.O. du 12 octobre 1990, p. 12363) ont dénué à ce traité la moindre portée concrète effective en estimant que « cette convention... ne créé des obligations qu'à la charge des Etats parties, n'étant pas directement applicable en droit interne » (voir Cass. civ. 1ère, 10 mars 1993, Bull. civ. I, n° 103 et D. 1993.J.361 avec une note J. Massip et pour une étude d'ensemble, C. Byk, La réception des conventions internationales par le juge français : à l'occasion de la jurisprudence de la Cour de cassation relative à la convention des Nations unies sur les droits de l'enfant, J.D.I. (Clunet) 1994.967). Sans doute, le juge judiciaire est-il dans l'ensemble plus enclin que le juge administratif à détecter la présence de normes internationales d'effet direct. Il admet tout d'abord sans difficulté que celles-ci ne soient pas exclusivement d'origine conventionnelle. Il est également davantage prêt que le juge administratif à admettre une situation de conflit et, dans cette hypothèse, à faire triompher la norme internationale d'effet direct en raison de son autorité supérieure, de sa suprématie.

1212. ***Une jurisprudence empreinte de subjectivité*** — En bref, cette rapide revue de jurisprudence montre bien le caractère « subjectif » de cette application directe en droit interne du contenu de certaines règles du droit international. Tout dépend finalement de l'interprétation des tribunaux de l'ordre interne : or comment espérer que celle-ci coïncide de pays à pays alors que les tribunaux d'un même Etat peuvent être partagés sur l'immédiateté d'une même norme internationale ?

c) La jurisprudence de la Cour de Justice des Communautés Européennes.

1213. ***Une construction prétorienne*** — Il ne saurait être ici question d'examiner en détail l'« immédiateté » du droit communautaire ou, si l'on préfère, son applicabilité directe.

On se contentera de noter qu'il s'agit pour l'essentiel d'une construction « prétorienne » de la Cour de Luxembourg. Le Traité de Rome ne fait en effet qu'une *très vague allusion à l'applicabilité directe de certains actes de droit dérivé — les règlements et décisions* — (voir l'article 189 et nouvel article 249). Il ne contient aucune indication sur les critères de l'immédiateté du droit communautaire que celui-ci soit de nature « originaire » ou « dérivée ». Curieusement, il s'abstient de préciser celles de ses dispositions qui sont d'effet direct — même si, à l'évidence certaines d'entre elles possèdent intrinsèquement cette qualité, comme les fameux articles 85 et 86 (et nouveaux articles 81 et 82) sur les pratiques commerciales restrictives et les abus de position dominante.

Il conviendra donc de retenir ici la démarche suivie par la C.J.C.E. pour *faire le tri* des règles du droit communautaire directement applicables dans l'ordre interne des pays membres ou non. L'effort de rationalisation entrepris et mené à bien en ce domaine par la Cour de Luxembourg est unique. Les critères de l'immédiateté qu'elle a dégagés dépassent le seul cadre communautaire : ils peuvent — et devraient — servir de modèles aux tribunaux internes ou internationaux ayant à se pencher sur cette question, ô combien délicate.

1214. ***Critères posés par la C.J.C.E.*** — La Cour de Luxembourg posa les grands principes de *l'immédiateté* ou de *l'effet direct du droit communautaire dans l'affaire célèbre Van Gend et Loos* (aff. 26-62, Rec. 1963, 3, concl. Roemer). Pour la Cour, une disposition du droit communautaire d'effet direct est « *destinée à engendrer des droits qui entrent dans le patrimoine juridique des particuliers* ». Tout le problème est de savoir à quelles conditions ces droits rentrent dans le patrimoine juridique des individus. Les *critères* posés par la Cour sont les suivants. Pour qu'une obligation pesant sur les Etats puisse produire des effets directs dans l'ordre interne sans aucune législation ou réglementation d'accompagnement, une condition de forme doit tout d'abord être présente : la formulation de la norme communautaire « immédiate » doit être claire. De plus, et surtout, un certain nombre de *conditions de fond* doivent également exister.

La norme communautaire « directement applicable » doit, tout d'abord, être de *type inconditionnel*, en ce sens que la *mise en œuvre de cette règle ne doit être subordonnée à aucun autre acte d'accompagnement soit communautaire, soit de droit positif interne*. De plus, *la nature même* de cette règle doit lui permettre de produire des effets directs dans l'ordre juridique des Etats membres et ainsi de rentrer dans le « patrimoine juridique » des justiciables. En bref, l'obligation en cause pesant sur les Etats et qui a valeur juridique directe dans l'ordre juridique des pays membres doit être *complète, juridiquement parfaite*.

En appliquant ces critères précis et stricts, la C.J.C.E. a été en mesure *de faire le partage entre les dispositions du traité de Rome* qui étaient directement applicables et celles qui ne l'étaient pas (on trouvera une liste des dispositions du Traité de Rome jugées directement applicables par la Cour dans une réponse de la Commission à une question écrite reproduite *in* R.T.D.E., 1983.644). Elle a réalisé la même opération intellectuelle à propos des *dispositions du droit dérivé*. C'est ainsi qu'elle a été amenée à affirmer que les *directives*, dans certaines de leurs dispositions au moins, pouvaient être revêtues de cette qualité d'immédiateté. Cette jurisprudence qui ne s'est pas démentie au cours des années a été inaugurée dans *l'affaire 9-70 Franz Grad* ; arrêt du 6 octobre 1970, Rec. 1970.825 ; la Cour de Luxembourg devait encore insister sur l'effet direct « vertical » — mais non « horizontal » — des directives dans son important arrêt du 22 juin 1989, aff. 103/88, *S.P.A. Fratelli c. Commune de Milan*, Rec. 1839. On rappelera que la position inverse est soutenue par le Conseil d'Etat français ainsi qu'en témoigne sa décision précitée du 22 décembre 1978 (*arrêt Cohn-Bendit*), même si une inflexion certaine de sa jurisprudence peut être notée avec *l'arrêt Alitalia* du 3 février 1989, (voir *supra*, n° 1210) ; pour une étude comparative des réactions des tribunaux nationaux, voir Th. Dalfarra, L'invocabilité des directives communautaires devant le juge national de la légalité, RTDE 1992.631).

1215. ***Une analyse débordant le droit communautaire et étendue au droit conventionnel*** — Plus important encore pour notre propos, la Cour de Luxembourg appliqua ces même critères, pour *apprécier l'effet direct éventuel des traités passés par la Communauté*. Ainsi dans les affaires jointes 21-24/72, jugées le 12 décembre 1972 (*International Fruit*, Rec. 1972, concl. Mayras), la Cour fut amenée à examiner si une disposition particulière du G.A.T.T. produisait un effet direct, était « self-executing ». A cette fin, la Cour de Luxembourg analysa « *l'esprit, l'économie et les termes* » du G.A.T.T. pour voir si cette disposition particulière (l'art. XI en l'espèce) était, matériellement, directement applicable. La Cour, notant « la grande souplesse (des) dispositions » du G.A.T.T. et notamment les possibilités de dérogation très largement ouvertes, les possibilités de recourir à des mesures de suspension de l'Accord, le mécanisme de règlement des différends peu juridictionnalisé, arriva à la conclusion que « ces éléments suffis(aient) à démontrer que, placé dans un tel contexte, *l'article XI de l'Accord général n'est pas de nature à engendrer, pour les justiciables de la Communauté, le droit de s'en prévaloir en justice...* ».

Dans l'affaire dite du « régime d'importation des bananes », la Cour devait estimer cette fois-ci d'une manière générale que les dispositions du G.A.T.T. n'étaient obligatoires que pour les Etats de la Communauté et ne possédaient pas les qualités requises pour être directement applicables aux particuliers (5 octobre 1994, Aff. C-280/1993, R.F.A. c. Conseil, Rec.I.4973).

Elle devait, de façon erronée à notre sens, reprendre la même analyse à propos de l'Organisation Mondiale du Commercie (O.M.C.) dont pourtant le régime juridique est profondément et qualitativement différent de celui posé par l'accord général de 1947 (voir l'affaire C149/96 *République Portugaise c. Conseil de l'Union Européenne*, 22 novembre 1999, Rec. 8395).

En revanche, en appliquant ce même raisonnement, la Cour de Luxembourg admit que la *Convention de Yaoundé entre la Communauté et un certain nombre de pays africains possédait cette qualité d'immédiateté*, était directement applicable dans certaines de ses dispositions (aff. 87-75, 5 février 1976, Rec. 1976, 129).

Plus récemment, dans une *affaire Kupferberg* qui apparaît comme une décision de principe (affaire 104-81 du 26 octobre 1982, Rec. 1982, p. 3641), la Cour devait encore raffiner son analyse qui se décompose maintenant en trois phases : *la nature et l'économie de l'accord en question*, son *contexte* et enfin *les termes mêmes employés* (pour une bonne analyse de la démarche de la C.J.C.E. en matière d'applicabilité directe, voir J. Groux et Ph. Manin, Les Communautés européennes dans l'ordre international, Luxembourg, Office des publications des Communautés européennes, 1984, pp. 122-127).

En bref, il s'agit là d'une approche et de solutions qui méritent d'être approuvées. En raison de leur rigueur et de leur objectivité, elles devraient servir de modèle à la fois aux tribunaux nationaux et internationaux saisis de ce délicat problème de l'applicabilité directe du contenu des normes de droit international ou, du moins, de certaines d'entre elles.

1216. ***Rappel de la position de la C.P.J.I. dès 1928*** — Enfin, il convient ici de rappeler que la Cour Permanente de Justice Internationale a reconnu depuis longtemps cette théorie selon laquelle des *traités internationaux pourraient*, en vertu de la volonté expresse des parties contractantes, *produire des effets directs dans l'ordre interne* sans le concours d'une législation de « réception » ou de « transformation » (Avis consultatif n° 15, *Compétence des tribunaux de Dantzig*, sér. B 1928) (voir aussi *supra*, n° 986). Cependant, la Cour de La Haye s'abstint de donner la moindre indication sur les critères possibles de l'immédiateté du droit international.

§ 3 — La relative rareté des normes du droit international directement applicables dans l'ordre interne.

1217. ***L'exception communautaire*** — A dire vrai, si l'on fait exception du *droit communautaire, il existe assez peu de normes du droit international qui possèdent en elles-mêmes cette qualité d'applicabilité directe, sans parler d'ailleurs des modalités d'introduction dans l'ordre interne*. Il convient ici d'examiner brièvement les raisons pour lesquelles peu de règles de l'ordre international se trouvent directement applicables, avant de mentionner quelques-uns des grands domaines où de telles règles sont communément acceptées comme ayant une applicabilité directe.

1 — Les raisons historiques.

1218. ***L'Etat écran*** — Pendant longtemps, on le rappelle, l'Etat a été le seul sujet du droit international. Telle fut la situation de l'époque dite classique du droit de la société internationale (voir n° 17 et s.). Dès lors, il était logique que les règles du droit international ne s'appliquent qu'au seul niveau des Etats.

L'individu, on le rappelle encore, n'est apparu que fort récemment et partiellement comme un sujet direct du droit international. Plus rarement encore est-il en mesure de faire valoir ses droits au niveau international, sans passer par son Etat national.

On remarquera qu'il reste toujours une *réticence évidente* de l'Etat national à accorder directement des droits à l'individu en vertu du droit international, l'Etat perdant alors le contrôle de ses engagements internationaux qui peuvent se développer dans des directions imprévues, surtout, bien entendu, s'il y a saisine possible de tribunaux internationaux. L'attitude de la *France* à l'égard de la *Convention européenne des droits de l'homme de 1950* est, ici, particulièrement significative. En effet, la France mit près d'un quart de siècle à la ratifier ; elle ne le fit qu'en 1974, durant l'intérim de la présidence de la République, cette réticence tenant, entre autres, aux possibilités qu'auraient les citoyens français de bénéficier directement de droits en raison de cette Convention. En outre, il fallut attendre le décret du 9 octobre 1981 pour que les nationaux français puissent saisir directement la Commission européenne des droits de l'homme (et maintenant la Cour elle-même).

2 — Les raisons tenant à la nature des normes du droit international.

1219. ***Des normes soit exclusivement interétatiques soit trop imprécises*** — Le plus souvent, sur le plan matériel, le droit international reste un *droit à dominante interétatique*.

— D'une part, *certains domaines* — et parmi les plus importants — du droit international sont *exclusivement liés à la souveraineté de l'Etat*, en un mot à son « imperium ». Il en va ainsi de toutes les *conventions de type politique*, par exemple les pactes militaires, les conventions d'assistance technique ou économique ou relatives au règlement des différends internationaux. En général, ce *type de convention n'intéresse pas juridiquement les personnes privées*.

— D'autre part, même quand les engagements inter-étatiques portent sur les relations privées, comme par exemple les traités de commerce, ou relatifs aux transports, au financement d'activités internationales, ou en bref ceux qui intéressent les activités économiques internationales, ils ne contiennent, le plus souvent, que *des obliga-*

tions de comportement. Même lorsqu'ils vont « au-delà » et contiennent des *obligations de résultat*, celles-ci demeurent en général encore confinées au niveau des seuls organes étatiques. Il en va ainsi, par exemple, pour l'essentiel, des dispositions du G.A.T.T. (et maintenant de l'O.M.C.) ou du Fonds monétaire international. En bref, ces dispositions qui constituent autant de codes de *bonne conduite* commerciale ou monétaire internationale, ne se suffisent pas le plus souvent à elles-mêmes. Elles *manquent des qualités intrinsèques nécessaires qui les rendraient directement applicables dans l'ordre interne.* Dès lors, les autorités nationales compétentes devront nécessairement intervenir pour transformer ce droit international dans l'ordre interne afin qu'il puisse s'intégrer au droit positif.

Dès lors, si un contentieux international doit se développer dans ces matières, il sera limité aux Etats ou aux Organisations internationales concernées pour violation de leurs obligations réciproques ; mais il ne trouvera pas son origine dans le non-respect des droits de particuliers, de personnes privées.

3 — Les domaines d'élection des normes du droit international d'application directe.

1220. ***Les droits de l'homme et le droit des relations économiques*** — Si l'on met à part le *droit communautaire* en raison de son caractère très spécifique ou certaines autres « constructions » régionales comme, par exemple, celle relative à la protection *des droits de l'homme dans le cadre du Conseil de l'Europe*, on peut citer quelques domaines de première importance où les normes internationales d'application directe seront la règle.

— Il en va ainsi pour le *statut des étrangers* (droits civiques, économiques et sociaux, etc.) lorsque celui-ci est réglé par des *conventions d'établissement.*

— Il en va également ainsi pour le régime *des biens étrangers (ou investissements)* lorsqu'ils sont réglés dans un cadre conventionnel bilatéral précis.

— Il en va de même pour les *relations économiques internationales* au sens large quand celles-ci sont réglées par la *clause de la nation la plus favorisée*, qui a pour finalité directe, comme le reconnaissait la C.I.J. dans *l'affaire des ressortissants américains au Maroc*, « d'assurer et de maintenir en tous temps l'égalité fondamentale, sans discrimination, entre les (ressortissants) de tous les pays intéressés » (Rec. 1952, p. 192). L'insertion d'une clause de traitement national dans un traité possède également le même effet direct, son but étant d'accorder aux étrangers les mêmes droits et privilèges qu'aux nationaux.

Section II

Une structure juridique des Etats souvent inadaptée à une application satisfaisante du droit international

1221. ***Plan*** — Il existe malheureusement souvent un « déphasage » entre l'ordre international et l'ordre interne, en ce sens que le droit international, bien que reconnu supérieur et parfois comme possédant un effet direct dans l'ordre interne, n'arrive pourtant pas à être « intégré » dans le droit national, à y être considéré comme du droit positif et, partant, à être reconnu comme applicable par les tribunaux.

L'ordre interne apparaît ainsi comme un « écran » qui refuse l'application du droit international, voire l'interdit parfois (§ 1). Il en résulte des conséquences extrêmement fâcheuses (§ 2).

§ 1 — L'ordre interne, frein à l'application du droit international.

1222. ***Le droit national "écran"***— L'ordre interne joue fréquemment ce rôle d'écran pour des raisons très diverses qui, souvent d'ailleurs, même si on doit le regretter, imposent le respect. Parfois il s'agit d'obstacles relatifs qui ne font que freiner ou atténuer l'application du droit international. Parfois, malheureusement, il s'agit d'obstacles absolus qui paralysent totalement l'application du droit international dans l'ordre interne.

Ces obstacles sont de trois ordres inégalement importants. Tout d'abord, il peut exister des difficultés de type « constitutionnel » entendu au sens large. Il peut exister également des difficultés de type « juridictionnel » tenant à la compétence des juges. Il peut enfin exister des difficultés de type « administratif » tenant au comportement des gouvernements.

1 — Les obstacles constitutionnels.

1223. ***Typologie*** — De tels obstacles apparaissent clairement en cas de conflits entre un traité, ou disons plus généralement le droit international et la Constitution nationale, ou entre un traité et une loi nationale postérieure.

a) Le conflit droit international - constitution nationale.

1224. ***La solution claire néerlandaise*** — A notre connaissance, *une seule Constitution* contemporaine, *celle des Pays-Bas*, prévoit clairement qu'elle ne saurait constituer un obstacle sérieux à l'application du droit international en Hollande. Dans un tel cas, l'article 63 impose ratification à la *majorité renforcée* des deux tiers. C'est la solution la plus libérale, mais, à dire vrai, unique.

1225. ***La paralysie temporaire française*** — Dans tous les autres cas, lorsqu'il y a contrariété entre le droit international — le plus souvent un traité — et la Constitution locale, il s'agit d'un *obstacle dirimant à l'application* du droit international. Toutefois, les solutions internes à ce type de conflit peuvent être plus ou moins favorables au droit international. Ainsi, par exemple, *en France*, l'article 54 de la Constitution de 1958 impose *la révision préalable de la Constitution avant que l'approbation ou la ratification de ce traité soit possible*. Il s'agit là d'un *frein qui n'est pas insurmontable* étant donné les procédures de révision de la Constitution en France. Toutefois, il ne faut pas cacher que même si cette solution n'implique pas la supériorité de la Constitution sur les traités (leur validité n'est pas en cause mais leur seule applicabilité — voir aussi *supra*, n° 128), elle signifie cependant dans l'ordre interne *une paralysie au moins partielle des effets d'un traité liant* la France, celui-ci ne pouvant s'appliquer avant que la Constitution n'ait été modifiée.

1226. ***Un obstacle parfois insurmontable*** — Dans la plupart des cas, le conflit droit international — Constitution locale n'a pas été abordé ni tranché par les rédacteurs de la loi fondamentale. C'est le cas aux Etats-Unis, en Italie ou en République fédérale d'Allemagne. Toutefois, il est loisible de penser que la solution française s'appliquera, à savoir, que le constituant local devra modifier la loi fondamentale avant de pouvoir donner effet à la norme internationale contraire. A la limite, la paralysie du traité pourra être définitive si les modifications constitutionnelles requises sont à peu près impossibles à obtenir. Tel est incontestablement le cas *aux Etats-Unis, ou dans les Etats fédéraux* en règle générale, où les équilibres sont tellement minutieux qu'il est extrêmement difficile d'obtenir une modification de la Constitution locale. Dès lors, la constitution ne jouera pas seulement comme un frein, mais comme un *obstacle quasi insurmontable* à l'application du traité du droit international contraire.

b) Le conflit droit international - loi nationale postérieure.

1227. ***Diversité des conflits*** — On notera tout d'abord qu'il n'existe, dans aucun système de droit, de difficultés pour trancher le conflit entre droit international (traité) et loi nationale antérieure. Le principe normal qui s'applique est celui, traditionnel en matière de conflit de lois dans le temps, selon lequel la loi la plus récente l'emporte sur la loi antérieure *(principe de la lex posterior)*.

Le conflit droit international (traité) — loi nationale postérieure est plus délicat, mais il faut le noter, rare. Il convient, en effet, de supposer systématiquement que le législateur local n'agit pas, en principe, en méconnaissance des obligations internationales de l'Etat et que s'il adopte une loi contraire, c'est plus souvent par inadvertance que par pure volonté délibérée. Un tel conflit est parfois tranché par la Constitution locale ; mais, le plus souvent, il ne l'est pas ou dans des termes peu clairs, d'où la présence de solutions nationales très diverses et non-concordantes.

1228. ***La loi nationale transparente*** — i) Dans une première série de cas, la *loi nationale postérieure n'empêchera pas le droit international contraire de produire tous ses effets.* Telle est la solution constitutionnelle aux Pays-Bas (art. 65 de la Constitution) ou en République fédérale d'Allemagne (art. 25 de la Constitution). Au cours de ces dernières années, les tribunaux ont fait prévaloir cette solution en Belgique et en France. En France, *le revirement a pendant longtemps été celui des seules juridictions de l'ordre judiciaire.* Il a été rendu possible par la décision du Conseil constitutionnel du 15 janvier 1975 *(affaire de l'interruption volontaire de grossesse)* ; il est illustré par *l'arrêt des Cafés J. Vabre* rendu par la Chambre mixte de la Cour de cassation, le 23 mai 1975 (R.T.D.E. 1975, 354, avec les conclusions remarquées et remarquables du procureur général Touffait). Cet arrêt a, pour la première fois, fait triompher un traité (en l'espèce, le Traité de Rome de 1957) sur une loi nationale, postérieure et contraire.

De son côté, la juridiction administrative devait mettre près de quinze ans pour adopter ce nouveau cours. Le revirement devait se produire avec l'arrêt d'assemblée rendu par le Conseil d'Etat le 20 octobre 1989 dans *l'affaire Nicolo* (parmi une abondante littérature, voir R.D.T.E. 1989.771 avec les conclusions Frydman et une note G. Isaac ; J. Dehaussy, « La supériorité des normes internationales sur les normes internes : à propos de *l'arrêt Nicolo* du Conseil d'Etat du 20 octobre 1989 » Clunet 990-5 ; R. Kovar « Le Conseil d'Etat et le droit communautaire, de l'Etat de guerre à la paix armée », D. 1990, Chr. XI; J.F. Lachaume, « Une victoire de l'ordre juridique communautaire : *l'arrêt Nicolo* consacrant la supériorité des traités sur les lois postérieures », R.M.C. 1990.384). On notera au surplus que le Conseil d'Etat devait faire rapidement application de sa nouvelle jurisprudence en reconnaissant qu'une loi française postérieure devait être écartée comme ne pouvant faire obstacle à l'application d'un règlement communautaire (C.E. 24 septembre 1990, *Boisdet*, L.P.A., 12 octobre 1990.15 avec les conclusions de Mme Laroque). Peu de temps après, deux autres arrêts d'assemblée devaient permettre au Conseil d'Etat de compléter sa jurisprudence et de l'étendre aux *directives communautaires* de sorte qu'elles aussi s'imposent maintenat au juge administratif français, *nonobstant leur contrariété avec une loi postérieure* (C.E. Ass. 28 février 1992, *S.A. Rothmans International France* et *S.A. Philip Morris France*, Rec. 80, JCP 92, éd. G.IV, n° 1318 obs. M.C. Rouault et II.21859, note G. Teboul ; L.P.A. 10 avril 1992.18 note Th. Celerier ; R. Kovar, le Conseil d'Etat et le droit communautaire : des progrès mais peut mieux faire, D. 1992, Chr. XLIII.207 ; On lira avec le plus grand intérêt les conclusions de Mme Laroque *in* AJDA 1992.210 et *Gaz. Pal.* 20-22 décembre 1992.6 et Rec.82).

Les deux ordres de juridiction administrative et judiciaire ont désormais unifié leur position dans un sens internationaliste : *une loi nationale postérieure ne saurait affecter, suspendre ou paralyser un engagement international antérieur de la France.*

1229. ***La loi nationale frein provisoire*** — ii) Dans une deuxième série de cas, la *loi nationale postérieure contraire va seulement suspendre*, freiner *l'application du droit international*. Telle est, par exemple, la *solution italienne* : ainsi une loi locale contraire à un traité international antérieur se trouve également contraire à la Constitution. Toutefois, elle ne perdra complètement sa validité interne qu'après avoir été déclarée nulle par la Cour Constitutionnelle. Ainsi, dans l'intervalle compris entre le vote de cette loi nationale et son annulation pour inconstitutionnalité par la Cour Constitutionnelle, le droit international aura été paralysé dans son application en Italie. Sans doute la paralysie est-elle provisoire, mais elle est certaine. On rappellera que cette « solution italienne » a été expressément et plusieurs fois condamnée par la Cour de Justice des Communautés Européennes à propos de l'application du droit communautaire ((voir notamment *l'affaire* précitée *Simmenthal* de 1978 ; R.T.D.E. 1978, 381, note D. Carreau).

1230. ***La loi nationale, écran total*** — iii) Dans une troisième série de cas, la *loi nationale postérieure contraire au droit international va bloquer, paralyser complètement l'application du droit international.* C'est une situation qui est malheureusement fréquente, sans doute peut-être quantitativement la plus fréquente. C'est *celle des pays de common law* ; et telle était, *avant 1975, la position des juridictions judiciaires françaises dans leur ensemble* ; et telle était également la position du *Conseil d'Etat français* jusqu'en 1989 avant *l'affaire Nicolo*.

1231. ***L'exemple anglais***— C'est ainsi, par exemple, qu'en *Angleterre le droit international est reconnu comme faisant partie du droit du pays* (« international law is part of the law of the land ») ; telle est la maxime célèbre que nous avons déjà citée de Blackstone, et qui se trouve dans de très nombreux arrêts rendus en Grande-Bretagne depuis la fin du XVIIIe siècle. Ce principe a été interprété couramment par la jurisprudence et la doctrine comme signifiant que : 1) le droit international lie les nations et elles seules ; 2) le droit international fait sans doute partie de la légalité interne, de la common law ; 3) le droit international ne produit des effets directs internes que s'il n'est pas contraire au droit existant d'origine législative ou tel qu'il a été interprété par les tribunaux ; 4) enfin, le droit international ne saurait produire des droits et des obligations dans le chef des particuliers que si ses dispositions ont été acceptées et adoptées par le Parlement. Autrement dit, pour être applicable par les tribunaux locaux, le droit international doit avoir été reçu, transformé en droit interne, ceci en raison de la « souveraineté législative » reconnue traditionnellement au Parlement britannique (théorie de la « souveraineté du Parlement »).

En bref, dans les pays qui suivent ce type de solution, *le droit international peut être paralysé en cas d'inaction du législateur local s'il n'adopte pas une norme nouvelle qui donne effet au droit international. Il peut être également paralysé si le législateur local adopte une législation postérieure contraire au droit international.* Il est à noter que ce problème de hiérarchie des normes a été et reste particulièrement sérieux pour la Grande-Bretagne en tant que membre de la Communauté économique européennne : en effet, que le droit communautaire l'emporte sur toute norme nationale présente ou future et qu'il puisse produire un effet direct sans l'aide quelconque du législateur national, se révèle complètement étranger à la tradition juridique britannique (voir notre note précitée sous *l'arrêt Simmenthal*, pp. 414-416 ainsi que P. Kinder-Gest, Primauté du droit communautaire et droit anglais ou comment concilier l'inconcialiable, R.A.E., 1991, 19 ; voir aussi *supra*, n° 139 et s.).

1232. ***L'exemple américain*** — Ce système peut connaître certaines variantes, comme par exemple, aux *Etats-Unis*. En effet, la situation semble ici un peu plus favorable au droit international. Sans doute les termes de l'article VI de la Constitution américaine font-ils penser à la maxime précitée de Blackstone sur le droit anglais ; cependant, il y a été ajouté que le droit international constituerait la « loi suprême du pays » (supreme law of the land). Ainsi, aux Etats-Unis, *le droit international l'emporte-t-il pleinement sur l'ensemble du droit des Etats fédérés* (y compris leur propre constitution). *Le droit international l'emporte également sur tout le droit antérieur fédéral.* Le droit international l'emporte, soit parce qu'il a été « reçu », « transformé » par une législation appropriée du Congrès — et c'est là l'application du principe bien connu de la « lex posterior » —, soit parce qu'il est en l'espèce « auto exécutoire » (« self-executing »), cette notion étant inconnue du droit anglais. En revanche, *le droit international va céder devant le droit postérieur fédéral.* Cette solution ne saurait surprendre dans la mesure où *le droit international est juridiquement placé sur le même pied que la loi fédérale.* Dès lors, le principe de la « lex posterior » jouera pleinement. Toutefois, on notera que les juges américains ont toujours tenu à préciser que les *tribunaux devaient s'efforcer d'adopter une construction juridique telle qu'elle évite un conflit direct entre un traité et une loi fédérale postérieure, de façon à pouvoir donner effet concurremment aux deux ordres, interne et international.* Ce principe de construction selon lequel les juges devaient essayer de concilier les deux ordres juridiques interne et international et leur reconnaître une validité conrurrente et compatible, a été formellement reconnu par la Cour suprême dans une décision rendue en 1888 dans *l'affaire Whitney v. Robertson* (124, US 190). Son application par les juges fédéraux américains en 1988 devait permettre de régler de façon élégante le délicat problème de la situation de la mission de l'O.L.P. auprès de l'O.N.U. imprudemment mise en péril par une loi du Congrès (voir *supra* n° 142).

1233. ***L'évolution de la jurisprudence française*** — En France, *la situation était analogue pour l'ensemble des juridictions nationales*, et cela jusqu'aux arrêts précités *Jacques Vabre* de 1975 de la Cour de cassation et *Nicolo* de 1989 du Conseil d'Etat. Les raisons de cette attitude des tribunaux avaient été énoncées d'une manière extrêmement forte et non ambiguë par le procureur général Matter dans ses conclusions célèbres sous *l'arrêt Sanchez* (Cass. civ. 22 décembre 1931, S. 1932.1.257, concl. Matter, note Niboyet). Pour le procureur général Matter, le juge interne ne pouvait connaître qu'un principe : « le respect de la loi » au sens formel du terme, c'est-à-dire l'acte législatif voté par le Parlement. Et, comme le juge américain, le procureur général Matter précisait que *les tribunaux devaient s'efforcer de trouver une construction juridique conciliant l'application simultanée de ces deux droits*. « Il existe en quelque sorte, disait-il, une présomption que la loi n'a pas voulu empiéter sur le traité et cette présomption ne peut être détruite que par une déclaration formelle de la loi... ».

1234. ***Un point commun : la mission du juge*** — Toutes ces diverses approches, anglaise, américaine ou française de jadis reposent sur une argumentation commune, à savoir la place du juge dans l'ordre constitutionnel interne qui ne lui permettrait pas d'écarter la loi nationale contraire au droit international.

2 — Les obstacles juridictionnels : la place des juges dans l'ordre constitutionnel interne.

1235. ***L'office du juge interne*** — Tout juge interne, même lorsqu'il applique le droit international, le fait en tant que « juge national » : il rend en effet la justice au nom du peuple pour lequel il agit. Autrement dit, pour qu'il puisse sanctionner la supériorité du droit international sur tout droit interne, y compris la Constitution, pour donner un effet direct à certaines dispositions du droit international, il doit en avoir reçu expressément le pouvoir.

En bref, *le juge national tient sa compétence de la Constitution locale*. Or si celle-ci ne lui donne pas le pouvoir d'écarter les lois nationales contraires au droit international ou, du moins, pas clairement, comme dans le cas français, le juge national va se trouver désarmé (voir les observations du professseur Reuter in « L'application du droit international par le juge français », *op. cit.*, p. 23). Dès lors, le juge national se trouvera obligé de faire preuve d'une « timidité » ou d'une « réserve » bien compréhensible lorsqu'il s'agira d'étendre sa compétence à la sanction des normes du droit international qui viendraient à être contraires à des règles du droit interne. Même, en effet, *s'il ne lui est pas demandé de déclarer inconstitutionnelles les lois nationales contraires au droit international —ce que, en général, il n'aurait pas compétence de déterminer —, même s'il est seulement demandé au juge national d'écarter la loi contraire au droit international, il est loin d'être sûr qu'il possède la compétence requise pour trancher ce conflit au détriment de la loi nationale.*

Les termes d'un tel débat apparaissent très clairement en France à la lumière de la jusrisprudence des tribunaux de l'ordre judiciaire jusqu'en 1975 et du Conseil d'Etat jusqu'en 1989.

a) L'évolution de la jurisprudence de la Cour de cassation : une position « classique » jusqu'au retournement de 1975.

1236. ***Les conclusions Matter de 1931*** — Le procureur général Matter, dans ses conclusions précitées de 1931, disait on ne peut plus clairement qu'en cas de conflit entre un traité et une loi postérieure, le devoir du juge était évident : « *Ici aucun doute,* disait le procureur Matter, *vous ne connaissez, vous ne pouvez connaître d'autre volonté que celle de la loi. C'est le principe même sur lequel reposent nos institutions judiciaires* ». Il est d'ailleurs frappant de noter qu'un avocat général à la Cour de cassation, M. Blondeau, affirmait encore que telle était la position de la Cour suprême française en 1970 (voir « L'application du droit international par le juge français », *op. cit.*, p. 59-62) ; et il en donnait la même raison en 1970 que le procureur général Matter en 1931 : *le constituant français n'avait pas investi le juge national des compétences nécessaires pour faire prévaloir le droit international en cas de conflit avec la loi interne postérieure.*

1237. ***La décision I.V.G. du Conseil Constitutionnel de 1975*** — Or il a fallu attendre le développement du droit communautaire et surtout la *décision précitée du Conseil Constitutionnel du 15 janvier 1975 dans l'affaire de l'interruption volontaire de grossesse* pour que les tribunaux de l'ordre judiciaire fassent preuve de plus de hardiesse. On rappelle que le Conseil constitutionnel estima, en l'espèce, qu'il ne lui appartenait pas d'apprécier « la conformité d'une loi aux stipulations d'un traité ou accord international, mais seulement la conformité des lois nationales à la Constitution ». Selon le Conseil, les traités ne font donc pas partie du « bloc de constitutionnalité », ce qui aurait entraîné leur dégradation, puis leur assimilation à la loi fondamentale. Le Conseil constitutionnel a ainsi reconnu, du moins implicitement, qu'il s'agissait là d'un *simple conflit d'applicabilité de normes juridiques de nature différente qu'il ne lui appartenait pas de trancher, mais dont pouvaient connaître les autres tribunaux.* C'est à la suite de cette décision que la Cour de cassation admit, avec *l'arrêt Jacques Vabre* de 1975, qu'elle pouvait écarter une loi nationale postérieure contraire à une norme communautaire antérieure, parce que, ce faisant, *il ne lui était pas demandé de déclarer la loi interne contraire à la Constitution* (ce qu'elle n'avait pas compétence pour faire et ce qui avait constitué l'argument majeur — mais faux — pour interdire aux tribunaux français de faire triompher le droit international sur la loi postérieure contraire) ; mais, la Cour de cassation estima, à juste titre, qu'il lui était *seulement demandé de trancher un conflit entre deux normes possédant une nature juridique différente* : placée devant un tel conflit de normes juridiques, la Cour de cassation fit triompher la norme supérieure, à savoir la « loi » internationale (voir dans le même sens Crim. *14 janvier 1980, Clinel/S.A. Voréal,* R.T.D.E. 1981, p. 369, note O.L. - Trib. correct. de Nanterre *21 janvier 1981, SPMO Rallye et autres c. Vugt et Sté Grundig France*, R.T.D.E. 1981, p. 373, note Loy ; Cass. Ass. plénière, 21 décembre 1990, *Directeur général des Impôts c. S.A. Roval,* Bull. civ. 1991.23, D. 1991.305, concl. Dontenville). Il convient ici de bien interpréter le rôle du juge français : celui-ci ne déclare pas la loi nationale postérieure anti-constitutionnelle car contraire à une norme du droit international — ce qu'il ne saurait faire — ; il ne fait qu'en écarter l'application.

b) Le maintien de la position « traditionnelle » par le Conseil d'Etat jusqu'à l'arrêt Nicolo (1989).

1238. ***Une longue et vaine résistance*** — A la différence des tribunaux de l'ordre judiciaire et en dépit des encouragements implicites prodigués par le Conseil Constitutionnel dans sa décision du 15 janvier 1975 précitée, le Conseil d'Etat continua longtemps de s'en tenir à la réserve jusqu'alors traditionnellement observée par les magistrats français dans le passé et pour les même raisons que celles avancées par le procureur général Matter en 1931.

Madame Questiaux, commissaire du gouvernement dans la célèbre *affaire Syndicat général des fabricants de semoules* (C.E. 1er mars 1968, Rec., p. 149, A.J.D.A. 1968, 48, 235) devait bien résumer la position dominante de la magistrature administrative de l'époque ainsi que ses raisons, qui restèrent valables pour le Conseil d'Etat jusqu'à la décision *Nicolo* de 1989. « Le juge administratif, disait-elle, ne peut faire l'effort qui lui est demandé sans modifier, de sa seule volonté, sa place dans les institutions. Il ne peut, ajoutait-elle, ni censurer ni méconnaître une loi... La Constitution n'a pas jugé bon de définir d'une nouvelle manière les pouvoirs du juge : la mission de celui-ci reste celle, subordonnée, d'appliquer la loi... Si le législateur a manifesté une volonté précise, si la loi nationale s'insère comme un intermédiaire nécessaire entre le traité et l'application qui en est demandée, aucune disposition de la Constitution... ne dispense le juge de respecter cette volonté. Il est difficile d'imaginer que se créent, dans tous les domaines affectés par un traité international, des zones entières où les lois seraient privées d'effet par le juge ». Le Conseil d'Etat devait s'en tenir à cette jurisprudence malgré la décision précitée du Conseil Constitutionnel du 15 janvier 1975, ainsi qu'en témoigne son arrêt du 22 octobre 1979, *Union démocratique du travail* (Rec., p. 384, A.J.D.A. 1980.42, note BG). Il s'agissait, en l'espèce, d'examiner la compatibilité de la loi de 1977 sur les élections européennes avec la Constitution et le Traité de Rome ; le Conseil d'Etat refusa de procéder à un tel examen au motif — erroné — que ceci « tend nécessairement à faire apprécier par le juge administratif la constitutionnalité des dispositions de la loi et leur conformité à ce traité... Il n'appartient pas au juge administratif d'apprécier la constitutionnalité de la loi du 7 juillet 1977... »).

Dans une étude officielle plus récente — Droit international et droit français, N.E.D. n° 4803, 1986 — le Conseil d'Etat devait s'en tenir à sa position traditionnelle en faisant valoir que la jurisprudence précitée de la Cour de cassation à la suite de *l'affaire Jacques Vabre* risquait de conduire à « l'introduction en droit interne français de concepts d'inspiration étrangère qui se concilient mal avec notre propre tradition » et aussi de modifier « l'équilibre institutionnel traditionnel... au détriment du Parlement » (v. les pp. 25-27 et ici, p. 45). Le Conseil d'Etat français se posait ainsi en digne successeur des juristes de la Couronne du temps de la monarchie qui avaient pour ambition de maintenir le « pré carré » du Roi et de défendre ses prérogatives.

L'arrêt Nicolo devait rompre avec cette approche, certes traditionnelle, mais bien dépassée. Si, dans ses conclusions sous cette affaire, le Commissaire du Gouvernement invoquait principalement des « considérations d'opportunité » pour proposer et justifier un revirement jurisprudentiel, il demeure que des motifs juridiques fondamentaux militaient en faveur d'un changement radical d'attitude de la part du Conseil d'Etat. Sa conception passée méritait la réprobation à plus d'un titre ; elle méconnaissait la primauté générale du droit international par rapport à l'ordre interne ; elle faisait fi de l'article 55 de la Constitution de 1958 reconnaissant formellement la supériorité des traités sur les lois ; elle ignorait la valeur obligatoire des décisions du Conseil constitutionnel en contradiction avec l'article 62.2 de la Constitution ; et, *last but not least*, l'application persistante de cette doctrine de la primauté de la loi française postérieure appliquée au *droit communautaire* risquait de valoir à la France le *déclenchement d'une action en manquement* au titre de l'article 169 C.E.E. et une condamnation plus que probable de la Cour de Luxembourg qu'il convenait d'éviter à tout prix. Tout internationaliste ne peut que se réjouir de cette *décision Nicolo* et du revirement qu'elle indique, si ce n'est de ses motivations profondes ; toutefois, il est loisible de regretter que le fondement formel de cet arrêt ait été exclusivement trouvé dans l'article 55 de la constitution de 1958, sans référence aucune à l'autorité propre du droit international, et en l'espèce du droit communautaire. On rappellera en effet que dans son *arrêt Jacques Vabre* de 1975, la Cour de cassation avait visé, contrairement aux conclusions de son procureur général, à la fois l'article 55 et « l'autorité supérieure du droit communautaire » pour s'en tenir à la seule référence du droit communautaire à partir de son *arrêt Von Kempis* du 15 décembre 1975 et ce, conformément aux souhaits du même procureur général (voir 3e Ch. Civ. Bull. civ. III, n° 373, p. 282 et Clunet 1976.416 avec une note C. Tantaroudas). Il reste que les tenants du « pré juridique carré français » devaient vigoureusement critiquer cet *arrêt Nicolo* comme faisant sauter — à leur yeux — le « dernier verrou » et à dire vrai bien vermoulu— de la « souveraineté française » (voir, par exemple, l'article de M. Aurillac *in Le Monde* du 3 novembre 1989, p. 11 alors que celui-ci avait été l'auteur en 1980 en tant que député d'un amendement qui aurait interdit à tout juge français de pouvoir faire triompher un traité sur une loi postérieure ; voir J.O. Débats, A.N., 9 octobre 1980, p. 2634 et s. et G. Isaac, *Gaz. Pal.* Doc. 1980.II.583).

3 — Les obstacles liés au comportement gouvernemental.

1239. ***L'absence de publication*** — Le gouvernement peut encore paralyser l'application du droit international dans l'ordre interne en ne prenant pas les mesures qui s'imposent ou en les prenant avec un très grand retard.

Il faut tout d'abord exclure de cette situation tous les cas où le gouvernement s'abstient de soumettre à ratification parlementaire un traité international qu'il a signé au nom de l'Etat. Il en va de même si après le vote par le Parlement de la loi autorisant la ratification, l'autorité constitutionnellement compétente — en général le chef de l'Exécutif — s'abstient de ratifier. Il s'agit là d'actes discrétionnaires nullement contraires aux obligations internationales des Etats (voir *supra*, n° 296 et s.).

Il convient ici d'envisager le cas où un accord ou un traité international a été dûment approuvé ou ratifié, mais où *il n'a pas été porté à la connaissance des intéressés concernés*, autrement dit où il n'a pas été « publié » (voir, Le Roy, « La publication des engagements internationaux de la France », A.F.D.I. 1962, 888).

Deux principes généraux ici sont clairs. D'une part, *nul n'est censé ignorer la loi.* Mais, d'autre part, celle-ci, pour *être opposable aux individus, doit être connue.* On rappellera ici les termes de l'article 1 du Code civil français : « Les lois sont exécutoires dans tout le territoire français en vertu de la promulgation qui en est faite... Elles seront exécutées... du moment où la promulgation en pourra être connue ».

Autrement dit, au vu de ces principes, le gouvernement peut paralyser l'application d'une norme du droit international d'un traité ou d'un acte unilatéral d'une Organisation internationale, par exemple, en *ne procédant pas à sa publication. En vertu d'une jurisprudence ancienne et constante, les tribunaux estiment qu'un traité non publié* (avant, on disait « non promulgué ») n'est pas opposable aux particuliers (Cas. crim., 28 novembre 1834, S. 1834, I, 822 et plus récemment, Cass. Com. 2 mai 1972, *Grossard C. Receveur des Finances de Compiègne*, R.G.D.I.P., 1972.1208, obs. Ch. Rousseau). L'obligation de publication est d'ailleurs de nature constitutionnelle en France. On rappellera, à cet égard, les dispositions de l'article 26 de la Constitution de 1946 et celles de l'article 55 de la Constitution de 1958.

En France,les modalités de publication des engagements internationaux — et non des seuls traités — ont été précisées par le décret précité du 14 mars 1953 (J.O. du 15 mars, p. 2436) modifié par le décret du 11 avril 1986 (J.O. 13 avril p. 5427). Il y est spécifiquement affirmé que doivent être publiés au Journal officiel tous les « accords de nature à affecter, par leur application, les droits ou les obligations des particuliers ». Or, sur ce point, la pratique suivie est peu satisfaisante, et c'est là employer un euphémisme (voir l'article du professeur Leroy précité). Les délais de publication varient, en effet, de quelques jours à plusieurs dizaines d'années. Ainsi, pendant toute cette période où le traité international a été dûment ratifié et est donc pleinement obligatoire pour la France au niveau international, *il va être privé de tout effet dans l'ordre interne* : les justiciables ne pourront pas s'en prévaloir et les tribunaux refuseront de les appliquer.

Dans une telle hypothèse, l'effet du droit international sera donc suspendu, soumis au bon ou mauvais vouloir du gouvernement.

De 1958 à 1973, il a été estimé à environ un millier le nombre des traités conclus par la France et non publiés (voir, R. Pinto, Le juge devant les traités non publiés par la France, Mélanges Waline, L.G.D.J., 1974.239).

§ 2 — Les conséquences de ces carences de l'ordre interne.

1240. ***Conséquences limitées au droit international d'effet direct*** — Toutes ces insuffisances et lacunes de l'ordre interne qui ne permettent pas une bonne application du droit international entraînent des conséquences pour le moins fâcheuses.

A titre liminaire, il convient de noter que ces conséquences néfastes sont, bien entendu, limitées aux *seuls engagements internationaux des Etats destinés à produire des effets dans l'ordre interne*, c'est-à-dire à accorder des droits ou imposer des obligations dans le chef des particuliers. En effet, tous les autres accords — nous savons qu'il s'agit de la grande majorité des cas —, produisent des effets limités au seul niveau des gouvernements (accords militaires ou politiques, accords généraux de coopération économique, scientifique ou technique). Ces accords ne faisant naître aucun droit ou obligation dans le chef des particuliers, ils restent exclusivement de portée interétatique.

1241. ***Situation paradoxale. Validité internationale et inapplicabilité interne*** — Il en résulte tout d'abord *une situation paradoxale* que nous avons déjà notée et qui est celle où un *engagement international se trouve posséder une pleine validité au niveau international, tandis qu'il est frappé d'inapplicabilité — voire d'invalidité — dans l'ordre interne* (voir aussi *supra*, n° 103 et s.). L'engagement de l'Etat, tout en étant valable sur le plan international, ne possède aucune valeur en droit positif interne ; il est inapplicable par les tribunaux ou les autorités administratives locales. Il existe alors un hiatus entre cette validité internationale et la validité interne. Il est à noter — en théorie, du moins — qu'une telle situation ne devrait pas se produire. C'est ainsi qu'il y a longtemps déjà, dans un Avis consultatif du 21 février 1925 dans *l'affaire de l'échange des populations grecques et turques*, la C.P.J.I. affirmait comme « un principe allant de soi qu'un Etat qui avait valablement contracté des obligations internationales (était) tenu d'apporter à sa législation les modifications nécessaires pour assurer l'exécution des engagements pris » (sér. B, n° 10, p. 20).

1242. ***La mise en jeu éventuelle de la responsabilité de l'Etat*** — *Il s'agit là d'une situation susceptible d'engager la mise en jeu de la responsabilité internationale de l'Etat.* Il va de soi, en effet, que l'Etat qui s'abstient de donner effet en droit interne à un engagement international valable au niveau international peut voir sa responsabilité internationale mise en cause par une autre partie contractante (un

Etat ou une Organisation internationale). Il convient de rappeler que l'Etat est, en effet, responsable de toute action ou inaction de l'un quelconque de ses organes législatif, exécutif, judiciaire ou même constituant, qui se révélerait contraire au droit international (voir *supra*, n° 1084 et s.).

Au demeurant, si un Etat n'applique pas l'une quelconque de ses obligations internationales en raison des carences de son ordre interne, une autre partie contractante pourra se trouver fondée à suspendre à son égard l'exécution de ses propres engagements : une telle hypothèse est d'ailleurs expressément prévue par l'article 55 de la Constitution de 1958 qui soumet l'application par la France des traités ou accords internationaux à une *condition générale de réciprocité* (voir aussi *supra*, n° 1031).

1243. ***Une situation injuste pour les individus*** — On est enfin en présence d'une *situation choquante et injuste pour les individus*. En effet, de tels engagements internationaux directement applicables sont ceux qui prévoient des droits ou des obligations pour les particuliers. S'il s'agit, bien entendu, de droits, la situation est encore plus désagréable pour les individus dans la mesure où ils ne pourront pas légalement s'en prévaloir devant leurs juges naturels, les juges nationaux. Autrement dit, ces droits n'entreront pas dans leur « patrimoine juridique », pour reprendre une expression fréquemment utilisée par la Cour de justice des Communautés européennes. S'il s'agit de droits qui doivent être reconnus aux *propres nationaux* de l'Etat « fautif », ceux-ci ne disposeront le plus souvent d'aucun recours, sauf dans le cadre du droit communautaire et encore d'une manière indirecte. En revanche, s'il s'agit de *droits dont les étrangers devraient bénéficier*, ceux-ci disposent d'un remède, souvent aléatoire au demeurant, qui est celui de demander à leur gouvernement national d'intervenir et *d'exercer sa protection diplomatique*, qui pourra déboucher sur la mise en jeu de la responsabilité internationale de l'Etat « fautif ».

CHAPITRE II

LE DROIT INTERNATIONAL DEVANT LE JUGE INTERNE FRANÇAIS

Bibliographie sommaire : — « L'application du droit international par le juge français », Paris, A. Colin, 1972, *op. cit.* ; — J. Rideau, « Droit international et droit interne français », Paris, A. Colin, 1971 ; — Chronique sur la jurisprudence française concernant le droit international public paraissant régulièrement dans l'Annuaire français de droit international actuellement tenue par J.F. Lachaume ; — En matière de droit européen, voir l'étude fort intéressante — mais orientée — du Conseil d'Etat, Droit communautaire et droit français, N.E.D., n° 4679-4681, 1982. Voir aussi l'Etude du Conseil d'Etat — également très orientée et défavorable au droit international — intitulée Droit international et Droit français, N.E.D., n° 4803.1986, voir aussi R. Abraham, Droit international, Droit communautaire et Droit français, Paris, Hachette 1989 ; B. Genevois, le Droit international et le Droit communautaire in Conseil Constitutionnel et Conseil d'Etat, Paris, L.G.D.J. 1988, pp. 191-219.

1244. ***Inclusion de la légalité internationale dans la légalité française*** — On se limitera ici, à l'examen du régime français. On exclura également l'étude d'ensemble de la place du droit communautaire dans l'ordre interne français, dans la mesure où cette fort importante et complexe question relève d'enseignements spécifiques dispensés en maîtrise.

La légalité internationale fait partie de la légalité interne française. Cette remarque est loin d'être théorique si l'on garde présent à l'esprit le fait que, au 1er janvier 1985, la France était liée par 3 650 traités bilatéraux et 950 accords multilatéraux et que, chaque année, quelques 300 à 400 engagements internationaux entrant en vigueur et dont seulement 10 à 15 % entrent dans la catégorie des traités soumis à ratification et donc faisant l'objet d'un projet de loi (voir Y. Guéna, Mélanges Plantey, éd. Pedone p. 17). Selon une étude plus récente du Conseil d'Etat, la France serait liée au 1er janvier 2000 par quelques 6 000 traités donc 80 % de bilatéraux et conclurait environ

200 accords bilatéraux par an contre 14 entre 1919 et 1939 et 4 entre 1881 et 1918 ; ceux-ci portent en majorité sur le domaine économique (45 %) puis sur les domaines culturel, scientifique et technique (22 %), 15 % seulement concernant “la souveraineté des nations”, c’est-à-dire pour le Conseil d’Etat “les organisations internationales, les relations diplomatiques, la défense ou le droit de la guerre, les droits de l’homme ou le droit humanitaire “ (in La norme internationale et le droit français Paris, La Documentation française, 2000, pp. 20-21).

Les traités internationaux — et le droit international en général — sont visés et appliqués par les tribunaux internes français. Pour s’en tenir aux seuls traités, on renverra aux longues listes de traités internationaux expressément mentionnés et appliqués par les tribunaux français dans leurs décisions et qui se trouvent dans les chroniques précitées à l’Annuaire français de droit international. C’est ainsi que 15 conventions multilatérales et 11 traités bilatéraux ont été appliqués par les divers tribunaux français durant l’année 1982 (voir A.F.D.I. 1983, pp. 813-815).

1245. ***Plan*** — Ceci étant, il convient ici d’examiner quelle est l’attitude des diverses juridictions françaises, judiciaires (Section II) ou administratives (Section III), à l’égard du droit international et de voir la manière dont elles appliquent et interprètent le droit international. Toutefois, au préalable, il faudra rappeler le rôle du Conseil Constitutionnel dans son appréciation de conformité des traités internationaux à la Constitution de 1958 (Section I).

Section I

Le Conseil Constitutionnel face au droit international

(Voir N.Q. Dinh, « La jurisprudence française actuelle et le contrôle de la conformité des lois aux traités », A.F.D.I. 1975, 859 ; L. Favoreu, « Le Conseil constitutionnel et le droit international », A.F.D.I. 1977, 95 et surtout P. Gaia, Le Conseil constitutionnel et le contrôle de l’intégration des engagements internationaux dans l’ordre juridique interne, Paris, Economica, 1991).

1246. — On se limitera ici à présenter les remarques les plus essentielles sur le rôle du Conseil Constitutionnel en matière d’applicabilité du droit international et sur la manière dont il a exercé ses compétences.

1 — Le rôle du Conseil Constitutionnel en matière d'applicabilité du droit international en France.

1247. ***Rôle mal défini par les textes constitutionnels*** — On notera tout d'abord que le *Conseil Constitutionnel est compétent pour connaître des conflits* éventuels entre le droit international et la Constitution, plus précisément entre le droit conventionnel international et la Constitution de 1958. En revanche, d'après le texte constitutionnel, rien n'est dit du rôle du Conseil en ce qui concerne le droit international non écrit (principes généraux du droit, coutume) ou le droit international écrit non conventionnel. Ces silences de la Constitution sur certaines sources essentielles du droit international s'expliquent aisément, même s'ils sont susceptibles de soulever des problèmes délicats : ils sont dus à la place du Conseil Constitutionnel dans les institutions de la Ve République. Cet *organe intervient,* en effet, a*vant la promulgation des lois,* c'est-à-dire avant qu'elles puissent recevoir valeur exécutoire sur le territoire national. Le Conseil ne peut donc être saisi que de la loi votée par le Parlement qui autorise la ratification d'un traité international signé par la France ; on rappelle qu'une telle loi est nécessaire pour certains traités expressément visés à l'article 53 de la Constitution. Dès lors dans la mesure où ils ne nécessitent pas d'approbation parlementaire par le biais d'une loi au sens formel du terme, *les accords en forme simplifiée, le droit non écrit* (coutume, principes généraux du droit) ou les *actes des Organisations internationales* échappent nécessairement à la censure du Conseil Constitutionnel. Toutefois, *une décision du Conseil du 30 décembre 1976* (J.O. du 31 décembre 1976, p. 7651) *a examiné la portée constitutionnelle d'une décision du Conseil des ministres des Communautés européennes,* et il faut noter que cette approche du Conseil constitutionnel, si elle peut paraître souhaitable au fond, demeure très critiquable sur le plan de la compétence (celle-ci se limitant à l'examen de la constitutionnalité des seuls traités au regard de l'article 54 de la Constitution de 1958).

1248. ***Intégration du droit international non écrit dans le bloc de constitutionnalité*** — Il est clair que le droit constitutionnel français actuel n'est guère satisfaisant pour l'esprit — et la logique juridique— quant à la place du droit international dans l'ordre interne. En effet, *le droit international non écrit se trouve intégré au bloc de constitutionnalité en raison des dispositions du préambule de la constitution de 1958 ;* de son côté, le droit conventionnel (traités) est soumis à un régime spécifique visé aux articles 54 et 55 de la Constitution, tandis que les accords en forme simplifiée et les actes unilatéraux des organisations internationales sont purement et simplement oubliés, demeurant ainsi dans un flou juridique regrettable. De la sorte, le Conseil Constitutionnel pourra être amené à examiner *la constitutionnalité d'une loi au regard du droit international non écrit* : c'est ainsi qu'il fut conduit à examiner la constitutionnalité de la loi du 31 décembre 1975 relative à l'île de Mayotte au regard du principe général d'autodétermination (décision du 30 décembre 1975, D. 1976.537, note L. Hamon, *Gaz. Pal.* 1976.II.480, note Linotte) et celle de la loi de nationalisation du 12 février 1982 au regard du principe de la souveraineté territoriale des Etats (absence d'effets extraterritoriaux d'une loi nationale) (voir notamment Goldman, Les décisions du Conseil Constitutionnel relatives aux nationalisations et le droit international J.D.I. (Clunet) 1982.275) ; dans ces deux instances, le Conseil Constitutionnel devait estimer que les lois françaises concernées ne violaient aucune règle non-écrite du droit international. On rappellera ici que le Conseil d'Etat dans sa décision d'Assemblée *Aquarone* du 6 juin 1997 devait adopter une position contraire en refusant de faire « prévaloir la coutume internationale sur la loi en cas de conflit entre ces deux normes » (voir aussi *supra* n° 1189). En revanche le Conseil constitutionnel refuse de connaître du conflit loi/traité qu'il estime ne pas revêtir un caractère constitutionnel (voir la célèbre décision souvent citée du 15 janvier 1975 dans *l'affaire dite de l'interruption volontaire de grossesse*). En bref, le droit international non écrit fait partie du bloc de constitutionnalité français ; le droit conventionnel en est exclu et peut apparaître comme inférieur, tandis que les actes unilatéraux et accords en forme simplifiée sont purement et simplement ignorés au niveau constitutionnel. Comprenne qui pourra le bien fondé de ces solutions...

1249. ***Le Conseil Constitutionnel juge des conditions d'application des traités*** — Ceci étant, sur le plan matériel, le Conseil Constitutionnel est simplement *juge des conditions d'application* des traités internationaux, ainsi que le prévoit l'article 54 de la Constitution de 1958. Cet article 54 dispose en effet que si « Le Conseil Constitutionnel... a déclaré qu'un engagement international comport(ait) une clause contraire à la Constitution, l'autorisation de le ratifier ou de l'approver ne pourrait intervenir qu'après la révision de la Constitution ».

1250. ***Incompétence pour apprécier la validité des traités*** — Ce texte ne doit pas être interprété d'une manière erronée. En effet, d'après cet article 54, *le Conseil Constitutionnel n'a pas pour mission de sanctionner la validité d'un traité international, de le qualifier d'anti-constitutionnel, et donc de le rejeter. Une telle solution serait tout à fait contraire au principe de la supériorité du droit international.* Autrement dit, l'idée qu'il puisse y avoir un traité inconstitutionnel est une impossibilité, une absurdité juridique. Tout simplement, en l'espèce, le rôle du Conseil Constitutionnel est double : il s'agit, d'une part, *de signaler l'existence d'un conflit entre le traité et la Constitution ;* et, d'autre part, d'en tirer la conséquence en cas de contrariété dûment constatée, à savoir la révision préalable de la Constitution de 1958 en vue de l'adapter au droit international.

1251. ***Conséquences*** — En bref, *le Conseil Constitutionnel apprécie ici « l'applicabilité » et non la « validité » du droit international par rapport à la Constitution de 1958.* Ainsi, une décision négative du Conseil Constitutionnel selon laquelle une disposition d'un traité serait contraire à la Constitution va sans doute paralyser, au moins provisoirement et pendant un certain temps, l'application en France du droit international (voir *supra*, n° 1225). Toutefois, il est à rappeler qu'une telle situation n'est en rien répréhensible sur le plan du droit international et ne saurait entraîner la responsabilité internationale de la France : en effet, l'Etat n'est définitivement lié qu'après ratification par ses organes compétents et non avant. C'est donc à partir de cette dernière formalité que le respect ou la violation d'un traité international doit être apprécié (voir *supra*, n° 300 et s.).

2 — L'exercice de sa compétence par le Conseil Constitutionnel.

1252. ***Une jurisprudence favorable au droit international*** — Au vue de sa jurisprudence passée, force est de reconnaître que le Conseil constitutionnel s'est montré libéral, voire internationaliste. En effet, dans les cas relativement rares où il a été amené à connaître d'un conflit potentiel entre traité et constitution (et il n'y eut guère qu'une quinzaine de saisines de ce type), le Conseil constitutionnel n'a rendu que quatre décisions de non conformité, celle du 9 avril 1992 relative au traité sur *L'union Européenne,* celle du 31 décembre 1997 relative au *Traité d'Amsterdam,* celle du 22 janvier 1999 relative à la *Cour Pénale Internationale* instituée par le traité signé à Rome le 18 juillet 1998 et celle enfin du 15 juin 1999 relative à la *Charte Européenne des langues régionales ou minoritaires* (voir aussi *supra* n° 129 et 263). C'est dire qu'il ne peut être accusé d'avoir indûment paralysé l'application du droit international en la suspendant à une révision préalable de la Constitution.

1253. ***Des critères d'appréciation peu convaincants*** — Un tel résultat positif est d'autant plus surprenant que certaines formules passées du Conseil constitutionnel pouvaient légitimer bien des craintes. Dans sa décision précitée du *30 décembre 1976 sur l'élection au suffrage universel direct de l'Assemblée européenne,* le Conseil constitutionnel formulait sous forme d'*obiter dictum* les critères de contrariété d'un traité avec la constitution de 1958 : *la modification des pouvoirs et attributions des institutions de la République,* la mise en cause de *l'indivisibilité de la République et l'atteinte à la souveraineté nationale.* Avec des formulations analogues on devait retrouver ces expressions dans nombre de décisions ultérieures du Conseil constitutionnel (voir par exemple la décision du 22 mai 1985 sur *l'abolition de la peine de mort*, J.O. 25 mai, p. 5785 ou encore celle du 25 juillet 1991 sur *l'accord de Schengen*, J.O. 27 juillet 1991, p. 10.001).

Si les deux premiers critères n'appellent pas de remarques de la part de l'internationaliste qui peut les approuver sans réserve, il n'en va pas de même pour celui ayant trait à la *souveraineté nationale.* Son invocation par le Conseil constitutionnel relève d'une mauvaise conception de ce concept bien connu du droit international qui constitue l'un des éléments constitutifs de l'Etat (voir *supra* n° 18). Il convient ici de rappeler *que c'est le fait même pour l'Etat de pouvoir s'engager sur le plan international qui constitue la marque de sa souveraineté* ; la conclusion d'un traité est l'une des manifestations les plus tangibles de la souveraineté de l'Etat, même s'il en résulte à l'évidence une diminution de sa marge de manœuvre, une limite dans la conduite de ses affaires. On rappellera que la CPJI l'avait fort bien démontré dans *l'affaire du Wimbledon* (voir *supra* n° 1053 et s.).

Sans doute, le Conseil constitutionnel essaya-t-il parfois de tempérer la formule en introduisant une distinction peu convaincante entre les *limitations* et les *transferts* de *souveraineté*, faisant savoir qu'il validerait les premières et censurerait les seconds (voir F. Luchaire, le Conseil constitutionnel et la souveraineté nationale, RDP, 1991.1499). C'est ainsi qu'au vu du critère de *« l'atteinte aux conditions essentielles d'exercice de la souveraineté nationale »* - version atténuée de l'atteinte à la souveraineté nationale comme l'est la notion d'ordre public international par rapport au simple ordre public interne - le Conseil constitutionnel devait déclarer conforme à la constitution *l'accord de Schengen* mais non-conformes des pans entiers du *Traité de Maastricht sur l'Union Européeenne.* Mieux vaudrait que le Conseil constitutionnel abandonne définitivement toute référence à la notion de souveraineté qui n'a pas logiquement sa place dans un contrôle de conformité d'un traité à la norme constitutionnelle : s'engager sur le plan international constitue l'un des attributs essentiels de l'Etat souverain. Analyser une telle capacité en termes d'atteinte aux conditions d'exercice de la souveraineté relève du pur et simple sophisme.

1254. ***Une jurisprudence visant à encourager les juges nationaux à donner plein effet au droit international*** — On rappellera encore et surtout que le *Conseil Constitutionnel a permis au juge français de mieux appliquer le droit international* à la suite de sa décision du 15 janvier 1975 sur l'interruption volontaire de grossesse ; cette approche devait être confirmée par des décisions ultérieures du 20 juillet 1977 (J.O. 22 juillet, p. 3880 ; et 18 janvier 1978, J.O. 19 janvier, p. 422). Le Conseil Constitutionnel estima qu'il ne lui appartenait pas de connaître du conflit loi-traité au titre de l'exercice de ses compétences de contrôle de la constitutionnalité des lois. Pour lui, la contrariété éventuelle entre la loi votée par le Parlement et un engagement international de la France ne constitue pas un conflit de nature constitutionnelle (comme le prétendaient les tribunaux de l'ordre judiciaire et administratif, qui s'estimaient donc démunis des compétences nécessaires pour assurer le triomphe du droit international sur la loi nationale postérieure). Il s'agit d'un simple *conflit d'applicabilité de deux normes juridiques procédant d'une nature différente.*

D'un tel conflit peuvent et doivent donc connaître les tribunaux français dans l'exercice de leurs compétences respectives. La Cour de cassation devait très rapidement se rallier à cette approche du Conseil constitutionnel dans son *arrêt Jacques Vabre* rendu quelques mois après, le 24 mai 1975. Le Conseil constitutionnel lui-même devait donner l'exemple en sa capacité de *juge électoral* : dans son importante décision du 21 octobre 1988, il accepta de contrôler la conformité de la nouvelle loi électorale adoptée le 11 juillet 1986 avec les dispositions contenues dans l'article 3 du protocole n° 1 additionnel à la Convention européenne des droits de l'homme de 1950 visant à garantir l'entière liberté du scrutin et la libre expression des électeurs (décision n° 88-1082, *A.N. Val d'Oise, 5ᵉ circonscription*, J.O. 25 octobre 1988, p. 13474 et D. 1989.J.285 avec une note F. Luchaire). Cette analyse du Conseil constitutionnel ne posséda pendant longtemps aucun effet d'entraînement à l'égard du Conseil d'Etat ; après quinze années de refus, le Conseil d'Etat devait finalement s'y ranger dans son *arrêt Nicolo* du 20 octobre 1989.

Cette solution retenue par le Conseil constitutionnel doit être approuvée et tout internationaliste ne peut que s'en féliciter. Si, en effet, le Conseil avait décidé que, en tant que juge constitutionnel, il avait à apprécier la constitutionnalité des lois internes par rapport aux traités internationaux, cela aurait consisté à *assimiler le traité à la norme constitutionnelle* et à le faire entrer dans le « bloc de la constitutionnalité ». Une telle solution aurait été regrettable pour l'autorité du droit international qui n'a pas, on le rappelle, à s'intégrer dans la hiérarchie des normes juridiques d'origine interne.

1255. ***La démystification du conflit traité loi postérieure*** — En bref, il faut reconnaître ici que le Conseil Constitutionnel a fait sauter l'un des verrous les plus importants, sans doute plus d'ordre psychologique que juridique, qui s'opposait à l'application pleine et entière du droit international dans l'ordre juridique national français. Il a, en effet, contribué à diminuer l'importance du conflit entre le traité international et la loi nationale postérieure, en le faisant descendre des sommets constitutionnels pour le remettre à sa vraie place.

Section II

Les tribunaux de l'ordre judiciaire face au droit international

1256. ***Plan*** — *Le droit international fait partie du droit positif français*. Ceci étant, les tribunaux de l'ordre judiciaire, comme les tribunaux administratifs d'ailleurs — et on retrouvera plus tard cette même distinction — interviennent à deux stades : d'abord, au niveau de *l'application* ou des conditions d'applicabilité des traités ou engagements internationaux de la France et, ensuite, au niveau de leur *interprétation*.

1257. ***Acceptation d'appliquer le droit international non-écrit*** — Les développements qui suivent seront exclusivement consacrés à l'examen par les tribunaux de l'ordre judiciaire des traités auxquels la France est partie. Toutefois, il faut noter que le juge judiciaire, à la différence du juge administratif, accepte également de connaître du *droit international non écrit,* notamment *coutumier*. Si le droit international non écrit trouve une reconnaissance constitutionnelle — sans doute imprécise — dans la constitution de 1946 qui disposait que la « République française , fidèle à ses traditions, se conform(ait) aux règles du droit public international », force est de constater que ses caractéristiques propres le rendent plus difficilement applicable par le juge national, surtout s'il est français, en raison de la prééminence — voire de l'exclusivité — du « droit écrit ». Cependant, la jurisprudence judiciaire contient d'assez nombreuses références aux « principes du droit des gens », aux « règles absolues du droit public international » ou à des « coutumes » et « usages » internationaux. Les domaines d'élection où les juges judiciaires français reconnaissent l'existence de telles règles sont ceux qui ont trait aux *immunités de juridiction et d'exécution des Etats étrangers, la continuité de l'Etat, la nationalité, la protection de la propriété privée, la compétence des tribunaux français* (voir *supra* n° 1189) voire *le droit de la mer* (voir, en ce qui concerne ce dernier domaine, *l'arrêt* de la Cour d'appel de Rennes, *Rego Sanles*, précité (n° 661), et voir, en général, L. Dubouis, L'application du droit coutumier par le juge français, *in* L'application du droit international par le juge français, *op. cit.*, p. 75 et s.).

§ 1 — Les tribunaux de l'ordre judiciaire et l'application des traités.

1258. ***Plan*** — Un principe fondamental est clair. Les tribunaux judiciaires appliquent les traités internationaux avec toutes les conséquences que cela implique. En revanche, un point l'est moins, en ce sens qu'ils ne contrôlent qu'imparfaitement *l'applicabilité* des traités internationaux par la France ou, si l'on préfère, les conditions d'application des traités internationaux.

1 — L'application pleine et entière des traités par les tribunaux de l'ordre judiciaire.

1259. ***Assimilation du traité à la loi*** — Selon l'avocat général Blondeau : « Les traités comme les lois et les règlements, les contrats, font partie de l'ordonnancement juridique français » (*op. cit.*, p. 44). Les juges doivent donc appliquer les traités internationaux comme faisant partie du droit positif. Depuis toujours, les juges français reconnaissent *la force obligatoire des traités et ils la fondent* — bien que cette position ait été vivement critiquée et demeure critiquable — *sur une assimilation du traité à la loi.* « Les traités ont force de loi » : telle est l'expression traditionnelle consacrée par la jurisprudence.

Dans son rapport précité, l'avocat général Blondeau notait les conséquences principales de cette assimilation du traité à la loi quant à la portée de la force obligatoire du premier. D'une part, *les traités sont appliqués d'office par les juges* sans que les parties aient à soulever ce motif. D'autre part, le moyen *tiré de la violation d'un traité est assimilé à la violation de la loi. De plus, les traités comme les lois ne sauraient produire d'effet rétroactif : ils ne disposent que pour l'avenir.*

On notera *également que les juges ont l'obligation d'appliquer les traités internationaux.* La méconnaissance de l'un d'entre eux serait susceptible d'entraîner le recours — tout à fait exceptionnel certes — *pour excès de pouvoir de la part des juges,* recours formé par le procureur général près la Cour de cassation sur ordre du Garde des sceaux (voir l'origine de cette procédure exceptionnelle dans l'article 80 de la loi du 27 Ventôse an VIII, maintenant devenu l'article 18 de la loi n° 67-523 du 3 juillet 1967 ; voir aussi Cass. civ. 1re ch. 4 juin 1955, J.C.P. 1955, 8777).

On rappellera enfin que depuis *l'arrêt* souvent cité *Jacques Vabre* de 1975, les tribunaux de l'ordre judiciaire acceptent d'écarter la loi nationale postérieure qui serait contraire à un engagement international antérieur de la France. Affirmer alors que les « traités ont force de loi » est trompeur — et au demeurant incorrect au regard du libellé de l'article 55 de la Constitution de 1958 — les traités ayant une *autorité supérieure* à celle des lois ; c'est dire que la formule mériterait d'être changée.

1259 bis. ***La limite malencontreuse des traités contraires à la constitution : l'arrêt Fraisse du 2 juin 2000*** — Dans un arrêt d'Assemblée *Dlle Fraisse* du 2 juin 2000, qui devait faire grand bruit, la Cour de Cassation affirma que "la suprématie conférée aux engagements internationaux ne s'applique pas dans l'ordre interne aux dispositions de valeur constitutionnelle" (D. 2000.865 obs. B. Mathieu et M. Verpeaux ainsi que D. Carreau, P. Lagarde et H. Synvet, Répertoire Dalloz, Droit International, synthèse annuelle, 2001). En reprenant presque mot pour mot la formulation de *l'arrêt Sarran* de 1998 (voir infra n° 1275 bis), la Cour de Cassation montre ainsi son plein accord avec la position du Conseil d'Etat et mérite les mêmes critiques de la part de l'internationaliste. Sans qu'il soit besoin ici de les répéter, on se contentera ici de noter - et d'ailleurs ces deux décisions le précisent - qu'il s'agit bien d'un simple point de vue "interniste". Le principe de suprématie du droit international n'en est en rien affecté pas plus que son effet direct (pour peu que les conditions en soient réunies). Il ne saurait y avoir aucune place en droit international pour la théorie de la Constitution "écran" ; et cela on le sait depuis... 1872 avec la sentence de l'*Alabama.*

2 — Un contrôle imparfait des conditions d'application des traités dans l'ordre interne français.

Dans cette matière, il existe à la fois une certitude et plusieurs incertitudes.

1260. ***Nécessité de la publication*** — Tout d'abord, il est certain que les *tribunaux de l'ordre judiciaire ne sauraient appliquer un traité ou un engagement international* de la France si celui-ci n'a pas été « publié », c'est-à-dire porté à la connaissance des intéressés. Il s'agit là, en particulier, d'une *condition importante pour les accords qui n'ont pas à être ratifiés c'est-à-dire pour les accords en forme simplifiée* (voir *supra*, n° 267 et 293 et pour une application de ces principes, voir Cass. civ. 1re ch. 16 mai 1961, D. 1961, 489, note Cl. Berr et plus récemment Cass. civ. 1re ch. 18 octobre 1988, R.C.D.I.P 1989.527 avec une note de Paul Lagarde). On rappellera également que la publication des traités « ratifiés ou approuvés » est une obligation constitutionnelle (voir l'article 55 de la Constitution de 1958 et aussi *supra*, n° 1234). Il va de soi enfin que les tribunaux ne sauraient appliquer un traité que si celui-ci est en vigueur entre les parties (voir en ce sens Cass. civ., 20 mai 1980, *Theillol c. Off. de la jeunesse de Fribourg,* Bull. civ., 1980, I, p. 21 - CA Rouen, 3 février 1981, *Sté Novager c. Ambrosio et autres*, inédit).

1261. ***Refus de contrôler la régularité de la procédure*** — En revanche — et c'est là le premier élément d'incertitude — *les tribunaux de l'ordre judiciaire ne contrôlent pas systématiquement la régularité de la procédure de conclusion des traités internationaux.* Pourtant, l'article 26 de la Constitution de 1946, de même que l'article 55 de celle de 1958, mentionnent très clairement que les traités doivent être « régulièrement ratifiés ou approuvés ». Cette référence formelle au critère de régularité semble sous-entendre que les tribunaux doivent en être juges. Or le moins que l'on puisse dire est que la *jurisprudence des tribunaux de l'ordre judiciaire est extrêmement flottante* en ce qui concerne le contrôle de la régularité de la procédure de ratification ou d'approbation des traités. En effet, certains arrêts de la Cour de cassation se sont montrés favorables au contrôle de la procédure de ratification ou d'approbation ; d'autres, au contraire ont refusé de le faire. Pour un exemple récent de la tendance négative, on notera la formulation suivante retenue par la Cour de cassation : « Il n'appartient pas aux tribunaux de l'ordre judiciaire d'apprécier la régularité de la ratification d'une convention internationale » (Cass. civ. 1re ch., 25 janvier 1977, *Reyrol,* Bull. civ. I, 32 ; D. 1977, 685, note Mezger ; Rev. crit. dip. 1978, 351, note M. Simon-Depitre et J. Foyer ; Clunet 1977, 471, note Ruzié ; Cass. crim. 27 février 1990, *affaire Touvier,* Bull. crim. 1990.251). (Voir, en général, sur cette question R. Pinto, « Le contrôle de la régularité des conventions internationales par les juridictions françaises », *in* Mélanges Mestre, 1956, p. 439 et s. ; et J. Dehaussy, Jurisclasseur, Droit international, fasc. 12A, n° 83 et s.).

Les raisons de cette « timidité » du juge français sont bien connues et aisément explicables. Il craint, en appréciant la régularité de la ratification ou de l'approbation d'un traité international, de violer la séparation des pouvoirs. Il répugne également *à empiéter sur les prérogatives du gouvernement en matière de conduite des relations internationales.*

Cependant, il est loisible de penser que les termes de la Constitution de 1958 devaient permettre aux juges judiciaires de faire preuve d'une plus grande « audace » : ne prévoient-ils pas formellement une condition de régularité et n'incombe-t-il pas aux juges — judiciaire et administratif — d'en assurer le contrôle et la sanction éventuelle ?

1262. ***L'appréciation de la condition de réciprocité*** — C'est également pour des raisons de prudence et de respect à l'égard de l'exécutif que les tribunaux de l'ordre judiciaire — après quelques hésitations — se refusent à « apprécier le respect de la condition de réciprocité prévue dans les rapports entre Etats par l'article 55 de la Constitution du 4 octobre 1958 » (Cass. civ., 1re ch., 6 mars 1984, R.C.D.I.P. 1985.108 avec une note Droz ; pour une formulation plus récente, voir les deux décisions de cette même chambre de la Cour de cassation des 16 février et 23 mars 1994 *in* R.C.D.I.P., 1995.51 avec une note de Paul Lagarde, la première constatant l'existence d'une convention internationale faute de dénonciation par la France et la deuxième tirant les conséquences d'une caducité constatée par le gouvernement). La Cour de cassation estime que c'est à l'autorité constitutionnelle compétente — à savoir le gouvernement — qu'il appartient de dénoncer un traité ou d'en suspendre l'application en l'absence de réciprocité de la part de ou des autre(s) partie(s) contractante(s). Cette solution prônée par le Professeur Lagarde dès 1975 — voir « la condition de réciprocité dans l'application des traités internationaux : son appréciation par le juge interne », R.C.D.I.P. 1975.25 — est approuvée par une doctrine dominante (voir les références citées dans la note précitée de G. Droz) ; elle possède incontestablement le mérite d'une certaine logique juridique en recourant au principe général du parallélisme des formes : n'est-il pas en effet normal que seule l'autorité compétente en matière de conclusion des traités le soit également pour leur dénonciation ou suspension ? ; de plus, la solution est simple puisqu'elle évite mesures dilatoires et appréciations judiciaires contradictoires. Elle se révèle cependant en complète opposition avec celle adoptée par le Conseil d'Etat qui, lui, renvoie systématiquement l'appréciation de cette condition de réciprocité à l'interprétation gouvernementale et dont le revirement de jurisprudence illustré par *l'arrêt d'assemblée G.I.S.T.I.* du 29 juin 1990 n'a pas été étendu à l'appréciation de cette condition de réciprocité par cet autre et tout récent *arrêt d'assemblée Mme Chevrol-Benkeddach* du 9 avril 1999 (voir *infra*, n° 1277-1283).

Cette retenue du juge s'exerce — mais cette fois-ci avec plus de raison — au niveau de l'interprétation des traités internationaux.

§ 2 — Les tribunaux judiciaires et l'interprétation des traités.

1263. ***Difficultés spécifiques*** — Même si le traité est, à tort, assimilé à la loi quant à sa force exécutoire, son interprétation par le juge national pose des problèmes autrement plus difficiles. En effet, la loi nationale est le produit du seul législateur national ; il est relativement aisé d'en dégager le sens ; on peut se référer aux travaux parlementaires, aux déclarations du gouvernement, etc. En outre, il existe une Cour suprême, la Cour de cassation, qui assurera l'interprétation uniforme de la loi votée par le Parlement.

Rien de tel, bien entendu, n'existe pour un traité. Il est élaboré entre plusieurs Etats, au sein d'une conférence ou de réunions diplomatiques rarement publiques. Ses conditions d'élaboration sont souvent peu aisées à déterminer pour un observateur extérieur qui n'a pas participé à tous les travaux ayant mené à la signature du traité. De plus, un traité est parfois assorti de *réserves* (voir supra n° 312 et s.) qui devront être prises en considération pour apprécier sa portée exacte (pour un exemple voir Cass. Crim. 4 juin 1998, *Robert et Autres*, Bull. crim. 1998.506). En un mot, la portée de ses dispositions est plus difficile à apprécier avec certitude et précision. Dès lors, le juge national est moins bien armé pour procéder à cette opération intellectuelle d'interprétation des traités et engagements internationaux souscrits par l'Etat.

En outre, une interprétation donnée par un tribunal national est susceptible *d'entraîner des difficultés diplomatiques pour le gouvernement,* voire d'engager la *responsabilité internationale de l'Etat,* au cas où cette interprétation ne serait pas conforme à l'intention des parties contractantes.

Enfin, il faut noter que la *Constitution de 1958 introduit une difficulté supplémentaire,* l'article 55 prévoyant que les traités seront certes appliqués en France, *mais sous une condition de « réciprocité ».* Il est clair que le juge français saisi n'est pas bien placé pour apprécier cette réciprocité ; il lui est difficile de savoir si ses collègues dans les autres Etats contractants, appliquent bien cette obligation internationale et quel sens ils lui donnent.

Mais à l'inverse, il est dans l'office du juge de trancher les litiges qui lui sont soumis en toute indépendance et impartialité.

1264. ***Plan*** — Face à ces préoccupations contradictoires, la jurisprudence de la Cour de cassation avait tenté de trouver un équilibre précaire qui n'arrivait cependant pas à masquer les divergences entre ses diverses chambres. S'il n'était pas contesté que le juge judiciaire avait pleine compétence pour interpréter un traité dont les dispositions étaient claires, en revanche si tel n'était pas le cas, une distinction était introduite selon qu'étaient ou non en jeu des « intérêts privés » ou des « questions de droit public international ». Cette distinction n'a plus lieu d'être aujourd'hui, et le juge vient récemment de revendiquer et d'affirmer sa plénitude de compétence à la notable exception (provisoire ?) de la chambre criminelle.

1 — Le recours par le juge à la théorie de « l'acte clair ».

1265. ***Interprétation/application du traité clair*** — Traditionnellement, les *tribunaux judiciaires se sentent pleinement compétents pour appliquer une convention internationale dont le sens leur apparaît « clair », non ambigu.* Il en a été ainsi décidé par la Cour de cassation dès le siècle dernier (Cass. crim. 26 juillet 1867, S. 1867, I, 409). Il appartient aux tribunaux judiciaires, disait la Cour, d'interpréter les traités « lorsque, comme dans le cas présent, leur sens ou leur portée ne présentent pas d'ambiguïté ».

1266. ***Renvoi en interprétation gouvernementale en cas de difficulté*** — En revanche, lorsque le juge se trouve en présence d'une difficulté d'interprétation, il renverra au gouvernement français. Notons toutefois que si cette difficulté d'interprétation porte sur *une règle de droit communautaire, il existe une procédure spécifique de renvoi devant la Cour de justice des Communautés européennes pour interprétation finale,* et ceci en vertu de l'article 177 du Traité de Rome (et le nouvel article 234). Les tribunaux français n'utilisent que modérément cette procédure, beaucoup moins en tout cas que les autorités judiciaires allemandes, belges ou hollandaises ; c'est environ une dizaine de fois par an que les juridictions françaises — essentiellement judiciaires — saisissent la Cour de Justice des Communautés Européennes en vertu de l'article 177 (voir la question écrite n° 98/84 du 13 avril 1984, *in* J.O.C.E., n° C 194 du 23 juillet 1984 reproduite également *in* R.T.D.E. 1985.206).

2 — La distinction initiale entre « intérêts privés » et « questions de droit public international »

1267. ***Positions différentes des diverses chambres de la Cour de cassation*** — Traditionnellement, la Cour de cassation (sauf la Chambre criminelle, voir *infra*) introduisait une distinction entre les traités selon que leur interprétation avait « pour objet des intérêts privés » ou soulevait des « questions de droit public international » : pour les premiers, elle acceptait de les interpréter tandis qu'elle renvoyait à une interpétation gouvernementale pour les seconds.

a — La pleine compétence des tribunaux de l'ordre judiciaire pour interpréter les traités internationaux ayant « pour objet des intérêts privés ».

1268. ***Le précédent de 1839*** — Cette formule traditionnelle remontait à un arrêt de la Chambre civile de la Cour de cassation du 24 juin 1839 dans l'*affaire de la succession du duc de Richemond* (D. 1839.I.257, S. 1839.I.577). Pour la Cour, l'autorité judiciaire peut interpréter les traités « toutes les fois que les contestations qui donnent lieu à cette interprétation ont pour objet des intérêts privés ». Avec des formulations extrêmement diverses, cette idée demeura jusqu'au revirement jurisprudentiel de 1995 (voir le rapport Blondeau, p. 50-52).

b) Le renvoi à l'interprétation gouvernementale pour les « questions de droit public international »

1269. ***Une jurisprudence constante jusqu'en 1995*** — Dans un premier temps, la position de la Cour de cassation, établie par la chambre criminelle, était de renvoyer à l'interprétation gouvernementale tout traité soulevant une question « d'ordre public international » (Cass. crim. 4 et 25 juillet 1867, S. 1867. 1.409).

La *première chambre civile* de la Cour de cassation devait s'en tenir à cette approche avec une formalisation différente énoncée dans *l'affaire Moss* de 1960. Selon cette position de principe suivie sans discontinuer jusqu'au revirement de 1995, il appartient aux tribunaux de l'ordre judiciaire d'interpréter les traités diplomatiques, sauf lorsque les dispositions soumises à leur interprétation mettent en jeu « des questions de droit public international » (1ère ch. civ. 22 mars

1960, J.C.P. 1961, 11936, note Aymond avec le rapport du Conseiller Ancel).

Si l'expression utilisée « droit public international » n'entraîne pas l'adhésion, en revanche le principe posé était clair : l'interprétation des traités par le juge civil est la règle, le renvoi à l'interprétation gouvernementale l'exception (ce qui se vérifiait d'ailleurs dans la pratique où les cas de renvoi étaient fort peu nombreux — un à trois par an).

Si le juge s'estimait incompétent pour interpréter le traité en raison de la nature des questions posées, il procédait à un *sursis à statuer* en attendant l'interprétation gouvernementale (en général, celle du Ministre des affaires étrangères) formellement demandée par le ministère public. L'interprétation ministérielle reçue s'impose *au juge et le lie* pour les faits de la cause ; si, en revanche, elle fait l'objet d'une *publication au Journal Officiel*, elle possède alors une valeur authentique et constituera un précédent obligatoire pour le juge (voir, par exemple, Cass. 1ère ch. civ. 18 octobre 1988, R.C.D.I.P. 1989.527, avec une note de Paul Lagarde).

3 — Le revirement de jurisprudence de 1995 : la plénitude de compétence d'interprétation du juge civil.

1270. ***Influence de la jurisprudence du Conseil d'Etat et de la C.E.D.H.*** — Le système antérieur, pour modéré et raisonnable qu'il soit, n'était plus tenable depuis le revirement de jurisprudence effectué en la matière par l'arrêt GISTI du Conseil d'Etat (voir *infra* nos 1282-1283) et par suite des décisions, d'abord de la Commission, puis de la *Cour Européenne des Droits de l'Homme* qui avaient condamné cette pratique française, certes unique en Europe si ce n'est dans le monde, dans *l'affaire Beaumartin* (24 novembre 1994, Série A, n° 296-B). Pour la Cour Européenne, « *seul mérite l'appellation de 'Tribunal', au sens de l'article 6 §1* [de la Convention de 1950], *un organe jouissant de la plénitude de juridiction et répondant à une série d'exigences telles que l'indépendance à l'égard de l'exécutif comme des parties en cause* » (§ 38). La netteté de l'expression et la condamnation de la France à l'unanimité des juges ne pouvaient laisser la Cour de cassation indifférente, même si c'était la pratique de renvoi de l'interprétation gouvernementale du Conseil d'Etat qui était visée et qui était plus choquante en ce que le gouvernement apparaissait comme juge et partie.

1271. ***Les étapes du revirement jurisprudentiel*** — Le revirement de la première chambre civile devait être annoncé par un arrêt du 29 avril 1993 de la *chambre sociale* qui renonçait à faire le tri entre les traités et acceptait désormais de les interpréter indistinctement comme toute loi (*Caisse autonome mutuelle de retraite des agents des chemins de fer*, Gaz. Pal. 1994.179, avec les conclusions de l'avocat général Chauvy).

La première chambre civile devait procéder au revirement attendu dans son arrêt *Banque Africaine de Développement* du 19 décembre 1995 (Gaz. Pal. 1996.1 Panorama 91, avec une note G. Cohen-Jonathan, et Bull. civ. 1995.1.237). Dans un attendu de principe, la Cour de cassation affirme « *qu'il est de l'office du juge d'interpréter les traités internationaux invoqués dans la cause soumise à son examen sans qu'il soit nécessaire de solliciter l'avis d'une autorité non juridictionnelle* ».

En revendiquant leur plénitude de juridiction pour interpréter les traités internationaux auxquels la France est partie, les juges civils ou sociaux ont rejoint le juge administratif. L'unification de la jurisprudence n'est pas encore pleinement réalisée en raison de la position traditionnelle encore défendue (mais pour combien de temps ?) par le juge répressif.

4 — Le refus d'interprétation et le renvoi à l'interprétation gouvernementale : la position isolée de la chambre criminelle.

1272. ***Une conception restrictive dangereuse pour la France*** — *Initialement*, la *chambre criminelle* de la Cour de cassation montra son attachement à *une conception très restrictive de l'interprétation judiciaire des traités internationaux*, renvoyant systématiquement en cas de difficulté à l'interprétation du gouvernement. Elle employait la formule classique suivante : « les conventions internationales sont des actes de haute administration qui ne peuvent être interprétées s'il y a lieu, que par les puissances entre lesquelles elles sont intervenues » (Cass. crim. 4 décembre 1975, *Gaz. Pal.* 1976, I. 286).

Par la suite, on crut noter un important revirement de jurisprudence à l'occasion de *l'affaire Touvier mettant en cause la prescription des crimes contre l'humanité.* Si elle devait en l'espèce procéder au renvoi à l'interprétation gouvernementale, la chambre criminelle devait aussi affirmer en matière de principe que « l'interprétation des traités et conventions diplomatiques échappe à l'autorité judiciaire lorsque cette interprétation soulève des *questions d'ordre public international* » (italiques ajoutés ; Cass. crim. 30 juin 1976, *Glaeser*, Bull. crim. 1976.620 et voir A.F.D.I. 1977, pp. 969.971). Il y avait là, avec une formulation sans doute différente, un ralliement à la position de la chambre civile.

Cependant, la chambre criminelle demeurait intransigeante et fidèle à sa conception restructive en ce qui concerne une catégorie particulière de traités, à savoir les *conventions d'extradition* qu'elle décrivait comme des « actes de haute administration intervenus entre deux puissances et que seules celles-ci peuvent, de concert, expliquer ou interpréter (de sorte qu'il) il n'appartient en aucune manière à l'autorité judiciaire de s'immiscer dans ces explications ou interprétations » (Cass. crim. 19 janvier 1982, Clunet 1982.605).

Or, le dernier état de la jurisprudence marque un net retour en arrière que l'on ose espérer provisoire. Ainsi, la chambre criminelle en est revenue à ses errements passés en affirmant que les conventions internationales étaient « des actes de haute administration qui ne peuvent être interprétés, s'il y a lieu, que par les puissances entre lesquelles elles sont intervenues » (3 juin 1985, Bull. crim. n° 212, p. 542 ; 10 mai 1988, Bull. crim. n° 201, p. 521).

La chambre criminelle de la Cour de cassation demeure la seule tenante de l'exception française. Il est permis d'espérer qu'elle y mette fin sans attendre une nouvelle condamnation de la France par la Cour Européenne des Droits de l'Homme statuant cette fois en matière pénale.

Section III

Le Conseil d'Etat face au droit international

(Pour l'application du droit international non écrit par les tribunaux de l'ordre administratif, voir le rapport précité de L. Dubouis ; voir également sur l'ensemble de la question, L. Dubouis, « Le juge administratif français et les règles du droit international », A.F.D.I. 1971.1 ; B. Genevois, « Le Conseil d'Etat et l'ordre juridique communautaire », Doc. C.E. n° 31, 1979-80, p. 73 ; A. Gervais, « Constatations et réflexions sur l'attitude du juge administratif français à l'égard du droit international », A.F.D.I. 1965.13 ; N. Questiaux, « L'application du droit international conventionnel par le Conseil d'Etat », in « L'application du droit international par le juge français », op. cit., p. 63 et s. La juridiction administrative au regard du droit international, Encycl.-Dalloz, Contentieux administratif par E. Picard ; Droit international et Droit français, Etude du Conseil d'Etat, N.E.D., n° 4803, 1986 ; J.F. Flauss, Les sources internationales du droit administratif français, Juriscl. adm. Fasc. 104).

1273. ***De la réticence traditionnelle à l'ignorance récente de la coutume*** — Il faut ici commencer par rappeler que le Conseil d'Etat s'est montré fort réticent à l'égard du phénomène coutumier (voir *supra* n° 1189, 1248). Récemment, dans *l'affaire Aquarone*, le Conseil d'Etat devait même aller plus loin en refusant à la coutume - et ce, au mépris du droit international le mieux établi - la même autorité juridique que le traité avec cette conséquence en droit français de la placer en situation de subordination par rapport à la loi (voir *supra* ibid.). (Voir pour une étude d'ensemble, L. Dubouis, L'application du droit coutumier par le juge français, in L'application du droit international par le juge français, *op. cit.* p. 93 et s. ; et pour une actualisation du même auteur, Droit international et juridiction administrative, in Encyclo. Dalloz, Droit International 1998).

Il va de soi qu'une telle solution qui marque une méconnaissance grave du droit international est de nature à entraîner la responsabilité internationale de la France pour méconnaissance de ses obligations de nature coutumière.

Dans ces conditions, on examinera ici la position du Conseil d'Etat au regard du droit international d'origine conventionnelle, le seul dont il accepte de connaître dans toutes ses implications.

§ 1 — Le Conseil d'Etat et l'application des traités.

1274. ***Plan*** — Ici encore, il convient de suivre la même démarche que pour les tribunaux de l'ordre judiciaire. En effet, Conseil d'Etat et tribunaux administratifs appliquent les traités internationaux car ceux-ci font partie du « bloc de la légalité » interne. Toutefois, comme les tribunaux de l'ordre judiciaire, ils n'en contrôlaient que très imparfaitement les conditions d'application, jusqu'à la décision d'Assemblée *Parc d'activités de Blotzheim* du 18 décembre 1998.

1 — L'application du traité au même titre que la loi.

1275. ***Conséquences du principe général d'assimilation du traité à la loi*** — De très nombreux arrêts du Conseil d'Etat emploient cette formule critiquable, selon laquelle « les traités ont force de loi ». Cette intégration des traités dans le bloc de la légalité entraîne un certain nombre de conséquences marquantes pour les juges administratifs.

D'une part, un *traité régulièrement ratifié et publié abroge la législation antérieure contraire* et ce moyen est, au besoin, soulevé d'office par le Conseil d'Etat. Autrement dit, la primauté effective des conventions internationales sur les lois internes est un moyen d'ordre public que le juge administratif doit soulever d'office (CE 23 février 1990, *Mlle Doyon*, Rec. 773).

D'autre part, Conseil d'Etat et tribunaux administratifs *assimilent la violation du traité à la violation de la loi*. Autement dit, le Conseil d'Etat admet le recours pour excès de pouvoir à l'encontre d'un acte administratif violant un traité international (C.E. 30 mars 1952, *Dame Kirkwood*, Rec. 291). Il convient là de noter qu'il s'agit d'un *revirement de jurisprudence* dans la mesure où, par le passé, le Conseil d'Etat refusait de juger de la légalité d'un acte administratif par rapport à un traité international.

De plus, cette assimilation du traité à la loi a été étendue au domaine de la *responsabilité de l'Etat*. On sait que, dans des cas exceptionnels, l'Etat peut voir sa responsabilité mise en jeu à raison de son activité de législateur, cette responsabilité étant fondée sur la notion *d'égalité des citoyens devant les charges publiques*. Récemment, le Conseil d'Etat a admis le principe d'une telle responsabilité de l'Etat à la suite de la conclusion d'un traité international causant des dommages à un particulier. Le fondement donné par le Conseil d'Etat est le même qu'en matière de responsabilité du fait des lois, à savoir *l'égalité devant les charges publiques* (voir C.E. 30 mars 1966, *Compagnie générale radioélectrique*, Rec. 257 ; D. 1966, 582, note

Lachaume. On notera que cette solution a été confirmée en 1976 dans l'importante *affaire Min. des affaires étrangères c. consorts Burgat*, Rec. 452 ; voir aussi A.F.D.I. 1977, pp. 972-974).

En outre, le Conseil d'Etat a récemment accepté de donner plein effet *au principe comunautaire bien établi et souvent réaffirmé bien que peu souvent mis en œuvre au niveau national* selon lequel « les Etats membres sont obligés de réparer les dommages causés aux particuliers par les violations du droit communautaire qui leur sont imputables » pour reprendre une expression utilisée par la CJCE dans les *affaires Francovich c. Italie et Bonifaci c. Italie* (aff. L. 6/90 et L.9/90, 19 novembre 1991, Rec. I. 5357 et ici p. 5415, considérant n° 37, et voir L. Dubouis, RFDA 1992.1 ; P. Le Mire, AJDA, 1992.43 ; v. Constantinesco, JDI, 1992.446) ; on notera que le principe de la responsabilité de l'Etat pour violation du droit communautaire et, en conséquence, l'obligation de réparer le préjudice subi à ce titre par les particuliers - y compris bien sûr les nationaux - avait été posé par les Juges de Luxembourg dès 1960 dans *l'arrêt Humblet* (n° 6/60, Rec. 1125). Dans un arrêt d'assemblée rendu le 28 février 1992, *Arizona Tobacco Products et S.A. Philip Morris* (Rec. 78), le Conseil d'Etat devait reconnaître que *la responsabilité de l'Etat pouvait être engagée sur le fondement de l'illégalité et le préjudice subi réparé dans l'hypothèse où la situation illicite fautive résulterait d'un manquement au droit communautaire* (voir AJDA, 1992.210 avec les conclusions de Madame Laroque ; L. Dubouis, RFDA, 1992.I. Dommages causés aux particuliers et violation du droit communautaire ; D. Simon, Droit communautaire et responsabilité de la puissance publique, AJDA, 1993.235). Peu de temps après, la Cour administrative d'appel de Paris devait suivre la même voie en formulant avec précision le fondement communautaire de la responsabilité de l'Etat et de son obligation de réparation : « il résulte des stipulations du Traité de Rome instituant la Communauté Economique Européenne, et notamment de son article 5, que l'Etat français est tenu de prendre toutes les mesures propres à assurer l'exécution des obligations qui lui incombent en vertu dudit traité. Parmi ces obligations se trouve celle d'effacer les conséquences illicites d'une violation du droit communautaire, soit directement, soit, à défaut, en assurant la réparation effective des préjudices qui en ont résulté » (Plénière, 1er juillet 1992, *Société Jacques Dangeville*, JCP, 1992.II.357 avec une note D.F. ; voir aussi les conclusions Bernault *in* Droit Fiscal 1992, nos 33-38, Comm. 1665). Les incidences pratiques de ces nouveaux développements jurisprudentiels ne sauraient être minisées, même si, suivant sa pente naturelle, le Conseil d'Etat devait s'en tenir à une interprétation fort restrictive ainsi que le démontre sa décision d'assemblée du 30 octobre 1996 rendue dans l'affaire Jacques Dangeville précitée en dépit de conclusions contraires du Commissaire du Gouvernement, (voir CE, Ass. 9 octobre 1996, *Ministre du budget c. S.A. Jacques Dangerville*, Rec. 399, R.T.D.E. 1997.171).

On rappellera enfin que le Conseil d'Etat a cessé depuis son *arrêt Nicolo* du 20 octobre 1989 de limiter les effets dans le temps des engagements internationaux de la France en ne les soumettant plus au jeu de *lex posterior*. Dès lors, en reconnaissant la supériorité des engagements internationaux de la France sur les lois postérieures, cette maxime traditionnelle selon laquelle les « traités » ont force de la loi » devrait disparaître du vocabulaire judiciaire (voir aussi *supra*, n° 1259).

1275 bis. ***La réserve malencontreuse des traités contraires à la Constitution*** — Cette assimilation du traité à la loi joue également à l'égard des prescriptions constitutionnelles. Dans un « *obiter dictum* » compréhensible, mais regrettable, le Conseil d'Etat devait estimer que « la suprématie... conférée aux engagements internationaux [par l'article 55 de la Constitution] ne s'applique pas, dans l'ordre interne, aux dispositions de nature constitutionnelle » (CE, Ass. 30 octobre 1998, *Sarran*, Droit Adm. 1999.22, R.F.D.A. 1998.1081 avec les conclusions du Commissaire du Gouvernement C. Maugüe). Il est bien clair que cette position purement interniste (et le Conseil d'Etat prit soin de souligner lui-même cette limite) ne saurait être celle du droit international qui, on le rappelle (voir *supra,* n° 84 et s.), ne peut être, par définition logique, que supérieur à l'ensemble de l'ordre juridique interne y compris constitutionnel. Il va de soi que la responsabilité internationale de la France pourrait être engagée au cas où la juridiction administrative refuserait de donner effet à une norme internationale obligatoire (écrite ou non) au motif de sa contrariété avec la Constitution. Il s'agit là d'un cas malheureux, mais typique, de discordance entre validité interne et validité internationale des normes juridiques auquel il est fort regrettable que la Cour de cassation se soit rallié dans son *arrêt Fraisse* précité du 2 juin 2000 (voir supra n° 1259 bis et voir supra n° 103 et s. et infra 1240 et s.).

2 — Un contrôle limité des conditions d'application des traités dans l'ordre interne français jusqu'à l'arrêt d'assemblée du Conseil d'Etat du 18 décembre 1998 « SARL du Parc d'Activités de Blotzheim ».

a. Un contrôle minimum traditionnel

1276. ***Existence et publication du traité*** — Traditionnellement, le pouvoir de contrôle que se reconnaissait le Conseil d'Etat (plus timide en cela que la juridiction judiciaire - voir *supra* n° 1261) se limitait à deux points. D'une part, il vérifiait *l'existence* même du traité : la France est-elle partie au traité en cause pour l'avoir signé, ratifié ou y avoir adhéré ? (voir C.E. 16 novembre 1956, *Villa*, Rec. 433). D'autre part, il s'assurait que le traité en cause remplissait bien la condition de *publicité*, se refusant tout naturellement à appliquer un traité ou engagement international non publié (C.E., 13 juillet 1965, *Société Navigator*, Rec. 423, et pour des confirmations plus récentes C.E. 23 décembre 1981, *Commune de Thionville et autres,* Rec. 484, 26 juillet 1985, *Blaser,* Gaz. Pal. 1986.1, Somm. 171).

Si ce type de contrôle minimum pouvait s'expliquer par la préoccupation normale de ne pas rendre opposables aux nationaux des dispositions conventionnelles leur imposant des obligations (« *nemo cen-*

setur ignorare legem »), en revanche il n'en va pas de même au cas où ceux-ci auraient pu se voir reconnaître des *droits*. Cette carence gouvernementale est alors particulièrement choquante et injuste (pour deux exemples, voir C.E., 19 juillet 1991, *Commission d'admission des pourvois en cassation, Uny et Auban,* R.F.D.A. 1991.90, obs. D. Ruzié).

Pour le reste, comme devait le noter Madame Questiaux « l'ombre de l'acte de gouvernement pèse sur tout ce qui touche aux relations internationales » (Rapport précité, *op. cit.*, p. 63).

1277. ***Refus initial d'un contrôle de régularité*** — Traditionnellement (et plus timidement encore que les tribunaux de l'ordre judiciaire), le Conseil d'Etat se refusait à apprécier la légalité — et donc la régularité — des actes touchant à l'élaboration, la signature ou la ratification des traités et accords internationaux passés par la France. Cette jurisprudence était constante depuis l'arrêt *Dame Caraco* du 5 février 1926 (D. 1927.3.1, note Devaux).

La Haute-Assemblée utilisait la formule suivante pour étayer son refus : « il n'appartient pas au Conseil d'Etat statuant au contentieux d'apprécier la régularité de la procédure suivie pour la ratification des traités internationaux » (C.E., 4 mars 1961, *André et Société des Tissages Nicolas Caimant,* R.G.D.I.P. 1961.626, Concl. Henry et note Rousseau). En l'espèce, le Conseil d'Etat refusa de contrôler et sanctionner une irrégularité aussi grave qu'une inconstitutionnalité de l'autorisation parlementaire de ratification. De même, quelque temps auparavant, avait-il refusé d'apprécier la régularité de la cession des Comptoirs Français de l'Inde en 1954 réalisée au mépris de cette règle constitutionnelle bien connue et traditionnelle qui exigeait la consultation des populations intéressées préalablement à tout changement de souveraineté (27 juin 1958, Rec. 403, D. 1959, 121, note Gilli).

1277 bis. ***Refus d'appréciation de la condition de réciprocité.***

Dans la même veine, le Conseil d'Etat refusait — et refuse toujours — d'apprécier la *condition de réciprocité visée* à l'article 55 de la constitution de 1958 et renvoie alors à l'interprétation gouvernementale : c'est ainsi qu'il estime qu'il n'appartient pas à un juge administratif « d'apprécier si, et dans quelle mesure, les conditions d'exécution par l'autre partie d'un traité ou d'un accord sont de nature à priver les stipulations de ce traité ou de cet accord de l'autorité qui lui est conférée par la Constitution » : (voir C.E., 29 mai 1981, *Rekhou*, Rec. p. 219 ; Blumann, les arrêts du Conseil d'Etat du 29 mai 1981 (clause de réciprocité), R.G.D.I.P. 1982, n° 2, p. 407 ; R.C.D.I.P. 1982, p. 65, concl. Théry, note (critique) du Professeur Lagarde qui estime que c'est à l'autorité constitutionnellement compétente pour approuver ou ratifier un traité qu'il incombe de le suspendre ou de le dénoncer faute d'application réciproque par l'autre partie contractante : cette dernière position est également celle de la Cour de cassation depuis son arrêt du 6 mars 1984 — voir *supra*, n° 1262 ; s'il est clair que le juge — judiciaire ou administratif — est très mal armé pour apprécier la manière dont les autorités d'un autre pays appliquent un traité conclu avec la France, il demeure que les solutions divergentes retenues par les deux cours suprêmes quant à la portée pratique de la condition de réciprocité visée à l'article 55 de la Constitution, pour fondées qu'elles soient l'une et l'autre, sont regrettables ; la solution de la Cour de cassation doit cependant être préférée en raison de sa simplicité et de sa clarté).

Dans un arrêt d'assemblée du 9 avril 1999 - *Mme Chevrol-Benkeddach* - le Conseil d'Etat devait s'en tenir à sa *jurisprudence Rekhou* en dépit de sa *décision G.I.S.T.I.* de 1990 (voir *infra*, n° 1282, 1283) qui semblait annoncer un abandon total de sa politique de renvoi en interprétation gouvernementale des traités (voir A.J.D.A. 1999.459 et chronique F. Raynaud et P. Fombeur, p. 401 et s.).

1278. ***Explications de cette extrême prudence*** — Les raisons qui sont données ici par les juges administratifs sont identiques ou presque à celles des tribunaux de l'ordre judiciaire : elles reposent sur la préoccupation de respecter la séparation des pouvoirs, de ne pas embarrasser le gouvernement dans la conduite des relations internationales de la France et de ne pas donner non plus prise à la mise en jeu éventuelle de la responsabilité internationale de la France. Cette solution, remarque le Professeur Dubouis, est heureuse sur le plan international car, dit-il, « elle assure au maximum l'applicabilité des accords internationaux dans l'ordre interne dès qu'ils sont valables au regard de l'ordre international » (A.F.D.I. 1971, p. 17). Certes, il en va ainsi si l'on se place du point de vue de l'ordre international.

En revanche, il n'en va pas du tout de même dans *l'optique du justiciable* qui se trouve alors placé devant une absence totale de recours contentieux. D'une part, il ne pourra pas bénéficier des droits que le traité viendrait à lui accorder, et d'autre part, s'il y a eu irrégularité dans la procédure d'introduction du traité dans l'ordre interne, il ne se trouvera pas non plus de juge administratif pour sanctionner l'excès de pouvoir gouvernemental. Si l'individu en cause est un national français, une telle situation ne peut s'analyser que comme un *deni de justice* contre lequel il ne disposera d'aucun remède. L'étranger, au contraire, on le rappelle, pourra éventuellement obtenir satisfaction si son Etat national exerce à son profit sa *protection diplomatique* (voir *supra*, n° 1114 et s.).

1278 bis — ***b. Le revirement de jurisprudence réalisé par l'arrêt d'assemblée du 18 décembre 1998 « SARL du Parc d'activités de Blotzheim » : le contrôle de la régularité de la ratification ou de l'approbation des traités.***

Par cette décision marquante, le Conseil d'Etat devait enfin déférer à l'invitation du constituant et accepter de connaître de la régularité du processus de ratification ou l'approbation des traités et accords internationaux (voir le texte in A.J.D.A. 1999.180 ainsi que les réflexions de J. Dehaussy, La Constitution, les traités et les lois : à propos de la nouvelle jurisprudence du Conseil d'Etat, J.D.I. 1999.675). S'il est encore trop tôt pour apprécier à sa juste portée cette nouvelle décision, il faut noter qu'elle ne concerne que les traités ou accords visés à l'article 53 de la Constitution de 1958, c'est-à-dire ceux soumis à autorisation parlementaire. Concrètement cela signifie que, comme dans le cas d'espèce, le juge administratif pourra connaître d'une demande visant à écarter l'application d'un traité publié si la procédure de ratification ou d'approbation a été irrégulière au regard des dispositions de l'article 53 de la Constitution. Autrement dit, le juge administratif se reconnaît fondé à vérifier si le traité publié a bien été autorisé par la loi.

Mais des incertitudes demeurent. Le contrôle de régularité portera-t-il également sur les traités et accords non soumis à autorisation parlementaire préalable, c'est-à-dire sur les *accords en forme simplifiée ?*

Enfin, on notera que, dans sa décision du 18 décembre 1998, le Conseil d'Etat a fait preuve de grande prudence en qualifiant d'actes non susceptibles d'être discutés par la voie contentieuse devant le juge administratif le choix du mode de conclusion des traités et accords internationaux (à savoir faut-il adopter la technique solennelle du traité ou celle de l'accord de forme simplifiée ?), la réalisation effective dudit traité ou accord et enfin la « validité d'un engagement international à l'égard d'autres engagements internationaux ». C'est dire que la notion d'«actes de gouvernement» applicables à la conduite des relations diplomatiques de la France a encore de beaux jours devant elle. Le juge administratif demeure animé de la préoccupation de ne pas gêner la conduite des relations extérieures de la France au mépris d'une bonne administration de la justice et du respect des droits des individus.

§ 2 — Le Conseil d'Etat et l'interprétation des traités.

1279. ***Une grande prudence*** — Plus encore que les tribunaux de l'ordre judiciaire — et pour les mêmes raisons — le Conseil d'Etat fait ici preuve d'une grande prudence, voire de timidité. En effet, le Conseil d'Etat recourt, comme les juges de l'ordre judiciaire, à la théorie de l'acte clair en l'utilisant parfois d'une façon détournée ; de plus il renvoyait quasi systématiquement à l'interprétation gouvernementale jusqu'à son arrêt G.I.S.T.I. du 29 juin 1990.

1 — Le recours à la théorie de « l'acte clair ».

1280. ***Une technique commune au juge judiciaire*** — En principe, le Conseil d'Etat, comme les tribunaux de l'ordre judiciaire, *se reconnaît compétent pour appliquer un traité dont le sens et la portée sont sans ambiguïté*. Il s'agit alors d'une simple question d'application du traité, car celui-ci étant clair, il n'a nul besoin d'être « interprété ». *La jurisprudence est ancienne* (14 novembre 1884, *Szanianski,* Rec., p. 779) et constante (voir pour une formulation plus récente, 21 février 1966, Rec., p. 129).

1281. ***Un recours parfois abusif*** — Cette notion « d'acte clair » a été avancée, on le rappelle, par Vattel, au XVIIIe siècle, qui ne cessait d'affirmer qu'il n'était pas permis « d'interpréter ce qui n'avait pas besoin d'interprétation », soulignant par là que toute interprétation était de nature à trahir la pensée des auteurs du traité. Or, le Conseil d'Etat *a fait un recours abusif à cette notion de l'acte clair,* à propos de l'interprétation du droit communautaire, dans le but tout à fait particulier d'éviter de saisir la Cour de justice des Communautés européennes par application de l'article 177 du traité de Rome (et nouvel article 234). Telle a été la position très « nationaliste » et peu « communautaire » du Conseil d'Etat dans la célèbre *affaire Société des pétroles Shell-Berre* du 14 juin 1964. (Rec., p. 344). En dépit des critiques très vives — et justifiées — de cette décision du Conseil d'Etat, celui-ci devait, pour l'essentiel, maintenir sa jurisprudence. Ainsi, par la suite, à propos de *l'accord Multifibres*, le Conseil d'Etat n'employait pas moins de quatre fois — et abusivement — la formule « il ressort ou résulte clairement » pour justifier l'absence de renvoi en interprétation à la Cour de Luxembourg (*Syndicat des importateurs de vêtements et produits artisanaux,* 12 octobre 1979, R.T.D.E. 1979.730 avec les conclusions de M. Massot). (Sur cette question, voir les remarques classiques du Doyen Colliard : « L'obscure clarté de l'article 37 du Traité de la C.E.E. », D. chron. XXXVII, 1964 ; voir aussi du même auteur, « Le juge administratif français et le droit communautaire », Mélanges Waline, p. 187 et s.). On doit toutefois noter que le Conseil d'Etat a déjà accepté, dans de rares instances, il est vrai, de recourir à la procédure de l'art. 177 (v. par ex. C.E. 10 juillet 1970, *Synacomex,* Rec., p. 477, J.C.P. 1971, II, 1670, conclusions Questiaux, note Ruzié ou C.E. 15 oct. 1982, *Sté Roquette frères*, Rec., p. 350).

2 — Un renvoi quasi systématique à l'interprétation gouvernementale jusqu'à l'arrêt G.I.S.T.I. du 29 juin 1990.

1282. ***Une jurisprudence ancienne (1823)*** — Le Conseil d'Etat renvoyait systématiquement la disposition du traité qu'il avait à interpréter au gouvernement (à l'exclusion bien sûr du droit communautaire). A cet effet, il employait une formule consacrée depuis un arrêt rendu le 23 juillet 1823, *Veuve J. Murat, comtesse de Lipona,* Rec. 544 : « *Il n'appartient pas au Conseil d'Etat statuant au contentieux de se prononcer sur l'interprétation d'un traité international* » (voir dans le même sens, C.E. 10 juillet 1970 et C.E. 15 oct. 1982, précités et C.E.E. 16 mai 1980, *Ministre de l'Intérieur c. Bennacer*, Rec., p. 266).

Cette attitude traditionnelle du Conseil d'Etat jusqu'à *l'arrêt G.I.S.T.I.* pouvait se prévaloir de deux mérites certains. Le premier était de *respecter l'autorité du gouvernement dans la conduite des relations internationales* en évitant de l'embarrasser par des décisions susceptibles de ne pas refléter le point de vue de la France. Le deuxième était d'*éviter des interprétations erronées qui auraient pu engager la responsabilité internationale de la France* ; ce dernier objectif pouvait être considéré comme atteint même si le Commissaire du Gouvernement dans ses conclusions sous l'arrêt G.I.S.T.I pouvait citer une seule et unique décision du Conseil d'Etat datant de 1913 — *Compagnie des Chemins de Fer de l'Est* — qui donna une interprétation telle d'un traité conclu par la France que les autres parties contractantes protestèrent et qu'il en résulta un différend international qui devait être tranché par un tribunal arbitral dont la sentence devait condamner la France (R.G.D.I.P. 1990.882 et ici pp. 894-895).

Toutefois, dans l'optique du justiciable, cette pratique du Conseil d'Etat pouvait apparaître comme préjudiciable - plus d'ailleurs que devant les tribunaux de l'ordre judiciaire, car *l'administration* se trouvait alors comme juge et partie dans le litige, son interprétation en commandant l'issue. Les possibilités de *deni de justice* étaient certaines (voir l'article précité de L. Dubouis, A.F.D.I. 1971, pp. 40-41 et particulièrement l'affaire rapportée à la page 41).

1283. ***L'arrêt Gisti et ses raisons*** — Le Conseil d'Etat devait procéder à un *revirement complet de jurisprudence* dans son *arrêt* d'assemblée *G.I.S.T.I.* (Groupement d'Information et de Soutien des Travailleur Immigrés) du 29 juin 1990 (voir L.P.A., n° 113, 19 septembre 1990.8 avec une note de J.F. Flauss ; D. 1990, J. 560 avec une note de P. Sabourin ; J.C.P. éd. G. 1990.II, n° 21579 avec une note de J. Tercinet ; R.G.D.I.P. 1990.882 avec les conclusions R. Abraham).

Désormais, le *renvoi préjudiciel en interprétation des traités internationaux disparaît devant la juridiction administrative*. Sans doute, sur le plan pratique, le changement n'est-il pas considérable : cette procédure était rarement utilisée, une ou deux fois par an au plus.

Plusieurs considérations expliquent cette *décision G.I.S.T.I.* Tout d'abord, la compétence préjudicielle ministérielle devenait plus difficile à défendre à la *suite de l'arrêt Nicolo reconnaissant la primauté du traité sur la loi postérieure* : celle-ci pouvait-elle en effet être écartée à la suite et par le seul effet d'une interprétation ministérielle d'un traité ? Ensuite et surtout, il est apparu au Conseil d'Etat qui le mentionna expressément dans ses visas que la *Convention européenne des droits de l'homme* de 1950 nécessitait une nouvelle approche en la matière. En effet, tant son article 6 (1) posant l'exigence du droit à un « procès équitable » devant un « tribunal impartial et indépendant » que son article 13 reconnaissant le droit à un « recours effectif » pouvaient être invoqués à l'encontre de la procédure de renvoi préjudiciel ministériel à l'occasion d'un recours contre un acte administratif déféré au Conseil d'Etat et qui pouvait émaner des ministres auxquels une interprétation serait demandée. Cette référence était prémonitoire car, quelques années après, cette pratique française du renvoi préjudiciel en interprétation gouvernementale devait être nettement condamnée par la *Cour Européenne des Droits de l'Homme* comme contraire à l'essence de la fonction juridictionnelle qui, de plus, ne put empêcher de noter que ce système était « sans équivalent dans les autres Etats membres du Conseil de l'Europe » *(Beaumartin c/ France*, 24 novembre 1994, série A, n° 296 B).

Cet *arrêt G.I.S.T.I.* de 1990 comme les précédents « grandes » *décisions Alitalia et Nicolo* de 1989 marquent l'ouverture croissante du Conseil d'Etat aux exigences de l'ordre international qu'il n'avait que trop longtemps méconnues (voir, par exemple, sur cette ouverture internationale et européenne nouvelle du Conseil d'Etat les récents rapports publiés pour 1988 - E.D.C.E. 1988, n° 40, p. 19 — et pour 1989 E.D.C.E. 1989, n° 41, p. 11 et s.). Mais il demeurait une interrogation. Cette nouvelle jurisprudence du Conseil d'Etat s'appliquerait-elle aussi à l'examen et à l'interprétation de la condition de réciprocité ? A la surprise de nombre de commentateurs, l'arrêt d'assemblée précité du 9 avril 1999 *Mme Chevrol-Benkeddach* allait donner une réponse négative ; il est à souhaiter qu'elle ne soit que provisoire et que le Conseil d'Etat adopte la position raisonnable de la Cour de Cassation (voir *supra*, n° 1262).

QUATRIÈME PARTIE

LE CONTRÔLE DE L'APPLICATION DES NORMES DU DROIT INTERNATIONAL

1284. — A titre liminaire, il convient de présenter un certain nombre de remarques générales aux fins de préciser le sens de cette notion de contrôle ainsi que les divers moyens offerts par le droit international à ses sujets pour obtenir le respect de leurs droits.

1 — La dualité des sens de la notion de contrôle.

1285. ***Contrôle préventif et contrôle répressif*** — Le contrôle de l'application des normes du droit international peut revêtir deux sens généraux fort différents. D'une part, il peut être fait allusion aux *moyens dont disposent les sujets du droit international pour s'assurer du respect réciproque de leurs obligations internationales.* D'autre part, il peut être fait référence *aux moyens dont disposent ces mêmes sujets du droit international pour faire cesser les manquements au droit international dont certains d'entre eux se seraient rendus coupables.*

Si la notion de contrôle international recouvre ces deux types de situations, il est clair qu'elle se saurait s'analyser dans les mêmes termes selon qu'il y a ou non violation du droit international. Dans son premier sens, le contrôle est de *type préventif :* il a pour but d'éviter un manquement éventuel au droit international. Dans le second, il intervient *a posteriori :* il revêt alors le caractère *d'une sanction* ou, plus généralement, d'un mode de règlement d'un différend juridique aux fins d'obtenir une réparation appropriée. (Pour des applications pratiques récentes, voir Actualités des conflits internationaux, sous la direction d'Yves Daudet, Paris, Pedone, 1993).

1286. ***Nouveauté du contrôle préventif*** — Le premier type de contrôle préventif a beaucoup moins retenu l'attention, sans doute parce qu'il n'est pas aussi « systématisé » et qu'il est plus nouveau. Il conviendra cependant d'en montrer les grandes lignes avant de consacrer le reste de nos développements au contrôle « classique », traditionnel.

2 — Le contrôle en l'absence de toute violation du droit international.

1287. ***Plan*** — Pour l'essentiel, il s'agit d'un contrôle inorganisé sauf dans le cadre de certaines institutions internationales ou dans des secteurs bien déterminés des relations internationales.

a) Un contrôle inorganisé.

1288. ***Rôle des services diplomatiques*** — Tel est tout d'abord le rôle général des *services diplomatiques et consulaires des Etats.* Il est en effet de voir *la manière dont les Etats respectent leurs engagements internationaux.* C'est à eux de suivre comment le gouvernement et les tribunaux locaux appliquent le droit international. Ils en font ainsi rapport à leurs gouvernements nationaux à toutes fins utiles ; en particulier cette mission d'information générale des agents diplomatiques et consulaires est importante pour la mise en œuvre de la *condition de réciprocité de l'application des traités* qui est, on le rappelle, formellement prévue en France par l'article 55 de la Constitution de 1958.

Comme exemple récent de ce type de contrôle préventif inorganisé en l'absence de toute violation du droit international, il est loisible de citer *l'accord franco-américain du 26 février 1971 pour la répression du trafic illicite des stupéfiants.* Il s'agit d'un « accord entre la direction générale de la police nationale française et le *U.S. Bureau of narcotics and dangerous drugs,* pour la coordination de l'action préventive et répressive contre le trafic des stupéfiants et drogues dangereuses », signé par le ministre de l'Intérieur français et l'Attorney général des Etats-Unis. Pour accélérer les échanges d'informations en la matière et mener à bien des enquêtes conjointes, il était prévu un échange de personnels compétents : c'est ainsi que des représentants du Bureau américain des narcotiques seraient en poste en France (trois à Paris et trois à Marseille), tandis que la police judiciaire française enverrait de son côté deux de ses membres à New York (article 7 de l'accord).

Dans le même sens, on peut citer l'ambitieux traité américano-soviétique du 8 décembre 1987 sur l'élimination des missiles à portée intermédiaire et à plus courte portée qui institua un système *d'inspections sur place* (article XI) pour que chaque partie puisse s'assurer du respect réciproque des obligations convenues (voir le texte *in* ILM 1988.84 et 190 pour le Protocole spécial régissant les inspections *in situ*).

1289. ***Contrôles privés*** — Le contrôle respectif des engagements internationaux conclus entre les Etats, les Organisations internationales et personnes privées est tout aussi informel. Les moyens de contrôle sont laissés à la libre initiative contractuelle. On notera en particulier que les parties au contrat confient cette mission de contrôle à des firmes spécialisées (le plus souvent des entreprises d'ingénierie) chargées d'examiner la manière dont elles exécutent leurs obligations réciproques notamment dans le domaine commercial.

1290. ***Diversité des moyens*** — *Les moyens* de ce contrôle préventif peuvent prendre des formes tout à fait diverses. Il peut s'agir, tout d'abord, d'une action de type *diplomatique.* C'est ainsi qu'un Etat pourra procéder au retrait d'une partie ou de tout son personnel diplomatique, rompre ses relations diplomatiques avec un pays tiers, dénoncer éventuellement les traités en vigueur, reconnaître un gouvernement révolutionnaire. Cela peut être aussi une action de type *psychologique* par le biais d'avertissements modulés à l'adresse d'un pays étranger pour le pousser à respecter ses engagements internationaux. Ce peut être aussi — et c'est le plus souvent le cas — *une action de type économique.* Par exemple, les Etats procéderont à des hausses de droits de douane, à des restrictions de change, annuleront des prêts, fermeront des ports, saisiront des biens étrangers. Dans tous ces cas, il s'agit d'actes inamicaux qui demeurent *a priori* légaux, sauf si, bien entendu, ils sont pris en violation des obligations internationales des Etats concernés.

1291. ***Mesures de rétorsion*** — Nombre de ces moyens de contrôle en l'absence de violation du droit international relèvent des mesures *dites de « rétorsion »*. Selon Politis : « La rétorsion consiste dans un usage rigoureux de son droit pour répondre à une rigueur analogue » (rapport à l'Institut de droit international en 1934 (p. 10). Il s'agit seulement — il convient d'y insister car cela est essentiel — *d'actes inamicaux* d'un sujet du droit international à l'égard d'un autre et non pas d'actes illégaux. Tous ces actes inamicaux ont pour but de répondre à une mesure analogue, inamicale, prise par un pays tiers, et ceci en rétorsion.

Les exemples concrets pris dans la pratique la plus contemporaine abondent. C'est ainsi que lors de la « guerre du Kippour » d'octobre 1973 entre Israël et les pays arabes voisins, certains Etats arabes exportateurs de pétrole ont imposé *un embargo pétrolier de type sélectif* pour inciter les pays tiers à soutenir la position « arabe » et faire pression sur Israël pour que cet Etat fasse preuve de plus de souplesse. De même, auparavant, les Etats-Unis avaient diminué les quotas d'importation de sucre cubain, en 1960, à la suite de certaines mesures de nationalisation prises par Cuba à l'encontre des entreprises américaines dans ce pays. Plus avant encore, une loi américaine de 1951 (« Battle Act ») avait prévu la suspension de l'aide américaine à tout pays ne respectant pas certains embargos décidés par les Etats-Unis à l'égard de l'U.R.S.S. et d'autres pays ayant des régimes communistes.

1292. ***Ouverture aux divers sujets de l'ordre international*** — Il faut noter que *ces mesures de rétorsion sont ouvertes aux personnes de l'ordre international autres que les Etats ;* organisations internationales et personnes privées peuvent y recourir. Ces dernières le font assez souvent sous des formes très diverses : à l'encontre de pays n'ayant pas une attitude « amicale » à leur égard, les entreprises peuvent décider de ne pas procéder à des investissements, de liquider leurs investissements antérieurs, de refuser de leur vendre leurs produits (embargo privé) ou de s'abstenir d'y acheter biens et services (boycotts privés).

1293. ***Des moyens de pression*** — Dans tous ces cas, ces moyens de contrôle inorganisé qui s'analysent comme des mesures de rétorsion, ou à tout le moins de pression, ont pour objectif *d'assurer une certaine application du droit international.* Elles ne constituent pas — du moins en elles-mêmes —des violations du droit international.

b) Un contrôle parfois organisé.

1294. ***Un large éventail de moyens*** — Dans certains cas, relativement rares au demeurant, un contrôle a été institué afin de s'assurer du respect du droit international et de prévenir sa violation (voir, en général « L'inspection internationale » éditée par G. Fischer et D. Vignes, Bruxelles, Bruylant, 1976 ; voir aussi V. Coussirat-Coustère, « La contribution des Organisations internationales au contrôle des obligations conventionnelles des Etats », thèse Paris 2 multigraphiée 1979).

Ce contrôle du respect du droit international peut revêtir des formes très variées. Pour l'essentiel, il a été institutionnalisé par les Organisations internationales qui ont été investies d'un pouvoir général de contrôle destiné à leur permettre de s'assurer que leurs Etats membres respectaient bien leurs engagements à leur égard.

— Tout d'abord, les Etats peuvent devoir fournir à une *Organisation internationale tous les renseignements utiles* sur la manière dont ils appliquent sa Charte constitutive et son droit dérivé, ce qui permet à l'institution en cause d'accomplir sa fonction de contrôle avec toute l'effectivité requise. Tel est le cas, par exemple, pour les pays membres du Fonds monétaire international, de l'Organisation internationale du travail, ou de l'Organisation mondiale de la Santé.

— Exceptionnellement, il a été décidé de recourir à des moyens particulièrement nouveaux, par exemple, des *inspections aériennes ou par satellites,* afin de voir la manière dont les Etats signataires d'un traité en respectaient les termes. C'est le cas pour l'Antarctique afin de s'assurer de la démilitarisation effective de ce continent. Dans le même sens, les satellites dits « espions » ont été officiellement légalisés comme moyens de contrôle dans le cadre des *négociations stratégiques « Salt » entre les Etats-Unis et l'Union Soviétique,* de façon à ce que l'une et l'autre partie puissent s'assurer que chacune d'elles respectaient bien ses obligations conventionnelles en la matière.

— Enfin, il peut y avoir *des inspections sur place par des observateurs internationaux.* Tel fut le cas, par exemple, des *observateurs des Nations unies* chargés de vérifier le respect des conventions d'armistice conclues au Moyen-Orient en 1948 à la suite de la première guerre israélo-arabe. La présence d'inspecteurs internationaux avait également été prévue dans les *Accords de 1954 sur l'Indochine,* afin de contrôler les élections libres qui devaient s'y dérouler dans les six mois ; ces inspecteurs devaient en outre se charger du contrôle du rapatriement des prisonniers de guerre. L'envoi sur place de personnel spécialisé est systématiquement organisé en matière de *contrôle des stupéfiants ou de l'utilisation pacifique de l'énergie atomique dans le cadre de l'A.I.E.A.,* ou encore plus s'assurer du traitement « convenable » des prisonniers de guerre (cette dernière mission étant assurée par le Comité international de la Croix-Rouge).

1295. ***Missions d'experts et d'inspecteurs*** — Dans tous ces cas, les inspecteurs ou observateurs envoyés sur place vont être à même de déterminer concrètement si les Etats en cause respectent bien leurs obligations internationales.

Plus simplement, des experts internationaux vont être envoyés par une organisation internationale dans les pays membres afin d'évaluer leur situation et de lui en faire rapport à toutes fins utiles. Tel est le cas, par exemple, des experts du *Fonds monétaire international* qui viennent périodiquement évaluer la situation économique et financière des pays membres et qui ensuite remettent un « rapport de mission » au F.M.I. afin de lui permettre de faire toutes les *recommandations* qui s'imposent. De même, la Banque Mondiale dut mettre sur pied des *équipes d'inspection* (inspection panels) pour s'assurer de l'effectivité de ses programmes d'assistance auprès des bénéficiaires ainsi que pour "responsabiliser" son propre personnel dans l'accomplissement de leurs tâches (voir I. Shihata, The World Bank inspection panel, 1994 ; R.E. Bissell, Recent practice of the inspection panel of the World Bank A.J.I.L. 1997.741 ainsi que I.L.M. 1995.520 pour les textes constitutifs et I.L.M. 2000.243 pour une appréciation de la procédure).

Dans un ordre différent, tel fut encore le cas des *experts pétroliers* envoyés par les pays de l'O.P.E.P. qui sont venus vérifier sur place — c'est-à-dire sur les principaux lieux de déchargement du pétrole — le *respect effectif de l'embargo sélectif décidé par ces Etats en octobre 1973* lors du conflit israélo-arabe. Tel fut le cas des experts envoyés par les Etats-Unis au Sinaï et qui ont été chargés de surveiller sur place le plan de dégagement égypto-israélien mis sur pied dans le cadre des Accords dits de Camp David de 1978 ou encore des « panels d'inspection » mis sur pied par la Banque Mondiale (voir L. Forget, A.F.D.I., 1996.645).

1296. ***Inspections sur place et souveraineté territoriale*** — On est ici en présence d'un aspect très important du contrôle de l'application des normes du droit international car il a pour but d'assurer leur respect en même temps que de prévenir leur violation. Malheureusement, force est de noter qu'il est peu développé et qu'il demeure exceptionnel. *Il se heurte, en effet directement à la souveraineté* de l'Etat, notamment lorsqu'il y a des *inspections sur place, in situ.* Dans ce dernier cas, il nécessite toujours l'accord du souverain territorial, accord qui n'est donné que parcimonieusement. C'est ainsi par exemple, qu'Israël a toujours refusé la présence sur son territoire d'observateurs internationaux. De même, la présence d'inspecteurs de l'O.N.U. en Irak pour vérifier l'existence (ou l'absence) d'armes chimiques ou biologiques, bien que décidée par le Conseil de Sécurité au titre du Chapitre VII, n'a cessé de soulever des difficultés pour sa mise en œuvre en raison des obstructions irakiennes répétées.

Le contrôle organisé le plus développé actuellement dans l'ordre international, car c'est le plus anodin et le plus respectueux de la souveraineté étatique, est *celui qui se situe a posteriori.* Mais il intervient alors en réponse à une *violation préalable du droit international.*

1297. — Les moyens de contrôle à la disposition des sujets du droit international en cas de manquement par l'un d'entre eux à l'une de leurs obligations feront exclusivement l'objet des développements qui suivent.

3 — Moyens de contrôle et types de différends.

1298. ***Différends juridiques et différends politiques*** — Traditionnellement, on oppose *les moyens non juridictionnels et les moyens juridictionnels.* Une telle distinction recouvre une division plus fondamentale encore. Celle-ci repose sur la *nature des différends :* les premiers moyens sont destinés à faire face à des règlements de *différends de type politique,* les seconds, au contraire, à des *différends de type juridique.*

Cette *distinction entre différends juridiques et différends politiques est classique.* On la trouve d'ailleurs à l'article 36, al. 2 du Statut de la Cour internationale de Justice. Il y est dit, en effet, que « la juridiction de la Cour porte sur tous les différends d'ordre juridique ayant pour objet : a) l'interprétation d'un traité ; b) tout point de droit international ; c) la réalité de tout fait qui, s'il était établi, constituerait la violation d'un engagement international ; d) la nature ou l'étendue de la réparation due pour la rupture d'un engagement international ».

Telle est ainsi délimitée la catégorie des différends de type juridique ; tous les autres entrent dans celle des différends politiques.

1299. ***Définition des différends juridiques*** — La Cour de La Haye a été souvent amenée à se pencher sur ce qu'il fallait entendre par *différend juridique dans l'ordre international.* La C.P.J.I., d'une manière classique, l'a défini de la façon suivante : « Un différend est un désaccord sur un point de droit ou de fait, une contradiction, une opposition de thèses juridiques ou d'intérêts entre deux personnes » (Sér. A, n° 2, p. 11, *affaire des concessions Mavrommatis en Palestine*).

1300. ***Règlements juridictionnels et non-juridictionnels*** — En règle générale, les *différends juridiques seront réglés par des moyens juridictionnels.* En revanche, les *différends politiques,* en raison de leur nature propre, doivent pouvoir être réglés d'une manière plus souple où le droit jouera une moindre part : ils sont alors soumis à des *moyens non juridictionnels.*

4 — L'inégale accessibilité aux divers sujets du droit international des moyens de contrôle.

1301. — Il faut noter dès maintenant que tous ces moyens de contrôle pour s'assurer de l'application du droit international ne sont pas également accessibles à tous les sujets du droit international. *Seuls les Etats disposent de la panoplie complète de ces moyens. Ce n'est déjà plus vrai pour les Organisations internationales* qui disposent de moins de moyens à la fois juridictionnels et non juridictionnels pour faire respecter leurs droits. Cela est *encore moins vrai pour les personnes privées* qui se trouvent dans une situation de nette infériorité. Cette situation s'explique à l'évidence par leur compétence inférieure (voir *supra*, n° 983 et s.) ; ces personnes ne disposent guère que de *l'arme économique* à l'égard de l'Etat ou de l'Organisation internationale qui n'aurait pas respecté leurs droits.

1302. ***Plan*** — Ces remarques générales étant présentées, il convient, d'une manière classique, de suivre la distinction essentielle en la matière, qui sépare, d'une part, les moyens non juridictionnels, et, d'autre part, les moyens juridictionnels de règlement des différends. C'est ce que nous verrons dans deux titres successifs :

TITRE I. — *Les moyens non juridictionnels ;*

TITRE II. — *Les moyens juridictionnels.*

TITRE I

LES MOYENS NON JURIDICTIONNELS

1303. ***Plan*** — Ceux-ci peuvent être de trois ordres. Soit, dans de rares hypothèses, il sera possible de recourir à des mesures de contrainte, soit, phénomène nouveau, le contrôle de l'application de certaines normes internationales sera réalisé au sein des institutions internationales compétentes. Soit, de manière plus classique, difficultés et différends seront réglés par des moyens diplomatiques.

CHAPITRE I. — *Le recours à des mesures de contrainte.*

CHAPITRE II. — *Le recours aux organisations internationales.*

CHAPITRE III. — *Le recours à des moyens diplomatiques.*

CHAPITRE I

LE RECOURS A DES MESURES DE CONTRAINTE

Bibliographie sommaire. — J. Stone, « Legal controls of international conflicts », 1959 ; — I. Brownlie, « International law and the use of force by states », 1963.

1304. ***Illicéité de la guerre*** — La guerre, moyen jadis privilégié et pas toujours ultime de régler les conflits internationaux, a maintenant disparu à ce titre — du moins officiellement —. La guerre ne constitue plus à l'heure actuelle un moyen de contrainte « licite ». On rappellera en effet que, après avoir été réglementée par le Pacte de la Société des Nations (il s'agissait du système du moratoire prévu par les articles 12 et 15), puis, *avoir été mise hors la loi par le fameux Pacte Briand-Kellogg du 26 août 1928, la guerre a définitivement disparu du droit international positif avec la Charte de l'Organisation des Nations unies qui la prohibe formellement* (voir art. 2, § 4).

En théorie donc, dans les rapports entre les sujets de la société internationale, la guerre est illicite ; autrement dit, leurs relations et les modes de règlement de leurs différends éventuels doivent être de *nature exclusivement pacifique*. Mais, ce n'est pas dire pour autant que toute « contrainte » a disparu de l'ordre international. Dans certains cas, le *droit international reconnaîtra la licéité de certaines mesures de contrainte.*

Celles-ci, très diverses, peuvent revêtir une intensité extrêmement variable. La « summa divisio » en la matière réside dans la distinction entre les mesures de contrainte qui impliquent le recours à la force armée (Section I) et celles qui consistent seulement en des moyens de pression (Section II) fort divers, mais qui ne revêtent pas la forme militaire.

Section I

Le recours à la force armée

1305. ***Plan*** — Nonobstant le principe rappelé ci-dessus de l'interdiction de la guerre comme moyen licite de règlement des différends internationaux, il existe des cas exceptionnels où le *recours à la force armée peut se révéler « légal »*. Il s'agit là de moyens à la *seule disposition des Etats* dans la mesure où ceux-ci gardent encore le monopole de la contrainte armée, que ce soit dans l'ordre interne ou dans l'ordre international. Il est à noter, toutefois, que l'O.N.U. aurait pu, dans certaines conditions, excercer un tel pouvoir de contrainte si les dispositions pertinentes du chapitre VII de la Charte avaient été mises en vigueur, ce qui n'a jamais été le cas.

Cela étant, la Charte de l'O.N.U. autorise dans des cas bien précis l'usage de la force armée pour faire face à des violations particulièrement graves du droit international (§ 1). En outre, les Etats ont toujours émis la prétention contestée — et sans doute contestable dans certains cas — d'user de la force armée au nom de normes coutumières du droit international pour leur permettre de faire face à des violations également très graves du droit international (§ 2).

§ 1 — La licéité du recours à la force armée.

1306. ***Les deux cas*** — En vertu des dispositions de la Charte de l'O.N.U., l'usage de la force armée est autorisée dans deux cas seulement : d'une part, s'il y a « légitime défense » et, d'autre part, lorsque l'O.N.U. elle-même, par l'intermédiaire du seul Conseil de sécurité, en a décidé ainsi au titre des dispositions du chapitre VII. Pour l'essentiel, on renverra au cours général de 1re année de « Relations internationales » et on se bornera à rappeler ici quelques grands principes fondamentaux.

1 — Les mesures militaires décidées par le Conseil de sécurité des Nations unies.

1307. ***Les dispositions du chapitre VII de la Charte*** — Si le Conseil de Sécurité « constate l'existence d'une menace contre la paix, d'une rupture de la paix ou d'un acte d'agression » (art. 39 de la Charte), il peut *décider* toutes mesures d'ordre militaire qu'il jugerait nécessaires (art. 42 de la Charte).

Cela étant, la Charte s'abstient de définir les expressions cardinales qui se trouvent insérées dans l'article 39 : « menaces contre la paix », « rupture de la paix » ou « acte d'agression ». Sans doute, dans toutes ces hypothèses, de tels actes constitueraient autant de violations majeures du droit international.

1308. ***Un usage en expansion depuis le premier précédent de la Guerre du Golfe de 1990*** — On notera que le Conseil de Sécurité ne peut agir au titre du chapitre VII qu'avec *l'accord des cinq puissances disposant du droit de veto*. L'abstention, nous l'avons vu, peut encore permettre au système de fonctionner. En revanche, le vote négatif le paralyse complètement et c'est en général ce qui s'est passé au sein du Conseil de Sécurité qui s'est trouvé dans l'impossibilité de décider de sanctions militaires dans le cadre du chapitre VII jusqu'à la *Crise du*

Golfe de 1990. De plus, le Conseil de Sécurité peut autoriser — sous son strict contrôle — tel ou tel de ses membres à recourir à la force armée, pour répondre à une atteinte fondamentale au droit international. C'est ainsi, par exemple, que les Etats-Unis, au début de l'été 1980, envisagèrent de se faire « mandater » par le Conseil de Sécurité pour monter une opération militaire à l'encontre de l'Iran à la suite de l'arrêt rendu par la C.I.J. le 24 mai 1980 et qui condamnait dans les termes les plus nets la prise en otage du personnel diplomatique américain à Téhéran. Cette exécution forcée d'une décision de la Cour par le biais d'une opération militaire fut abandonnée après que des discussions entre les membres permanents du Conseil de Sécurité eussent montré la probabilité de l'échec de cette procédure en raison de l'opposition de l'U.R.S.S. qui y aurait mis son « veto ».

Il a fallu attendre la crise du Golfe de 1990 pour voir le Conseil de Sécurité autoriser par sa *Résolution 678* du 29 novembre 1990 les Etats membres alliés du Koweit à « user de tous les moyens nécessaires » (l'expression « force armée » n'y figurant pas *expressis verbis* bien qu'à l'évidence clairement visée) pour faire cesser la situation d'agression dont s'était rendu coupable l'Iraq ainsi que pour rétablir la paix et la sécurité internationales dans la région (pour une analyse critique, voir Ph. Weckel, le Chapitre VII de la Charte et son application par le Conseil de sécurité, AFDI, 1991.165) (voir aussi *supra*, n° 160).

De même, on notera l'extension récente et fondamentale de la portée du *chapitre VII* qui couvre depuis peu (1991) le droit international humanitaire. Il convient ici de rappeler les décisions « révolutionnaires » du Conseil de sécurité à partir de 1991 autorisant et légitimant l'usage multilatéral de la force armée pour mettre fin à certaines violations massives des droits de l'homme les plus fondamentaux (voir *supra* n° 190 bis et s., n°s 1320 et 1323 bis).

2 — La légitime défense.

1309. ***Une notion commune à l'ordre interne et international*** — Cette notion bien établie de l'ordre interne a connu une transposition dans l'ordre international. Ainsi, la *violence privée* peut s'avérer légitime, en réponse à un acte de violence privée et en l'absence d'action des autorités publiques. Il s'agit là d'une circonstance extrême où un individu doit faire face à une menace immédiate qui porte sur sa vie propre : cette « auto-défense » n'est pas *ipso facto* licite, sa « légitimité » étant souverainement appréciée par les juges. Une telle institution existe dans l'ordre international depuis toujours. Cette règle coutumière a vu son existence consacrée par la Charte de l'Organisation des Nations unies. Toutefois, le droit international est moins strict que le droit interne dans son contrôle des conditions d'exercice de la légitime défense.

a) Une existence coutumière.

1310. ***Un usage fréquent*** — Ce droit de légitime défense a été utilisé fréquemment, notamment à l'époque où le recours à la force armée, à la guerre, était licite. De nos jours, ce droit de légitime défense est encore invoqué depuis la mise hors la loi de la guerre en 1928 par le Pacte précité Briand-Kellogg. Ceci étant, la légitime défense a eu, historiquement, deux sens différents.

1311. ***Sa consécration lors de l'affaire de "la Caroline" (1837)*** — Avant 1928, c'est-à-dire *avant la signature du Pacte Briand-Kellogg,* la légitime défense était utilisée par les Etats *en réponse à des actes contraires au droit international.* Ils y recouraient si un pays tiers violait par exemple leur souveraineté territoriale ou s'il portait atteinte aux biens ou à la vie de leurs ressortissants. Les exemples abondent. Particulièrement significative fut *l'affaire dite de la Caroline* qui opposa les Etats-Unis à la Grande-Bretagne en 1837 et qui se termina par un effort de codification de la matière (Moore international law, vol. II, 409, 1906). La « Caroline » était un bateau américain armé par des insurgés canadiens en lutte contre la domination britannique dans ce pays. Ce navire opérait dans la région des Grands Lacs et trouva refuge dans un port des Etats-Unis. Des navires de guerre britanniques, au nom de la légitime défense, pénétrèrent dans les eaux territoriales américaines, se saisirent de la « Caroline » et la détruisirent ; cette action militaire entraîna non seulement la perte du bateau mais aussi de vies humaines. De longues discussions s'engagèrent entre les deux pays — Etats-Unis et Grande-Bretagne — pour se terminer en 1842 par un échange de lettres entre les ministres des Affaires étrangères respectifs de ces deux pays. Il confirmait les points suivants : tout d'abord, la Grande-Bretagne admettait avoir violé la souveraineté territoriale des Etats-Unis et les deux ministres s'entendaient pour reconnaître « le respect du caractère inviolable du territoire des Etats indépendants (comme) le fondement le plus essentiel de la civilisation ». Toutefois, à ce principe fondamental, ils introduisaient une *exception possible, la légitime défense,* ainsi que le soutenait la Grande-Bretagne. Mais les deux parties en limitèrent l'exercice à des conditions précises : « La nécessité de recourir à la légitime défense doit être, disaient-ils, *immédiate, impérieuse, et ne laissant ni choix des moyens ni délais pour délibérer* ». Une telle formulation représente bien l'état du droit coutumier de la légitime défense.

1312. ***Des recours parfois abusifs*** — Après la conclusion en 1928 du *Pacte Briand-Kellogg interdisant le recours à la guerre comme instrument de politique nationale, mais non à titre de légitime défense, celle-ci* fut souvent — et abusivement — invoquée comme *une exception à l'illicéité de l'usage de la force armée.* Il est loisible de citer un certain nombre d'exemples d'invocations abusives de légitime défense. C'est ainsi que dans des rapports de 1933 et 1937 préparés par des commissions ad hoc de la Société des Nations, les commissaires estimèrent que les attaques du Japon contre la Chine n'étaient en rien couvertes par la légitime défense, comme le soutenait le premier pays. De même, lors du procès de certains criminels de guerre nazis à Nuremberg, le tribunal refusa de reconnaître que les invasions du Danemark ou de la Norvège, par exemple, par les forces de l'Allemagne nazie étaient des actes de légitime défense, en l'espèce de type préventif. Le *tribunal ne vit là que des guerres d'agression.*

b) Une reconnaissance conventionnelle.

1313. ***Des contours imprécis*** — La *légitime défense a été expressément reconnue comme constituant une exception au principe de l'interdiction du recours à la force armée dans l'ordre international.* Toutefois, ses contours demeurent fort imprécis.

Le pacte Briand-Kellogg du 26 août 1928 portant « renonciation » à la guerre comme instrument de politique nationale par les Etats, était muet sur la légitime défense. Toutefois, lors de son approbation par les Etats, il fut très généralement admis que la légitime défense n'était pas abrogée pour autant et qu'elle *gardait sa valeur coutumière.*

Plus tard, la Charte de l'O.N.U. devait formellement consacrer l'existence au profit de tous ses membres du droit de légitime défense (art. 51). Ce droit — et cette expression est unique dans le texte de la Charte — est même formellement qualifiée de « naturel » ; autrement dit, la légitime défense est une prérogative inhérente à la souveraineté de l'Etat. Ce « droit naturel » de la légitime défense joue ainsi comme une exception à l'article 2 paragraphe 4 de la Charte *prohibant le recours à la force dans les relations internationales.* Il peut s'exercer *soit de façon individuelle, soit de façon collective.* Sous ce deuxième aspect, c'est reconnaître *la légitimité des pactes militaires régionaux,* comme le Pacte de l'Atlantique de 1949 ou le Pacte de Varsovie de 1955 (liquidé, notons-le, à compter du 1er avril 1991) qui sont fondés sur la légitime défense collective et l'institutionnalisent : toute attaque contre l'un des membres est assimilée à une attaque contre tous, entraînant ainsi la mise en œuvre de mesures militaires d'assistance mutuelle. L'article 51 de la Charte précise toutefois que les actions de légitime défense ne sont licites que pour répondre à une « agression armée ». La précision est d'importance, car elle interdit les usages passés de la légitime défense pour faire cesser toute manquement au droit international, ce qui avait donné lieu à des abus certains. Enfin, il est spécifié que ces actions entreprises au nom de la légitime défense doivent *être notifiées au Conseil de Sécurité* et qu'elles ne modifient nullement son rôle qui est de veiller au maintien de la paix et de la sécurité internationale en décidant au besoin de mesures coercitives au titre du chapitre VII de la Charte. Autrement dit, la légitime défense doit conserver un *rôle subsidiaire* dans l'ordre international.

La C.I.J. dans son arrêt du 27 juin 1986 dans *l'affaire des activités militaires et paramilitaires au Nicaragua* devait reconnaître le caractère coutumier de la légitime défense tant individuelle que collective (§ 193), mais elle précisa que la seule riposte armée licite était celle destinée à faire face à des actes constitutifs d'agression elle-même « armée » (§ 211).

1314. ***Des usages parfois encore abusifs*** — Or, force est de noter que la légitime défense, même depuis l'entrée en vigueur de la Charte de l'O.N.U., a été *invoquée souvent de façon abusive.*

Tout d'abord, elle n'a pas été seulement utilisée comme riposte à une « agression armée ». Ainsi lorsqu'il arriva à la France, lors de la guerre d'Algérie, de saisir des navires en haute mer, elle invoqua la légitime défense. De même, lorsque l'administration américaine institua un blocus partiel de Cuba en 1962, la légitime défense à la fois des Etats-Unis et du reste du continent latino-américain fut invoquée à titre justificatif, alors qu'il n'y avait eu aucune agression armée de la part de Cuba. Plus récemment, cet argument fut invoqué dans *l'incident du Mayaguez* qui eut son heure de célébrité en 1975. Le 12 mai 1975, des forces cambodgiennes saisirent ce navire marchand américain et le conduisirent de force dans un port local. Une solution amiable par des négociations diplomatiques ayant échoué, le président des Etats-Unis ordonna dès le 14 mai l'emploi de la force armée pour obtenir la libération de l'équipage. Cette action fut justifiée du côté américain comme constituant une mesure d'auto-défense en réponse à un acte illégal du gouvernement cambodgien, l'arraisonnement d'un navire de commerce dans les eaux internationales (voir A.J.I.L. 1975, 875 et s.).

Le meilleur exemple, sur le plan théorique cela s'entend, d'une utilisation claire et nette de la légitime défense par un Etat nous a été fourni par la « guerre des Falklands/Malouines » du printemps 1982 entre l'Argentine et la Grande-Bretagne : à l'invasion militaire de ces îlots par le premier pays devait répondre une opération aéronavale de grande envergure du second (voir R.J. Dupuy, Les Malouines entre l'O.N.U. et l'O.U.A. : l'impossible agression, A.F.D.I. 1982. 337 et surtout les pp. 345-349).

Ensuite, cette extension de la notion de légitime défense a été également manifeste lorsque des Etats ont prétendu — comme par le passé — y recourir pour *faire face à l'imminence d'une agression armée d'un pays tiers :* dans cette hypothèse, on se trouve en présence de la légitime défense « préventive ». Des discussions passionnées n'ont jamais cessé sur le point de savoir si la menace de l'emploi imminent de la force armée par un pays justifierait une action militaire préventive de l'Etat « menacé » au nom de la légitime défense. En théorie sans doute, il n'y a rien là qui soit insoutenable ; toutefois, dans la pratique, la plus grande prudence s'impose afin d'éviter les abus. Comment évaluer avec précision et objectivité par exemple, la « menace d'une agression armée imminente ? ». Ainsi, Israël justifia « la guerre des six jours » de juin 1967 par l'imminence d'une attaque armée égyptienne et par la fermeture du détroit de Tiran ; cette argumentation fut loin d'entraîner la conviction générale. En bref, la frontière est bien ténue entre la « guerre d'agression » et la « légitime défense préventive ».

§ 2 — Les recours contestés à l'usage de la force armée.

Pour des études récentes voir D. Simon et L.A. Sicilianos, la « Contre violence » unilatérale : pratiques étatiques et droit international, A.F.D.I., 1986.53 ; S. Regourd, Raids « anti-terroristes » et développements récents des atteintes illicites au principe de non-intervention, A.F.D.I., 1986.76.

1315. ***Plan*** — Dans la pratique internationale, les Etats recourent souvent ou au moins prétendent recourir à deux exceptions à l'illicéité du recours à la force, qui, pour eux, sont légales, car coutumières : l'intervention et les représailles.

1 — L'intervention armée.

1316. ***Précisions terminologiques*** — Le mot même d'intervention est susceptible de recevoir des sens extrêmement variés : si l'on se réfère, par exemple, au « Dictionnaire de la terminologie du droit international », on n'en relève pas moins de sept. Il ne s'agira pas, ici, d'examiner la portée du principe de non-intervention dans les affaires intérieures des Etats tel qu'il résulte de la Charte des Nations unies et tel qu'il a été examiné dans le cours de première année de « Relations internationales ». Il s'agira ici de l'envisager selon un sens plus restreint, à savoir *celui de l'usage de la force armée par un Etat pour faire assurer le respect du droit international violé dans ses aspects fondamentaux par un Etat tiers.* Un tel droit existe-t-il ? Quel est l'état de la pratique internationale actuelle ?

a) Existence ou inexistence d'un droit d'intervention armée pour assurer le respect des règles les plus fondamentales du droit international.

1317. ***Une question controversée*** — Ici, la plus grande prudence s'impose. La réponse à cette question n'est pas simple et elle est à apprécier en fonction des cas d'espèce. Il existe de forts arguments en faveur d'une réponse négative. Il en existe aussi, en revanche, qui militent pour une réponse positive.

I. — L'inexistence du droit d'intervention armée.

1318. ***Nombreux précédents en particulier l'arrêt du Détroit de Corfou de 1949*** — La négation d'un tel droit peut s'appuyer à la fois sur les termes de la Charte de l'O.N.U. (art. 2, § 4), sur d'innombrables résolutions de l'Assemblée générale des Nations unies ainsi que sur l'arrêt de la Cour internationale de justice dans *l'affaire du détroit de Corfou* de 1949.

C'est ainsi, par exemple, que la résolution de l'Assemblée générale des Nations unies 2131 adoptée le 21 décembre 1965 par 109 voix contre 0, avec la seule abstention de la Grande-Bretagne, prohibe toute forme et toute menace d'intervention armée dans les relations interétatiques. Aucune exception n'était envisagée à cette interdiction, pas même celle où une telle intervention armée aurait été déclenchée pour faire assurer le respect des normes les plus fondamentales du droit international telles que celles faisant partie du « jus cogens ».

La C.I.J., dans *l'affaire du détroit de Corfou* souvent citée, devait, dans les termes les plus larges et dénués d'ambiguïté, condamner cette pratique. On rappelle qu'elle eut ici à apprécier le déminage autoritaire effectué par la marine britannique dans les eaux territoriales albanaises. La Cour s'exprima de la manière suivante : « *Le prétendu droit d'intervention ne peut être envisagé que comme la manifestation d'une politique de force, politique qui, dans le passé, a donné lieu aux abus les plus graves et qui ne saurait, quelles que soient les déficiences présentes de l'Organisation internationale, trouver aucune place dans le droit international* » (p. 35). La condamnation paraît sans appel. Est-ce, pour autant, clore le débat sur ce point ? Rien n'est moins sûr.

II. — L'existence d'un droit d'intervention armée.

1319. ***La sentence Max Huber dans "l'affaire des biens britanniques au Maroc espagnol" (1924)*** — L'existence d'un tel droit a été reconnue en des termes généraux, mais prudents, par Max Huber dans son arbitrage rendu dans *l'affaire* dite *des biens britanniques au Maroc espagnol* (rapport du 23 octobre 1924, R.S.A., T. II, 632 et s.). Max Huber s'estimait fondé à affirmer le principe suivant : « Il est incontestable qu'à un certain point, *l'intérêt d'un Etat de pouvoir protéger ses ressortissants et leurs biens doit primer le respect de la souveraineté territoriale, et cela même en l'absence d'obligations conventionnelles. Ce droit d'intervention a été revendiqué par tous les Etats : ses limites seules peuvent être discutées* » (p. 641).

Sans doute y a-t-il là, comme le notait la Cour internationale de justice en 1949, dans *l'affaire du détroit de Corfou,* la source d'abus possibles. Le droit d'intervention armée peut, en effet, donner prétexte à des interventions injustifiées (de type politique par exemple) dans les affaires des Etats ; il met en jeu des rapports de force directs dont les pays les plus faibles ont à l'évidence tout à craindre. *C'est ce qui explique, en général, l'hostilité des pays en voie de développement* à l'existence d'un tel droit d'intervention armée. C'est ce qui explique aussi la position de principe de la C.I.J. dans *l'affaire du détroit de Corfou* précitée.

1320. ***Une admission conditionnelle*** — Cependant, il est loisible d'envisager des cas extrêmes où le recours à l'intervention armée ne serait pas illicite et serait justifié sur le plan du droit, pour peu qu'un ensemble de conditions strictes soit réuni.

— il devrait s'agir, tout d'abord, d'un « *ultime recours* » ; toutes les autres voies pacifiques devraient avoir été épuisées et l'Etat « fautif » devrait manifester un refus continuel et évident de bonne volonté pour arriver à un règlement amiable. Alors *l'intervention armée constituerait le palliatif de dernier ressort* devant les insuffisances, les lacunes du droit international et afin d'en assurer le respect à l'encontre de l'Etat récalcitrant qui serait placé « hors la loi internationale ». On rappellera, en effet, qu'il n'existe pas de juridiction internationale obligatoire et que le recours au juge demeure fondé sur le consentement formel des Etats (voir *infra* n° 1441 et s.).

— « l'intervention armée » *ne devrait être licite que pour remédier à une violation flagrante des normes les plus fondamentales du droit international.* Il en irait ainsi, par exemple, en cas de traitement inhumain et dégradant des étrangers, de menaces d'extermination massive des étrangers, de séquestrations et jugements de diplomates tels que cela se produisit ou faillit se produire en Iran à l'encontre du personnel diplomatique américain, de violation systématique des normes du « *jus cogens* », etc.

— « l'intervention armée », pour être licite, devrait être également *limitée et ponctuelle.* Elle ne devrait en aucun cas prendre la forme d'une « guerre officielle ». C'est ainsi, par exemple, qu'il existe toute une panoplie d'opérations militaires appropriées à la solution recherchée. Cela peut aller d'une simple opération aéroportée, à l'occupation militaire de certains points du territoire étranger en passant par des démonstrations navales ou le blocus des côtes. Dans ce dernier cas, il s'agira d'un « blocus pacifique » consistant en des mesures navales destinées à contrôler les communications maritimes d'un pays, voire à les empêcher et qui ne doit pas être confondu avec le « blocus » traditionnel, qui, lui, constitue une « opération de guerre ». C'est ainsi, par exemple, que les Etats-Unis instituèrent, en 1962, un « blocus pacifique » de Cuba lors de la « crise des fusées » afin de contrôler la non-introduction de certains matériels de guerre à Cuba en même temps que le démontage et la sortie de certains types de fusées installées par l'U.R.S.S. dans l'île. On rappellera que le blocus est une institution relativement ancienne. C'est ainsi qu'en 1902 les forces navales allemandes, anglaises et italiennes devaient « bloquer » les côtes du Venezuela afin d'obtenir le paiement par ce pays de certaines dettes.

— une telle intervention armée « licite » devrait être de type *« ajusté », nécessaire* pour remédier à la violation du droit international. Ce serait l'équivalent de la *« règle de proportionnalité »* qui est de nature coutumière en matière de représailles (voir *infra* n° 1325). Autrement dit, les modalités de l'intervention armée doivent constituer le pendant de la violation du droit international à laquelle on s'efforce de remédier.

Dans ces conditions — et avec toutes ces limites —, il semble bien qu'une telle intervention armée ne puisse pas être considérée comme « illicite » au regard du droit international. La pratique des Etats, même contemporaine, va d'ailleurs clairement dans ce sens.

Il est également loisible d'invoquer dans le même sens la pratique du Conseil de sécurité des Nations unies qui, depuis 1991 (voir *supra* n° 190 bis et s.) a autorisé — et donc rendu licite — l'usage de la force armée au nom de la défense du droit international humanitaire.

b) la pratique des Etats : une consécration certaine mais limitée.

1321. ***Ancienneté des "interventions d'humanité"*** — On a déjà signalé précédemment les « interventions d'humanité » qui ont une longue histoire. (Pour une étude d'ensemble récente, voir N. Ronzitti, Rescuing nationals abroad through military coercion and intervention on grounds of humanity, M. Nijhoff, 1985 ; et pour une actualisation, J. Mourgeon, L'intervention internationale à titre humanitaire J.D.I. (Clunet) 1994.653). Il semble que — sous des appellations diverses — il s'agisse là d'une constante selon laquelle *un Etat est fondé à intervenir au besoin militairement pour protéger ses propres citoyens lorsque leur vie serait en danger dans un pays tiers.* Cette justification fut avancée lors de l'opération *aéroportée belgo-américaine de novembre 1964 à Stanley-ville* pour protéger et sauver la vie de plusieurs milliers de civils de diverses nationalités tenus en otages par des rebelles congolais (voir M. Whiteman, International law, vol. 5, 475-476). Dans le même sens, on peut également citer l'intervention armée des Etats-Unis à Saint-Domingue en mai 1965, pour sauvegarder la vie des citoyens américains dans ce pays (voir R.J. Dupuy, « Les Etats-Unis, l'O.E.A. et l'O.N.U. à Saint-Domingue », A.F.D.I. 1965, 71, et surtout les pages 75-78). Plus près de nous, on peut encore citer le célèbre raid israélien du 4 juillet 1976 sur l'aéroport d'Entebbe en Ouganda pour libérer les victimes d'un détournement d'avion ou encore celui monté dans des circonstances analogues par l'Allemagne en 1978 sur l'aéroport de Mogadiscio en Somalie.

1322. ***Justification par un manquement aux normes fondamentales du droit international*** — Autrement dit, *lorsque des lois fondamentales de la société internationale ont été violées* par un Etat, il semble avoir été admis que les Etats tiers concernés pouvaient faire cesser par la force armée ces manquements au droit international dont leurs nationaux auraient été les victimes.

Plus généralement, et ici sans doute abusivement, les Etats ont mis en avant l'existence d'un droit d'intervention armée pour faire cesser *tout manquement au droit international* et non pas seulement les violations de ses normes les plus fondamentales. C'est ainsi, par exemple, que lors de l'affaire de Suez en 1956, la France et la Grande-Bretagne ont soutenu que leur opération militaire déclenchée contre l'Egypte était destinée à assurer la liberté de navigation dans le canal de Suez telle qu'elle était organisée par la Convention de Constantinople de 1888. Autrement dit, cette intervention militaire aurait eu pour seul but de faire respecter le droit international violé par l'Egypte à la suite de la nationalisation du canal et des atteintes à la liberté de circulation conventionnellement reconnue. Or, en l'espèce, cette argumentation ne fut pas acceptée par les Nations unies en raison de son caractère « abusif ». En effet, si le droit d'intervention armée peut exister dans certains cas, les conditions de son utilisation doivent être extrêmement strictes et limitées à des situations tout à fait exceptionnelles, de façon à prévenir les abus.

1323. ***Invocations abusives et justifications*** — Comme illustration régionale d'une telle invocation abusive d'un droit d'intervention armée, il est loisible de citer la fameuse *doctrine dite Brejnev* ou de la « souveraineté limitée » selon laquelle l'Union soviétique et ses alliés posséderaient le droit d'intervenir militairement dans un pays du

« bloc » afin d'assurer le maintien des « conquêtes du socialisme » au cas où il apparaîtrait que celles-ci viendraient à être menacés. Cette « doctrine Brejnev », (même si elle a été officiellement répudiée depuis lors, voir *supra* n° 169), fut invoquée en 1968 pour justifier l'invasion de la Tchécoslovaquie et il y fut fait de fréquentes allusions à propos de la situation en Pologne dans les années 1980-1981. Il s'agit, à l'évidence, d'une prétention parfaitement abusive et injustifiable sur le plan du droit (voir l'article de G. Fischer, Quelques problèmes juridiques découlant de l'affaire tchécoslovaque, A.F.D.I. 1968. 15 et surtout les pages 23-36).

Sans doute ce droit d'intervention armée peut trouver une justification *a priori* si l'Etat concerné demande l'assistance militaire d'un pays tiers pour faire face à une menace extérieure, voire intérieure. Les exemples abondent. Il en alla ainsi lors de l'intervention militaire de la France au Zaïre en 1978 à la demande de ce dernier pays (voir A. Manin, « L'intervention française au Shaba », 19 mai-14 juin 1978, A.F.D.I. 1978.159). Il en alla encore ainsi plus récemment en 1990 lorsque l'Arabie Saoudite et nombre de pays de la région demandèrent — et obtinrent — l'assistance militaire des Etats-Unis et de plusieurs Etats européens pour les aider à faire face à la menace pesant sur eux à la suite de l'invasion du Koweit par les forces armées de l'Iraq à compter du 2 août 1990.

Plus délicate est la question de *la justification a posteriori* d'une intervention militaire étrangère par le « nouveau gouvernement ». Tel fut par exemple le cas de figure en Tchécoslovaquie en 1968 et en Afghanistan en 1979 où les « nouveaux gouvernements » hâtivement constitués « régularisèrent », par la conclusion de traités appropriés, les interventions armées de l'URSS dans le cadre d'un processus appelé — sans doute par euphémisme — de « normalisation ». On rappellera tout d'abord que ce type d'action devait être nettement, bien qu'implicitement, condamné par le CIJ dans *l'affaire des activités militaires et paramilitaires au Nicaragua et contre celui-ci* à l'occasion de son arrêt du 27 juin 1986 qui refusa toute légalité internationale aux « interventions idéologiques » (§ 263 de l'arrêt et voir aussi *supra*, n° 169). De surcroît, on rappellera également que ces traités subséquents de « normalisation » sont affectés d'un vice fondamental qui les rend *nuls, car conclus sous la contrainte* (voir *supra*, n° 345). De la sorte, il est bien difficile de trouver dans l'histoire un exemple probant — voire une simple hypothèse d'école — où une intervention armée se trouverait valablement légitimée *a posteriori* par son bénéficiaire.

c — La pratique du Conseil de sécurité des Nations unies depuis 1991 : l'usage de la force armée au service du droit international humanitaire

1323 bis. ***Une nouvelle utilisation du Chapitre VII de la Charte*** — Dans la même veine mais de façon plus large encore, on ne peut s'empêcher ici de rappeler le lien qui a été depuis peu établi entre la défense de certains droits fondamentaux (le droit international humanitaire *lato sensu* quelle que soit l'imprécision de cette notion) et le recours à l'usage de la force armée dans un cadre multilatéral et collectif au titre du chapitre VII de la Charte de l'O.N.U. (voir *supra* n° 190 bis et s.).

Ce nouveau cours qui marque à l'évidence une inflexion considérable du droit international contemporain ne fait que confirmer la licéité des interventions armées lors de violations massives des droits de l'homme les plus fondamentaux (les normes du *jus cogens*) dont seraient victimes, non seulement des étrangers (mais ce point n'était pas contesté) mais aussi (et cela constitue la grande nouveauté) les propres nationaux de l'Etat auteur de ces pratiques.

2 — Les représailles armées.

1324. ***Illustration de la "loi du Talion"*** — On est ici en présence d'actes qui, eux, sont *contraires au droit international* — et c'est bien là ce qui les différencie des *mesures de rétorsion* (voir *supra*, n° 1291) ; mais ils ne constituent que la réponse à des actes de même nature d'un Etat tiers, qui sont, eux-mêmes, *illicites au regard du droit international.* Autrement dit, c'est un exemple de l'application de la « loi du Talion » dans l'ordre international.

En recourant à des mesures de représailles, l'Etat qui les met en oeuvre entend faire cesser une violation préalable du droit international ou obtenir une réparation adéquate. Ces représailles peuvent prendre des formes diverses ; elles peuvent être politiques, économiques, juridiques, ou surtout militaires. Les représailles peuvent s'analyser comme la mise en *œuvre concrète de la notion de réciprocité,* ou plus précisément du non-respect par une partie de ses engagements en cas de violation par une autre partie de ses propres obligations (*exceptio non adimpleti contractus* — voir *supra*, n° 1030 et s.) Entendu dans ce sens, *le droit de recourir à des représailles* n'est guère contesté. En revanche, et c'est le problème qu'il convient d'examiner, en va-t-il de même en cas de représailles « armées » ? Autrement dit, les Etats ont-ils le droit, en réponse à une violation du droit international commise par un pays tiers, de recourir à des mesures armées en guise de représailles ?

a) Une reconnaissance coutumière.

1325. ***Sa formulation classique dans "l'affaire de Naulilaa" (1928)*** — Les « représailles armées » entre Etats sont apparues au XVIIIe siècle pour se généraliser au début du XIXe siècle lorsque les « représailles privées » eurent disparu. Auparavant, en effet, l'individu lésé, s'il recevait de la part de son Etat national des « lettres de marque et de représailles », pouvait se faire justice lui-même et saisir les biens d'un autre individu ressortissant de l'Etat qui lui avait causé un préjudice. Dans ces conditions, l'apparition des représailles armées « publiques » constitua un progrès certain, la violence devenant alors dans l'ordre international comme dans l'ordre interne un monopole d'Etat. Les représailles armées devinrent une institution coutumière, mais soumise à des conditions précises. En l'espèce, *l'affaire classique est celle de Naulilaa* tranchée par une sentence arbitrale du 31 juillet 1928 entre le Portugal et l'Allemagne (R.S.A. t. II, 1027).

Les faits étaient les suivants. Le 19 octobre 1915, un fonctionnaire allemand et deux officiers de la colonie allemande du Sud-Ouest Africain étaient tués dans le poste portugais de Naulilaa en Angola. En représailles, le gouvernement allemand du Sud-Ouest africain ordonna à ses troupes de détruire un certain nombre de forts portugais en Angola. Le Portugal protesta contre cette opération militaire allemande et estima qu'il y avait là matière à engager la responsabilité de l'Allemagne à raison des dommages causés dans ses colonies du Sud de l'Afrique. Les arbitres déterminèrent que le décès des agents allemands à Naulilaa était dû à une série de malentendus et que cet incident, sans doute déplorable, avait « un caractère nettement fortuit ». Dans ces conditions, ils furent amenés à apprécier la licéité ou l'illicéité des actions armées déclenchées par les autorités allemandes à titre de représailles. Le tribunal arbitral posa en des termes classiques les conditions de la licéité des représailles armées.

Il s'exprima dans les termes suivants : « La première condition sine qua non du droit d'exercer des représailles est *un motif fourni par un acte préalable contraire au droit des gens* »...

Il ajouta :

« e...1) la représaille n'est licite que lorsqu'elle a été *précédée par une sommation restée infructueuse.* L'emploi de la force ne se justifie, en effet, que par son *caractère de nécessité...* »

Il affirma enfin :

2) *« la nécessité d'une proportion entre la représaille et l'offense... »* (p. 1027-1028).

En l'espèce, le tribunal condamna les actions allemandes de représailles et estima qu'elles étaient illicites car ne remplissant pas ces conditions.

Il est loisible d'estimer que ces critères de licéité des représailles armées dans l'ordre international posés par cette sentence arbitrale, représentaient bien l'état du droit coutumier en la matière. La *représaille doit répondre à une violation du droit des gens.* La *représaille doit être nécessaire.* La *représaille doit être proportionnelle à l'offense.*

1326. ***Des usages abusifs fréquents*** — Il est bien clair que, dans le passé et même encore actuellement, les représailles armées ont été utilisées abusivement contre les Etats les plus faibles de la communauté internationale. On en donnera seulement deux exemples. Ainsi, en avril 1914, les Etats-Unis occupèrent le port de Vera-Cruz au Mexique à la suite d'un refus par les autorités mexicaines locales de saluer le drapeau américain (Hackworth International law, vol. I, 151, 1940). On en trouvera un exemple plus récent avec le raid israélien sur l'aéroport de Beyrouth, qui détruisit le 28 décembre 1968 tous les avions appartenant aux lignes aériennes libanaises, et ceci en représailles contre une attaque commise le 26 décembre précédent par deux terroristes arabes à Athènes contre un avion d'El Al, et qui avait fait deux morts (voir R.A., Falk, « The Beirut raid and the International law of retaliation », A.J.I.L. 1969, 415, et surtout les pages 428 et s.).

b) Licéité ou illicéité des représailles armées au regard de la Charte de l'O.N.U.

1327. ***Une illicéité communément admise*** — Il semble bien ici que la réponse ne souffre aucun doute. Les « représailles armées » sont incompatibles avec l'interdiction du recours « à la menace ou à l'emploi de la force » contenue à l'article 2, § 4 de la Charte. En clair, au vu de la Charte de l'O.N.U., il semble qu'un Etat ne saurait prétendre exercer un quelconque droit de représailles armées pour obtenir réparation ou pour faire cesser une violation du droit international. *En revanche, si un Etat était victime d'une agression armée, son droit de recourir à la force elle-même armée s'appuierait sur la notion de légitime défense* (voir *supra*, n° 1309 et s.). Dans certains cas également, un Etat serait en mesure d'intervenir militairement pour faire respecter certaines normes fondamentales du droit international qui auraient été violées par un autre (voir aussi *supra*, n° 1316 et s.). Mais de telles situations doivent être distinguées des cas de représailles *stricto sensu*.

En dehors de la Charte elle-même, l'Assemblée générale a eu fréquemment l'occasion de confirmer cette condamnation des représailles armées comme réponse adéquate et licite à une violation du droit international. C'est ainsi par exemple que la résolution 26 (XXV) de 1970 adoptée par consensus, interdit formellement les représailles armées (résolution du 24 octobre 1970 sur les relations amicales et la coopération entre les Etats, § 1, 6e principe).

On peut noter également que les Etats, dans leur pratique contemporaine, ont reconnu l'illiceité des représailles armées en raison des dispositions de la Charte de l'O.N.U. Ainsi, les Etats-Unis d'Amérique, par exemple, ont « adopté la position catégorique selon laquelle les représailles impliquant le recours à la force (étaient) illégales d'après le droit international » (voir A.J.I.L. 1979, 489).

Dans son avis consultatif du 8 juillet 1996 relatif à la « *Licéité de la menace ou de l'emploi d'armes nucléaires* », la C.I.J. reconnut *l'illégalité* des représailles armées en temps de paix (§ 46 de l'avis).

Section II

Les « moyens de pression » non militaires

Bibliographie. — Les moyens de pression économique et le droit international, Société belge pour le droit international, colloque de Bruxelles, R.B.D.I. 1984-1985, n° 1 ; Ch. Leben. Les contre-mesures inter-étatiques et les réactions à l'illicite dans la société internationale, A.F.D.I. 1982.9 ; E. Zoller, Quelques réflexions sur les contre-mesures en droit international public, Mélanges Colliard, Paris, Pedone, 1984.361. D. Alland, Justice privée et ordre juridique international. Etude théorique des contremesures, Pedone 1994.

1328. ***Une large palette*** — Ces « moyens de pression », contrairement aux mesures de contrainte analysées plus haut, *sont ouverts,* sans doute inégalement, *à tous les sujets du droit international,* à tous les membres de la société internationale. Il est clair que l'on se trouve ici en face d'une « relations de puissance à puissance » et qu'il convient davantage d'insister sur l'intensité de ces pressions que sur leur forme ou le statut de leurs auteurs. Autrement dit, une puissante société internationale pourra aisément faire cesser une violation de ses droits par un Etat petit ou faible, bien qu'elle n'ait pas un statut étatique. En revanche, un micro-Etat, bien qu'Etat, pourra avoir le plus grand mal à faire respecter ses droits par un Etat plus important, plus puissant, faute de disposer des moyens de pression appropriés.

On supposera ici pour notre analyse, que les moyens de pression en cause sont licites au regard du droit international soit parce qu'il n'existe aucun droit conventionnel positif contraire, soit parce que celui-ci le permet. On supposera également que ces moyens de pression sont licites dans l'ordre interne. C'est ainsi, par exemple, que la *corruption* n'étant pas reconnue comme étant un moyen de pression licite ni dans l'ordre international (voir *supra*, n° 337 et s.), ni dans l'ordre interne, ne sera tout naturellement pas examinée ici.

1329. ***Une consécration sous le vocable actuel de "contre mesures"*** — On notera que le droit international contemporain a officialisé entre Etats un nouveau type d'actions sous le vocable peu élégant de « contre mesures » (voir Laurence Boisson de Chazournes, Les contre-mesures dans les relations internationales économiques, Paris, Pedone, 1992). Ainsi, la sentence arbitrale du 9 décembre 1978 rendue entre les Etats-Unis et la France à propos des services aériens entre les deux pays estimait que « en présence d'une situation qui comporte à son avis (de l'Etat) la violation d'une obligation internationale, il (l'Etat) a le droit de faire respecter son droit par des « contre-mesures » (*in* Rev. Fr. de Droit Aérien 1979, 460 ; par. 81 de la sentence ; voir J. Dutheil de la Rochère, L'interprétation de l'accord franco-américain relatif au transport aérien international, changement d'appareil à Londres, Sentence du 9 décembre 1978, A.F.D.I. 1979, 314 et surtout ici pp. 334-337). Sur le plan général, cette sentence place ces contre-mesures dans la catégorie des représailles dans la mesure où elles en partagent les caractéristiques essentielles : elles constituent des actes contraires au droit international qui ne trouvent leur *justification que dans la violation alléguée du droit international* par l'autre partie (par. 84 de la sentence) ; elles doivent *« correspondre à une certaine équivalence de la violation alléguée »* (règle de proportionnalité visée au par. 83 de la même sentence). Rentrent également dans cette catégorie les lois dites de « *blocage* » adoptés par des Etats à l'encontre de la prétention de certains pays — à commencer par les Etats-Unis — de donner à certaines de leurs lois nationales une large portée extraterritoriale au mépris des règles internationales de répartition des compétences étatiques (voir *supra* n° 902). En bref, ces « contre-mesures » apparaissent comme la face pacifique — ou non-militaire — des représailles.

1330. ***Plan*** — Cela étant, il est loisible de distinguer deux grandes catégories de moyens de pression licites, utilisables pour contrôler l'application du droit international : certains relèvent du « politique » (§ 1) et d'autres de « l'économique » (§ 2).

§ 1 — Les moyens de pression de nature « politique ».

1331. ***Primauté des actions étatiques*** — Ceux-ci se trouvent pour l'essentiel à la disposition des seuls Etats, bien qu'Organisations internationales et personnes privées puissent aussi y recourir, quoique dans une moindre mesure, d'une manière plus feutrée, ce qui ne veut pas dire inefficace.

1 — La pression morale ou psychologique.

1332. ***La prise à témoin de l'opinion publique*** — Il s'agit là de tous les *moyens de propagande* destinés à attirer *l'attention de l'opinion publique nationale ou internationale sur les violations du droit international commises dans tel ou tel pays.* Un tel moyen de pression se révèle parfois être utile et efficace dans la mesure où tout pays se préoccupe de son « image de marque » et peut craindre les réactions de sa propre opinion ou de celle de pays tiers. A titre d'exemples de ces moyens de pression, on peut citer *les émissions de radio* en direction de l'étranger (ainsi la station « Europe libre » qui à l'époque de la « guerre froide » émettait de Munich en direction des pays d'Europe orientale, ainsi encore les services « étrangers » des radios nationales, telles que la B.B.C., la « voix de l'Amérique » ou Radio-France International). *Les publications officielles* des gouvernements, des Organisations internationales ou des Organisations non gouvernementales (O.N.G.) peuvent jouer ce rôle en attirant l'attention sur les violations éventuelles du droit international dans certains pays. De telles techniques informelles sont souvent utilisées pour *assurer le respect des droits de l'homme* dans certains pays peu exigeants en la matière. C'est essentiellement sur ce type de pression par la « publicité » que des Organisations internationales comme l'O.N.U. ou des Organisations non gouvernementales comme *Amnesty international* comptent pour mieux promouvoir le respect des droits de l'homme et des libertés fondamentales.

De même, les *organisations internationales économiques* utilisent souvent ce moyen de pression à l'égard de leurs membres. Traditionnellement, le FMI le fait d'une manière *confidentielle,* ce qui ne donne que plus de poids à ses « recommandations » que les Etats ont tout intérêt à suivre s'ils veulent ultérieurement bénéficier de son assistance financière. En revanche, l'OCDE rend publics ses « jugements économiques » dans des études régulières consacrées à la situation de ses membres et celles-ci exercent une influence certaine sur ceux-là qui en tiennent souvent le plus grand compte — sans toujours l'avouer officiellement... ; en outre, le monde international des affaires y attache toujours le plus grand prix.

2 — Les pressions diplomatiques.

1333. ***De nombreuses options*** — Elles sont assez fréquentes dans les relations inter-étatiques. Elles peuvent non seulement consister dans une correspondance qui, pour n'être pas toujours publique, peut être très ferme, mais aussi dans des actes qui vont affecter le fonctionnement des représentations diplomatiques réciproques. Par exemple, les diplomates peuvent être expulsés (déclarés *persona non grata*) ou seulement voir leur liberté de mouvement limitée, ou encore le nombre des diplomates accrédités peut être diminué, certains postes régionaux, comme les consulats, pouvant aussi être fermés. A la limite, toutes les relations diplomatiques peuvent être rompues, ce qui entraîne une fermeture réciproque des locaux diplomatiques et un rappel des diplomates. A titre d'exemple d'une telle « séquence », on notera les décisions prises en avril 1980 par les Etats-Unis qui, en raison du mauvais traitement subi par leur personnel à Téhéran, expulsèrent les diplomates iraniens en poste à Washington, après en avoir grandement réduit le nombre auparavant.

Dans le cadre de telles pressions diplomatiques, un Etat peut également *dénoncer les traités* conclus avec des pays tiers, au moins ceux qui peuvent l'être en fonction de leurs termes. Il est également loisible *de demander l'expulsion de telle ou telle Organisation internationale* d'un pays qui ne respecte pas ses obligations internationales.

Ces pressions diplomatiques peuvent aussi s'exercer à l'intérieur d'une organisation internationale : les Etats-Unis, par exemple, ont exercé leur *droit de retrait comme moyen de pression* à l'égard de l'O.I.T. dans le passé et de l'UNESCO aujourd'hui pour inciter ces institutions à modifier leurs orientations et à adopter des réformes de leurs structures internes (les Etats-Unis ont effectivement quitté l'UNESCO le 1er janvier 1985 à l'expiration du préavis de deux ans imposé par la charte constitutive ; la Grande-Bretagne et Singapour ont usé de la même technique et dans le même but à l'égard de la même organisation).

3 — Les pressions sur les individus.

1334. ***Atteinte à leurs libertés fondamentales*** — Souvent, malheureusement, les gouvernements utilisent les relations inter-individuelles ou entre groupes comme des moyens de pression à l'égard des pays tiers pour les amener à changer de position et à respecter le droit international. Les individus servent alors —bien malgré eux — de « pions » sur l'échiquier international.

Sur ce point, les exemples abondent :

— Les Etats peuvent refuser, à titre ponctuel, d'octroyer des visas d'entrée ou de sortie selon le cas, pour empêcher des contacts inter-individuels, afin de manifester leur mécontentement sur la manière dont certains Etats appliquent le droit international. Par exemple, en 1979, le gouvernement français refusa d'accorder des visas aux joueurs de rugby de la République Sud-Africaine en signe de protestation contre le régime de l'apartheid institué depuis longtemps dans ce pays. De même, en 1980, certains pays (les Etats-Unis d'Amérique par exemple) refusèrent d'accorder des visas à leurs nationaux désireux de participer aux Jeux Olympiques de Moscou, ceci pour protester contre l'intervention militaire de l'U.R.S.S. en Afghanistan en décembre 1979. En bref, les mesures d'interdiction prises par un Etat peuvent porter soit sur *l'entrée en territoire national de ressortissants de pays tiers, soit sur la sortie de ses propres nationaux voulant se rendre sur le territoire de tel ou tel Etat.*

— De même, un pays peut interdire à ses nationaux de se rendre dans tel ou tel pays, et cela d'une manière générale. Ainsi, les Etats-Unis *refusent d'accorder des visas de sortie* pour certains pays qualifiés « d'ennemis », par exemple Cuba, ou, pendant un temps, le Viêt-Nam, le Laos ou la Chine de Pékin. L'Union Soviétique suivit la même politique à l'égard de pays comme le Chili ou l'Afrique du Sud.

— Parfois, dans des périodes de grave tension internationale et pour des raisons tenant à la *protection de sa sécurité publique,* un pays peut recourir à *l'internement de certains nationaux* ressortissants du — ou des — Etat(s) dont le comportement lui apparaît hostile et dangereux (voir par exemple les internements qui ont frappé des ressortissants britanniques, français, italiens, grecs et autres, en Egypte, lors de la première guerre israélo-arabe en 1948) (cf. Kiss Répertoire français du droit international public T. IV n° 590). En effectuant cette sorte de « prise d'otages collective », pratique relativement courante dans l'Antiquité ou au Moyen Age, un Etat peut ainsi espérer faire pression sur un autre pour l'amener à respecter ses engagements internationaux et à faire preuve de plus de raison et de modération à son égard. Il est à noter qu'une telle action est traditionnelle entre belligérants, une fois les hostilités militaires engagées.

— Dans la même veine, les Etats peuvent procéder à *l'expulsion partielle ou totale de certains étrangers,* possédant la nationalité d'un pays auquel il est fait reproche de ne pas respecter le droit international.

§ 2 — Les moyens de pression de nature économique.

Voir pour un tour d'horizon, D. Carreau, La contrainte économique en droit international, Rev. int. de droit éco. 1987(3).445.

1335. ***Une large panoplie*** — Ces moyens de pression de nature économique sont très nombreux et modulés. Ils s'analysent soit dans la suppression ou la suspension d'avantages accordés antérieurement, soit dans l'imposition de véritables sanctions.

1 — La suppression ou la suspension d'avantages économiques.

1336. ***Exemples*** — Ici encore, il existe toute une panoplie de possibilités dont on se bornera à ne donner que quelques exemples significatifs. Il peut s'agir, tout d'abord, de la *dénonciation de traités à portée économique* et qui accordent des avantages ou des concessions aux ressortissants du pays « fautif ». C'est ainsi, par exemple, que le traitement de la nation la plus favorisée pourra ne plus être appliqué, que les droits de douane pourront être augmentés, que des barrières non-tarifaires pourront être instituées, que des investissements pourront être nationalisés... A la limite, une rupture totale des communications terrestres, aériennes ou maritimes pourra être décidée. Ici encore, pour l'essentiel, c'est en agissant sur des *intérêts économiques privés* que les Etats espèrent obtenir satisfaction à l'encontre d'un pays tiers auquel certains actes illicites sont reprochés.

Ces pressions peuvent aussi prendre la *forme du refus de l'octroi de prêts ou d'assistance économique.* En particulier, si des prêts ont déjà été accordés, les tranches futures ne seront pas versées par les Etats, les Organisations internationales ou les personnes privées concernées. L'exemple le plus célèbre de ce type de moyen de pression nous est fourni par le refus des Etats-Unis — puis de la Banque Mondiale — de financer le barrage d'Assouan afin d'infléchir la politique suivie par le gouvernement égyptien d'alors.

Ces pressions peuvent aussi consister dans la *diminution du volume des échanges* (réduction des exportations comme des importations). Ainsi, la manipulation des contingentements fut, par exemple, la première réaction des Etats-Unis à la suite des nationalisations initiales de bien américains décidées par le nouveau régime castriste à Cuba : les Etats-Unis commencèrent par limiter le volume (quota) de sucre cubain qui pouvait être importé pour être vendu sur le marché américain qui constituait, à l'époque, son plus important débouché.

2 — L'imposition de sanctions économiques.

1337. ***Le débat autour de la coercition économique*** — Ces sanctions économiques font actuellement l'objet de discussions passionnées dans leurs rapports avec la prohibition générale du recours à la force dans l'ordre international. Certains, en effet, estiment que de telles pressions seraient en elles-mêmes constitutives de « cœrcition économique » qui ne serait ainsi qu'une manifestation particulière de la force dans les relations internationales, celle-ci étant, dans toutes ses formes, interdite par la Charte de l'O.N.U. (article 2, § 4). Or, *la définition de l'agression* qui a été officiellement adoptée dans le cadre de l'O.N.U. en 1974, fait exclusivement référence à ses aspects militaires et laisse de côté les autres formes qu'elle serait susceptible de revêtir (voir l'article de J. Zourek, A.F.D.I. 1974, 9). En revanche, il existe un bon nombre de résolutions de l'Assemblée Générale de l'O.N.U. qui condamnent toutes les formes de contrainte dans la vie internationale à commencer — ou presque — par la « cœrcition économique », même si ce dernier concept demeure d'une grande imprécision (voir par exemple, l'article 42 de *la Charte des droits et devoirs économiques des Etats* adoptée par l'Assemblée Générale de l'O.N.U. en décembre 1974 à une large majorité mais non par consensus il est vrai) (voir en général, Economic cœrcion and the new international economic order, ed. par R. Lillich, Charlottesville, 1976).

Si on laisse de côté ce grand débat, les sanctions économiques peuvent être décidées soit par des personnes privées, soit par des Organisations internationales, soit, bien entendu, par les Etats.

a) Les sanctions émanant de personnes privées.

1338. ***Refus de commercer*** — Les plus courantes prennent la forme soit de *refus de vente* (embargo) ou *d'accorder un prêt,* soit de *refus d'acheter* (boycott), à des entreprises d'un pays déterminé. Les entreprises peuvent également décider de ne pas investir dans tel ou tel pays ou de liquider leurs investissements passés.

Ces décisions peuvent être prises par une personne privée isolée (le plus souvent il s'agira de « grandes sociétés », de « multinationales ») ou, pour leur donner plus de poids, elles peuvent être adoptées de façon concertée dans le cadre de « cartels » ou même d'une manière toute informelle.

Ces sanctions économiques peuvent constituer des moyens de pression très efficaces à l'encontre d'Etats ne respectant pas leurs engagements internationaux à l'égard de ces personnes privées.

b) Les sanctions émanant d'organisations internationales.

(Voir R. Renwick, Economic sanctions, Centre for International Affairs, 1981).

1339. ***Des sanctions de nature externe*** — Sans doute, des mesures de ce type constituent-elles le moyen privilégié d'action des Organisations internationales pour contraindre leurs pays membres à respecter leurs obligations statutaires (voir *infra*, n° 1360 et s.).

Mais ici l'hypothèse est différente. Il convient d'examiner les sanctions économiques qui peuvent être éventuellement décidées par les Organisations internationales à « titre extérieur » et non « à titre interne » : autrement dit, des sanctions économiques pourront être introduites pour contraindre certains Etats — membres ou non membres de l'organisation concernée — à respecter leurs obligations internationales générales ou à mettre fin à leurs manquements. Ces sanctions économiques ont ici pour but d'*assurer la défense des inté-*

rêts de la communauté internationale prise dans son ensemble et non pas ceux d'une institution particulière.

C'est ainsi par exemple que le Conseil de Sécurité de l'Organisation des Nations unies peut *décider de sanctions économiques* au titre du chapitre VII en cas de « menace contre la paix, de rupture de la paix et d'acte d'agression » (voir l'art. 41).

1340. ***Leur utilisation par le Conseil de Sécurité des Nations-Unies*** — Ces sanctions économiques furent *utilisées pour la première fois* dans toute l'histoire de la Charte contre la Rhodésie du Sud lorsqu'elle proclama unilatéralement son indépendance en 1965. Des sanctions économiques partielles furent d'abord décidées par le Conseil de Sécurité en 1966 pour être généralisées en 1970. Elles furent levées en décembre 1979 lorsque le « problème rhodésien » connut une solution politique d'ensemble. Or, force est de constater que ces sanctions économiques demeurèrent tout aussi inefficaces que celles instituées par la Société des Nations contre l'Italie, lors de son agression contre l'Ethiopie en 1936. En théorie, tous les Etats ont été dans l'obligation de cesser toutes relations économiques avec la Rhodésie et de faire en sorte que leurs ressortissants respectent bien cet embargo. Mais, dans la réalité, de nombreux contacts économiques continuèrent à se nouer avec la Rhodésie qui ne fut ainsi jamais mise « à genoux » par des sanctions économiques de l'O.N.U. (voir P.M. Eisemann, « Les sanctions contre la Rhodésie », Paris, Pedone, 1972 ; et A. Lowenfeld, « Trade control for political ends », 1977, p. 259 et s.).

Plus tard, en 1977, des sanctions économiques sélectives devaient être décidées avec l'imposition d'un *embargo sur les ventes d'armes à l'Afrique du Sud.*

Plus près de nous encore, une *rupture totale des relations économiques devait être décidée par le Conseil de Sécurité en août 1990 à l'encontre de l'Irak à la suite de l'invasion du Koweit.* Or, ici encore, le bilan de cet usage de l'arme économique apparaît mitigé ; ainsi, devant le peu de succès des sanctions économiques imposées à l'encontre de l'Irak, le Conseil de Sécurité devait-il décider, à la fin du mois de novembre 1990, d'autoriser les pays alliés du Koweit à passer à la phase militaire à compter du 15 janvier 1991 (voir M. Koskenniemi, Le Comité des sanctions créé par la Résolution 661 (1990) du Conseil de Sécurité, AFDI 1991.119 ; voir aussi *supra*, n° 1308).

Plus récemment et avec apparemment aussi peu de succès, le Conseil de Sécurité devait imposer des *sanctions économiques sélectives* à l'encontre de la Libye (Résolution 748 du 31 mars 1992) et *généralisées* à l'encontre de la Serbie et du Monténégro (Résolution 757 du 30 mai 1992) (voir aussi *supra,* n° 160).

1341. ***Des sanctions utilisées par la Communauté européenne*** — Dans le même sens, *on citera également les sanctions décidées par les ministres des Affaires étrangères des pays membres de la Communauté Economique Européenne,* le 18 mai 1980, à *l'encontre de l'Iran,* à la suite de la détention prolongée du personnel de l'Ambassade des Etats-Unis à Téhéran. Après avoir caractérisé cette action iranienne de « violation flagrante du droit international » et afin de contribuer à y mettre fin, les ministres décidèrent que : « Tous les contrats conclus après le 4 novembre 1979 ser(aient) frappés par (des) mesures d'embargo à compter du 22 mai ». Furent ainsi désormais interdites à partir du territoire communautaire, la vente ou la fourniture « de tous biens, de toutes marchandises et de tous produits, à l'exception des denrées alimentaires, des médicaments et des fournitures à objet strictement médical », à toute personne ou organisme iranien, ou se trouvant en Iran. De plus, aucun crédit ou prêt nouveau ne serait accordé à l'Iran. Enfin, les Neuf s'engageaient à empêcher leurs ressortissants et leurs sociétés de passer de nouveaux contrats de services pour la mise en œuvre de projets industriels en Iran. Ces sanctions ont été levées en janvier 1981 lorsque les diplomates américains ont été finalement relâchés par les autorités iraniennes.

Plus près de nous encore, le Conseil des Minsitres de la C.E.E. devait décider d'*imposer des sanctions économiques à l'encontre de l'Argentine à la suite de l'invasion des Malouines :* en particulier, toutes les importations en provenance de ce pays devaient être suspendues (Règlement du 16 avril 1982, J.O.C.E. L 102 du 16 avril 1982, p. 1 et L 136 du 18 mai 1982, p. 1 ; voir également J.L. Dewost, La Communauté des Dix et les « sanctions » économiques : de la crise iranienne à la crise des Malouines, A.F.D.I. 1982, 215).

1342. ***Une efficacité problématique*** — En bref, les organisations internationales peuvent contribuer au respect de l'application du droit international « général » et en faire cesser les manquements en imposant des sanctions économiques. Cependant, les *exemples passés n'incitent guère à l'optimisme quant à l'efficacité de telles sanctions.*

c) Les sanctions imposées unilatéralement par les Etats.

1343. ***Une grande variété*** — Les Etats peuvent imposer des sanctions économiques partielles ou globales. Celles-ci peuvent porter aussi sur les biens étrangers, privés ou publics situés sur le territoire de l'Etat victime de la violation du droit international. Ces sanctions peuvent affecter également les relations économiques entre les pays concernées.

I. — Les sanctions portant sur les biens étrangers privés ou publics.

1344. ***Du gel à la confiscation*** — Lorsqu'un Etat déterminé A agit contrairement au droit international, l'Etat lésé B peut faire usage - et certains l'ont fait extensivement - de ce type de sanctions qui connaissent toute une subtile gradation. D'abord, l'Etat lésé peut *« geler » les avoirs officiels* (mobiliers ou immobiliers) de l'Etat auteur du dommage et qui viendraient à se trouver sur son territoire. On rappelle qu'une mesure de ce type fut décidée par les Etats-Unis contre l'Iran, en novembre 1979, pour protester contre les mauvais traitements infligés par l'Iran au personnel diplomatique américain à Téhéran. Une mesure analogue fut prise par les Etats-Unis à l'encontre de la Libye en janvier 1986 pour sanctionner ce pays accusé d'activités terroristes. Puis — phase supplémentaire —, on peut *aller au-délà et confisquer les biens mobiliers ou immobiliers de l'Etat étranger* *situés sur le territoire national.* Ensuite — phase encore supérieure de l'escalade —, l'Etat lésé pourra *s'attaquer aux biens des individus,* des personnes privées. Ceux-ci pourront connaître le même sort que les avoirs publics : *gel, séquestre ou confiscation.* C'est ainsi que durant la crise puis la guerre du Golfe (août 1990 - mars 1991), les biens et avoirs appartenant aussi bien aux personnes publiques qu'aux personnes privées irakiennes ou koweïtiennes furent provisoirement gelés, cette mesure apparaissant comme une sanction à *l'encontre de l'Iraq* et comme une *protection à l'égard du Koweit* dont on voulait éviter la dilapidation de son patrimoine étranger par l'envahisseur.

II. — Les sanctions portant sur les relations économiques internationales.

1345. ***Des mesures restreignant le commerce, les investissements ou les paiements***— Les Etats, pour des motifs divers, y compris la violation du droit international, ont le droit de défendre leur « sécurité nationale » leurs intérêts vitaux essentiels, et, à cette fin, ils peuvent être en droit d'utiliser l'arme économique. *Cette possibilité d'y recourir est d'ailleurs largement reconnue par le droit international économique conventionnel :* il s'agit même là de dispositions traditionnelles que l'on rencontre dans les traités bilatéraux à portée économique ou même au sein d'organisations internationales comme le G.A.T.T./O.M.C. ou le F.M.I. (voir D. Carreau et P. Juillard, Droit international national économique, *op. cit.* n°s 815 et s.).

Là encore, en matière de sanctions portant sur les relations économiques internationales, la panoplie est extrêmement ouverte. On se bornera à en mentionner un certain nombre d'exemples typiques. Un Etat peut ainsi agir dans le *domaine des investissements privés :* il peut interdire à ses nationaux d'investir dans un pays déterminé ou leur ordonner de mettre fin à leurs investissements. (La Suède — et à un moindre degré la France — le firent dans le passé à l'encontre de l'Afrique du Sud).

Dans le *domaine monétaire*, l'Etat peut refuser d'accepter des paiements libellés dans une monnaie déterminée. Il peut également refuser ou restreindre les paiements en direction de ce pays. En matière d'*investissements publics,* un Etat peut refuser qu'un pays tiers fasse appel à son épargne locale en lançant un emprunt sur son marché financier.

En *matière commerciale*, un Etat peut refuser d'autoriser les ventes faites par ses nationaux à des ressortissants d'un pays tiers qui ne respecte pas ses obligations internationales à son égard. *De telles pratiques d'embargo* peuvent être de nature globale ou seulement sélective. Elles ont été assez fréquentes depuis la fin de la seconde guerre mondiale et constituèrent un *élément notable des relations Est/Ouest.* On peut également citer *l'embargo pétrolier* « sélectif » décidé en 1973 par les pays arabes exportateurs de pétrole pour inciter les pays tiers à faire pression sur Israël afin que ce pays se retire des territoires occupés illégalement à la suite de la « guerre des six jours » de 1967. Enfin, l'embargo fut utilisé à l'encontre de l'Iran par les Etats-Unis à la suite des mauvais traitements infligés au personnel diplomatique américain à Téhéran (voir en général, L. Dubouis, « L'embargo dans la pratique contemporaine », A.F.D.I. 1967, 99 ; voir aussi, L'Embargo, Bruylant, Bruxelles, 1996).

Toujours en matière de commerce international, les Etats peuvent aussi refuser que leurs nationaux achètent des biens ou des services auprès de ressortissants de pays considérés comme ne respectant pas le droit international. Il s'agit là de l'opération inverse de celle précédemment évoquée, à savoir le *boycott. Les pratiques de boycott ont été relativement fréquentes dans les relations internationales de l'après-guerre.* Elles furent caractéristiques des relations Est-Ouest. Elles ont également été utilisées dans le conflit irano-américain précité de 1979-1981. Le cas actuel le plus notable de « boycott international » est celui qui a été *institué depuis plusieurs années par les Etats de la Ligue Arabe contre Israël.* Ainsi, un bureau spécial chargé d'assurer le boycott économique d'Israël établit des « listes noires », d'entreprises qui font du commerce avec des ressortissants israéliens *(boycott secondaire)* ou avec d'autres sociétés qui, elles-mêmes ont des relations d'affaires avec des firmes ou individus israéliens *(boycott tertiaire)* (voir L. Lucchini, « Le boycott » *in* « Aspects du droit international économique », Paris, Pedone, 1972, p. 69 et s.).

1345 bis. ***Exemples concrets de sanctions économiques décidées dans un proche passé*** — Le 30 décembre 1981, les Etats-Unis décidaient de prendre des sanctions économiques à l'encontre de l'U.R.S.S. jugée responsable des « événements » en Pologne (interdiction de « Solidarité », poursuite de ses membres, institution d'un régime militaire avec état de siège, etc...). Les mesures adoptées furent les suivantes : interdiction aux avions soviétiques de se poser sur le territoire américain, suspension des licences d'exportation pour des produits de haute technologie, suspension des négociations d'un nouvel accord maritime, refus de renouveler les accords commerciaux venant à expiration, embargo partiel sur les ventes de céréales.

Le 1er mai 1985, le Président des Etats-Unis annonçait tout un train de mesures analogues prises à l'encontre du Nicaragua accusé de troubler l'ordre régional et de ne pas respecter les droits de l'homme et libertés fondamentales. Ainsi, les droits d'accès pour les navires du Nicaragua dans les ports américains de même que les droits d'atterrissage pour les avions de ligne de ce pays étaient suspendus ; le traité bilatéral d'amitié, de commerce et de navigation (F.C.N.) fut également suspendu ; enfin et surtout, tous les échanges commerciaux entre les deux pays étaient stoppés *(embargo commercial total).* Amenée à connaître de ces mesures économiques, la C.I.J. devait reconnaître dans son arrêt du 27 juin 1986 dans *l'affaire des activités militaires et paramilitaires au Nicaragua* qu'elles ne sauraient constituer des « violations du principe coutumier de la non-intervention » (§ 245).

En bref, toutes ces mesures de contrainte économique sont censées poursuivre le même but : assurer l'application du droit international ou mettre fin à ses violations. *Le droit international coutumier les reconnaît licites.* Seul le droit international conventionnel est à même d'en limiter l'exercice — ce qu'il a tendance à faire de plus en plus.

CHAPITRE II

LE RECOURS AUX ORGANISATIONS INTERNATIONALES

Bibliographie sommaire. — Malinverni, « Le règlement des différends dans les Organisations internationales économiques », Sijthof, Leiden, 1974 ; — Leben, « Les sanctions privatives de droits ou de qualités dans les Organisations internationales spécialisées », Bruylant, Bruxelles, 1979.

1346. ***Le règlement interne des différends juridiques*** — Ne sera pas ici examiné le recours aux Organisations internationales pour procéder au règlement des différends de nature politique, cette question ayant été abondamment traitée dans l'enseignement de « Relations internationales » de première année.

En revanche, les développements qui suivent seront exclusivement consacrés à l'étude du rôle des Organisations internationales comme *centres de règlement des différends juridiques.*

On est ici en présence d'un nouveau mode de règlement des litiges juridiques de nature institutionnelle et qui s'est beaucoup développé depuis la fin de la seconde guerre mondiale.

Dans bon nombre d'*Organisations internationales économiques,* il existe une « intériorisation » des procédures de règlement des différends. Des procédures particulières ont été élaborées pour trancher d'une part les différends qui viendraient à opposer des pays membres entre eux et, d'autre part, ceux qui viendraient à naître entre les pays membres et l'Organisation elle-même, pour peu cependant que les litiges portent sur des questions de droit « originaire » ou « dérivé » de l'institution considérée. Cette « intériorisation » répond à une double préoccupation. D'une part, *on veut éviter un règlement bilatéral* d'un différend entre deux Etats membres qui aboutirait à des solutions qui pourraient ne pas être pleinement conformes à l'esprit si ce n'est à la lettre du droit propre de l'institution concernée ou qui pourraient être associées à des inégalités de puissance et ainsi ne pas apparaître « équitables ». D'autre part, on veut également *éviter de recourir à un tiers — arbitre ou juge —* souvent mal armé pour régler des litiges techniques et qui pourrait ainsi être amené à rendre une décision juridiquement contestable ou « politiquement » embarrassante pour l'institution concernée.

1347. ***Plan*** — En bref, un grand nombre de litiges internationaux sont maintenant tranchés par des Organisations internationales et en leur sein exclusif. Cette compétence des organisations internationales présente deux volets qui, pour être distincts, demeurent étroitement complémentaires. D'une part, nombre d'entre elles ont reçu comme mission essentielle de veiller à la bonne application de leur droit propre par leurs membres (Section I). Ce pouvoir général de contrôle est accompagné d'un pouvoir de sanction destiné, lui, à faire cesser les manquements des Etats à leurs engagements spécifiques (Section II).

Section I

Le pouvoir de contrôle de l'application de leur droit propre par les Organisations internationales

1348. ***Plan*** — Ce contrôle de l'application de leur droit propre — originaire et dérivé —, un grand nombre d'Organisations internationales l'on reçu ; elles l'exercent par deux moyens juridiquement différents, mais dans la réalité fort proches ; d'une part, elles peuvent interpréter leur Charte constitutive (§ 1) ; d'autre part, elles peuvent trancher les différends juridiques relatifs à l'interprétation ou à l'application de leur droit propre (§ 2).

§ 1 — Le pouvoir d'auto-interprétation de leur Charte constitutive.

1349. ***Plan*** — Un tel pouvoir est, à vrai dire, assez rarement reconnu aux Organisations internationales. Toutefois, lorsqu'il leur est accordé, il l'est exclusivement à leur profit. Dans ces conditions, les Organisations internationales concernées sont amenées à exercer un pouvoir de type « quasi judiciaire ».

1 — Un pouvoir rarement reconnu.

1350. ***L'exception des institutions économiques*** — Peu d'institutions internationales bénéficient de cette compétence. En général, les institutions de la famille de l'Organisation des Nations unies peuvent, en cas de difficultés portant sur l'interprétation de leur Charte constitutive ou sur la portée et la valeur juridique de leur droit dérivé, *demander un avis consultatif à la C.I.J.* (voir *infra*).

Toutefois, il *n'en va pas de même pour les Organisations internationales de type économique,* et c'est ce qui fait d'ailleurs l'une de leurs spécificités (voir D. Carreau et P. Juillard, « Droit international économique » *op. cit.* n° 35). C'est ainsi que les statuts du Fonds monétaire international (F.M.I.) et de la Banque Mondiale (B.I.R.D.) adoptés en 1944, ont joué un rôle de pionnier en la matière en accordant ce pouvoir aux deux institutions « sœurs » de Bretton-Woods (voir l'art. XXIX du F.M.I., et VIII de la B.I.R.D.). Il en va de même pour la récente Agence multilatérale pour la garantie des Investissements — A.M.G.I. — (article 56) ou pour l'Organisation Mondiale du Commerce (article IX) qui devait remplacer le G.A.T.T.

Toutefois, cet exemple n'a pas été suivi pour les autres institutions spécialisées de la famille des Nations unies, à l'exception du Fonds international de Développement Agricole institué en 1976 (voir art. 11, Sect. I).

En revanche, nombre d'organisations régionales possèdent ce type de compétence. Par exemple, *toutes les banques régionales de développement* (y compris la toute récente Banque Européenne de Reconstruction et de Développement — art. 57) ou les organes dirigeants *institués par les Accords « sur les produits de base »* bénéficient de cette capacité d'auto-interprétation de leur Charte constitutive ainsi que de leur droit dérivé.

Dans un cadre infra-régional, il en va de même de la Compagnie inter-arabe pour la Garantie de l'Investissement (art. 10, 2-d des statuts).

2 — Un pouvoir exclusif de l'Organisation.

1351. ***Un mécanisme purement interne*** — Si ce pouvoir d'auto-interprétation est reconnu à une Organisation internationale, il lui est accordé à elle seule. Cela signifie, en effet, qu'il s'agit d'un *mécanisme purement interne* où l'on rencontre, en général, un système à deux « degrés de juridiction ». En première instance, l'organe chargé de la gestion courante adoptera une décision qui pourra être frappée d'appel devant l'instance supérieure, en général l'Assemblée des Etats membres. Il est précisé alors que cette décision sera *finale,* sans recours possible (pour un examen de la solution retenue au sein du F.M.I., voir D. Carreau, « Le Fonds Monétaire International », Paris, 1970, pp. 97-103).

On notera qu'il n'en va pas ainsi, par exemple, en matière d'aviation civile internationale où l'article 84 de l'O.A.C.I. prévoit, « en appel », le recours à la C.I.J.

1352. ***Une valeur juridique obligatoire externe*** — En conséquence, *une telle interprétation,* lorsqu'elle a été officiellement donnée, a *valeur obligatoire.* Elle s'impose, bien sûr, à l'Organisation elle-même. Mais elle s'impose aussi aux pays membres dans leurs rapports juridiques au titre du respect du droit matériel de cette institution. Elle lie également les tribunaux internationaux qui auraient éventuellement à connaître ou faire application d'une règle particulière de cette institution internationale : si cette norme a déjà fait l'objet d'une interprétation officielle, les tribunaux internationaux devront lui reconnaître une pleine valeur et l'appliquer dans le sens qui lui a été donné ; en revanche, si cela n'est pas le cas, et si la norme soulève des difficultés, ils devront alors, à titre de questions préjudicielles en quelque sorte, en référer pour interprétation à l'institution concernée. Enfin, *les tribunaux internes,* s'ils devaient être saisis d'une question impliquant l'application d'une telle norme, devraient lui donner effet en fonction de l'interprétation officielle donnée précédemment (voir *supra,* n° 1196 pour un exemple précis).

En bref, il s'agit bien d'un pouvoir *exclusif de l'Organisation en ce sens que nul tribunal de l'ordre international ou de l'ordre interne n'est compétent pour procéder à cette interprétation.*

3 — Un pouvoir « quasi judiciaire » exorbitant du droit commun.

1353. ***Une compétence contestable*** — La fonction d'interprétation relève, par excellence, du « pouvoir judiciaire ». Or, dans tous ces cas, elle est le fait d'*organes technico-politiques composés* d'individus qui sont à la fois des « techniciens » et des « politiques ».

De plus, ces organes prennent leur décision selon des processus de *majorité pondérée* (sauf au sein de l'O.M.C.). Comment ne pas noter qu'un tel système est, par essence, étranger au monde judiciaire ?

En outre, les *décisions d'interprétation* ne sont pas toujours fondées sur des considérations exclusivement juridiques. Les organes chargés de procéder à une telle interprétation seront tout naturellement amenés à attacher un grand poids à « l'environnement politique et économique », ce que ne feraient pas des « juridictions ». Mais cela ne veut pas dire pour autant que les considérations de droit soient absentes du processus d'interprétation.

Enfin, il faut noter que *l'Organisation en cause va se trouver à la fois juge et partie* dans la mesure où l'interprétation qu'elle donnera aura ou pourra avoir des incidences sur l'étendue de ses propres pouvoirs et donc sur la portée des droits et des obligations de ses membres. Or, n'est-ce pas un principe général de droit inhérent à l'exercice de la fonction judiciaire que *personne ne peut être juge dans sa propre cause* (« Nemo judex *in* re sua ») ? Cet argument est évidemment d'autant plus fort lorsque — et c'est souvent le cas — *ce mécanisme d'interprétation sert également à trancher un différend entre un membre et l'Organisation concernée :* c'est bien là le cas du F.M.I. ou de la Banque Mondiale (voir D. Carreau, « Le Fonds Monétaire International », *op. cit.,* pp. 123-125).

1354. ***Une compétence acceptée jusqu'ici*** — On est ici en présence d'un type de compétence tout à fait extraordinaire au profit des Organisations internationales qui relève avant tout du pouvoir judiciaire, mais qui est en l'espèce teinté de nombreux éléments extra-judiciaires et qui n'en présente pas toutes les garanties de forme et de fond. Or, une telle solution bien qu'exorbitante du droit commun, a été retenue au nom du pragmatisme et de l'efficacité. Force est de reconnaître que, jusqu'à présent du moins, elle n'a guère soulevé de difficultés dans sa mise en œuvre concrète.

§ 2 — L'« intériorisation » de la procédure de règlement des différends.

1355. ***Fréquence au sein des organisations économiques*** — Les organisations internationales techniques, notamment celles qui ont une *vocation économique,* possèdent, par des mécanismes divers, le pouvoir de régler les différends qui opposent deux ou plusieurs de leurs Etats membres entre eux ou même qui les opposent à l'un de leurs membres.

1 — Le règlement des différends entre un pays membre et l'Organisation internationale concernée.

1356. ***Imprécision des chartes constitutives*** — Ce cas de figure est rarement précisé par les chartes constitutives des Organisations internationales. De tels litiges relèvent bien souvent davantage de l'ordre politique que juridique. Ce type de difficultés est, en général, réglé par des *négociations diplomatiques directes* (voir *infra,* n° 1372 et s.) ou parfois par le recours au juge de La Haye par le biais de la procédure de *l'avis consultatif* — si toutefois elle est possible (voir *infra,* n° 1458 et s.) —. Enfin, à la limite, s'il s'agit d'un conflit majeur, l'issue pourra résider dans le *retrait* de l'Organisation internationale concernée.

1357. ***L'exception pour les institutions économiques*** — Parfois, cependant — c'est le cas du F.M.I., de la Banque Mondiale, du F.I.D.A., de la Compagnie Inter-arabe pour la garantie de l'investissement ou des banques régionales de développement —, cette hypothèse est expressément envisagée : il est alors prévu *que le différend en cause entre le pays membre et l'institution sera réglé par la voie de l'interprétation officielle* (voir *supra,* n° 1350). Autrement dit, ce pouvoir d'interprétation va jouer deux rôles différents : il peut, d'une part, contribuer au développement du pouvoir réglementaire de l'institution et il fera alors partie de son pouvoir « quasi législatif » (voir *supra,* n° 601 et s.) ; mais, d'autre part, il pourra aussi rentrer dans sa fonction « quasi judiciaire » dans la mesure où il lui permet de régler un différend qui l'oppose à l'un de ses membres. A titre d'illustration typique de cette dualité de la fonction interprétative d'une Organisation internationale, il convient de citer le conflit « exemplaire » qui opposa la Tchécoslovaquie au F.M.I. dans les années 1950. C'est ainsi que lorsque la Tchécoslovaquie a été expulsée du Fonds monétaire international en 1954, elle le fut à la suite d'un contentieux qui l'opposa au Fonds sur la portée de ses obligations monétaires. Le F.M.I. rendit tout d'abord une « interprétation officielle » au terme de laquelle il apparaissait clairement que ce pays n'avait pas respecté ses engagements à l'égard du Fonds. Aucune solution du conflit n'étant en vue, le F.M.I. nota que la Tchécoslovaquie remplissait les « conditions objectives » de nature à entraîner son « retrait forcé », c'est-à-dire son expulsion de l'Organisation, ce qui fut fait quelques mois plus tard (sur cet épisode, voir D. Carreau, Le Fonds Monétaire International *op. cit.,* pp. 52-53 et 103-104).

1358. ***Une procédure inutilisable en cas de retrait de l'institution*** — On notera pour terminer que ce règlement purement interne des différends entre pays membres et certaines Organisations internationales ne joue plus lorsque le *pays en cause cesse de faire partie de l'institution.* Dans une telle hypothèse, il est alors prévu un recours à la technique classique de *l'arbitrage* (voir *infra,* n° 1392 et s.). Cette situation s'explique fort bien dans la mesure où un pays se retirant de ce « club » qu'est une Organisation internationale, aucun esprit de compromis ou de coopération n'est à attendre de sa part : dès lors il est logique de faire appel à un tiers (l'arbitre international) pour régler définitivement le contentieux (sur les dispositions du F.M.I. en la matière, voir D. Carreau, *op. cit.,* p. 104).

2 — Le règlement des différends entre les pays membres d'une Organisation internationale.

1359. ***Une spécialité des institutions économiques*** — L'hypothèse est ici entièrement différente car l'Organisation n'est plus « partie » au différend en cause, elle sert seulement *de cadre à la procédure de règlement.* De nombreuses *Organisations internationales économiques* prévoient des dispositions plus ou moins élaborées pour le règlement de tels différends, procédure qui demeurera toujours interne : il en va ainsi du G.A.T.T. puis de l'O.M.C., de l'A.E.L.E., de la Compagnie Inter-arabe de garantie de l'investissement ou des Accords sur les produits de base par exemple (voir Droit international économique, *op. cit.,* passim).

Il est impossible de rentrer ici dans le détail de toutes ces procédures. Notons seulement, pour simplifier, qu'il est loisible d'en distinguer plusieurs phases marquant une implication croissante de l'Organisation internationale.

Tout d'abord, on essaie *d'arriver à un règlement amiable* entre les parties en litige, les discussions se déroulant dans le cadre et sous les auspices de l'institution en cause. En cas d'échec de cette première phase des négociations, l'institution va proposer son intervention soit comme *simple organe d'enquête* (système des « panels » ou des « groupes de travail » du G.A.T.T. et aujourd'hui de l'O.M.C.) soit éventuellement comme « conciliatrice ». Enfin, elle pourra intervenir « au sommet » en proposant par son organe le plus élevé une solution aux parties contractantes par le biais d'une *recommandation* qui, si elle n'était pas respectée, *pourrait être assortie de sanctions* prenant la forme de *représailles économiques* que le pays victime serait autorisé à prendre contre l'auteur de l'infraction. Sur le plan du règlement des différends commerciaux on notera que le nouveau mécanisme, s'il emprunte encore certains aspects au “GATT 1947” a été considérablement renforcé et connaît d'ailleurs un succès certain (voir D. Carreau et P. Juillard, Droit international économique op. cit. p. 68 et s.).

En bref, on se trouve devant des procédures qui se caractérisent par leur très grande souplesse, leur absence de formalisme et de juridictionnalisation, ce qui ne veut pas dire qu'elles ne présentent pas d'efficacité, loin de là !

Section II

Le pouvoir de sanction des Organisations internationales

1360. ***Un renforcement de l'état de droit*** — Ce pouvoir de sanction dont les institutions internationales sont investies constitue un élément important de « l'état de droit » qu'elles sont chargées de faire respecter dans le domaine qui leur a été confié. Il s'agit là de *mieux assurer la légalité internationale.* L'institution concernée a ici la responsabilité de la gestion d'un ordre juridique déterminé ; elle doit le garantir et en contrôler l'exécution. Pour ce faire, elle va disposer d'un vaste pouvoir de sanction. Ce système n'est pas celui du droit interne ; il y manque, entre autres, la force armée ; mais il n'est déjà plus du droit international classique où le mécanisme des sanctions était exclusivement livré à l'appréciation et à l'usage discrétionnaire des Etats.

Le pouvoir de sanction renforce ainsi non seulement la qualité du droit international en cause, mais aussi renforce le rôle de l'Organisation qui dispose alors de certains moyens de pression non négligeables dans ses rapports avec les pays membres.

Cela étant — et cette remarque peut sembler paradoxale du moins apparemment — si les institutions internationales disposent en général d'un pouvoir de sanction étendu (§ 1), elles n'en font en revanche que très rarement usage (§ 2).

§ 1 — L'étendue du pouvoir de sanction des Organisations internationales.

1361. ***Plan*** — Lorsqu'il y a eu violation d'une norme du droit international dont le contrôle appartient à une institution internationale, deux cas généraux peuvent se présenter en raison de la nature de la violation.

Soit la violation de la norme en cause affecte un Etat ou un certain nombre d'Etats identifiables, comme, par exemple, une discrimination commerciale introduite par une partie contractante du G.A.T.T. à l'encontre d'un autre hier et par un membre de l'O.M.C. à l'encontre d'un autre aujourd'hui. Alors la *partie lésée, la victime, pourra obtenir la mise en œuvre de sanctions à son profit ;* elle pourra éventuellement recourir à des mesures de représailles « individualisées ».

En revanche, le problème se pose différemment *si un Etat membre viole une règle objective* dont l'Organisation internationale doit assurer le respect. La violation du droit est ici globale et elle intéresse l'Organisation internationale en même temps que tous ses membres. Les sanctions seront alors « collectives ».

1 — Les sanctions individuelles.

1362. ***Des représailles contrôlées par l'institution*** — Lorsqu'un Etat prétend avoir été victime d'une action illégale de la part d'un autre Etat membre d'une Organisation internationale, il pourra souvent recourir lui-même à des sanctions qui s'analysent alors comme des *mesures de représailles ;* mais à la différence essentielle des représailles « classiques », les mesures que l'Etat lésé adoptera seront ici *encadrées et strictement contrôlées par une Organisation internationale.* Il s'agit là d'un système très décentralisé des sanctions pour faire face à des violations isolées, subjectives, de la légalité internationale. Cela étant, plusieurs cas de figure peuvent être présentés :

— L'Etat *peut imposer unilatéralement des sanctions déterminées, mais sous le contrôle a posteriori de l'Organisation en cause.* Il en va ainsi, par exemple, au sein du G.A.T.T. hier et de l'O.M.C. aujourd'hui, lorsque des Etats instituent des droits dits « anti-dumping » ou des droits compensateurs. Ils peuvent le faire pour respecter leurs droits qui auraient été violés par une autre partie contractant du G.A.T.T./O.M.C. mais il ne le font que sous le contrôle *a posteriori* de cette institution. La justification d'une telle action se trouve dans la *notion de réciprocité :* du jour où celle-ci est atteinte parce qu'un avantage ou une concession accordée antérieurement n'est plus respecté, l'Etat tiers lésé pourra alors retirer un avantage ou une concession comparable qu'il avait accordé dans le passé à l'Etat qui se trouve à l'origine de son préjudice (voir Droit international économique, *op. cit.*, n°s 126-130).

— L'Etat victime d'une violation du droit international se trouvera fondé *à prendre unilatéralement une sanction déterminée lorsqu'elle est justifiée par une décision préalable d'une Organisation internationale qui va la rendre ainsi licite.* Par exemple, l'Accord international sur le café de 1968 disposait que si l'organe compétent déterminait une violation de ses obligations par un Etat, le pays membre lésé pouvait prendre des « contre-mesures ». Autrement dit, la violation est constatée dans un premier temps par l'Organisation internationale, ce qui légalise et justifie la sanction prise par l'Etat lésé qui devra cependant respecter une *règle de proportionnalité.* La justification est la même que précédemment, à savoir la *stricte réciprocité des droits et obligations des parties* (voir le différend entre les Etats-Unis et le Brésil à propos du café traité, *in* A.F.D.I., 1969, pp. 619-622).

— Enfin, ces mesures de *représailles ne pourront être imposées par l'Etat victime du préjudice qu'après constatation du dommage et autorisation par l'Organisation internationale concernée.* Là encore, l'idée qui préside à la mise en œuvre de ces contre-mesures est encore celle de réciprocité. Mais, dans cette hypothèse, il existe un *contrôle direct* plus strict de l'Organisation internationale qui portera sur la justification, le déclenchement et le contenu des sanctions qui peuvent être prises par l'Etat lésé. Ce type de sanction et de procédure est *fréquent dans les Organisations internationales économiques,* ces institutions ayant compétence pour déterminer avec précision les mesures répressives économiques licites et étant seules habilitées à les autoriser de la part de leurs pays membres (voir art. XXIII du G.A.T.T./O.M.C., art. 31 de l'A.E.L.E.).

Toutes les actions « en retour » de l'Etat victime sont fondées sur l'idée de réciprocité, le *do ut des.* Dès lors, elles ne sauraient avoir de place dans une organisation intégrée du type *Communauté Economique Européenne* qui, elle, *n'est pas fondée sur la réciprocité ;* l'Etat ayant commis un manquement au droit communautaire sera en dernière instance, condamné par la Cour de Justice de Luxembourg à y mettre fin dans les plus brefs délais — sans que cette violation ouvre un droit de représaille économique unilatéral aux autres pays membres.

2 — Les sanctions collectives.

1363. ***Violation collective ou individuelle de la règle de droit*** — Ces sanctions peuvent être mises en œuvre lorsque la *violation de la règle de droit par un Etat membre affecte tous les autres membres* de l'Organisation internationale concernée ou affecte directement ses rapports avec elle.

a) Les sanctions morales.

1364. ***Le recours à l'opinion publique*** — Il s'agit là de la *publication de rapports* sur la situation prévalant dans ce pays membre. Parfois, pour les Organisations internationales peu structurées, cette technique constitue le seul moyen de pression. Il en va ainsi, par exemple, pour l'Organisation des Nations unies en matière de droits de l'homme. Ces sanctions morales peuvent également prendre la forme de *représentations diplomatiques* officielles ou officieuses à l'égard du pays membre « en infraction ». Souvent il s'agit d'une *phase préalable* où l'organisation internationale compte sur le soutien de l'opinion publique locale avant de prendre une mesure plus stricte ; cette technique est fréquente dans le domaine politique.

En revanche, ce *type de sanction n'est pas utilisé dans les Organisations internationales techniques et surtout économiques* où l'on veut respecter les susceptibilités des Etats et où l'on estime que l'appel à l'opinion publique par-delà les gouvernements ferait plus de mal que de bien et produirait l'effet inverse de celui souhaité.

La sanction morale apparaît ainsi comme la formule soit de désespoir, soit d'espoir unique, pour les Organisations qui sont faibles.

b) Les sanctions économiques.

1365. ***Une sanction de droit commun et commode*** — Celles-ci sont normales, bien sûr, pour les Organisations internationales économiques. *L'arme financière* est l'un des instruments les plus efficaces à la disposition d'une institution pour faire entendre raison à ceux de ses pays membres qui ne respecteraient pas leurs obligations à son égard. Elle est susceptible de prendre la forme de *la suspension de l'aide passée* ou future qu'une institution pourrait accorder ou aurait accordée à l'un de ses membres. Tout naturellement, le F.M.I., la Banque Mondiale ou les banques régionales de développement disposent de cette arme. Non seulement d'ailleurs il peut s'agir d'une suspension de l'assistance financière, mais aussi d'une *suspension des services* fournis par les Organisations internationales, comme l'assistance ou la fourniture de produits (voir l'art. 12 de l'A.I.E.A.).

Enfin, il convient de rappeler que le Conseil de Sécurité de l'O.N.U. peut prendre des sanctions de type économique, dans le cadre du chapitre VII de la Charte (voir *supra,* n°s 160 et 1340).

c) Les sanctions disciplinaires.

1366. ***Des sanctions ultimes*** — Ces sanctions disciplinaires sont communes à la plupart des Organisations internationales. Elles peuvent consister, tout d'abord, dans *la suspension du droit de vote.* Il en va ainsi, par exemple, à l'O.N.U. (art. 19), à la F.A.O. (art. 3, al. 4), à l'O.I.T. (art. 13, al. 4), à l'A.I.E.A. (art. 19), à l'O.A.C.I. (art. 62), à l'UNESCO (art. IV) ou dans les Accords sur les produits de base. Il peut également être décidé de la *suspension de l'ensemble des droits et privilèges inhérents à la qualité de membre de l'Organisation internationale concernée.* Une telle hypothèse est expressément prévue par l'article 5 de la Charte de l'O.N.U., l'article 6 des Statuts de la Banque Mondiale, l'article 19 de l'A.I.E.A. ou dans les clauses spécifiques des Accords sur les produits de base.

Enfin, ces sanctions disciplinaires peuvent résider dans *l'expulsion* l'Organisation internationale considérée, c'est-à-dire dans le *retrait forcé* de l'Etat en situation « d'infraction ». Il y a là une éventualité que l'on rencontre dans toutes les institutions internationales, qu'elles soient de nature politique ou technique.

Si la panoplie des sanctions ne manque pas d'impressionner, en revanche elles sont rarement utilisées.

§ 2 — Un pouvoir de sanction rarement utilisé.

1367. ***Plan*** — De nombreuses raisons tiennent à la faible utilisation des sanctions officielles en cas de violation de la règle de droit dont une institution internationale est chargée d'assurer le respect.

Il est loisible d'avancer deux explications d'ordre général : la première tenant à la relative inefficacité des sanctions autres que militaires, la deuxième tenant au pragmatisme des Organisations concernées qui préfèrent le maintien de l'esprit de coopération à l'application de sanctions à l'effet souvent vain.

1 — L'inefficacité des sanctions non militaires.

1368. ***Abondance de précédents depuis les sanctions économiques contre l'Italie en 1936*** — L'histoire abonde d'exemples qui montrent clairement que la *menace de sanctions* autres que militaires ne suffit pas à modifier le comportement d'un Etat quand celui-ci estime que certains intérêts fondamentaux qui lui sont propres sont en jeu. Autrement dit, quand le choix a été pour un Etat entre la perte du bénéfice de l'appartenance à une Organisation internationale et le maintien de ses options propres, fussent-elles illégales, il a toujours été exercé au profit du maintien des priorités nationales. Par exemple, les menaces de sanctions contre l'Italie ou le Japon au temps de la S.D.N. ne les ont pas empêchés d'attaquer l'Ethiopie et la Chine. Il en alla de même pour l'Afrique du Sud qui, fut souvent condamnée et menacée en vain pour sa politique d'apartheid. Il en va de même à l'égard d'Israël en raison des territoires occupés par la force à la suite de la « guerre des six jours » de 1967. La France et l'Union Soviétique, bien que menacées en leur temps de perdre leur droit de vote à l'Assemblée générale de l'O.N.U. pour leur refus de payer « certaines dépenses » de l'O.N.U. au Congo, ont persisté dans leur attitude. On pourrait multiplier les exemples.

Les sanctions diverses autres que militaires n'ont pas connu plus de succès quand elles ont été déclenchées. Elles n'ont pas permis d'atteindre le résultat recherché, à savoir le respect de la règle de droit ou la cessation de sa violation. On rappellera par exemple que les sanctions économiques prises contre l'Italie en 1935-1936 à la suite de son agression contre l'Ethiopie ont connu un échec retentissant et qu'il en a été de même pour celles imposées contre la Rhodésie du Sud par le Conseil de Sécurité de l'O.N.U. entre 1966 et 1979 voire contre l'Iraq en 1990 (voir *supra,* n°s 160 et 1340). Dans un domaine plus spécifique, il en alla ainsi dans les rapports entre la France et le F.M.I. entre 1948 et 1958 : la France, pour violation de ses obligations à l'égard des Statuts du Fonds monétaire international, fut suspendue de toute assistance financière par le F.M.I. à partir de 1948, mais cette sanction demeura parfaitement vaine dans la mesure où elle continuait à bénéficier de l'Aide Marshall américaine. D'autres exemples pourraient être cités pour montrer l'échec des sanctions disciplinaires, y compris l'expulsion d'une institution internationale.

De plus, comment ne pas noter que *l'efficacité* des sanctions éventuellement décidées *est directement fonction de l'importance des Etats visés et donc du phénomène de « puissance » :* un Etat fort et puissant pourra beaucoup plus aisément faire face à des sanctions qu'un Etat plus faible dans la mesure où il disposera de « solutions de rechange ». Toutefois, l'extrême faiblesse d'un pays vient aussi limiter la portée de sanctions éventuelles. En effet, quelle serait l'efficacité réelle de sanctions économiques prises contre un pays pauvre du tiers-monde où les conditions de vie de la population sont déjà très mauvaises ? Cette question fut évoquée lors du conflit irano-américain dans l'affaire de la séquestration du personnel diplomatique des Etats-Unis à Téhéran : les doutes les plus sérieux furent émis quant au succès final des sanctions économiques qui avaient été imposées.

Enfin, il faut reconnaître le grand rôle des considérations « politiques » qui feront que, dans certaines circonstances, le manquement au droit sera toléré et la règle juridique violée « mise entre parenthèses ». Par exemple, pouvait-on, pour des incompatibilités — sans doute majeures — entre les dispositions du traité de Paris de 1951 instituant la C.E.C.A. et les règles du G.A.T.T., condamner cette première réalisation de l'intégration européenne ? (voir D. Carreau et P. Juillard, Droit international économique, précité, n° 754). Pouvait-on également condamner le système généralisé de préférences de 1970 au profit de plus de 100 pays du Tiers Monde pour non-conformité à la clause de la nation la plus favorisée contenue dans l'article 1er de l'Accord Général ? (voir sur ce point, D. Carreau et P. Juillard, *op. cit.,* n° 719 et s.). Il y a là autant de considérations politiques majeures qui ont primé la violation de la règle de droit et qui ont nécessité des dérogations. Kant avait déjà bien reconnu ce phénomène il y a plus de deux siècles en notant qu'il fallait parfois « placer des voiles devant les statues des Dieux »...

**2 — Une approche pragmatique :
le maintien de « l'esprit de coopération ».**

1369. ***La méthode de "l'enfant prodigue"*** — Les Organisations internationales techniques, *à commencer par les Organisations internationales économiques,* ont une optique essentiellement « non contentieuse » des différends qui pourraient les opposer à certains de leurs membres ayant manqué à leurs obligations envers elles. Leur approche, faite de pragmatisme, s'explique pour des raisons de bon sens. Si un Etat, pour des raisons indépendantes de sa volonté ou même pour des raisons qui lui sont propres, s'estime provisoirement dans l'incapacité de respecter une ou plusieurs règles fondamentales d'une Organisation internationale à laquelle il appartient et s'il entend mettre fin à cette illégalité dès qu'il se trouvera en mesure de le faire, l'institution, loin de le condamner, l'aidera au contraire à surmonter ses difficultés. La pratique du F.M.I. a toujours été exemplaire à cet égard (voir D. Carreau, Le Fonds Monétaire International, *op. cit.,* p. 248).

Eventuellement, l'Organisation concernée, si elle en a la compétence, pourra être amenée à *accorder une dérogation* « mettant entre parenthèse » certaines de ces dispositions (tel fut le cas des dérogations accordées par le G.A.T.T. au cours des ans aux Parties contractantes qui avaient des difficultés particulières). Soit même l'Organisation en cause pourra *accepter de modifier ses propres statuts* aux fins de les adapter au nouvel état de fait si le retour, dans un délai raisonnable, à la situation antérieure se révélait impossible. Ainsi, lorsque le régime des *parités stables* institué à Bretton-Woods en 1944 s'est écroulé en 1971, le F.M.I. essaya de remédier à l'anarchie monétaire en procédant à une réforme en souplesse des règles internationales devenues « impossibles » à respecter (voir le deuxième amendement aux statuts du F.M.I. de 1978, qui a « ajusté le droit sur les faits », A.F.D.I. 1976, p. 622 et s.).

On notera également que *l'exclusion de l'Organisation* — sanction suprême s'il en est — est, pour le moins, une *arme à double tranchant.* L'Etat exclu redeviendra alors libre d'agir comme il l'entend sans respecter aucune norme internationale. De plus, l'Organisation concernée, qu'elle soit universelle ou régionale, connaîtra une perte de substance qui lui fera perdre une partie de son effectivité. Une organisation internationale ne recourra à cette sanction que si elle a la ferme conviction, qu'elle ne peut plus compter sur « l'esprit de coopération » du pays membre concerné. Au cas où il apparaît clairement qu'un pays ne veut plus respecter les règles du jeu, il pourra alors être expulsé sans dommage de l'Organisation (et telle fut la situation de la Tchécoslovaquie au F.M.I. en 1954) ou encore il sera amené de lui-même à s'en retirer (tel fut le cas de la Pologne et de Cuba qui se retirèrent du F.M.I. en 1950 et 1964 respectivement). Mais une telle issue ne peut, bien entendu, s'interpréter que comme un échec pour l'ordre international.

CHAPITRE III

LE RECOURS A DES MOYENS DIPLOMATIQUES

1370. ***Généralités*** — On renverra, pour l'essentiel, à l'enseignement de « relations internationales » de première année qui examine en détail cette question. Avant de présenter brièvement cette matière dans ses aspects les plus fondamentaux, quatre remarques d'ordre général doivent être présentées à titre liminaire.

i) *Tous les moyens diplomatiques sont inégalement ouverts aux divers sujets du droit international.* Si Etats et institutions internationales y ont pleinement accès, ce n'est en revanche pas le cas des personnes privées : elles ont cependant la possibilité d'utiliser le premier type informel de règlement de leurs litiges avec un Etat ou une Organisation internationale par le biais de négociations qui sans doute, ne seront pas diplomatiques dans la forme mais qui en présenteront pourtant toutes les caractéristiques quant au fond.

ii) *Tous ces moyens supposent le consentement des parties en présence.* Ce consentement peut être implicite, mais le plus souvent il sera formalisé par un accord spécial préalable, à portée générale ou limitée. Il y a là un reliquat de la théorie de la souveraineté de l'Etat selon laquelle celui-ci ne saurait être lié au plan international en quelque manière que cela soit sans son consentement.

iii) *Ces procédures ont été réglementées,* du moins certaines d'entre elles, *dans un grand nombre de Conventions internationales à portée universelle ou régionale.* Au titre des premières, il convient de mentionner *la convention de La Haye de 1907 pour le règlement pacifique des conflits internationaux,* ainsi que *l'Acte général d'arbitrage* du 26 septembre 1928 dont le nom est trompeur car il recouvre également cet autre mode de règlement des différends qu'est la conciliation. De même, des allusions explicites à ces moyens diplomatiques pour régler les différends internationaux se trouvent dans le Pacte de la S.D.N. (art. 12 à 17) ou dans la Charte de l'O.N.U. (chapitre VI). Au titre des secondes il est loisible de citer la Charte de l'O.E.A. de 1948 (chapitre IV), la *Convention européenne pour le règlement pacifique des différends* de 1957 ou encore la Charte de l'O.U.A. de 1963 (art. XIX) qui, toutes, officialisent à des degrés divers les moyens diplomatiques pour régler les conflits interétatiques.

iv) Tous ces moyens diplomatiques de règlement des différends se caractérisent par *l'aspect non obligatoire des solutions dégagées,* ce qui les différencie de l'arbitrage ou de la juridiction internationale, mais ce qui explique aussi leur popularité, les parties en litige préférant y recourir avant d'entamer toute autre action plus formelle et stricte.

Ces remarques générales étant présentées, il est loisible de distinguer deux grandes catégories de moyens diplomatiques en fonction de leur plus ou moins grand formalisme. Certains sont tout à fait informels (Section I), tandis que d'autres présentent un certain formalisme voire un début d'« institutionnalisation » (Section II).

Section I

Le recours à des moyens purement informels

1371. — Deux cas généraux se présentent ici : soit les parties en litige décident de régler directement et entre elles leur différend (§ 1), soit elles peuvent décider de le soumettre à un tiers (§ 2).

§ 1 — Le règlement direct.

Ici, on se bornera seulement à présenter quelques remarques très générales.

1 — Une procédure très souple, ouverte à tous les sujets du droit international.

1372. — Tous les sujets du droit international, quels qu'ils soient, ont la possibilité de mener ce type de négociations ; elles seront qualifiées de diplomatiques si elles mettent en présence des Etats ou Organisations internationales, alors que l'on parlera de simples « discussions » ou « négociations » dans le cas où des personnes privées sont impliquées.

Lorsqu'il s'agit formellement et matériellement de négociations diplomatiques, elles se déroulent par les « canaux officiels » c'est-à-dire les chancelleries ou entre les hauts fonctionnaires des ministères des Affaires étrangères voire entre les ministres des Affaires étrangères, ou, au sommet, entre les chefs de l'Exécutif. Les négociations conduites au nom des Organisations internationales sont assurées par leur plus haut fonctionnaire (secrétaire général, directeur ou président) sous le contrôle des organes « politiques » de l'institution en cause.

De telles négociations en vue de parvenir à un règlement direct d'une difficulté ou même d'un simple problème entre un Etat et une personne privée sont *extrêmement fréquentes en matière d'investissements internationaux,* qu'il s'agisse de leur constitution, de leur liquidation ou de leur nationalisation. C'est ainsi, par exemple, que tout le contentieux né à la suite des *nationalisations de la COTOMIB* par *le Togo en 1972 et de la MIFERMA par la Mauritanie en 1976,* a été directement réglé par accord entre ces deux pays et les actionnaires des sociétés privées touchées par ces mesures (voir A.F.D.I. 1976, p. 613-622).

2 — Une procédure aux formes multiples.

1373. — Cette procédure du règlement direct peut être menée à tous les niveaux, depuis le chef de l'Etat jusqu'aux représentants diplomatiques locaux, en passant par la constitution de commissions *ad hoc.* Elle peut également se dérouler au sein des Organisations internationales où elle constitue l'essentiel de ce qu'il est convenu d'appeler la « diplomatie parlementaire ». Cette procédure présente le grand avantage de la discrétion et, à la limite, elle peut demeurer entièrement secrète. Par exemple, à la fin des années 60 et au début des années 70, de nombreuses réunions secrètes eurent lieu à Paris sur le Viêt-Nam entre les Etats-Unis, le Viêt-Nam du Nord et le Viêt-Nam du Sud pour ne connaître une officialisation que dans la dernière phase des négociations.

3 — Une procédure préalable à tout recours à un autre mode de règlement des différends.

1374. — Il est souvent prévu que des négociations de ce type doivent avoir été entamées et avoir échoué avant de recourir à l'arbitrage ou au règlement judiciaire, par exemple. La C.P.J.I. en reconnut la nécessité dans *l'affaire des concessions Mavrommatis en Palestine :* « Avant qu'un différend, estima la Cour, fasse l'objet d'un recours en justice, il importe que son objet ait été nettement défini au moyen de pourparlers diplomatiques » (arrêt n° 2, p. 15).

§ 2 — Le recours à un tiers.

1375. — Il s'agit là de l'utilisation possible de deux méthodes bien connues : les bons offices et la médiation ; l'une et l'autre sont des *institutions coutumières* codifiées par la Convention précitée de La Haye de 1907 dans son titre II.

1 — Les bons offices.

1376. — Il s'agit là d'une situation où *l'intervention de la ou des puissances tierces sera la plus légère,* la plus faible sur le plan qualitatif. La puissance tierce va, en général, proposer aux Etats en litige d'exercer ses bons offices, c'est-à-dire de *jouer le rôle d'entremetteur,* d'honnête intermédiaire pour leur permettre de se rencontrer et ainsi de régler à l'amiable leur différend. C'est ainsi, par exemple, que la France proposa ses bons offices aux Etats-Unis et au Viêt-Nam du

Nord et du Sud pour leur permettre de mettre fin aux hostilités militaires en Indochine. La France se contenta de fournir la logistique nécessaire pour que les réunions puissent se tenir à l'abri des regards indiscrets.

Souvent les bons offices sont demandés à une partie tierce ou décidés par une Organisation internationale. C'est ainsi que le Conseil de Sécurité des Nations unies, en 1975, demanda au Secrétaire général d'exercer ses bons offices à Chypre pour régler le conflit entre les deux communautés, grecque et turque, aggravé à la suite de l'invasion de l'île par la Turquie.

Mais, parfois, cette procédure peut être dangereuse dans la mesure où elle est susceptible de s'analyser, du moins en période de tension, comme une intervention dans les affaires intérieures de l'Etat. C'est ainsi qu'en 1958, les Etats-Unis et la Grande-Bretagne proposèrent leurs bons offices à la France et à la Tunisie pour régler leur différend à la suite du raid aérien de Sakhiet-sidi-Youssef. Lorsque cette proposition de bons offices devint connue, la situation du gouvernement français de l'époque, déjà délicate, devint intenable à l'Assemblée nationale ; celle-ci refusa sa confiance au gouvernement et le renversa le 15 avril 1958.

En bref, l'Etat tiers n'intervient pas directement dans la solution du fond du litige ; il propose seulement (ou il lui est proposé de favoriser) les conditions d'une rencontre ; celle-ci se produisant, sa mission se termine.

2 — La médiation.

1377. — La médiation entraîne une *implication sensiblement plus grande du tiers*. Celui-ci est alors amené *à proposer* les bases d'un règlement du litige et il va lui-même participer aux négociations entre les adversaires.

La médiation peut être le fait d'un individu choisi en raison de ses qualités ou fonctions. Par exemple, le Président de la Banque mondiale fut choisi, en 1960, comme « médiateur » entre l'Inde et le Pakistan, afin de procéder au partage des eaux de l'Indus. Egalement, M. Bunker, ambassadeur des Etats-Unis, fut nommé médiateur entre l'Indonésie et les Pays-Bas en 1962 lors de l'affaire de l'Irian occidental.

Mais, le plus souvent, cette *fonction de médiation est assurée par un Etat*. Fréquemment, cette procédure de la médiation a été utilisée pour mettre fin à un conflit armé, le médiateur jetant des bases d'un règlement du différend, mutuellement acceptables pour les parties belligérantes. Ainsi, en 1898, la France fut médiatrice pour mettre fin à la guerre entre les Etats-Unis et l'Espagne. En 1905, ce furent les Etats-Unis qui agirent en tant que médiateurs pour mettre fin à la guerre russo-japonaise. En 1966, l'Union Soviétique se retrouva médiatrice pour mettre fin à un conflit entre l'Inde et le Pakistan. En 1978, les Etats-Unis firent de même pour mettre fin au conflit entre

Israël et l'Egypte, ce qui donna lieu à la conclusion des fameux accords dits de « Camp David ».

Section II

Le recours à des moyens institutionnalisés.

1378. — On est ici en présence de techniques traditionnelles, *coutumières,* destinées à mettre fin à un conflit pouvant trouver son origine, entre autres, dans la violation du droit international. Deux procédures sont ici ouvertes aux parties en litige : l'enquête (§ 1) et la conciliation (§ 2). Dans les deux cas, il sera fait appel à un tiers, celui-ci se trouvant *moins impliqué* dans la première que dans la seconde. Dans la procédure d'enquête, le *tiers va procéder à l'établissement des seuls faits.* Dans la seconde, la conciliation, *il va aller au-delà et proposer les termes mêmes d'une solution aux parties.* Il est à noter que ces moyens sont ouverts aux Etats et Organisations internationales, bien qu'il n'y ait pas d'exemples les concernant ; en revanche, ils ne sont pas accessibles aux personnes privées.

§ 1 — L'enquête internationale.

(Voir Bensalah, « L'enquête internationale dans le règlement des conflits, Paris, L.G.D.J. 1976 ; voir aussi le titre III de la Convention de La Haye de 1907).

1379. — On se bornera, là encore, à quelques remarques fort générales sur le fondement, la composition, le rôle et la pratique de ces enquêtes internationales.

1 — Le fondement des commissions d'enquête.

1380. — Le principe est clair : *il ne saurait y avoir constitution de commissions d'enquête sans un accord international des parties en litige.* Cet accord international peut être donné au préalable par une Convention particulière de type bi- ou multilatéral qui va institutionnaliser la procédure. Il en alla ainsi sur le plan bilatéral dans les traités dits *Bryan* conclus par les Etats-Unis entre 1913 et 1915 avec plus d'une trentaine d'Etats et prévoyant la création systématique de telles commissions d'enquête permanentes. Cette procédure fut également insérée dans nombre de traités bilatéraux conclus entre les Etats latino-américains pendant la période de l'entre-deux-guerres.

Mais cette technique est aussi visée par des accords multilatéraux. C'est ainsi que l'article 26 de l'O.I.T. prévoit le recours à cette méthode en cas de plainte déposée par un gouvernement pour violation d'une convention internationale du travail. A la suite d'une plainte déposée par le Ghana contre le Portugal en 1962, une commission d'enquête fut ainsi instituée par l'O.I.T. pour examiner s'il y avait eu ou non travail forcé dans les colonies portugaises d'Afrique. L'enquête internationale est expressément visée comme moyen d'action possible à la disposition du Conseil de Sécurité de l'O.N.U. (voir l'article 34 de la Charte).

L'accord international sur la constitution d'une commission d'enquête est fréquemment donné *a posteriori,* après la survenance du litige. Il en alla ainsi dans ces affaires célèbres que furent celle du *Dogger Bank en 1904* ou celle *du « Red Crusader »* de 1961 (voir *infra*, nos 1384 et 1385).

2 — La composition des commissions d'enquête.

1381. — Ces commissions d'enquête ont une composition qui est *laissée entièrement au choix des parties.* Mais, en règle générale, le nombre des commissaires est impair et cela constitue un trait commun avec la composition d'une juridiction ou d'un tribunal arbitral. Il y a recours à la fois à des nationaux des parties en litige et à des ressortissants d'Etats tiers ; parfois, les commissaires sont exclusivement des ressortissants d'Etats tiers. La préoccupation dominante est de faire appel à *des experts qualifiés* dans le domaine où la violation du droit international s'est produite, et qui seront indépendants et objectifs.

3 — Le rôle des commissions d'enquête.

1382. — Le rôle de l'enquête est *d'établir la matérialité des faits ;* telle est la seule tâche des enquêteurs dans la rédaction de leur rapport final. A cette fin, la Commission peut utiliser tous les moyens de preuve possibles : auditionner des témoins, recourir à des experts, se transporter sur les lieux, etc. On notera que *l'enquête est contradictoire* en ce sens que des agents peuvent intervenir pour représenter les parties en litige. La procédure se déroule à « huis-clos » et les documents et auditions ne sont rendus publics qu'avec l'accord des parties et par décision de la commission. Le but est de pouvoir travailler dans la sérénité et sans la pression des opinions publiques ou des gouvernements qui pourrait s'exercer sur les témoins ou experts. La commission établira un rapport constatant les faits ; il ne s'agira nullement d'une sentence arbitrale ou d'un jugement ; ce *rapport n'aura aucun caractère obligatoire.*

4 — La pratique de l'enquête.

1383. — Dans la pratique, l'enquête internationale jouit d'une relative popularité, notamment pour régler des incidents navals ; deux affaires célèbres méritent ici d'être brièvement analysées.

a) L'affaire du Dogger Bank.

1384. — Cette affaire opposa la Russie à la Grande-Bretagne à la suite de la survenance des faits suivants : dans la nuit du 20 au 21 octobre 1904, l'escadre russe qui se rendait en Extrême-Orient — c'était à l'époque de la guerre russo-japonaise — ouvrit le feu sur des chalutiers britanniques dans la Mer du Nord, les ayant pris pour des navires de guerre japonais. Le 25 novembre 1904, la Russie et la Grande-Bretagne signaient un accord spécial prévoyant la constitution d'une commission internationale d'enquête de cinq membres, composée d'un Russe, d'un Anglais, d'un Français et d'un Américain, le cinquième membre étant choisi d'un commun accord par les premiers. Cette commission devait faire un rapport final sur les faits, le degré de blâme impliqué par l'incident et la responsabilité éventuelle des participants. Le rapport qui fut rendu le 25 février 1905 arriva à la conclusion que « l'ouverture du feu n'était pas justifiable », et que « la responsabilité de l'ouverture du feu était imputable à l'amiral russe ». Mais les commissaires ajoutèrent que leurs appréciations « n'étaient de nature à jeter aucune déconsidération sur la valeur militaire ni sur les sentiments d'humanité de l'amiral (russe) et du personnel de son escadre ».

b) L'affaire du « Red Crusader ».

1385. — Il s'agit ici d'un incident de pêche qui opposa en 1961 le Danemark à la Grande-Bretagne. Un chalutier britannique (le « Red Crusader ») avait été pris en train de pêcher à l'intérieur des eaux territoriales danoises au large des Iles Feroë. Il fut abordé par une frégate danoise qui lui ordonna de se rendre vers un port danois. Le chalutier britannique s'échappa en cours de route ; il fut poursuivi par la frégate danoise qui ouvrit le feu et l'endommagea. Sur ces entrefaites, des bateaux de guerre anglais furent dépêchés sur les lieux. La poursuite continua, mais le chalutier britannique put finalement se rendre dans le port écossais d'Aberdeen. Une commission d'enquête fut constituée après accord anglo-danois du 15 novembre 1961, ses membres relevant tous de pays tiers puisqu'elle fut composée d'un Belge, d'un Français et d'un Hollandais. Les commissaires remirent leur rapport le 23 mars 1962. Ils purent ainsi déterminer que le chalutier britannique ne pêchait pas dans les eaux territoriales danoises. Ils estimèrent également que la frégate danoise « avait excédé à double titre l'usage légitime de la force armée : en tirant sans avertissement au canon ; en mettant en danger... sans nécessité des vies humaines à bord du « Red Crusader ». Les commissaires notèrent également que le chalutier britannique en fuite « aurait pu être arrêté par d'autres moyens ». La commission estima que l'évaluation faite par la Grande-Bretagne des dommages causés au chalutier était « raisonnable », ainsi d'ailleurs que cela avait été reconnu par l'agent du gouvernement danois. Elle nota enfin que le comportement de la marine de guerre britannique dépêchée sur les lieux avait été « irréprochable » en évitant des incidents plus sérieux (voir sur cet incident, Timsit, A.F.D.I. 1963, p. 460 et s.).

§ 2 — La conciliation internationale.

(Voir J.P. Cot, « La conciliation internationale », Paris, Pedone, 1968).

1386. — Il s'agit d'un mode de règlement des différends *relativement nouveau* qui n'est pas mentionné, par exemple, dans la Convention de La Haye de 1907 ou le Pacte de la Société des Nations. Cette technique fut proposée par la Suisse après la première guerre mondiale et fut reprise par les pays scandinaves, pour connaître un relatif succès depuis lors. Elle se trouve d'ailleurs codifiée par l'Acte Général d'Arbitrage du 26 septembre 1928 dans son Chapitre premier. On se bornera à des remarques très générales en reprenant les mêmes divisions que pour l'enquête internationale.

1 — Le fondement de la procédure de conciliation.

1387. — Ici encore, il s'agit d'un *fondement exclusivement conventionnel* en application du même principe du libre consentement de l'Etat au règlement des différends internationaux. Ce *consentement peut être donné au préalable,* dans des traités bi ou multilatéraux : par exemple, le chapitre I de l'Acte général d'arbitrage de 1928 en fait la première phase de la procédure de règlement des différends ; des solutions analogues sont proposées par le chapitre IV de la Charte de l'O.E.A. de 1948, le chapitre II de la Convention européenne pour le règlement pacifique des différends de 1957, l'article 19 de la Charte de l'O.U.A. ou les traités de paix de 1947 ; de plus, un très grand nombre de traités bilatéraux — il y en avait plus de 200 de ce type avant-guerre — introduisirent ce mode de règlement des différends. A l'inverse, *l'accord peut être conclu a posteriori* une fois que le litige est apparu. Une telle pratique est relativement fréquente : il en alla ainsi pour la Commission d'enquête et de conciliation constituée entre la France et le Maroc en 1957 afin d'examiner l'affaire du détournement de l'avion de Ben Bella et de ses compagnons par la chasse française (voir A.F.D.I. 1958, p. 282 et s.).

Ces commissions de conciliation *peuvent être créées au coup par coup,* a priori ou a posteriori : au contraire, elles peuvent être *constituées de façon permanente* pour régler les différends qui viendraient à naître. Ainsi, certains Etats ont conclu des traités bilatéraux instituant des commissions de conciliation qui fonctionnent de manière permanente pour régler tous leurs litiges éventuels. Il en va ainsi entre la Belgique et le Danemark, la France et la Suisse, l'Italie et la Suisse (voir l'article de M. Breton-Jokl *in* A.F.D.I. 1957, p. 210 et s.).

2 — La composition des commissions de conciliation.

1388. — Ici encore, le choix de la composition de ces commissions est laissé à l'entière liberté des parties au différend. Comme précédemment, le nombre de conciliateurs est impair (souvent cinq). On recourt à la fois à des nationaux et à des tiers, ces derniers étant choisis d'un commun accord par les conciliateurs nationaux premiers nommés. On notera qu'il n'y a jamais de recours exclusif à des tiers comme cela peut arriver en matière d'enquête (voir *supra*, n° 1385).

3 — Le rôle des commissions de conciliation.

1389. — Ce rôle est plus large que celui des commissions d'enquête. La commission *de conciliation possède d'abord tous les pouvoirs de la commission d'enquête* (voir *supra*, n° 1382). Mais elle doit de surcroît élucider des questions de droit litigieuses ; elle ne se bornera pas seulement à établir la matérialité des faits. Il lui faut, en effet, *concilier les parties et leur proposer les termes d'un arrangement convenable.* La procédure va être également *contradictoire et secrète* pour les mêmes raisons que précédemment. Ensuite, la commission publiera un rapport sur les faits, également argumenté en droit et qui, comme en matière d'enquête, *ne revêt pas de force obligatoire.* Toutefois, le plus souvent, les conclusions sont suivies par les Etats. Parfois, on le rappelle, la conciliation est une phase préalable au recours à l'arbitrage.

4 — La pratique des commissions de conciliation.

1390. — Ces commissions de conciliation ont joué un assez grand rôle avant et juste après la première guerre mondiale où l'on a pu parler de « l'âge d'or » de la conciliation avec *l'institution de commissions permanentes bilatérales :* ainsi la commission entre la France et la Suisse fut créée en 1925 (voir l'article de Mme Bastid *in* A.F.D.I. 1956, p. 436) ; la commission italo-suisse le fut un peu avant en 1924 (voir l'article précité A.F.D.I. 1957, p. 210 et s.). La commission entre la Belgique et le Danemark fut mise sur pied à la même époque (voir H. Rolin. R.G.D.I.P. 1953, 352).

Plus récemment, en 1980, une commission de conciliation fut établie entre la Norvège et l'Islande et chargée de déterminer la zone du plateau continental entre l'Islande et l'îlot de Jan Majen ; elle remit son rapport en juin 1981 avec des recommandations suggérant l'exploitation en commun des zones maritimes contestées entre les deux pays (voir le texte *in* I.L.M. 1981. 797).

Des procédures de conciliation ont été également instituées au sein d'Organisations internationales. Tel fut le cas à l'UNESCO où en 1962 une commission de conciliation et de bons offices de 11 membres fut créée de façon permanente par protocole spécial pour régler les différends relatifs à la lutte contre la discrimination en matière d'enseignement. Il en va également ainsi, par exemple, des « groupes de travail » ou « panels » chargés de régler certains différends économiques à l'intérieur du G.A.T.T. jadis (voir Th. Flory, le G.A.T.T., Paris, 1968, pp. 69-71) et de l'O.M.C. aujourd'hui (voir D. Carreau et P. Juillard, Droit international économique, *op. cit.* pp. 79-81). Il en va de même de l'article 42 du Pacte des droits civils et politiques de l'O.N.U. de 1966 qui organise une procédure de conciliation, sans doute seulement facultative, pour trancher les difficultés relatives à son application. De même, l'article 66 de la Convention de Vienne sur le droit des traités mentionne la conciliation comme un moyen privilégié de règlement des litiges. Il en va également ainsi dans le Protocole de médiation, de conciliation et d'arbitrage de 1964 conclu sous les auspices de l'O.U.A. (voir les articles 22 et 26). On notera *que c'est d'ailleurs actuellement au sein des Organisations internationales que les commissions de conciliation connaissent le plus grand développement ;* elles sont alors utilisées comme des techniques de la « diplomatie multilatérale » (S. Bastid, Cours de Droit International public, *op. cit.* p. 1113).

TITRE II

LES MOYENS JURIDICTIONNELS

1391. ***Plan*** — Le contrôle de l'application du droit international peut se faire au niveau international par l'appel, d'une part, à l'arbitre, et d'autre part, au juge, arbitrage et règlement judiciaire constituant les moyens juridictionnels de l'ordre international pour faire respecter le droit international.

Mais il convient aussi de ne pas oublier le rôle du juge interne qui peut dans certains cas être amené à sanctionner la violation du droit international par un sujet du droit international. Ces trois moyens feront l'objet chacun d'un chapitre séparé.

CHAPITRE I

LE RECOURS A L'ARBITRE INTERNATIONAL

Bibliographie sommaire. — (voir E. Decaux, « L'arbitrage international », Jurisclasseur Droit International, tome IV, fasc. 245-248 ; E. Loquin, Les pouvoirs des arbitres internationaux à la lumière de l'évolution récente du droit international J.D.I. 1983, p. 293 ; J. Rideau, « L'arbitrage international », Paris, A. Colin 1969 ainsi que Ph. Fouchard, E. Gaillard, B. Goldman, Traité de l'arbitrage Commercial international, Paris, Litec, 1996).

1392. — Le recours à l'arbitrage comme moyen de règlement des différends internationaux possède une longue histoire. Il s'est développé et tend à se jurisdictionnaliser. Mais il s'est aussi considérablement diversifié en s'ouvrant à ces sujets nouveaux du droit international que sont les personnes privées.

1 — L'ancienneté de l'arbitrage.

1393. ***Une invention hellénique*** — Il est traditionnel de faire remonter l'arbitrage à l'Antiquité grecque où il servait à régler les différends entre des cités qui se trouvaient fréquemment en guerre. Il fut également pratiqué au Moyen-Age, l'arbitre « suprême » étant le Pape en raison de son autorité spirituelle et morale.

Toutefois, avec la naissance de l'Etat moderne, l'arbitrage tendit à perdre de son importance. Une renaissance brusque de l'arbitrage eut lieu avec le Traité d'amitié, de commerce et de navigation du 19 novembre 1794 conclu entre les Etats-Unis et la Grande-Bretagne, dit *Traité Jay*, qui institua le recours systématique à l'arbitrage pour régler les différends nés à la suite de l'indépendance américaine comme, par exemple, la fixation de la frontière avec le Canada ou l'appréciation de toutes les séquelles financières des hostilités militaires. Ainsi des commissions mixtes d'arbitrage anglo-américaines furent chargées de régler tous ces litiges d'une manière définitive et obligatoire. Ces commissions fonctionnèrent avec succès jusqu'en 1831, ce qui incita de nombreux Etats à suivre ce modèle.

Le XIXe siècle devait également voir d'assez nombreux arbitrages ad hoc pris par des *souverains individuellement* (le roi d'Espagne, d'Italie ou d'Angleterre, le Président de la République française ou des Etats-Unis) ou *par des corps* comme le Sénat de Hambourg ou le Conseil fédéral suisse. Cette renaissance de l'arbitrage au XIXe a vu aussi son début de juridictionnalisation.

2 — La juridictionnalisation progressive de l'arbitrage.

1394. ***Le grand précédent : l'Alabama (1872)*** — Ce « nouveau cours » date de *l'affaire de l'« Alabama »* déjà souvent citée. Les deux parties en litige — Etats-Unis et GrandeBretagne — conclurent le 8 mai 1871 un compromis spécial soumettant leurs différends à l'arbitrage et créant un tribunal arbitral de cinq membres qui fut ainsi composé : chaque partie (les Etats-Unis et la Grande-Bretagne) nomma l'un de ses ressortissants comme arbitre tandis que les trois autres membres furent choisis par des Etats neutres, l'Italie, la Suisse et le Brésil. L'accord fixait également les règles que le tribunal devait appliquer, en même temps qu'il précisait les questions à trancher. On rappelle que les intérêts financiers étaient considérables, et que la sentence condamna la Grande-Bretagne à payer 15 millions de dollars-or de l'époque (il faut maintenant multiplier cette somme par 400 au moins).

Il y eut des *essais de codification et d'institutionnalisation* des règles de l'arbitrage, avec les *Conférences et Conventions de La Haye de 1899 et de 1907.* La Convention de 1907 codifia les règles générales de l'arbitrage dans ses articles 37 à 90 et elle confirma les termes de la Convention de 1899 ; elle commença également à institutionnaliser cette procédure avec la création de la *Cour permanente d'arbitrage,* qui, on le rappelle, n'était pas une véritable Cour : elle ne consistait qu'en une liste d'arbitres potentiels désignés par les gouvernements. Le seul élément permanent de la Cour était le Secrétariat qui avait pour mission de tenir à jour les listes d'arbitres. La C.P.A. fonctionna à partir de 1901 et elle permit de résoudre 25 affaires. Mais l'activité juridictionnelle de cette Cour est maintenant en sommeil depuis près d'un demi-siècle (voir *supra* n° 37).

Le mouvement pour développer le recours à l'arbitrage, soit au titre de conventions spéciales, soit au titre de conventions multilatérales à portée universelle, continua après les deux guerres mondiales. Il est présent dans le Pacte de la S.D.N., dans l'Acte général d'arbitrage et dans la Charte de l'O.N.U.. De même, des instruments régionaux comme le Pacte de l'O.E.A. de 1948 ou la Convention européenne de 1957 ont également expressément fait référence à l'arbitrage en lui accordant une place de choix. Il s'agit, le plus souvent, d'*instituer un recours facultatif à l'arbitrage.* Parfois, mais assez rarement, le *recours à l'arbitrage peut être obligatoire :* il en alla ainsi, sur le plan bilatéral, du Traité franco-anglais du 14 octobre 1903, ou sur le plan multilatéral, de l'Acte général d'arbitrage de 1928 ou de l'Accord de 1954 mettant fin au régime d'occupation en République fédérale d'Allemagne.

Le *recours à l'arbitrage pour régler des différends spéciaux entre deux Etats est également fréquent.* A titre d'exemple, on signalera la Convention bilatérale entre la France et l'Algérie de 1965 qui prévoyait le recours à l'arbitrage pour les différends en matière d'hydrocarbures et d'investissements.

De même, c'est encore à l'arbitrage que l'on va recourir lorsqu'un Etat se retire d'une Organisation internationale économique et qu'il s'agit de régler un différend entre cette institution et le pays qui s'en est retiré. Il en va de même en cas de liquidation d'une institution internationale de type économique.

Quantitativement, les clauses d'arbitrage sont donc fort répandues. Sur près de 5 000 traités étudiés il y a quelques années par une équipe dirigée par Mme Bastid, il apparut que plus de 14 % d'entre eux contenaient des clauses d'arbitrage. Celles-ci constituaient elles-mêmes 18 % des clauses prévoyant un mode quelconque de règlement des différends, et étaient incomparablement plus fréquentes que celles prévoyant le recours au juge de La Haye (voir A.F.D.I. 1967, 544).

Récemment, certains litiges inter-étatiques ont été soumis à l'arbitrage : ainsi *l'affaire dite de la Mer d'Iroise* entre la France et la Grande-Bretagne (A.F.D.I. 1977, 359) ou *l'affaire du Canal de Beagle* entre le Chili et l'Argentine (A.F.D.I. 1977, 408) ou encore plus récemment *l'affaire du Rainbow Warrior* entre la Nouvelle Zélande et la France (voir Clunet 1990, 841). Mais surtout, il convient de mentionner le règlement du contentieux existant entre les Etats-Unis et l'Iran qui a été confié par les accords d'Alger de 1981 à un Tribunal arbitral spécial qui a commencé à fonctionner dès la fin de 1981 et qui devra trancher plusieurs milliers de différends (sur ce Tribunal, voir les articles de B. Stern, *in* A.F.D.I. 1982.425, 1983.313 et 1984.425).

3 — L'élargissement de l'institution arbitrale.

1395. *Une ouverture à tous les sujets du droit international* — Initialement, l'arbitrage s'adressait aux seuls Etats. D'ailleurs, l'article 37 de la Convention de La Haye de 1907 en donnait une définition qui montrait clairement cet usage exclusif. La Convention définissait l'arbitrage comme étant : « le règlement des litiges entre les Etats par des juges de leur choix sur la base du respect du droit ».

Or l'arbitrage s'est progressivement appliqué aux Organisations internationales sans que cette extension ait eu d'incidence particulière sur son organisation et ses mécanismes propres.

Mais il n'en a plus été de même avec *l'utilisation de l'arbitrage par les personnes privées* dans leurs rapports avec les Etats et les Organisations internationales. La *saisine de l'arbitre constitue alors le moyen le plus fréquent et souvent le plus efficace à la disposition des personnes privées pour faire reconnaître et sanctionner par un organe international indépendant l'existence et la violation de leurs droits et obtenir ainsi réparation.* Ce type d'arbitrage « mixte » revêt des particularités telles qu'il convient de l'examiner séparément, et cela en dehors même de toute considération sur son importance croissante.

On notera également l'essor considérable de l'arbitrage comme mode de règlement des différends commerciaux internationaux entre des parties privées ou entre celles-ci et des Etats ou leurs émanations. C'est ainsi, par exemple, que la Chambre de Commerce Internationale (C.C.I.) a été saisie de plus de 7 000 litiges depuis sa création en 1923, les demandes au principal excédant les 15 milliards de dollars. Au cours de ces dernières années, le nombre d'affaires soumises à la C.C.I. oscille entre 250 et 300 par an, près de la moitié des litiges récents impliquant des Etats, leurs émanations ou des entreprises publiques (voir Y. Derains et S. Jarvin, la Cour d'arbitrage de la Chambre de Commerce Internationale, Clunet, 1984.907) ; Y. Derains, la Cour Internationale d'arbitrage de la C.C.I., Clunet, 1990.1017 ; A. Plantey, L'arbitrage dans le commerce international A.F.D.I., 1990, 307).

1396. ***Plan*** — On examinera, tout d'abord, l'arbitrage interétatique classique (Section I), avant d'étudier les spécificités de l'arbitrage international commercial entre Etats ou Organisations internationales et personnes privées — arbitrage mixte — (Section II).

Section I

L'arbitrage international interétatique classique

1397. ***Plan*** — L'institution repose sur un principe cardinal : le consentement des parties (§ 1). Ce principe se retrouve lors des diverses phases de la procédure arbitrale et explique ses traits spécifiques, que ce soit en matière de constitution et de fonctionnement de l'organe d'arbitrage (§ 2) ou d'exécution de la sentence rendue (§ 3).

§ 1 — Le consentement des Etats (et des organisations internationales) à l'arbitrage.

1398. ***Plan*** — Ce consentement peut être ponctuel et suivre la naissance du différend : il nécessite alors la conclusion d'un acte spécial — le compromis d'arbitrage —. Mais il peut être aussi général, établi avant toute survenance d'un différend précis, et porter alors sur le recours préalable à l'arbitrage obligatoire. Ce consentement peut être soumis à des conditions particulières plus ou moins larges ; en bref, il peut être qualifié.

1 — Le consentement ponctuel donné après l'apparition du litige : le compromis d'arbitrage.

1399. ***Un traité spécifique*** — Il s'agit ici d'un accord particulier entre Etats ou Organisations internationales dont la *spécificité tient à son objet et à son contenu,* car, *formellement, il s'agit d'un traité* qui est soumis aux règles du droit international applicables en la matière (voir *supra*).

Ce compromis d'arbitrage va déterminer le litige qui oppose les parties ; il va préciser la compétence des arbitres, l'organisation du tribunal, les règles de procédure et de fond qui devront être respectées. En la matière, Etats et Organisations internationales disposent d'une entière liberté de rédaction des termes du compromis. Certains sont précis : d'autres le sont beaucoup moins. En bref, le compromis va constituer la « charte constitutive » du tribunal arbitral ; il va à la fois fonder — mais aussi peut-être limiter — sa compétence. D'où la très grande importance de l'interprétation par les arbitres du compromis d'arbitrage (voir *infra*, n° 1407).

(A titre d'exemple d'un compromis d'arbitrage, voir celui signé par la France et le Royaume-Uni le 10 juillet 1975 dans *l'affaire de la Mer d'Iroise,* reproduit *in* R.G.D.I.P. 1976, 677 et s.).

2 — Le consentement préalable à l'arbitrage : le recours à l'arbitrage obligatoire.

1400. ***Arbitrage obligatoire spécifique ou général*** — Cet engagement de recourir à l'arbitrage peut être souscrit de deux manières différentes, soit spécifique, soit générale.

L'*engagement spécifique* prend la forme de l'insertion d'une *clause compromissoire* dans un traité déterminé. Il est alors prévu que, en cas de différend sur l'interprétation et l'application des dispositions de ce traité, le litige sera soumis à l'arbitrage. C'est un système qui est très fréquent aussi bien, et surtout d'ailleurs, *dans les traités bilatéraux à portée économique* comme les conventions d'établissement ou les conventions sur les investissements privés, que dans des accords multilatéraux, comme par exemple, l'Accord de Paris de 1954 relatif au statut international de l'Allemagne (art. 9 et annexe B), ou la Convention de 1958 sur « la pêche et la conservation des ressources biologiques de la haute mer » (art. 9-12).

L'*engagement général et permanent* consiste dans la conclusion d'un traité spécial prévoyant le *recours obligatoire* à l'arbitrage pour le règlement des différends. L'accord peut être bilatéral : ainsi, par exemple, le Traité franco-anglais précité de 1903 qui constituait l'une des manifestations concrètes de « L'Entente Cordiale » ; ou encore les *Accords de Locarno* de 1925 entre l'Allemagne et certains Etats européens (Belgique, France, Pologne et Tchécoslovaquie). Un tel accord peut aussi être multilatéral : on peut citer, à titre d'exemples, l'Acte général d'arbitrage de 1928 (révisé en 1949 par l'O.N.U. et entré en vigueur en 1950), la Convention européenne précitée de 1957, le Pacte de Bogota de 1948, ou le Pacte précité du Caire de 1964 dans le cadre de l'O.U.A.

Or, il est à noter que l'institution de semblables dispositions relatives à l'arbitrage obligatoire *ne dispense pas toujours de recourir à un accord particulier* entre les parties en litige qui devront signer un compromis pour préciser la mise en œuvre de la procédure d'arbitrage. C'est ce qui est d'ailleurs prévu dans l'Acte général d'arbitrage de 1928 (article 25), ou dans la Convention européenne de 1957 (article 23), ou dans le Protocole du Caire de 1964 (art. 29). Il existe un *risque certain de « blocage » de la procédure* si les Etats n'arrivent pas à se mettre d'accord et à signer un compromis. Dans les deux premières conventions multilatérales précitées, il a été prévu des mécanismes permettant aux organes arbitraux de fonctionner même en l'absence de compromis (voir les articles 27-28 de l'Acte général d'arbitrage ou les articles 25-26 de la Convention européenne de 1957). En revanche, l'article 30 du Protocole du Caire de 1964 ne permet pas de remédier à une telle carence dans la mesure où il impose toujours la conclusion d'un compromis.

A l'inverse, il existe des cas où la procédure d'arbitrage obligatoire est suffisamment précise pour qu'il y ait dispense de tout compromis spécifique. Il en va ainsi du tribunal d'arbitrage institué par les Accords de Paris de 1954 précités qui mettaient fin au régime d'occupation de la République fédérale d'Allemagne.

3 — Un consentement souvent limité par l'existence de réserves.

1401. ***Exclusions traditionnelles*** — Si le phénomène des réserves est fréquent en matière de traité (voir *supra*, n° 312 et s.), il est quasiment généralisé en ce qui concerne les engagements d'arbitrage obligatoire (pour le recours au juge, voir *infra*, n° 1447). C'est ainsi que l'Accord franco-britannique de 1903 qui joua ici encore un rôle de pionnier, excluait de l'arbitrage les litiges mettant en jeu l'« honneur », les « intérêts vitaux » des deux pays ou les « intérêts d'une tierce puissance ». Il s'agissait là de réserves de nature subjective qui peuvent recevoir un contenu fort large susceptible de vider l'engagement d'arbitrage de l'essentiel de sa substance.

De nos jours, les réserves apparaissent plus limitées et tendent à exclure des litiges précis (territoriaux par exemple), ou moins précis, comme ceux portant *sur le domaine réservé ou la compétence nationale des Etats* au sens de l'article 2, § 7, de la Charte de l'O.N.U., (voir *supra*, n° 909 et s.). Il reste un problème majeur et non pleinement résolu dans le droit de l'arbitrage, à savoir qui doit apprécier la portée d'une telle réserve de « compétence nationale » : l'Etat, ou l'arbitre ? La tendance actuelle pencherait plutôt en faveur de la compétence de l'arbitre dans la mesure où celui-ci statue en vertu du droit international et qu'un tel concept doit être soumis dans ses contours à la détermination du droit international (voir *supra*, n° 907 et s. et voir aussi *infra*, n° 1447 pour l'appréciation de cette réserve devant la C.I.J.).

§ 2 — Constitution et fonctionnement de l'organe arbitral.

1402. ***Différences marquées avec la juridiction internationale*** — Ici les *différences avec la juridiction internationale apparaissent très marquées.* Cette dernière est en effet permanente et sa composition ne dépend pas de la volonté des parties, si l'on excepte l'institution du juge ad hoc — d'ailleurs justement qualifiée de « survivance de l'arbitrage » — (voir *infra*, n° 1438). Son fonctionnement, de plus, est institutionnalisé par un « statut » et un « règlement intérieur » auxquels il n'est pas possible de déroger (voir *infra*, n°s 1433 et 1437).

Rien de tel n'existe en matière d'arbitrage. Etats ou Organisations internationales ont la maîtrise de la composition de l'organe arbitral. Ils peuvent lui imposer des règles de procédure ou de fond spécifiques de leur choix. A titre d'exemple contraire, on peut citer le tribunal arbitral institué par les Accords de Paris précités de 1954, qui se rapproche alors d'une juridiction classique (voir l'Annexe B). Cette liberté de principe des parties en matière d'arbitrage explique la très grande diversité des solutions retenues en la matière en même temps que le grand succès de cette procédure.

1 — La composition de l'organe arbitral.

Le choix du ou des arbitres est, en général, effectué au coup par coup par les Etats en litige. Toutefois, problèmes et difficultés abondent en la matière.

a) Le libre choix des arbitres par les parties.

1403. ***Les options*** — Telle est la règle générale. Soit les arbitres sont nommés en fonction de chaque affaire, soit ils sont choisis une fois pour toutes lorsqu'il s'agit d'un tribunal arbitral préconstitué et à compétence générale. Il en va ainsi, par exemple, du tribunal d'arbitrage des Accords de Paris de 1954. Il en alla de même auparavant des tribunaux arbitraux mixtes de l'entre-deux-guerres.

Cela étant, il est possible de recourir à un *arbitre unique,* surtout dans l'hypothèse où ce dernier est désigné par un « tiers » : il s'agit là d'une solution ancienne qui date de l'époque des arbitrages par souverain qui sont devenus rares à l'époque contemporaine (on en trouvera cependant un exemple récent avec l'arbitrage rendu par la Reine d'Angleterre dans *l'affaire* précitée *du canal de Beagle* entre le Chili et l'Argentine). Le plus souvent, il est fait appel à *plusieurs arbitres*, en nombre impair : ainsi, un ou deux arbitres sont nommés par chaque partie, le *sur-arbitre* l'étant par accord entre les premiers nommés (tel fut le système retenu par les diverses « commissions mixtes d'arbitrage » sur le modèle des Traités Jay précités ou celui institué par la Convention de La Haye de 1899 et 1907, ainsi que par les traités ayant établi les tribunaux arbitraux mixtes de l'entre-deux-guerres, ou encore par les traités ayant établi des commissions mixtes entre les Etats-Unis et les pays européens avec de nombreux pays latino-américains au début du siècle - Venezuela, Mexique, Pérou -).

b) Des contestations fréquentes.

1404. ***De l'impossibilité de nommer des arbitres à la contestation de leurs qualités*** — Les difficultés ne sont pas rares, soit que les *arbitres déjà nommés ne puissent se mettre d'accord sur la personne du sur-arbitre, soit encore que l'une des parties s'abstienne de nommer un arbitre.* Les risques sont alors grands de blocage de la procédure et donc de la paralysie de l'ensemble de l'arbitrage.

Un tel danger n'est pas seulement théorique, ainsi que le montre *l'avis consultatif de la C.I.J. du 30 mars 1950 relatif à l'interprétation des traités de paix conclus avec la Bulgarie, la Hongrie et la Roumanie.* Aux fins du règlement des différends, ces traités de paix prévoyaient la constitution de commissions mixtes d'arbitrage. Or la Bulgarie, la Hongrie et la Roumanie s'abstinrent de nommer leurs représentants. S'il y avait bien là une violation de leurs obligations internationales, comme devait le reconnaître la Cour, il y avait également une carence de ces mécanismes qu'elle ne pouvait pas combler, rien ne permettant au vu de ces traités de paix de remédier à l'absence de nomination par l'une quelconque des parties de « son » arbitre. D'où des dispositions assez fréquentes et détaillées pour pallier cette difficulté en cas de refus de nomination d'un arbitre par une partie ou en cas d'absence d'accord sur la personne du sur-arbitre. Dans ces conditions, les arbitres manquants peuvent être désignés par une autorité au prestige non contesté, comme le Président de la Cour internationale de justice ou le Secrétaire général des Nations unies (c'est d'ailleurs la solution retenue par les annexes VII *Arbitrage* et VIII *Arbitrage spécial* de la Convention du 10 décembre 1982 sur le droit de la mer).

Des problèmes également difficiles à régler se présentent lorsque *l'indépendance ou l'impartialité d'un arbitre* est mise en cause ou lorsque l'un d'eux décide de se retirer de la procédure. De délicats problèmes de remplacement se posent alors et il convient de les résoudre d'une manière qui évite d'affaiblir l'autorité de la sentence qui devra être rendue par le tribunal arbitral.

2 — Le fonctionnement de l'organe arbitral.

1405. ***Plan*** — Les règles de procédure et de fond sont, en général, déterminées par les parties en litige dans leur compromis ; elles lient les arbitres. Toutefois ceux-ci gardent « la compétence de la compétence ».

a) La détermination du droit applicable.

1406. ***De la stricte détermination du droit au jugement en équité*** — L'éventail des solutions possibles est ici très large. Soit les parties préciseront par le menu et sans ambiguïté le droit qu'elles entendent voir appliquer en l'espèce ; alors la tâche des arbitres sera simple, comme ce fut, par exemple, le cas dans *l'affaire de l'« Alabama ».* Soit les parties ne disent rien sur le droit applicable ou feront, le plus souvent, référence au droit international pris dans son ensemble ou à l'article 38 du Statut de la C.I.J. ou aux principes généraux du droit ; alors la tâche des arbitres sera rude, surtout s'il n'y a pas de règles suffisantes dans la matière faisant l'objet du litige qu'ils ont à trancher en raison de *lacunes du droit international.*

Il peut aussi arriver — le cas n'est pas rare en matière d'arbitrage — que les *parties décident d'élargir la compétence des arbitres* en leur permettant de statuer *ex aequo et bono,* c'est-à-dire en tant qu'« amiables compositeurs ». Telle est la solution prévue à l'article 28 de l'Acte général d'arbitrage qui donne le droit à l'organe arbitral de juger *ex aequo et bono* en cas de lacune du droit positif. De même, l'article 26 de la Convention européenne de 1957 accorde ce droit aux arbitres en cas d'absence ou d'imprécision du compromis. En revanche, le Protocole du Caire précité de 1964 exige toujours l'accord des parties pour qu'il y ait possibilité pour les arbitres de statuer en « amiables compositeurs » (article 30).

De même, la compétence des arbitres peut être élargie par les parties qui peuvent leur demander de jouer le *rôle de législateur international* en faisant un *règlement pour l'avenir.* Tel fut par exemple le cas dans le compromis de 1938 entre les Etats-Unis et le Canada à propos de *l'affaire de la fonderie du Trail.*

Un tribunal arbitral qui tient sa compétence de la volonté des parties peut librement — contrairement aux tribunaux nationaux qui tirent leur existence et compétence de lois étatiques — interpréter les traités internationaux sans renvoi à une quelconque interprétation gouvernementale (voir Cass. civ. 1re Ch., 18 novembre 1986, *S.E.E.E., B.I.R.D., c. d'Etat français et R.S.F. de Yougoslavie,* Clunet, 1987.121 avec une note B. Oppetit).

b) La possession par l'arbitre de « la compétence de sa compétence ».

(Voir G. Berlia, « Jurisprudence des tribunaux internationaux en ce qui concerne leur compétence », R.C.A.D.I., 1955, tome 88, 109 et s.).

1407. ***Un principe général de droit consacré en jurisprudence*** — Il s'agit là *d'un principe général de droit* selon lequel tout arbitre international dispose du pouvoir de décider de sa compétence et de son étendue. Un tel pouvoir peut être considéré comme inhérent à la fonction arbitrale. En effet, si le juge interne rend la justice « au nom du peuple » et voit sa mission fondée sur l'ordre constitutionnel local, il n'y a rien de tel pour l'arbitre : celui-ci ne tient sa compétence que de la seule volonté des parties. Bien entendu, l'arbitre appréciera sa compétence au vu du compromis d'arbitrage qu'il aura la charge d'interpréter.

Cette règle fut posée lors de *l'affaire de l'« Alabama »* et elle devait être systématiquement affirmée par la suite par les tribunaux arbitraux. On en citera un exemple typique avec la sentence du 2 avril 1940, *Compagnie Radio-Orient* rendue entre la France et l'Egypte ; les arbitres estimèrent que : « Sauf dans les cas où les parties en ont décidé autrement, *tout tribunal international arbitral est juge de sa propre compétence* » (A.J.I.L. 1943, 346). Ce principe est d'ailleurs confirmé par le droit conventionnel (voir l'article 73 de la Convention de La Haye de 1907 ou l'article 9 du projet sur l'arbitrage réalisé par la C.D.I. — Commission du droit international — en 1958 et qui était dû à Georges Scelle).

Cette règle, de nature supplétive, évite que l'arbitre international ne perde sa liberté de juger et se trouve trop étroitement soumis à la tutelle des plaideurs.

Toutefois, il y a une limite que l'arbitre ne saurait franchir, c'est de *dépasser les pouvoirs qui lui ont été conférés par les parties dans le compromis d'arbitrage.* Une situation d'excès de pouvoir de l'arbitre est relativement rare (voir *l'affaire* dite de *la frontière nord-est, in* La Pradelle et Politis, tome I, p. 375 et s.) ou (*l'affaire Chevreau* entre la France et la Grande-Bretagne C.P.A. 9 juin 1931, R.S.A., tome II, 1113 et ici pp. 1137-1138)).

§ 3 — La sentence arbitrale.

1 — La forme de la sentence.

1408. ***De l'absence de motivation à une stricte motivation*** — Initialement, les sentences arbitrales n'étaient pas motivées : c'était le cas à l'époque où l'arbitrage était rendu par souverain. De nos jours, il n'en va plus de même et il s'agit là d'une condition essentielle à leur acceptation par les parties en litige et donc, en dernière analyse, à leur bonne exécution.

La sentence est rédigée en la forme juridique, avec des *motifs longuement développés et argumentés* (voir l'art. 79 de la Convention de La Haye de 1907). Elle est adoptée à la majorité des arbitres, avec des possibilités d'opinions individuelles ou dissidentes. Enfin, elle est lue en séance publique (art. 80 de la Convention de La Haye, de 1907).

En bref, il s'agit d'un *acte juridictionnel solennel.*

2 — Les effets de la sentence.

1409. ***Qualité de l'autorité de la chose jugée*** — La *sentence arbitrale,* une fois rendue, est *définitive* et *obligatoire* pour les parties en litige : *elle possède l'autorité de chose jugée* (voir les articles 81 et 84 de la Convention de La Haye de 1907). Les parties doivent donc l'exécuter de bonne foi, ce qui est le cas le plus fréquent. Cependant, *il n'existe pas de système d'exécution contraignante.* L'article 13, al. 4 du Pacte de la S.D.N. semblait ouvrir toutefois une possibilité « institutionnelle » : « Les membres de la S.D.N., disposait-il, s'engagent à exécuter, de bonne foi, les sentences rendues, et à ne pas recourir à la guerre contre tout membre de la Société qui s'y conformera.

Faute d'exécution de la sentence, le Conseil (de la S.D.N.) propose des mesures qui doivent en assurer l'effet ». Rien de tel n'existe dans la Charte de l'Organisation des Nations unies. En revanche, l'article 39 de la *Convention européenne de 1957 prévoit la saisine possible du conseil des ministres qui peut, à la majorité des deux tiers, faire des recommandations appropriées en cas de non-respect d'une sentence arbitrale.* Le plus souvent, quand un Etat refuse d'exécuter une sentence arbitrale, il maintient une telle position pour des motifs de droit, estimant qu'elle est affectée d'un vice qui la rend inopérante. Tel fut par exemple le cas de l'Argentine qui refusa, pendant un temps, d'exécuter la sentence rendue par la Reine d'Angleterre en 1977, au motif que celle-ci avait agi, entre autres, *ultra petita* (voir R.G.D.I.P. 1978, p. 636 et s.).

3 — Les voies de recours contre la sentence arbitrale.

a) Les fondements.

1410. ***Vices internes et externes*** — Les fondements de recours éventuels contre une sentence arbitrale peuvent porter sur des vices soit externes, soit internes.

Les *vices externes* peuvent trouver leur origine dans la *nullité du compromis d'arbitrage,* par exemple. C'est ce qui fut soutenu dans *l'affaire de la sentence du roi d'Espagne rendue en 1906 entre le Honduras et le Nicaragua* pour trancher un différend frontalier et qui fut porté par accord spécial devant la C.I.J. en 1960. En l'espèce, la Cour refusa de reconnaître la nullité du compromis d'arbitrage, ce qui aurait réduit à néant toute la procédure arbitrale antérieure. Dans le même sens, les parties peuvent invoquer la désignation irrégulière des arbitres (ce qui fut soutenu en vain dans l'affaire précitée) ou des irrégularités de procédure.

En outre, il peut y avoir des *vices internes,* intrinsèques qui, de l'avis d'une partie, justifient la réformation de l'arbitrage. Soit, par exemple, on est en présence d'une corruption de l'arbitre, d'une collusion ou de conflit d'intérêts (pour un exemple, voir F. Eisemann, La double sanction prévue par la convention de la B.I.R.D. en cas de collusion ou d'ententes similaires entre un arbitre et la partie qui l'a désigné, A.F.D.I. 1977, 436). Soit l'on se trouve dans une situation où l'arbitre a agi au-delà de ses pouvoirs, *ultra petita.* Soit l'arbitre a commis une *erreur de droit manifeste et fondamentale :* c'est ce qui fut soutenu par l'Argentine dans *l'affaire* précitée du *canal de Beagle.* Soit encore, la sentence peut revêtir des *contradictions internes* et c'est aussi ce qui fut soutenu par *l'Argentine dans l'affaire du canal de Beagle de 1977.* Soit enfin, une partie peut invoquer l'absence de clarté de la sentence, ce qui fut soutenu par la Grande-Bretagne dans *l'affaire précitée de la Mer d'Iroise de 1977.*

b) Les moyens.

1411. ***Interprétation, révision, réformation*** — Il existe tout d'abord un *recours en interprétation* devant le tribunal arbitral qui a rendu la sentence au cas où celle-ci apparaîtrait peu claire. Cette possibilité a été officiellement reconnue par l'article 82 de la Convention de La Haye de 1907. Cette procédure fut appliquée dans *l'affaire de la Mer d'Iroise* où il y eut une requête anglaise aux fins d'interprétation (voir la sentence interprétative du 14 mars 1978, A.F.D.I. 1978, 1293, note E. Zoller).

Le recours en révision est également possible devant l'auteur de la sentence. Il est expressément reconnu par l'article 83 de la Convention de La Haye de 1907. Toutefois, ce recours en révision est très difficile. Il faut, tout d'abord, que cette procédure ait été prévue. Elle doit être assortie d'un délai de mise en œuvre. Elle doit enfin être justifiée par la « découverte d'un fait nouveau de nature à exercer une influence décisive sur la sentence ». Il s'agit là d'un phénomène extrêmement rare. La mise en œuvre de ce recours en révision se heurte d'ailleurs à des obstacles tout à fait considérables, ainsi qu'en témoigne *l'affaire Lehigh Valley Railroad* devant la commission de réclamation entre les Etats-Unis et l'Allemagne et qui entraîna le retrait du commissaire allemand. (Voir A.J.I.L., vol. 34, 1940.154 ; voir aussi pour d'autres exemples Hackworth, Digest of International Law, vol. VI, pp. 90-98).

Il existe également *le recours en réformation ou annulation,* qui demeure, comme les précédents, très exceptionnel. Dans tous les cas, il faudra l'accord des parties en cause. Soit un nouvel arbitre va être saisi : une telle situation se produisit dans l'instance qui opposa les Etats-Unis au Venezuela dans l'affaire dite de *l'Orinoco Steamship Cy :* un premier arbitrage avait été rendu en 1904 sur la base du droit du Venezuela et non du droit international à l'encontre de ce qu'exigeait le compromis d'arbitrage. Après accord entre les deux pays, le différend fut soumis à un nouveau tribunal arbitral qui devait être constitué dans le cadre de la C.P.A. (R.S.A., vol. IX. 180, 1903). Soit *le recours en réformation ou annulation sera porté en « appel » devant la Cour internationale de justice.* Une telle possibilité avait d'ailleurs été expressément prévue à propos du fonctionnement des tribunaux arbitraux mixtes dont les sentences pouvaient être réformées en appel devant la C.P.J.I. : il existait des dispositions en ce sens dans l'accord spécial entre la Hongrie, la Roumanie, la Tchécoslovaquie et la Yougoslavie, qui faisaient de la C.P.J.I. l'instance d'appel des tribunaux arbitraux mixtes fontionnant entre eux.

Dans *l'affaire précitée de la sentence arbitrale du roi d'Espagne de 1906,* il y eut un accord spécial entre les deux parties — Honduras et Nicaragua — pour soumettre à la Cour cette sentence en appréciation de sa validité. Or, la C.I.J. précisa bien qu'elle n'était pas une instance d'appel en l'espèce et que sa seule fonction était de déterminer si la sentence était nulle et de nul effet, ou si, au contraire, elle avait à être exécutée par les deux parties en raison de sa pleine validité (voir l'article de L. Cavaré, « L'arrêt de la C.I.J. du 18 novembre

1960 et les moyens d'assurer l'exécution des sentences arbitrales », Mélanges Rolin, 1964, pp. 39-54).

1412. ***Grand essor actuel de l'arbitrage inter-étatique*** — Ce type d'arbitrage inter-étatique a connu et connaît encore un certain succès. De 1920 à 1944, il a été calculé que les tribunaux arbitraux et les commissions mixtes de réclamation avaient statué sur plus de 50 000 affaires. Pendant le même temps, la C.P.J.I. n'avait rendu que 32 arrêts et donné 26 avis consultatifs. Plus près de nous, le *Tribunal des différends irano-américains* institué par accord spécial en 1981 est parvenu à régler près de 4 000 affaires durant la période 1982-1989 (voir D. Caron, *The nature of the Iran-United States claims tribunal and the evolving structure of international dispute resolution,* A.J.I.L. 1990.104) alors que dans le même laps de temps, la C.I.J. ne devait rendre qu'une quinzaine d'arrêts et avis consultatifs. Les chiffres ne parlent-ils pas d'eux-mêmes ?

Section II

L'arbitrage international entre Etats (et Organisations internationales) et personnes privées : l'arbitrage mixte

1413. ***Un fondement contractuel*** — Déjà, dans le passé, les Etats avaient parfois essayé d'associer à la procédure les personnes privées lésées, en les faisant participer au choix des arbitres ou en les autorisant à apparaître devant la Cour arbitrale (voir G. Guyomar, « L'arbitrage concernant les rapports entre les Etats et particuliers », A.F.D.I. 1959, 333).

Or, ici, on se trouve dans des hypothèses entièrement différentes. L'Etat (ou une Organisation internationale) et son cocontractant privé étranger vont, *d'un commun accord,* insérer dans le contrat qui les lie une clause de recours à l'arbitrage international pour trancher les litiges qui viendraient à naître lors de l'exécution de leurs engagements réciproques. Ces « accords » internationaux entre Etats et personnes privées sont soumis — souvent, nous l'avons vu — au droit international ; il est dès lors normal que les deux parties puissent faire directement valoir leurs droits respectifs au niveau international devant des juges internationaux, ici des arbitres indépendants et objectifs. Il y a donc une justification logique à ce type de clause compromissoire. Si *les contrats internationaux entre Etats et Organisations internationales d'une part et personnes privées d'autre part sont soumis au droit international, il est normal que celui-ci s'applique et soit appliqué par un juge qui relève également de l'ordre international.*

1414. ***L'absence d'accès des individus à la C.I.J.*** — *Une autre raison* de l'insertion de ces clauses d'arbitrage, c'est que *la juridiction internationale n'est pas ouverte à l'individu* (voir *infra*, n° 1439). L'individu lésé ne peut saisir la Cour internationale de La Haye. En revanche, rien ne lui interdit de recourir à l'arbitrage international. Ne serait-il pas également contraire à l'égalité des parties dans un contrat international que seuls les tribunaux de l'Etat et donc de l'un des cocontractants soient exclusivement compétents pour juger de tels litiges « internationaux » par nature car mettant en cause des personnes privées étrangères ? *Le recours à l'arbitrage constitue alors un bon moyen pour assurer et préserver l'égalité des parties. Il est l'un des éléments constitutifs de l'équilibre contractuel.*

1415. ***Réticence du recours au juge interne*** — Enfin, on notera que la personne privée ne pourra pas le plus souvent soumettre les litiges nés d'un contrat international avec un Etat étranger aux tribunaux internes de son propre pays, une *telle action risquant de connaître l'échec en raison de l'immunité de juridiction et d'exécution reconnue traditionnellement à l'Etat étranger* (voir *supra*, n° 920 et s.). Donc avec la soumission à l'arbitre international, cette difficulté disparaît, du moins dans un premier temps.

1416. ***Fréquence des clauses compromissoires*** — *Ces clauses d'arbitrage* insérées dans les contrats internationaux ou « transnationaux » *sont maintenant extrêmement fréquentes.* On peut même affirmer qu'il s'agit là de la règle générale ; elles constituent également l'un des éléments essentiels de l'internationalisation de ces contrats.

1417. ***Plan*** — Ce recours à l'arbitrage peut se dérouler dans des cadres tout à fait différents. Soit, en effet, l'arbitrage va être institué dans un cadre conventionnel préétabli à la suite d'un accord entre Etats et Organisations internationales (§ 1), soit, au contraire, l'arbitrage est prévu de manière entièrement contractuelle, au cas par cas, par des clauses compromissoires insérées dans ce type de contrats (§ 2). On exclura les cas où le recours à l'arbitrage international est prévu dans des codes d'investissement locaux : il trouve alors son fondement dans des mesures unilatérales nationales et les Etats ont toujours la possibilité de les modifier à leur guise (voir J.C. Gautron, « Les conventions d'établissement conclues par le Sénégal avec des entreprises », A.F.D.I. 1968, 654).

§ 1 — L'arbitrage international mixte institué par traité inter-étatique (accord de couverture).

1418. ***Droits dérivés de l'individu*** — Cette situation est relativement simple. On est ici en présence d'un « traité couverture » ou « parapluie » (*umbrella agreement*) conclu entre deux ou plusieurs Etats et qui va préciser les conditions de recours à l'arbitrage en cas de différend entre l'une des parties contractantes étatiques et un ressortissant d'un autre Etat. Ici, l'individu, la personne privée, ne possédera que des droits dérivés — y compris notamment celui de saisir l'arbitre international — et dont l'étendue sera fonction des dispositions de ce « traité couverture ».

Ces « traités couverture » peuvent être de type bi- ou multilatéral. Dans ce dernier cas, il n'en existe à notre connaissance qu'un seul exemple, mais qui est célèbre : il s'agit de la Convention B.I.R.D. de 1965.

1 — L'existence d'un « traité couverture » bilatéral.

1419. ***Fréquence dans les traités à portée économique***— Il arrive assez souvent, dans le domaine économique notamment, que *deux Etats décident de prévoir un recours systématique à l'arbitrage international pour régler les différends qui viendraient à s'élever entre l'un d'entre eux et un ressortissant de l'autre.* L'exemple typique est celui *de l'accord franco-algérien sur les hydrocarbures de 1965,* prévoyant le recours à l'arbitrage pour tout ce qui concernait les hydrocarbures et les investissements français en Algérie dans ce secteur. On trouve des dispositions analogues dans les *conventions bilatérales d'investissement qui ont été récemment conclues par la France* (voir l'article de P. Juillard, Clunet 1979, p. 274).

Dans le même sens, un accord bilatéral spécifique peut contenir une clause d'arbitrage au *profit des ressortissants des deux Etats respectifs chargés d'effectuer des travaux publics.* (Pour un exemple concret, voir Ch. Vallée, « L'affaire d'Aragnouet-Bielsa : impasse pour un tunnel », A.F.D.I. 1974, 354). En l'espèce, une convention de 1962 entre la France et l'Espagne prévoyait la saisine possible d'un tribunal arbitral pour trancher des conflits entre les entrepreneurs et le maître de l'ouvrage.

Des traités bilatéraux peuvent également prévoir une telle clause d'arbitrage au profit de *leurs ressortissants respectifs qui remplissent une mission de service public* bien précise, comme celle d'assurer leurs relations maritimes par exemple (voir *l'Accord franco-algérien relatif aux transports maritimes du 23 février 1972* qui contient une clause de ce type et l'article de Decaux, La pratique française de l'arbitrage, A.F.D.I., 1978, pp. 360-361). Dans le même sens, il est loisible de citer le Traité franco-anglais du 12 février 1986 relatif à la construction d'une liaison fixe trans-Manche qui prévoit le recours généralisé à l'arbitrage pour régler les différends interétatiques aussi bien que ceux opposant les Etats concédant aux concessionnaires ou que ceux survenant entre ces mêmes concessionnaires (art. 19). (J.O. 16 septembre 1987, p. 10.769).

1420. ***Contenu*** — Un tel traité-couverture va déterminer l'étendue des « droits directs » dont la personne privée va pouvoir éventuellement bénéficier.

Tout d'abord, se pose le *problème du choix des arbitres.* Celui-ci peut être fait soit par les gouvernements, soit par les parties privées bénéficiant de ce traité-couverture. Tel est le cas, par exemple, de l'Accord franco-algérien de 1972 sur les transports maritimes où chaque partie va pouvoir déterminer son arbitre. Tel était aussi le cas de l'Accord franco-algérien de 1965 sur les hydrocarbures.

La saisine, bien entendu, est *toujours ouverte aux personnes privées.* C'est le but même de ce type de clause d'arbitrage. Toutefois, cette saisine est soumise au respect préalable d'une règle de fond que nous avons déjà rencontrée, à savoir *l'épuisement des recours internes par la partie privée* qui se plaint d'avoir subi un préjudice de la part de son co-contractant étatique.

Le droit applicable peut aussi être déterminé dans ce type de traité-couverture. A ce titre, il peut être entièrement celui du pays hôte, ce qui est rare ; soit il peut s'agir du droit national de ce dernier mais complété par le droit international ou dans la seule mesure où il lui est conforme ; soit, enfin, il peut être fait référence à l'application du droit international ou des principes généraux du droit.

Ces traités précisent enfin la portée du caractère obligatoire de la sentence arbitrale ainsi que les voies de recours éventuelles.

1421. ***Droit accordé à l'individu de recourir à l'arbitrage international*** — En bref, il convient de retenir ici que la personne privée va recevoir directement par un traité international le droit de mettre en œuvre une procédure d'arbitrage, elle-même internationale, pour trancher un différend qui l'opposerait à un Etat (ou à l'un de ses démembrements) avec lequel elle a passé un contrat.

2 — L'existence d'un traité-couverture multilatéral : la Convention B.I.R.D. du 18 mars 1965 pour le règlement des différends relatifs aux investissements entre Etats et ressortissants d'autres Etats.

(Voir le Colloque de Dijon intitulé : « Investissements étrangers et arbitrage entre Etats et personnes privées », Paris, Pedone, 1969 ; G. Delaume, « Le Centre International pour le règlement des différends relatifs aux investissements », Clunet, 1982-775 ; « I.C.S.I.D. arbitration and the Courts », A.J.I.L. 1983.784 ; le C.I.R.D.I. et l'immunité des Etats, Rev. de l'Arbitrage, 1983.143 ; L'arbitrage C.I.R.D.I. et le banquier, Banque, 1983.889 ; Giardina, « L'exécution des sentences du C.I.R.D.I. », R.C.D.I.P., 1982.273 ; P. Rambaud, « Premiers enseignements des arbitrages du C.I.R.D.I. », A.F.D.I., 1982.471. Voir aussi les Chroniques régulières sur le C.I.R.D.I., par E. Gaillard au Clunet).

1422. ***Caractère unique***— On est ici en présence du premier — et du seul — accord international à vocation universelle en la matière (au 1er juillet 2000, 149 Etats avaient signé cette convention et 132 l'avaient ratifiée). *Cette convention admet un droit de saisine directe d'une instance internationale par des investisseurs privés contre des Etats.* Sans doute le mécanisme est-il encadré par les Etats nationaux, mais il reste que les personnes privées disposent ici de droits directs qu'ils peuvent faire valoir dans l'ordre international. Cette solution favorable pour les investisseurs privés a été rendue possible parce que les Etats exportateurs de capitaux, en échange du recours à l'arbitrage international, ont accepté de renoncer à leur protection diplomatique, ce qui ne pouvait qu'être vu avec faveur par les Etats importateurs de capitaux pour la plupart en voie de développement (voir *supra* n°s 1114 et s. et en particulier n°s 1118 et 1141).

On notera d'ailleurs qu'un tel système de protection par recours à l'arbitrage avait été expressément prôné par l'O.C.D.E. dans son projet de Convention relative à la « protection des biens étrangers » (voir l'article 7).

Ce système de recours à l'arbitrage prévu par la Convention B.I.R.D. est extrêmement important dans la pratique car les Etats y font souvent référence dans des conventions bilatérales d'investissements (voir l'article précité de P. Juillard, Clunet, 1979, p. 288-289).

La Convention B.I.R.D. institue tout d'abord un *centre de règlement international pour les différends relatifs aux investissements :* le C.I.R.D.I.

La Convention prévoit que le Centre sera compétent lorsqu'il s'agira de trancher un différend juridique opposant, d'une part, un Etat ou une collectivité publique partie à la Convention et un ressortissant d'un autre pays lui-même partie à cette convention. La *saisine du Centre ne pourra être réalisée qu'après épuisement des recours internes par la partie privée — du moins si l'Etat contractant l'exige (article 26).* Il s'agit là — on le rappelle — d'une règle coutumière du droit de la responsabilité internationale (voir *supra*, n° 1133 et s.). De plus, la saisine du *Centre exclut tout recours à la protection diplomatique du particulier par son Etat d'origine.* Il y a là une légalisation, dans un contexte bien particulier il est vrai, de la célèbre « clause Calvo » (voir *supra*, n° 1141 et s.).

Ce Centre établit une liste d'arbitres qui acceptent de siéger éventuellement en instance de jugement. Il est prévu que le tribunal arbitral éventuel pourra se composer par exemple d'un arbitre unique ou d'un nombre impair d'arbitres, trois, deux étant nommés par chacune des parties et ceux-ci choisissant à leur tour le sur-arbitre. Si une partie s'abstient de nommer un arbitre, la procédure ne peut pas être paralysée dans la mesure où le président du C.I.R.D.I. pourvoira à cette carence et fera lui-même ce choix.

En ce qui concerne le *droit applicable,* le tribunal arbitral disposera tout d'abord, et cela est traditionnel, de la « compétence de sa compétence » ; il appliquera les règles de droit adoptées par les parties dans leur contrat d'investissement, c'est-à-dire souvent le droit interne du pays hôte, éventuellement complété par les principes du droit international.

On rappellera que *le tribunal arbitral* — et ceci est tout à fait exceptionnel (voir *supra*, n° 780) — *ne saurait refuser de juger sous prétexte du silence ou de l'obscurité du droit.* Il y a là une disposition qui rappelle celle du Code civil français. Il est aussi prévu que le tribunal pourra statuer, si les parties en sont d'accord, *ex aequo et bono.*

La sentence est adoptée à la majorité et elle doit être motivée, avec des possibilités éventuelles d'opinions individuelles ou dissidentes. *Cette sentence ne sera pas publiée,* sauf si les parties au litige y consentent (tel a été le cas par exemple pour la sentence *AGIP s.p.a.*

c. Congo qui a été publiée à la R.C.D.I.P. de 1982, p. 92 et s., avec une note Batiffol). Il est possible de *corriger, d'interpréter ou de réviser, voire d'annuler,* ces sentences rendues par les tribunaux arbitraux fonctionnant dans le cadre du C.I.R.D.I. (plusieurs sentences ont d'ailleurs déjà fait l'objet d'annulation, voir P. Rambaud, l'annulation des sentences Klöckner et AMCO, A.F.D.I., 1986.259). Mais toutes ces formalités sont soumises à des conditions de formes strictes, qu'il s'agisse des délais qui sont limités ou des motivations des parties qui doivent être précises. Enfin, *la sentence rendue est obligatoire.* Il n'y a pas de voies d'appel ou de recours et surtout il est prévu que son *exequatur n'est pas nécessaire.* Autrement dit, la *sentence arbitrale constitue en elle-même un titre exécutoire suffisant,* et ceci même à l'égard de l'Etat contre qui elle est rendue, si tel était le cas.

1423. ***L'obstacle non résolu : les immunités étatiques*** — Toutefois il existe un obstacle qui n'a pas été levé par la Convention en ce qui concerne l'exécution de la sentence contre un Etat étranger, *si celui-ci bénéficie d'immunités de juridiction et d'exécution* dans le for où l'exécution de la sentence est recherchée. Sur ce point, la Convention B.I.R.D. a refusé de trancher (voir les articles 54 à 55) et elle se contente de *renvoyer au droit applicable de l'Etat sur le territoire duquel les parties décident de demander l'exécution de la sentence.*

1424. ***Aperçu de la jurisprudence C.I.R.D.I.*** — Cette convention présente une très grande importance théorique en raison de la nature des problèmes qui sont abordés et des solutions originales qui leur ont été apportées. De plus, sur le plan pratique, on notera qu'une large majorité d'Etats y sont maintenant parties et que les références aux mécanismes du C.I.R.D.I. sont fréquentes dans nombre de conventions bilatérales en matière d'investissements. Cependant, *peu d'affaires ont été jusqu'à présent soumises au C.I.R.D.I.,* moins d'une centaine et une trentaine sont actuellement pendantes. Dans toutes ces instances ce sont les personnes privées qui ont été à l'origine de la saisine du C.I.R.D.I. faisant valoir des manquements au droit dont se seraient rendus coupables leurs co-contractants gouvernementaux. Enfin, l'on ne peut que regretter la non-publication systématique de ces sentences qui, en raison de leur « clandestinité », ne pourront être invoquées à titre de précédent. (Outre la sentence *Agip* précitée d'autres décisions du C.I.R.D.I. ont été publiées — au moins partiellement — ainsi par exemple dans les *affaires Benvenuti-Bonfant c. République Populaire du Congo* (I.L.M. 1982.726). *AMCO Asia Corp. c. République d'Indonésie* (I.L.M. 1984.351), *Klöckner et al. c. Cameroun,* Clunet 1984.409 ; *MINE c. République de Guinée* Arbitration International (1988) ou *S.O.A.B.I. c. République du Sénégal* (Clunet 1990.191 avec un commentaire d'E. Gaillard).

§ 2 — L'arbitrage « mixte » institué par accord direct Etats (Organisations internationales) - personnes privées.

(Voir les divers rapports présentés par M. Domke à l'International law association depuis 1960 ; voir aussi F.A. Mann, « State contracts and international arbitration ». BYIL 1967.1).

1 — La fréquence des clauses compromissoires.

1425. ***Elément caractéristique de la plupart des contrats internationaux***— L'insertion d'une clause compromissoire dans un contrat international entre un Etat ou l'une de ses subdivisions administratives ou une Organisation internationale et une personne privée étrangère est fréquente. On a même vu là — on le rappelle — *l'une des caractéristiques du droit international des contrats internationaux, ou de l'internationalisation de ce type de contrats.* Les clauses sont systématiquement présentes dans les contrats qui présentent une grande importance économique et qui doivent se dérouler sur une longue période, comme les contrats relatifs à la construction de travaux publics, d'usines, d'ingénierie, de transports, etc... On notera cependant que le *domaine financier international fait ici exception à la règle :* on ne trouve pratiquement pas de clauses d'arbitrage dans les contrats de prêts entre les banques commerciales et leurs emprunteurs publics (ou privés d'ailleurs) ; les banquiers demeurent traditionnellement réticents devant l'institution arbitrale et préfèrent recourir aux juridictions étatiques des pays développés ayant un large marché financier (Etats-Unis, France, Grande-Bretagne ou Suisse par exemple). Dans le passé (ils tendent aujourd'hui à réapparaître après avoir quasiment disparu de la scène internationale) les *accords de concession* entre Etats et sociétés étrangères prévoyaient toujours un recours à l'arbitrage international comme moyen de règlement des différends (voir, par exemple, les Accords de concessions entre la Libye et les compagnies pétrolières étrangères qui ont donné lieu à plusieurs arbitrages célèbres dans les années 70, à commencer par la *« sentence Dupuy »* souvent citée).

1426. ***Des obstacles liés à l'ordre interne : la capacité des personnes publiques à compromettre*** — Mais, parfois, *certains systèmes étatiques sont opposés à la validité de la clause compromissoire* lorsque l'Etat ou l'une de ses subdivisions administratives ou une autre personne morale de droit public sont parties contractantes. Telle était, d'ailleurs, la position première de la France. Mais un changement intervint sous l'influence des juges nationaux ; ceux-ci admirent, dès l'arrêt *Galakis* (Cass. civ. 2 mai 1966, 648, Clunet 1966, 648, note Level) que la règle qui interdisait à l'Etat et à ses organes de compromettre, prévue aux articles 483 et 1009 du Code de procédure civile, n'avait été « édictée que pour des contrats internes » et était « inapplicable à un contrat international passé pour les besoins et dans les conditions conformes aux usages du commerce maritime ». Le législateur français se rangea ensuite au même avis ; c'est ainsi que l'art. 7 de la loi n° 75.596 du 9 juillet 1975 (J.O. 15 juillet 1975, p. 7076) ajouta un deuxième paragraphe à l'article 2060 du Code civil, aux fins de permettre aux établissements publics à caractère industriel et commercial de compromettre, ceci après autorisation donnée par décret gouvernemental.

Plus récemment encore, afin de rendre plus aisée la convention entre l'Etat et les collectivités publiques françaises avec la société américaine Walt Disney relative à la réalisation du parc d'attractions dit « Eurodisneyland », le législateur français ajouta une nouvelle dérogation à cette disposition du code civil : désormais, les collectivités publiques françaises pourront souscrire des clauses compromissoires dans les contrats passés avec des sociétés étrangères pour « la réalisation d'opération d'intérêt national » (Voir M. de Boisseson, Interrogations et doutes sur une évolution législative : l'article 9 de la loi du 19 août 1986, Rev. arb., 1987.3). Toutefois, le *Conseil d'Etat* adopte en la matière une position plus réservée — ou moins internationaliste — que la Cour de cassation de sorte qu'il existe encore certains éléments d'incertitude quant à la *capacité des personnes morales de droit public de recourir à l'arbitrage* (Voir l'avis fort restrictif du Conseil d'Etat du 6 mars 1986 à propos justement de *l'affaire Eurodisneyland* - publié *in* EDCE 1987 n° 38, pp. 178-179 — n'admettant que les personnes morales de droit public ne puissent recourir à l'arbitrage qu'en vertu d'un traité ou d'une loi ; pour une appréciation d'ensemble, voir J. Ribs, « Ombres et incertitudes de l'arbitrage pour les personnes morales de droit public français », J.C. P ed. G. 1990.1.3465 ; Ch. Jarosson, « L'arbitrage en droit public », A.J.D.A. 1997.16 ; G. Teboul, « Arbitrage international et personnes morales de droit public », A.J.D.A. 1997.25). Une habilitation législative en bonne et due forme modifiant en conséquence l'article 2060 du Code Civil constituerait un facteur appréciable de sécurité juridique.

2 — Des difficultés d'application.

1427. ***Plan*** — Les difficultés d'application de cette clause compromissoire sont assez nombreuses. Certaines sont communes à la procédure d'arbitrage dans son ensemble, qu'elle s'applique seulement entre Etats ou entre Etats et personnes privées. D'autres, en revanche, sont spécifiques aux arbitrages entre des sujets possédant un statut juridique différent.

a) Des difficultés communes.

1428. ***Du choix des arbitres à celui du droit applicable*** — Ce sont des problèmes qui sont inhérents à toute procédure arbitrale quelles qu'en soient les parties ; c'est ainsi que le *choix des arbitres* peut se révéler difficile. Pour ce faire, il est fréquent que les parties aient recours à la *Cour d'arbitrage de la Chambre de Commerce internationale* (C.C.I.), maintenant devenue la *Cour Internationale* d'arbitrage de la C.C.I. (voir A. Plantey, Les Petites Affiches, n° 46, 17 avril 1989.12).

Une difficulté particulière en matière de choix des arbitres se pose lorsqu'*une partie* — surtout s'il s'agit de l'Etat — *s'abstient de dési-*

gner son arbitre et ainsi de participer à la procédure. On se souvient que telle fut l'hypothèse dans *l'affaire Texaco Calasiatic contre Libye de 1977* où le professeur Dupuy se retrouva arbitre unique désigné par le Président de la C.I.J.. Dans ce cas, il est fréquent que les parties puissent, d'après les termes du contrat, recourir aux offices du Président de la Cour internationale de justice ou du Secrétaire général de la C.C.I., afin de nommer l'arbitre, lorsqu'une d'entre elles refuse de le faire. Lorsque les deux parties nomment leurs arbitres, il reste toujours le problème *du choix de sur-arbitre,* au cas où les premiers arbitres ne pourraient arriver à se mettre d'accord sur un nom. Dans ce cas, les solutions précédentes qui consistent à faire appel au Président de la Cour internationale de justice sont assez fréquentes pour trancher ce type de difficulté.

Le *lieu de l'arbitrage* pose parfois des problèmes. Souvent l'Etat cocontractant va imposer que celui-ci se déroule sur son propre territoire. Telle est la position des pays latino-américains lorsqu'ils acceptent l'arbitrage (ce qu'ils font d'ailleurs rarement). Telle était la position jadis des pays socialistes.

Le droit applicable constitue souvent l'une des difficultés les plus épineuses. L'Etat aura naturellement tendance à demander que l'on *applique son propre droit national :* cela est imposé systématiquement, par exemple, par les pays latino-américains ainsi que par de nombreux pays en voie de développement. Mais, souvent, il est prévu, dans les termes mêmes du contrat, que si le droit du pays hôte s'applique, il devra être complété éventuellement par les principes généraux du droit, ou qu'il ne s'appliquera que pour autant que ses solutions seront conformes à celles du droit international.

Enfin, il convient de noter que la sentence arbitrale ne se suffit pas à elle-même et qu'elle *aura besoin de tout le support du droit national afin d'être en mesure de produire pleinement ses effets.* Ne possédant pas elles-mêmes la qualité de *titre exécutoire* — sauf celles rendues par le C.I.R.D.I. —, les sentences arbitrales devront être soumises à la procédure de *reconnaissance* et *d'exequatur* organisée par le droit interne. De même, toujours sous le contrôle du juge interne, la sentence arbitrale « internationale » devra *emprunter les voies d'exécution forcée instituées par l'ordre interne* si la partie condamnée se montre récalcitrante. En bref, la procédure arbitrale risque de n'être que la première phase d'un long contentieux.

b) Des difficultés spécifiques.

1429. ***Difficultés dues à la différence de statut des parties*** — Lorsque l'on est en présence d'un arbitrage entre un Etat et une personne privée étrangère, la personne privée étrangère doit se plier à un certain nombre de formalités et éventuellement faire face à certaines difficultés qui ne sont pas présentes lorsqu'il s'agit d'un arbitrage interétatique. On rappellera que la personne privée doit d'abord se retourner vers les tribunaux nationaux de l'Etat qui est son cocontractant et utiliser tous les moyens de recours fournis par le droit national. C'est l'application, que nous avons vue fréquemment, du principe de *l'épuisement des recours internes.* Une telle exigence, pour classique qu'elle soit, rend la procédure longue et coûteuse pour la partie privée. Il peut cependant y être dérogé et tel est fréquemment le cas dans la pratique.

L'*immunité de juridiction et d'exécution* de l'Etat constitue également un problème très difficile à résoudre pour les parties privées lorsque l'Etat condamné par la sentence arbitrale à payer une indemnité soulève ce motif devant les tribunaux du pays où l'on cherche à obtenir l'exécution judiciaire de la sentence. On rappelle que la Convention B.I.R.D. n'a pas tranché ce problème et que, *dans beaucoup d'Etats, il est actuellement impossible de procéder à une exécution forcée contre les biens de l'Etat étranger* (voir *supra*, n° 936 et s.). (Pour des exemples de ce type de difficultés, voir les *affaires Ipitrade et L.I.A.M.C.O.* dont le tribunal de Grande Instance de Paris a eu à connaître en référé. Voir Clunet, 1979, 857, avec une note Oppetit).

Mais même si l'Etat a renoncé à ses immunités dans un contrat international avec une personne privée étrangère, cette renonciation sera-t-elle reconnue pleinement valide par les tribunaux nationaux saisis à qui il sera demandé l'exécution de la sentence arbitrale « internationale » ?

Si l'Etat refuse de se soumettre à l'arbitrage qui était prévu au titre d'une disposition insérée dans un contrat avec une personne privée étrangère ou si l'Etat, ayant accepté l'arbitrage refuse d'exécuter la sentence, alors la partie privée disposera toujours d'un dernier recours ; elle pourra en effet demander à son Etat national *d'exercer sa protection diplomatique* et ainsi de procéder à la mise en jeu de la responsabilité internationale de l'Etat auteur de l'acte international illicite. Dès lors, le différend n'opposera plus un Etat et une personne privée étrangère mais, ayant été élevé, deviendra de type interétatique (voir *supra*, n° 1114 et s.).

CHAPITRE II

LE RECOURS AU JUGE INTERNATIONAL

Bibliographie sommaire : voir R. Pinto, la Cour Internationale de Justice, Jurisclasseur Droit International, vol. III, Fasc. 215-218 avec ses très nombreuses références. Voir aussi les articles suivants dans les Mélanges Morelli, Giuffré, 1975 : A. Gros, Observations sur le mode de délibération de la Cour Internationale de Justice, p. 379 et s. ; M.Z. Khan, The appointement of arbitrators by the President International Court of Justice, p. 1021 et s. ; M. Lachs, Perspectives pour la fonction consultative de la Cour Internationale de Justice, p. 423 et s. ; S. Petren, La Cour Internationale de Justice comme juridiction de recours, p. 687 et s. ; K. Tanaka, Independence of international judges, p. 855 et s. La Juridiction Internationale, S.F.D.I., Colloque de Lyon, 1986, Paris, Pedone, 1987. R.Y. Jennings, The International Court of Justice after fifty years, A.J.I.L. 1995.493, G. Guillaume, Contentieux international 1, A. Pedone 1992.

1430. ***Historique*** — L'existence de juridictions permanentes pour « dire le droit » et trancher les différends juridiques est inhérente à l'existence d'un « état de droit » : la place et le rôle du juge constituent d'ailleurs un bon critère pour apprécier l'état de développement atteint par un système juridique donné. Si l'on devait mesurer par ce seul critère l'ordre international, il est évident qu'il pâlirait singulièrement par rapport à l'ordre interne ! Le juge y joue en effet un rôle bien moindre que dans l'ordre interne.

— L'idée d'instituer une juridiction internationale permanente à vocation universelle ne s'est matérialisée qu'assez récemment (voir *supra* l'introduction). Si l'on exclut, en effet, les tentatives de 1907 visant à créer une « Cour de justice arbitrale » et une « Cour internationale des prises » qui ont toutes deux échoué, et si l'on exclut aussi la constitution — géographiquement très limitée — d'une « Cour de justice centraméricaine » qui fonctionna de 1907 à 1917, il fallut attendre la création de la C.P.J.I. après la première guerre mondiale pour avoir l'exemple d'un tribunal permanent à vocation universelle.

— L'existence d'une telle Cour avait été prévue par le Pacte de la S.D.N. (art. 14), mais elle n'avait pu voir le jour au moment où le traité de Versailles et donc le Pacte qui y avait été annexé, avaient été conclus. La *Cour fut constituée par un acte séparé,* le Protocole de 1921, qui entra en vigueur le 1er septembre de la même année. La Cour commença effectivement ses travaux le 15 février 1922. La C.P.J.I. exista juridiquement jusqu'en avril 1946, mais elle ne fonctionna plus après 1940 en raison de la deuxième guerre mondiale.

— A la C.P.J.I. a été substituée la C.I.J. — la Cour Internationale de Justice — d'une manière telle que la *continuité* entre les deux Cours a pu être assurée. Les rédacteurs de la Charte de l'O.N.U. décidèrent de maintenir l'existence d'une juridiction permanente internationale à vocation universelle. *Ils renforcèrent même le rôle de la Cour* en faisant de la C.I.J. un *organe principal de l'O.N.U.* et en lui donnant aussi une « valeur constitutionnelle » au titre de l'article 92 de la Charte. Désormais, la C.I.J. fait partie de l'O.N.U. et son statut y est annexé comme partie intégrante de la Charte. Il y a eu, en quelque sorte, une « promotion juridique » de la Cour et de son statut.

On a beaucoup insisté sur la *continuité des deux Cours* — C.P.J.I. et C.I.J. —. C'est ainsi que la C.I.J. possède *le même statut* que celui adopté en 1921 pour la C.P.J.I., ce qui n'est pas — nous l'avons vu — sans poser des problèmes sérieux d'actualisation. La C.I.J. posséda pendant très longtemps *le même règlement intérieur ;* elle fut également composée, pendant un temps, *des mêmes juges que ceux de la C.P.J.I. ;* et surtout il existe une très *grande continuité judiciaire* entre les deux Cours dans la mesure où la C.I.J. ne manque jamais de se référer à la jurisprudence passée de la Cour permanente (voir *supra* n° 796).

1431. ***Tribunaux internationaux, régionaux ou spécifiques*** — En dehors de cette juridiction internationale permanente, *il existe d'autres tribunaux internationaux eux aussi permanents, mais à compétence plus restreinte ratione materiae ou ratione personae.* C'est ainsi que, sur le plan régional, on peut citer l'existence de la *Cour de justice des Communautés Européennes de Luxembourg* ou la *Cour européenne des droits de l'homme de Strasbourg.* Il existe aussi les *tribunaux administratifs internationaux* (par exemple le tribunal administratif des Nations unies ou de l'O.I.T.) qui ont bien un caractère d'universalité, mais qui possèdent une spécialisation très marquée. Seul ici l'examen de la Cour Internationale de Justice de La Haye sera entrepris.

1432. ***Plan*** — On examinera successivement son organisation (Section I), ses compétences (Section II) et son rôle (section III).

Section I

L'organisation de la Cour Internationale de Justice

Celle-ci est visée par son Statut dans les termes les plus précis.

§ 1 — La composition de la Cour.

1433. — L'article 2 du Statut de la Cour dispose : « La Cour est un corps de magistrats indépendants, élus, sans égard à leur nationalité, parmi les personnes jouissant de la plus haute considération morale, et qui réunissent les conditions requises pour l'exercice, dans leurs pays respectifs, des plus hautes fonctions judiciaires, ou qui sont des jurisconsultes possédant une compétence notoire en matière de droit international ».

En bref, il ressort deux traits essentiels caractérisant ces juges de La Haye : d'une part, ils sont élus, et, d'autre part, ils sont indépendants.

1 — Des juges élus.

1434. ***Procédure complexe, voire désuète*** — Les 15 juges de la Cour de La Haye sont soumis à une procédure d'élection qui est assez complexe.

a) La procédure.

Les juges sont élus à la fois par l'Assemblée générale et le Conseil de Sécurité des Nations unies (voir les articles 4, al. 1, 8 et 10 du Statut de la Cour). On notera que, devant le Conseil de Sécurité, *le droit de véto ne joue pas,* ce qui se comprend étant donné l'indépendance que l'on demande à ces juges internationaux de posséder.

Ils sont élus, toutefois, *sur proposition des groupes nationaux à la Cour permanente d'arbitrage* (art. 4, al. 2 du Statut de la Cour). On rappelle, en effet, que la Cour permanente d'arbitrage instituée en 1899 n'est qu'une simple liste de noms d'individus acceptant de siéger comme arbitres si on le leur demandait, et que seul son secrétariat possède une existence réellement « permanente ». Il existe ainsi autant de « groupes nationaux » que de pays ayant ratifié la Convention de La Haye de 1907 sur le règlement pacifique des conflits internationaux ; ces « groupes » se composent de quatre membres et c'est à eux que la première phase de la procédure d'élection des juges de la C.I.J. incombe en raison de leur pouvoir de proposition. En fait, ces propositions périodiques des groupes nationaux de la C.P.A. aux fins de l'élection des juges de la Cour de La Haye constituent maintenant le plus clair de l'activité de cette Cour (voir *supra* n° 37).

b) Les conditions de fond.

1435. ***Qualités propres et conditions extrinsèques*** — Il faut, tout d'abord, que les juges en cause possèdent les *qualités intrinsèques requises :* ils doivent jouir de la « plus haute considération morale » et avoir une « compétence notoire » en droit international.

Mais il faut aussi qu'ils remplissent des *conditions* externes, *extrinsèques*. Ils doivent, en effet, représenter « les grandes formes de civilisations et les principaux systèmes juridiques » (art. 9 *in* fine du Statut de la Cour). Ici la préoccupation des rédacteurs du Statut de la Cour a été de voir celle-ci bénéficier d'une forte représentativité de façon à ce que ses décisions bénéficient également de la plus grande effectivité. En conséquence, un Etat ne saurait avoir deux de ses ressortissants comme juges du siège à la Cour (art. 3, al. 1 du Statut). De fait, la composition de la C.I.J. reflète celle du Conseil de sécurité des Nations unies. Par tradition, mais non par obligation juridique, il existe toujours un juge des « Cinq Grands » si l'on fait exception du cas chinois qui, très rapidement, s'est révélé spécial en raison de la non-participation à l'O.N.U. de la Chine de Pékin. Mais il y a toujours eu un juge soviétique siégeant à la Cour de La Haye, alors que l'U.R.S.S. jadis se refusait traditionnellement à reconnaître la compétence de la Cour jusqu'à un passé récent (mars 1989) ; elle accepta de le faire en ce qui concerne l'application de certains *traités internationaux en matière de protection des droits de l'homme* (Convention sur le génocide de 1949, sur l'esclavage et la prostitution de 1949, sur les droits politiques des femmes de 1952, sur la discrimination raciale de 1965, sur la discrimination contre les femmes de 1979 et sur l'interdiction de la torture de 1984 ; voir Ph. Bretton, « L'U.R.S.S. et la compétence de la Cour Internationale de Justice en matière de protection des droits de l'homme », A.F.D.I. 1989.261). Actuellement, la tendance est de faire une place grandissante à des juges appartenant aux pays du Tiers Monde.

Au 1er juillet 2000, il y avait ainsi 6 juges que l'on pourrait qualifier d'« occidentaux », à savoir 4 Européens de l'Ouest (dont depuis 1995 Mme Rosalyn Higgins, la première femme jamais élue à la Cour), 1 Américain et 1 Japonais, 2 juges venant de pays ex-« socialistes » (1 Russe et 1 Hongrois) et 7 juges du Tiers Monde se décomposant comme suit : 3 Africains, 2 Latino-Américains et 2 Asiatiques (dont un juge chinois depuis le renouvellement de novembre 1984).

On remarquera enfin que les juges de La Haye sont des gens relativement âgés. Lors de leur élection, ils ont aux alentours de 60 ans ; actuellement, la moyenne d'âge des juges de la Cour est légèrement supérieure à 65 ans.

2 — Des juges indépendants.

1436. ***Des garanties et des obligations*** — L'indépendance des juges est garantie à plusieurs titres. Tout d'abord par la durée de leur mandat qui est longue ; celui-ci est de 9 ans et il est renouvelable, les juges étant rééligibles (art. 13, al. 1). D'autre part, leur indépendance matérielle est garantie : il n'est en effet pas possible d'exercer des pressions financières à leur encontre, l'article 32, al. 5, disposant que leur traitement, allocations et indemnités, fixés par l'Assemblée générale des Nations unies, ne peuvent être diminués pendant la durée de leurs fonctions.

Les juges se voient également imposer — et dans le même sens — des obligations particulières. Ainsi, ils doivent se consacrer au service exclusif de la Cour (art. 16 et 17). Ils prennent l'engagement solennel d'être impartiaux et de juger en toute conscience (art. 20). Ils disposent également d'immunités et de privilèges diplomatiques pour exercer leurs fonctions (art. 19). Enfin, ils bénéficient de l'*inamovibilité*. Pendant la durée de leur mandat ils ne peuvent être éventuellement relevés de leurs fonctions que par la Cour elle-même.

§ 2 — Le fonctionnement de la Cour.

1 — La maîtrise par la Cour de son fonctionnement interne.

1437. ***L'exemple de la création de chambres*** — La Cour est maîtresse des conditions de son fonctionnement dans le respect, bien entendu, de son Statut. C'est ainsi qu'elle élabore elle-même son *propre règlement ;* elle le fit dès 1921 et celui-ci resta en vigueur pendant un peu plus de 50 ans ; elle le modifia en 1972, puis en 1978 (voir G. Guyomar, Commentaire du règlement de la C.I.J. adopté le 14 avril 1978, Interprétation et pratique, Paris, Pedone 1983, 760 p.). Ce règlement s'impose aux parties devant la Cour.

C'est la Cour elle-même qui, en toute indépendance, détermine les conditions de son fonctionnement interne. C'est ainsi qu'elle procède à l'élection de son président et de son vice-président (art. 21). C'est ainsi également qu'elle peut décider de se constituer en formation spéciale, notamment en chambres : cette possibilité, ouverte par l'article 26, a d'ailleurs été utilisée à quatre reprises ; par les *Etats-Unis et le Canada* tout d'abord, une chambre de cinq juges ayant été constituée aux fins de délimiter la frontière maritime du Maine (voir ILM 1982.69) (Adde G. Guyomar : La constitution au sein de la C.I.J. d'une chambre chargée de régler le différend de frontières maritimes entre les Etats-Unis et le Canada, A.F.D.I. 1981, p. 213) ; par le *Burkina-Faso et le Mali* ensuite, afin là aussi de régler un différend frontalier (cf. ILM 1983.1252, Rec. C.I.J., 1985, p. 10). Ce sont aussi des chambres de la Cour qui ont été amenées à trancher le différend américano-italien dans *l'affaire Elsi* (voir P. Juillard, A.F.D.I. 1989.276 et B. Stern, Clunet 1990.897) ou celui opposant le Honduras au Salvador. Tous ces conflits ont en commun de pouvoir être qualifiés au sens large du terme de « régionaux » ; et, de fait, les juges choisis pour faire partie de ces chambres l'ont été également sur cette base (sur cette nouvelle utilisation de la Cour, voir S.M. Schwebel, *ad hoc* chambers of the ICJ, AJIL 1987.331 ; S. Oda, « Further thoughts on the Chambers procedure of the International Court of Justice », AJIL 1988.556 ; Société française pour le droit international (SFDI), La juridiction internationale permanente, *op. cit.* et les contributions de A. Pillepich et M. Bedjaoui sur les chambres de la Cour aux pp. 45 et s. et 73 et s.).

Notons, en outre, que c'est également la Cour qui fixe ses vacances judiciaires (art. 23) et son lieu de réunion qui est en principe La Haye — mais ceci n'est pas impératif — (art. 22).

2 — L'exception à la maîtrise par la Cour de son fonctionnement interne : la nomination de juges ad hoc.

1438. ***Une survivance de l'arbitrage*** — Il s'agit là d'une exception à la pleine souveraineté de la Cour sur son fonctionnement interne. On est ici en présence d'une institution curieuse dont d'aucuns ont noté qu'elle représentait une *survivance de l'arbitrage* et qui est expressément prévue à l'article 31, al. 2 et 3 du Statut de la Cour. C'est ainsi que les parties devant la Cour qui n'auraient pas de juges de leur nationalité, peuvent, sans aucun contrôle de la part de la C.I.J., nommer pour cette seule affaire un juge de leur choix qui peut être ou non un de leurs nationaux.

Il s'agit là *d'une pratique à laquelle les parties recourent quasi systématiquement.* Cette institution présente un gros avantage pour la Cour qui est celui de la mettre mieux à même d'apprécier l'argumentation et le système juridique d'un des Etats en litige. En revanche, cette procédure possède de graves inconvénients. D'abord, elle jette un soupçon sur l'indépendance réelle de la Cour et sur sa capacité à comprendre les tenants et aboutissants d'un problème particulier. Surtout — et plus grave encore — elle rend sujette à caution l'indépendance du juge permanent qui est un ressortissant de l'Etat qui est la partie « adverse ».

Section II

La compétence de la Cour Internationale de Justice

1439. ***Une compétence contentieuse limitée aux Etats et une compétence consultative limitée à certaines organisations intergouvernementales*** — La saisine de la Cour statuant au contentieux est très limitée ; *seuls les Etats peuvent se présenter devant elle, ce qui exclut les individus et les Organisations internationales* (art. 34, al. 1 du Statut). En revanche, si elle est amenée à donner un *avis consultatif, elle ne peut le faire qu'à la demande d'une Organisation internationale* (art. 65), *ce qui exclut ici les Etats et les individus.*

Toutefois, il faut noter que beaucoup d'affaires contentieuses ont une origine « privée » et que la *Cour est fréquemment saisie par le mécanisme de la protection diplomatique.*

Il faut remarquer également que les Organisations internationales peuvent, dans le cadre de la procédure contentieuse, se voir demander des renseignements par la Cour (art. 34, al. 2).

Il faut noter enfin que les Etats peuvent toujours présenter des exposés écrits ou oraux à la Cour dans l'exercice de sa compétence consultative (art. 66, al. 2) ; et ceux-ci ne se privent d'ailleurs pas de le faire.

Autrement dit, il *n'existe pas d'hermétisme complet entre les divers chefs de compétence de la Cour.* Toutefois, cette situation date beaucoup et ne correspond guère aux réalités et aux besoins de la société internationale contemporaine.

§ 1 — La compétence contentieuse de la Cour.

1440. *Une Cour largement ouverte* — Peuvent se présenter devant la Cour statuant au contentieux les Etats qui sont parties à son Statut de façon permanente (tel est le cas des membres de l'O.N.U. *ipso facto* en vertu de l'article 93, al. 1, de la Charte), les pays non membres de l'O.N.U. qui sont parties au Statut de la Cour par un acte spécial (art. 93, al. 2 de la Charte) et tel est actuellement le cas de la Suisse ou du Liechtenstein. Elle est également ouverte aux autres Etats sans plus de précision (art. 35, § 2 du Statut de la C.I.J.) par le biais d'une décision appropriée du Conseil de Sécurité (ce qui a été le cas de la République fédérale d'Allemagne et du Viêtnam avant leur entrée à l'O.N.U.).

Cela étant, *la compétence de la Cour ne peut être fondée que sur le consentement des Etats ; elle est maîtresse de l'exercice de sa compétence,* tout en respectant, bien sûr, ses propres règles de fonctionnement, ses règles constitutives.

1 — Le fondement exclusif de la compétence contentieuse de la Cour : le consentement des Etats.

1441. *Une caractéristique centrale de l'ordre international* — Il s'agit d'un *principe fondamental de droit coutumier* qui a été incorporé dans l'article 36, al. 1, du Statut de la Cour, celui-ci prévoyant que la Cour ne pourra être saisie que par le biais du consentement de l'Etat.

La C.I.J. devait le mentionner elle-même très clairement : « Statuer sur la responsabilité internationale de l'Albanie sans son consentement serait agir à l'encontre d'un principe de droit international bien établi et incorporé dans le Statut, à savoir que la Cour ne peut exercer sa juridiction à l'égard d'un Etat, si ce n'est avec le consentement de ce dernier » (*l'affaire de l'or monétaire pris à Rome* en 1943, rec. 1954, p. 32).

Ce principe classique avait d'ailleurs déjà été affirmé par la C.P.J.I. : « La compétence de la Cour pour connaître d'une affaire au fond et pour la juger dépend de la volonté des parties » (sér. A, n° 15, *droit des minorités allemandes en Haute-Silésie polonaise,* p. 22 ; voir également *l'affaire usine de Chorzow,* sér. A, n° 17, p. 37-38).

Cela étant, il existe deux chefs de compétence pour la Cour, mais qui dépendent exclusivement de la volonté expresse des Etats : soit elle pourra être saisie à titre facultatif, soit elle pourra l'être à titre obligatoire.

a) La juridiction facultative de la Cour.

1442. *Une compétence facultative de principe* — Tel est bien le principe posé à l'article 36, al. 1 de son Statut et qui constitue la règle générale.

Dans tous ces cas, *les parties au litige vont conclure un traité particulier, un compromis, qui va servir de fondement à la compétence contentieuse de la Cour.* Il en alla ainsi, par exemple, dans *l'affaire* souvent citée du « *Lotus* » qui fut soumise à la C.P.J.I. par un compromis spécial conclu entre la France et la Turquie. Plus près de nous, c'est par ce même biais que la Cour fut amenée à connaître de *l'affaire du plateau continental de la Mer du Nord* de 1969, un compromis spécial ayant été conclu entre la République fédérale d'Allemagne d'une part, les Pays-Bas et le Danemark, de l'autre.

On notera que le texte de ce compromis doit être formel et explicite afin que la saisine de la Cour soit juridiquement valable. A ce propos, il convient de rappeler *l'affaire du plateau continental de la Mer Egée* de 1978 où la Cour estima qu'un communiqué gréco-turc publié à la suite d'une réunion de ministres des Affaires étrangères ne suffisait pas à lui donner compétence et qu'il n'était pas à mettre sur le même pied qu'un compromis en bonne et due forme (voir *supra*, n° 534).

Lorsque la Cour est valablement saisie par le biais d'un compromis *ad hoc,* sa compétence se trouve strictement délimitée à l'examen des questions qui lui sont soumises par les parties ; dès lors, le libellé des points de droit que la C.I.J. devra trancher doit être rédigé avec la plus grande prudence, une rédaction malencontreuse pouvant « orienter » l'analyse de la Cour et se révéler néfaste pour la thèse de l'un des plaideurs : la France en fit d'ailleurs l'amère expérience lors de *l'affaire du Lotus,* le compromis signé avec la Turquie rendant plus probable une réponse dans un sens « volontariste » c'est-à-dire favorable à la thèse turque.

b) La juridiction obligatoire de la Cour.

1443. ***Une compétence obligatoire d'exception*** — Celle-ci peut avoir un double fondement : soit des clauses spécifiques insérées dans des traités vont reconnaître la compétence obligatoire de la Cour ; soit les Etats, par un acte unilatéral, vont faire une déclaration, prévue à l'article 36, al. 2 du Statut de la C.I.J. selon laquelle ils entendent reconnaître, d'une manière obligatoire, la juridiction facultative de la Cour.

I. — Les clauses conventionnelles spéciales de juridiction obligatoire.

1444. ***L'exemple des conventions conclues sous les auspices de l'ONU*** — Ces clauses peuvent se trouver dans des conventions particulières et avoir trait aux litiges qui viendraient à naître à propos de leur application ou de leur interprétation. Tel est le cas, par exemple, pour les conventions de codification qui sont conclues sous les auspices de l'O.N.U. où il est fait référence à la juridiction obligatoire de la C.I.J. pour procéder à leur interprétation. C'est d'ailleurs sur ce fondement, par exemple, que *les Etats-Unis en 1979 portèrent devant la C.I.J. contre l'Iran l'affaire de la séquestration de leurs diplomates à Téhéran.* Les Etats-Unis fondèrent notamment la compétence de la Cour sur les Conventions de Vienne de 1961 et de 1963 sur les relations diplomatiques et consulaires que les deux parties avaient ratifiées et acceptées ainsi que les protocoles de règlement obligatoire des différends devant la Cour.

Ou bien ces clauses conventionnelles peuvent se trouver dans des traités généraux relatifs au règlement obligatoire des différends. Un tel recours à la juridiction obligatoire de la C.I.J. est prévu dans de nombreux traités bilatéraux ou multilatéraux comme, par exemple, *l'Acte général d'arbitrage de 1928 ou la Convention européenne de règlement pacifique des différends de 1957.*

II. — La clause facultative de la reconnaissance de la juridiction obligatoire de la Cour au titre de l'article 36, al. 2 du Statut.

1445. ***Un mécanisme censé accroître la compétence de la Cour mais en net déclin*** — On est ici en présence d'un mécanisme assez complexe qui fut imaginé en 1921 lors de la rédaction du Statut de la C.P.J.I. *afin d'étendre la portée de la juridiction obligatoire de la nouvelle Cour.* Le système fut imaginé par un juriste brésilien, Raul Fernandez. Cette clause eut un certain succès avant guerre dans la mesure où 38 des 54 Etats parties au Statut de la C.P.J.I. y avaient souscrit. Toutefois, on ne peut s'empêcher de noter que cette clause connaît un bien moindre succès actuellement puisque seulement une minorité d'Etats l'ont souscrite. C'est ainsi que, au 1er janvier 1993, il n'y avait que 60 Etats à avoir reconnu la compétence obligatoire de la Cour au titre de l'article 36, al. 2 (alors que, on le rappelle, tous les membres de l'O.N.U. sont parties au Statut de la Cour).

Il est à noter que seul parmi les « cinq grands » — Etats disposant d'un siège permanent au Conseil de Sécurité de l'O.N.U. — le Royaume-Uni souscrit encore à cette procédure. Celle-ci, après avoir connu un engouement certain dans les premiers temps du fonctionnement de la Cour, avait eu tendance à tomber en désuétude depuis le début des années 1960, pour reprendre de la vigueur tout récemment au point que plus de la moitié des requêtes pendantes avaient été présentées sur son fondement.

α) Un acte unilatéral de l'Etat.

1446. ***Les diverses déclarations françaises*** — Cette déclaration facultative de reconnaissance de la juridiction obligatoire de la Cour constitue l'exemple typique d'un acte étatique unilatéral (voir *supra* n° 553). Il peut ainsi être modifié, voire retiré, à tout moment, l'Etat ayant une pleine discrétion sur ce point. C'est ainsi que la France notifia, dans le passé, à la Cour trois déclarations de contenu différent : en 1947, en 1959 et en 1966. Puis — on le rappelle — la France retira purement et simplement sa reconnaissance de la juridiction obligatoire de la Cour, le 10 janvier 1974, à la suite des mesures conservatoires décidées par la C.I.J. dans *l'affaire des essais nucléaires* (voir A.F.D.I. 1974, p. 1052). De même, les Etats-Unis retirèrent à la fin de 1985 leur déclaration unilatérale de 1946 à la suite de la décision de la Cour de juger au fond de l'affaire les opposant au Nicaragua (arrêt du 26 novembre 1984) (I.L.M. 1985, 1742).

Autrement dit, la portée et la valeur de ces types d'actes unilatéraux se révèlent particulièrement fragiles car ils demeurent soumis à l'entière bonne volonté des Etats.

β) La présence fréquente de réserves majeures.

1447. ***Exemples*** — La portée réelle de ces déclarations est très souvent affaiblie par l'existence de réserves. Dès lors, la portée matérielle réelle de ces déclarations se révèle souvent assez décevante.

Ainsi, par exemple, la déclaration française du 20 mai 1966 excluait de la connaissance de la Cour les différends nés d'une guerre ou « concernant les activités se rapportant à la défense nationale ». C'est d'ailleurs parce que la France estimait que la Cour n'avait pas respecté les termes de cette réserve qu'elle décida en 1974 de ne plus reconnaître sa compétence obligatoire.

Mais il existe des réserves beaucoup plus larges encore. Particulièrement typique à ce point de vue était la *déclaration américaine du 14 août 1946*. Celle-ci, en effet, *excluait, en vertu d'un amendement déposé par le sénateur Connally « les différends relatifs à des questions relevant essentiellement de la compétence nationale des Etats-Unis d'Amérique, telle qu'elle est fixée par les Etats-Unis.. »*. Autrement dit, les Etats-Unis reconnaissaient la compétence obligatoire de la Cour, sauf pour les différends qu'ils estimaient relever de leur « domaine réservé ». Cette détermination étant faite souverainement par le seul gouvernement américain, on peut se demander s'il n'y a pas là une contradiction avec l'article 36, al. 6, du Statut de la Cour, qui dispose que la Cour est maîtresse de sa propre compétence et que c'est à elle d'en décider. Dans la première « version » de 1947 de sa déclaration de la reconnaissance de la juridiction obligatoire de la C.I.J., la France suivit mot pour mot cette réserve américaine. Or il semble qu'une telle solution soit critiquable sur le plan juridique et tout à fait maladroite.

Critiquable, d'abord, en ce qu'elle semble constituer l'exemple type d'une « condition potestative », c'est-à-dire d'un véritable *refus d'engagement entachant la réserve de nullité.* Tel était d'ailleurs l'avis du défunt juge Lauterpacht, à juste titre selon nous, lors de l'*affaire des emprunts norvégiens* qui opposa la France à la Norvège devant la C.I.J. en 1957 (Rec. 1957, p. 48-55). Pour le juge britannique, une réserve ainsi formulée ne possédait aucune valeur juridique et constituait une pure et simple condition potestative entachant de nullité la déclaration elle-même. Pour lui, il ne s'agissait pas d'une obligation juridique, mais d'une « déclaration de principe et d'intention de caractère politique » (p. 55).

Maladroite, ensuite, dans la mesure où toutes ces déclarations sont affectées d'une *condition de réciprocité :* ainsi, un Etat qui aura inséré dans sa déclaration une telle réserve, sera *fort mal placé pour se présenter comme plaignant devant la Cour* et il risquera d'être systématiquement débouté, son adversaire se trouvant fondé à estimer que le différend en cause rentre, à son avis, dans sa « compétence nationale ». Telle fut d'ailleurs la mésaventure qui survint à la France en 1957, dans *l'affaire des emprunts norvégiens :* la Norvège soutint devant la Cour que de tels emprunts constituaient, à son avis, une matière qui rentrait dans sa compétence nationale et donc que la Cour ne pouvait pas en connaître en l'espèce. La C.I.J. dut se ranger à l'argumentation norvégienne en raison du libellé de la déclaration unilatérale de la France, et se déclara incompétente pour juger du fond de l'affaire.

γ) Une mise en œuvre soumise à une condition générale de réciprocité.

1448. ***Compétence fondée sur le plus petit dénominateur commun*** — Dans *l'affaire précitée des emprunts norvégiens,* la Cour appliqua la jurisprudence traditionnelle établie par la C.P.J.I. dans *l'affaire des phosphates du Maroc* du 14 juin 1938 (Sér. A/B, 74 p. 22) et dans *l'affaire de la Compagnie d'électricité de Sofia* du 4 avril 1939 (Sér. A/B n° 17 p. 81). Autrement dit, elle *fonda sa compétence sur la déclaration la plus étroite* (en l'espèce, la déclaration française). Elle justifia sa décision par les motifs suivants : puisque toutes les déclarations sont unilatérales et conclues sous condition de réciprocité, compétence n'est donnée à la Cour que dans la mesure où ces déclarations coïncident pour la lui conférer (Rec. 1957, p. 23). La Haute juridiction estima donc dans *l'affaire des emprunts norvégiens* que « la volonté commune des parties, base de la compétence de la Cour, exist(ait) dans les limites les plus étroites indiquées par la réserve française » *(ibid).* La Cour appliqua également cette approche dans *l'affaire de l'Anglo-Iranian* qui opposa l'Iran à la Grande-Bretagne en 1952. La Cour affirma : « La déclaration de l'Iran étant de portée plus limitée que celle du Royaume-Uni, c'est sur la déclaration de l'Iran que la Cour doit se fonder » (Rec. 1952, p. 103). Autrement dit, ici, la Cour utilise, pour fonder sa compétence, *la règle du plus petit commun dénominateur.*

En conséquence, dans *l'affaire des emprunts norvégiens,* la Cour reconnut que la Norvège « était fondée, dans les mêmes conditions que la France, à exclure de la compétence obligatoire de la C.I.J. les différends que la Norvège considé(rait) comme relevant essentiellement de sa compétence nationale » (Rec. 1957, p. 24).

En bref, sur le plan de la stratégie judiciaire, cette réserve de « type américain » combinée au jeu du principe de la réciprocité *assure la défaite judiciaire d'un tel Etat lorsqu'il est demandeur.* Il est à noter que la leçon porta puisque la France, qui avait copié malencontreusement le modèle américain dans sa déclaration de 1947, la modifia en conséquence en 1959.

2 — L'exercice par la Cour de sa compétence contentieuse.

1449. ***Règles de fond et de procédure*** — Il existe des règles de fond et des règles de procédure qui sont souverainement appréciées par la Cour.

Il faut, tout d'abord, à titre préalable, qu'il existe un « différend ». La Cour le précisa on ne peut plus clairement dans *l'affaire du Cameroun septentrional* de 1963 : « La fonction de la Cour est de dire le droit, mais elle ne peut rendre des arrêts qu'à l'occasion de cas concrets, dans lesquels il existe, au moment du jugement, un litige réel impliquant un conflit d'intérêts juridiques entre les parties » (Rec., pp. 33-34).

Il est à noter que la Cour suivit la même optique dans *l'affaire des essais nucléaires français dans le Pacifique :* en décembre 1974, elle constata que la demande en justice de l'Australie et de la Nouvelle-Zélande était « devenue sans objet », qu'il n'y avait donc plus, dès lors, pour elle, « lieu de statuer », dans la mesure où la France avait donné satisfaction aux plaignants dans ses déclarations unilatérales antérieures (voir *supra* n° 579).

a) Les règles de fond.

I. — La recevabilité.

1450. ***Justiciabilité du différend*** — Il est clair qu'avant de *juger au fond* de l'affaire, la Cour devra décider, d'une part, de sa *propre compétence* et, d'autre part, de la *recevabilité de la requête formée* par les Etats en litige. Elle devra s'assurer qu'il existe bien un *différend judiciaire et justiciable.* Elle devra également s'assurer que *les parties ont bien qualité et intérêt pour agir.* Elle devra vérifier que les *recours internes auront bien été épuisés* au cas où elle est saisie par le biais de la protection diplomatique (sur tous ces points, voir Charles de Visscher, « Aspects récents du droit procédural de la Cour Internationale de Justice », Paris, Pedone, 1966). De plus, la demande présentée à la Cour devra respecter sa « fonction judiciaire », ainsi qu'elle fut amenée à le préciser fort clairement dans *l'affaire du Cameroun septentrional* de 1963. La C.I.J. s'exprima ainsi : « la Cour n'est pas toujours contrainte d'exercer cette compétence. Il y a des limitations inhérentes à la fonction judiciaire dont la Cour, en tant que tribunal, doit toujours tenir compte. Il peut y avoir ainsi incompatibilité entre, d'un côté, les désirs d'un demandeur ou même des deux parties à une instance et, de l'autre, le devoir de la Cour de conserver son caractère judiciaire. C'est à la Cour elle-même et non pas aux parties qu'il appartient de veiller à l'intégrité de la fonction judiciaire de la Cour » (Rec. 1963, p. 29).

Enfin, il est à noter que le litige doit toujours exister au moment où la Cour statue et non pas seulement au moment où elle en est saisie. Telle fut la situation dans *l'affaire des essais nucléaires* de 1974 où, en décembre de cette année, la Cour constata qu'il n'y avait plus de litige entre les demandeurs et le défendeur : la France, pourtant, n'avait pas participé à la procédure et s'était contentée de prendre des engagements unilatéraux qui, selon la C.I.J., rendaient le conflit sans objet (voir aussi *supra*, n° 579).

II. — Le jugement au fond.

1451. ***Application du droit international*** — Si la demande est recevable, la Cour examinera alors l'affaire au fond. Pour ce faire, elle devra « appliquer le droit international », tel qu'il est défini, d'une façon incomplète d'ailleurs, nous l'avons vu, à l'article 38 de son Statut.

1452. ***Recours au droit interne*** — Cela étant, il convient de noter que si la Cour, en règle générale, applique le droit international, elle pourra aussi faire *appel au droit interne et l'appliquer si celui-ci commande l'issue du litige*. Il est arrivé dans le passé, sans doute exceptionnellement, que la Cour utilise le droit interne d'un Etat pour trancher un différend international, soit parce que le droit international était lacunaire, soit parce que c'étaient les règles du droit interne qui commandaient la solution du litige.

1453. ***Exemples*** — A titre d'exemple d'un litige tranché sur la base du droit interne, il est loisible de citer les *affaires des emprunts serbes et brésiliens* de 1929 (arrêts n° 14 et 15). Ces deux pays, on le rappelle, avaient emprunté des francs-or sur le marché français avant la guerre de 1914 ; ils entendaient rembourser ces emprunts en papier monnaie et non plus en or. Les porteurs français émirent des objections et estimèrent que ces Etats étaient toujours tenus de payer soit en or soit en billets pour un montant équivalant à leur valeur or. La Serbie et le Brésil répondirent que c'était leur propre loi locale qui leur imposait cette solution nominaliste. Les porteurs de titres français quant à eux, soutenaient que c'était la loi française qui était compétente et que, en l'espèce, elle validait expressément les clauses or pour les emprunts internationaux. La C.P.J.I. reconnut que la contestation avait « pour seul objet » des rapports qui étaient exclusivement « des rapports entre l'Etat emprunteur et certaines personnes privées, c'est-à-dire des rapports qui, par eux-mêmes, sont du droit interne » (n° 14, p. 18). Sans doute, la protection diplomatique exercée par le gouvernement français eut pour conséquence d'élever le conflit et de le porter au niveau interétatique ; cependant, au fond, ce dernier demeurait identique au conflit interne. En l'espèce, la Cour détermina que le droit interne était applicable à ce différend ; il s'agissait, autrement dit, d'un conflit de loi régi par le droit international privé applicable. La C.P.J.I. détermina que c'était à la loi française de définir les conditions de validité de ces emprunts internationaux qui contenaient une clause-or. Ce faisant, la Cour estima que, si elle devait connaître des lois nationales, elle se devait de les appliquer telles qu'elles avaient été interprétées par les tribunaux locaux (arrêt n° 15, p. 123). Il est à noter que dans cette affaire, les parties en litige étaient d'accord pour dire que le différend devait être réglé par rapport à une loi interne quelconque, le choix étant entre la loi française ou la loi des Etats débiteurs. La C.P.J.I. eut ici à trancher un classique « conflit de lois ».

On peut citer d'autres exemples où la Cour a appliqué le droit interne dans la mesure où celui-ci possédait des aspects internationaux, voire impliquait la mise en œuvre de mécanismes internationaux. Il en alla ainsi dans un avis consultatif du 4 décembre 1935 rendu par la C.P.J.I. dans *l'affaire de la compatibilité de certains décrets dantzigois avec la Constitution de Dantzig* (Sér. A/B, n° 65). A l'époque, des décrets-lois avaient été adoptés en matière pénale dans la ville de Dantzig et ils étaient très clairement inspirés par l'idéologie nazie qui avait triomphé en Allemagne. Ces décrets-lois étaient-ils compatibles avec la Constitution de Dantzig, laquelle était garantie par la Société des Nations ? La Cour estima être compétente parce qu'il ne s'agissait pas, disait-elle, d'une simple question de droit constitutionnel interne qui lui aurait fait jouer le rôle d'une Cour constitutionnelle, mais d'une question où « l'interprétation de la Constitution de Dantzig (pouvait) engager la responsabilité de la Société des Nations ». C'est donc par ce biais indirect que la Cour a été amenée à faire application du droit interne.

Enfin, il arrive que la Cour fasse *référence au droit interne et l'applique lorsque le droit international est lacunaire* et ne contient aucune règle en la matière. Il en alla ainsi, par exemple, dans l'affaire souvent citée de *la Barcelona Traction* où la Cour eut à apprécier, entre autres, les règles sur la nationalité des sociétés. La Cour s'exprima dans les termes très clairs suivants : « Cette reconnaissance (par le droit international de l'institution de droit interne qu'est la société anonyme) nécessite que le *droit international se réfère aux règles pertinentes de droit interne, chaque fois que se posent des questions juridiques relatives au droit des Etats qui concernent le traitement des sociétés et des actionnaires et à propos desquelles le droit international n'a pas fixé ses propres règles* » (pp. 34). La Cour poursuivait ainsi : « C'est à des règles généralement acceptées par les systèmes de droit interne reconnaissant la société anonyme, dont le capital est représenté par des actions, et non au droit interne d'un Etat donné que le droit international se réfère. Quand elle fait appel à ces règles, la Cour ne saurait les modifier et encore moins les déformer » (Rec., p. 37, § 50).

1454. ***Absence de compétence d'annulation du droit interne. Rappel*** — Mais il convient de rappeler que *le juge international apprécie fréquemment la compatibilité du droit interne avec le droit international.* Si, en effet, la loi interne est contraire au droit international, le juge de La Haye ne va pas l'annuler — tel n'est pas son pouvoir — mais, constatant l'absence de conformité du droit interne au droit international, il sera amené à déterminer si la responsabilité internationale de cet Etat est engagée.

1455. ***Le droit interne apprécié comme élément de la pratique internationale. Rappel*** — On rappellera enfin que le *juge de La Haye connaît du droit interne lorsque, par exemple, il s'agit d'apprécier un élément de preuve d'une règle non écrite du droit international* (coutumes ou principes généraux du droit, voir *supra*, deuxième partie, titre III) ; il se réfère également au *droit interne* quand *il a à déterminer la pratique des Etats,* avec toutes les conséquences que cela implique, ou lorsqu'il *s'agit d'apprécier le jeu d'une règle particu-*

lière comme, par exemple, celle de *l'épuisement des recours internes au titre de la responsabilité internationale.*

Toutefois, dans ces derniers cas, le juge international ne va pas appliquer le droit interne en tant que tel ; il ne s'en sert simplement que comme élément d'appréciation d'une conduite, licite ou non, selon le droit international ou encore comme *facteur d'opposabilité* d'un comportement ou d'une règle à un Etat.

b) Les règles de procédure.

1456. ***Insertion dans le statut de la Cour*** — Elles sont déterminées par le statut de la Cour, du moins dans leurs grandes lignes. Il en va ainsi pour les langues (art. 39), les plaidoiries (art. 42), les phases écrites et orales (art. 43) ou la tenue des débats.

La Cour possède une certaine maîtrise en la matière qu'elle exprime dans son règlement, modifié en 1972 et 1978, et surtout dans son *système d'admissibilité des preuves* où son pouvoir est très large (art. 50-52).

En outre, la Cour a la possibilité de décider des « mesures conservatoires » en vertu de l'article 42, al. 1 de son Statut. La Cour ne fit qu'un usage modéré de cette possibilité. Elle en décida ainsi dans *l'affaire de l'Anglo-Iranian* de 1951. Il résulta d'ailleurs de ce précédent que ces mesures conservatoires n'étaient pas exécutoires et obligatoires. Elle en décida également dans *l'affaire des essais nucléaires* en 1973, qui opposa l'Australie et la Nouvelle-Zélande à la France : son ordonnance enjoignait à la France de ne pas procéder à des explosions dans l'atmosphère dans le Pacifique pendant la durée des débats devant la Cour ; non seulement cette ordonnance ne fut pas exécutée, mais elle motiva le retrait par la France de sa déclaration facultative au titre de l'article 36, al. 2 (voir J.-P. Cot, A.F.D.I. 1973, 252). Enfin, la Cour décida de mesures conservatoires en mai 1984 dans l'affaire opposant le Nicaragua aux Etat-Unis. En revanche, la Cour refusa, dans *l'affaire du plateau continental de la Mer Egée* de 1978 entre la Grèce et la Turquie, de décider de mesures conservatoires.

c) L'arrêt de la Cour.

1457. ***Caractéristiques générales*** — Cet arrêt est rendu à la *majorité des juges* et, en cas de nombre de voix égal, celle du président est prépondérante (art. 55 du Statut). Une telle situation est extrêmement rare. Elle se produisit pourtant dans *l'affaire du « Lotus »* du temps de la C.P.J.I. ou dans celles du *Sud-Ouest Africain* de 1966 ou encore dans la réponse à l'une des questions soulevées dans l'avis consultatif de 1996 sur la *« liceité de la menace ou de l'emploi d'armes nucléaires »* pour la C.I.J.

L'arrêt de la Cour doit être *motivé* (art. 56). Des *opinions individuelles ou dissidentes* sont possibles de la part des juges, ce qui est ici emprunter une technique chère aux tribunaux des pays de *common law.* Ainsi un juge qui a voté pour la solution retenue par la majorité, pourra cependant exprimer par une opinion individuelle des réserves sur tel ou tel point particulier ; les juges hostiles à la décision de la Cour pourront donner dans une opinion dissidente les raisons de leur opposition. Il va de soi qu'une telle démarche éclaire la position des juges et le raisonnement de la Cour. Mais elle affaiblit aussi l'autorité de la décision de la Cour dans la mesure où, si la majorité est faible, il est loisible aux parties d'attendre un revirement éventuel de jurisprudence.

L'arrêt de la Cour est obligatoire, mais pour les seules parties au différend (art. 59) ; il bénéficie de la *res judicata.* Mais la Cour tint à préciser que si « dans un jugement déclaratoire, elle définit une règle de droit international coutumier ou interprète un traité restant en vigueur, l'arrêt qu'elle rend demeure applicable dans l'avenir » (*affaire du Cameroun septentrional,* C.I.J. Rec. 1963, p. 37). Il est donc clair que les points de droit dégagés par la Cour possèdent une *valeur de précédent* et ont une portée générale, même si le résultat de l'espèce ne concerne évidemment que les seules parties en litige.

L'arrêt de la Cour est définitif et sans recours (art. 60 du Statut) ; les parties, toutefois, peuvent demander une *interprétation* de l'arrêt au cas où celui-ci ne leur semblerait pas clair : une *révision* demeure possible devant la Cour (art. 61 du Statut). Cette possibilité a été pour la première fois utilisée dans les annales de la C.I.J. par la Tunisie, à la suite de l'arrêt du 24 février 1982 rendu pour trancher le différend qui l'opposait à la Libye à propos de la délimitation du plateau continental contigu de ces deux pays (par son arrêt du 10 décembre 1985, la Cour devait refuser de donner satisfaction à la requérante).

Il est prévu que tous les *membres de l'O.N.U. ont l'obligation de se conformer aux décisions de la C.I.J.* (art. 94, al. 1, de la Charte). Il y a ici une supériorité très nette des arrêts de la Cour sur les sentences arbitrales, par exemple, qui elles, ne bénéficient pas de cette protection. Ainsi, si une partie ne respecte pas un arrêt de la Cour, il existe un recours possible de l'autre partie devant le Conseil de Sécurité des Nations, qui pourra alors faire des recommandations ou décider des « mesures », c'est-à-dire, à la limite, éventuellement mettre en œuvre les sanctions du chapitre VII. Il y a là une possibilité indirecte, mais importante à noter, *d'exécution forcée des arrêts de la C.I.J.*

Jusqu'à présent, elle n'a jamais été mise en œuvre. Toutefois, à la suite de la décision rendue par la C.I.J., en mai 1980, dans *l'affaire du personnel diplomatique américain à Téhéran,* les Etats-Unis envisagèrent de demander une exécution forcée de l'arrêt de la Cour au Conseil de Sécurité, arrêt de la Cour qui condamnait, à l'unanimité, la position iranienne. Finalement, il apparut que les Etats-Unis n'obtiendraient jamais une décision du Conseil de Sécurité d'imposer des sanctions militaires contre l'Iran, en raison du veto que ne manquerait pas d'opposer l'Union Soviétique. Autrement dit, un arrêt qui aurait été rendu par la Cour contre l'un des membres permanents du Conseil de Sécurité ne pourra jamais être exécuté au titre des mesures cœrcitives qui pourraient être éventuellement décidées dans le cadre du chapitre VII. de la Charte ; la situation sera d'ailleurs la même s'il s'agit d'un allié d'une des puissances disposant du « droit de veto ».

C'est là mêler le juridique et le politique et affaiblir ainsi la portée des décisions de la Cour.

Si l'on se place sur une période de temps qui peut certes être assez longue, force est de constater que les arrêts de la Cour sont exécutés par les Etats condamnés. C'est ainsi que l'une des premières affaires dont eut à connaître la C.I.J., peu de temps après la fin de la guerre, *l'affaire du Détroit de Corfou* en 1949, ne connut son règlement final qu'en... 1992 lorsque l'Albanie accepta de payer à la Grande-Bretagne l'indemnité que la Cour de La Haye l'avait condamnée à verser à raison des dommages causés aux navires britanniques qui avaient heurté des mines dans ses eaux territoriales en 1946 (voir G. Guillaume, De l'exécution des décisions de la Cour Internationale de Justice, Rev. Suisse de droit intl. et europ. 1997.431 et Ph. Weckel, Les suites des décisions de la Cour Internationale de Justice, A.F.D.I., 1996.428).

§ 2 — La compétence consultative de la Cour.

1458. ***Une procédure réservée à certaines organisations internationales*** — Cette compétence est fondée à la fois sur l'article 96 de la Charte de l'O.N.U. et le chapitre IV du Statut de la C.I.J.

Il est à noter que cette procédure spéciale est *réservée à l'organisation des Nations unies ou aux institutions internationales autorisées à le faire par l'O.N.U. ;* tel est d'ailleurs le cas de *toutes les institutions spécialisées* qui font partie de la « famille des Nations unies ».

En règle générale, c'est l'Assemblée générale des Nations unies qui a demandé à la C.I.J. des avis consultatifs. Le Conseil de Sécurité l'a très rarement fait — une seule fois — ; les institutions spécialisées le font également avec parcimonie : c'est ainsi que l'UNESCO, l'O.M.C.I., l'O.A.C.I. et l'O.M.S. ont, chacune, demandé une fois un avis consultatif à la Cour.

1 — La recevabilité de l'avis consultatif.

1459. ***Pouvoir discrétionnaire de la Cour*** — L'article 65 du Statut de la C.I.J. donne à la Cour un pouvoir discrétionnaire pour apprécier la réponse à donner, voire pour refuser de donner la moindre réponse. Jusqu'à présent toutefois, jamais la Cour n'a refusé de donner un avis consultatif si certaines conditions de fond étaient remplies. Pour justifier cette position, la Cour s'exprima dans les termes suivants : « Le consentement des Etats parties à un différend est le fondement de la juridiction de la Cour en matière contentieuse. Il en est autrement en matière d'avis, alors même que la demande d'avis a trait à une question juridique actuellement pendante entre Etats. L'avis est donné par la Cour, non aux Etats, mais à l'organe habilité pour le lui demander ; la réponse constitue une participation de la Cour, elle-même « organe des Nations unies » à l'action de l'Organisation et, en principe, elle ne devrait pas être refusée » (*interprétation des traités de paix,* 1re phase, Rec. 1950, p. 71).

La Cour ajouta d'ailleurs, dans d'autres affaires, et après s'être référée à celle-ci : « Il faudrait des raisons décisives pour déterminer la Cour à opposer un refus à une demande d'avis consultatif » (Rec. 1956, p. 86 et 1962, p. 155).

Tel serait le cas, par exemple, d'une demande qui lui serait adressée par une organisation internationale — même dûment autorisée à le faire — sur une question ne rentrant pas dans ses compétences telles qu'elles lui ont été attribuées par les Etats fondateurs. C'est sur cette base que le 8 juillet 1996 la Cour refusa de se prononcer sur la demande d'avis consultatif qui lui avait été soumise par l'Organisation Internationale du Travail (O.l.T.) sur la « *licéité de l'utilisation des armes nucléaires par un Etat dans un conflit armé* ».

1460. ***Limites*** — Toutefois, il existe des limites à cette compétence de la Cour à titre consultatif.

D'abord, *l'avis doit porter sur une question juridique et non pas sur une question politique* (voir l'Avis consultatif de 1962 sur *certaines dépenses des Nations unies,* Rec., p. 155).

De plus, la *demande d'avis ne doit pas être contraire à la fonction judiciaire de la Cour.* Il en va de même, on le rappelle, en matière contentieuse. Ainsi, selon la C.I.J., « La Cour doit rechercher seulement si son Statut et son caractère judiciaire font ou non obstacle à ce qu'elle se prête à l'exercice d'une telle procédure en donnant suite à la demande d'Avis » *(jugement du tribunal administratif de l'O.I.T. sur requête c/UNESCO, Rec. 1956, p. 85).*

Enfin, la Cour *refusera de donner un avis* si on essaie, par cette procédure, de *lui faire trancher au fond un différend entre Etats* et lorsque ceux-ci, ou seulement l'un d'entre eux, n'acceptent pas de lui soumettre leur litige au contentieux. Ce principe fut posé par la C.P.J.I. dans *l'affaire de la Carélie orientale* où elle affirma : « Répondre à la question équivaudrait en substance à trancher un différend entre les parties » (Avis n° 5 du 23 juillet 1923, Rec., p. 29). En l'espèce, il s'agissait d'un différend entre l'Union Soviétique et la Finlande. Or l'Union Soviétique, refusant la compétence de la Cour, la S.D.N. avait cru opportun de tourner cette difficulté par le biais de l'avis consultatif. La Cour refusa très clairement d'avaliser un tel détournement de procédure.

2 — Objet.

1461. ***Questions juridiques éligibles*** — Deux catégories de « questions juridiques » peuvent faire l'objet d'avis.

Il peut s'agir, tout d'abord, d'une *interprétation* de dispositions controversées d'une Charte constitutive d'une Organisation internationale, ou encore de l'appréciation du pouvoir de tel ou tel organe ou de l'institution elle-même, ou de la licéité de ses dépenses... C'est d'ailleurs sur ces questions que les avis consultatifs ont été les plus fréquents depuis la deuxième guerre mondiale.

La C.I.J. peut aussi connaître, par le biais de l'avis consultatif, d'un *différend juridique entre un Etat et une Organisation internationale,* si les parties sont d'accord pour se soumettre à l'interprétation donnée par la Cour. Une telle situation se produisit assez fréquemment sous l'empire de la C.P.J.I. ; mais il n'en a plus été de même avec la C.I.J. On a un exemple de ce type de conflit tranché par le biais de l'avis consultatif avec celui de 1950 dans *l'affaire des traités de paix* de 1947. Il s'agissait là d'un litige entre les Etats signataires des traités de paix conclus avec la Hongrie, la Roumanie et la Bulgarie. La question était de savoir si le Secrétaire général des Nations unies pouvait nommer un tiers membre de commission arbitrale alors que certains Etats (Hongrie, Roumanie et Bulgarie) essayaient de paralyser la procédure en s'abstenant d'y nommer leurs « représentants ». Il y avait bien là un conflit interétatique entre les pays signataires de ces traités que l'on essayait — en vain ici on le rappelle — de trancher par le biais de l'avis consultatif en raison du problème juridique posé.

De même, cette procédure fut utilisée dans *l'affaire du Sahara occidental,* qui donna lieu à un Avis consultatif de la C.I.J. en 1975. Il s'agissait là de déterminer quel était le statut juridique de ce territoire qui était apprécié d'une manière pour le moins différente par l'Espagne, le Maroc et l'Algérie. Il y avait donc bien un conflit entre ces Etats, dont la solution dépendait d'une interprétation du juge international.

3 — Procédure.

1462. ***Assimilation avec la procédure contentieuse*** — L'article 68 pousse à une *assimilation de la procédure en matière consultative avec celle en vigueur en matière contentieuse.* En principe, la même procédure est à suivre, que l'on s'adresse à la C.I.J. au contentieux ou par le biais de l'avis consultatif. *Une question demeure controversée : la présence du juge ad hoc.* Est-ce qu'un Etat qui voit une question juridique qui l'intéresse soumise à la Cour au titre de la procédure de l'avis consultatif a le droit de nommer un juge de son choix ? Sur ce point, la jurisprudence de la Cour n'est pas entièrement concluante : parfois, elle a donné une réponse positive à cette question ; parfois une réponse négative (voir par exemple *l'affaire précitée de la Namibie en 1971*).

4 — Portée.

1463. ***Absence de portée obligatoire*** — L'avis consultatif, contrairement à l'arrêt, *n'a pas de portée obligatoire,* sauf, bien entendu, si les parties en cause décident de l'accepter comme tel.

En bref, l'avis consultatif possède une valeur purement morale.

Ainsi, lorsque la France, l'Union Soviétique et d'autres pays s'abstinrent de verser certaines contributions au budget des Nations unies, sous prétexte que ces contributions devaient financer des dépenses illégales, la Cour Internationale de Justice fut chargée d'examiner s'il s'agissait bien de dépenses de l'Organisation (voir l'avis consultatif de 1962 précité sur *certaines dépenses des Nations unies).* En dépit d'une réponse positive de la Cour, ces Etats maintinrent leur position et s'abstinrent de payer leurs cotisations, ce qui était sans doute politiquement ou moralement regrettable et choquant, mais juridiquement correct. L'avis consultatif, en la matière, ne liait nullement l'Union Soviétique ou la France.

Section III

Le rôle de la Cour Internationale de Justice : appréciation

(Voir L. Gross, « The I.C.J. : considerations of requirements for enhancing its role in the International legal order », AJIL 1971, 253 et AJIL 1971, 261 et s. ; G. Guillaume, Contentieux international, Pedone 1992 ; M. Virally, « Le champ opératoire du règlement judiciaire international », R.G.D.I.P., 1983.281).

1464. ***Généralités*** — Tout en lui conservant estime et respect, il est difficile, à l'heure actuelle, d'évaluer le rôle de la Cour Internationale de Justice sans être « désagréable » à son égard ou au moins critique.

On notera, tout d'abord, que la Cour de La Haye est une Cour qui est peu occupée. La C.P.J.I. de 1922 à 1940 avait rendu 27 avis consultatifs et 29 jugements. La C.I.J., de son côté, de 1946 à juillet 2000, devait rendre 66 jugements et 24 avis consultatifs. Il est clair que la comparaison n'est pas flatteuse avec l'activité débordante déployée par des institutions telles le *Tribunal des différends irano-américains* ou la *Cour internationale d'arbitrage de la CCI* qui, l'un et l'autre, sont amenés à rendre bon an mal an plusieurs centaines de décisions. C'est ainsi que le faible volume des affaires portées devant la C.I.J. constitue une préoccupation de l'Organisation des Nations unies depuis assez longtemps. Dans le passé, plusieurs résolutions de l'O.N.U. déplorèrent cette situation de relative inactivité de la Cour. C'est également ce que fit plus récemment la *Déclaration de Manille sur le règlement pacifique des différends* (voir Constantin Economidès, La Déclaration de Manille, A.F.D.I. 1982, p. 615). Toutefois, depuis le début des années 90, cette tendance semble s'être inversée et la Cour s'est trouvée saisie d'un nombre croissant d'affaires d'importance au demeurant mineures.

On peut aussi remarquer que la Cour a été saisie, bien souvent, de questions secondaires. Il en alla ainsi, par exemple, de *l'affaire des*

Minquiers et Ecrehous entre la France et la Grande-Bretagne, des *incidents aériens* dont a été saisie la Cour dans les années 50 ou plus près de nous encore de *l'affaire Elsi* entre les Etats-Unis et l'Italie. Il en alla de même des questions d'interprétation de la Charte de l'O.N.U. ou d'Organisations internationales.

Lorsque la Cour a été saisie d'affaires qui avaient une importance politique ou économique majeure (telles que *l'affaire du Sud-Ouest Africain* en 1966 ou *l'affaire des essais nucléaires français dans le Pacifique* sur le plan politique, ou *l'affaire de la Barcelona Traction* sur le plan économique), elle a donné des solutions contestables et contestées. Ce furent aussi les cas de l'arrêt du 24 février 1982 rendu dans *l'affaire du plateau continental entre la Tunisie et la Libye* qui ne permit pas à la Cour de se concilier les faveurs du Tiers-Monde (voir à ce sujet S. Gharbi, Pétrole amer. J. Afr., 10-3-1982, p. 24 ; Y. Ben Achour, L'affaire du plateau continental tuniso-libyen, J.D.I. 1983, n° 2, p. 247), ou de l'arrêt du 26 novembre 1984 dans *l'affaire Nicaragua/Etats-Unis* (Rec. C.I.J. 1984, p. 169), qui valut à la C.I.J. de sévères critiques américaines (voir I.L.M. 1985, 249).

Cela étant, on peut présenter deux remarques générales et finales sur le rôle de la Cour. Celui-ci apparaît comme étant relativement mineur dans la société internationale, alors qu'il demeure majeur pour le développement de son droit.

§ 1 — Un rôle mineur dans la société internationale contemporaine.

Les explications relèvent de plusieurs ordres : politique, technique ou juridique.

1 — Les raisons politiques.

1465. — Il existe encore, bien que d'une façon moins marquée que par le passé actuellement, *une défiance certaine à l'égard des juges de La Haye,* défiance qui provient de presque toutes les catégories de pays et, bien entendu, pour des raisons opposées. C'est ainsi que les *pays socialistes* — et c'est l'Union Soviétique qui a lancé cette tradition malheureuse — *refusèrent systématiquement de reconnaître la compétence de la Cour, estimant l'institution trop « bourgeoise ».* De leur côté, les pays du tiers-monde *estiment souvent que la Cour est, elle, trop occidentale ;* ainsi, ils sont rarement apparus devant la Cour pour lui demander de régler leurs différends bien que cette réticence ait eu tendance à s'atténuer depuis peu. De leur côté, *les pays occidentaux ne sont pas satisfaits non plus* du rôle actuel de la Cour et surtout de son évolution ; ils *estiment que la C.I.J. est maintenant trop orientée,* surtout en raison des recrutements de ces dernières années, *vers les pays du tiers-monde ;* et ils sont ainsi réticents à se soumettre à sa juridiction obligatoire, et, plus encore, à lui donner des affaires. C'est ainsi, par exemple, que dans *l'affaire de la Mer* *d'Iroise,* qui a opposé la Grande-Bretagne à la France il y a quelques années, il fut décidé de recourir à l'arbitrage et non de soumettre l'affaire au contentieux devant la C.I.J., comme cela avait été fait dans le passé pour les *Minquiers et les Ecréhous.* De même, dans *l'affaire dite du* « Golfe du Maine », les Etats-Unis et le Canada s'abstinrent de soumettre leur différend à la *Cour en formation plénière*, et démandèrent la formation d'une *chambre spéciale* dont ils obtinrent de contrôler étroitement la composition (voir aussi *supra*, n° 1437). D'autres Etats — développés comme en voie de développement — tendent à utiliser cette dernière voie pour régler leurs différends : ainsi le Mali et le Burkina Faso, ainsi l'Italie et les Etats-Unis ainsi encore le Salvador et le Honduras. Cette *régionalisation fonctionnelle* de la C.I.J., si elle devait s'accentuer, risquerait d'accroître la méfiance à l'égard de la Cour dans sa formation plénière, même si elle en est la manisfestation parfois trop éclatante. Ces réserves de nature politique qui ont nui au développement du rôle de la Cour étaient très liées au conflit idéologique Est-Ouest ; il est loisible de penser que la C.I.J. pourra, elle aussi, bénéficier de sa disparition des relations internationales (voir Ph. Bretton : Vers un élargissement du rôle de la Cour Internationale de Justice ? La déclaration américano-soviétique du 23 septembre 1989 relative à une initiative commune à propos de la C.I.J., AFDI, 1990, 322).

2 — Les raisons techniques.

1466. — Tout d'abord, c'est la *compétence des juges* ou, au moins, de certains d'entre eux, qui est contestée, voire leur indépendance. Ainsi, on a noté qu'il y avait des orientations politiques très marquées de la part de certains juges de la Cour. C'est ainsi que la Cour, avec son nouveau recrutement, a beaucoup évolué entre celle qui a rendu le *dernier arrêt sur le Sud-Ouest Africain* de 1966 et celle qui a rendu *l'Avis consultatif sur la Namibie* de 1971 ou celle qui a connu de *l'affaire des essais nucléaires français* en 1974.

On estime aussi qu'il serait sans doute opportun que la Cour se constitue *en chambres régionales composées* alors des seuls juges appartenant à un ensemble géographique donné. Quinze juges à vocation universelle ne sont pas sans doute les mieux armés pour trancher des litiges qui peuvent être techniques ou spécifiques à certains pays. Par conséquent, il faudrait peut-être s'orienter vers la constitution de nouvelles formations au sein de la Cour. De fait, cette orientation est dès maintenant perceptible avec le *recours accru à la constitution de chambres dont la composition reflète fidèlement la philosophie des parties en litige* (voir *supra*, n° 1437).

On fait spécialement valoir contre la Cour sa *très grande lenteur.* Par exemple, dans *l'affaire de la Barcelona Traction,* elle mit 8 ans pour arriver à rendre son arrêt qui mettait fin à la phase contentieuse. En moyenne, on a compté qu'il fallait 3 ans pour que la Cour fasse connaître sa décision. Sur ce point la Cour a réagi plusieurs fois : elle estime que la lenteur dont on l'accuse ne lui est pas imputable mais est le fait des parties qui lui demandent des délais abusifs.

Enfin, on a noté que *la procédure devant la Cour était particulièrement lourde* donc coûteuse, et qu'il s'agissait peut-être là d'un luxe dont on pouvait se passer.

3 — Les raisons juridiques.

1467. — Ces raisons sont propres à la Cour et à son Statut.

D'abord, on peut noter que *la saisine de la Cour est limitée.* En effet, Organisations internationales et personnes privées ne peuvent pas paraître au contentieux devant elle ; et c'est incontestablement là sa *lacune la plus grave ;* et, de surcroît, il s'agit là d'une exclusion qui ne correspond plus à l'état — sans parler des besoins — de la société internationale contemporaine.

On fait valoir que la *clause facultative de juridiction obligatoire,* celle de l'article 36, al. 2 connaît *un déclin certain.* On rappelle que peu d'Etats y ont souscrit, et que des Etats qui, traditionnellement, l'acceptaient, comme la France ou les Etats-Unis, l'ont retirée. Mais c'est là critiquer la politique des Etats et non la Cour et ses mécanismes. De même, lorsque les Etats acceptent la juridiction obligatoire de la Cour par le biais de la déclaration facultative, ils viennent tempérer cette reconnaissance de *réserves importantes.* Cette généralisation de réserves majeures est une illustration malheureuse de la confiance limitée qui est faite par les Etats à la Cour.

On notera aussi que la Cour de La Haye subit actuellement la très *forte concurrence des tribunaux régionaux* comme la Cour de justice des Communautés Européennes dans le cadre du droit communautaire ou la Cour européenne des droits de l'homme. Elle connaît aussi actuellement la *concurrence très redoutable de l'arbitrage international* qui, nous l'avons signalé, est dans une phase de plein renouveau, aussi bien dans un cadre bilatéral que multilatéral.

Enfin, il se développe des *« solutions diplomatiques » de règlement des différends,* notamment à l'intérieur des Organisations internationales de type économique comme, par exemple, le G.A.T.T. puis l'O.M.C. ou le F.M.I., qui jouent au détriment du règlement juridictionnel.

En bref, toutes ces raisons qui se cumulent s'expliquent par une considération fondamentale que nous avons souvent présentée. La société internationale qui est actuellement fondée sur quelques 190 Etats — sans parler de la société transnationale qui se compose en plus des personnes privées, des Organisations internationales et des O.N.G. — est d'une hétérogénéité telle qu'il n'est guère possible de la voir, en dernier ressort, accepter d'être jugée par une juridiction unique censée statuer sur la base d'un droit universel commun qui est bien souvent contesté dans son contenu.

§ 2 — Un rôle majeur dans le développement du droit international contemporain.

(Voir H. Lauterpacht, « The development of International law by the International Court », 1958).

1468. ***Apport central de la Cour*** — On est ici en présence de *l'apport le plus important de la Cour de La Haye* sur lequel il est impossible de s'étendre en détail et où il faudra se contenter de donner les principales « têtes de chapitre ».

La Cour de La Haye a apporté des contributions fondamentales sur les points suivants : l'interprétation et la validité des traités, les réserves aux traités, la définition de la coutume, le régime juridique des actes unilatéraux, la formulation des principes généraux du droit, le rôle de l'individu comme sujet du droit international, la précision de la personnalité internationale des Organisations internationales, le développement et l'usage de la théorie des pouvoirs implicites, la responsabilité internationale et la souveraineté de l'Etat, la nationalité des personnes physiques, des personnes morales et des navires, le droit de la mer (délimitation de la mer territoriale, délimitation des plateaux continentaux contigus) etc...

Dans certains de ces domaines essentiels, la Cour — et nous avons eu l'occasion de le signaler en son temps — a inspiré la *Commission du droit international dans ses efforts de codification du droit international ;* elle a contribué à préciser l'existence et les contours de certaines normes fondamentales de la Communauté internationale. Il y a là — et à ce seul titre — une justification suffisante à l'existence d'une Cour Internationale de Justice.

CHAPITRE III

LE CONTROLE DE L'APPLICATION DU DROIT INTERNATIONAL PAR LE JUGE NATIONAL

Bibliographie sommaire : voir en général, P. Weil, « Le contrôle par les tribunaux nationaux de la licéité internationale des actes des Etats étrangers », A.F.D.I. 1977.9, ainsi que les nombreuses références citées.

1469. ***Grand rôle dans l'élaboration et l'application du droit international*** — Les tribunaux de l'ordre interne, nous avons eu l'occasion de le signaler plusieurs fois, jouent un rôle non négligeable dans *l'élaboration du droit international :* leurs décisions constituent une source du droit international, sans doute qualifiée de « subsidiaire » par l'article 38 du Statut de la C.I.J.. De plus, d'une manière indirecte mais certaine, la *jurisprudence interne* peut être utilisée comme élément de *preuve de la pratique des Etats* afin de démontrer l'existence d'une *règle non écrite du droit international — coutume ou principe général de droit* (voir *supra*, n° 674 et 732).

Les tribunaux de l'ordre interne, nous l'avons vu également, remplissent une fonction essentielle au niveau de *l'application du droit international* (voir *supra*, troisième partie, titre II). Le droit international dans son ensemble constitue un *élément important et grandissant de la légalité interne ;* à ce titre, les tribunaux nationaux sont amenés à l'interpréter et à lui donner effet à l'occasion des litiges qui leur sont soumis.

Or, les tribunaux de l'ordre interne peuvent-ils être considérés — et utilisés — comme constituant un moyen permettant aux justiciables de s'assurer du respect des normes posées par le droit international ? Autrement dit, les juges nationaux ont-ils compétence pour assurer — à leur niveau — le contrôle du droit international ? Tel est le problème qu'il convient ici d'examiner.

1 — Une question d'une grande importance.

1470. ***Importance théorique et pratique*** — Une telle question est loin d'être purement théorique : elle revêt même une importance pratique considérable pour les personnes privées dans la mesure où les « forums » internationaux leur sont en général fermés et où ils n'ont le plus souvent d'autres recours que ceux offerts devant leurs tribunaux nationaux. Une telle situation se présente toutes les fois où il est prétendu faire application à un individu — ou à ses biens — d'un acte quelconque émis par un Etat étranger. L'individu ainsi concerné peut-il soutenir devant un tribunal national que *l'acte en cause de l'Etat étranger doit être écarté au motif qu'il est contraire au droit international ?* En d'autres termes, le tribunal interne saisi d'une telle question possède-t-il *la compétence requise pour décider de la conformité ou non au droit international des actes de l'Etat étranger* dont il lui est demandé de faire application dans un litige donné ? Les juges nationaux peuvent-ils ainsi contribuer à assurer le triomphe, la suprématie du droit international sur le droit interne étranger ? Si la réponse à une telle interrogation est positive, il en résultera un degré de protection supplémentaire pour le justiciable lésé dans sa personne ou ses biens. Si elle est négative, il devra alors se tourner vers son Etat national afin d'obtenir que celui-ci exerce sa *protection diplomatique* à son profit et mette en jeu la responsabilité internationale du pays tiers « fautif » (voir *supra*, n° 1114 et s.).

2 — Une question fréquemment soulevée.

1471. *Nombreuses hypothèses* — Les hypothèses dans lesquelles un tel problème se pose sont extrêmement nombreuses. Parfois, c'est le droit interne lui-même qui permet au juge national de connaître des violations du droit international commises par des étrangers voire par des Etats eux-mêmes : il en va ainsi, par exemple, en cas de commission de crimes contre l'humanité. Mais, le plus souvent et dans un contexte normal, la question de la conformité avec le droit international se pose à chaque fois qu'il est demandé à un juge national d'appliquer une loi étrangère. Le juge national peut-il l'écarter en raison de sa non-conformité au droit international — écrit ou non écrit — ? Plus précisément, les domaines d'élection de tels conflits concernant le *statut des personnes* et *le régime de leurs biens*. Ainsi, au cas où un Etat considérerait un individu déterminé comme « son » national en vertu de sa loi propre, le juge étranger saisi d'un litige impliquant cet individu a-t-il le droit d'examiner la validité de cette législation au regard du droit international tel qu'il apparaît à la suite de *l'arrêt Nottebohm* de la C.I.J. de 1955 ? Concrètement, le juge national saisi est-il en mesure de refuser la qualité de national d'un pays tiers à un individu dont la nationalité, ne lui semblerait pas « effective » ? Le plus souvent, cette question de comptabilité entre le droit interne d'un pays tiers et le droit international se pose à l'occasion de *mesures affectant les biens des étrangers (nationalisations, confiscations, séquestres, gels,* etc.). La situation factuelle la plus fréquente est alors la suivante : une société étrangère exploitant une richesse nationale quelconque d'un pays déterminé (mines par exemple) se trouve nationalisée par ce dernier, ses biens, avoirs et installations étant transférées à une entreprise publique locale créée à cet effet ; celle-ci continue à exploiter les gisements et à vendre les produits à des acheteurs étrangers ; la société expropriée est-elle fondée à demander la saisie des cargaisons dans les pays tiers au motif qu'elle est toujours le propriétaire légitime de ces biens, l'expropriation dont elle a été victime étant contraire aux règles du droit international en la matière ? Les juges du fond saisis peuvent-ils faire droit à une telle requête ? Ayant à se pencher sur la validité de titres de propriété en vertu d'une loi étrangère, ils sont ainsi amenés à se prononcer sur la légalité du transfert réalisé autoritairement par un pays tiers au regard des impératifs posés par le droit international. Ont-ils compétence pour procéder à un tel contrôle ?

1472. ***Plan*** — Une telle question demeure profondément controversée en doctrine (Section I) tandis que les diverses jurisprudences nationales en la matière sont pour le moins fluctuantes et divergentes (Section II). Toutefois, moyennant certaines précautions élémentaires, rien ne s'oppose, nous le verrons, à ce que les juges de l'ordre interne puissent contribuer, à leur niveau, au contrôle de l'application du droit international en écartant, en refusant de reconnaître, les lois de pays tiers qui lui seraient contraires (Section III).

Section I

La compétence — ou l'incompétence — du juge national pour écarter la règle nationale étrangère contraire à une norme internationale : la controverse doctrinale

1473. ***Plan*** — Comme le note à juste titre le professeur P. Weil dans son article précité (pp. 36 et s.), la doctrine est « dressée en deux camps », les uns prétendant que le juge national ne saurait procéder au contrôle des actes d'un Etat étranger au regard du droit international (§ 1), les autres au contraire lui reconnaissant une telle compétence (§ 2).

§ 1 — L'incompétence du juge national.

Les arguments avancés par les tenants de cette thèse portent sur la nécessité de ne pas porter atteinte à la souveraineté de l'Etat étranger, sur les risques de nationalisme juridique d'une solution contraire éventuelle et enfin sur des considérations d'opportunité.

1 — Le respect de la souveraineté de l'Etat étranger.

1474. — L'Etat étranger est souverain dans les limites de son territoire. Sa compétence y est exclusive et absolue (voir *supra*, n° 835 et s.). Les actes qu'il y effectue doivent bénéficier d'une présomption irréfragable de validité. Dès lors, permettre au juge étranger de remettre en cause la validité des décisions de cet Etat et ainsi d'en paralyser une grande partie des effets en leur déniant toute portée extraterritoriale constitue une intervention injustifiable dans les affaires intérieures d'un tel Etat. Le juge national, en exerçant un contrôle de validité internationale des actes d'un Etat étranger, exerce une mission qui n'est pas la sienne — mais celle du juge international éventuellement saisi — et nie ainsi le principe cardinal de *l'égalité souveraine des Etats :* si, en effet, les Etats sont souverains et donc égaux, leurs tribunaux nationaux ne sauraient apprécier la validité de leurs actes respectifs sous peine de violer une telle règle fondamentale. Si le juge interne devait de sa propre autorité procéder à un tel contrôle qui ne lui a jamais été dévolu par le droit international, il risquerait alors d'entraîner la responsabilité internationale de son Etat national à l'égard du pays dont il aurait censuré les actes.

De plus, ne serait-il pas paradoxal d'accorder au juge interne le pouvoir d'écarter une loi étrangère au motif de sa contrariété avec le droit international alors que, dans beaucoup de systèmes juridiques, il ne dispose pas d'une telle compétence à l'égard de sa propre loi nationale (voir *supra*, n° 1227) ? Autrement dit, si le juge interne n'a pas toujours les moyens juridiques de faire triompher le droit international sur la norme contraire de son ordre national, dans ces conditions, il est illogique et injustifié de les lui accorder à l'encontre de la règle étrangère.

2 — Les risques de nationalisme juridique.

1475. — Beaucoup de règles du droit international possèdent encore un contour imprécis et un contenu incertain. De plus, bon nombre d'entre elles sont ou ont été vigoureusement contestées quant à leur existence même — notamment par les pays socialistes ou en voie de développement —. *Le droit des nationalisations* n'a-t-il pas été d'ailleurs au centre de pareilles controverses pendant de nombreuses années ? Dans ces conditions, le risque n'est-il pas grand de voir les tribunaux nationaux faire preuve de « nationalisme juridique » en déclarant systématiquement contraires au droit international toutes les lois étrangères qui ne seraient pas conformes à leurs conceptions politiques, économiques ou sociales ou qui porteraient simplement atteinte aux intérêts des plaignants locaux ? Dès lors, les tribunaux nationaux, loin de participer au développement du droit international, ne feraient que contribuer à son morcellement et à exacerber les tensions actuelles rendant plus difficiles des compromis ultérieurs.

3 — Des considérations d'opportunité.

1476. — Les tenants de cette thèse font également état de *l'inefficacité* d'un contrôle éventuel du juge national de la validité internationale des actes des Etats étrangers. En effet, remarquent-ils, les décisions de justice « favorables » à la partie privée lésée seront nécessairement éparses et pas forcément concordantes. Si une saisie-arrêt sur une cargaison pourra être autorisée par certains juges nationaux, elle pourra être refusée par d'autres. De plus, les jugements favorables rencontreront des difficultés certaines pour recevoir *l'exe-*

quatur dans des pays tiers. Dans ces conditions, une telle arme ne saurait faire plier l'Etat « coupable » et ne possédera aucun caractère dissuasif.

Enfin, les partisans de cette approche font valoir qu'un tel contrôle national est *dangereux* dans la mesure où il est loin d'assurer la *sécurité des transactions juridiques* qui doit rester l'objectif primordial des relations économiques internationales. En effet, des litiges permanents (ou même leur simple menace) risqueront de paralyser les transactions internationales ; les acheteurs étant amenés à douter de la validité du titre de propriété des vendeurs craindront de ne pas se trouver dans la situation d'acheteurs de bonne foi et ainsi de ne posséder aucun droit régulier à l'égard des propriétaires initiaux qui pourraient être tentés d'intenter des actions en revendication à leur encontre : dans ces conditions, les acheteurs peuvent être *amenés à payer deux fois* le même bien. *Last but not least,* des décisions judiciaires en la matière ne feront que compliquer les relations entre les gouvernements intéressés : si les tribunaux concluent à l'illicéité, ils créeront une tension certaine entre l'Etat du for et l'Etat étranger « censuré » ; s'ils concluent à la licéité, ils affaibliront la position de l'Etat du for dans une négociation éventuelle avec l'Etat étranger qui se verra ainsi conforté dans son action et dans son « bon » droit.

§ 2 — La compétence du juge national.

1477. — Les défenseurs de cette thèse invoquent des arguments opposés qui tournent autour de deux thèmes principaux : le maintien de la suprématie du droit international et la nécessaire collaboration du juge interne pour assurer la concrétisation de ce principe. Enfin, des considérations d'opportunité sont aussi mises en avant.

1 — Une compétence imposée par la primauté du droit international.

1478. — Le droit international est supérieur aux ordres juridiques nationaux, ou il n'est pas — nous l'avons vu précédemment. Le respect de ses normes s'impose nonobstant toute règle interne contraire. Si un Etat, par exemple, maintient ou adopte une loi contraire au droit international, cette action est susceptible d'entraîner la mise en jeu de sa responsabilité internationale ; de plus, de nombreux juges nationaux ont les pouvoirs nécessaires pour assurer le triomphe du droit international en écartant l'application de la loi interne contraire (voir *supra*, n° 1235 et s.). Dans ces conditions, comment un Etat peut-il légitimement espérer que l'un de ses actes internationalement illicites se verra reconnaître des effets de droit par des tribunaux de pays étrangers ? L'Etat qui a agi au-delà de ses compétences, qui a excédé les limites de sa juridiction, aura agi « sans pouvoir » (voir *supra*, n° 898 et s.) : les juges nationaux concernés — surtout s'ils sont étrangers — loin d'apporter leur concours à cette violation du droit international, devront la sanctionner en considérant de tels actes comme nuls et de nul effet.

2 — Une compétence inhérente au rôle du juge national à l'égard du droit international.

1479. — Si le juge national contribue au développement du droit international, s'il est amené à l'appliquer et à l'interpréter, pourquoi lui serait-il interdit de procéder au contrôle de son exécution ? La société internationale, dans son état actuel, demeure très décentralisée ; en particulier, il n'existe aucun juge international obligatoirement compétent pour connaître des violations du droit international dont se seraient rendus coupables les Etats. Dès lors, les juges internes sont amenés à jouer un rôle important de « censeurs » en refusant de donner effet dans leur for aux actes d'Etats étrangers se révélant contraires aux prescriptions du droit international.

3 — Des considérations d'opportunité.

1480. — Cette action de contrôle des tribunaux nationaux pour assurer le triomphe de la règle de droit international par le biais de la non-reconnaissance des effets de la norme étrangère contraire est parfois la seule qui soit ouverte aux particuliers : le recours aux tribunaux locaux de l'Etat étranger en cause est plus illusoire que réel ; la saisine d'un arbitre international dépend d'une clause contractuelle dont la présence n'est pas systématique tandis que l'exercice de la « protection diplomatique » par l'Etat dont l'individu lésé possède la nationalité est fonction de considérations qui relèvent davantage du politique que du juridique. Si les juges internes peuvent ainsi contribuer à faire assurer le respect du droit international en refusant de reconnaître le moindre effet extraterritorial à la norme étrangère contraire, un tel remède peut se révéler efficace et c'est bien là son deuxième mérite au-delà de sa simple existence. En effet, un Etat étranger peut ainsi être dissuadé d'agir d'une manière contraire aux impératifs du droit international, de crainte de voir les effets de sa mesure paralysés devant les fors étrangers ; à tout le moins, sera-t-il amené à conclure un compromis raisonnable avec les individus lésés afin de faire cesser — ou d'éviter — des poursuites toujours préjudiciables quelle qu'en soit l'issue.

Section II

La reconnaissance ou la non-reconnaissance des actes de gouvernements étrangers violant le droit international : une jurisprudence indécise

1481. *Plan* — Dans son étude précitée, le professeur P. Weil montre bien la diversité, le peu d'homogénéité et de cohérence des décisions judiciaires internes. Sans doute, sont-elles souvent divergentes et ont-elles parfois abordé cette question d'une manière « oblique » (§ 1) ; cependant, une évolution sensible demeure perceptible dans la mesure où la jurisprudence initialement la plus hostile à tout contrôle — la jurisprudence américaine en vertu de la théorie dite de l'« Act of State » — a considérablement évolué au cours des dernières années (§ 2).

§ 1 — Un contrôle controversé et oblique.

1482. — Il n'est guère étonnant de retrouver les vives controverses doctrinales précitées dans les décisions jurisprudentielles qui s'en font l'écho, plus ou moins fidèle d'ailleurs. De plus, les juges ont parfois préféré se placer sur le terrain plus familier, mais oblique, de l'ordre public pour apprécier la validité internationale d'un acte d'un Etat étranger et lui accorder ou non reconnaissance *in foro domestico.*

1 — Des juges nationaux divisés.

1483. — Certains (en Autriche, en Grande-Bretagne ou au Japon — voir les références citées *in* P. Weil, *op. cit.*, p. 31), ont cru pouvoir affirmer que le *droit international lui-même interdisait aux tribunaux de l'ordre interne de refuser d'appliquer une loi étrangère au motif de sa contrariété avec une norme internationale.* Autrement dit, le droit international interdirait son propre contrôle par les juges nationaux pour en réserver le monopole aux tribunaux relevant de l'ordre international. Telle était également la position de départ des tribunaux américains dans leur construction prétorienne de la théorie de l'« Act of State » (voir *infra*, n° 1485 et s.).

D'autres *estiment qu'ils sont entièrement libres en raison du silence du droit international en la matière :* celui-ci ne leur interdit ni ne leur impose le contrôle de la licéité internationale des actes des Etats étrangers dont il leur est demandé reconnaissance dans leur for. Telle a été la position des tribunaux allemands lors des nationalisations indonésiennes en 1959 et chiliennes en 1973. Telle est sans doute également la conception des tribunaux français, bien qu'ils ne l'aient jamais clairement formulée, lorsqu'ils ont été amenés — fort rarement au demeurant — à écarter l'application d'une loi étrangère comme étant une « disposition exorbitante du droit commun international » pour reprendre l'expression d'un jugement du tribunal civil de la Seine du 13 juillet 1915 (Rev. crit. d.i.p. 1915-1916.67 ; voir aussi P. Weil, *op. cit.*, p. 23).

D'autres, au contraire, sont d'*avis qu'ils se trouvent obligés, en vertu d'une règle impérative du droit international en ce sens, de procéder à un contrôle de la licéité internationale des actes des Etats étrangers* afin de pouvoir leur donner un effet dans leur for. Telle est la position des juges hollandais (voir P. Weil, *op. cit.*, p. 32) et celle des juges américains au cours des dernières années (voir *infra*, n° 1491).

2 — Un contrôle oblique.

1484. ***La contrariété avec l'ordre public du for***— Les tribunaux de l'ordre interne ont été fréquemment tentés par cette solution de « facilité » et y ont le plus souvent succombé. C'est ainsi que, à des degrés divers et avec des nuances (voir P. Weil, *op. cit.*, pp. 22 et s.), les tribunaux allemands, anglais, français, italiens et japonais *s'abstiennent de contrôler la licéité internationale* de la règle étrangère dont il leur est demandé l'application mais, en revanche, *en apprécient la compatibilité avec l'ordre public du for et l'écartent en cas de contrariété avec ce dernier.*

Or, apprécier la licéité internationale d'un acte d'un Etat étranger et contrôler sa compatibilité avec l'ordre public du for sont deux exercices différents qui ne se situent pas au même niveau et ne relèvent pas du même système juridique. Seul le premier procède d'une démarche internationale. Le deuxième relève purement et simplement de l'ordre interne ; il n'est dès lors pas étonnant que de nombreux tribunaux aient choisi cette voie de « substitution » (P. Weil) en se plaçant sur un terrain qui leur est beaucoup plus familier. Parfois, certains tribunaux ont essayé de tourner, subtilement, cette difficulté en affirmant que le droit international était en réalité appliqué dans la mesure où il avait été incorporé dans le droit interne local et qu'ainsi la décision de donner effet ou non à la loi étrangère en fonction de sa compatibilité avec l'ordre juridique du for revenait à porter un jugement en fonction de l'état du droit international (voir l'attitude des cours italienne et anglaise, rapportée par P. Weil, *ibid.*, p. 24).

Si les résultats atteints par les juges nationaux par le biais de « l'ordre public » se révèlent souvent analogues à ceux que l'on pourrait escompter à la suite d'un véritable contrôle de licéité internationale, la démarche demeure radicalement différente. L'une est purement interne tandis que l'autre relève du seul domaine international. Or, il ne s'agit pas là d'une simple remarque de forme. Ces deux approches différentes entraînent en effet des conséquences essentielles quant au fond et à l'autorité du droit en cause. Si le *critère d'appréciation est fondé sur le droit international,* d'une part, son autorité sera plus élevée et surtout la *solution sera identique* dans tous les Etats (cela suppose, bien entendu, que la norme internationale en question soit claire et incontestable — ce qui est loin d'être toujours le cas par exemple en matière de nationalisations). Si, en revanche, *la loi étrangère est jugée à la seule aune du droit interne de l'Etat du for,* les solutions demeureront « nationales » — voire nationalistes —, incertaines et parfois arbitraires ; chacun sait en effet que *la notion d'ordre public* est par essence contingente et fluctuante et est loin de coïncider de pays à pays dans la mesure où elle est censée correspondre au système de valeurs et d'options dominant dans un pays déterminé à un moment donné. En bref, en contrôlant la conformité de la loi étrangère à l'ordre public du for, le juge national évite d'avoir à se pencher sur le problème de fond qui est celui de la licéité internationale de la mesure « étrangère » dont l'application lui est demandée. Il échappe, selon nous, à ses responsabilités naturelles en même temps qu'il contribue à obscurcir un problème déjà complexe. Enfin, un tel « dérapage » intellectuel n'est pas nécessairement dans l'intérêt du justiciable privé : celui-ci en effet a plus à gagner d'une protection internationale uniforme, mais peut-être d'une « qualité moindre », que d'une protection nationale sans doute plus étendue mais qui demeurera partielle car limitée à son propre forum.

§ 2 — Le contrôle par les juges américains de l'application du droit international : la théorie de l'« Act of State » et son évolution récente.

Il existe sur cette question « classique » une littérature abondante dont on trouvera l'essentiel *in* P. Weil, *ibid.*, p. 26, note 45.

1485. — La théorie de l'*Act of State a été une construction purement prétorienne des tribunaux américains* formalisée à la fin du siècle dernier et maintenue sans défaillir — malgré de virulentes critiques — jusqu'en 1964 où la Cour Suprême rendit sa fameuse *décision Sabbatino.* Le Congrès américain intervint alors pour imposer une solution différente modifiant radicalement la théorie traditionnelle de l'« Act of State » élaborée par les Cours.

1 — La théorie de l'Act of State jusqu'à l'arrêt Sabbatino (1964).

1486. ***L'arrêt "Underhill" de 1897*** — La Cour Suprême des Etats-Unis devait donner une formulation classique à la conception de l'« Act of State » dans son arrêt de 1897 *Underhill v. Hernandez* (168 U.S. 250). Pour la Cour : « tout Etat souverain est tenu de respecter l'indépendance de chaque autre Etat souverain, et les tribunaux d'un Etat se refuseront à statuer sur la validité des actes d'un autre gouvernement accomplis sur son propre territoire ». La Cour Suprême devait s'en tenir à cette jurisprudence jusque — et y compris — *l'arrêt Sabbatino* de 1964 (voir par exemple, *Oetjen v. Central Leather* C° 246 U.S. 297 de 1918).

Ainsi, traditionnellement, les Cours des Etats-Unis refusaient d'apprécier la validité des actes adoptés sur leur propre territoire par des gouvernements étrangers — pour peu toutefois que ceux-ci soient reconnus. Autrement dit, la loi étrangère bénéficiait d'une présomption « irréfragable » (P. Weil) de validité ou d'une « sacrosanctity » (F.A. Mann) ; elle possède en effet un régime privilégié par rapport à la loi nationale dont le juge américain est amené à examiner la conformité constitutionnelle. Rien de tel avec la loi étrangère : le juge américain refusera d'en contester la validité, que ce soit au motif de sa contrariété éventuelle avec la constitution locale ou avec le droit international.

1487. ***Une théorie purement constitutionnelle*** — Cette théorie de l'« Act of State » est propre aux Etats-Unis d'Amérique ; on ne la rencontre, du moins sous sa forme étendue de jadis, dans aucun autre pays du monde, y compris la Grande-Bretagne. Elle ne possède — la

Cour Suprême devait d'ailleurs le reconnaître — *aucun fondement international.* Dans *l'affaire* précitée *Underhill v. Hernandez,* la Cour Suprême estimait qu'il en allait de la « courtoisie internationale » *(comity among nations) ;* autrement dit, si les tribunaux d'un pays étaient amenés à « censurer » les actes de gouvernements étrangers, une telle conduite « mettrait en péril les relations amicales entre gouvernements et contrarierait la paix des nations ». L'argument n'emporte pas la conviction. En réalité, le fondement de cette doctrine de l'« Act of State » est *purement interne et se trouve dans la Constitution fédérale de 1787* telle qu'elle a toujours été interprétée par les tribunaux américains : le Président étant investi — en collaboration éventuelle avec le Congrès — de la conduite de la politique étrangère de la Fédération, il ne doit pas être gêné dans ses actions par des décisions intempestives des tribunaux locaux. Le « pouvoir judiciaire » américain a toujours été désireux de ne pas « embarrasser » l'Exécutif dans la conduite des relations internationales des Etats-Unis. En dernière analyse et en bref, l'« Act of State » *relève d'une stricte conception de la séparation des pouvoirs constitutionnels appliquée à la matière internationale.*

1488. ***L'arrêt Sabbatino de 1964*** — *L'arrêt Banco nacional de Cuba v. Sabbatino* rendu par la Cour Suprême le 23 mars 1964 (376 U.S. 398) allait marquer un tournant fondamental dans l'histoire américaine de l'« Act of State ». Pour la première fois en effet, la Cour Suprême devait être clairement confrontée à *l'examen éventuel de la validité d'un acte d'un Etat étranger par rapport au droit international :* allait-elle ou non permettre au juge américain d'effectuer un tel contrôle ? (pour une analyse d'ensemble, voir P. Juillard, A.F.D.I. 1965.205). Les faits peuvent être ainsi résumés. Après bien des péripéties, le nouveau gouvernement cubain issu de la révolution de 1959 nationalisait, par une loi n° 851 du 6 août 1960, toutes les entreprises américaines qui exerçaient encore librement à l'époque leurs activités dans l'île. L'une de ces entreprises sucrières — qui devait être à l'origine de l'affaire Sabbatino — avait un contrat de vente de sucre avec un grossiste new-yorkais prévoyant la livraison d'une certaine quantité de sucre au Maroc contre paiement à New York de la somme due ; lors de sa nationalisation, tous les biens et avoirs de cette société furent transférés à une nouvelle société d'Etat cubaine et celle-ci renégocia un nouveau contrat de vente de sucre avec l'acheteur de New York. Lorsque la cargaison de sucre partit pour le Maroc, la somme fut alors revendiquée devant les tribunaux locaux par la société américaine dépossédée de ses biens par le gouvernement cubain : elle estimait en effet être toujours le propriétaire légitime de ce sucre et donc devoir en recevoir le paiement dans la mesure où elle avait été *nationalisée en violation des règles du droit international,* en particulier, aucune indemnisation n'ayant été versée par Cuba ; dans ces conditions, le transfert de propriété autoritairement décidé par Cuba était nul et sans effet, et les nouveaux propriétaires ne sauraient bénéficier d'un titre juridique valable sur ce sucre. Situation classique en matière de nationalisation s'il en est. Or la Cour Suprême refusa aux juges américains tout contrôle sur la validité des actes du gouvernement cubain au regard du droit international. Autrement dit, elle étendit la portée de la théorie de l'« Act of State » aux violations du droit international. *La Cour Suprême accepta ainsi de valider — par son refus de les contrôler — les actes des gouvernements étrangers qui se révéleraient contraires au droit international.*

1489. ***Réactions critiques*** — Cette position de la Cour Suprême fut très vivement critiquée à la fois sur le plan théorique et pratique. Tout d'abord, il fut justement remarqué que cette retenue dont faisait preuve la Cour Suprême en l'espèce n'était pas justifiée, qu'elle constituait une capitulation judiciaire et enfin et surtout qu'elle était très défavorable au droit international en lui refusant la possibilité d'une sanction efficace par les juges nationaux américains. En outre, le « monde des affaires » fut atterré dans la mesure où il nota que désormais les *investissements américains à l'étranger se trouvaient sans aucune protection judiciaire,* même devant leurs juges « naturels » ; bien mieux, ceux-ci n'avaient-ils pas encouragé avec cette décision *Sabbatino* les pays étrangers à se saisir en toute impunité de leurs biens sans accorder aucune attention aux règles internationales, étant assurés de ne pas encourir la censure des tribunaux américains au cas où un litige relatif à la validité du transfert de titre de propriété viendrait à leur être soumis ?

Dans ces conditions, le *législateur américain* fut amené à intervenir dans un sens opposé — qui fut d'ailleurs reconnu et suivi sans difficulté par les tribunaux locaux.

2 — La théorie de l'« Act of State » depuis le vote de l'« amendement Sabbatino » (ou Hickenlooper).

1490. ***Le renversement de la décision Sabbatino*** — Le sénateur Hickenlooper, peu de temps après *l'arrêt Sabbatino,* introduisit un amendement dans la « loi d'assistance à l'étranger pour 1964 » dont le but avoué était de renverser, au moins partiellement, la jurisprudence de la Cour Suprême en matière d'« Act of State ». Ce « cavalier » (rider) adopté par le Congrès — malgré l'hostilité de l'Exécutif — dispose que désormais « nulle juridiction des Etats-Unis ne pourra refuser, motif pris de la théorie fédérale de l'« Act of State », de statuer au fond ou de donner sanction aux règles du droit international... ». Cet amendement fait aussi directement référence aux actes de l'Etat étranger en matière de *nationalisations* ou *confiscations* qui ne doivent pas avoir « été pris en violation des principes du droit international y compris le principe d'indemnisation »... s'ils veulent pouvoir bénéficier de la pleine présomption de validité devant les tribunaux américains. Toutefois, l'Exécutif — le Président — a expressément reçu le pouvoir d'intervenir dans la procédure judiciaire afin de demander au tribunal saisi de donner plein effet à l'acte contesté de l'Etat étranger en vertu de la théorie de l'« Act of State » en raison « des intérêts diplomatiques des Etats-Unis en l'espèce ».

1491. ***Le changement de jurisprudence de la Cour Suprême*** — En bref, *depuis le passage de « l'amendement Sabbatino », les tribunaux américains doivent contrôler la licéité internationale de l'acte de* *l'Etat étranger* dont il leur est demandé la reconnaissance et l'application — sauf opposition formelle de l'Exécutif pour des motifs de « haute politique ». *La loi étrangère ne bénéficie plus d'une présomption de validité irréfragable, au regard du droit international du moins.* Le « contrôle international » des actes des Etats étrangers par le juge américain est maintenant devenu le principe général, son refus l'exception, de par la volonté expresse du législateur fédéral. Les tribunaux américains — à commencer par la Cour Suprême — ont d'ailleurs rapidement adapté leur jurisprudence en conséquence (voir *les affaires Banco National de Cuba v. Farr* (« Sabbatino » case) du 4 mars 1968, 390, U.S. 956, *First National City Bank v. Banco National de Cuba* du 7 juin 1972, 406 U.S. 759, *Alfred Dunhill of London Inc. v. Republic of Cuba* du 24 mai 1976, 425 U.S. 682).

Section III

Le contrôle possible par le juge interne de la licéité internationale des actes des gouvernements étrangers

1492. — L'ordre international et l'ordre interne ne constituent pas deux systèmes juridiques étanches, séparés par une frontière impénétrable — nous avons eu souvent l'occasion de le voir. Ils se trouvent dans une situation de collaboration de complémentarité et non d'opposition (voir en général M. Virally, « Sur un pont aux ânes » : les rapports entre droit international et droits internes », Mélanges Rolin, Paris, Pedone, 1964.488). A partir de cette constatation d'ensemble, il est loisible d'avancer les propositions suivantes quant au rôle du juge national pour assurer le contrôle de l'application du droit international, c'est-à-dire pour apprécier la licéité internationale des actes des gouvernements étrangers (voir dans le même sens, P. Weil, *ibid.*, p. 43 et s.).

1 — Aucune règle de droit international positif n'interdit au juge national d'apprécier la conformité d'un acte d'un Etat étranger par rapport au droit international.

1493. — En d'autres termes, la politique de retenue que les tribunaux américains ont longtemps pratiquée au nom de la théorie de l'« Act of State » est étrangère au droit international et n'est nullement dictée par lui. Elle relève de considérations tenant à une certaine conception de l'ordonnancement constitutionnel interne, en l'espèce au désir de respecter une stricte séparation des pouvoirs entre le « judiciaire » et « l'exécutif ».

2 — Aucune règle du droit international positif n'oblige le juge national à apprécier la conformité d'un acte d'un gouvernement étranger par rapport au droit international.

1494. — Il serait assurément très exagéré d'affirmer que les tribunaux de l'ordre interne sont placés devant une telle obligation en vertu du droit international, même si d'aucuns devaient l'estimer souhaitable. Le degré d'évolution atteint par le droit international contemporain ne permet pas de découvrir l'existence d'un tel principe. C'est ainsi, par exemple, que personne n'a soutenu que la jurisprudence américaine passée de l'« Act of State » était contraire au droit international. On notera également qu'aucune obligation de ce type n'existe même au sein d'un système juridique aussi « intégré » que celui institué par le « droit communautaire » entre les pays membres de la C.E.E.

3 — En conséquence, rien ne s'oppose en théorie à ce que le juge national contrôle l'application du droit international par le biais de l'appréciation de la validité internationale des actes des gouvernements étrangers dont il lui est demandé de reconnaître les effets dans son for.

1495. — Sans doute, dans sa démarche, le juge interne devra-t-il partir du principe que la loi étrangère en cause bénéficie d'une *présomption de validité* (voir *supra* n° 837). Toutefois, celle-ci ne saurait être irréfragable : elle ne vaut que jusqu'à *preuve contraire*. Ainsi, lorsqu'il aura été démontré de façon persuasive au juge interne que l'acte d'un Etat étranger est contraire à une *règle bien établie du droit international,* il aura tout loisir de l'écarter en raison de son illicéité internationale. Bien entendu, l'admissibilité de principe d'un tel contrôle de légalité internationale des actes des gouvernements étrangers est plus aisée à affirmer qu'à mettre en pratique. Sa réalisation sera rarement simple dans la mesure où nombre de règles de droit international demeurent imprécises, voire contestées : comment ici, par exemple, ne pas faire allusion au *droit international des nationalisations* qui ne cessa pendant des décennies d'alimenter le contentieux aussi bien national qu'international ? D'ailleurs, à l'époque, la Cour Suprême des Etats-Unis n'expliquait-elle pas la « retenue » dont elle fit preuve dans *l'affaire Sabbatino* par l'incertitude, pour ne pas dire les désaccords, concernant l'existence et la portée des règles du droit international des nationalisations dont on lui demandait la reconnaissance et la sanction afin de déclarer « internationalement illicites » les mesures prises par le gouvernement cubain ? Il est clair que le juge interne dans son analyse de la validité internationale d'un acte d'un gouvernement étranger devra éviter les dangers du « provincialisme » ou de « l'ethnocentrisme » juridique ; afin de couper court à toute critique, il ne devra sanctionner que la violation des règles positives, non ambiguës du droit international — écrit ou non écrit —. En un mot, le juge interne devra être précautionneux et prudent. Mais la prudence n'est-elle pas inhérente à la fonction judiciaire interne ou internationale ? Il est vraisemblable que le juge interne fera ici davantage preuve de retenue excessive que d'audace démesurée.

INDEX THÉMATIQUE

La numérotation correspond aux paragraphes et non aux pages.

— A —

— B —

— C —

— E —

— F —

— G —

— H —

— I —

— J —

— L —

— M —

— N —

— T —

— U —

— V —

JURISPRUDENCE FRANÇAISE

A. — Jurisprudence administrative

CONSEIL D'ETAT

COUR ADMINISTRATIVE D'APPEL

TRIBUNAL ADMINISTRATIF

B. — Jurisprudence judiciaire

1) COUR DE CASSATION

2) ARRETS ET JUGEMENTS DES AUTRES COURS ET TRIBUNAUX

1963	28 déc.	Cour de Sûreté de l'Etat	Argoud	846
1965	22 mai	CA	Paris Raoul Massardy et autres, Sté Fruehauf c. Me Solvet et S.A. automobiles Berliet	901
1967	18 nov.	CA Paris	Ep. Pivert	1195
1970	19 juin	CA Paris	Hecht c. Buismans	463
1975	13 déc.	CA Paris	Meniccuci c. Mahieux	463
1977	3 oct.	Trib. correct. de Montpellier	Ministère de la Guerre c. P.	1211
1979	26 mars	CA Rennes	Rego Sanles	661, 708, 1257
1980	29 fév.	CA Paris	Andrieu	1211
1981	21 janv.	Trib. correct. de Nanterre	SPMO Rallye et al. c. Vugt et Sté Grunding Fr.	1237
1981	3 fév.	CA Rouen	Sté Novager c. Ambrosio et al.	1260
1981	29 déc.	Trib. correct. de St-Denis de la Réunion		661
1986	18 sept.	Trib. correct. de Cambrai	D.G.D.D.I. c. Pierre B.	1253
1990	31 oct.	Trib. Com. Nanterre (ord.)	S.A. Lesieur international c. Société Norasia Line	160
1990	5 déc.	CA Paris	Alain Lesieutre c. Administration des Douanes	999bis
1995	14 juin	C.A. Versailles / Ch Soc. réunis,	Dame Barrandon C. Etats-Unis	933

C. — Décisions du Conseil Constitutionnel

1970	19 juin	Ressources propres de la Communauté	128
1975	-15 janv.	Interrruption volontaire de grossesse (IVG)	128-1228-1237 et s.-1248-1254
	- 30 déc.	Consolidation des dettes commerciales	268
	- 30 déc.	Autodétermination des Iles Comores	262, 1248, 1976
	- 28 déc.		268
	- 30 déc.	Election au suffrage universel de l'Assemblée Européenne	129, 263, 1247, 1253
1977	20 juil.	Conformité d'une loi à la Conv. de l'OIT n° 95 concernant la protection du salaire	1254
1978	18 janv.	Conformité de la loi sur la mensualisation des salaires à la conv. européenne de sauvegarde des droits de l'homme	1254
1982	16 janv.	Nationalisations	822, 828
	- 11 fév.		1248
1985	- 22 mai	Abolition de la peine de mort	129, 1253
1988	21 oct.	AA.N. Val d'Oise (5e circonscription)	1254
1991	25 juil.	Accord de Schengen	1252, 1253
1992	9 avril	Traité sur l'Union européenne (Maastrich)	129, 263, 1252 1253
1997	31 déc.	Traité d'Amsterdam	129, 263, 1252
1999	22 janv.	Cour Pénale Internationale	129, 263, 1006, 1252
1999	15 juin	Charte Européenne des Langues régionales ou minoritaires	129, 263, 1252

D. — Tribunal des conflits

1986	- 9 juin	E. c. T.P.G. du Bas-Rhin	999bis, 1211

JURISPRUDENCE ÉTRANGÈRE

JURISPRUDENCE INTERNATIONALE

A. — CPJI - CIJ

B. — CJCE

C. — Cour européenne des Droits de l'Homme

D. — Tribunal pénal international pour l'ex-Yougoslavie

E. — Tribunal pénal international pour le Rwanda

SENTENCES ARBITRALES

E. — Sentences arbitrales

1. Dans un cadre institutionnel

a) Sentences CIRDI.

b) Sentences CPA.

c) Sentences des T.A.M.

2. Sentences ad hoc

ETUDES INTERNATIONALES
dans
la même collection

EI N° 1	**DROIT INTERNATIONAL** Dominique Carreau	7e édition, 704 p. 2001
EI N° 2	**DROIT MARITIME** *(épuisé)* Martine Remond Gouilloud	2e édition, 480 p. 1993
EI N° 3	**DROIT INTERNATIONAL DE L'ENVIRONNEMENT** Alexandre Kiss / Jean-Pierre Bevrier	2e édition, 432 p., 2000
EI N°4	**LE MARCHE UNIQUE EUROPEEN** Dominique Carreau - Emmanuel Gaillard - William L. Lee	290 p. 1989
EI N° 5	**CONTROLE DES CONCENTRATIONS EN DROIT COMMUNAUTAIRES** Dominique Berlin	388 p. 1992
EI N° 6	**LES COMMUNAUTÉS EUROPÉENNES, L'UNION EUROPÉENNE** Philippe Manin	5e édition, 480 p. 1999
EI N° 7	**LES ECHANGES COMPENSES INTERNATIONAUX** Laurence Moatti	382 p. 1994
EI N° 8	**DROIT FISCAL DANS LES RELATIONS INTERNATIONALES** Pierre-Jean Douvier	656 p. 1996
EI N° 9	**ASPECTS JURIDIQUES DE LA CONCURRENCE MARITIME ÉTUDE COMPARATIVE A PARTIR DU DROIT COMMUNAUTAIRE** Garifalid Athanassiou	662 p. 1996
EI N° 10	**L'UNION ECONOMIQUE ET MONETAIRE, ASPECTS JURIDIQUES ET INSTITUTIONNELS** Régis Chemain	480 p., 1996

IMPRIMERIE BOSC FRANCE
04 78 56 79 90
Dépôt légal n° 10155 - MAI 2001